**华东政法大学
课程和教材建设委员会**

主　任　叶　青
副主任　曹文泽　顾功耘　唐　波　林燕萍　王月明
委　员　王　戎　孙万怀　孙黎明　金可可　吴　弘
　　　　刘宁元　杨正鸣　屈文生　张明军　范玉吉
　　　　何　敏　易益典　何益忠　金其荣　洪冬英
　　　　丁绍宽　贺小勇　常永平　高　汉
秘书长　王月明（兼）
秘　书　张　毅

行政法与行政诉讼法学
（第三版）

沈福俊 邹 荣 主编

北京大学出版社
PEKING UNIVERSITY PRESS

图书在版编目(CIP)数据

行政法与行政诉讼法学/沈福俊,邹荣主编. —3版. —北京:北京大学出版社,2019.2
新世纪法学教材
ISBN 978-7-301-30185-2

Ⅰ.①行… Ⅱ.①沈… ②邹… Ⅲ.①行政法学—中国—高等学校—教材 ②行政诉讼法—法学—中国—高等学校—教材 Ⅳ.①D922.101②D925.301

中国版本图书馆CIP数据核字(2018)第301957号

书　　　名	行政法与行政诉讼法学(第三版) XINGZHENGFA YU XINGZHENG SUSONG FAXUE(DI SAN BAN)
著作责任者	沈福俊　邹荣　主编
责任编辑	杨丽明
标准书号	ISBN 978-7-301-30185-2
出版发行	北京大学出版社
地　　　址	北京市海淀区成府路205号　100871
网　　　址	http://www.pup.cn　新浪微博 @北京大学出版社
电子信箱	sdyy_2005@126.com
电　　　话	邮购部 010-62752015　发行部 010-62750672　编辑部 021-62071998
印　刷　者	河北涿县鑫华书刊印刷厂
经　销　者	新华书店
	787毫米×1092毫米　16开本　35.5印张　757千字 2007年1月第1版　2013年9月第2版 2019年2月第3版　2021年12月第3次印刷
定　　　价	79.00元

未经许可,不得以任何方式复制或抄袭本书之部分或全部内容。
版权所有,侵权必究
举报电话:010-62752024　电子信箱:fd@pup.pku.edu.cn
图书如有印装质量问题,请与出版部联系,电话:010-62756370

主要法律、法规、司法解释简称与全称对照表

《宪法》——《中华人民共和国宪法》
《国务院组织法》——《中华人民共和国国务院组织法》
《地方组织法》——《中华人民共和国地方各级人民代表大会和地方各级人民政府组织法》
《监察法》——《中华人民共和国监察法》
《地方政府机构设置和编制条例》——《地方各级人民政府机构设置和编制管理条例》
《立法法》——《中华人民共和国立法法》
《公务员法》——《中华人民共和国公务员法》
《行政许可法》——《中华人民共和国行政许可法》
《行政处罚法》——《中华人民共和国行政处罚法》
《治安管理处罚法》——《中华人民共和国治安管理处罚法》
《行政强制法》——《中华人民共和国行政强制法》
《价格法》——《中华人民共和国价格法》
《兵役法》——《中华人民共和国兵役法》
《传染病防治法》——《中华人民共和国传染病防治法》
《海关法》——《中华人民共和国海关法》
《人民警察法》——《中华人民共和国人民警察法》
《森林法》——《中华人民共和国森林法》
《商标法》——《中华人民共和国商标法》
《审计法》——《中华人民共和国审计法》
《税收征管法》——《中华人民共和国税收征收管理法》
《土地管理法》——《中华人民共和国土地管理法》
《消防法》——《中华人民共和国消防法》
《药品管理法》——《中华人民共和国药品管理法》
《出入境管理法》——《中华人民共和国出境入境管理法》
《民法总则》——《中华人民共和国民法总则》
《行政复议法》——《中华人民共和国行政复议法》

《行政复议法实施条例》——《中华人民共和国行政复议法实施条例》
《政府信息公开条例》——《中华人民共和国政府信息公开条例》
《行政诉讼法》——《中华人民共和国行政诉讼法》
《行政诉讼法司法解释》——《最高人民法院关于适用〈中华人民共和国行政诉讼法〉若干问题的解释》
《行政诉讼证据司法解释》——《最高人民法院关于行政诉讼证据若干问题的规定》
《审理国际贸易行政案件司法解释》——《最高人民法院关于审理国际贸易行政案件若干问题的规定》
《审理反倾销行政案件司法解释》——《最高人民法院关于审理反倾销行政案件应用法律若干问题的规定》
《审理反补贴行政案件司法解释》——《最高人民法院关于审理反补贴行政案件应用法律若干问题的规定》
《行政诉讼法律适用问题纪要》——《最高人民法院关于印发〈关于审理行政案件适用法律规范问题的座谈会纪要〉的通知》
《行政案件管辖规定》——《最高人民法院关于行政案件管辖若干问题的规定》
《行政诉讼撤诉规定》——《最高人民法院关于行政诉讼撤诉若干问题的规定》
《执行规定》——《最高人民法院关于人民法院执行工作若干问题的规定》
《国家赔偿法》——《中华人民共和国国家赔偿法》
《国家赔偿法司法解释》——《最高人民法院关于人民法院执行〈中华人民共和国国家赔偿法〉几个问题的解释》
《民事、行政诉讼中司法赔偿解释》——《最高人民法院关于民事、行政诉讼中司法赔偿若干问题的解释》
《行政赔偿司法解释》——《最高人民法院关于审理行政赔偿案件若干问题的规定》

第三版前言

本书上一次修订再版于2013年,距今已经五年时间。近年来,随着依法行政理念的不断深入和法治政府建设的持续推进,我国行政法治获得了进一步发展。尤其是党的十八届四中全会通过的《中共中央关于全面推进依法治国若干重大问题的决定》和党的十九大报告都明确提出了"坚持依法治国、依法执政、依法行政共同推进,坚持法治国家、法治政府、法治社会一体建设"的要求,为行政法治建设指明了方向。为了充分反映行政法学与行政诉讼法学领域最新的理论成果、制度变迁与实践创新,为各位读者提供更加专业、翔实和富有时效性的学习素材,我们对本书再次进行了修订。本次修订主要围绕以下几个方面进行:

第一,根据2013年以来法律、法规的制定和修改情况对书中的相关内容进行了调整。首先,2015年3月15日,第十二届全国人大第三次会议对《立法法》进行了修改,此次修改涉及授权立法、地方立法权、税收法定等多项重要问题,进一步规范了行政立法权。因此,必须对原书中涉及行政立法的部分进行修订。其次,2014年11月1日,《行政诉讼法》在实施了20多年后,根据第十二届全国人大常委会第十一次会议通过的《关于修改〈中华人民共和国行政诉讼法〉的决定》进行了大幅修改,对行政诉讼受案范围、诉讼主体、审理程序、证据制度等关键性问题均作出了调整。2015年6月27日,《行政诉讼法》根据第十二届全国人大常委会第二十八次会议通过的《关于修改〈中华人民共和国民事诉讼法〉和〈中华人民共和国行政诉讼法〉的决定》再次修改,正式确立了检察机关提起行政公益诉讼制度。最后,2018年2月6日,最高人民法院发布《最高人民法院关于适用〈中华人民共和国行政诉讼法〉若干问题的解释》,在《行政诉讼法》的基础之上进一步对行政诉讼审判中所面临的重点和难点问题予以明确和细化。这些立法层面的变化以及由此给相关制度带来的影响均是本书此次修订中重点涉及的问题。

第二,根据最新的理论研究成果对书中的相关内容进行了补充和完善。随着行政法学理论研究的不断深入,对一些基础问题的认识也在不断深化。因此,本书在修订中借鉴了近几年最新的前沿学术成果,对行政主体、行政行为等领域的相关理论予以更新。

第三,根据行政法治实践的最新发展对书中的相关内容进行了优化。市场经济的不断发展和依法行政的持续推进使政府的职能和行政管理方式等均逐渐发生转变,本书在此次修订中对这种转变予以回应。例如,鉴于行政协议在我国行政管理实践中日益重要的地位,本书增设专章对其进行论述。同时,随着行政诉讼司法实践的逐渐丰富,本书也尝试更多地运用案例分析的方法来帮助读者形象地理解相关制度和理论。

  本书是由华东政法大学从事行政法学教学和研究的教师合作完成的。由于行政法与行政诉讼法学体系庞大,内容丰富,涉及的面又特别广泛,因此只能采取分工合作、独立撰写的方式进行。而各位作者对其中内容的理解和掌握程度不一,对某些行政法问题的看法也并不完全一致,写作风格更是各有千秋。因此,为了尊重各位作者对特定行政法问题的认识,展示其较为独特的写作风格,我们对每个章节的写作内容虽然作了相对统一的要求,但也基本保留了各位作者的独到观点和行文风格。这也是在这里需要特别说明的。

沈福俊 邹 荣
2018 年 9 月 10 日于华东政法大学

目 录

上篇 行政法论

第一章 行政法概述 1
    第一节 行政与行政权 1
    第二节 行政法的基本内涵 12
    第三节 行政法的渊源 20
    第四节 行政法律关系 25
    第五节 行政法与行政法学的发展 31

第二章 行政法的基本原则 58
    第一节 行政法基本原则概述 58
    第二节 行政法治原则 67
    第三节 行政法治原则与行政裁量 74

第三章 行政法主体 84
    第一节 行政法主体概述 84
    第二节 行政主体 85
    第三节 行政机关 97
    第四节 法律、法规授权的组织 101
    第五节 行政委托 104
    第六节 行政相对人 105

第四章 行政行为 110
    第一节 行政行为概述 110

第二节　行政行为的分类 …………………………………… 117
　　第三节　行政行为的成立、生效与合法要件 ………………… 121
　　第四节　行政行为的效力 …………………………………… 126

第五章　行政规范 …………………………………………………… 135
　　第一节　行政规范概述 ……………………………………… 135
　　第二节　行政立法 …………………………………………… 138
　　第三节　行政规定 …………………………………………… 150

第六章　行政许可 …………………………………………………… 155
　　第一节　行政许可概述 ……………………………………… 155
　　第二节　行政许可的设定 …………………………………… 161
　　第三节　行政许可的实施 …………………………………… 165

第七章　行政处罚 …………………………………………………… 177
　　第一节　行政处罚概述 ……………………………………… 177
　　第二节　行政处罚的种类和设定 …………………………… 180
　　第三节　行政处罚的实施 …………………………………… 185
　　第四节　行政处罚的程序 …………………………………… 190

第八章　行政强制 …………………………………………………… 198
　　第一节　行政强制概述 ……………………………………… 198
　　第二节　行政强制措施 ……………………………………… 203
　　第三节　行政强制执行 ……………………………………… 211

第九章　行政协议 …………………………………………………… 221
　　第一节　行政协议概述 ……………………………………… 221
　　第二节　行政协议的运作 …………………………………… 227

第十章　其他行政行为 ……………………………………………… 239
　　第一节　行政征收 …………………………………………… 239
　　第二节　行政征用 …………………………………………… 244
　　第三节　行政确认与行政裁决 ……………………………… 247
　　第四节　行政给付与行政奖励 ……………………………… 254
　　第五节　行政检查与行政指导 ……………………………… 260

第十一章　行政程序与政府信息公开 269
第一节　行政程序 269
第二节　政府信息公开 282

第十二章　行政复议 303
第一节　行政复议概述 303
第二节　行政复议的范围 306
第三节　行政复议机关及管辖 312
第四节　行政复议的参加人 317
第五节　行政复议的申请与受理 323
第六节　行政复议的审理 327
第七节　行政复议的决定 332

下篇　行政诉讼法论

第十三章　行政诉讼概述 336
第一节　行政诉讼与行政诉讼法 336
第二节　行政诉讼法律关系 344
第三节　行政诉讼的基本原则 347

第十四章　行政诉讼受案范围 353
第一节　行政诉讼受案范围概述 353
第二节　人民法院受理的案件 357
第三节　人民法院不予受理的事项 362

第十五章　行政诉讼管辖 368
第一节　行政诉讼管辖概述 368
第二节　行政诉讼的级别管辖 370
第三节　行政诉讼的地域管辖 373
第四节　行政诉讼的裁定管辖 375
第五节　行政诉讼管辖异议与处理 378

第十六章　行政诉讼参加人 380
第一节　行政诉讼参加人概述 380
第二节　行政诉讼原告 384
第三节　行政诉讼被告 393
第四节　行政诉讼共同诉讼人 398

第五节　行政诉讼第三人……………………………………………… 399
　　第六节　诉讼代表人与诉讼代理人……………………………………… 402

第十七章　行政诉讼证据…………………………………………………… 406
　　第一节　行政诉讼证据概述……………………………………………… 406
　　第二节　行政诉讼举证责任……………………………………………… 412
　　第三节　行政诉讼中证据的提交、调取与保全………………………… 417
　　第四节　行政诉讼中的质证与认证……………………………………… 423

第十八章　行政诉讼程序…………………………………………………… 436
　　第一节　行政诉讼程序概述……………………………………………… 436
　　第二节　行政诉讼的起诉与受理程序…………………………………… 438
　　第三节　行政诉讼第一审程序…………………………………………… 446
　　第四节　行政诉讼第二审程序…………………………………………… 454
　　第五节　行政诉讼审判监督程序………………………………………… 457
　　第六节　行政诉讼审理程序中的有关制度……………………………… 460

第十九章　行政诉讼法律适用……………………………………………… 467
　　第一节　行政诉讼中的审判依据………………………………………… 467
　　第二节　规章的参照适用………………………………………………… 470
　　第三节　其他规范性文件的附带审查与参考适用……………………… 471
　　第四节　对司法解释的援引和指导案例的参照………………………… 473
　　第五节　规范冲突的适用规则…………………………………………… 474
　　第六节　民事法律规范的准用…………………………………………… 476

第二十章　行政诉讼裁判…………………………………………………… 477
　　第一节　行政诉讼判决…………………………………………………… 477
　　第二节　行政诉讼裁定和决定…………………………………………… 490

第二十一章　行政公益诉讼………………………………………………… 494
　　第一节　行政公益诉讼概述……………………………………………… 494
　　第二节　行政公益诉讼的具体制度……………………………………… 498

第二十二章　行政赔偿与行政赔偿诉讼…………………………………… 506
　　第一节　行政赔偿………………………………………………………… 506
　　第二节　行政赔偿诉讼…………………………………………………… 520
　　第三节　行政补偿………………………………………………………… 527

第二十三章　行政诉讼执行程序 ································ 533
　　第一节　行政诉讼执行程序概述 ································ 533
　　第二节　行政诉讼执行的条件、主体与对象 ···················· 534
　　第三节　行政诉讼执行的措施与执行程序 ······················ 538

第二十四章　涉外行政诉讼 ·· 547
　　第一节　涉外行政诉讼概述 ······································ 547
　　第二节　涉外行政诉讼的原则 ···································· 548
　　第三节　涉外行政诉讼的法律适用 ······························ 551
　　第四节　涉外行政诉讼的期间和送达 ···························· 553

后　　记 ·· 555

上篇 行政法论

第一章
行政法概述

第一节 行政与行政权

一、行政的概念和特征

（一）行政的概念

行政法是有关行政的法。因此，要认识行政法，首先必须理解行政的含义。

"行政"一词的英文是 administration，除解释为"行政"外，还有"管理""执行""实施"以及"行政机关"等含义。《现代汉语词典》对"行政"的解释是：行使国家权力；机关、企业、团体等内部的管理工作。① 《辞海》对"行政"的解释是：(1) 泛指各种管理工作。如国家管理工作、社团管理工作、企业管理工作、事业单位管理工作等。(2) 专指国家行政机关的组织管理活动。② 从上述解释可以看出，行政的含义一般可以从两个方面来理解：一是从一般意义上来解释行政，即行政是一定的组织对其事务的管理和执行活动。从这一角度说，行政存在于一切社会组织之中，不仅包括国家和社会事务的行政，还包括社会组织、私人企业的行政。行政是所有组织应有的一种职能。这是从广义角度对行政的理解。二是仅从国家职能的角度来理解行政，认为行政是国家的一种管理职能。《法学词典》将行政解释为"政府依法管理国家事务的活动"③，将

---

① 参见中国社会科学院语言研究所词典编辑室编：《现代汉语词典》（第 7 版），商务印书馆 2016 年版，第 1466 页。
② 参见《辞海》，上海辞书出版社 2000 年版，第 959 页。
③ 《法学词典》，上海辞书出版社 1985 年版，第 333 页。

"行政"与政府对国家事务的管理活动联系起来。所以,马克斯·韦伯认为:"行政管理不仅仅是一个公法的概念。有私人的行政管理,诸如自己家庭预算或者一个营利企业的行政管理,也有公众的行政管理,也就是说,通过国家机构或者其他的、由国家给予合法化的、即他治的公众机构进行的行政管理。"①行政法中的"行政",从传统意义上说,应当是属于一种与国家的公共管理职能相联系的活动,是对应于国家的立法、司法作用而存在的一部分国家作用。

因此,行政法中所说的行政首先表现为一种国家的职能,是国家作用的体现,因而必须将它同国家活动联系起来考察。马克思曾经指出:"行政是国家的组织活动。"②实际上就是指国家的一种管理和执行活动。虽然马克思并非专门对行政下定义,而是在论述资本主义国家作用的特定场合时对行政所作的解释,但却指出了行政的本质。第一,行政是一种国家的活动,而不是一般的社会活动。只有国家、国家机关才有权进行行政活动。因此,只有在国家出现以后才有行政。同时,行政又是一个历史概念。将来国家消亡了,行政也将自然消亡。第二,行政并不是国家的所有活动,而仅仅是指它的组织活动,既对国家和社会事务进行组织和管理,也可同时包括为实施相应的组织和管理活动所进行的对自身的组织和管理活动。第三,行政的最终目的应该与国家的目的相一致。行政必须适应特殊国家的政治思想和宪政体制。③

然而,从学术角度说,关于行政法中行政的含义,始终未能统一。行政法学者为了认识行政的特性,区别其与其他国家作用的界限,从不同的角度对行政的含义作了各种表述,由此产生了不同的定义。主要是:

1. "形式意义的行政"与"实质意义的行政"

根据定义行政的着眼点不同,可以将行政分为"形式意义的行政"和"实质意义的行政"。

形式意义的行政,以行使国家职能的机关的性质作为界定的标准,而不论活动本身的性质如何。维也纳学派(纯粹法学)的凯尔森(Kelsen)和麦尔克尔(Merkl)认为,国家机关可以分为立法机关、行政机关和司法机关,立法是位于宪法之下对宪法第一层次的直接执行,属于立法机关的活动,司法和行政均位于立法层级之下,分别属于司法机关和行政机关的活动。据此,行政就被定义为行使职权时受到上级机关的指挥、命令、拘束,居于上下秩序的机关所实施的法的执行活动。然而,形式意义的行政定义却遭到许多学者的批评,他们认为,以形式意义来界分什么是行政,忽视了其他国家机关也可能进行实质的行政活动的可能性;同时,即使是国家行政机关所执行的行为,也并非都当然属于行政行为。④

实质意义的行政,以国家职能的性质作为界定行政的着眼点,即以执行行政事务

---

① 〔德〕马克斯·韦伯:《经济与社会》(下卷),林荣远译,商务印书馆1997年版,第4页。
② 《马克思恩格斯全集》(第1卷),人民出版社1965年版,第479页。
③ 参见〔美〕詹姆斯·W.费斯勒、唐纳德·F.凯特尔:《行政过程的政治:公共行政学新论》,陈振民、朱芳芳等译,中国人民大学出版社2013年版,第14页。
④ 参见陈新民:《中国行政法学原理》,中国政法大学出版社2002年版,第13页。

为目标的国家活动为行政活动。但是,由于对国家职能本身的界分存在众多不同的观点,因此,对行政的定义同样也呈现出多样化。如受孟德斯鸠的"三权分立"学说影响而将国家职能分为立法、行政和司法三种职能,这种区分方式是目前最广为接受的。而卢梭和法国宪法学家狄骥(Duguit)则主张将国家职能分为制定普遍性规则的活动和适用普遍性规则于具体事件的活动,前者为立法职能,后者为行政职能。① 但是,将国家的职能仅区分为制定普遍性规则的活动和适用普遍性规则于具体事件的活动,混淆了司法职能与行政职能,忽视了二者各自的特殊性,人为地扩大了行政的范围,同样无法有效揭示行政真正的内涵。此外,还有学者将国家职能分为立法、行政、司法和统治四种职能,即将统治职能与行政职能相区分。如持"政治与行政分离说"的美国行政法学家古德诺(Goodnow)即认为,任何政府体制都具有国家意志的表达功能和国家意志的执行功能这两种基本功能,政治就是国家意志的表达,而行政则是国家意志的执行。制定政策是政治,执行政策是行政,政治与行政应分立。这种观点在议会主权盛行、"管理最少的政府是最好的政府"的时代有一定的理论或规范价值,因为相对于"至上"的议会而言,说行政是国家意志的执行,能反映现实关系并有利于控制行政。但在现代,不同等级的行政机关都有决策活动,只是决策的层次、范围、效力的等级不同罢了。行政在其活动范围内,可以说既是国家意志的表达,也是国家意志的执行。强调行政是国家意志的执行已与实际不相符合,也不利于促进行政积极、有效地实现和保障公共利益。②

2. "积极说"和"消极说"

根据定义行政时表述方式的不同,又可将行政分为"积极定义的行政"(积极说)和"消极定义的行政"(消极说)两种,这两种定义方式主要是针对实质意义的行政而言的。

持"积极说"的学者试图从正面角度对行政的内涵加以描述和概括。"积极说"为德、日等国的学者广泛采用,如德国学者沃尔夫(Wolff)和巴霍夫(Bachof)认为,"公共行政是指按照特定条件或者出于特定目的,部分计划地、自主地、创造性地执行共同体事务的活动,以及作为共同体管理人员予以任命的成员"。德国学者彼得斯(Peters)认为,"行政是在具体实践中实现国家目的的活动";蒂姆教授(Thieme)认为,"行政是按计划、针对特定目的,执行既定政治决定的活动"③。日本著名学者田中二郎也认为,行政是"为了积极的实现国家之现实、具体的目的,而以法治规定或受法之拘束,所进行整体性的、一致性、连续性的及形成性的国家活动"④。应当说,上述定义从正面、积极的角度揭示了行政的重要方面,但是这些内容远没有穷尽行政的内涵。由于行政本身及其活动方式具有多样性和易变性,使得一个既能覆盖现代又能预示未来的概括性定义几乎不可能出现,以至德国行政法学家恩斯特·福斯特霍夫

---

① 参见王名扬:《法国行政法》,中国政法大学出版社1988年版,第4—7页。
② 参见罗豪才主编:《行政法学》(新编本),北京大学出版社1996年版,第2页。
③ 转引自〔德〕哈特穆特·毛雷尔:《行政法学总论》,高家伟译,法律出版社2000年版,第5—6页。
④ 转引自陈新民:《中国行政法原理》,中国政法大学出版社2002年版,第14页。

(Ernst Forsthoff)感叹道:行政乃只可描述不可定义。"积极说"将视野定格在典型的行政活动,却忽视了其他国家活动中的行政因素。同时,学者们为了能够更为准确地对行政进行界定,往往会更倾向于采用抽象的术语来表述行政的概念,致使对行政的界定仍然是模糊且难以理解的。

持"消极说"的学者们放弃了从正面的角度对行政内涵进行探究,转而采用将国家权力中非行政的部分予以剔除的方式将行政概括为"除……之外的国家作用"。这种定义首创于德国行政法学家奥托·迈耶(Otto Mayer),迈耶认为,"行政是国家在其法律制度范围内,为实现国家目的而进行的除司法以外的活动"[①]。继奥托·迈耶之后,德国学者耶利内克(Jellinek)认为,"行政是包含立法、司法以外的一切国家作用";哈切克(Hatschek)也认为,"行政即非司法非立法之一切作用"[②]。这些对行政的消极定义逐渐为德国行政法理论通说所接受,并对世界其他国家的行政法学理论产生了很大的影响。如日本行政法学家盐野宏认为,"行政是从国家作用之中除去作为法规制定行为的立法作用、国家的刑罚权的判断作用以及通过一定的裁判程序来判断人与人之间的权利、义务的民事司法等司法作用后,所剩余的一切作用"[③]。可见,对行政的消极定义将行政置于国家活动的总体联系中,并以传统的分权原则作为界定行政的基础。但是,"消极说"以对其他国家作用的积极界定为前提,将对行政的定义依附于对其他国家作用(如立法、司法)的定义,只有在立法和司法本身的界定是明晰的时候,行政的定义才可能明确。因此,通过消极的方法所得出的定义实际上并未对行政作出任何实质性的界定,难以避免其自身定义逻辑不周全的局限。

为了调和"积极说"和"消极说"各自的局限,有学者开始尝试合并使用这两种定义方法对行政进行界定。如德国学者斯泰恩(Stern)在对行政进行界定时,首先消极地排除了立法、统治、国家计划、国防和司法活动,然后又进一步积极地将行政定义为,"执行权力机关或者其他同类法律主体自负其责,按照(或多或少明确的)既定目的,通过具有法律约束力的具体措施,完成共同体交付的任务的活动"[④]。

随着传统的国家作用的分化,立法、行政和司法在性质上的差异得到了社会的普遍认可。对立法与行政的差异可从一般性、具体性角度加以区分。立法是制定一般的抽象规范的国家作用;行政是立法的下位概念,是法的具体化过程,其宗旨是执行法的原则与内容,以实现国家的目标。行政与司法虽然同属于执行法律的国家作用,但是司法的本质是一种判断,而行政的本质却是一种管理。由于立法、行政、司法各自作用的分离,使得对行政的界定成为可能,而上述对行政的定义也都是建立在国家的立法、司法和行政等作用相互独立,即传统分权理论基础之上的。我国虽未像西方资本主义国家那样确立三权分立的宪政基础,但是我国宪法的"议行合一"原则同样确立了立法、司法和行政等国家职能只能由不同机关相互分工各自承担,因此,在探

[①] 〔德〕奥托·迈耶:《德国行政法》,刘飞译,商务印书馆2013年版,第14页。
[②] 转引自杨海坤主编:《中国行政法基础理论》,中国人事出版社2000年版,第4页。
[③] 〔日〕盐野宏:《行政法》,杨建顺译,法律出版社1999年版,第7页。
[④] 转引自〔德〕哈特穆特·毛雷尔:《行政法学总论》,高家伟译,法律出版社2000年版,第6页。

讨我国行政法中的行政定义时,上述各个定义自然具有可借鉴的价值。

从我国宪法的规定看,国家的职能分别由立法机关、行政机关、司法(检察和审判)机关、军事机关承担,因此,我国法律制度中的行政可以定义为:依据我国宪法和法律,除国家的立法、司法(检察和审判)、军事职能之外的国家的组织管理职能。更具体地说,行政是指以国家行政机关为主的,包括其他社会组织管理公共事务和提供公共服务的活动,关注点在于行政职权的行使以及与此相对应的公民权利的保护。

(二) 行政的特征

根据上述行政概念的界定方法和定义本身可知,行政具有以下特征:

1. 行政的目的具有公益性

就行政与国家的关系而言,"行政乃实现国家目的之一切国家作用,而所谓国家目的者,具体言之,即指公共利益或公共福祉而言"①。作为国家组织、管理活动的行政,毫无疑问应当以实现公共利益和维护公共利益为追求,因此,在特定情况下,行政为公益而获得对私益的限制权,皆因其所具有的追求公共利益的属性。行政的这一特征也是行政得以与司法相区别的特征之一。行政以公益为其追求,因此,行政是具有倾向性的,而司法则应当是中立的国家作用,故司法本身并无利益追求,而是运用法进行判断以实现法的意旨的过程。

2. 行政的主体具有法定性

行政是特定的主体代表国家实施的国家的组织、管理活动,因此,进行行政活动的主体本身理所当然应当具有合法性,这也是行政活动获得合法性的前提。各国的宪法或组织法均须对行政的主体进行规定,在我国依法获得行政活动资格的主体主要是国家行政机关。根据我国《宪法》第85条和第105条的规定,中央人民政府以及地方各级人民政府的行政分别由相应的行政机关来承担。当然,现代意义上的行政的主体已经不再仅局限于国家行政机关。除国家行政机关之外,经法律、法规明确授权的其他社会主体也具有从事相应行政活动的资格。

3. 行政活动具有法定性和裁量性

行政是依法进行的国家组织活动,因此行政发动及进行的过程本身应当受到法律规范的制约,这也是现代法治行政的根本要求。然而,绝对的法治行政对国家立法活动提出的要求却因为立法者的预见能力、法律自身的局限以及立法技术等诸多因素的限制而难以实现,同时,法律规范与社会的瞬息万变之间的时滞也使法律规范难以为行政提供全部的行为依据。为了保证行政得以从公益出发迅速快捷地实施管理以维持社会秩序和保障公共安全,行政在受到法律规范制约的同时,在一定范围、一定程度之内也应具有活动的空间,即行政裁量的空间。当然,这种活动空间的存在,并不意味着裁量的绝对自由性,行政裁量必须在法定的范围内,遵循法律的原则、精神、程序等,合理、正当地进行。

---

① 翁岳生编:《行政法》(上册),中国法制出版社2009年版,第14页。

4. 行政种类具有多样性

行政作为一种国家的组织、管理活动,有效地实现对社会管理的目的是其所追求的价值目标。因此,在法律的规范之下,行政可以选择各种活动方式进行管理活动。因此,应当了解行政的不同表现形式,把握其固有的规律,从而达到准确认识行政的目的。第一,根据行政的任务不同,可以将行政分为秩序行政和给付行政。前者是指有关维护公共秩序与安全的行政;后者是指行政主体通过给予的形式,使个人或团体得到实际利益的行政。第二,根据行政受到法律拘束程度的强弱,可以将行政分为羁束行政与裁量行政。羁束行政是指行政主体的行为受法律规范的严格控制,从而使行政主体不能拥有太多的决定权限,以免侵犯公民的基本权利。裁量行政是指在法律规定的范围内,行政主体拥有较多自主判断与斟酌余地的行政。第三,根据行政手段对公民所产生的法律效果,可以将行政分为侵害行政和授益行政。行政机关侵入公民权利领域并限制其自由或财产,或者给公民施加义务或者负担的,构成侵害行政。行政机关为公民提供给付或其他利益的,构成授益行政。第四,根据行政活动手段或方式的不同,可以将行政分为权力行政与非权力行政。权力行政是通过强制性的支配力量实现行政目的的行政类型,在多数情况下,行政机关的行政活动属于权力行政。例如,税务行政、警察行政等,表现为由法律规定的各种以国家行政权力的强制性为依靠的权力性行为方式。非权力行政则是通过非权力方式,诸如劝告、建议、指导、契约等方式实现行政目的的行政类型。此外,还有其他分类形式,如根据行政管理的领域,可以分为组织行政、人事行政、公安行政、司法行政、民政行政、经济行政、科技行政、教育行政、军事行政、外事行政等。①

二、行政权的概念和特征

(一) 行政权的概念

行政法之所以要对公共行政活动进行规范,是由行政权所决定的。

行政权古已有之,早在国家产生伊始,行政权就获得了其存在的必要,人们为了获得安全、秩序等"公共物品"而聚集在一起,建立国家、社会,而这些"公共物品"有秩序地生产和分配又依赖于行政权的维系。② 奴隶社会及封建社会王权专制统治下,行政权与司法权、经济权等均归属于政府乃至君主个人,高度的集权致使"行政权之发动,几乎不受法规拘束,只需实施可能,得以任意出之"③。这种既无民主,亦无分权、制衡的政治体制显然无法为行政法的产生提供任何制度基础。直到资产阶级革命取得胜利后,分权学说的提出以及资产阶级分权的实践使"行政权从国家的整体统治权

---

① 参见应松年主编:《当代中国行政法》,中国方正出版社2005年版,第6—8页;胡建淼:《行政法学》(第三版),法律出版社2010年版,第2页;周佑勇主编:《行政法专论》,中国人民大学出版社2010年版,第5—8页。
② 参见姜明安主编:《行政法与行政诉讼法》(第二版),北京大学出版社、高等教育出版社2005年版,第4页。
③ 范扬:《行政法总论》,邹荣勘校,中国方正出版社2005年版,第24页。

中分离出来,成为与立法权、司法权相并列的一种独立的国家权力"①。行政权的独立化与资本主义早期强调公民的自由和权利的自由主义思想之间的冲突,使得通过法律对行政权的行使领域进行严格限制成为必然,行政法由此产生。随着社会生活与国家事务的日益复杂,政府的行政管理职能日趋庞大,以至行政权迅速扩张,这又使对行政权进行法律规制进一步成为一种普遍的社会需求,行政法也因此不断发展和完善。可见,行政权是行政法的理论基点,也是行政活动的内核和行政法的本源所在,它贯穿于行政法的整个发展过程。在行政法的发展和行政法学的理论研究中,诸如行政主体、行政行为、行政救济等众多行政法学基本范畴的产生均是以行政权为原点向外辐射的结果。

然而,行政权本身"又是一个动态的概念,其具体内容因社会的发展和时代的变迁而有所不同"②,说行政权本身是难以捉摸的并不为过,因此,对行政权的界定同样困难重重。古今中外众多的学者都曾试图为行政权下一个清晰的定义,如有将行政权界定为"执行法律的权力。它是总统根据联邦宪法第二条的规定所享有的广泛的权力……它区别于制定法律以及对法律纠纷裁判的权力"③;也有将行政权概括为"政府及国家各级行政机关执行法律,制定和发布行政规章,在法律授权范围内,完成行政管理的任务,处理解决问题的权力。它是国家权力体系中的一部分,与立法权和司法权构成国家权力"④,可谓众说纷纭。

就我国行政法学的论著和研究成果来看,对行政权的表述也不尽相同,大致可归纳为以下几种:其一,行政权"是由国家宪法、法律赋予或认可的、国家行政机关和其他公共行政组织执行法律规范,对国家和公共事务实施行政管理活动的权力"⑤;其二,现代意义上的行政权是指"行政机关职务范围内的法定权力和非行政机关行使管理国家和社会公共事务的法定权力"⑥;其三,行政权是指"国家或其他行政主体担当的执行法律,对行政事务进行直接、连续、具体管理的权力,是国家权力的组成部分"⑦;其四,"行政权是国家行政机关或其他特定的社会公共组织对公共行政事务进行直接管理或主动为社会成员提供公共服务的权力"⑧。

上述定义虽然表述有所不同,但究其内涵和实质,我们依然可以发现学者们在对行政权这一概念理解上的一些共同之处:

第一,行政权是行政主体所享有的一项国家权力。在早期的行政法理论中,享有

---

① 杨海坤、章志远:《中国行政法基本理论研究》,北京大学出版社2004年版,第15页。
② 同上。
③ *Black's Law Dictionary*,West Publish Co.,1979,p.511.转引自胡建淼主编:《公权力研究——立法权·行政权·司法权》,浙江大学出版社2005年版,第194页。
④ 《行政管理学大辞典》,中国社会科学出版社1989年版,第211页。
⑤ 罗豪才、湛中乐主编:《行政法学》(第四版),北京大学出版社2016年版,第3页。
⑥ 张正钊等主编:《比较行政法》,中国人民大学出版社1998年版,第289页。朱新力在其主编的《行政法学》一书中亦作出类似表述,即行政权是指"行政机关职务范围内的法定权力和非行政机关行使的法定的管理国家行政事务的权力"。参见朱新力主编:《行政法学》,浙江人民出版社2002年版,第8页。
⑦ 应松年、薛刚凌:《论行政权》,载《政法论坛》2001年第4期。
⑧ 杨海坤、章志远:《中国行政法基本理论研究》,北京大学出版社2004年版,第17页。

行政权的主体被严格限定为行政机关,而排除了社会领域或个人享有行政权的情形。但是,随着国家管理形态的变化,行政本身内涵的不断丰富,行政权专属于行政机关的局面逐渐被打破。有学者就曾指出:"与国家和社会重大利益相关的管理职能由国家行政机关所独有,如有关国防、外交、财政、规划、经济调控、市场监管等职能;而大量的执行性、操作性事务尤其是公共服务的供给职能则完全可以放手由某些社会公共组织代为行使,如对律师的培训、考核、违纪惩戒等事务就可以由非政府组成部门的律师协会掌管"①。可见,将有关行政事务交由非公权性质的其他组织完成,即法律、法规对特定社会组织进行授权的情形日益普遍,行政权的享有主体已经从行政机关扩展到经法律、法规授权的非政府社会公共组织。此外,对于行政权的国家权力属性,即其为区别于立法权、司法权的一项国家权力已经得到学界的普遍认可。前述几种对行政权的定义就均将行政权与立法权、司法权相区分,在一定程度上揭示了行政权在国家权力体系中的特殊地位。

第二,行政权是一种管理公共事务和提供公共服务的权力。对于行政权以管理公共行政事务为内容,包括执行国家的法律、管理国家行政事务等,学界普遍不存在争议,这也是早期行政权的核心内容。然而,随着社会的发展和行政本身内涵的丰富,现代意义上的行政权对政府提出了更高的要求,即"国家除了要提供个人需要的社会安全,还要为公民提供作为经济、社会和文化条件的各种给付和设施","提供为人们生活所必要的条件和给付"②。因此,公共服务的提供显然也被纳入行政权的范畴,成为行政权疆域内不可缺少的组成部分。

基于以上分析,我们认为,对行政权可以作这样的界定:现代意义上的行政权是国家行政机关或其他特定的社会组织进行行政活动,包括管理公共行政事务和为社会成员提供公共服务的国家权力。

(二) 行政权的特征

关于行政权的特征,国内许多学者都有过论述,不少学者在对行政权作出界定的同时亦会对行政权的特征进行描述,如有的学者将行政权的特征概括为行政权对社会具有直接的影响力、强制性和扩展性;③有的学者则认为行政权具有国家意志性、执行性、法律性、强制性四大特征;④有的学者通过行政权与司法权的对比指出了行政权具有主动性、倾向性、可转授性、效率优先性等十大特征;⑤还有学者认为行政权除了上述特性外还应当具有优益性。⑥可以说,这些论述从不同的角度对行政权的特征进行了阐释,在一定程度上揭示了行政权的特殊性。

---

① 杨海坤、章志远:《中国行政法基本理论研究》,北京大学出版社 2004 年版,第 18 页。
② 〔德〕哈特穆特·毛雷尔:《行政法学总论》,高家伟译,法律出版社 2000 年版,第 17 页。
③ 参见应松年、薛刚凌:《论行政权》,载《政法论坛》2001 年第 4 期。
④ 参见胡建淼:《行政法学》(第四版),法律出版社 2015 年版,第 3—5 页。
⑤ 参见孙笑侠:《法律对行政的控制——现代行政法的法理解释》,山东人民出版社 1999 年版,第 249—254 页。
⑥ 参见张尚鷟主编:《走出低谷的中国行政法学——中国行政法学综述与评价》,中国政法大学出版社 1991 年版,第 57 页。

我们认为,对行政权的特征的界定应当注意把握两个方面:其一,行政权的特征是其区别于立法权、司法权等其他国家权力的标志与特性。行政权除了具有权力所具有的一般特征(如强制性等)外,还应当具有立法、司法所不具备的某些独有的特性,对行政权特征的概括必须突出行政权的这些独有的特性。另外,某些特性可能是立法、司法等国家权力所共有的,但是其在行政权的运作过程中表现得格外明显,这些特征也应当为我们所关注。其二,行政权的特征在不同的历史时期、不同的国家形态下会呈现出一定的差异性,对行政权特征的考察不能忽视行政权特征的变化与发展,应当从历史发展的纬度来揭示行政权特征的演变,从而更好地把握现代意义上的行政权的特征。

基于上述两个方面的考虑,行政权总体上应当具有以下几个主要特征:

1. 行政权具有直接性与主动性

直接性是行政权区别于司法权和立法权的最明显的特征。就权力的运作方式而言,司法权的运作遵循"不告不理"原则,以诉方、控方的请求为司法权运作的动因,因此,司法权不会直接、主动地对公民的利益进行干预并产生影响。立法权的运作亦是如此,立法权与社会的发展变化之间存在一定的时滞性,且立法权运作的结果即法律、法规等往往要借助于行政或司法活动才会对公民的权益产生作用。但是,相比之下,行政权与相对人之间的联系更为经常、广泛和直接,它往往处于一种主动处理行政事务、提供公共服务的地位,对公民的权益产生的影响也最为直接和现实。当然,行政的这种主动性亦不是绝对的,如现代行政法中依申请的行政行为即排除了行政机关的主动性。

2. 行政权具有公益性

行政权的这一特征虽然并非为行政权所独有,但是从行政权的含义来看,公益性在行政权的运作中表现得最为淋漓尽致。如前文所述,行政权是应人们对安全、秩序等"公共物品"的生产和分配的秩序性需求而产生的,这种秩序性的需求就是公共利益的一种原始形态。而现代行政又以管理社会公共事务和为社会成员提供公共服务为其内容,因此,行政权必然以追求公共利益为基本价值取向,以实现有效增进与公平分配社会公共利益的价值追求。当然,现代意义上的行政权在追求公益最大化的同时,更将关注点放在了对相对人权利与自由的尊重和保护上,以不能逾越公民基本权利和人格尊严的忍耐为底线,这也是现代行政权与古代、近代行政权的重要区别之一。

3. 行政权具有扩张性

从本质上来说,权力都具有天然的扩张性,行政权的扩张趋势是立法权和司法权所无法比拟的。为了应对日益庞杂的管辖事务,行政权所介入的领域也相应持续地增加。从行政权产生伊始单纯地维护社会秩序和安全到19世纪末20世纪初对经济的干预,继而又在20世纪中叶开始介入环境保护、社会保障等领域,行政权的触角几乎遍及公共事务的各个角落,"公民'从摇篮到坟墓'的一切活动都可能会与行政权发生关系"①的说法就足以证明行政权的这种扩张性。而如今,行政权更日益渗透到立法领域和司法领域,行政立法、行政司法的产生即是典型表现。

4. 行政权具有优益性

行政权的这一特征是由行政权目的的公益性所派生出来的。行政权不同于社会成员个人的权利,体现的是国家意志和公共利益,因此,行政主体所行使的行政权具有一定的优先性和受益性。行政权的优先性包含两层含义,即首先,行政主体在行使行政权、履行行政职务时,紧急情况下可以采取先行扣留、即时强制等先行处置措施,同时还可在执行紧急公务时,要求有关组织和个人协助执行或者提供方便,如《人民警察法》关于人民警察因履行职务的紧急需要,可以优先乘坐公共交通工具、优先通行的规定就体现了这种优先性。其次,行政主体所作出的行政行为具有先定力(公定力)是行政权优先性的另一层含义,行政行为一经作出即被推定为有效,除非依法定程序予以撤销。行政权的受益性,则指行政主体行使行政权、履行行政职务时依法获得国家的物质保障和优惠条件。但需要注意的是,现代意义上的行政权所具有的优益性要受到更多的限制,即更强调以维护公共利益和社会秩序为前提要求,以及更注重行政权的优益性与相对人的合法权益之间的权衡,以给相对人的合法权益造成的侵害最小为宗旨,这也是现代意义上的行政权所具有的优益性与古代、近代意义上的行政权的优益性之间的重要差异。

出了上述特征之外,在行政权的运作过程中,还存在其他一些特征使之得以与立法权和司法权相区分,如行政权所具有的执行性使之与立法权相区别;行政权的效率优先性使之与司法权的公平优先性相区别;而行政权的应变性又与司法权和立法权的稳定性相区别等等,这些特性同样反映出行政权的独特之处。

从历史的维度来说,上述特征是各个时期行政权普遍具有的,但是我们也必须看到,随着时代的发展,行政权在不同时期也表现出某些不尽相同的特征。如现代行政权的法律性,即行政权是法定的权利,必须由法律所设定,就是古代行政权所不具备的;而行政权的不可处分性,即行政主体有权实施行政权,但无权对它作任意处分,也因为行政权主体的扩张而褪去了绝对特征的外衣。

(三) 行政权的内容与形式

行政权的内容与行政权的形式是两个容易混淆的概念。行政权的内容所揭示的是行政权的"疆域",即行政权所管辖的具体事务的范围;而行政权的形式则说明行政权运行的方式,即行政权怎样具体管理行政事务。

1. 行政权的内容

在我国,行政权并不是一个法律直接规定的概念,而是为了揭示行政活动的性质从法律规范中推导出来的,推导的直接法律根据是《宪法》第85条即"中华人民共和国国务院,即中央人民政府,是最高国家权力机关的执行机关,是最高国家行政机关"

---

① 杨海坤、章志远:《中国行政法基本理论研究》,北京大学出版社2004年版,第17页。

和《地方各级人民代表大会和地方各级人民政府组织法》第54条即"地方各级人民政府是地方各级人民代表大会的执行机关,是地方各级国家行政机关"的规定。行政权这个概念本身是抽象概括的产物,因此,行政权的内容必须通过法律规范对行政职权,即法律赋予行政主体与其行政目标相适应的管理资格和权能的规定而得到具体化,由行政主体所拥有的行政职权即是对行政权进行具体配置的结果。因此,行政职权的内容反映了行政权的内容。在我国,国务院的行政职权主要是由宪法规定的,根据我国《宪法》第89条所列举的国务院的十八项行政职权,我国行政权的内容相应可以归纳为行政事权、财权和组织人事权三类。①

行政事权也就是行政权管辖的事务范围。随着社会的发展,行政事权在不断扩展。按照管辖事务的不同,又可将事权划分为:(1)安全保障,包括外交权、军事权、紧急权力、治安权、特赦权和减刑权等;(2)发展经济,《宪法》第89条第5、6项所规定的编制和执行国民经济和社会发展计划和国家预算,以及领导和管理经济工作和城乡建设的职权即属于此类;(3)文化建设,主要包括教育组织权和文化发展权等;(4)社会保障,包括环境保护权、失业救助权、福利保障权等。

行政财权是国家对维系行政事务的管理所依赖的各种物质手段的管理权。具体可以划分为:(1)财政收入权,主要是国家依法核定税款和征收税款、行政收费、行政处罚等方面的权力;(2)财政支出权,如管理修建基础设施、兴办公共事业、各种经费支出等方面的权力;(3)财产管理权,即对公共财产的支配、使用,维护和修缮,决定公共财产的管理形式等方面的权力。

组织人事权是设置行政主体或行政主体设置行政组织、行政机关和管理公务人员的权力。具体包括两个方面:(1)行政组织权,如依法设置行政组织、行政机关;决定行政机关内部机构主管事项、职能的调整;批准公法人的成立、合并和撤销;实施委托管理等方面的权力;(2)人事管理权,如公务员的考试权、录用权、培训权、晋升权、奖励制裁权、退休退职权等,另外还包括对人事争议的裁决权等。

2. 行政权的形式

行政权的形式复杂多样,不同的国家、不同的国情会产生不同的形式,就我国目前的行政实践来看,行政权主要包括下列几种常见的形式:(1)行政立法权,即行政机关制定行政法规、规章等具有普遍约束力的规范性文件的权力;(2)行政处理权,即行政机关就具体的事件作出处理的权力,这也是最原始、最传统意义上的行政权;(3)行政许可权,即行政机关根据相对人的申请,以书面证明或其他方式允许相对人从事某种行为,确认某种权利,授予相对人某种资格和能力的权力;(4)行政处罚权,即行政机关对违反行政法律规范的相对人予以行政制裁的权力;(5)行政强制权,即行政机关为预防、纠正违法行为和确保行政法上义务的履行而采取强制措施的权力。

---

① 对于行政权的内容,应松年、薛刚凌在《论行政权》(《政法论坛》2001年第4期)一文中有详尽的论述,以下对行政权的内容和形式的论述主要参考了该文。

第二节 行政法的基本内涵

一、行政法的概念和特征

(一) 行政法的概念

行政法,顾名思义,是规范行政活动的法。但在对这一概念作更为具体的界定时,由于国别、历史时期等的差异,以及学者理解角度的不同,对行政法的定义也样态纷呈。

例如,英国行政法学家威廉·韦德从行政法的目的、功能、内容及形式多个角度将行政法定义为"控制政府权力的法,是管理公共当局行使权力、履行义务的一系列普遍原则"[1]。美国行政法学家伯纳德·施瓦茨基于行政法的调整对象和内容等角度认为,"行政法是管理政府行政活动的部门法。它规定行政机关可以行使的权力,确定行使这些权力,确定行使这些权力的原则,对受到行政行为损害者给予补偿"[2]。德国行政法学家毛雷尔从行政法调整的内容和表现形式的角度界定行政法,即"行政法是指以特有的方式调整行政——行政行为、行政程序和行政组织——的(成文或者不成文)法律规范的总称,是为行政所特有的法。但是,这并不意味着行政只是行政组织及其活动的标准。更准确地说,行政法是,并且正是调整行政与公民之间的关系,确立公民权利和义务的规范,只是其范围限于行政上的关系而已。"[3]日本行政法学家美浓部达吉则从行政法的性质、内容等角度指出,"行政法者,为国内公法之一部分,规定行政权之组织及行政权主体的国家或公共团体与其所属人民之关系之法"[4]。

就我国学者对行政法的定义来看,同样由于理解角度的差异而产生了多种多样的行政法定义,大体可以归纳为以下几种:

1. 从内容方面定义

例如,认为"行政法是有关行政的主体、职权、行为及程序、违法及责任和救济关系等的法律规范的总称"[5],或者"行政法是有关行政主体的组织、活动及行政救济的法律规范系统"[6]。

2. 从调整对象方面定义

例如,认为"行政法是调整行政关系的法律规范的总称,或者说是调整国家行政

---

[1] 〔英〕威廉·韦德:《行政法》,徐炳译,中国大百科全书出版社1997年版,第5—6页。
[2] 〔美〕伯纳德·施瓦茨:《行政法》,徐炳译,群众出版社1986年版,第1—2页。
[3] 〔德〕哈特穆特·毛雷尔:《行政法学总论》,高家伟译,法律出版社2000年版,第33页。
[4] 〔日〕美浓部达吉:《行政法撮要》,程邻芳、陈思谦译,商务印书馆1934年版,第32页。
[5] 应松年主编:《行政法与行政诉讼法学》(第二版),法律出版社2009年版,第7页。
[6] 周佑勇主编:《行政法专题》,中国人民大学出版社2010年版,第8页。

机关在行使行政职能过程中发生的各种社会关系的法律规范的总称"①，或者"行政法，就是调整行政关系——即调整国家行政机关在行使执行、指挥、组织、监督诸职能过程中发生的各种社会关系——的法律规范的系统"②。

3. 从结果方面定义

例如，认为"行政法是关于国家行政组织及其行为，以及对行政组织及其行为进行监督的法律规范的总称"③，或者"行政法是关于行政权力的组织分工和行使、运作，以及对行政权力监督并进行行政救济（或补救）的法律规范的总称"④。

4. 从内容和调整对象方面定义

例如，认为"行政法是规定国家行政机关的组织、职责权限、活动原则、管理制度和工作程序的，用以调整各种国家行政机关之间，以及国家行政机关同其他企事业单位、社会团体和公民之间行政法律关系的各种法律规范的总称"⑤。

5. 从内容以及法律体系中的地位方面定义

例如，认为"行政法是法律体系中的一个重要组成部分，是规定有关国家行政机关组织和管理活动的基本原则，职责权限、各种制度、工作程序等一系列法规的总称"⑥。

6. 从调整对象以及在法律体系中的地位方面定义

例如，认为"行政法是国家重要的部门法之一，是调整行政关系以及在此基础上产生的监督行政关系的法律规范和原则的总称，或者说是调整因行政主体行使其职权而发生的各种社会关系的法律规范和原则的总称"⑦。

7. 从内容、调整对象以及目的方面定义

例如，认为"所谓行政法，是指有关国家行政管理的各种法律规范的总和，是以行政关系为调整对象的一个仅次于宪法的独立法律部门，其目的在于保障国家行政权运行的合法性与合理性"⑧，或者"行政法，是调整行政活动的法律规范的总称，它主要规范国家行政权力的组织、行政权力的活动以及对行政活动的后果的补救，其目的在于确认或建立符合人民意志或利益的行政法律秩序"⑨。

8. 从内容、调整对象以及在法律体系中的地位方面定义

例如，认为"行政法，作为一个独立的法律部门，它是由国家制定的，规定国家行政机关的组织、职责权限、活动原则、管理制度和工作程序的，用以调整国家行政机关之间，以及国家行政机关同其他国家机关、企事业单位、社会团体和公民之间行政法

---

① 罗豪才主编：《行政法学》，中国政法大学出版社1989年版，第2页。
② 姜明安：《行政法学》，山西人民出版社1985年版，第7页。
③ 应松年、朱维究：《行政法学总论》，工人出版社1985年版，第19页。
④ 王连昌主编：《行政法学》（修订版），中国政法大学出版社1997年版，第1页。
⑤ 王珉灿主编：《行政法概要》，法律出版社1983年版，第1页。
⑥ 夏书章：《机构改革与行政法》，载《人民日报》1982年3月15日第5版。
⑦ 罗豪才主编：《行政法学》（第四版），北京大学出版社2016年版，第7页。
⑧ 胡建淼：《行政法学》（第四版），法律出版社2015年版，第7页。
⑨ 张树义主编：《行政法学新论》，时事出版社1991年版，第13页。

律关系的各种法律规范的总和"①,或者"行政法,是指有关国家行政管理规范的总称,是以行政关系为调整对象的一个仅次于宪法的独立法律部门,目的在于保障国家行政权运行的科学性、民主性和合法性"②。

这些立足于不同方面的定义本身并无根本上的孰优孰劣之分,只是反映出学者们对行政法这一客观现象的不同理解,以及对行政法研究的不同侧重点。

我们认为,在定义行政法的时候,应注意到以下两点:其一,从法律体系的角度来说,只有当某些法律规范所调整的是同一类社会关系时,这些法律规范才能构成一个独立的法律部门。因此,作为法的一个部门的行政法,其概念和体系以及调整对象应具有同一性。行政法没有像民法、刑法那样的法典,而是由以分散的方式存在于各个具体法律规定中的规范行政活动的法律规范组成的,只有这些规范自身在概念和体系以及调整对象方面具有内在的同一性,才能够成为部门法。同时,这种同一性也正是行政法学得以成立的理论基础。其二,作为部门法的行政法,应具有自身的独立性和固有的调整领域,具有能够区别于宪法,以及不同于民法、刑法等部门法的特点,才能够成为部门法。

根据以上两点要求,对行政法可以定义为:行政法是调整行政关系,规范行政权的组织和活动的国内法律规范的总称,这一定义可以从以下几个层面进行理解:

其一,行政法是调整行政关系的法。行政法的调整对象是确定的,即始终以行政关系为调整对象。行政法对行政关系进行调整,对行政权的组织和活动进行规范,其根本目的在于规范行政权的运作。而行政权的行使或运作又是以行政或行政活动为外在载体的。可以说,行政法通过对行政关系的调整,确立行政权行使主体的权力和职责,从而对行政或行政活动进行规范,实现其规制行政权的价值取向。因此,调整对象的确定性,决定了行政法作为一个独立法律部门的地位。

其二,行政法是规范行政固有领域的法。行政法是有关行政的法律规范。但是,行政法并不是指有关行政机关活动的全部法律规范的总和。在种类繁多、内容复杂、性质各异的有关行政机关活动的法律规范中,诸如行政机关与公民、法人或其他组织基于平等的法律地位而签订机关办公楼建设承包合同、办公用品采购合同等行为虽与行政有一定关联,但并不属于行使行政权对社会进行的组织管理活动,因而遵循意思自治原则,受民事法律规范,由此发生的纠纷如诉诸诉讼手段则应该适用《民事诉讼法》所规定的诉讼程序。但是,与此不同,涉及行政权行使以及其他为实现公共利益的行政活动,则在行政的固有领域中显然难以由民事法律规范进行调整,而应由行政法进行规范。

其三,行政法是有关行政的国内法。行政的范围是十分广泛的,在通常所称的行政,即国内行政之外,还存在着国际行政,即国家关系之中存在的行政。但是,国际行政是由国际公约、条约等所确立的国际法规范调整,其领域与国内法不同。行政法中

---

① 韩国章、吕北安、崔卓兰编著:《行政法概论》,吉林大学出版社1985年版,第2页。
② 张焕光、胡建淼:《行政法学原理》,劳动人事出版社1989年版,第59页。

所指的行政只包括国内行政。当然,应当注意,一国所加入或签订的国际公约或条约也对国内行政拥有拘束力。

(二) 行政法的特征

行政法是由规范行政的组织、活动等法律规范所组成。行政法得以成为一个独立的法律部门,应当具备可以区别于其他法律部门的特点。

首先,就形式而言,行政法不具备统一的法典,由广泛散见于各行政法律规范文件中的法律规范组成。"因为行政法规范内容广泛、众多,具体规范又随着行政管理的发展和需求而不断变动,而且专业性、技术性强,不同领域要求不同。要想制定一部既包罗万象,又相对稳定不变的法典,其难度就可想而知了。"[1]当然,也有国家已经在进行行政法法典化的尝试,[2]但这种尝试仅仅是行政法总则的法典化,对于大量的部门行政法而言,难以实现统一和法典化。

其次,就内容而言,行政法的特点使之与其他部门法之间的区别表现得更为明晰,具体来说,主要包括:

(1) 公益优先性

行政法以公共利益为本位,行使行政权就是为了实现公共利益,因此,行政法承认行政权具有优先性。行政主体与其他法律主体(如公民)处于对等地位时所为的一定的行为,如缔结行政合同等,行政法也常常基于公共利益的考量而采取一定特别的措施以确保公共利益的实现,这就是公益优先性的典型表现。

但是,行政法所承认的公益优先性并非一种绝对的公益优先状态,为了公益而无条件、无限制地限制私益同样与行政法的价值追求相违背。在公益和私益相冲突的情况下,行政应尊重和维护私益,通过如公用征收、土地征用等补偿机制的建立来协调公益与私益的矛盾,从而在整体上实现行政的公益目的。这也是现代行政法的发展趋势之一。

(2) 行政权主体的优越性

行政法所规范的主要是行政权的主体,表现为行政主体(如行政机关)与行政权所指向的对象和行政相对人(如公民)之间的法律关系,这是一种权力关系,如取缔未经许可的经营活动、征用非国有土地所有权或已出让的国有土地使用权等便是这种权力的体现。行政法自然应监督和控制行政权,禁止行政权违法发动和运作。但这种法律规范方式与其他法律规范,尤其是与民法所承认的法律关系主体相互平等不同,行政法承认行政权是支配权,即在行政主体与行政相对人的行政法律关系中,行政主体相对于行政相对人而言,其意思具有优越性。换言之,行政主体可以根据法律,在法律允许的范围之内不受行政相对人或其他社会主体的意思的约束,单方面地命令行政相对人,要求行政相对人服从其意思(如征税等)或单方面地形成、变更或消

---

[1] 余凌云:《行政法讲义》,清华大学出版社2010年版,第11页。
[2] 如荷兰《行政法通则》1994年1月正式生效,对在行政法不同领域可以用一种共同方法规定的事项作了统一规定。

灭法律关系(如征用非国有土地、解散法人等)。

(3) 程序性规范与实体性规范的一体性

从民法、刑法等法律部门的体系来看,均呈现出程序法与实体法相分离且界限较为分明的形态,但行政法却不同,具有程序性规范与实体性规范的一体性,甚至有学者称:实体法和程序法的模糊性是行政法得以与其他法律部门相区别的重要特征。行政法的这一特征是由行政活动本身的特点所决定的。虽然行政诉讼法独成法典,但行政诉讼法只对行政活动进行事后控制,是行政法程序性规范的一部分,而行政法在规范行政活动的同时,还必须对行政权的行使进行控制,即对其运作的步骤、次序、时限、方式等程序进行规定。因此,即使在一个行政法律规范文件中,也往往既有规定行政权利义务的实体性规范,又有规定权利义务实现程序的程序性规范,二者共存且相互交织,不仅为行政主体行使职权提供法律依据,同时也对行政主体行使职权的过程予以法律控制。

上述三个特点可以说是行政法在内容方面的主要特点,但行政法内容的特点不仅仅限于此,随着社会的发展,行政法在内容方面的特点也随之呈现出多样性和发展性。具体主要表现为以下三个方面:

其一,现代行政法在强调公益优先性和行政主体优越性的同时,开始注重对行政的意思形成过程的严格规范,如制定事前听证程序、信息公开等制度,使行政承担特别的义务;其二,现代行政不再仅仅以实现公益为唯一目的,以实现生存权为目的从而为公民提供社会保障等也成为行政法的基本价值;其三,现代行政法在兼容程序性规范与实体性规范的同时,开始更为注重程序性控制,呈现出权力结果的实质性和权力过程的形式性并重的发展态势,如我国《行政处罚法》《行政许可法》《行政强制法》等行政法律规范中较为详尽的程序性规定即是一种有益的探索。

因此,在概括行政法内容的特点时,不仅应该注意其公益优先性、行政主体的优越性以及程序性规范和实体性规范的一体性这些主要特点,更应该从发展的角度关注其随时代的变迁所体现出来的多样性。

二、行政法的调整对象

作为一个独立的部门法,行政法有其特有的调整对象,简单来说,行政法的调整对象即行政关系。所谓行政关系,是指行政的过程中发生的各种社会关系,更确切地说,是行政权的整个运行过程中发生的各种各样的社会关系。具体来说主要包括以下三类:

(一) 行政管理关系

行政管理关系因其对象不同又可分为外部管理关系和内部管理关系。

外部管理关系,是指行政机关及特定的社会组织以自己的名义行使行政权,进行行政活动时与作为相对人一方的公民、法人或者其他组织之间的关系,是最常见、最典型的行政关系的形态。这类行政关系的主体具有固定性,即只能发生在行政主体与行政相对人之间,且行政主体处于管理者的主导地位。在实践中,行政主体实施的大量的行政行为,如行政处罚、行政许可、行政强制等,均明确指向行政相对人,对相对人的权利义务产生实际的影响,在二者之间形成相应的行政关系,调整这类关系的法律规范,如《行政处罚法》《行政许可法》等,显然属于行政法范畴。

内部管理关系则主要包括发生在行政机关之间的行政组织关系和行政机关与其公务员之间因录用、工资福利、奖惩等发生的关系。调整此类行政关系的法律规范主要是中央、地方组织法及公务员法等。

(二) 行政监督关系

这类关系发生在对行政权进行监督的过程中,是指依法享有监督权的特定的主体,依照法定的方式和程序对行政权的行使者及其所实施的行政行为进行监督而发生的关系。这类关系的主体与行政管理关系相比更为多元,监督主体包括权力机关、监察机关、司法机关、检察机关等,而被监督的主体包括行政主体、国家公务员以及其他行政执法组织人员。

在实践中,诸如国家权力机关对行政机关制定行政法律规范的行为进行监督时发生的关系、监察委员会对所有行使公权力的公职人员的职务行为进行监督时产生的关系、人民法院通过行政诉讼的方式对行政主体实施的行政行为进行监督时产生的关系、行政监察机关通过政务处分的方式对国家公务员的行为进行监督时产生的关系等均属于此类行政关系。调整这类行政关系的法律规范主要包括宪法、国家监察法、国家机关组织法等。

(三) 行政救济关系

这类关系主要发生在因行政相对人的申请,行政救济主体对行政相对人认为侵犯其权益的行政主体行政行为进行审查,并作出是否予以救济的决定的过程中。这类行政关系的主体包括行政相对人、作出行政行为的行政主体以及行政救济机关,包括信访机关、行政复议机关以及人民法院等。

在实践中,信访机关受理和处理相对人不服行政主体行政行为的申诉、控告和检举而发生的关系,行政复议机关受理和处理相对人不服行政主体行政行为的复议申请而发生的关系,以及人民法院受理和审理行政诉讼案件,并作出裁判而发生的法律关系均属此类。行政救济关系与行政监督关系存在部分的重叠,如人民法院通过行政诉讼的方式对行政主体实施的具体行政行为进行监督时产生的关系,同样也是对相对人予以救济的表现。调整这类行政关系的法律规范主要包括《行政复议法》《行政诉讼法》《信访条例》等。

三、行政法在整个法律体系中的地位

上述部分已经分析了行政法作为一个独立的法律部门所具有的特殊性。下面从行政法在整个法律体系中的地位,即行政法与其他法律部门的关系这一侧面来进一步认识行政法的特殊性。

(一) 行政法与宪法的关系

"行政和行政法主要由其所在时代的宪法决定"[①]。从规范事项的角度来看,宪法规定了国家的基本性质以及公民的基本权利义务,同时也从国家整体出发,规定了国家的组织、权力划分和活动的基本原则。作为其中的一个部分,宪法在规定了我国的立法机关、司法机关、军事机关的组织及活动原则的同时,对行政机关的组织及活动所应遵循的基本原则也作了规定。行政法则以行政权为中心概念,将宪法所规定的行政权的内容具体化,使宪法中"旨在表达有关国家及其任务和权限以及国家与公民之间关系规则的决定"[②]在行政和行政法中体现出来,进而得到实施。同时,"行政法处于宪法之下,发挥着手段性、技术性的具体作用"[③],宪法具有强烈的政治性、思想性,为行政法提供了理论基础,而行政法则相对具有技术性和中立性,是宪法理念在行政领域动态的体现。

从实际制度关系的角度来看,宪法是根本大法,具有至高无上的法律效力,而行政法作为仅次于宪法的部门法,其法律效力亦低于宪法层级。因此,宪法所规定的行政的组织和活动的基本原则,行政主体必须遵守;行政法所规定的任何有关行政的组织和活动的规定,也都不得与宪法相抵触,否则无效。

(二) 行政法与民商法的关系

民商法(私法)是调整平等的社会主体之间的财产关系和人身关系的法律部门。除纯粹的身份关系法之外,民商法所涉及的是平等、对立的社会主体相互之间的经济交易关系,是以公正地调整彼此相互对立利益为目的的。因此,民商法以私性的意思自治为基本原则。而行政法主要以行政权(公权力)为中心规范行政权的主体与服从行政权的行政相对人以及其他利害关系人之间的关系,这种支配与服从的关系并不能适用民商法上的意思自治原则。虽然在现代行政的某些非权力性的领域,行政主体亦可借助于民商法上的柔性手段,如行政合同等方式达到行政管理的目的,但是由于行政主体的直接目的依然是实现公共利益,因此,同样不能完全适用民商法领域的规则。可以说,行政法和民商法无论在规范领域还是在适用的基本原理方面都存在根本区别。

但是,随着社会的发展,民商法上的法律效果的发生有时也被要求服从于行政法的规范,如中外合资经营企业的合资合同须经有关行政机关批准后方能生效。民商法和行政法相互交叉重复的领域不断出现,行政权介入一些原来完全由民商法规范的领域,如反不正当竞争法等经济法、劳动法领域便属于此。当然,经济法、劳动法等

---

① 〔德〕哈特姆特·毛雷尔:《行政法学总论》,高家伟译,法律出版社2000年版,第13页。
② 同上。
③ 〔日〕和田英夫:《现代行政法》,倪建民等译,中国广播电视出版社1993年版,第36页。

部门法的直接目标是对市场竞争、经济秩序的控制和维护,而行政法的直接目标则是控制行政权。因此,在经济法等领域,行政权也不完全采用强制的方式对待经济生活,而是以行政管理与经济自治相补充、相渗透的模式运作。可见,经济法等领域的出现,体现了公权力与私权利的直接碰撞与平衡,体现了公法与私法所涉及的社会关系的重叠。

(三) 行政法与刑法的关系

行政法和刑法是独立的两个法律部门。刑法是国家对危害社会的犯罪行为以刑罚进行制裁的法律规范的总称。而行政法也有涉及秩序行政的领域,如治安管理处罚即是针对尚未构成犯罪的违法行为,因此在依法制裁方面,行政法与刑法具有衔接和补充关系。

四、行政法的分类

行政法的内容十分广泛,针对不同的管理事项,发挥出不同的功能。因此,依据不同的标准,可以将行政法划分为不同的种类,大体上包括:

(一) 行政实体法和行政程序法

行政实体法是指行政活动中关于实体性的权利义务、行政活动的效力等的法律规范。与此相对,行政程序法是指有关行政活动的程序部分的法律规范。行政程序法通常还可以进一步细分为行政决定之前的程序(事前程序)法和行政决定之后的程序(事后程序)法。事后程序法又可以分为行政复议程序法和行政诉讼程序法。在一般场合所称的行政程序法是指行政事前程序法。

(二) 内部行政法和外部行政法

这是依据行政法的对象不同所作的分类。凡涉及行政机关内部管理,即行政机关之间、行政机关与其工作人员之间的管理关系的行政法律规范,称为内部行政法。与此相对,凡涉及行政机关对社会进行管理,即行政机关在进行行政活动时与外部相对人(公民、法人或其他组织)之间关系的法律规范则是外部行政法。规范管理活动的主体即行政机关的内部关系,是为了更有效地组织和实施对社会的管理,因此,外部行政法是行政法的基本和主要部分。

(三) 一般行政法和部门行政法

这是以行政法的规范对象范围为标准所作的分类。一般行政法也称普通行政法,它以行政整体为规范对象,规定所有行政活动均应该遵守的行政法的基本原则,行政机关的组织、职权、公务员制度、行政活动的方式和程序以及责任、判断行政活动合法与否的标准以及行政救济制度等事项。部门行政法是以特定行政领域为规范对象的行政法,如以治安管理行政、工商行政、教育行政、卫生行政等特定领域的行政活动为规范对象的行政法。

(四) 中央行政法和地方行政法

这是以行政法的立法主体及管辖事项和效力的地域范围不同为标准所作的分类。由国家立法机关或中央行政机关制定并且在全国范围内具有普遍效力的行政法律规范为中央行政法。与此相对,由有立法权的地方权力机关或地方行政机关所制定的仅在本行政区域内发生效力的行政法律规范为地方行政法。

(五) 行政组织规范、行政根据规范和行政规制规范

就法律规范与行政活动的关系而言,行政法可以分为行政组织规范、行政根据规范和行政规制规范。行政组织规范是指有关行政权限的配置的行政法律规范,涉及对行政权所辖的全部行政事务进行细分并在各个行政职权的主体之间配置,从而明确行政活动行使者权限范围和相应的责任归属。行政根据规范也称授权规范,是指行政主体从事一定行政活动的法律上的根据(授权)。规制行政主体在进行行政活动时的目的、方式、程序等的法律规范则是行政规制规范。

第三节 行政法的渊源

一、行政法渊源概述

(一) 行政法渊源的含义及其特殊性

法的渊源是法学中的一个非常重要的概念。然而,对于什么是法的渊源,法学理论上却有各种不同的理解。归纳起来,大致有以下四种理解:(1)法的历史渊源,通常指引起特定法律原则或规则产生的过去的事件或行为,如当代大陆法系渊源于罗马法、英美法系渊源于日耳曼法等;(2)法的理论渊源,指对一定法律原则的产生和发展发生重大影响的理论学说,如自然法学说、功利主义哲学等;(3)法的形式渊源,指法的效力的来源,包括法的创制方式和法律规范的外部表现形式,如法律、法规、判例等;(4)法的实质渊源,指法的来源、发源、根源等,也即法的内容导源、派生于何处、发生原因为何等。[①] 我国法理学界认为,我们通常所说的法的渊源,就是指法定的国家机关制定的不同的法律地位或效力的法的一种分类,是法的一种形式。例如,宪法、法律、行政法规和部门规章、地方性法规和地方政府规章、自治条例和单行条例等。[②] 所以,法的渊源就是法的存在形式或者称为法源。而所谓行政法的法源,就是

[①] 参见周永坤:《法理学——全球视野》,法律出版社1999年版,第36页;孙国华主编:《法理学教程》,中国人民大学出版社1994年版,第391—392页。转引自杨海坤、章志远:《行政法学基本论》,中国政法大学出版社2004年版,第28页。

[②] 参见沈宗灵主编:《法理学》,北京大学出版社2003年版,第276—277页。

指行政法的存在形式，即行政法规范构成的来源。我国台湾学者林纪东认为："行政法之法源云者，谓行政法系由何种因素构成者也。欲认识行政法之内容，以为研究与解释适用之准据。"① 日本行政法学者也认为，行政法的法源是指关于行政的组织及其作用的法的存在形式。作为行政法的法源，可以分为成文法源和不成文法源两种。②行政法是有关行政的法，是"国家整体法规范之一部，在现代的法治国家中依法行政原则又是所有行政行为所必须遵奉之圭臬，讨论行政法的法源问题，即在于探究哪些规范是可以用来规范行政行为之准则。易言之，行政法的法源即是在形式上及实质上规范行政行为的法规总称也"③。所以，学者一般都认为，行政法的渊源就是行政法的规范形态或行政法的表现形式。

与其他法律部门相比较，行政法没有像宪法、民法总则、刑法那样具有统一的法典或规定一个法律部门基本原则的法典。行政内容和方式的复杂多样，并且随时代的发展而不断变化，使得行政法在对行政进行规范时难以在技术上进行统一把握，因而行政法至今未能实现法典化。正是基于这个原因，行政法的渊源具有明显的特殊性：

第一，行政法渊源具有表现形式的多样性。行政法的渊源并不是单一的，它是由多种规范形式所组成的，其中既有以有效法律文本形式存在的成文法，也有以习惯、惯例、判例等非正式法律文本形式存在的不成文法；既有代议机关制定的法律，也有行政机关制定的法规、规章，还包括有关的法律解释等。

第二，行政法渊源具有创制主体和法律效力上的层次性。不同的行政法渊源由于不同法律地位的主体创制，因而具有不同的效力。如全国人大及其常委会制定的以法律形式表现出来的行政法渊源，其效力高于国务院制定的以行政法规形式表现出来的行政法渊源。同样，国务院制定的以行政法规形式表现出来的行政法渊源的效力，也高于国务院部门和拥有立法权的地方政府制定的以规章形式表现出来的行政法渊源等。

第三，行政法渊源在功能上具有对行政权的规制性。行政法是规制行政权的法，作为行政法表现形式的行政法渊源，理所当然地具有对行政权进行规范和控制的功能。如行政程序法就非常明显地具有对行政权运作的程序规范功能。

(二) 国外行政法渊源简介

各国的法律制度和法律传统不同，法源也不相同。一般来说，大陆法系国家的法源主要限于成文法，而在英美法系国家，以判例、习惯、法理等构成的不成文法却在法源中占有重要地位。但在行政上，这一"通例"并不完全适用。

在法国，行政法的形式法源(指法律规则表现的形式，即法律规则出现在哪里)分为成文法源和不成文法源，前者是指宪法、和行政事项有关的条约、议会制定的关于

---

① 林纪东：《行政法》，中国台湾三民书局1994年版，第77页。
② 参见〔日〕盐野宏：《行政法》，杨建顺译，法律出版社1999年版，第39页。
③ 陈新民：《中国行政法学原理》，中国政法大学出版社2002年版，第45页。

行政组织和活动的法律、总统和总理所制定的行政法规、部长和地方政府所制定的行政规章,后者是指法的一般原则、判例、习惯法;行政法的实质法源(指构成行政法规则的资料来自什么地方,行政法规则包括什么内容)包括来自法律方面的资料(行政法以外的其他法律部门中的规定、过去的法律制度、外国关于同类行政事项的立法和判例以及法学著作中的行政法学理论),来自经济事实、社会事实、政治、哲学、伦理、道德观念,以及各种社会科学和自然科学的研究成果。① 在不成文法源中,法的一般原则效力和法律相等,内容十分丰富,它是指"法国大革命时期的某些传统思想,以及某些事项的立法精神,社会生活的需要,公平正义感觉的一种表现";而判例又是行政法的重要渊源,行政法上很多原则,在法律没有规定的情况下,由判例产生。即使在成文法有规定的时候,成文法的适用也由判例决定。因此,法国行政法的重要原则由判例产生。②

在德国,行政法的法源是指宪法、正式法律、法规命令、规章和习惯法以及行政法的一般原则、法官法、行政规则和特别命令、国际法和欧共体法。其中,行政法的一般原则主要是通过司法判决和学理形成和发展起来的,具体包括四种途径:其一,由实践中被长期遵守的习惯形成;其二,从宪法的规定和原则中引申出来,这些一般规则被称为"具体化了的宪法";其三,通过对法律材料(法律、法规、判例等)进行系统、抽象、典型的整理而获得,"在浩如烟海的有关各行业的特别行政法规范,特别是联邦行政法院的判决之中,总是存在着适用于其他行业的而不是被限于被处理案件的规则";其四,从所谓的法律原则中引申出来,"根据学理上一种代表性的观点,从正义原则中可以得出一些因其普遍性而适用于任何人的法律原则(基本法律规范)。这种法律原则因其一般性而不能适用于具体案件,但它们可以构成有效的实在法律条款的法律基础,这些法律规范在行政法领域里即成为一般行政法原则"③。

美国的行政法法源分为五类,即宪法、立法(指联邦国会的立法,如联邦国会1946年制定的联邦行政程序法适用于全部联邦行政机关的活动,具有重要地位)、总统的行政命令、行政法规和判例法,前四类都属于成文法法源。然而,美国行政法的重要原则,不是来源于成文法,而是来源于判例法,其中有的判例法是法院对宪法条文或成文法条文的解释,而大部分判例法是在没有宪法或成文法的依据时,由法官发挥创造性所产生的规则或原则。例如,美国司法审查中,大部分规则由法院的判例产生。联邦政府和行政官员的行政赔偿责任,在未有成文法规以前,已由判例产生。④

在英国,行政法的法源主要由不成文法构成,因为在英国,连宪法在总体上都是不成文的,行政法的自然正义原则等也是通过法理、判例等不成文形式确定的。⑤

在日本,其行政法法源也分为成文法源和不成文法源两种,日本的"成文法中心

---

① 参见王名扬:《法国行政法》,中国政法大学出版社1988年版,第16—18页。
② 同上书,第16、21页。
③ 参见〔德〕哈特穆特·毛雷尔:《行政法学总论》,高家伟译,法律出版社2002年版,第55—82页。
④ 参见王名扬:《美国行政法》,中国法制出版社1995年版,第46—47页。
⑤ 参见姜明安主编:《行政法与行政诉讼法》,北京大学出版社、高等教育出版社1999年版,第29页。

主义"使成文法在其行政法中占据第一的地位,其成文法法源主要是指宪法、法律、命令、条约、条例与规则(地方政府根据其自治权制定的自主法)。但是,为了填补成文法规的空白,或者为了补充解释成文法规的规定事项,不成文法源也有其存在的意义,主要的不成文法源有习惯法和判例法,一般法原则或称条理有时也被作为法来运用。这里所说的一般法原则,不一定是法令上明文规定的。一般说来,作为合乎正义的普遍原理而得以承认的诸原则,称为一般法原则或称为条理,有时也被当作法来运用。例如,平等原则、比例原则、禁止翻供原则、信义诚实原则等,这些一般法原则也是不成文法之一,不仅约束私人间的法律关系,而且也约束行政上的法律关系。① 20世纪90年代以后,日本制定了《行政程序法》,将行政法的许多一般原则加以明确规定,从而使之同时具有了成文法源的双重身份。当然,即使如此,日本现在仍然存在着未被制定法吸收的行政法一般原则,它们仍然只是行政法的不成文法源。②

通过上述分析可以看出,在许多西方国家(无论是英美法系国家,还是大陆法系国家),行政法不仅以成文法为法源,而且还以判例、习惯、权威法学著作及学说所确立的行政法学原理、行政法基本原则为法源。首先,成文法和不成文法相辅相成,构成行政法法源的完整体系。行政活动需要成文法的规范,因为基于行政本身的特性和执行性,有必要向社会明确有关行政组织的存在形态和行政活动的依据,从而有利于行政作用的统一性与行政活动的公正性,并通过现实的法律制度,为公民权利的保障与救济提供行政法依据,有利于发挥行政法的预测功能,为公民权利的保护与社会秩序的稳定发挥作用。但是,由于行政法产生的历史比较短,行政事务增加的速度比较快,完全依靠成文法的形式难以解决行政发展中的问题。特别是行政法本身没有采取像民法、刑法那种统一法典的形式,因而在发挥调整功能时自然出现法律调整与行政现实之间的差距,成文法本身的局限性又加剧了这种差距。因此,在行政法理论与实践的发展过程中不成文法法源又具有特殊重要的意义。在行政法理论上,承认其不成文法源与行政法治的价值并不矛盾,以不成文法形式存在的行政惯例、判例、法的一般原理(条理),可以对依法行政原则起到协调与补充作用。③ 其次,以判例、法的一般原则及行政法学基本原理所构成的行政法不成文法源起到了不可替代的作用,如在德国,除判例与习惯法以外,行政法一般原理是重要的不成文法源。④ 而在法国,作为行政法法源的法的一般原则,按照我国法律术语就可以称为法理。⑤ 同时,经常为西方国家法院司法审查引用的自然正义原则、不准翻供原则、越权无效原则、比例原则、穷尽行政救济原则等,均是通过学说确定的。当然,这些原则在为法院适用后,即转换成判例法规范,有的国家甚至通过成文法加以固定。⑥ 由此可见,在西方许多国家,行政法学原理是行政法规范的重要来源,它在弥补成文法的不足和为判例法

---

① 参见杨建顺:《日本行政法通论》,中国法制出版社1998年版,第151—157页。
② 参见〔日〕盐野宏:《行政法》,杨建顺译,法律出版社1999年版,第39—46页。
③ 参见张正钊、韩大元主编:《比较行政法》,中国人民大学出版社1998年版,第40页、第45页。
④ 同上书,第49页。
⑤ 参见王名扬:《法国行政法》,中国政法大学出版社1988年版,第17页注释①。
⑥ 参见姜明安主编:《行政法与行政诉讼法》,北京大学出版社、高等教育出版社1999年版,第30—31页。

的产生提供依据等方面,起到了不可替代的作用。

二、我国行政法的渊源

由于行政活动范围十分广泛,种类繁多,我国行政法的表现形式也多种多样,但基本上都是以成文法的形式构成。从行政法与法规范体系的关系而言,我国行政法的渊源有以下几种:

(一) 宪法

宪法是国家的根本大法,规定了国家的基本制度,具有最高的法律地位和法律效力。宪法中有关行政的内容构成我国行政法最为基本的法律渊源。我国宪法规定了国家行政机关组织和职权的规范、国家行政机关活动基本原则的规范、公民基本权利自由以及保障公民基本权利自由的规范等,这些构成我国行政法最上位的法律渊源。

(二) 法律

法律是国家最高权力机关制定的规范性文件。法律包括全国人民代表大会制定的基本法律和全国人民代表大会常务委员会制定的一般法律。影响公民政治权利和自由等基本权利的规范,原则上应该由法律规定。

法律的效力次于宪法。但是,从其所起的作用而言,法律是行政法最为中心的渊源。这是因为:(1) 法律比宪法规定得更为具体;(2) 影响公民基本权利和自由的规范,原则上必须由法律规定;(3) 授权行政活动的规范,原则上应该以法律的形式规定;(4) 法律为仅次于宪法的行政法渊源。

(三) 行政法规和规章

行政法规和规章是由行政机关制定的行政法规范。其中,行政法规的制定主体是国务院。根据宪法第89条第1项的规定,国务院有权根据宪法和法律,制定行政法规。规章的制定主体是国务院部、委员会和一定层级的地方人民政府。根据《宪法》《地方组织法》《立法法》的规定,国务院各部、委员会、中国人民银行、审计署和具有行政管理职能的直属机构,可以根据法律和国务院的行政法规、决定、命令,在本部门的权限范围内,制定规章(即部门规章)。省、自治区、直辖市和设区的市、自治州的人民政府可以根据法律、行政法规和本省、自治区、直辖市的地方性法规制定规章(即地方政府规章)。行政法规和规章由于在行政活动中量大且具体,构成行政法的主要渊源。

(四) 地方性法规和自治条例、单行条例

地方性法规是指省、自治区、直辖市的人民代表大会及其常务委员会在不同宪法、法律、行政法规相抵触的前提下,设区的市的人民代表大会及其常委会,在不同宪法、法律、行政法规和本省、自治区的地方性法规相抵触的前提下,可以根据本行政区

域的具体情况和实际需要所制定的规范性文件。

自治条例和单行条例是指民族自治地方的人民代表大会依照法定权限和结合当地民族的政治、经济和文化的特点所制定的规范性文件。地方性法规、自治条例、单行条例中有关行政活动的法律规范也同样是行政法的渊源。

地方性法规和自治条例、单行条例只限于在相应的行政区域内发生效力。

(五) 法律解释

法律解释是法律在具体运用的过程中,为进一步明确内容,使相应的规范内容更加具有可实施性所作的解释。根据1981年第五届全国人民代表大会常务委员会第十九次会议通过的《关于加强法律解释工作的决议》,我国正式的有效解释有立法解释、司法解释、行政解释和地方解释。这些法律解释中涉及行政组织和行政活动等内容,对行政具有约束力,构成行政法的渊源。此外,根据《立法法》的规定,狭义的法律解释专指全国人民代表大会常务委员会对全国人大及其常委会制定的法律所作的解释。

(六) 国际条约

行政法是国内法,而国际条约属于国际法。但我国政府所签订、加入或者承认的国际条约中凡涉及国内行政的组织、活动等的也属于行政法的渊源。例如,《环境保护法》第46条规定,中华人民共和国缔结或者参加的与环境保护有关的国际条约,同中华人民共和国的法律有不同规定的,适用国际条约的规定,但中华人民共和国声明保留的条款除外。

第四节 行政法律关系

一、行政法律关系概述

(一) 行政法律关系的概念

行政法律关系是指由行政法规范确认和调整的因行政权力的行使而在行政主体和其他当事人之间产生或形成的权利义务关系。

这一概念包含以下几层含义:

1. 行政法律关系调整的是基于行政权力的行使而产生或形成的各种社会关系

当行政机关及其他公务组织在行使行政权力时,必然会与其他当事人发生大量的社会关系,这些关系就是行政法律关系的原型,具有原初的属性。这些社会关系都是因行政权力的行使而产生或形成的。如果离开了行政权力及其实际运作,就不能形成作为行政法律关系原初状态的社会关系,也就没有了行政法律关系随后产生的可能。行政法调整的行政关系不仅包括基于行政管理而产生或形成的作为行政法律关系原初状态的社会关系,也包括因监督和救济而形成的社会关系。

2. 行政法律关系是由行政法规范对一定社会关系加以确认和调整后而形成的一类法律关系的总称

行政权力的行使和运作过程中所产生或形成的各种社会关系只是一种处于原初状态的事实关系,只有经过行政法规范对其进行调整之后才能发展成为行政法律关系。因此,行政法规范的存在也是行政法律关系能够产生的一项重要前提。从依法行政的基本要求来看,行政权力必须遵照法律规范预先的规定加以行使,这样,每一个行政权力运作的过程也就是行政法规范对此进行调整的过程,即行政关系与行政法律关系的产生与形成应当是同步的。然而,由于社会急速发展之下法律的相对滞后,特别是我国尚处于法治建设进程之中,因此,还有大量的未受法律调整的社会关系存在。随着行政法治建设的发展和完善,这些社会关系包括行政关系都将会逐步被纳入行政法规范的调整范围。

3. 行政法律关系实质上是行政主体与其他当事人之间的行政法上的权利义务关系

在行政法规范调整之前,因行政权力的行使而产生的各种社会关系还只是一种客观状态,各方当事人之间的权利义务并不明确。只有在行政法规范对其进行调整之后,当事人之间的权利义务关系才得以明确和稳定。双方的权利义务关系也必须是行政法上的权利义务关系。

(二) 行政法律关系的特征

1. 行政法律关系主体中必有一方是行政主体

如前所述,行政法律关系是基于行政权力的行使而产生的,行政主体作为行政权力的行使者在行政法律关系中必不可少,具有不可替代性。一种法律关系如果不以行政主体为一方当事人,那么就一定不是行政法律关系。因此,构成行政法律关系的当事人中必有一方是行政主体,这是行政法律关系区别于其他法律关系的一个重要特征,有学者将其称为"主体上的恒定性"。①

2. 行政法律关系主体法律地位的平等性和具体权利义务配置的不平衡性

在行政法律关系中,行政主体通常处于一种主导地位。但是,这并不是说行政主体与其他当事人在行政法律关系中的地位就是不平等的。一旦处于同一个行政法律关系中,双方的法律地位就是平等的,这是法治的基本理念。在主张行政法律关系主体法律地位的平等性的同时,我们也承认和尊重双方的具体权利义务在行政活动各个阶段的适当分配。这是出于行政权对公共利益的维护以及效率和公正的综合考虑,并不能由此认为双方当事人的法律地位就是不平等的。

3. 行政法律关系权利义务关系的对应性和不对等性

权利义务的对应性是指行政法律关系主体双方互相行使权利并履行义务,不允

---

① 参见应松年主编:《行政法与行政诉讼法学》,高等教育出版社2017年版,第31页。

许存在一方只享有权利而另一方只履行义务的情况。权利义务的不对等性是指行政法律关系主体双方虽然对应地行使权利、履行义务,但是彼此的权利义务的质和量在行政活动的特定阶段并不是完全相等的。例如,在行政管理法律关系中,行政主体是以行政权力行使者的身份出现的,它享有诸如处罚、强制等行政职权,但同时也必须履行说明理由、听取意见、接受监督等义务;而行政相对人应当履行服从管理的义务,但同时也享有了解、申辩、参与等权利。这就体现了双方权利义务的对应性。另一方面,作为行政主体的行政机关有权对行政相对人实施处罚、强制等行政职权,而后者就不能对前者同样实施处罚或强制等行政职权。同理,行政相对人可以针对处罚、强制等行政行为行使行政复议、行政诉讼等救济权,而行政主体就不享有这些权利。这就说明行政法律关系主体双方的权利和义务在行政活动的特定阶段并不是完全对等的。但是,在行政过程的不同阶段,双方又分别占优。如前所述,行政主体在行政管理阶段的权利上相对占优,而行政相对人在救济阶段的权利上相对占优。因此,在整个行政活动中,双方的权利义务在质和量上是总体平衡的。当然,行政相对人的权利实现也有赖于行政复议机关和人民法院的权力参与。

4. 行政法律关系权力和权利处分的限制性

在行政法律关系中,作为一方当事人的行政主体所享有的行政权力是法定的。它是一种职权,同时也是一种职责。因此,行政权力是职权与职责的统一。既然是一种职责,行政主体就不能任意处分,必须按照法律的规定进行处分。

作为行政法律关系另一方当事人的行政相对人,其在行政活动中的权利也会受到一定的限制,这种限制比其在民事活动中的限制要更多或更严格。在特定情形下,甚至连基本权利都有可能受到限制,而不能自由处分。例如,发生大规模传染病疫情时,传染病患者本人及密切接触者的人身自由将会受到限制,社会其他成员的人身自由也会受到一定的限制。当然,这种限制本身也必须有法律依据。

(三) 行政法律关系的分类

1. 以行政权力的作用范围为标准,可分为内部行政法律关系和外部行政法律关系

内部行政法律关系是指行政主体上下级之间、行政主体及其公务人员之间发生的为行政法规范调整的关系。外部行政法律关系是指行政主体与行政相对人之间因外部行政活动而形成的行政法律关系。内部行政法律关系所引起的纠纷主要由行政系统内部解决而不可诉诸司法机关;外部法律关系所引起的纠纷最终都可以寻求司法途径的救济。

2. 以法律关系的属性为标准,可分为行政实体法律关系和行政程序法律关系

行政实体法律关系是受行政实体法规范的调整而在行政主体与相对人之间所形成的实体上的权利义务关系,行政程序法律关系则是指受行政程序法规范的调整而在行政主体与行政相对人之间形成的程序上的权利义务关系。例如,行政机关与当事人之间的对违法行为的处罚权力与接受处罚的义务关系就是行政实体关系;而行政机关在处罚过程中所具有的调查和取证权、当事人接受调查的义务、当事人的申辩

权和行政机关听取意见的义务则明显属于行政程序法律关系。

当然,实体、程序在实践中的很多情况下都是表现为一体的,难以绝对分开。因此,这种分类主要在于从理论上归纳出行政法律关系当事人所享有的权利义务的性质和内容的不同。

3. 以法律关系的形成原因为标准,可分为原生行政法律关系和派生行政法律关系

原生法律关系是指因行政权力的行使而直接形成的权利义务关系,如因行政强制权的实施而在行政主体与行政相对人之间所直接产生的行政强制法律关系。派生行政法律关系是指因行政权力的行使而衍生出来的行政法律关系,如因对行政强制权行使之后的监督及救济而引发的行政复议法律关系和行政诉讼法律关系等。这种分类是将行政权的行使看成一个动态过程的必然结论。

二、行政法律关系的构成要素

(一) 行政法律关系的主体

行政法律关系的主体,即行政法主体,是指参加行政法律关系,并在其中享受权利、负担义务的当事人,主要包括行政主体和行政相对人。

首先,行政法主体是行政关系的参加人。没有参加到行政关系中的个人、组织不能成为行政法主体。无论是公民、企事业组织,还是公务员、行政机关,只有参加到实际的、具体的行政关系中去,才能取得行政法主体的资格。这种参加,可以是个人、组织积极主动的参加,也可能是一种被动的参加,即个人、组织的权利、义务受到某种行政关系的影响,从而使得其被动消极地成为行政法的主体。但是,行政关系的参加人并不一定是行政法主体,只有当行政关系被行政法调整时,其参加人才成为行政法主体。可以说,行政法主体源于行政关系主体,而不等于行政关系主体。

其次,行政法主体参加的是行政关系。行政机关由于自身的需要,有时也会进行民事活动,如建办公楼、购买办公用品等。这时,该行政机关与对方当事人也形成了一种关系,但这是民事关系。行政法主体参加的一定是因其行使行政权力而形成的社会关系,即行政关系。

最后,行政法主体是指行政法律关系中权利义务的承受者,不包括其他参与人。例如,在行政管理关系中,公务员代表行政机关实施各种行政行为,但公务员不是行政管理法律关系的主体,不是行政法主体。

行政主体是指具有管理公共事务的职能,以自己的名义实施公共行政管理活动,并能够独立承担由此产生的法律责任的组织,具体包括国家行政机关和法律法规授权组织。行政相对人是指参加行政法律关系,对行政主体享有权利或承担义务的公民、法人或其他组织。

(二) 行政法律关系的内容

行政法律关系的内容是指行政法律关系主体双方当事人所享有的权利和应当履

行的义务。行政法律关系双方当事人的权利义务具有对应性。

行政主体的权利是指行政主体拥有的依法作为或不作为,或要求相对人作为或不作为的资格。行政主体在行政法律关系中的权利实际上是行政主体依法所享有的行政职权在行政活动中的具体体现。

相对人的权利是指在行政法律关系中,相对人依法作为或不作为,或者要求行政主体作为或不作为的资格。在行政法律关系中,相对人并不只是义务主体,它在承担义务的同时也享有权利。

行政主体和行政相对人的义务在内容上是与行政相对人和行政主体的权利相对应的。行政主体的权利对应着行政相对人的义务,行政相对人的权利对应着行政主体的义务。

(三) 行政法律关系的客体

行政法律关系的客体是指行政法律关系主体双方当事人的权利与义务指向的对象,是主体双方实现权利的目标。一般而言,能够成为行政法律关系客体的主要包括:

(1) 物,即各种物质财富。它是指现实存在的人们能够控制和支配的物质资料和智力财富。作为行政法律关系客体的物可以是有形物,也可以是无形财产,如智力成果和信息等。

(2) 行为,即主体双方能够产生法律后果的活动。它既包括行政主体的行政行为,也包括行政相对人的行为;既包括作为,也包括不作为。

有学者认为,人身,包括人的身体和人的身份也应是行政法律关系的客体。身体作为客体的情形如拘留等,身份作为客体的情形如居民身份证的发放等。[①]

三、行政法律关系的变动

(一) 行政法律关系变动的条件

行政法律关系的变动是指行政法律关系的产生、变更和消灭的动态过程。这个动态过程的发生必须具备一定条件,其中最主要的条件包括行政法规范的存在和行政法律事实的出现。

行政法律关系是指由行政法规范确认和调整的权利义务关系。行政法规范是行政法律关系产生、形成的法律根据。没有行政法规范的存在就不会有相应的行政法律关系。例如,有了行政处罚方面的法律规范,才可能产生行政处罚法律关系;同样,没有行政许可的相关法律规范,也就不可能有行政许可法律关系的产生,当然,也就更不可能变更和消灭。

行政法规范规定的是一般的、抽象的权利义务,它还不是现实上的、具体的行政

---

① 参见杨海坤、章志远:《行政法学基本论》,中国政法大学出版社2004年版,第80—81页。

法律关系。但是,它为这种现实的、具体的行政法律关系的产生提供了法律上的可能。而这种可能要成为现实,即一般的、抽象的权利义务要成为现实的、具体的行政法律关系,还需要有具体适用法律规范的法律事实的存在。例如,《税收征收管理法》规定税务行政机关依法征收税款。这只是一个法律规定,只有当某个行政相对人有应缴税款的情形,税务行政机关依据上述规定对该行政相对人征税时,抽象的权利义务关系才变为现实的、具体的行政法律关系。一旦该行政相对人缴纳了税款,该行政法律关系也就消灭了。而如果该行政相对人逾期缴纳税款,又引起滞纳金的缴纳,则引起该行政法律关系的变更。

由此可见,行政法规范的存在是行政法律关系形成的法律根据和前提条件,行政法律事实的出现是行政法律关系变动的事实根据和直接原因。

(二) 行政法律事实

行政法律关系变动的直接原因是行政法律事实的出现,行政法律事实是指行政法规范所规定的,能够引起行政法律关系产生、变更和消灭的事实根据和具体条件。它包含以下两层含义:

第一,行政法律事实能够引起行政法律关系的产生、变更和消灭,即能够引起行政法上的法律后果。

第二,行政法律事实必须是行政法规范所予以规定的。行政法律事实之所以能够发生行政法上的法律后果,能够引起行政法律关系的变动,是因为这是行政法规范的规定。行政法规范在逻辑结构上由"适用条件""行为模式""法律后果"三部分组成。[1] 行政法律事实属于行政法规范逻辑结构中的"适用条件"部分,因此必须符合行政法规范"适用条件"中的情形,才能引起行政法律关系的产生、变更和消灭。[2]

根据行政法律事实是否以主体的意志为转移,可以将其分为法律行为和法律事件两类。

法律事件是指不以人的主观意志为转移的能够引起行政法律关系产生、变更和消灭的客观事件。通常主要包括地震、台风、海啸、洪水、火山等自然灾害和战争动乱、突发公共卫生事件、人的出生和死亡等社会事件。例如,自然灾害可以导致行政救助法律关系的产生,突发公共卫生事件可能引起行政征用、行政强制法律关系的产生,人的出生可能引起户籍管理等行政法律关系的产生等。

法律行为是指体现行政法主体意志的能够引起行政法律关系产生、变更和消灭的行为。它主要是行政主体的行为,也包括行政相对人的行为,但是,仅有行政相对人的行为是不能直接引起行政法律关系变动的。行政相对人的行为往往要同行政主体的行为结合起来,才会引起具体的行政法律关系的变动。法律行为可以是作为,也可以是不作为;可以是合法行为,也可以是非法行为。不同的行为方式或行为内容可以引起不同的行政法律关系的产生。

---

[1] 参见叶必丰、周佑勇:《行政规范研究》,法律出版社2002年版,第157页。
[2] 参见应松年主编:《当代中国行政法》,中国方正出版社2005年版,第151页。

除此之外,事实行为也同样会引起行政法律关系的产生、变更或消灭。例如,非法拘禁、殴打、非法扣押、强制执行等同样可能导致具体的行政赔偿法律关系和行政诉讼法律关系的产生。

(三) 行政法律关系变动的形式

行政法律关系变动的具体形式包括产生、变更和消灭这三种形式:

1. 行政法律关系的产生

行政法律关系的产生是指行政主体和行政相对人之间实际形成具体、特定的权利义务关系。它使得行政法规范中规定的一般的权利义务转变为现实的由特定的行政法主体享有的权利和承担的义务。

2. 行政法律关系的变更

行政法律关系的变更是指行政法律关系在其存续期间,因一定原因而发生部分变化的情形。它必须是在行政法律关系存续期间发生的变化。如果行政法律关系尚未产生或者已经消灭,就不会存在变更的情形。另外,这种变化只能是行政法律关系的部分要素发生变化,而不是主体、内容和客体都发生改变,否则就意味着行政法律关系的根本变化——一种行政法律关系的消灭和另一种行政法律关系的产生。一般有三种情况:一是主体的变更,如行政机关的增减、合并和撤销;二是内容即权利义务的变更,如税款的减免;三是客体的变更,如在行政罚款中,在没有现金货币时,可以以等值的实物加以替代,再由行政机关加以变卖充作罚款等。

3. 行政法律关系的消灭

行政法律关系的消灭是指原有的行政法律关系因为特定原因而不复存在,原有行政法律关系主体之间的权利义务关系终止。

行政法律关系的消灭主要有三种情形:一是主体消灭而使行政法律关系归于消灭;二是设定权利义务的行政法规范或行政行为消灭而使行政法律关系归于消灭;三是客体消灭而使行政法律关系归于消灭。

第五节 行政法与行政法学的发展

一、行政法的发展

行政法是法律体系的重要组成部门。作为一个独立的法律部门,它的产生并不是人们主观意志的产物,而是社会发展到一定历史阶段的必然产物,为了加深对行政法的认识,有必要从历史的角度对行政法的产生和发展过程进行考察。

（一）行政法产生的社会历史条件及理论基础

"行政法之产生与发展与'法治国'思想之演进有密切之关系。"①前已提及，行政法是调整行政关系、规范行政权的组织和活动的法律规范的总称，因此，行政法在本质上调整的是国家与人民的关系，即通过法律限制行政权，使行政权的行使服从法律，从而建立起国家与人民之间的正常关系。英国行政法学家威廉·韦德即指出："行政法定义的第一个含义就是它是关于控制权力的法"，"行政法的最初目的就是要保障政府权力在法律的范围内行使，防止政府滥用权力，以保护公民"②。然而，在封建专制制度下，国王是最高的统治者，王权是集各种国家权力于一身的最高权力。君主出言即为法律，因而只有治民之法而无治王之法，君王的恣意和擅断甚至可以随时改变法律，所谓的"法"在这种专制制度下只能沦为君主专权的工具，更遑论形成对权力进行限制的制度。所以，现代意义上的行政法只能是在西方资产阶级革命后，社会政治、经济和思想基础发展到一定阶段的近代法治国家的产物。从欧美行政法治实践来看，一般而言，欧美各国行政法是建立在以下基础之上的：

1. 商品经济的发展是现代行政法产生的经济基础

随着封建社会后期传统自然经济向商品经济的转型，资本主义生产关系挣脱了封建专制的桎梏并逐步发展壮大，作为资本主义生产关系的重要特征的商品经济成为社会的主导经济形态。商品经济主张等价交换，要求生产关系摆脱"人身依附关系"，转型为"契约关系"，这就要求社会成员在社会地位方面是无差别、平等和自由的，经营者的身份因此逐渐由农民身份向市民身份转变。随着资本主义商品经济的发展，对自由、平等和权利的追求逐渐从经济领域渗透到政治生活领域，资产阶级迫切需要得到政治上的承认和政治上的平等权利。在实行专制制度的国家里，国家权力基本上是靠个人的意志来运用和行使的，尤其是行政权作为君主的绝对特权，具有神圣不可侵犯的性质，这极大地阻碍了资本主义经济的发展。因此，资产阶级要求冲破封建的生产关系和集权制度，建立反映商品经济要求的新的权力结构。在新的权力结构中，任何一种权力不再是不受限制的特权，它开始接受法律的限制。从人支配行政权到法律支配行政权的转化过程实际上反映了现代行政法产生的历史背景。

2. 民主政治是行政法产生的政治基础

民主政治是商品经济发展的产物。这种民主政体承继了商品经济固有的平等基因，折射出政治上的平等要求和民主要求。依靠权力强制维系的等级社会关系结构的经济基础和政治基础最终因此崩溃，而必须以符合人类公正、平等、自由观念的通过法律调整的契约和平权的社会关系结构来取代。西方资产阶级革命的爆发完成了这一社会结构的转型。资产阶级废除君权或通过君主立宪从实质上剥夺或限制君权，建立了由普选产生的以议会为中心的民主政体。民主政体的建立为通过议会制定的法律制约行政权创造了制度性前提。

---

① 翁岳生编：《行政法》，中国法制出版社2009年版，第43页。
② 〔英〕威廉·韦德：《行政法》，徐炳译，中国大百科全书出版社1997年版，第5页。

3. 自然权利思想和三权分立理论为行政法的产生奠定了理论基础

从历史上看,在封建专制统治下,统治者自身就是立法者和法律的执行者,所谓行政权不过是包含在统治者自身强大的权力之中的一部分,因此统治者事实上是不受任何法律约束的,当然也就无所谓依据法律对行政活动进行监督和控制。法国大革命前,启蒙思想家卢梭提出了自然权利的主张。他认为,人都有与生俱来的自然权利,这种权利是"天赋"的、不可让与的,人们缔结契约,组成国家的目的就是维护自然权利,而不是转让。这一思想成为资产阶级革命的有力武器,并在资产阶级革命胜利后,被以法的形式肯定下来。如法国在《人权宣言》中宣告:在权利方面,人们生来是而且始终是自由平等的,任何政治结合的目的都在于保存人的自然和不可动摇的权利。这些权利就是自由、财产、安全和反抗压迫。对个人自由权利的最大危害是政治权力的滥用,因此政治权力必须受到法律的约束。通过这种约束,既使政府能严格依照资产阶级的意志和利益行事,同时又能及时调整利益集团之间的矛盾,保证利益均等,从而达到对公民权利、自由的保护。正是在这种民主和法治意识萌芽的基础上开始出现了现代意义上的行政法。

对行政法的产生具有直接影响的是三权分立理论和以此为基础的宪政体制。该理论的创始人孟德斯鸠在其历时20年写成的《论法的精神》一节中写道:"国家权力不被滥用的时候才存在。但是一切有权力的人都容易滥用权力,这是万古不易的一条经验。有权力的人们使用权力一直遇到有界限的地方才休止。防止滥用权力的办法,就是以权力约束权力。"[①]他指出一切国家都存在三种权力,即立法权、行政权和司法权,并主张这三种权力应分别由不同的国家机关行使,以确保自由的存在。分权原则最早反映在英国的政治生活中,由孟德斯鸠加以理论系统化之后,对美国的独立和法国革命都产生了很大影响。资产阶级革命胜利后都建立起三权分立的宪政体制。而宪政本身蕴含着国家权力之间的分工与制衡,由此行政权得以真正从国家权力中分离出来,获得独立的地位。正是行政权的独立,才使行政法的产生成为可能,继而行政权的运作范围不断扩大,又为行政法的发展提供了空间。

(二) 欧美国家行政法的发展

1. 大陆法系国家行政法的发展

大陆法系国家包括法国、德国、奥地利、比利时、荷兰、西班牙等,其中以法国和德国的行政法最具有代表性。大陆法系国家行政法的基本特点表现在下列几个方面:第一,在法律体系上,大陆法系有严格的公法和私法之分,行政法是有关行政的固有法律领域,属于公法,有其特有的规范对象,构成一个独立的法律体系。第二,在司法制度上,大陆法系国家在普通法院之外设有独立的、自成体系的行政法院,审理行政案件。行政法院与普通法院并列,互不从属。

---

① 参见〔法〕孟德斯鸠:《论法的精神》,张雁琛译,商务印书馆1961年版,第154—156页。

(1) 法国行政法的产生与发展①

法国素有"行政法母国"之称。它是世界上最早确立行政法律制度的国家。在行政法的制定、实施以及行政法理论研究方面,法国比其他国家都要早,也较发达。法国行政法是以最高行政法院即国家参事院的建立为标志。

法国的行政法是在其特有的历史和政治背景下产生的。在法国大革命之前,最高法院为封建贵族所把持,并不断以保守主义者的姿态干涉国王的立法和行政活动,由此严重妨碍了许多方面的改革,行政部门和普通法院之间的对立因此日益激化。大革命期间,人们认为最高法院保守的立场是革命的障碍,因此大革命后,法国即根据分权学说,禁止普通法院受理行政诉讼案件,从而形成行政权的独立,不受司法权干涉。法院的司法权不得对任何有关行政的纠纷进行审理,行政通过自身机能,即行政法院行使这种审判权。此后,法国的行政法院制度不断完善,通过判例创造了部分法律规则以适应行政上的需要以及保障公民的权利和利益,同时,这种判例的积蓄也促使法律形成了有别于私法的关于行政所特有的行政法体系。因此,行政法院在行政法领域具有特别重要的地位,而法国行政法的历史在很大程度上也就是行政法院的历史。法国最高行政法院的发展大体经历了四个阶段:

第一阶段(1799—1872年)为保留审判权阶段。国家参事院成立之初,是行政机关的咨询机构,其职能是为国家元首提供咨询,草拟法律文件并处理行政案件。但当时只能审理从大臣那里转来的上诉案件,而且只能向国家元首提出建议,无权对此作出决定,审判权为国家元首所保留。

第二阶段(1872—1899年)为委托审判权阶段。由于法国在普法战争中失败,国家参事院曾于1870年一度被取消。1872年5月24日通过的法律恢复了国家参事院,并赋予其"委托审判权",规定国家参事院以法国人民的名义,而不是以国家元首的名义行事。至此,国家参事院享有法律上的审判权力,成为名副其实的最高行政法院,取得相对独立于政府的地位。

第三阶段(1899—1953年)为一般管辖权阶段。1872年,最高行政法院成为独立的审判机构,但在管辖权上还受到一个限制:当事人对行政行为的控告,首先要向部长申诉,不服部长的决定才能向最高行政法院起诉,此称为"部长法官制"。1889年,最高行政法院在卡多案(Cadot Case)中,否定了部长法官制,承认当事人不服行政机关的决定可以直接向最高行政法院起诉,其判决为终审判决,不得上诉。自此,最高行政法院对行政诉讼案件取得了一般管辖权。行政上的争议,凡是法律没有规定由其他法院受理的,都由最高行政法院管辖,这一制度一直持续到1953年。

第四阶段(1953—1987年)为特定管辖权阶段。二战以后,行政案件激增,最高行政法院作为行政诉讼的一般管辖权法院受理的行政案件日益增多,积压现象严重,于是导致了1953年的行政法院体制改革,即对一审案件的管辖权重新作了一次划分。1953年以前,最高行政法院行使一般管辖权,地方行政法庭则行使例外管辖权。

---

① 参见王名扬:《法国行政法》,中国政法大学出版社1988年版,第18—24、550—557、601—605页。

1953年以后,地方行政法庭成为有一般管辖权的法院,一审行政案件,除法律有特别规定的以外,均由地方行政法庭管辖,最高行政法院只管辖法律所规定的诉讼事项,成为具有特定管辖权限的法院。

第五阶段(1987年至今)为阶梯式级别管辖阶段。在对一审案件的管辖权重新划分后,大量的上诉案件依然使最高行政法院疲于应对。为进一步减轻最高行政法院的负担,法国国民议会和上议会于1987年12月31日通过《上诉行政法院组织法》,在最高行政法院与地方行法庭之间创设上诉行政法院,对于地方行政法庭的上诉案件,由上诉行政法院行使一般管辖权,最高行政法院行使例外管辖权。此次改革确立了法国行政诉讼的阶梯式级别管辖体系,优化了行政审判管辖权结构,使行政审判的整体效率得以进一步提升。

法国行政法的特点首先是建立了独立的行政法院系统,其次,判例是行政法院审理行政案件的依据。法国行政法就是在判例的基础上逐渐发展起来。最高行政法院的判例对下级行政法庭有拘束力,但最高行政法院并不受过去判例的约束,这样可以不断发展和改革自己所适用的法律。

(2)德国行政法的产生与发展[①]

德国的行政法发展经历了邦君权国、警察国到法治国的过程。在17世纪以前的邦君权国家下,由于日耳曼法传统,并无公法和私法的划分,君主或者贵族的行政活动均受法律的一般约束,并受司法监督,特别是帝国法院的监督,这一时期并不存在真正的行政法,实际存在的是领主享有与臣民追求幸福的权利相对的政治法。德国统一之后,进入所谓的"警察国家"时代,警察国行政以两种身份面对公民:一是公法人;二是负责处理财务或者财产事务(国库)的私法人。公法人实施的公共行政不受法律的约束,其权力性活动具有独裁性,不服从法院的司法审判权。以国库的名义实施的行政被认为具有独立的法律人格,与私人接受同样的法律管辖,服从普通法院的审判权。其后,伴随着法治国家思想的发展,19世纪中叶,德国开始推行国家和行政改革,建立以限制君主绝对权力为目标的宪政体制。但是,强大的行政权为了保住自身特殊的地位,要求规范行政的法是不同于私法的特殊法,并且适用这些法对行政进行审判的权力也不是普通法院所拥有的审判权。即使在国家公权力主体和财政权主体二元论遭到否定,国库的主体资格不被承认之后,由于传统的国库理论的影响,国家在财政活动方面原则上依然受私法管辖,服从普通法院的审判权。但同时,置行政权于司法审判之外的思想和制度越来越受到日益发达的法治主义思想的批判。1863年,巴登模仿法国制度,率先建立与普通法院分离的行政法院。之后,普鲁士于1872年至1875年,黑森于1875年,符腾堡于1876年,拜因于1879年纷纷建立行政法院,德国各州也陆续建立了类似的行政诉讼制度。

[①] 参见〔德〕汉斯·J.沃尔夫等:《行政法》(第一卷),高家伟译,商务印书馆2002版,第58—96页;〔德〕奥托·迈耶:《德国行政法》,刘飞译,商务印书馆2002年版,第27—65页;〔德〕哈特穆特·毛雷尔:《行政法学总论》,高家伟译,法律出版社2000年版,第14—22页;何勤华主编:《现代公法的变革》(上卷),商务印书馆2017年版,第426—463页。

但是,法西斯专政时期,德国行政法的发展被破坏殆尽,行政法院体系也被废除。直到德意志联邦共和国建立后,行政法才重获发展。1960年,德国颁布《行政法院法》,行政法院体制也得以重新建立,行政法院由初等行政法院、高等行政法院和联邦行政法院三级审判机构构成。此后,德国行政法无论是在行政程序法还是在行政实体法方面的内容都大大扩展,体系不断完备。例如,在行政诉讼的受理范围方面,根据《波恩基本法》第19条第4款的规定,除统治行为和裁量行为外,行政的所有活动均接受法院(包括行政法院、普通法院和其他各类法院)的审查。在行政程序法方面,1976年颁布《行政程序法》,对联邦境内行政机关的工作程序予以统一、明确的规定;2006年颁布《信息公开法》,对政府所负有的信息公开义务作出详尽的规范。

总体来说,德国行政法除了前面提到的大陆法系行政法的共有特点外,还表现出行政法以成文法为主体、体系十分完备、理论与法律规范的发展并重等重要特征。

2. 英美法系国家行政法的产生与发展

英美法系行政法的历史发展以英国、美国为代表,包括英国、美国、加拿大、澳大利亚、新西兰等国。英美法系各国行政法的共同特点是:在行政法律体系上,公法、私法之间没有严格的区分,行政法不构成一个独立的法律体系。在司法体制上没有设立专门独立的行政法院系统,行政诉讼与民事诉讼、刑事诉讼一样由普通法院按照普通程序管辖。

英美法系国家行政法的产生背景与大陆法系国家行政法不同。随着19世纪末期社会经济状况的复杂化和高速发展,原本以自由放任、个人主义为基础的法律越来越难以对待和解决社会公共福利等问题。在从实现社会福利的角度维护个人利益的社会要求下,广泛且强大的行政权对社会干预的必要性则越来越受到重视。在对社会的干预过程中,解决如何规定行政权的权限、行使程序以及如何控制行政权限的范围、行使程序等问题的法,即行政法便应运而生。

(1) 英国行政法的产生与发展①

早在17世纪时,行政法就已在英国悄悄萌芽。英国在都铎王朝和斯图亚特王朝前期(15世纪末到17世纪前期)是高度君主专制国家,国王权力无限。全国除普通法院外还有依国王特权设立的与政府密切联系的特别法院——星座法院,专门受理公法性质的诉讼。星座法院作为国王专制的维护者,常常迫害反对意见者,因此为新兴资产阶级所痛恨。星座法院的活动和职能严重地侵害了普通法院的权威,在17世纪英国资产阶级革命时,普通法院的法官和议会结成联盟,共同要求限制王权。议会最终取胜,国王的特权受到限制,议会的至上地位得到确立。1641年,星座法院被撤销,普通法院成为全国统一的法院系统,受理包括行政诉讼在内的一切诉讼。可见,普通法院制度本身已经包含对行政权的控制这一行政法的精神。但由于英国在法律体系上没有公法与私法之分,因此,行政法的出现并没有引起人们的重视和关注。英

---

① 参见王名扬:《英国行政法》,中国政法大学出版社1987年版,第4—5、109、138—142页;何勤华主编:《现代公法的变革》(上卷),商务印书馆2017年版,第470—471页。

国行政法的突破性进展是在19世纪末。这个时期,由于工业的高度发展,行政活动方面发生了两个显著的变化:一是委任立法大量出现。19世纪后期,工业开始发展,为了应对工业发展所引起的社会问题,需要制定大量的立法。议会不能满足这个需要,不得不授权行政机关制定行政管理法规以补充议会立法的不足。1891年,行政机关依法律授权所制定的规范性文件为议会所制定的法律的两倍多,而第一次世界大战后,委任立法更是迅速发展。二是行政裁判所的迅速发展。行政裁判所出现于20世纪初,而第一次世界大战之后,由于政府对社会经济生活的干预加强,行政纠纷增多,行政裁判所的数量也随之增加。行政裁判所种类繁多,涉及社会生活的各个方面,其主要职能是受理行政机关与公民以及公民之间就劳动就业、失业保险、国民保险等问题产生的争端并作出裁判。2007年,英国出台了《裁判所、法院和执行法》,对裁判所的体系予以系统化构建,规定裁判所由初级裁判所和上诉裁判所两级构成,初级裁判所主要负责审理一审案件,下设六个分庭;上诉裁判所主要负责受理不服初审裁判所裁决而提起上诉的案件,下设四个分庭。随着行政权的扩大,对行政权进行控制即成为必然。为此,司法审查制度得到了丰富和充实,即加强了司法对行政的控制,一切政府部门的行为都要受普通法院的监督,普通法院有权对行政机关的行为进行审查。英国行政法在以委任立法、行政裁判所以加强法院对政府越权和滥用职权行为进行司法审查为核心内容的体系下逐步发展起来。

英国行政法有三个主要特点:一是没有专门的行政法院,行政诉讼由普通法院管辖;二是设有大量的行政裁判机构,它们在行政司法中处于很高的地位,但一般没有终审权;三是普通法院对政府机关的行政行为有司法审查权。

(2)美国行政法的产生与发展[①]

美国行政法受英国的影响很大,而且成为一个体系中的主要伴侣。但由于美国社会的历史、国情和资产阶级革命的特点以及政治、经济、文化等各个领域都与英国存在着差异,因此,美国行政法的产生和发展,虽然受英国的影响,却与英国不完全相同,而有其自身的特点。

美国法学家通常认为,美国行政法同政府积极干预经济的需要是同时产生的。在1789年美国建国后到1886年期间,虽然已经存在与行政活动相关的法律,且由法院通过司法审查对行政活动进行控制,但是这个时期的政府行政活动较少,行政法并不被认为是一个独立的法律部门,而是附属在普通法中,或按其内容附属在其他法律之中。直到1887年,针对州政府对铁路运输中垄断现象控制无力的情况,美国政府成立了"州际贸易委员会",该委员会既拥有制定运输政策和决定运输价格的立法权,又有执行该政策的行政权,还有裁决由此产生的争端的司法权,也就是说,它集立法、行政和司法三种职能于一身。这一独立机构实际上也就是美国最早的联邦行政裁判机构,它的成立通常被认为是行政法作为一个法律部门在美国产生的标志。

---

① 参见王名扬:《美国行政法》(上),中国法制出版社1995年版,第47—61页;何勤华主编:《外国法制史》,法律出版社1997年版,第256—260页;〔美〕朱迪·弗里曼:《合作治理与新行政法》,毕洪海、陈标冲译,商务印书馆2010年版,第49—57页。

1929年经济危机后,罗斯福总统推行"新政",政府对经济的干预日益广泛和深入,类似州际贸易委员会的各种独立管理机构纷纷成立,以执行各项新政措施。其中除州际贸易委员会外,还有如1930年的联邦能源委员会、1934年的证券交易管理委员会、1935年的国家劳工关系局、1938年的民航委员会、1946年的原子能委员会等。这些独立的管理机构成为美国行政法体制发展的重要组成部分。因此,对他们的活动和程序进行规范,就成了美国行政法的一项重要任务。1946年,美国国会通过《联邦行政程序法》,它被认为是美国行政法发展的划时代的法律。它对行政机关规定了一个最低的程序要求,除了法律另有规定的,适用于全部联邦行政机关。根据该法的规定,行政机关制定规章,要通过正式的或非正式的"听证"等形式,听取有关组织和个人的意见;并确认了听取申诉的行政法官的法律地位,使其独立行使权力,在同一个机关内实现了行政官与行政司法官的分权。此后,《联邦侵权行为赔偿法》《情报自由法》《私生活秘密法》《阳光下的政府法》以及各州程序法等一系列配套法律的相继出台,促进了美国的国家赔偿、行政公开等制度的建立,美国行政法迅速发展并逐渐稳固。20世纪70年代后期,高度扩张的公共行政管制对美国经济社会发展和行政效率所造成的负面影响开始不断突显,美国开始实施放松管制改革,逐步加强国会对独立管理机构的监督,并允许越来越多的社会组织甚至纯粹的私人分享行政职权,以公私合作的模式推动社会治理。美国国会于1990年颁布《协商制定规则法》,将行政机关与行政相对人协商制定规则的实践予以制度化,以保证规则的民主性和防止行政部门在协商程序中被规制对象俘获而为其谋利。

美国行政法的特点主要是:第一,联邦法与州法双重体系并存,如1946年《联邦行政程序法》颁布之后,联邦又制定了《州标准行政程序法》以供各州参照制定州行政程序规则。第二,行政司法以独立机构为主体,各独立机构按主管事项和专业设置负责管理相关的事务,制定所辖业务领域的行政法规,以及处理相关行政纠纷。第三,行政程序立法较为完备。

(三) 中国行政法的产生与发展

1. 旧中国行政法简史[①]

早在我国古代就有了涉及行政活动的法典,如《唐六典》《元典章》等,其内容涉及国家机关的组织、职权。清朝时期有关行政活动的法律更是尤为发达,内容涉及行政机构、行政官吏的管理,就编修体例来而言,可以说是我国古代最为完备的。但是,与上述欧美国家行政法相比,这些法典并不是现代意义上的行政法。

在我国,现代意义上的行政法直到民国时期才开始萌芽。1840年以后,我国逐渐沦为半封建半殖民地社会。1911年,孙中山领导的辛亥革命推翻了帝制;次年1月1日,成立南京临时政府,宣告中华民国的诞生。主张实行资产阶级民主与法治的南京临时政府曾制定过《中华民国临时约法》,以及一些组织行政法规和个别人事行政

---

① 参见王立民主编:《中国法制史》,上海人民出版社2003年版,第396—400、417—418、447—448、451、478—484页。

法令,如《中华民国临时政府组织大纲》《中华民国临时政府中央行政各部及其权限》以及各部的官制若干条等法律,这些法律中确实具有某些现代行政法的内容和性质,但因南京临时政府仅存在3个月,法律也很快化作泡影。至北洋政府统治期间,亦颁布了不少行政法律规范,如1912年的《戒严法》、1914年的《治安警察法》等。1914年3月31日,北洋政府又依据《中华民国临时约法》第10条之规定,"人民对于官吏违法损害权利之行为,有陈诉于平政院之权",公布了《平政院编制令》,建立了平政院,作为审理行政诉讼的特别法院。1914年5月18日,北洋军阀政府公布了《行政诉讼条例》,同年7月15日修改为《行政诉讼法》。1914年的《行政诉讼法》采用了德国、奥地利以及日本行政诉讼中部分通用的原则和制度,如在受案范围上,采用奥地利的概括主义,即对所有损害人民权利的违法处分,人民均得提起行政诉讼。1923年《中华民国宪法》基于平政院体制无法解决难以承担全国所有的行政诉讼和难以提高中国素来弱小的司法权的缺陷,改采英美的行政诉讼体制。其第99条规定,"法院依法律受理民事、刑事、行政及其他一切诉讼"。但该宪法因为直系军阀的失败而被废止,因而北洋政府的行政诉讼体制终其结束也未发生根本变化。

国民党政府成立后,于1932年11月颁布《行政法院组织法》《行政诉讼法》,建立独立于普通法院系统之外的行政法院,受理行政诉讼。行政诉讼有三个程序,必须经过向行政机关的诉愿、再诉愿,其后不服或行政官署在法定期限内不作决定的,才能向行政法院提起诉讼。行政法院在全国只有一个,其审案形式是书面审理,并不开庭。国民党统治时期公布的几部行政诉讼法都是在北洋政府颁布的《行政诉讼法》的基础上修订的。此外,国民党统治时期还颁布了一些规范行政组织、行政活动的法律,如省政府组织法等。

从总体上说,在处于半殖民地半封建社会时期的中国,连年内外战争不断,国民党政府又长期实行独裁统治,不讲法治,因此,无论是行政诉讼,还是对行政组织、行政活动的规范,其实际作用在于限制人民自由,加强统治。这些法律规范实则成为维护专政和独裁的工具。行政法治只不过是开明人士的良好心愿,客观上并不具备行政法生存和发展的条件,更谈不上对公民权利的维护。

2. 新中国行政法的产生与发展

1949年,中华人民共和国成立,开始了新中国行政法的历史发展,大致可以划分为四个阶段:

第一阶段(1949—1957年)为社会主义行政法的初创时期。中华人民共和国成立初期,主要任务是建立各级政权,解决民主革命时期遗留的任务,逐步实现由新民主主义革命时期向社会主义建设时期的转变。1949年的《共同纲领》和1954年的第一部宪法为我国社会主义法制建设奠定了基础。宪法规定一切权力属于人民,公民对任何违法失职的国家机关及其工作人员有控告的权利。由于国家机关工作人员侵犯公民权利而受到损失的人,有取得赔偿的权利。还规定了中央和地方各级政府机关的组织和职权规范等。这一时期制定颁布的一系列行政组织法规有《国务院组织法》《地方各级人民代表大会和地方各级人民委员会组织法》《国家行政机关工作人员奖惩暂行条例》,还有《城市居民委员会组织条例》《城市街道办事处组织条例》《公安派出所组织条例》。加强了对行政机关的内部监督,先后设立人民监察委员会和监察部,在县、市以上地方政府也设立了监察机关,行使监察权,监督行政机关的工作,并受理不服行政处分的申诉。此外,在各级党政部门建立信访机构,受理公民的来信来访。但是就整体而言,行政法只是刚刚起步,制度上还没有建立起有效的监督行政的机制,对行政活动缺少必要的法律控制。

第二阶段(1958—1977年)为行政法的停滞、遭破坏时期。在这一阶段,国家政治生活极不正常。由于"左"的指导思想和法律虚无主义盛行,社会主义民主与法治遭到践踏,社会主义行政法制更遭摧残,人民的民主权利得不到应有的保障,刚刚起步的行政法不仅没有发展,反而被破坏殆尽。

第三阶段(1978—1988年)为行政法的重新起步阶段。党的十一届三中全会以后,拨乱反正,法制建设受到重视,行政法制建设开始重新起步。在清理法规的同时,有关国家机关制定了一批重要的法律、法规。其一,在1982年制定了新宪法,新宪法赋予公民广泛的权利,并对各国家机关及各级政府的职权和活动原则作了规定。其二,制定或修订了许多急需的法律法规,如《国务院组织法》《治安管理处罚条例》等;建立健全了一些必要的行政管理机构,如环境保护机构、土地管理机构、财务审计机构等,对工商、税务、公安等原有行政管理机构也进行了整顿和充实。其三,行政诉讼制度初步建立。我国以往解决行政纠纷的途径,或者是通过信访,或者是求助于上一级行政机关,但由于缺少法律规范和保障,致使纠纷得不到及时解决。1982年《民事诉讼法(试行)》规定行政案件由人民法院按照法律规定受理,确立了司法对行政的审查与监督。同时,自1980年到1989年3月,"已有130多个法律和行政法规规定了公民、组织对行政案件可以向法院起诉"[①],赋予公民、法人和其他组织不服具体行政行为可向法院提起诉讼的权利。尤其是1986年《治安管理处罚条例》规定,当事人对行政处罚不服的,可申请复议;经行政复议后对复议裁决仍然不服的,可以向人民法院起诉,从而使行政诉讼进入社会治安管理领域。由于治安案件的特点,这一法律的颁布和实施直接产生两个极为广泛的影响:第一,行政案件增加引起广泛关注。治安处罚案件较之于其他行政处罚案件数量多、涉及面广,被告又是公安机关,在社会上引起广泛关注。许多学者认为,随着该法的实施,法院受理的行政案件将会大量增加,如果仍适用《民事诉讼法(试行)》的规定审理行政案件,难以适应新的情况,因而提出了应建立独立的行政诉讼制度的主张。第二,大量的治安行政诉讼实践为《行政诉讼法》的制定提供了实践和理论依据。《治安管理处罚条例》颁布以前,有关法律、法规规定法院所受理的行政案件主要是所谓的经济行政案件,因而这类案件是由当时的经济审判庭受理的,而治安行政案件显然不属于经济行政案件,由法院的经济审判庭审理也显然不合适。因此,各地法院开始建立行政审判庭。[②] 可以说,《治安管理

[①] 王汉斌:《关于〈中华人民共和国行政诉讼法(草案)〉的说明》,载《中国法律年鉴》编辑部主编:《中国法律年鉴(1990)》,中国法律年鉴社1990年版,第159页。

[②] 参见林莉红:《行政诉讼法学》,武汉大学出版社2003年版,第33页。

处罚条例》中有关行政诉讼的规定以及相应的行政诉讼实践,为行政诉讼制度的全面建立提供了制度基础。随着行政案件的日渐增多,许多行政法问题尤其是行政诉讼特有的一些问题显露出来,行政诉讼与民事诉讼的区别也日渐明显,客观上要求全面建立一种适应行政法特点的行政诉讼制度。

第四阶段(1989年至今)为行政法的发展阶段。随着我国经济体制改革和政治体制改革的深入,商品经济获得较大发展,确立市场经济体制的目标也日渐明确,这就必然要求进一步加快民主和法制建设,而制定一部专门规范行政诉讼活动的法律规范是实现民主与法制的必然途径。从1986年开始,全国人大常委会法制工作委员会组织法律专家研究和起草《行政诉讼法》。经过多次研究和修改,《行政诉讼法(草案)》被提请第七届全国人大常委会第四次会议审议,并由会议决定将草案全文公布,征求全国人民的意见。在综合各方面的意见并作了进一步的修改之后,又经第七届全国人大常委会第六次会议审议,决定提请将于1989年3月召开的第七届全国人大第二次会议审议。1989年4月4日,《行政诉讼法》由大会审议通过和颁布,于1990年10月1日起实施。《行政诉讼法》的颁布,表明我国已经比较全面地建立了行政诉讼制度,也标志着我国行政立法在指导思想和价值取向上的一个重大转变。这个转变,集中体现为效率与公正并重;对行政权的确认与对公民权利的保障并重;实体立法与程序立法并重。同时,也标志着我国民主与法制建设的真正开始。① 我国《行政诉讼法》的颁布,对于整个社会所带来的震动是无法比拟的,被誉为"社会主义法制建设中的里程碑"可以说毫不过分,它体现了社会向良性化发展的趋势。"正是在这种社会结构的变迁中,对行政诉讼提出了必然的要求。如果说维系传统体制的媒介是行政命令的话,那么,维系新体制的媒介则必然是法律;如果说信访是与传统体制相适应的解决纠纷的方式的话,那么,与新体制相适应的解决纠纷的方式则是行政诉讼。"《行政诉讼法》的颁布,"实在是我们顺应体制的变化所作的一种明智选择"②。

《行政诉讼法》的颁布标志着我国具有现代意义的行政法的诞生。真正有现代意义的行政法,便是1989年制定的行政诉讼法。《行政诉讼法》对行政的管理和监督,不是从行政权内部寻找力量,而是从外部引进审判权,以审判权来监督行政权。由于这首先必须以宪法上的审判权和行政权相互分立作为前提,所以,我国现代意义上的行政法制开始形成。③ 更有学者将《行政诉讼法》称作中国行政法的"出生证",④其对我国行政法的重要意义可见一斑。同时,行政诉讼制度的建立,促进了依法行政原则在我国的形成和发展,也使公民权益在受到行政权的侵害时能得到切实的保障,这也是市场经济条件下"权利本位"意识增强的必然反映。以《行政诉讼法》为起点,我国行政法开始进入大发展时期。它的颁布为司法机关监督行政机关的活动,保护公民

---

① 参见张春生:《中国行政程序法的发展与展望》(于1998年11月在上海召开的"东亚行政法研究会暨行政程序法国际研讨会"上的发言)。
② 张树义:《冲突与选择——行政诉讼的理论与实践》,时事出版社1992年版,第3页。
③ 参见罗豪才主编:《现代行政法制的发展趋势》,法律出版社2004年版,第39页。
④ 参见陈端洪:《中国行政法》,法律出版社1998年版,第6页。

的合法权益,维护和促进行政机关依法行使行政职权创造了条件。《行政诉讼法》的意义不仅体现在司法机关监督行政活动的制度上,而且体现为进一步确认了"民可告官"的民主原则,具体体现了官民平等。

尤其值得指出的是,《行政诉讼法》的颁布实施,也加快了我国行政法制和法治建设的步伐。以《行政诉讼法》颁布为起点,一大批规范行政活动的法律、法规相继出台,如于1990年12月由国务院颁布的《行政复议条例》;1993年8月14日由国务院颁布的《国家公务员暂行条例》;1994年5月12日由第八届全国人大常委会第七次会议通过并于1995年1月1日起施行的《国家赔偿法》;1996年3月17日由第八届全国人民代表大会第四次会议通过并于1996年10月1日起施行的《行政处罚法》;1997年5月9日由第八届全国人大常委会第二十五次会议通过并公布施行的《行政监察法》;1999年4月29日由第九届全国人大常委会第九次会议通过并于同年10月1日施行的《行政复议法》;2002年6月29日由第十届全国人大常委会第四次会议通过并于2003年7月1日施行的《政府采购法》;2003年8月27日由第十届全国人大常委会第四次会议通过并于2004年7月1日施行的《行政许可法》;2005年4月27日由第十届全国人大常委会第十五次会议通过、于2006年1月1日施行的《公务员法》;2005年8月28日由全国人大常委会第十七次会议通过并于2006年3月1日施行的《治安管理处罚法》;2007年4月5日由国务院颁布并于2008年5月1日起施行的《政府信息公开条例》;2011年1月21日由国务院颁布并于当日施行的《国有土地上房屋征收与补偿条例》;2011年6月30日第十一届全国人大常委会第二十一次会议通过并于2012年1月1日施行的《行政强制法》;2018年3月20日第十三届全国人民代表大会第一次会议通过并公布施行的《监察法》(《行政监察法》同时废止)等。在此期间,2010年4月29日第十一届全国人大常委会第十四次会议审议通过了修改后的《国家赔偿法》;2015年3月15日第十二届全国人民代表大会第三次会议审议通过了修改后的《立法法》;2014年11月1日第十二届全国人大常委会第十一次会议以及2017年6月27日第十二届全国人大常委会第二十八次会议分别审议通过了修改后的《行政诉讼法》。这一系列行政性法律、法规的公布、实施与修改,对于进一步保障公民、法人和其他组织的合法权益,促进行政机关及其工作人员依法行使职权,维护公共利益和社会秩序,加强行政法制,实现依法治国的宏伟目标都将起到非常重要的推进作用。特别是《行政处罚法》《行政许可法》《行政强制法》《政府信息公开条例》的制定与实施,解决了相关行政行为的设定、程序与当事人的权利保障等问题,比较好地体现了现代民主、法治的精神和原则,对于保证行政行为的公开、公正与合法,防止行政权力的滥用,具有特别重要的意义。同时,《行政诉讼法》的修改,总结了二十多来年行政诉讼制度实践中的经验与教训,在原有的基础上完善了诉讼规则,实现了制度创新,为解决"立案难、审理难、执行难"问题,保护公民、法人和其他组织的合法权益,监督行政机关依法行使职权,保证人民法院公正、及时审理行政案件,解决行政争议,创造了良好的制度基础。

2004年3月,国务院颁布《全面推进依法行政实施纲要》,明确提出了"建设法治政府"的目标。2010年10月,国务院发布《关于加强法治政府建设的意见》,对全面推进依法行政、建设法治政府提出了进一步的要求。2015年12月,中共中央、国务院发布《法治政府建设实施纲要(2015—2020年)》,系统化构建了我国法治政府建设的具体路径,明确了法治政府的总体目标为:职能科学、权责法定、执法严明、公开公正、廉洁高效、守法诚信。

当前,我国的行政法已经形成了自己独特的体系,进入稳定发展的阶段。

二、中国行政法学的发展

(一)"沟通中西法制"与中国行政法学的萌芽

行政法学的发展,与行政法的发展紧密相连。在我国古代,虽有庞大的官僚机器,也有非常严密的行政官僚体系和规范,但是没有近代意义上的行政法和行政法学。我国近代行政法和行政法学是在19世纪30年代之后,随着西法东渐的浪潮一起诞生的。[①] 应当说,我国行政法学的产生,是近代意义上的中国法学与"沟通中西法制"的伟大事业相伴而生的结果。

西方资产阶级革命后,经济、政治及理论基础的成熟孕育了西方国家的行政法律制度和行政法学研究。我国自清朝末年开始改革官制,变法修律,仿照资本主义国家立法、行政、司法三权分立体制,抄袭大陆法系德国、日本等国的法律制度,同时也将西方国家的行政法律制度和行政法学观念引入国门,行政法学作为一门重要的部门法学随之产生。

据考察,我国对行政法学的研究,肇始于清末的"赴日研习法政运动",且是从翻译、出版日本等国学者的行政法学著作开始的。当时的留日学生中,出现了一个关注和钻研行政法的小型群体,他们翻译、编译了最早的一批行政法学著作。1902年,东京译书社出版了白作霖汉译的《比较行政法》(浮田和民日译),译书汇编社出版了董鸿祎辑译的《日本行政法纲领》,这两本是迄今发现的最早的中文行政法译著。次年,商务印书馆出版了日本学者清水澄的《行政法泛论》的中文版。至1908年,用中文出版的行政法学著作已达20余种。像当时其他部门法一样,这些书籍的内容大多来自经过整理的课堂笔记,或者经过编译的日本教师的著作。[②] 在此期间,有关日本及西方国家的行政法学著作以及各国的部门行政法制度开始被介绍,如日本学者羽田智征编、凌思承翻译的《日本行政法法理图解》,丁颖著、王纯翻译的《普鲁士行政法典》和日本学者右藤狂夫著、胡捷翻译的《现行各国警察制度》等。此外,我国学者也开始撰写行政法学著作,如曹履真的《行政法》、夏同龢的《行政法》等。[③] 尤其值得关注的是,日本学者织田万主持编写了《清国行政法》这一六卷本的巨著,对中国清末之前以

[①] 参见何勤华:《中国近代行政法学的诞生与成长》,载《政治与法律》2004年第2期。
[②] 参见何海波:《中国行政法学的外国法渊源》,载《比较法研究》2007年第6期。
[③] 参见法学教材编辑部《行政法概要》编写组:《行政法资料选编》,法律出版社1984年版,第625、607—608页。

及当时的行政管理体制作了系统梳理与研究。与西方行政法法学著作引进、国内行政法研究的展开同步,关于行政法的教育活动也开始兴起,在1906年创办的京师法律学堂的法律专业课程中,第二学年开设了行政法,由日本法学专家冈田朝太郎主讲,其讲稿经熊元翰整理后于1912年由安徽法学社公开出版。在随后兴办的各个大学法律系以及各个政法专门学校的课程中,行政法都是一门主干课程。在行政法学研究和行政法学教学相继开展的基础上,我国近代行政法学得以诞生并迅速成长。①

(二)大陆法系行政法观念的影响与旧中国行政法学的形成

我国在清朝末年开始引进西方的法律制度,采取以德国法系为主的大陆法系。但是较大规模的法制建设,直到清朝崩溃之后,才开始进行。1914年3月31日,北洋政府公布《平政院编制令》,成立仿效德、法制度的行政法院,并在同年5月18日公布《行政诉讼条例》,正式实施行政诉讼制度。虽然此行政法院的权威因从未获得北洋政府及其官员的承认,而无法发挥其监督与纠正违法行为的功能,但行政诉讼法在形式上获得承认,成为国家最重要的诉讼体制之一。为了这一体制能运行,行政法学开始发展,而且主要是透过日本行政法学间接取法德国,如1920年北京大学钟庚言教授撰写的《行政法讲义》,已经将日本的行政法著作介绍至中国,而后行政法著作的撰写形成风潮,白鹏飞、赵琛、朱章宝、陶天南等教授皆出版行政法总论或各论的教科书,介绍现代行政法理论。②

1. 中国行政法学的创建与形成

至20世纪二三十年代,旧中国行政法学基本完成了创建工作,行政法学作为一门法学学科已经形成。其主要标志是:③

第一,形成了较大规模的行政法学者群体,包括熊范舆、陈崇基、钟庚言、白鹏飞等。其中的代表人物是被后人誉为"中国现代法学家和法学教育家"的白鹏飞,他毕业于日本东京帝国大学,师承日本行政法学家美浓部达吉,历任中国政法大学等多所大学教授、校长之职,著有《行政法总论》(上海商务印书馆1927年初版)、《行政法大纲》(北平好望书店1932年9月初版)等书。他认为"法学贵在发现,不贵在创设",行政法学者的责任,在于探究法理,阐明它的规律。④ 此外,范扬、钟庚言和马君硕等学者也著书立说,传经授道,为旧中国行政法学的创建做出了贡献。

第二,翻译了大量行政法学著作。到了二三十年代,已翻译出版30多部的国外行政法学著作,译作的内容几乎覆盖了行政法学的各个领域,包括行政法总论和分论、中央行政法和地方行政法、普通行政法和特别行政法、国别行政法和比较行政法、

---

① 参见何勤华:《中国近代行政法学的诞生与成长》,载《政治与法律》2004年第2期。
② 参见陈新民:《中国行政法原理》,中国政法大学出版社2002年版,第3页。
③ 参见叶必丰:《二十世纪中国行政法学的回顾与定位》,载《法学评论》1998年第4期;陈新民:《公法学札记》,中国政法大学出版社2001年版,第219页以下。
④ 参见中国大百科全书法学编委会编:《中国大百科全书·法学》,中国大百科全书出版社1984年版,第5页。

行政法原理和行政法专题、行政实体法和行政诉讼法等。① 除了译作之外，还创作出版了专门介绍外国行政法的著作。②

第三，创作了大量的行政法著作，确立了行政法学的基本范畴和基本原理，创设了中国行政法体系。旧中国的行政法学者在翻译和借鉴国外行政法学理论的同时，也进行了本土化的努力，创作、出版了40多部至今仍能查阅到的中国行政法著作，建立了行政法学总论和分论、中央行政法和地方行政法、普通行政法和特别行政法、行政实体法和行政诉讼法的行政法学体系。③ 除教材式的系统阐述之外，还出版了一些行政法学专题研究成果。④ 通过学者的著述，确立起行政组织、公法人、行政行为、行政强制执行、行政损害赔偿、行政损失补偿和行政救济等行政法学基本范畴，阐明了行政法治、行政行为的效力、公法关系、特别权力关系、行政诉讼等行政法学基本原理。⑤

第四，立足本国特殊情境，贯彻中国自己的人文精神。在舶来的学术框架之内，中国学者并未完全置本土情况于不顾，相反，他们也试图通过独立思考而获得贴切国情的理论成果。多数学者都或多或少地对其与中国行政法制度近现代化之间的关系予以阐释，并将其融入行政法学之中，⑥确立了中国行政法学自己的理论基础和指导思想，从而完成了行政法学的本土化过程。

2. 旧中国行政法学的主要特点

从旧中国行政法学形成和发展的脉络，我们可以看出，旧中国行政法学具有以下特点：

第一，大陆法系行政法学尤其是日本行政法学对中国行政法学的形成产生重大影响。当时所引进的国外行政法学理论主要是日本学者的行政法学理论，内容上包括日本行政法学理论以及日本学者对其他国家行政法的介绍或者加工。⑦ 由此，中国行政法学的基本范畴、原理和体系是借鉴日本行政法学理论建立起来的，"而日本行政法学又是以德国行政法学为楷模的，所以中国行政法学也受德国行政法学的间接

---

① 如日本行政法学家美浓部达吉著、杨邻芳和程思谦翻译、商务印书馆于1934年出版的《行政法撮要》；日本学者清水澄著、商务印书馆于1919年出版的《行政法各论》；马克思威尔著、杨林青译、商务印书馆于1936年出版的《德国现代市政法》；日本学者美浓部达吉著、内务部编译处翻译出版的《日本公有征收法释义》；法国学者裴特垮弥著、项方译、商务印书馆于1919年出版的《法国行政法》；美国学者左德诺即古德诺著、民友社译述、民友社于1913年出版的《比较行政法》；日本学者铃木义男著、陈汝德译、国立北平大学法商学院于1937年出版的《行政法学方法论之变迁》；日本学者美浓部达吉著、民智书局于1933年出版的《行政裁判法》等。
② 如陈体强著、商务印书馆于1935年出版的《英国行政法》。
③ 如徐仲白著、好望书店于1934年版的《中央行政法论》；政法学会于1928年编写的《省行政法》；范扬著、商务印书馆于1940年出版的《警察行政法》；白鹏飞著、商务印书馆于1927年出版的《行政法总论》一书最后一节中就论述了行政上之争讼，包括诉愿和行政诉讼，对行政诉讼的论述又包括行政诉讼组织、行政诉讼手续等。
④ 如梁泰仁著、晋阳日报社于1923年出版的《行政行为论》。
⑤ 参见白鹏飞：《行政法总论》，商务印书馆1927年版，"目录"；范扬：《行政法总论》，商务印书馆1935年版，"目录"。
⑥ 参见罗豪才、孙琬锺主编：《与时俱进的中国法学》，中国法制出版社2001年版，第96页。
⑦ 在现在所能查阅到的26部行政法学译作中，有18部是日本学者的行政法学著作，其他8部译作中，又有4部介绍外国行政法或比较行政法的译作是根据日译版翻译成中文的。另外，在当时的28部介绍国外行政法学的著作中，直接讨论日本行政法的就有16部。

影响"①。甚至有学者称当时的中国行政法学"实为日本行政法学的摹本"②。

第二,行政组织法和各部门行政法的研究占据相当重要的位置。中国行政法学深受大陆法系行政法学尤其是日本行政法学的影响,亦承袭了大陆法系行政法学较为重视行政组织问题的特点。所以在当时大多数行政法总论的著作中,行政组织的内容往往占据相当大的比例。如在白鹏飞、赵琛和范扬各自的《行政法总论》中,与其他同一层面的组成部分相比,"行政组织"部分的篇幅是最多的。③ 在这方面,各位学者都运用西方行政组织的研究成果,结合中国五权政府的实践,对各个政府机关作了详尽的分析和阐述。④ 此外,当时的行政法学者不但侧重于对行政法总论的基本原理加以系统研究,"也非常注重具体的部门行政法之研究,认为'各论'部分是整个行政法学体系建构方面不可或缺的"⑤,如赵琛、管欧等均在其各自的论著中对各部门行政法有过具体论述。⑥

第三,大陆法系行政法学者对行政法的基本观念也为当时的中国行政法学者所基本接受。如林纪东在其所著的《中国行政法总论》(正中书局1943年版)中,就采纳了大陆法系对公、私法的划分,认为"行政法者,关于行政权之组织及作用之国内公法之总称也"⑦,而白鹏飞、范扬在各自的著作中也持同样观点,这与日本学者美浓部达吉所认为的"行政法者,为国内公法之一部,规定行政权之组织及行政权主体的国家或公共团体与其所属人民关系之法"⑧的行政法观点何等相似。

第四,基本接受西方国家的法治行政理念,对于大陆法系尤其是日本行政法学的法治行政原理已经有相当程度的引进。在白鹏飞的《行政法总论》一书中,就已提及"中国行政法取法于日本,而日本以德意志为楷模。所以由法治主义之理念及建制来限制行政权,固无疑义,可见中国行政法之继受所在"⑨。在范扬的《行政法总论》(商务印书馆1935年版)一书的"行政法之基本法则"一章中,也专门研究了"法治行政主义"问题。⑩ 另外,白鹏飞等学者在引进、评判西方法治行政主义的同时,还明确指出现代国家要"以开发社会之文化、增进国民之福利,为一种重要的任务"⑪,肯定公民权利,这些都是法治主义立场在行政法学研究上的反映。

总之,旧中国的行政法学深受大陆法系尤其是日本行政法学的影响,西方的法治行政主义观念也随之引进。但是,旧中国并不存在宪政的基础和行政法治的事实,行政法学者的思想和学说与当时的行政法制度相距甚远,行政法治仅仅是停留在当时

---

① 叶必丰:《二十世纪中国行政法学的回顾与定位》,载《法学评论》1998年第4期。
② 罗豪才、孙琬锺主编:《与时俱进的中国法学》,中国法制出版社2001年版,第93页。
③ 同上书,第98页。
④ 参见何勤华:《中国近代行政法学的诞生与成长》,载《政治与法律》2004年第2期。
⑤ 罗豪才、孙琬锺主编:《与时俱进的中国法学》,中国法制出版社2001年版,第98页。
⑥ 参见赵琛:《行政法各论》,上海法学编译社1932年版;管欧:《行政法各论》,商务印书馆1936年版。
⑦ 林纪东:《中国行政法总论》,正中书局1943年版,第44页。
⑧ 〔日〕美浓部达吉:《行政法撮要》,杨邻芳、程思谦译,商务印书馆1934年版,第32页。
⑨ 陈新民:《公法学札记》,中国政法大学出版社2001年版,第221页。
⑩ 参见范扬:《行政法总论》,商务印书馆1935年版,"目录"。
⑪ 白鹏飞:《行政法总论》,商务印书馆1927年版,第2—3页。

行政法学者思维中的一种观念而已。

(三) 新中国行政法学的历史阶段与新中国行政法学的初创和挫折

1949年10月1日,中华人民共和国成立,旧中国行政法体制也被彻底废除。"与其他部门法学不同,旧中国的行政法学这份文化遗产,并没有得到新中国的继承,旧中国的行政法学死亡了。但是,新中国仍旧需要相应的行政法和行政法学。新的行政法学是在新的宪法基础上重新产生起来的,中国行政法学经历了第二次创建。"[①]然而,新中国行政法学同样经历了曲折的发展过程。

1. 新中国行政法学经历的历史阶段

目前,行政法学界普遍将1949年10月1日中华人民共和国的成立作为新中国行政法学的起点。但是,对于行政法学发展的历史阶段的划分却不尽相同。张尚鷟教授认为,新中国行政法学经历了以下四个阶段:第一阶段,从1949年到1978年,行政法学研究在这一阶段难以全面展开,"文化大革命"时期,行政法学更不可能存在;第二阶段,从1978年到1983年,行政法学研究进入创立时期;第三阶段,从1983年到1989年,行政法学进入正式确定阶段;第四阶段,是1989年以后,行政法学研究进入新的阶段。[②] 北京大学姜明安教授也将新中国行政法学的历史发展分为四个阶段:第一阶段,自1949年至1978年,为我国行政法学的"史前阶段";第二阶段,自1978年至1985年,为我国行政法学的创建阶段;第三阶段,自1985年至1989年,是我国行政法学的全面发展阶段;第四阶段,自1989年至1998年,是行政法学深入发展和学术流派逐步形成阶段。[③] 但是,许崇德、皮纯协教授认为,新中国行政法学经历了这样四个阶段:第一阶段,1949年10月至1957年5月,是行政法学的萌芽和初步发展阶段;第二阶段,1957年5月至1978年12月,是我国行政法学研究受到挫折、破坏和停滞时期;第三阶段,1978年12月至1989年4月,是我国行政法学研究得到恢复、发展和繁荣时期;第四阶段,1989年4月以后,是我国行政法学研究的进一步发展、繁荣、完善时期。[④] 这一划分方式在我国行政法学界具有较大影响。

2. 中国行政法制和行政法学的初创与挫折

从中华人民共和国成立到20世纪50年代中期,是我国社会主义行政法学的初创阶段。当时,个别法律院系开始开设行政法课程,课程内容限于介绍苏联的行政法。同时,中国人民大学国家法教研室组织翻译了四本苏联行政法著作。[⑤] 1954年《中华人民共和国宪法》颁布,标志着我国行政法学研究进入新的阶段,从主要以介绍苏联行政法理论为主,逐渐向结合中国实践,系统探讨中国行政法学理论转型。1955年8月15日,中国政法学会国家法、行政法研究组成立,以及学者发表论文,提出要

[①] 叶必丰:《二十世纪中国行政法学的回顾与定位》,载《法学评论》1998年第4期。
[②] 参见张尚鷟主编:《走出低谷的中国行政法学》,中国政法大学出版社1991年版,第5—7页。
[③] 参见姜明安主编:《行政法与行政诉讼法》,北京大学出版社、高等教育出版社1999年版,第70—72页。
[④] 参见许崇德、皮纯协主编:《新中国行政法学研究综述》,法律出版社1991年版,第1页。
[⑤] 何海波:《中国行政法学的外国法渊源》,载《比较法研究》2007年第6期。

加强行政法科学的研究工作,都说明新中国行政法学研究已经开始进行,并将全面开展。① 然而,由于缺乏新的宪政基础,行政法学在当时还没有产生和发展起来,因此,在中国成立后的相当长时间内,只是我国新行政法学的萌芽时期,并未完成我国新行政法学的创建,几乎没有有关中国行政法的论著。②当时"除了中国人民大学国家法教研室编辑的《中华人民共和国行政法(总则)参考资料》(1956年),这个阶段没有编写过一本中国自己的行政法教材"③。

1957年之后,由于一系列政治运动的盛行和法律虚无主义的影响,刚刚开始产生的行政法学研究又遭中断。尤其是在"文化大革命"期间,法制被破坏殆尽,行政法学与其他法学一样,也难逃厄运。行政法学研究归于沉寂,完全中断。

3. 中国当代改革与行政法学的复苏

1978年12月,中国共产党召开了十一届三中全会,全面确立改革、开放的基本国策,也明确提出了加强社会主义民主与法制的任务,行政法学研究也逐渐开始复苏。

(1) 行政法学复苏的主要标志

第一,行政法作为一个部门法和行政法学作为一门学科初步得到认同。1979年3月下旬,中国社会科学院法学研究所在北京召开了全国法学规划会议,明确提出必须加强对行政法学等法学学科的研究。1984年9月出版的我国第一部法学百科全书《中国大百科全书·法学卷》、1980年7月上海辞书出版社出版的我国第一部《法学词典》,以及1987年开始由法律出版社每年出版的《中国法律年鉴》中均包含行政法学的内容。与此同时,报纸和学术期刊也开始发表行政法学研究的文章。④

第二,行政法学作为法律院系的一门基本课程得到恢复,行政法学的教材建设也开始着手进行。一些法律院系的学者开始研究行政法学,并在法律专业的大学本科生和研究生中开设了行政法学课程,虽然当时以讲授外国行政法为主,但学者们同时也注意将我国当时零散的、尚处于恢复和逐步建立阶段的行政法内容加以整理和归纳,并抽象出若干基本原则,编写成中国行政法讲义进行讲授。⑤ 1983年6月,法律出版社出版了我国第一部行政法学教科书——王珉灿主编、张尚鷟副主编,包括全国一些法律院校、科研单位和实际部门13位撰稿人在内的编写组共同编写的高等学校法学试用教材《行政法概要》问世,标志着刚刚起步的我国行政法学方面的教材建设已经初步展现出成果。这本教材虽然只描摹了我国自己的行政法学在理论体系方面的简单轮廓,在观念、体系以及部分观点上也存在一定的不足,但却是我国行政法学界在党的十一届三中全会以后,对我国行政法学进行较为系统研究的一个初步尝试,

---

① 参见许崇德、皮纯协主编:《新中国行政法学研究综述》,法律出版社1991年版,第1—2页。
② 参见叶必丰:《二十世纪中国行政法学的回顾与定位》,载《法学评论》1998年第4期。
③ 应松年:《中国行政法学60年》,载《行政法学研究》2009年第4期。
④ 如《人民日报》于1979年4月10日发表了刘海年等的《健全和严格执行行政法》,《西南政法学院学报》于1981年第3期发表了王明三的《我国行政立法浅议》。
⑤ 如西南政法学院(现西南政法大学)法理教研室1982年4月编印的《中华人民共和国行政法概论》、北京政法学院(现中国政法大学)于同年6月编印的《行政法概要》等。

对以后行政法学的发展产生了积极的影响。①

第三,行政法学教学、研究等工作全面展开。从1983年起,我国开始招收行政法学硕士研究生。1984年,司法部举办了全国第一次行政法学师资培训班,为行政法学的发展提供了人才基础。此后,行政法学的教学与研究工作逐步发展,各高等法律院校纷纷开设行政法学课程,逐步将其作为必修课,并继续组织编写教材,新的行政法教材不断问世。②

第四,成立了全国性和地方性的行政法学研究组织,研究成果大量出现。1985年5月16日,我国第一个研究行政法学的学术性团体——中国法学会行政法学研究会成立。次年,江苏省和江苏省常州市相继成立了第一个省级行政法学研究会和第一个中小城市的行政法学研究会。行政法学者从此有了自己的学术组织。同年,北京的行政法理论和实际工作者成立了行政立法研究组,专事起草行政方面的法律,开创了立法机关组织专家起草法律草案的先河,为行政法学者与实践相结合提供了组织保证。我国行政法学在改革开放的形势之下,已经得到了恢复并将进入全面发展阶段。尤其是自1985年至1989年,行政法学迅速在全国发展起来,就行政法著述来说,已达几十种之多,既有教科书,又有如罗豪才教授主编的《行政法论》(光明日报出版社1988年版)这样的专著;既有大量研究中国行政法的著作,又有以王名扬教授所著的《英国行政法》(中国政法大学出版社1987年版)、《法国行政法》(中国政法大学出版社1988年版)等为代表的研究外国行政法的著作;既有行政法方面的论著,又有将美国、日本及苏联等国行政法学者的行政法著作介绍到中国的译著;③更有大量的论文、译文。④

第五,对行政诉讼法学的研究进入理论准备阶段。自80年代中期之前至我国《行政诉讼法》颁布之前,我国行政法学者开始关注行政诉讼的理论问题。学术界和实际部门普遍认为,客观形势迫切要求建立具有中国特色的行政诉讼制度,以落实宪法,加强社会主义民主,保障人民的民主权利和合法权益。⑤ 学者们开始发表有关行政诉讼的论文,⑥在此期间,亦有少量行政诉讼的教材、专著问世。⑦ 1985年以后,行政诉讼及与行政诉讼相关的论文逐渐增多,内容涉及行政诉讼制度在我国建立的必

---

① 参见罗豪才、孙琬锺主编:《与时俱进的中国法学》,中国法制出版社2001年版,第101页"注①"。
② 如姜明安著、1985年8月由山西人民出版社出版的《行政法学》,应松年和朱维究著、1985年12月由工人出版社出版的《行政法学总论》,皮纯协主编、1988年8月由中国政法大学出版社出版的《中国行政法教程》,罗豪才主编、1988年11月由光明日报出版社出版的《行政法论》等。
③ 参见〔美〕伯纳德·施瓦茨:《行政法》,徐炳译,群众出版社1986年版;〔苏〕瓦西林科夫主编:《苏维埃行政总论》,姜明安、武树臣译,北京大学出版社1985年版;〔日〕南博方:《日本行政法》,杨建顺、周作彩译,中国人民大学出版社1988年版等。
④ 这个时期发表的行政法学论文、译文约400篇。参见许崇德、皮纯协主编:《新中国行政学研究综述·附录》,法律出版社1991年版。
⑤ 参见中国法律年鉴编辑部编:《中国法律年鉴(1987)》,法律出版社1987年版,第732页。
⑥ 据统计,最早在法学刊物公开发表的专门论述行政诉讼的文章是刊载于《法学杂志》1983年第2期由熊先觉所著的《论行政诉讼》一文。这也是1983年全国法学刊物上仅有的一篇关于行政诉讼的文章。此后,有关行政诉讼的文章陆续发表。
⑦ 如应松年主编的《行政诉讼知识手册》(中国政法大学出版社1988年版),朱维究主编的《行政诉讼法原理》(中国政法大学出版社1988年版)等。

要性、作用和意义;行政诉讼制度的特征和基本原则等问题,同时还有大量介绍外国行政诉讼制度的文章和论著。① 这个阶段,行政诉讼法学研究的另一个特点是学术团体对行政诉讼法的研究和讨论异常活跃。② 行政法学者所进行的上述研究活动,为我国《行政诉讼法》的制定提供了一定的理论准备。

此外,比较行政法学也得到了一定的发展,尤以王名扬教授于1985年在《法学评论》第6期发表的《比较行政法的几个问题》一文和龚祥瑞教授所著的《比较宪法与行政法》(法律出版社1985年版)一书为代表。

归纳起来,在这一时期,行政法学界主要对下述问题展开了研究:① 关于行政法的定义范围和作用问题;② 行政机关的行政立法权问题;③ 行政法与经济法、民法的相互关系问题;④ 行政法的理论基础和基本原则问题;⑤ 行政法律关系主体之间关系的性质问题;⑥ 关于建立行政法人制度问题;⑦ 关于行政违法行为和行政法律责任问题;⑧ 行政诉讼的有关理论问题等。③

(2) 这一时期行政法学研究的主要特点

这一时期行政法学研究有如下特点:第一,行政法学作为法学学科中一个重要的部门法学的地位已经得到确立,研究领域也已逐步扩大,并已做到密切联系中国实际来研究行政法学。第二,行政诉讼理论成为行政法学研究的中心问题。当时随着我国《行政诉讼法(草案)》的制定,以行政诉讼制度的建立为中心的行政法学研究开始逐步展开。第三,行政实体问题在行政法学研究中得到重视,但行政程序问题尚未得到应有的重视,一定程度上反映出"重实体,轻程序"的倾向。第四,行政法学的学科体系尚未完全形成,行政主体、相对人、行政行为、行政救济等诸方面的基本行政法学范畴尚未概括出来,尤其是行政行为理论和行政救济理论尚显单薄。第五,行政法学在内容上还带有较为浓厚的行政学色彩,行政组织学、公务员制度等占有很大的比重,行政法学正经历着与行政学分离的过程。第六,"重管理,轻救济"的倾向较为浓厚,尚未完全摆脱苏联行政法学"管理论"思想的影响。第七,行政法学专题方面的专著尚未涌现,所出版的著作基本上属于教材或工具书,未进入更为深入的研究阶段。第八,行政法的理论基础或法理念问题虽已经由应松年、朱维究教授等提出,④但在当时并未引起学界的充分关注。因此,在这一时期,我国新行政法学尚未完成创建工作,⑤只能说较之以前有了前所未有的发展。

---

① 如论文有柳砚涛的《美国的行政诉讼制度》(《国外法学》1988年第3期)、于安的《德国行政诉讼历演变》(《现代法学》1989年第3期)、王名扬的《法国行政审判制度的最新发展》(《法学论丛》1988年第4期)等;著作有王名扬的《英国行政法》(中国政法大学1987年版)和《法国行政法》(中国政法大学1988年版)。

② 如中国法学会行政法学研究会于1986年6月18日在北京召开了"建立具有中国特色的行政诉讼制度"理论研讨会,全国人大常委会法律工作委员会于1988年8月5日召开了"行政诉讼法征求意见稿座谈会"等。参见林莉红:《我国行政诉讼法学的研究状况及其发展趋势》,载《法学评论》1998年第3期。

③ 参见张友渔主编:《中国法学四十年》,上海人民出版社1989年版,第197—211页;韩述之主编:《社会科学争鸣大系·政治学·法学卷》,上海人民出版社1991年版,第281—288页。

④ 参见应松年、朱维究、方彦:《行政法学理论问题初探》,载《中国政法大学学报》1983年第2期;应松年、朱维究编著:《行政法学总论》,工人出版社1985年版,第102页以下。

⑤ 参见叶必丰:《二十世纪中国行政法学的回顾与定位》,载《法学评论》1998年第4期。

4. 依法行政原则的确立与中国行政法学的发展

1989年4月4日,中国历史上第一部《行政诉讼法》颁布,标志着我国行政法学进入一个全新的发展阶段。1990年10月1日《行政诉讼法》的施行而引申出来的依法行政原则的提出,更为行政法学研究拓宽了领域和思路。特别是1999年3月国家将"依法治国,建设社会主义法治国家"载入《宪法》,表明行政法治已在国家法治建设中扮演了中流砥柱的作用,与社会发展结成良性共生关系。行政法学研究从此步入全面发展和繁荣阶段。

(1) 我国行政法学得到全面发展的几个主要标志

《行政诉讼法》颁布之后,行政法学研究得到更为深入的发展,行政法学著作和论文大量涌现,且在质量和深度上有了空前的提高。1989年7月,司法部法学教材编辑部组织编写并出版了以罗豪才教授为主编、应松年教授为副主编的高等学校法学试用教材《行政法学》,对行政法基本概念、行政法基本原则、行政法律关系主体、行政立法、行政执法、行政司法、行政监督、行政合同、行政程序法、行政责任与行政赔偿、监督行政行为和行政诉讼问题进行了阐述。[①] 随后,又有大量行政法教材和著作陆续出版,[②] 奠定了我国行政法学理论体系的基础,标志着我国行政法学不但已经完成创建,而且已经开始走向成熟。此外,行政诉讼法学在行政法学的研究中也越来越为重要,有了专门的行政诉讼教材及著作,[③] 说明行政诉讼法学已经发展成为在行政法学中具有相对独立地位的学科。随着行政法学者研究的不断深入,一大批有关行政行为和行政行为法、行政诉讼和行政救济、行政处罚和行政程序等专题性的研究成果涌现。[④] 这些专题研究以相应制度及其运行的完善为出发点和归宿,进一步提炼了行政法学的研究内涵,也检验和丰富了行政法学基本原理。不仅如此,我国行政法学界对外国行政法的研究与翻译以及比较行政法的研究又进一步得到发展,[⑤] 说明我国行政法学研究的视野不断开阔。同时,行政法学教育蓬勃开展,中国政法大学、安徽大学等校率先招收了行政法专业的硕士研究生,北京大学、中国政法大学和中国人民大学从1990年起招收行政法方向的博士研究生。目前,有行政法专业的博士学位授予点十

[①] 参见罗豪才主编:《行政法学》,中国政法大学出版社1989年版,"目录"。
[②] 如张焕光、胡建淼所著的《行政法学原理》(劳动人事出版社1989年版),姜明安所著的《行政法与行政诉讼》(中国卓越出版公司1990年版),罗豪才主编的《行政法学》(北京大学出版社1996年版),胡建淼主编的《行政法教程》(法律出版社1996年版)等。
[③] 如罗豪才、应松年主编:《行政诉讼法教材》,中国政法大学出版社1990年版;胡建淼主编:《行政诉讼法教程》,杭州大学出版社1990年版;姜明安编著:《行政诉讼法学》,北京大学出版社1993年版;皮纯协、胡锦光主编:《行政诉讼法教程》,中国人民大学出版社1993年版等。
[④] 如应松年主编的《行政行为法》(人民出版社1993年版),张树义的《冲突与选择——行政诉讼的理论与实践》(时事出版社1992年出版),杨解君等的《行政救济法》(南京大学出版社1997年版),叶必丰的《行政处罚概论》(武汉大学出版社1990年版),章剑生的《行政程序法原理》(中国政法大学出版社1994年版)等。参见姜明安主编:《行政法与行政诉讼法》,北京大学出版社、高等教育出版社1999年版,第71—72页。
[⑤] 如王名扬的《美国行政法》(上、下卷)(中国法制出版社1995年版),杨建顺的《日本行政法通论》(中国法制出版社1998年版)及其翻译出版的日本行政法学家盐野宏的《行政法》(法律出版社1999年版),于安编著的《德国行政法》(清华大学出版社1999年版),张正钊、韩大元主编的《比较行政法》(中国人民大学出版社1998年版)等。

余个,硕士点更是难以确切计数。①

在这一时期,我国行政法学进入全面发展阶段的主要标志是:

第一,《行政诉讼法》的颁布和施行促进了行政法学研究向纵深发展,这是我国行政法学进入新的发展阶段的重要标志。《行政诉讼法》颁布前后,有关行政诉讼研究的论文、专著、教材迅速增加,行政诉讼法学已成为行政法学中相对独立的学科,并随着行政审判实践的发展,其研究也日益深入。首先,行政法作为依法行政和公正司法的重要依据,进一步受到重视,成为国家工作人员的必修课程。其次,人们在研究行政法学的过程中,自觉或不自觉地将行政法的基本原理与行政诉讼制度结合起来,促使行政法学者对《行政诉讼法》实施过程中遇到的问题进行深入的研究。再次,与行政诉讼相关的行政法学理论问题得到了进一步深入研究,在司法审查的宪法基础、行政立法、行政程序、监督行政、行政责任、行政救济等方面取得了重要进展。最后,行政法学的研究角度和研究方法有了很大的更新。《行政诉讼法》的颁布和实施,使行政诉讼成为行政法学研究的重心,从行政诉讼角度研究行政法学的理论问题,成为重要的新的研究方法。同时,对于加强行政法学的基础理论研究具有重要的推动作用,更多的专家、学者由此开始深入思考行政法的性质问题,大量有关行政诉讼的著作涌现。

第二,社会主义市场经济体制的确立,给行政法学的发展带来新的契机。市场经济体制的确立,对依法行政提出了更高的要求,转变政府职能、规范政府行为、制约政府权力、强化行政程序等与市场经济体制中政府行政管理密切相关的诸多理论问题,以及政企分开所带来的政府身份地位的变化、政府权力结构的重新调整和配置以及政府行政管理方式的变化等一系列理论和实践问题,引起了行政法学界的极大关注,学者们对这些问题展开了广泛的研究。

第三,《行政处罚法》的颁布和实施,使依法行政原则在各个具体行政行为领域的适用问题以及由此而引发的行政程序法治化问题,又一次引起行政法学界的普遍关注。在《行政处罚法》颁布前后,一批学者针对行政处罚的设定、种类、实施等问题以及行政程序等问题,撰写和发表了大量的著作和论文,对行政处罚的应用以及行政程序问题进行广泛的研究和探讨,推动了行政法学从关注行政法学理论体系的构建向建立符合中国特色的行政法律制度的方向转变,行政法学研究更加注重实效,以行政的法治化来控制行政权滥用的理念得到进一步的深化。

第四,对行政程序法的研究热情空前高涨。由行政处罚程序的法定化以及由此引发的对整个行政程序法治化的问题,引起行政法学者的广泛研讨。一大批研究行政程序问题的著作逐渐问世,极大地推动了对我国社会主义行政程序问题的研究。行政法学者围绕我国行政程序法典化、一般行政程序法与特别行政程序法之间的关系、行政程序法的若干制度以及行政程序的公正和行政效率的关系等问题展开了深入的探讨。

---

① 参见应松年:《中国行政法学60年》,载《行政法学研究》2009年第4期。

第五,"依法治国,建设社会主义法治国家"基本方略以及法治政府建设目标的确立,使行政法学界对依法行政原则在依法治国进程中的重要地位有了更为深刻的认识。中国共产党第十五次全国代表大会明确将"依法治国,建设社会主义法治国家"确定为基本治国方略,1999年3月九届全国人大第二次会议又将这一方略确立为宪法原则,国务院2004年颁布的《全面推进依法行政实施纲要》中明确提出建设法治政府的目标,2014年党的十八届四中全会通过的《中共中央关于全面推进依法治国若干重大问题的决定》对全面推进依法治国的战略作出了全面部署,这些促使行政法学者围绕依法行政在依法治国进程中的地位和作用、中国行政法治化的内涵和目标等基本理论问题,以及对行政领域的民主、公正、公平、公开等问题展开了一系列的探讨和论证。

第六,社会结构的多元化使行政法学者对行政法调整对象的认识进一步转变,"行政法调整的社会关系从行政主体、行政相对人之间的二元关系逐渐演变为政府、社会组织、行政相对人之间的三角关系"[1]。随着改革开放的不断深入,社会组织开始以独立的主体身份承担起大量原属于政府的公共职能。2013年11月,党的十八届三中全会提出"全面深化改革的总目标是完善和发展中国特色社会主义制度,推进国家治理体系和治理能力现代化",从而将行政法任务从"管理"变为"治理",对多元共治和良性互动的社会治理体制的构建提出了更为明确的要求。这种转变促使行政法学者对行政主体理论的重构、政府职能的重新定位、公私合作的方式等问题展开了深入思考。

第七,行政立法制度的不断完善和更新,进一步推动了行政法学者对行政法规范的研究。《立法法》于2000年7月实施,并于2015年3月修订,在法律明确规定的基础之上,明确了法律的制定与行政立法的关系,尤其是《立法法》对"法律保留"原则的规定,更促使行政法学者对行政法规范体系,特别是行政法基本原则进行重新思考,使我国行政法的具体适用问题得到进一步深化。

第八,行政法学的基本范畴得到确立,我国行政法学体系基本确立。以罗豪才教授主编的《行政法学》为代表的一系列行政法学教材和著作的出版,确立了行政法学的一系列基本范畴,如行政法渊源、行政法律关系、行政法基本原则、行政法主体、公务员、行政行为、行政合同、行政指导、行政程序、行政违法、行政救济(含行政复议、行政诉讼和行政赔偿)等内容,"系统地阐述了我国行政法的基本原理","详细介绍了我国行政法的基本制度","奠定了我国行政法学理论体系的基础","这些教材具有自己的行政法理念,将行政法学范畴、原理和体系置于一定的人文精神支配之下"[2]。

第九,行政法学的基础理论得到了充分的研究。如杨海坤教授的《中国行政法基本理论》专门探讨了我国行政法学的理论基础,罗豪才教授主编的《行政法学》贯彻了行政权与公民权、行政法律关系与监督行政法律关系的"平衡论"理论,叶必丰教授的

---

[1] 杨海坤、马迅编著:《中国行政法发展的理论、制度和道路》,中国人事出版社2015年版,第236页。
[2] 叶必丰:《二十世纪中国行政法学的回顾与定位》,载《法学评论》1998年第4期。

《行政法学》体现了"公共利益本位论"这一理论基础,章志远教授的《行政法学总论》则着眼于行政法学基础理论研究的"中国化"。这说明行政法学者在构建我国行政法学体系的同时,也将研究的目光转向我国行政法学的理论基础问题,行政法学研究已向纵深发展。

第十,出版了对行政法学研究成果进行总结归纳的专门性著作。在20世纪90年代,有许崇德、皮纯协主编并于1991年由法律出版社出版的《新中国行政法学研究综述》,张尚鷟主编并于1991年由中国政法大学出版社出版的《走出低谷的中国行政法学——中国行政法学综述与评价》。尤其是进入21世纪以后,杨海坤、章志远著并于2004年由北京大学出版社出版的《中国行政法学基本理论研究》,章剑生著并于2008年由法律出版社出版的《现代行政法基本理论》,沈福俊主编并于2015年由中国政法大学出版社出版的《全面深化改革的行政法理论与实务问题研究》,马怀德主编并于2017年由法制出版社出版的《当代中国行政法的使命》等,不但总结了改革开放以后我国行政法学中的若干理论问题,而且还进行了深入的分析与探讨,对行政法学研究产生了重要的影响。

第十一,结合政府机构改革和入世以后的需求,从行政法学角度进行了多方面的研究。1998年以后,我国又进行了多次政府机构改革,行政法学界从完善行政组织法和行政体制改革、转变政府职能的角度进行了研究。面对我国入世对现有行政管理体制的冲击和影响,学者们从行政体制与行政行为的进一步法治化、行政行为的公开和透明以及入世以后对行政行为的司法审查等方面进行了多方位的研究。入世之后,学者们更是从诸多领域所存在的行政管理的现实问题入手,研究应对方案、寻找理论支撑,为入世后大规模的行政法制的改革和完善以及政府信息公开制度的建立夯实了理论基础。

(2) 中国行政法学研究的主要成就①

改革开放以来,尤其是我国行政诉讼制度建立之后,伴随着我国行政法制建设的不断完善,行政法学研究取得了巨大的成就。

第一,确立了我国行政法学独立的学科体系。改革开放以来,从一个长期被人们所遗忘的法律部门和法学学科,发展成为一门重要的部门法和部门法学,行政法学在三十年左右的时间内得到迅速发展,学科体系逐渐完善,其作为一门法学中独立的分支学科的地位也得到确立。

第二,我国行政法学的基本范畴和基本原理已被明确概括,建立起行政主体、行政行为、行政合同、行政指导和行政救济等基本原理,成为行政法学的立法论和解释论的基础。首先,行政法学界对行政主体理论的研究,经历了从行政组织到行政主体理论的进程。行政法学界关于行政主体与行政机关、依法履行行政职能的组织、国家公务员之间的关系以及行政主体资格的取得、转移和丧失等理论问题的研究,突破了

---

① 参见罗豪才、孙琬锺主编:《与时俱进的中国法学》,中国法制出版社2001年版,第104—126页;杨海坤主编:《跨入21世纪的中国行政法学》,中国人事出版社2000年版,第73—77、619—620页;叶必丰:《二十世纪中国行政法学的回顾与定位》,载《法学评论》1998年第4期。

传统的理论模式,为行政授权、行政委托以及行政诉讼主体理论的研究奠定了重要基础。其次,行政行为理论逐步丰富。学者们对行政行为的分类、内容及规则进行了系统研究,对行政立法、行政处罚、行政许可、行政检查、行政强制、行政奖励、行政指导、行政合同等行政行为的概念、性质、作用、范围等方面作了比较详细的分析和归纳,对此后行政处罚法、行政许可法、行政强制法的立法起到重要作用。此外,理论界对于行政复议等行政司法行为也作了深入探讨,为《行政复议法》的颁布和施行以及制度革新做出了重要贡献。再次,行政诉讼和行政赔偿理论得到了进一步的发展。20世纪90年代以来,《行政诉讼法》实施过程中面临的各种理论和实践问题成为理论界研究的重点和热点,这一领域的专著相继出版,相关理论问题的探讨逐步展开。所涉猎的问题包括具体行政行为的认定、参照规章存在的问题、裁判形式的欠缺与完善、司法审查范围的扩大、司法审查的社会效果、司法审查方式的改革等,尤其是针对我国《行政诉讼法》在具体实施中的问题,学者们对完善这一法律提出了许多建设性的意见,如对于《行政诉讼法》的适用问题、原告资格问题、受案范围的进一步扩大问题、行政审判机关的改革问题、行政诉讼证据问题、行政诉讼是否适用简易程序问题以及和解、判决种类和方式问题等都进行了有益的探索。在行政赔偿领域,自20世纪80年代末开始,学术界对行政赔偿的含义、归责原则、构成要件、赔偿范围、赔偿义务主体、赔偿程序等问题进行了一定的研究,为《国家赔偿法》的出台和后来的修改奠定了基础。《国家赔偿法》实施之后,又针对实践中所出现的问题展开了深入的探讨。

第三,冲破了苏联行政法的纯管理模式,探索了中国式的行政法学理论。在行政法学基本范畴和基本原理取得初步成就的同时,也基本上完成了行政法学的本土化过程,并在此基础上进行了中国式行政法学的探索,初步形成了"平衡论""服务论""控权论""政府法治论""公共利益本位论"等多种学说,形成了多种学说争鸣的局面。其中,"服务论"认为,行政法是规范行政机关行为的法,而社会主义国家行政机关是人民代表大会的执行机关,它的唯一目的是执行人民的意志。因此,我国行政法的理论基础只能是为人民服务。为了使政府能够更有效地为全体人民和整体社会提供最好的服务和最大的福利,法律授予其各种必要的职权,使其能够凭借该职权积极处理行政事务。但是行政职权的行使不得超越法律授权的范围,更不得对人民的自由和权利造成侵害。"政府法治论"认为,以社会主义法治为根本基石,以政府法治为核心,实现政府与公民关系的平等化,可具体概括为政府由人民产生(政府由法律产生)、政府由人民控制(政府由法律控制)、政府为人民服务(政府依法律办事)、政府对人民负责(政府对法律负责)、政府与公民之间关系逐步实现平等化(政府和公民法律面前平等)这五个方面,并由这五个方面构成一个完整的有机联系的整体,即政府法治论。"公共利益本位论"认为,行政法的理论基础作为一种法学理论,属于意识形态范畴,归根结底是由行政法的基础即一定层次的公共利益与个人利益关系决定的,因此行政法的理论应构筑在行政法的基础之上,而不能构筑在行政法现象或功能之上,也不能构筑在抽象的公平、正义之上。继而通过对行政法内部矛盾运动(个人利益与公共利益的矛盾)的剖析,提出个人利益应服从于公共利益,公共利益是矛盾的主要方面,但是强调公共利益并不意味着漠视个人利益,从而得出行政法在本质上是以公共利益为本位的法,行政法的理论基础是公共利益本位论。"控权论"认为,行政法以行政权为核心,行政权是全部行政法理论的基点与中心范畴。法律所需解决的并不是行政权力本身,而是行政权运行产生的后果。基于此,对行政法来说,核心不在于对行政权的保障,而在于行政权依照法律规范的要求去行使,监督控制行政权是否依法行使是行政法的主要功能。"平衡论"是以罗豪才教授为代表的一种观点,①该论认为,行政法的全部发展过程就是行政机关与相对一方的权利义务从不平衡到平衡的过程。古代行政法在本质上是管理法,而近代行政法总体上是控权法,现代则应是保护行政权与公民权处于平衡状态的平衡法。因此,在行政机关与相对一方权利义务的关系中,权利、义务在总体上应该是平衡的。平衡论也称为"兼顾论",即兼顾国家利益、公共利益与个人利益的一致。以上这些学说,尽管还缺乏深入,但毕竟已经对我国行政法学自己的人文精神有了认真的思索。

第四,对行政法学专题问题的研究逐渐深入。在行政组织法、公务员法、行政行为法(行政立法、行政处罚、行政强制执行、行政许可、行政程序、行政合同、行政指导)、国家赔偿等专题研究方面,都取得了一定进展,加强了对监督行政理论、行政法律责任、行政救济理论的研究等,取得了丰硕的成果。行政法学界的这些理论成果以相应制度及其运行的完善为出发点和归宿,加强了行政法学原理与实践的联系,进一步锤炼了行政法学基本范畴,也检验和丰富了行政法学基本原理,为行政法制建设提供了丰富的理论资源。尤其是,从《行政诉讼法》开始,行政法学者们更注重将理论研究建立在解决实际中的各种问题的基础上,行政法学者参与行政立法工作就是直接体现,诸如《国家赔偿法》《行政处罚法》《行政许可法》《治安管理处罚法》《行政强制法》《政府信息公开条例》等行政法律规范都有行政法学者参与其中等。可以说,《行政诉讼法》的颁布以及在此之后的每一部重要的行政法律的起草和颁布,都与行政法学的研究成果和行政法学者的积极参与密切相关。

第五,行政法学研究为依法行政原则的确立提供了充分的理论基础。长期以来,我国缺乏法治的传统,尤其是行政机关依法办事的意识较为薄弱。改革开放以后,包括以政府必须依法办事为内容的社会主义法制建设逐步展开。党的十四大提出了"依法行政"的要求,党的十八届四中全会将"深入推进依法行政,加快建设法治政府"作为全面推进依法治国的一项重大战略任务,党的十九大再次强调要"坚持依法治国、依法执政、依法行政共同推进"。行政法治原则得以确立,并为我国行政法制建设和行政活动提供了良好的思想基础。这一原则的确立,是以依法行政的科学理论为基础和依据的,是与行政法学对依法行政原理的大力研究分不开的,是行政法学者配合国家的大政方针着力宣传依法行政观念的结果。

第六,行政法学研究积极回应实践需求,为当前社会管理中层出不穷的新问题提

---

① 关于"平衡论"的观点,详见罗豪才主编:《现代行政法的平衡理论》(第3辑),北京大学出版社2008年版等。

供了"破题"的思路和方式,补齐法律实施不良的短板。改革开放带来剧烈的社会变迁,对公共行政不断提出新的要求,网络技术、人工智能等科技的高速发展不断冲击着传统的政府管理模式,法律因其滞后性而难以应对。行政法学界密切关注社会变化,对传统的行政法理念和原则及时作出调整,对负面清单制度、信息安全保障、合作治理模式等新的制度实践进行深入研究和探讨,指导实践,推动立法,在保障信息技术进步和社会稳定发展方面发挥了重要作用。

第七,外国行政法研究取得了重要成果,出版了一些专著,发表了大量文章,内容涉及英、美、德、日、法、奥地利、瑞典、韩、葡萄牙、西班牙等世界主要国家,翻译了一些国外学术著作,从而为借鉴外国行政法制度、完善我国行政法体系、进一步拓宽我国行政法学的研究视野奠定了坚实的理论基础。

总之,我国当代行政法学演绎至今,已经形成了一个基本格局——以大陆法传统为骨架,注入英美法元素,并不断走向本土化。① 这主要表现在行政法学积极回应我国法治和宪政建设进程中出现的新问题,比如《物权法》颁布后,学者们就财产权保护与行政法的关系问题展开了热烈讨论并取得了相关研究成果。② 而在《民法总则》颁布后,行政法学界对于民法中的诚实信用原则与行政法中的信赖利益保护原则之间的关系等问题亦给予及时关注。正如应松年教授所言,在今后一段时间内,行政法学需要继续探索行政法治的基本原理和原则,进一步宣传、普及依法行政的理念,捍卫行政法治的信念。行政法学也需要进一步拓宽研究范围,增加研究深度,积极回应和解决行政法治实践面临的迫切问题。这是时代赋予行政法学的迫切任务。③

---

① 参见余凌云:《行政法讲义》,清华大学出版社2010年版,第47页。
② 参见张千帆、赵娟、黄建军:《比较行政法》,法律出版社2008年版,第108—109页。
③ 参见应松年:《中国行政法学60年》,载《行政法学研究》2009年第4期。

第二章
行政法的基本原则

第一节 行政法基本原则概述

一、行政法基本原则的概念

所谓行政法基本原则,是指贯穿于行政法之中,指导行政法律规范的制定、实施以及行政争议处理等活动的基本行为准则。作为行政法的基本原则,它应当是基于现代行政权的基本功能和基本规律,对调整行政权与公民权、行政权与司法权和行政权与立法权之间的关系具有高屋建瓴的指导意义的基本行为准则。[①] 因此,行政法基本原则集中地体现了行政法的基本价值取向和法治理念,是行政法规则的基础性规范。

在任何一个部门法中,基本原则都是其基础性的内容。法的基本原则是法的精神和灵魂所在,是"法律的基础性真理或原理"[②],在法律体系和法律部门中居于基础性地位。它"是整个法律活动的指导思想和出发点,构成法律体系或法律部门的神经中枢"[③],"体现法的本质和根本价值,构成一个法律体系的灵魂,决定法的统一性和稳定性"[④],行政法同样如此。然而,行政法的基本原则又不能等同于单行法的基本原则。行政法的基本原则是适用于行政法所有领域的基本的行为准则,而不是仅限于特定领域;而且行政法的基本原则是一种理念性的产物,是在行政法的发展过程中,或者说是在行政法对行政权进行规范和调控的过程中,由行政法学者根据本国行政法治发展状况和行政法发展规律进行深入观察、不断积累而归纳、抽象出来的行政法的普遍规范,蕴涵着行政法最基本的理念。而单行法的基本原则是由单行法律在法律条文中具体确定和宣示的,如《行政许可法》的基本原则、《行政处罚法》的基本原则、《行政复议法》的基本原则、《行政诉讼法》的基本原则等,这些单行法的基本原则对该法所调整的特定对象和范围具有规范作用,同时又是行政法基本原则在这些特定领域的具体体现。行政法的基本原则则是这些单行法律基本原则的来源和依据。

---

① 参见章剑生:《现代行政法基本理论》,法律出版社2008年版,第32页。
② Black's Law Dictionary, West Publishing Co., 1983, p.1074. 转引自周佑勇:《行政法基本原则研究》,武汉大学出版社2005年版,第1页。
③ 沈宗灵主编:《法理学》,高等教育出版社1994年版,第40页。
④ 张文显:《法哲学范畴研究》(修订版),中国政法大学出版社2001年版,第55页。

我们在第一章中曾提到,行政法在形式上是分散的,不具有统一的法典,它是由成千上万个有关行政的法律规范所组成的集合体。但是,作为一个独立的法律部门的行政法,是一个有机的统一体,且具有其内在规律,因此也必然地存在反映其根本价值和作用的基本原则。行政法基本原则既超越了对行政活动的具体法律规定,具有高度的概括性;同时又体现在法律的具体规定之中,并通过法律的具体实施得以实现。同时,在法律没有规定或者规定不够明确时,同样可以运用行政法基本原则进行行政活动,判断行政活动的合法与否。所以,行政法基本原则是一个在行政法体系中占主导地位的问题,"我们只有承认法律既包括法律规则,也包括法律原则,才能解释我们对于法律的特别尊敬"①。这一观点对于缺乏统一法典的行政法来说尤为重要。长期以来,我国学理上普遍固守这样一个观念:将法律仅仅理解为由国家机关制定的、形成于纸上的条文,进而将法律仅仅等同于一系列"法律规则"或法律规范的总称,而将"法律原则"排除在法律体系之外。这是一种典型的"规则中心主义"的法律模式理论。这种理论主要是受西方分析法学派的影响。近现代以来,随着法的模式理论从"规则中心主义"到"原则中心主义"的不断演进,法律原则被逐渐引入法律体系之中,法律亦被普遍理解为一种由法律规则、原则等要素所构成的统一整体。② 因此,只有充分认识和掌握行政法的基本原则,才能从根本上理解行政法作为一个部门法的本质特征,由此才能正确和有实效地指导行政法的制定、实施以及行政争议的处理。

二、行政法基本原则的特征

行政法的基本原则作为法律原则当然具有一般法律原则的基本特征,如基本性、抽象性等,但是,"基本原则"之前,既然冠有"行政法",必定有其特殊属性。③ 作为一个部门法的基本原则,行政法基本原则应当具有不同于其他法律领域的自身独有的特征。具体包括:

(一) 特殊性

从行政法这一法律部门与整个法律体系的关系进行考察,行政法基本原则具有特殊性。这种特殊性是相对于法的一般特性和其他法的特性而存在的。行政法基本原则是整个行政活动的基本准则,它只能适用于行政法这一法律部门,为"行政法"这一部门法所独有,而不能同时也适用于其他法律部门,亦不能同时也是所有法都适用的基本准则。

(二) 普遍性

从行政法这一法律部门内部进行考察,行政法基本原则又具有普遍性。整个法

---

① 〔美〕德沃金:《认真对待权利》,信春鹰、吴玉章译,中国大百科全书出版社1998年版,"序言"第18页。
② 参见周佑勇主编:《行政法专论》,中国人民大学出版社2010年版,第69—70页。
③ 参见余凌云:《行政法讲义》,清华大学出版社2010年版,第66页。

律体系可以分为若干个法律部门,而任何一个法律部门的内部又都可以进一步划分为若干个具体的法领域和法律层次。行政法基本原则作为行政法这一部门法的基本准则,应当普遍地适用于整个行政法律部门内部的各个领域和每一层次,即既适用于整个行政活动,也适用于对行政活动的监督。

(三) 规范性

作为法的原则,行政法基本原则应当具备规范性这一法的基本特征。从行政法基本原则的内容来看,涉及行政主体、行政相对人以及其他利害关系人在法律上的权利义务,成为具有普遍拘束力的行为准则,必须得到普遍的遵守和执行。因此,违反行政法基本原则的行政行为亦属违法。另外,行政法基本原则具有法的作用,即在进行行政活动时,应以基本原则的要求为出发点,对具体法律条文的内涵和相互关系的理解与解释都应当与行政法基本原则相一致,在无具体法律条文可适用时也应以基本原则的要求为指导行政活动的准则。

(四) 适用性

所谓适用性,是指行政法基本原则不仅是反映行政法发展要求和规律的一般准则,而且是能够在行政法实践中具体运用,作为解决行政实践问题的具体依据,即它能够成为行政活动中具体加以遵循的准则,也可以成为行政诉讼中人民法院对行政活动进行司法审查、裁判行政行为是否合法的标准和准则。

三、行政法基本原则的研究与确定

行政法即有关行政之法,其关注的焦点在于行政权是否合法行使,以及对是否依法行政进行监督,这可谓行政法的核心。在行政与法之间,不是行政决定法,而是行政应当服从于法,受到法的控制。① 在法治国家理念产生之初,欧美的近代法治国家奉行的是国家和社会相互分离的理念。国家为了追求经济的高速发展,采取"经济放任主义",当时,公民对国家的期待是最少的干涉。在私法规范的领域,强调私法自治,排除所有国家权力的介入;在社会领域,同样强调社会自律,国家除了征税及维持治安之外,不能介入和干预其他事项。因此,行政对社会的介入和干预极其有限,只有当社会自身的运作无法维持自身的秩序时,才允许国家行政权力的干涉。由此,国家仅仅只承担"守夜人"的职能,公民则获得了最大幅度的自由。故在早期的行政法中,"行政只在于维持社会之秩序、国家治安及排除对公民及社会之危害"②。这类具有社会干预功能的行政被称为干预行政或者秩序行政。在早期的自由主义法治国家中,行政的功能仅表现为对秩序的维护,这也就决定了那个时代的行政法所关注的焦点在于将行政权力严格规范在其被允许干预的程度之内。"依法行政"原则应运而

---

① 参见周佑勇主编:《行政法专论》,中国人民大学出版社 2010 年版,第 80 页。
② 陈新民:《中国行政法学原理》,中国政法大学出版社 2002 年版,第 27 页。

生,且实行严格的法律保留,从而保证公民得以获得最大限度的自由和权利。这样的自由主义行政法理念和制度之下的法治国家被称为市民法治国家。由于欧美各国之间在历史、政治、社会经济等方面存在显著的差异,在对待以怎样的法律形式、法律的实现和保障方式来实现市民法治国家的理念,合理地划定行政权可以干预、介入市民私生活的界限的态度上,也就不可避免地有所不同。如欧洲大陆各国普遍将行政法纳入公法体系,继而设立行政法院来实现保障行政法的效力,而英美法系各国则不存在公、私法的划分,认为行政权也应该与私人同样服从普通法,受普通法院管辖。

市民法治国家的经济放任政策虽然带来了经济的迅速发展,但是种种社会问题及行政权力的萎缩也随之产生。社会的动荡不安成为自由主义法治国家无法回避的问题,为了调和社会矛盾,以促进社会正义为出发点,扶助大多数居于社会中下阶层公民的理念随之诞生。此时,国家如果仍然仅仅以市民法治国家理念为基础,将自身的功能停留在单纯的维持社会秩序的范围内,则难以满足社会向行政权提出的不断增长的新需求。社会的发展要求国家兴办社会福利事业,在国民的就业、衣食住行和最基本的文明生活等方面制定积极的对策,为国民实现生存权提供积极的服务。社会对行政的功能的要求已经从单纯的秩序维护转变为提供服务。国家承担这种服务功能而实施的行政称为给付行政或者服务行政。

行政功能从干预行政向给付行政的转变使行政的内容日益庞大,法治国家的内涵也随之发生了变化。市民法治国家的理念逐渐弱化,国家被要求以通过行政权积极地介入社会的方式来实现社会正义,社会法治国家理念日益占据主导地位。由此,行政法的关注焦点也就从严格控制行政权力的干预的程度和范围转变为指导行政、为行政权的发动设定基准。

可见,就行政与法治国家的整体关系来看,无论行政如何随时代的变化发展而变化发展,法治国家理念都对其发挥着规范作用,因此法治国家理念,在行政法领域则体现为行政法治原则(也称依法行政原则)对整个行政法的建设和实施起着指导和统帅的作用,体现了行政法应有的时代精神,是行政法的基本原则。当然,法治行政原则的内涵也随行政的不断变化发展而顺应时代的需要不断发展完善,从而推动行政法的不断发展完善。

行政法基本原则作为行政法的基本问题之一,历来是中外行政法学者关注的重点。行政法基本原则从总体上说,是一种理念性的产物,是在行政法调控行政权的较长历史时期中形成,并由行政法学者概括归纳的。虽然有的行政法基本原则现在已在一些国家的宪法或行政法基本法中得以确立,但从整体上讲,行政法基本原则并非是由某一个或某几个具体法律、法规所特别确定的。人类自从结成社会以后,就需要公权力,特别需要行政权,因为这是维持社会安全和秩序所必不可少的。然而公权力,特别是行政权,又有产生腐败和滥用的趋势,从而导致对人民权利和自由的威胁。为此,人类一直在探索建立一种机制,使之既能有效地发挥行政权的积极作用,又能尽可能地防止和抑制其消极作用,避免它对人民权利、自由的危害。若干世纪以来,人类进行了很多尝试和实验,确立过很多规范和制度,包括行政法的规范和制度。这些尝试、试验、规范、制度,有的是成功的,有的是失败的,有的是成败得失均有的。学者们总结这些成功的和失败的经验,从中抽象出一些较普遍适用的规则,以指导新的探索和实践。在行政法领域,这些较普遍适用的规则就是行政法的基本原则,它们是中外行政法学者通过长期的研究、总结、概括出来的。当然,不同学者因其概括、归纳方法不同,对基本原则的表述并不相同。①

(一) 国外行政法基本原则

国外行政法基本原则的表述,一直集中为"依法行政",有些表述为"行政法治",只是各国学者对"依法行政"或"行政法治"原则的理解和阐释有所不同。

当代英国学者将法治原则概括为:"1. 政府的一切活动必须遵守法律;2. 法治原则不局限于合法性原则,还要求法律必须符合一定标准,具备一定内容;3. 法治原则表示法律的保护平等;4. 法治原则表示法律在政府和公民之间无所偏袒。"②在英国,行政法被认为是"动态的宪法"③。行政法与宪法的紧密关系决定了英国行政法的基本原则是以英国宪法中的"议会主权"和"法治"原则为基础的原则,从而提出了以越权无效和自然公正为主要内容的两大行政法基本原则。越权无效原则是英国行政法的核心原则,"公共当局不应越权,这一简单的命题可以恰当地称之为行政法的核心原则"④。它来源于议会主权的宪法原则,其基本要求是行政机关的行政行为或行政活动,无论在实体上还是在程序上都必须符合议会制定的法律所赋予的权限,违反议会所制定的法律,不管是实体违法,还是程序违法,皆属于越权,而越权行为无效。自然公正原则也称为自然正义原则,它是一个古老的普通法原则,要求行政机关对于议会授予的权力应当公正、正当行使的原则,"在行政法上自然正义是一个界定完好的概念,它包括公正程序的两项根本规则:一个人不能在自己的案件中做法官;人们的抗辩必须公正地听取。在法院和法定裁判所可以理所当然地认为这些原则必须得到遵守。但它们是如此的普遍,如此之'自然'以至于不限于司法权。它们同样适用于行政权,有时也用于合同创设的权力。……自然正义成了行政法最活跃的部分之一。"⑤

美国行政法治原则包含的因素是:(1)保障公民基本权利。法治原则承认法律的最高权威,要求政府依照法律行使权力。但法律必须符合一定标准,包含一定内容,否则,法律也可作为专制统治的工具。宪法中必须规定公民享有某些基本的权利,作为一切立法必须遵循的标准和政府权力行使的限制。(2)正当的法律程序。基本权利是在实体法方面对政府权力行使的限制,为了保护公民的利益不受政府和官员不正当的侵犯,还必须在程序方面对政府权力的行使加以限制。不按照正当的

---

① 参见姜明安主编:《行政法与行政诉讼法》(第二版),北京大学出版社、高等教育出版社 2005 年版,第 63—64 页。
② 王名扬:《英国行政法》,中国政法大学出版社 1987 年版,第 11 页。
③ 转引自胡建淼:《行政法学》(第二版),法律出版社 2003 年版,第 46 页。
④ 〔英〕威廉·韦德:《行政法》,徐炳等译,中国大百科全书出版社 1997 年版,第 43 页。
⑤ 同上书,第 95 页。

法律程序不得剥夺任何人的生命、自由和财产。(3)必须要有保障法律权威的机构。法律规定的权利和程序必须执行,否则所谓法治只是一个骗局。美国保障实施法治,限制政府权力,为此,必须有保障法律权威的机构。① 尤其值得指出的是,由于重视程序是普通法系国家共同的传统,这种传统与美国所接受的近代启蒙思想家的法治理念相结合,形成了美国独具特色的"程序法治"观念。受这种观念的影响,英国普通法传统中的"自然正义"逐步被融入美国法中而成为一项重要的宪法原则,即正当法律程序原则。该原则对美国行政法的发展产生了直接而重大的影响,并由此逐步形成了美国行政法上的行政正当程序和行政公开两大基本原则。②

法国将"行政法治"作为行政法的基本原则,其基本含义就是"行政活动必须遵守法律"。它包括三层意义:(1)行政行为必须有法律依据。行政机关不能自由采取行动,只能在法律授权的范围内采取行动。法律规定每个机关的组织和权限。权限以外的行为是无效的行为,这是行政活动和公民个人活动最大的区别。(2)行政行为必须符合法律。法律在规定行政机关权限的时候,也规定行政活动的目的、程序和条件。行政活动必须受法律的约束,符合法律的规定。(3)行政机关必须以自己的行为来保证法律的实施。这是法治原则的最新发展。行政机关不仅有消极的义务遵守法律,而且有积极的义务采取行动,保证法律规范的实施,这样才符合法治的近代意义。③ 法国行政法的基本原则并非由某个成文法律直接确立,而是由行政法院经过长期审判活动归纳而成。

德国行政法学的创始人奥托·迈耶认为,法治是由三部分构成的:形成法律规范的能力、法律优先以及法律保留。④ 在现代,德国学者一般认为行政法治原则主要包括两项内容,即法律优先原则和法律保留原则。⑤ 法律优先原则,直观的意义是法律相对于行政权处于优先的地位;实质的意义是指行政应受既存法律的约束,行政机关不能采取与法律相抵触的行政措施。行政机关对既存法律必须遵守,不得违反。法律保留原则的基本含义是,国家侵犯个人的自由权利,应该有法律依据,特别是所有的行政权力。⑥ 法律优先仅仅消极地要求行政按照现存法律办事,而法律保留则积极地要求行政活动具有法律依据。⑦

"法治行政"是日本行政法的重要原理。日本法治行政原理包含三项基本内容:(1)法律保留原则,它要求政府的行政活动必须有国会制定的法律依据;(2)法律优先原则,它坚持法律高于行政;(3)司法救济原则,它主张一切司法权归属于法院,法院具有行政纠纷的终裁权,公民合法权利遭受不法行政侵害时有权请求司法救济。⑧

---

① 参见王名扬:《美国行政法》,中国法制出版社1995年版,第114—116页。
② 参见周佑勇:《行政法基本原则研究》,武汉大学出版社2005年版,第80—81页。
③ 参见王名扬:《法国行政法》,中国政法大学出版社1988年版,第204—207页。
④ 参见〔德〕奥托·迈耶:《德国行政法》,刘飞译,商务印书馆2013年版,第68—69页。
⑤ 参见〔德〕哈特穆特·毛雷尔:《行政法学总论》,高家伟译,法律出版社2000年版,第103页。
⑥ 参见陈新民:《德国公法学基础理论》(增订新版·上卷),法律出版社2010年版,第95页。
⑦ 参见于安:《德国行政法》,清华大学出版社1999年版,第25页。
⑧ 参见胡建淼:《十国行政法——比较研究》,中国政法大学出版社1993年版,第237—238页。

(二) 我国行政法基本原则研究的状况

行政法基本原则作为一种理念性的产物,在我国也经历了一个发展和逐渐深入的过程。由于我国行政法学研究起步相对较晚,作为一个部门法的行政法直至20世纪80年代才开始逐渐建立和发展起来,行政法基本原则也随之逐步形成和发展。在行政法学研究的初期,行政法学者大都将行政法基本原则与行政管理的基本原则等同起来。1983年出版的我国第一部行政法学统编教材《行政法概要》将行政法的基本原则称为国家行政管理的指导思想和基本原则,并概括为七条:(1)在党的统一领导下实行党政分工和党企分工;(2)广泛吸收人民群众参加国家行政管理;(3)贯彻民主集中制;(4)实行精减的原则;(5)坚持各民族一律平等;(6)按照客观规律办事,实行有效的行政管理;(7)维持社会主义法制的统一和尊严,坚持依法办事。[①] 随后,有学者将行政法基本原则归纳为三项:(1)贯彻党的方针政策原则;(2)社会主义民主原则;(3)社会主义法制原则。[②] 也有学者将行政法基本原则概括为"我国国家行政管理的指导思想和基本原则",主要包括:"在党的统一领导下,实行党政分开和政企职责分开;按照客观规律办事,实施有效的行政管理;广泛吸收人民群众参加国家行政管理;实行简政、便民;坚持各民族一律平等;贯彻民主集中制;在国家行政管理领域坚持依法办事等。"[③] 还有学者认为,我国行政法基本原则包括:国家行政机关统一行使国家行政权的原则,依法行政原则,统一领导、分级管理原则,人民群众广泛参加国家管理原则,行政管理活动中的民族平等原则,行政首长负责制原则,因地制宜原则,提高行政效率原则以及国家计划管理原则。[④] 这些原则中,有的已经相对接近法律原则,也有的提出了行政与法制之间的联系,但仍有浓重的政治色彩或者一定的行政管理色彩,在很大程度上反映了当时行政法学初创时期的实际情况。

20世纪80年代后期,随着我国《行政诉讼法》的起草和颁布,我国行政法学研究取得了较大的发展,对行政法基本原则的研究和认识水平进一步深化。我国行政法学者对行政法基本原则的认识,开始了从"行政管理原则论"向"行政法治原则论"的发展。"行政法治原则论"认为,行政法的基本原则是现代法治国家政府行使权力时所普遍奉行的基本法律准则。这种对行政法基本原则的理解,主要是受欧美行政法学的影响,无论欧陆国家还是英美国家,其行政法基本原则都有着各自鲜明的个性特征,但同时也存在着某些深层次的共性特征,即它们的形成与法治国思想同源,深刻地体现着民主法治国家的精神和观念。法治原则不仅孕育了行政法基本原则,而且推动了行政法基本原则的逐步发展和完善,始终是行政法基本原则形成过程中至关重要的因素。[⑤] 我国行政法学者借鉴国外的行政法治原则,结合我国行政法实践,提出了渗透着现代法治精神的行政法基本原则。罗豪才教授当时指出,"行政法的基本

---

① 参见王岷灿主编:《行政法概要》,法律出版社1983年版,第43—60页。
② 参见应松年、朱维究:《行政法学总论》,工人出版社1985年版,第112页。
③ 参见张尚鷟:《行政法教程》,中央广播电视大学出版社1988年版,第50—59页。
④ 参见侯洵直主编:《中国行政法》,河南人民出版社1987年版,第43—55页。
⑤ 参见胡建淼主编:《行政法学》,复旦大学出版社2003年版,第30页。

原则,是指贯穿于行政法中,指导行政法的制定和实现的基本准则"。他认为行政法的重要原则主要有两个:首先是行政法制原则,或称依法行政原则;其次是民主与效率相协调的原则,或称协调原则。① 之后,应松年教授将行政法基本原则归纳为两个:行政合法性原则和行政合理性原则。② 由罗豪才教授主编的全国第二部行政法统编教材《行政法学》直接将行政法的基本原则概括为行政法治原则,并将其具体分解为行政合法性原则和行政合理性原则。③ 自此以后,很多行政法著作都采用此说。但是,也有学者在此基础上有所发展,如有学者认为行政法基本原则除上述两原则外,还有责任行政原则;④还有学者认为行政法基本原则分为社会政治基本原则和行政法的专门基本原则,后者包括行政法治原则、监督行政原则、行政公正原则、行政公开原则、行政科学原则、行政效能原则等。⑤ 据统计,我国行政法学界在1983—1990年期间,有关行政法论著所提出的主要的行政法基本原则就多达30余个。⑥ 而在20世纪90年代,我国学者对行政法基本原则的认识,基本上是围绕着行政法治化的要求进行的。如罗豪才教授1996年主编的行政法教材虽然在行政合法性原则和行政合理性原则之外又提出了行政应急性原则,但强调行政应急性原则是行政合法性原则的例外,从广义上说是行政合法性原则和行政合理性原则的非常原则。应急性原则并没有脱离行政法治原则,而是行政法治原则特殊的重要的内容。⑦ 可以说,在这段时期中,最有影响的是行政合法性和行政合理性两大原则。很多学者在其编著的教材中都接受了这一观点。⑧

当然,也有学者对行政合法性和行政合理性两个原则是否能够成为行政法的基本原则提出了质疑和批评。如认为行政合法性原则实际上反映出任何法治国家对国家机关行为的基本要求,与法治原则近义或同义。所以,要求行政活动合法对行政法并无特殊意义,而是法制建设的基本要求,并且极易使人们将合法性原则与法治原则混为一谈。⑨ 就行政合理性原则而言,有学者认为"实际上是用虚幻的理念来制约纷繁复杂的行政自由裁量行为的现实,缺乏构成行政法基本原则的条件"。⑩

自20世纪90年代后期以来,许多学者对我国行政法基本原则的构建又提出了新的主张,有学者主张行政法的基本原则为依法行政原则(或称行政法治原则),主要包括职权法定、法律优先(或称法律优位)、法律保留、依据法律、职权与职责统一五项

---

① 参见罗豪才主编:《行政法论》,光明日报出版社1988年版,第25—26页。
② 参见应松年主编:《行政法学教程》,中国政法大学出版社1988年版,第39页。
③ 参见罗豪才主编:《行政法学》,中国政法大学出版社1989年版,第34—45页。
④ 参见张树义主编:《行政法学新论》,时事出版社1992年版,第51页。
⑤ 参见杨海坤:《中国行政法基本理论》,南京大学出版社1992年版,第145页。
⑥ 参见许崇德、皮纯协主编:《新中国行政法学研究综述(1949—1990)》,法律出版社1991年版,第106—108页。
⑦ 参见罗豪才主编:《行政法学》(新编本),北京大学出版社1996年版,第35页。
⑧ 参见王连昌主编:《行政法学》,中国政法大学出版社1994年版,第51页以下;胡建淼主编:《行政法学》,1998年版,第59页以下。
⑨ 参见孙笑侠:《法律对行政的控制》,山东大学出版社1999年版,第179页。
⑩ 姬亚平:《行政合法性、行政合理性原则质疑》,载《行政法学研究》1998年第3期;黄贤宏、吴建依:《关于行政法基本原则的再思考》,载《法学研究》1999年第6期。

子原则。① 有学者主张行政法基本原则的确立应当融入现代宪政精神、体现法律的基本价值、反映行政法的目的、是行政法最高层次的规则等,并以此为立论前提,主张将其表述为自由、权利保障原则,依法行政原则以及行政效益原则。② 有学者主张行政法的基本原则应当选择各国行政法基本原则中形成历史较长久、适用较普遍、为人们较广泛认同的若干原则,并将之分为两大类别:一类主要是调整行政实体关系的,称为"行政法的实体性基本原则",包括依法行政原则、尊重和保障人权原则、越权无效原则、信赖保护原则、比例原则;一类主要是调整行政程序关系的,称为"行政法的程序性基本原则",包括正当法律程序原则、行政公开原则、行政公正原则、行政公平原则。③ 有学者认为行政法的基本原则应当以行政法定原则(具体包括职权法定原则、法律优先原则、法律保留原则)、行政均衡原则(具体包括平等对待原则、禁止过度原则、信赖保护原则)、行政正当原则(具体包括避免偏私原则、行政参与原则、行政公开原则)为体系。④ 有学者根据国务院发布的《全面推进依法行政实施纲要》所确立的依法行政原则,将行政法基本原则概括为合法行政、合理行政、程序正当、高效便民、诚实守信、权责统一原则。⑤ 还有学者认为行政法基本原则包括行政法定原则、行政正当原则和行政诚信原则,三者层层递进,共同构成内容完整的行政法基本原则体系。⑥ 学者们对行政法基本原则的研究和论述,虽然表述不同,但却从不同的程度反映了对"依法行政"或"行政法治"的实质性追求,这符合人们对行政法的价值期待和历史发展的逻辑。

(三) 我国行政法基本原则的确定

确立行政法的基本原则,既要借鉴西方优秀的法律文化,又要立足于我国行政法的实际。从早期的"行政管理原则论"或带有较为浓重的政治色彩的原则表述到"行政法治原则论",表明我国行政法学者对行政法基本原则的认识已经回归到行政法的本位。论述行政法的基本原则,要考虑其作为规范的特征,又要顾及其在行政法领域普遍适用的特点,同时也要使其具有行政法的特殊性,从而体现行政法保障公民权利、规范和控制行政权力的根本价值和宗旨。现代行政法治的宗旨,就是行政必须受到法的控制。"行政这种活动要服从法,这是不言而喻的。"⑦所以,以法来规范行政权,应当是确定行政法基本原则的出发点。

为此,我们认为,根据我国行政法的发展状况,结合国外行政法基本原则,我国行政法的基本原则应当是行政法治原则。行政法治原则不仅在形式上贯穿行政法的始终,而且在内容上也体现了行政法的根本价值取向,反映了行政法的根本属性。

---

① 参见应松年主编:《行政法学新论》,中国方正出版社1998年版,第42页以下。
② 参见薛刚凌:《行政法基本原则研究》,载《行政法学研究》1999年第1期。
③ 参见姜明安主编:《行政法与行政诉讼法》(第二版),北京大学出版社、高等教育出版社2005年版,第64—79页。
④ 参见周佑勇:《行政法基本原则研究》,武汉大学出版社2005年版,第158页以下;周佑勇主编:《行政法专论》,中国人民大学出版社2010年版,第80—90页。
⑤ 参见应松年主编:《行政法与行政诉讼法》,法律出版社2009年版,第31页。
⑥ 参见章志远:《行政法学总论》,北京大学出版社2014年版,第95页。
⑦ 〔日〕盐野宏:《行政法》,杨建顺译,法律出版社1999年版,第12页。

第二节 行政法治原则

行政法治原则是行政法的基本原则,是一切行政活动必须遵循的首要准则。这里所说的行政法治,实际上相当于"依法行政原则"或者"行政合法性原则"。我们认为,行政法治原则能够较好地体现行政法对行政权的本质要求。行政法治原则要求行政主体在行政活动中必须依据法律,依照法定程序运作。依法行政原则是依法治国方略的最直接体现,它表明,政府行政权力的依法行使是建设法治国家的基础和前提所在。依法行政原则中的"法",可从广义加以理解,即既包括宪法、法律、行政法规、地方性法规,也包括规章。当然,在所有这些法的形式中,宪法的效力最高,法律的效力高于法规,行政法规的效力高于规章。

行政法治原则在表述上可以多种多样,但实质方面的内容主要包括以下四项:

一、职权法定原则

职权法定是依法行政的首要原则,该原则要求行政机关行政职权的来源、存在依据和权力范围是法定的,法律之外不享有行政职权,否则将被宣告无效并承担相应的法律责任。行政机关的职权法定不同于公民的权利,公民权利是公民本身所固有的,公民在不违反法律禁止性规定的情况下,可以从事一切活动。而行政机关则不同,对于行政机关来说,法无授权即禁止。只有当法律对其明确地授权时,行政机关才依法获得某项权力。行政职权法定的原因在于行政权力本身所具有的强制性、扩张性和对公民权利的侵略性,如果允许行政机关和其他有权者在法律之外可以随意享有职权,行政职权必然会失去法律的控制,公民权利将无法得到保障。因此,职权法定的核心要求是一切行政机关不得自我授权,从而在根本上杜绝行政权的自我膨胀。正是从这个意义上说,职权法定是对行政活动的首要要求。它是行政权来源于法律的真实写照。

职权法定原则具有下列含义:

(一) 一切行政职权皆来源于法律的授予

行政机关一般通过两种方式获得行政权力:一是通过宪法或行政机关组织法的规定获得。在宪法或法律创设某种行政机关时,宪法或组织法往往会对行政机关的职能、职权等作出规定。如我国《宪法》第89条明确列举了国务院的职权范围,第107条第1、第2款规定了县级以上地方各级人民政府依照法律规定享有的职权,《地方组织法》第55条第3款也规定了"地方各级人民政府必须依法行使行政职权"。这些职权通常被称为是行政机关的一般权力。二是通过单行法律授予行政职权。在行政机关成立后,某一单行法律可能授予某行政机关与其一般职权相关的权力,或者授予某公务组织一定的行政职权。这些权力往往是具体而明确的。如《治安管理处罚法》第7条规定:"国务院公安部门负责全国的治安管理工作。县级以上地方各级人民政府公安机关负责本行政区域内的治安管理工作。"这可以视为作为治安行政处罚的单行法律对治安管理职权的具体规定。我国《行政处罚法》第15条也规定,"行政处罚由具有行政处罚权的行政机关在法定职权范围内实施"。这是对职权法定原则最明确的规定。

一切行政职权必须来源于法律,或由有权机关根据法律的规定授予,否则权力的来源就没有法律的依据。没有法律依据的行政权从根本上说是一种非法的权力。这是对权力来源的要求,构成职权法定原则的基础。[1]

(二) 行政活动必须依据法定职权进行,越权无效

行政主体行使法律所赋予的行政职权,必须依照法律所规定的范围、条件和方式进行,如时间、空间上的要求,行为手段、方式上的要求等,不能逾越法律所设定的边界。凡是逾越行政权力边界的行政活动都应当被认为无效。越权无效是职权法定原则的重要保障。没有这个要求,职权法定就是一句空话。如《治安管理处罚法》第91条规定:"治安管理处罚由县级以上人民政府公安机关决定;其中警告、500元以下的罚款可以由公安派出所决定。"作为公安派出所,就只能在法律所规定的范围内行使相应职权,不能逾越,否则即应当被宣告为无效。"只有当法定的国家机关尤其是司法机关对行政机关的越权行为直接给予撤销或宣布其无效时,行政在法律之下的理念才能得到彰显。"[2]越权的行政行为不具有合法性,同样不具有法的实质效力。"这是因为,法律效力必须法律授予,如不在法律授权范围内,它就在法律上站不住脚。法院就可以撤销它,或宣布它为非法,或禁止执行它。"[3]越权的行政行为不但要被依法宣布为无效,有关行为主体还应被追究法律责任。

(三) 法定的行政职权必须得到积极、充分的行使

职权法定不但要求行政机关依法律规定行使职权,而且还要求行政机关对于法律所赋予的行政职权必须依法积极地、充分地行使。法定行政职权既是行政机关的权力,又是其职责。它是人民通过法律赋予的,行政机关不得懈怠,不得无法定理由而不予行使;否则,就是不履行法定职责,而不履行法定职责或不充分履行法定职责的行为同样是违法行为。

以上三个方面构成了职权法定原则的整体内容。

---

[1] 参见周佑勇主编:《行政法专论》,中国人民大学出版社2010年版,第81页。
[2] 杨海坤、章志远:《行政法学基本论》,中国政法大学出版社2004年版,第65页。
[3] 〔英〕威廉·韦德:《行政法》,徐炳等译,中国大百科全书出版社1997年版,第44页。

二、法律优位原则

法律优位原则,也称为法律优先原则。法律优位原则要求一切行政活动都不得与法律相抵触。法律优位,"亦即法律对于行政权之优越地位,以法律指导行政,行政作用与法律抵触者应不生效力"①。在行政活动中,行政机关要面对法律、行政法规、地方性法规、规章等各种行政法律规范,此时,法律的效力优先于其他规范。尤其当其他规范与法律不一致甚至抵触时,以法律作为行政活动的依据,法律的效力高于其他任何规范。这是对法律优位原则的狭义理解。从广义上说,法律优越则是指上一层次的法律规范的效力高于下一层次的法律规范,即各个层次的法律规范应当保持其内在的协调和统一。我国《立法法》第88条、第89条所规定的"法律的效力高于行政法规、地方性法规、规章。行政法规的效力高于地方性法规、规章","地方性法规的效力高于本级和下级地方政府规章。省、自治区的人民政府制定的规章的效力高于本行政区域内的较大的市的人民政府制定的规章",可以说是法律优位原则的具体体现。

法律优位原则的具体内容包括以下几个方面:

(一)法律优位原则所指的"法律"是狭义的法律

所谓狭义的法律,是指形式意义上的法律,即由最高国家权力机关制定的规范性文件。根据我国《宪法》第57条、第58条、第62条第3项、第67条第2项的规定,可以行使国家立法权,制定法律的只有作为最高国家权力机关的全国人民代表大会及其常设机关的全国人民代表大会常务委员会。根据《宪法》第85条的规定,作为最高国家行政机关的国务院居于最高国家权力机关的执行机关的地位。同样,根据《地方组织法》第54条的规定,地方各级人民政府是地方各级人民代表大会的执行机关。宪法之下,法律体现了国家的意志,是国家最高权力机关以法律的形式表示的国家意思。德国行政法学的开拓者奥托·迈耶指出:"以法律形式出现的国家意志依法优先于所有以其他形式表达的国家意志。法律只能以法律形式才能废止,而法律却能废止所有与之相冲突的意志表达,或使之根本不起作用。这就是我们所说的法律优先。"②

(二)法律的效力高于行政

法律优位原则指出在行政规范等级中行政机关的活动效力的特征,即无论是行政立法活动还是其他行政行为,规范效力上都低于法律。换而言之,法律的效力均高于一切行政活动的效力。在已有法律规定的情况下,其他规范必须根据法律制定或不与法律相抵触。如我国《立法法》规定,行政立法必须以法律为依据,"国务院根据

---

① 城仲模编:《行政法之基础理论》,台湾三民书局1994年版,第5页。
② 〔德〕奥托·迈耶:《德国行政法》,刘飞译,商务印书馆2013年版,第71页。

宪法和法律，制定行政法规。行政法规可以就下列事项作出规定：（一）为执行法律的规定需要制定行政法规的事项；（二）《宪法》第89条规定的国务院行政管理职权的事项"，"国务院各部、委员会、中国人民银行、审计署和具有行政管理职能的直属机构，可以根据法律和国务院的行政法规、决定、命令，在本部门的权限范围内，制定规章"，"省、自治区、直辖市和设区的市、自治州的人民政府，可以根据法律、行政法规和本省、自治区、直辖市的地方性法规，制定规章"。上述规定中，都明确地要求"根据法律"，这非常典型地说明了行政从属于法律、法律的效力高于行政这一法律优位原则的基本原理。

（三）不得违反法律

法律优位原则并不要求一切行政活动都应具有法律的明文依据，只要消极地不违反法律的规定即可。因此，法律优位原则又被称为消极的依法行政原则。但是，在法律尚未规定，而其他法律规范作了规定时，一旦法律就该事项作出规定，则法律优位，其他法律规范必须服从法律。同样，在上位阶法律规范尚无规定时，下位阶规范可以作出规定；一旦上位阶规范作出了规定，则下位阶规范理应服从。

三、法律保留原则

法律保留原则要求一定范围内的行政活动必须有法律的明确根据（法律的授权），即宪法已经将一定的事项保留给立法机关，只有立法机关制定的法律才能对此加以规定，行政权也只有以法律为行为根据才能进行活动。法律保留原则是宪法意义的法律保留原则和行政法意义的法律保留原则的统一。宪法意义的法律保留，与英美法的"依法而治"近似，系指在国家法秩序的范围内，某些事项必须保留由法律来规定，不可由其他国家机构，特别是行政机关代为规定。行政法意义的法律保留，是指行政机关的行为，必须获得法律之授权，才取得行为的合法性。这是利用法律来控制行政机关的行为，表现出法律拘束行政权的积极性。[①] 因此，依照法律保留原则，行政机关的活动不能仅仅满足于消极地不与法律相抵触的要求，而应积极地以法律的明文规定为依据。所以，法律保留原则也被称为积极的依法行政原则。

与前述的法律优位原则一样，法律保留原则所指的"法律"也是仅指由最高国家立法机关所制定的规范性文件。即这里的法律概念并不泛指所有具有规范性文件性质的法，而是仅指形式意义上的法律。我国的法律只能由作为最高国家权力机关的全国人民代表大会及其常设机关的全国人民代表大会常务委员会制定。

（一）法律保留原则与法律优位原则的关系

法律保留原则要求一定的行政活动必须有法律根据。如果仅仅只是以法律优位原则为行政法治原则的内容，则会产生行政只要不与现存的法律相抵触便可以从事

[①] 参见陈新民：《中国行政法学原理》，中国政法大学出版社2002年版，第34—35页。

任何活动,且都不违法的结果。在法律无明文规定的情况下,由于行政活动并没有违反法律,故不违反法律优先原则,唯因欠缺法律之授权,才发生违反法律保留原则之问题。① 因此,法律保留原则的意义在于,要求一定的行政活动不仅不能与法律相抵触,而且还应当具有法律的明确根据。

(二) 对法律保留原则的理解

法律保留原则要求一定的行政行为的作出必须有法律根据,法律无规定则不可为。从法律确定保留事项的方式来看,对法律保留原则的理解存在两种观点:

一是形式性理解,即只要法律明确规定行政活动应该具有法律根据的,则相应的行政活动必须具备了法律上的根据才产生合法性。形式性理解对法律和行政活动的关系予以明确化,从而保证行政活动依法进行。但是形式性理解只关注法律保留的形式而忽视了被保留事项的内容,因而存在两个缺陷:(1)如果法律没有要求行政活动必须具有法律根据,则只要其不与法律相抵触即为有效,而不论其内容为何。这就可能导致对那些侵犯公民、法人和其他组织权利的行政活动也不能确定其为违法的情况。(2)如果法律授予某项行政活动根据,则该行政活动即为合法,不论该活动的内容为何。这就可能导致那些侵犯公民、法人和其他组织的权利的行政活动也具有合法性。

二是实质性理解。这种理解的出发点是法律的实质性目的,即人权保障的要求,也就是无论宪法和法律在形式上有无明文规定,某项行政活动是否具有法律根据,都应当以人权保障作为法律的首要目的予以判断。实质性理解消除了法律保留原则的形式性理解所存在的缺陷。

(三) 法律保留的范围

法律保留原则要求一定的行政活动必须有法律根据。围绕这一定的行政活动以什么标准划定有以下几种观点:

(1) 侵害保留说。从自由主义立场出发,自由与财产是自由主义下的最高价值,因此涉及侵害和干预公民、法人和其他组织的自由或财产的行政活动都必须具有法律根据。② 依此观点,给付行政是赋予权利或利益的行政活动,不受法律保留原则的限制。

(2) 完全全面保留说。从民主主义立场出发,要求所有行政活动,无论其是否涉及公民、法人和其他组织的权利义务,都必须具有法律根据。③ 依此观点,无论干预行政还是给付行政都受法律保留原则的限制。

(3) 上述两种是有关法律保留原则的极端认识,此外还有一些介于二者之间的观点,如权力性行政活动必须具有法律根据的权力活动保留说;对公民、法人和其他组织无论是限制其权利还是赋予权利或免除义务,行政活动只要涉及权利义务都必

---

① 参见翁岳生:《行政法》(上册),中国法制出版社 2009 年版,第 191 页。
② 参见〔德〕奥托·迈耶:《德国行政法》,刘飞译,商务印书馆 2013 年版,第 74 页;〔日〕盐野宏:《行政法》,杨建顺译,法律出版社 1999 年版,第 54—55 页。
③ 参见〔日〕盐野宏:《行政法》,杨建顺译,法律出版社 1999 年版,第 55 页。

须具有法律根据的全部保留说;对行政范围之内的重要决策,立法机关有义务制定所需要的法律,不得让行政机关自行决定的重要事项保留说等。

就制度层面而言,现代法治国家无论在宪法和法律上有无对法律保留原则的明文规定,均遵循该原则,差异仅存在于各国对法律保留原则的内涵的界定。《法国第五共和国宪法》对法律保留范围加以严格限制,并对行政活动给予最大限度的便利。其第34条将国会的立法权限定在列举的范围之内,如设定公民权、国籍、轻重罪等"制定规范"的领域和国防的一般组织、教育、劳动法等"规定基本原理"的领域,而依第37条的规定,"非属法律领域之事项由行政立法权管辖"。因此,凡未在宪法列举范围之内的事项,国会不得制定法律以免侵犯行政权之行使。《奥地利联邦宪法》则与法国宪法相反,其第18条第1项规定:"整体国家行政之行使,仅得基于法律为之。"一般都将此规定解释为完全全面保留的典型代表。

我国《宪法》明文要求一定的行政活动必须具有法律根据,如在干预行政领域,第40条规定:"中华人民共和国公民的通信自由和通信秘密受法律的保护。除因国家安全或者追查刑事犯罪的需要,由公安机关或者检察机关依照法律规定的程序对通信进行检查外,任何组织或者个人不得以任何理由侵犯公民的通信自由和通信秘密。"第56条规定:"中华人民共和国公民有依照法律纳税的义务。"即公民纳税的义务只由法律设定。在给付行政领域,行政活动有时也被要求具有法律根据。如《宪法》第44条规定:"国家依照法律规定实行企业事业组织的职工和国家机关工作人员的退休制度。退休人员的生活受到国家和社会的保障。"此外,还有一些行政活动一概被要求具有法律根据,如《宪法》第89条第1项规定,国务院"根据宪法和法律,规定行政措施,制定行政法规,发布决定和命令"。从字面上理解,行政措施、行政法规、决定和命令无论内容是否与权利义务有关,均应具有宪法和法律上的根据。总之,我国宪法从公民的基本权利和义务以及在宪法的层次上对公民的基本权利实施保障的实质目的出发,要求行政活动至少涉及公民的基本权利和义务时应该具有法律根据。

《立法法》第8条规定了我国立法领域中的法律保留范围,即对下列事项只能制定法律,进而,当行政活动涉及下列范围时也必须具有法律上的根据:(1)国家主权的事项;(2)各级人民代表大会、人民政府、人民法院和人民检察院的产生、组织和职权;(3)民族区域自治制度、特别行政区制度、基层群众自治制度;(4)犯罪和刑罚;(5)对公民政治权利的剥夺、限制人身自由的强制措施和处罚;(6)税种的设立、税率的确定和税收征收管理等税收基本制度;(7)对非国有财产的征收;(8)民事基本制度;(9)基本经济制度以及财政、税收、海关、金融和外贸的基本制度;(10)诉讼和仲裁制度;(11)必须由全国人民代表大会及其常务委员会制定法律的其他事项。该法第9条同时规定,本法第8条规定的事项尚未制定法律的,全国人民代表大会及其常务委员会有权作出决定,授权国务院可以根据实际需要,对其中的部分事项先制定行政法规。但是有关犯罪与刑罚、对公民政治权利的剥夺、限制人身自由的强制措施和处罚、司法制度等事项除外。上述规定体现了法律保留原则中的绝对保留和相对保留。此外,我国《行政处罚法》在对行政处罚的设定权规定上也体现了法律保留原则的要求。

四、正当法律程序原则

正当法律程序原则,是指行政机关在作出影响公民、法人或者其他组织权益的决定,尤其是不利决定时,必须遵循正当、公正的程序。[①] 所谓正当行政程序,从价值层面来说,就是行政程序作为一种行政法律制度能够达到"程序正义"的标准,从形式上来说,就是行政程序作为一种法律技术在人们心中得到普遍认同和尊重。[②] 正当法律程序是英美国家普通法所普遍遵循的原则。前面在介绍国外行政法基本原则时曾经提到,英国行政法上的自然公正原则就是对行政权力行使最低限度的要求,它的核心思想由两条根本规则构成:一个人不能在自己的案件中做法官;人们的抗辩必须被公正地听取。[③] 美国在继承自然公正原则精神的基础上,形成了正当程序原则。在美国,源自其宪法修正案第5条和第14条所确立的"非经正当法律程序,不得剥夺任何人的生命、自由和财产"原则被推崇备至,以至法学家认为行政法既不是指行政机关所制定的行政实体规范,也不是指立法机关、法院所制定的由行政机关加以执行的实体法律,而是指有关规范行政机关的权力和程序的法律规则。[④] 然而,不仅仅是英美国家,在当今世界,重视行政程序问题的国家日益增多。尤其是第二次世界大战以来,行政程序问题日益受到重视,正当法律程序原则得到很多国家的认同,并写入法律之中。在我国,行政程序问题也日益受到重视,甚至有学者认为"依法行政的核心是依法定程序行政"[⑤]。该原则的基本要求如下:

(一) 行政公开

行政公开是正当法律程序的首要要求。行政活动是一种行使公共权力的活动,其行为的依据、过程、结果以及相关资讯等都具有公共性。既然是公共的,那就必须是公开的。因此,行政公开的基本含义就是:行政活动除依法应保密的以外,一律公开进行;行政法律规范、行政决策以及作出影响行政相对人的权利、义务的行为的标准、条件、程序应当依法公布,使相对人知晓并允许其依法查阅、复制;有关行政会议、决议、决定以及行政机关及其工作人员的活动情况等应当允许新闻媒体依法采访、报道和评论。行政公开主要包括行政活动的依据公开、过程公开、情报信息资讯公开等,以保障相对人的知情权、参与权。我国《立法法》《行政处罚法》《行政许可法》《行政复议法》均规定了公开原则,《政府信息公开条例》则更是从保障公众对政府信息的知情权角度进一步强化了行政公开原则的要求。

[①] 参见袁曙宏主编:《建构法治政府——全面推进依法行政实施纲要读本》,法律出版社2004年版,第56页。
[②] 参见张步峰:《正当行政程序研究》,清华大学出版社2015年版,第3页。
[③] 参见〔英〕威廉·韦德:《行政法》,徐炳等译,中国大百科全书出版社1997年版,第95页。
[④] 参见王名扬:《美国行政法》,中国法制出版社1995年版,第39页。
[⑤] 张正钊、韩大元主编:《比较行政法》,中国人民大学出版社1998年版,第542页。

(二) 听取意见

在行政活动中,无论是行政立法活动,还是其他行政活动,都必须依法听取意见,以实现公众对行政活动的参与权。尤其是作出对相对人不利的行政决定时,必须充分听取相对人的陈述和申辩。作出对相对人权利义务影响重大的行政行为,还必须依法举行听证。在现代民主理念之下,吸收民众广泛参与行政活动、充分听取民众的意见已经成为政府施政的重要环节。听取意见不仅体现了行政机关对相对人的人格尊重和参与权的关怀,而且还能有效地避免行政偏私,进而提高行政相对人对行政权力行使的认同感。① 我国《行政处罚法》《行政许可法》《行政强制法》对此作了专门的规定。

(三) 说明理由

说明理由是指行政机关"在作出对行政相对人合法权益产生不利影响的行政行为时,除法律有特别规定外,必须向行政相对人说明其作出该行政行为的事实因素、法律依据以及进行自由裁量时所考虑的政策、公益、形势、习惯等因素。行政行为说明理由就其内容而言,可以分为合法性理由和正当性理由"②。实施公权力行为,特别是实施影响相对人权益的行为,应向社会公众,特别是向利害关系人说明理由,这是现代程序正义的重要要求。我国《行政处罚法》《行政许可法》《行政强制法》等法律、法规均明确规定了行政活动中说明理由的要求。

(四) 自己不做自己的法官

所谓"自己不做自己的法官",就是指行政机关及其工作人员处理涉及与自己有利害关系的争议时,应主动回避或应当事人的要求回避。在西方国家,"自己不做自己的法官"是正当法律程序原则的首要要求。③ 我国《公务员法》明确规定了公务员的回避原则,《行政处罚法》《行政许可法》等法律也规定了这一原则。

第三节 行政法治原则与行政裁量

一、行政裁量

(一) 行政裁量的概念

依据行政法的基本理念,依法律行政是应有之义。行政法治的本质目的即在于,通过法律控制行政活动,使行政活动的当事人能够清晰地预测行政活动的过程、效

---

① 参见杨海坤、章志远:《行政法学基本论》,中国政法大学出版社 2004 年版,第 66 页。
② 章剑生:《行政行为说明理由判解》,武汉大学出版社 2000 年版,第 33 页。
③ 参见姜明安主编:《行政法与行政诉讼法》(第二版),北京大学出版社、高等教育出版社 2005 年版,第 73 页。

果,最终实现对行政权行使的监督。就行政主体的行为模式而言,其执行、适用某一法律规范为一定行政行为的过程一般依次包含查明案件事实、寻找相关法律条文、将案件事实套入法律条文,以及依据法律规定作出一定的行政行为四个阶段。可见,从理想状态的行政法治角度出发,法律应当在当事人案件事实(事实要件)与行政机关所为的行政行为(法律后果)之间建立一种固定的联系,也就是说,法律应该毫无疏漏地将行政机关可以进行的所有行政活动的内容和要件都详细具体地予以规定,不允许有属于行政机关自身的判断空间,以保护每一个行政相对人的权益,严格监控行政行为。诚然,这的确是"法治国原理的要求,但是,要实现其完全形态是困难的"①,甚至是不可能的。行政必须以实现社会全体成员的利益即公益为其追求,"现实世界的复杂性、变动性、个别性与法律的抽象性、稳定性、普遍性之间始终存在矛盾,于是不确定法律概念、多种法律效果就会出现"②。因此,在一定授权限度之内,法律又不得不允许行政机关在法律适用的过程中有多个选择,赋予行政权可以根据自身的判断进行活动的余地,从而保证行政权行使的必要的合理性。此时,"法律的'构成要件'与法律的'后果要件'之间,就没有一个纯机械性、物理性的反映结果"③,行政裁量由此产生。

行政裁量,是指行政主体在行政活动中,根据法所设定的范围、限度、标准或者原则,按照其自身的理解作出判断、选择处理的方式。譬如,"法律没有为同一事实要件设定一种法律后果(如法律羁束行政),而是授权行政机关自行确定法律后果,例如设定两个或者两个以上的选择,或者赋予其特定的处理幅度。行政机关处理同一事实要件时可以选择不同的处理方式。"④据此,行政机关所进行的裁量是法赋予其在进行行政活动时某种弹性的决定空间和判断余地。行政主体在法定裁量范围内所作的判断或选择是被法律所允许的,只存在行政是否合理、适当的问题。

(二) 要件裁量和行为(效果)裁量

一般而言,依判断方式的不同可以将行政裁量划分为要件裁量和行为(效果)裁量。要件裁量,是指行政主体在设定要件方面可以自主判断的裁量,即行政主体对于成为行政行为根据的要件是否满足拥有判断决定权。行为(效果)裁量,是指行政主体在行为选择或行为的效果选择方面可以自主进行的裁量,即行政主体对是否作出某项行政决定,以及应当作出怎样的行政决定可以进行自主判断。

在行政法律规范中,要件裁量和行为(效果)裁量是很常见的裁量方式。例如,《治安管理处罚法》第19条规定,"违反治安管理情节特别轻微的,减轻处罚或者不予处罚"。这就是一个典型的,既包含要件裁量,又包含行为(效果)裁量的行政法律规范。从该条款的规定看,公安机关适用这一条款对违反治安管理的行为人进行处罚

---

① 〔日〕盐野宏:《行政法》,杨建顺译,法律出版社1999年版,第89页。
② 王贵松:《行政裁量的构造与审查》,中国人民大学出版社2016年版,第29页。
③ 陈新民:《中国行政法学原理》,中国政法大学出版社2002年版,第146页。
④ 〔德〕哈特穆特·毛雷尔:《行政法学总论》,高家伟译,法律出版社2000年版,第124页。

时可能会有以下几个方面的判断余地:

(1) 认定违法行为人是否具有情节特别轻微的要件。

(2) 如当事人的违法行为属于情节特别轻微的情况,决定给予减轻处罚还是不予处罚,对此又可以进一步细分为:

① 决定不予处罚而非减轻处罚;

② 决定减轻处罚而非不予处罚;

③ 决定减轻处罚时,一并决定给予的处罚减轻至怎样的程度。

公安机关在适用这一条文,认定某个事实是否属于情节特别轻微时,首先要认识"情节特别轻微"的构成要件。如果法律允许公安机关对(1)的构成要件自主设定,公安机关在要件设定方面便可以进行裁量,这种裁量可称为要件裁量。另一方面,如果公安机关认定某一事实属于情节特别轻微时,就必须予以减轻处罚或者不予处罚,对此,公安机关并无裁量权,必须严格遵循法律规定。但是,根据这一条文,公安机关对于予以减轻处罚或者不予处罚的决定依然拥有一定的自主判断权,即公安机关可以作出的行为选择至少有①②③三种。这种可以进行的行为选择可称为行为裁量。同时,公安机关选择上述三种行为中的哪一种行为,对行政相对人会产生不同的法律效果,因此这种裁量亦可称为效果裁量。

要件裁量通常以"公共利益""诚实信用""社会秩序""必要""及时"等抽象的不确定法律概念的方式表现。因此,要件裁量是否存在是以法律规范是否明确规定了某种行政行为的要件为基础的,即以承认不确定的法律概念的存在为前提。而行为(效果)裁量则通常在法律规范的结果要件部分以"可以……""……或者……"以及规定罚款数额区间、拘留时间区间等方式表现。在过去相当长的一段时间里,对于要件裁量和行为(效果)裁量的争论持续不休,主要的争点在于对不确定法律概念的判断是否属于一种裁量,即是否承认要件裁量的存在。从前,大陆法系国家的行政法学理论基本否认要件裁量,如德国的行政法学通说和判例以及日本的传统理论均认为,存在于法律要件之中的不确定法律概念要件虽然有多种解释或判断,但是其中只有一种是正确反映立法本意的,即合法的只能是一种;而日本行政法学通说则大多承认要件裁量,认为对不确定法律概念的判断亦属于裁量的一种。现在,就各国行政法和行政法学的发展来看,对于要件裁量和效果裁量的态度开始呈现出多元化、对流化的迹象,如日本最高法院就曾在个案的判决中承认要件裁量的存在,[①]而在德国,不确定法律概念和法律后果裁量之间的区分也受到主张全面合并为统一裁量概念的学理的反对。[②] 要件裁量和效果裁量理论上区别的相对化趋势,使得二者在实践中的关系不再是绝对的二者择一的对立关系。客观地说,要件裁量与行为(效果)裁量逐渐成为探究某种裁量行政行为必不可少的两个方面。

---

① 参见〔日〕盐野宏:《行政法》,杨建顺译,法律出版社1999年版,第93—94页。

② 参见〔德〕哈特穆特·毛雷尔:《行政法学总论》,高家伟译,法律出版社2000年版,第143—144页。

二、行政裁量的运作及对其控制与监督

行政裁量理论的确立,从表面上看,裁量即意味着法律约束的松动,因此,行政裁量和法治行政之间的关系始终为学者们所关注,可谓是赞同之声和反对之声交织其中。英国宪法学家戴雪就曾提出为了抑制恣意的权力形式,保障公民权利不受侵犯,行政部门必须遵守议会制定的法律的"法治原则"(rule of law)[1],"广泛的自由裁量权与法不相容"[2]。然而,戴雪这种排斥广泛的裁量权的理念在排除权力行使者的专横、武断和凭个人意志行事的同时,却也一并抹杀了执法人员依据法律授权,主动、积极地根据选择判断以最佳的方式实现法律目的的可能性。如果说戴雪的这一理念是应运"夜警国家"时期而诞生的,那么如今这一理论显然已经不合时宜。为了应对社会专业化、技术化的发展走势以及社会关系的纷繁复杂和价值多元,各国的行政权随之不断地强化、扩张,并在很大程度上引起行政裁量权的普遍化趋势。因此,在现代国家,"行政裁量权不再被作为与法治行政原理相悖的限制对象,而是作为在法治行政原则之内,受法律规范控制而又享有充分活动空间的真正的、实质性的行政权力"[3]。这种权力是"一种明辨真与假、对与错的艺术和判断力,而不以他们的个人意愿和私人感情为转移"[4]。甚至有学者指出,"行政法的精髓在于裁量"[5],"现代统治要求尽可能多且尽可能广泛的自由裁量权"[6]。

行政裁量权是一种行政权力,与所有形式的行政权一样,这项权力也存在被滥用的可能,而滥用的结果与行政法治原则背道而驰。英国学者威廉·韦德同样认为,"在公法中没有不受约束的自由裁量权。……绝对的和无约束的自由裁量权的观点必须受到否定。为公共目的所授予的法定权力类似于信托,而不是无条件地授予"[7],行政裁量"应当是法定的和固定的,而不是独断的、模糊的、幻想的"[8],"为使法治在社会中得到维护,行政自由裁量权就必须受到合理的限制"[9]。可见,"法治原则只反对不必要的自由裁量权力,因为不必要的和过分的自由裁量权力,必然导致专横、任性、自私自利,违反法治原则"[10]。行政法治的目的并非消除现实中广泛存在的行政裁量权,而是对它的运作进行有效的规制与监督。

---

[1] 参见何勤华:《西方法学史》,中国政法大学出版社1996年版,第336页。
[2] 〔英〕威廉·韦德:《行政法》,徐炳译,中国大百科全书出版社1997年版,第55页。
[3] 杨建顺:《行政裁量的运作及其监督》,载《法学研究》2004年第1期。
[4] 〔英〕威廉·韦德:《行政法》,徐炳译,中国大百科全书出版社1997年版,第64页。
[5] 日本行政法学家田中二郎曾对此作出论述。参见杨建顺:《行政裁量的运作及其监督》,载《法学研究》2004年第1期。
[6] 〔英〕威廉·韦德:《行政法》,徐炳译,中国大百科全书出版社1997年版,第55页。
[7] 〔英〕威廉·韦德:《合理原则》,李湘如译,载《法学译丛》1991年第6期。
[8] 〔英〕威廉·韦德:《行政法》,徐炳译,中国大百科全书出版社1997年版,第63页。
[9] 〔英〕E.博登海默:《法理学:法律哲学与法律方法》,邓正来译,中国政法大学出版社1999年版,第369页。
[10] 王名扬:《美国行政法》,中国法制出版社1995年版,第118页。

(一) 行政裁量的运作规则

前已提及,行政裁量广泛地存在于行政管理的各个领域。就行政的过程来看,对于法律要件的判断、程序、时间、行为的内容均无法完全排除行政主体的裁量。但是,承认裁量的存在并不等于承认裁量无限制。行政主体在进行行政裁量时,虽然在法律所允许的范围内享有某种程度的选择余地,但这种权力的运作同样有一定的限度,受到法的约束,即必须符合行政法治原则。裁量并非表示"选择自由",行政无法自由选择,而是定位为法律上普遍受到成文法及行为委托所定标准指示而行之权力,而此在授权范围内单独地受到考虑,裁量行使亦为法之具体化。① 因此,具体来说,行政裁量的运作必须遵循以下规则:

其一,符合依法行政原则的基本要求。具体来说,包括三个方面的子规则:

(1) 裁量授权法定。在公权力领域,"法无明文规定即不可为"的规则同样适用于作为一项行政权力的行政裁量权。行政机关之所以可以拥有对某法律规范要件或效果进行判断、决定的空间,并在日后可以拒绝法院对该判断、决定的审查,都是基于法律的明确授权,未有法律明确授权,不得行使裁量权。

(2) 裁量实施法定。首先,在法律对行为的要件及内容均作出明确规定,即某一行为要件确定地对应某一行为后果,且该行为要件本身清晰明确时,行政主体不得实施裁量,必须因循规定作出相应处理。在法律授权行政主体得进行裁量时,即某一行为要件对应多个行为后果可供选择或该行为要件本身内涵模糊需要判断时,行政主体才可以且必须作出裁量。需要指出的是,怠于行使裁量权同样违背依法行政的要求。譬如,《治安管理处罚法》第 69 条规定,"组织播放淫秽音像的,处 10 日以上 15 日以下拘留,并处 500 元以上 1000 元以下罚款",如若公安机关为省却麻烦而不加区分地对所有组织播放淫秽音像的违法行为人一律处以 15 日拘留,并处 1000 元罚款,即属于怠于行使裁量权的情形。其次,行政主体实施裁量,必须基于法律规范的目的作出,不得为达到某种目的而故意偏离或背离立法目的。再次,在对不确定的法律概念进行解释时,同样必须探究法律规范所承载的精神和价值目标,依据公认的基本原则,作出合乎目的的解释,任意扩大或缩小的解释、对同一概念前后不一致的解释,以及违背已有的规范性文件对此概念所作的政策性解释均是违背法治精神的。② 据此,行政裁量又被许多学者界定为合目的裁量或合义务裁量,因为"'合乎义务'是任何裁量(权)的本质属性,裁量行为只能在法律界限之内自由于法律,但绝不能自由于法治。任何行政裁量都必须至少遵守消极合法性的要求和界限"③。

(3) 裁量程序法定。作为一项行政行为,行政裁量的运行同样必须遵循法定程序,包括遵循是否启动某程序、如何启动该程序以及如何执行该程序的相关规定。法

---

① 参见〔德〕施密特·阿斯曼:《秩序理念下的行政法体系构建》,林明锵等译,北京大学出版社 2012 年版,第 194 页。
② 参见朱新力:《行政法基本原理》,浙江大学出版社 1995 年版,第 246 页。
③ 〔德〕汉斯·J.沃尔夫等:《行政法》(第一卷),高家伟译,商务印书馆 2002 年版,第 364 页。

律明确规定了行政裁量运作的程序的,行政主体必须严格履行相关的法定程序,"不得故意不启动程序、拖延履行程序或者为程序的履行设置障碍"①,违反法定程序的裁量将可能导致该裁量行为被宣告撤销。如果法律未明确规定运作程序的,行政机关对程序的选择本身就包含了裁量,但这种裁量同样必须合乎目的、合乎义务。

其二,符合合理行政原则的基本要求。这是行政法治原则的另一层面。这一规则要求行政主体所实施的行政裁量不仅在形式上符合法定的要素,而且在内容上也必须从社会的公平、正义的价值理念出发,坚持平等对待原则与比例原则,实现实质上的合法。

(1)平等对待原则。行政机关实施裁量,必须平等地对待任何相对人,不能因为相对人的身份、民族、性别、宗教信仰的不同而予以不平等的待遇,相同案件相同处理,不能恣意决定,必须保证法律的统一适用,对相对人作出差别对待时应当具有合理的依据或正当的理由。这也就是平等对待原则禁止恣意的要求。此外,在具体案件中,行政机关的裁量行为通常还要受行政规则、公开的目标声明和稳定的习惯做法的约束,为了避免不平等对待,只有在例外情况下才能偏离这些约束。这种约束性产生于行政机关第一次行使裁量授权的行为,而且随着案件数量的增加而不断增强。②也就是说,如果行政主体曾经在某个具体个案中作出了决定,那么此后面临同类案件时,行政主体都应当受其前面所作之决定的拘束,保持前后裁量的一致性,不得反复无常,频繁更替。

(2)比例原则,也被称为禁止过分原则或最小侵害原则。行政主体作出裁量时,应当遵循比例原则。行政法上的比例原则是指行政权虽然有法律上的依据,但必须选择使相对人的损害最小的方式来行使,包括适当性、必要性和狭义的比例原则。适当性原则,是指行政机关选择的行为方式和措施必须适合于实现法律规定的目的,不能与法律目的相背离。必要性原则,是指行政主体为实现行政目的,即使可以依法采取影响相对人权益的手段,也应当选择使相对人所受的损失保持在最小范围和最低限度的手段。狭义的比例原则,是指行政主体即使依法可以采取影响相对人权益的手段,也不应当使相对人所受的损失超过所追求的公共利益。适当性原则是行为方式和手段与法律目的之间的衡量。必要性原则是多种手段之间的选择或比较,要求在能实现行政目的的前提下选择对相对人影响或损害较轻的手段。狭义的比例原则,则是对相对人的影响或损害与所实现目的的价值之间的比较,要求对相对人的影响或损害不能超过所实现目的的价值。

(二) 行政裁量的控制和监督机制

前述规则是行政主体在行使行政裁量权时应当遵循的要求,当然,行政裁量权的运行是否完全依规则而行,很大程度上取决于行政主体自身的自觉与自我拘束。但是,这种内部的自我约束并不足以防止行政裁量权的滥用,必须同时依靠外部的监督

---

① 杨建顺:《行政裁量的运作及其监督》,载《法学研究》2004年第1期。
② 参见〔德〕汉斯·J.沃尔夫等:《行政法》(第一卷),商务印书馆2002年版,第365页。

来控制其依法运作,这也为各国控制和监督行政裁量权滥用的实践所证实。

对行政裁量权运行的监督与控制,主要可以从立法、行政和司法三个层面进行考察。

(1) 立法层面

行政主体进行行政活动的依据即是立法者所立之法,因而,在立法层面对行政裁量权的运行进行监控无疑是防止行政裁量权滥用的源头,对于法治行政具有极其重要的意义。"虽然为了尽可能以正确的合乎目的方式灵活地适应个案的具体情况以及政府和行政机关的政治决策,立法机关或多或少地放弃对行政机关的约束"①,致使"法律只能以类型化或者公式化的方式大致规定法律关系主体的权利义务状态"②,但是这并不意味着通过立法层面监控行政裁量权的行使的努力是徒劳的。具体而言,以下几个方面是值得尝试的:

首先,应当从现行行政法律规范的修改以及新的行政法律规范的制定入手,从立法上控制、缩小行政裁量的范围,细化裁量标准。为了顺应社会的迅速变迁与现代行政的要求,立法者在立法之时往往倾向于采用一些内涵、外延都不尽清晰的模糊性词语,甚至在许多非必要的情况下也在"竭力寻找能使自由裁量权变得更为广泛的新的措辞形式"③。因此,尽可能避免使用模糊性表述就成为控制行政裁量权的第一步。实践中,除了一些基本法律中不可避免地使用不确定的法律概念的技术处理之外,在具体的、更具直接执行性的法律规范中应当尽可能予以避免,从而缩小行政裁量的范围。而对于已经施行的行政法律规范中的裁量性规范,则可以通过立法解释等形式,进一步细化裁量的标准,这不仅确保了解释本身的权威性,也使原法律条文更具可操作性,达到压缩裁量空间的效果。

其次,完善程序立法,增强对行政裁量权的程序性控制。程序对于行政权行使的控制作用已经为各国行政法所公认,德、日等行政法较为发达的国家均已制定《行政程序法》来规范行政权(包括行政裁量权)的行使。因此,裁量过程中公开、公平原则应当确立,如将裁量的依据、标准、决策过程和结果等予以公开;行政裁量作出过程中的回避制度、听证制度、公众参与制度、说明理由制度等一系列相关程序的完善也应当在我国的立法中有所体现,进而加强对行政裁量权的程序性控制,以弥补实体控制上的无力。

最后,完善权利救济体制,明确权利救济的标准,更好地维护行政裁量相对人的合法权益。建立对一切行政违法行为进行司法审查的制度,扩大受案范围,建立公益诉讼制度,建立和完善违宪审查制度,构筑与行政诉讼相互补充的全面的救济机制,都有助于广泛地纠正行政裁量的违法和不当。这也是世界各国行政诉讼的普遍趋势。当然,在建立了一般原则之后,还必须对每一类具体行政行为是否可诉以及原告资格等问题予以细化,制定、完善法律规范以明确权利救济的标准,使行政机关以裁

---

① 〔德〕汉斯·J.沃尔夫等:《行政法》(第一卷),高家伟译,商务印书馆2002年版,第360页。
② 同上书,第360—361页。
③ 〔英〕威廉·韦德:《行政法》,徐炳译,中国大百科全书出版社1997年版,第55页。

量为由拒绝司法审查或使裁量成为行政机关胜诉的砝码的格局得到彻底改变。①

(2) 行政层面

立法层面的监控的意义是不言而喻的,但是法律规范的抽象性、概念表述难以完全周延以及立法技术上的局限性等致使裁量性规范无可避免,此时,行政主体自身的监督和救济制度的健全就显得至关重要。

行政层面的监督与控制大体上包括行政复议、行政监察、层级监督等多种方式。具体要求为：

第一,应当强化对权力设定的规制,做到适当授权,明确授权,授权时明确幅度、期限以及各部门或地区的权力归属。对权力进行设定时,还应当注意对权力的救济,即监督和制约行政裁量权的权力本身也应当有可救济的途径,同时也避免因权力与利益集中于某一行政主体而导致的以自身利益为导向的趋利的偏颇裁量。

第二,通过制定裁量基准限缩裁量空间,规范行政裁量权的行使。裁量基准是行政机关基于对行政裁量的规则细化而设定的一种具体判断选择标准,是行政机关制定的内部规则。② 行政裁量基准通过"情节细化"和"效果格化"等技术手段,使行政法律规范中存在的抽象的裁量空间得以进一步具体化和量化,能够有效缓解我国目前行政管理中存在的裁量空间偏大、裁量权滥用等问题。尽管目前学界对于裁量基准的设定权限、设定标准、司法审查等问题仍存在争议,但是裁量基准制度已经在行政处罚等执法领域发挥着重要的作用。

第三,引入相应的行政监督机制,如行政行为说明理由制度、解释和说明裁量的标准与结果制度等,从而防止行政裁量权超越行政主体的权限范围。就监督的内容来看,对于行政裁量权进行的行政监督与行政裁量权运行所遵循的规则存在一定的共通之处,只是前者更关注行政裁量运行过程的内在规则,而后者更关注对行政裁量运作的管理。可见,行政监督机制本身内蕴了行政主体自身理性的认识,即遵循行政裁量权运作的规则行政,以及行政组织内部的层级上的监督两个层次。

第四,在明确授权的同时亦相应明确责任归属,建立严格的行政责任追究与奖惩机制。所谓有权必有责,缺乏责任追究机制的权力也就缺少了合理行使的边界。对于行政裁量权的责任追究必须落实到行政主体,进而由行政主体落实到具体行使职权的执法人员。只有权责明确、奖惩严明的责任追究机制才能有效地监督行政主体合法、合理地行使裁量权。此外,强化对公务员的培训与管理、提高行政主体及其工作人员的行政水平也有助于行政机关对自身行政裁量的监督与矫正。

第五,强化行政机关与相对人之间的沟通。在行政裁量过程中,应当扩大相对人对行政决定的参与程度,强调相对人对行政决定的作出具有实质意义的影响。而要达到此目的,就必须在行政裁量过程中进一步强化实质性利益沟通的方式,如行政契约、和解、磋商等交往方式。唯有如此,才能使行政裁量真正地从一个行政机关主导

---

① 参见杨建顺:《行政裁量的运作及其监督》,载《法学研究》2004 年第 1 期。
② 参见周佑勇:《裁量基准的技术构造》,载《中外法学》2014 年第 5 期。

性的权力控制过程转变为一个交往协商式的利益沟通过程。①

(3) 司法层面

在任何一个法治国家,司法都应当是控制权力滥用的最后一道防线。正如美国学者伯纳德·施瓦茨所言:"(司法)复审自由裁量权是法治制度的基本特征","我们可以用来衡量行政法制度有效性的可靠标准是允许法官复审自由裁量权的程度"②。但是,行政裁量是法律赋予行政主体的自由的判断余地,行政主体在法定授权范围内进行的裁量只存在适当与否的问题,而不存在合法与否的问题,基于权力分立与制衡的宪政原理,司法对行政裁量监督就必然存在一定的局限性。当然,对于司法和行政之间的关系,世界范围内的一个普遍趋势不容忽视,即"尽量缩小司法审查绝对不能涉及的行政裁量领域,由此而适当地确保行政权与司法权的均衡,使得行政的观点和司法的观点相互碰撞,为保护私人的权利而追求最好的结论"③。因此,在处理司法审查与行政裁量之间的关系上,必须树立的理念是:法院拥有对行政裁量的审查权,但同时又必须为行政的裁量、判断留有足够的空间,从而达到现代国家合理配置行政权和司法权的基本要求。

法院对行政裁量的审查主要包含实体性审查和程序性审查两个方面。

就实体性审查而言,各国的司法实践确立了不同的标准及可审查的事项,概括来说主要包括:是否存在重大事实的误认、是否违反目的乃至违反动机,以及是否违反平等原则、比例原则等。法院在对实体问题进行认定时,必然会面临对行政主体作出的事实认定进行审查的问题。在对实体问题的认定上,西方国家一般在行政权和司法权的配置上采用合理分工和相互尊重的原则。也就是说,一般而言,在没有相反证据的情况下,法院通常尊重行政主体对事实的认定,尤其是对于需要进行高度的专门技术判断来进行事实认定且法院无力介入的情况,以法院的判断来替代行政主体的专业判断显然是不恰当的。因此,对于此类事实的认定,法院一般采取回避的态度,而仅对法律问题,如行政机关是否超越职权等法律事实作出最终的判断。④ 就我国《行政诉讼法》来看,法院则是通过对"滥用职权"的行政行为(包括不当裁量达到滥用职权程度的行政行为)享有的撤销权和对明显不当的行政行为享有的撤销权或者对明显不当的行政处罚实施变更权来实现司法对行政裁量权的监督与控制。

就程序性审查而言,法院主要就作出裁量行为的程序是否合法和行政主体进行判断的过程是否合法进行审查。就目前各国的司法实践来看,由于法院对裁量的实体问题进行判断存在困难,以及行政程序理论及行政程序制度的发展和完善,因此,法院在审查裁量问题时更为关注行政机关作出裁量行为的程序或者其判断过程的适当性和合理性,必须承认,法院通过程序性审查控制行政裁量权的效果更为明显有效。以行政许可为例,行政主体在多个符合条件的申请人中选出少数申请人赋予行

---

① 参见周佑勇:《行政裁量治理研究:一种功能主义的立场》,法律出版社2008年版,第160页。
② 转引自杨建顺:《行政裁量的运作及其监督》,载《法学研究》2004年第1期。
③ 杨建顺:《论行政裁量与司法审查》,载《法商研究》2003年第1期。
④ 参见杨建顺:《行政裁量的运作及其监督》,载《法学研究》2004年第1期。

政许可的案件中,法院可以通过对行政主体是否平等对待所有申请人、是否在同等条件下选择先申请的相对人、在作出拒绝申请时是否说明理由等程序性事项进行审查,从而判断裁量行为是否合法、适当,这比要求法院对申请人谁更符合许可申请条件作出比较判断要容易实施得多。可以说,程序上的审查不失为有效的控制手段之一。

当然,在对行政裁量权进行实体性审查抑或程序性审查的争论之中,各国的司法实践和法学理论已经逐渐开始注重二者的共生与互动,呈现出从绝对排除司法机关审查裁量权向有限的司法审查乃至全面的司法审查过渡的迹象,这对实现从形式法治向实质法治的转变不无裨益。

除了上述三个层面的监督与控制外,社会监督,包括权利对权力的制约、舆论对权力的制约等,亦有助于控制行政裁量依法运作,保证行政法治原则的实现。如就权利制约权力来看,《行政处罚法》《价格法》所规定的听证程序即是一种广泛吸收公众参与行政决策、决定等过程,以实现权利与权力的互动和协调的监督机制;而就舆论制约权力来看,新闻媒体通过向大众传递信息,使社会大众能够在一定程度上实现其知情权,也促使行政主体为避免受制于舆论的谴责而尽力作出合义务、合目的的裁量。

第三章
行政法主体

第一节 行政法主体概述

一、行政法主体的含义

行政法主体,即行政法律关系的主体,是指行政法调整的各种行政关系的参加人。行政法主体有内、外之别。内部行政法主体,主要是指国家行政机关与其所属的行政公务人员,由《公务员法》等法律规范调整;外部行政法主体,是指国家行政机关、法律法规授权的组织和行政相对人,由《行政处罚法》《行政许可法》《行政强制法》等法律规范调整。行政法学主要关注外部行政法主体问题。

行政法主体是在行政法律关系中权利义务的承受者,但不包括所有行政法律关系的参与人。例如,在行政管理关系中,行政公务人员代表国家行政机关实施各种行政行为,但该公务员不是行政管理关系的行政法主体,只有他所代表的国家行政机关才是行政法主体。又如,法人申请行政许可,代表法人办理申请手续的人不是行政法主体,行政法主体只是该法人。虽然上述这些行政法律关系中的行政公务人员、代理人,不构成相应的行政法律关系的主体,但并不意味着他们不能转化为另一种行政法律关系的主体。

因此,行政法主体是行政法律关系的第一要素。要解决任何行政法问题,首要之举就是要弄清其所涉及的行政法律关系主体,否则无法找到解决问题的方案。例如,在行政复议关系中,不能确定复议申请人、被申请人是谁,就无法明确谁是行政复议管辖机关,行政复议就无从谈起;在行政诉讼中,不弄清谁是原告,谁是被告,行政审判也无从进行。因此,研究行政法主体,是学习与掌握行政法理论、运用行政法理论指导行政法实践的基点。

二、行政法主体的分类

行政法主体多种多样,为了便于认识,可以从形态上将它分为以下两大类:

1. 组织

组织,是按照一定的宗旨和系统建立起来的集体。从法律上讲,组织可以分为法人组织和非法人组织。依照《民法总则》的规定,法人可以分为营利法人、非营利法人、特别法人。非法人组织包括个人独资企业、合伙企业、不具有法人资格的专业服务机构等。① 其中,非营利法人包括事业单位、社会团体、基金会、社会服务机构等,特别法人包括机关法人、农村集体经济组织法人、城镇农村的合作经济组织法人、基层群众性自治组织法人。

2. 个人

有生命的个体,即自然人。它可以分为:(1) 公民,即具有中华人民共和国国籍的自然人。在法律上,个体工商户、农村承包经营户也具有个人的法律地位。②(2) 外国人(包括无国家人),即在中国境内不具有中国国籍的自然人,他们或者具有他国国籍,或者没有任何国籍(无国籍人)。基于国家主权原则,外国人在中国从事经商、旅游、求学等活动必须遵守中国的行政法律规范。如《出境入境管理法》第3条第2款规定:"在中国境内的外国人的合法权益受法律保护。在中国境内的外国人应当遵守中国法律,不得危害中国国家安全、损害社会公共利益、破坏社会公共秩序。"显见,在中国境内的外国人也是行政法主体。

第二节 行 政 主 体

一、行政主体的概念

(一) 行政主体的含义

我国的行政主体这一概念,源自于大陆法系国家行政法的法律术语。根据王名扬教授的介绍,"在法国,行政主体是一个法律概念。就法律意义而言,行政主体是实施行政职能的组织,即享有实施行政职务的权力,并负担由于实施行政职务而产生的权利、义务和责任的主体"③。在德国,"行政主体概念的关键在于权利能力",其含义与法国行政主体大体相似,"是通过赋予特定行政组织以权利能力从而使其成为行政法权利义务的归属主体来实现的"④。在日本,"行政权的归属者,称为行政主体",诸如国家(即各行政机关)、地方公共团体、公共组合、独立行政法人、特殊法人等公共团体。⑤ 在英美法系国家,虽然行政法的教科书上并没有行政主体的概念,也没有对行政主体的系统讨论,但在公共行政中,无论是地方分权还是社会自治都相当发达,并有一套成熟的实体制度。因此,英美国家更多使用的是"行政机关",而非"行政主体",在法律上或法学上对"行政机关"的解释更接近于"行政主体",其范围与法国、德

---

① 参见《民法总则》第三章。
② 参见《民法总则》第二章第四节。
③ 王名扬:《法国行政法》,中国政法大学出版社1988年版,第39页。
④ 〔德〕哈特穆特·毛雷尔:《行政法学总论》,高家伟译,法律出版社2000年版,第498页。
⑤ 参见〔日〕南博方:《行政法》(第六版),杨建顺译,中国人民大学出版社2009年版,第11—13页。

国和日本相比略有区别,但含义基本相同。总的说来,根据西方发达国家学者的识断,最重要的行政主体是国家,国家是公权力的最终主体,或者说是真正的行政主体。这个问题在宪法学和国家法学等公法学领域已经得到解决,而对此问题的研究,在我国行政法学领域尚需假以时日。

长期以来,在我国,行政主体是一个法学概念,而非法律术语。一般认为,理论界率先提出"行政主体"概念的是1989年出版的《行政法学原理》。① 关于行政主体的概念,学者们有多种不同的表述。有的学者认为,行政主体系指依法拥有独立的行政职权,能代表国家,以自己的名义行使行政职权以及独立参加行政诉讼,并能独立承担行政行为效果与行政诉讼效果的组织;② 有的学者认为,行政主体是行政法主体的一种,可能在各种行政法律关系中存在,它只是关系的一方当事人(一方主体),与另一方当事人(对方主体)共同构成相应关系的双方;③ 还有的学者认为,行政主体是指依法享有行政职权,独立对外进行管理的组织。④ 上述这些观点虽然表述各异,但却有某些实质的共同点,即:行政主体是行使国家行政权的主体,能以自己的名义进行行政活动,能够独立承担相应的法律责任等。

2014年11月1日第十二届全国人大常委会第十一次会议修订的《行政诉讼法》第75条首次提出了"行政主体"这一词语,虽然该法律条文并未就此作进一步的界定,但这一立法表述无疑表明我国行政主体理论已摆脱了"以确认行政诉讼被告资格为中心的行政主体理论"⑤的认识误区,开始在立法及司法实践中发挥其实际影响,并随着现行行政诉讼法实践的不断累积,将大大推动我国行政主体理论的变革与创新。

因此,我们认为,从充分体现其行政法地位的角度出发,行政主体是指依法具有行政权能,能以自己名义实施行政活动,并能独立承担因此而产生的法律效果的组织。行政主体这一概念主要有以下四层含义:

第一,行政主体是一种组织,而不是个人。组织在一定条件下可以成为行政主体,但个人不能成为行政主体。在此,应当明确,行政公务人员虽然是行政行为的具体实施者,但他们都是以组织的名义而不是以个人的名义进行行政活动,他们不属于行政主体。

第二,行政主体是依法具有行政权能的组织。所谓"权能",即权力(利)能力或资格,行政权能就是享有行政权的能力或资格。行政主体是一种组织,但并不是所有的组织都是行政主体。一个组织要成为行政主体,必须依法具有行政权能。所谓"依法具有",是指这种组织的行政权能是由法律、法规设定的;或者是指这种组织的行政权能是由有关机关通过法定程序授予的。因此,未经授权的所谓"其他组织",不能成为

---

① 参见张焕光、胡建淼:《行政法学原理》,劳动人事出版社1989年版,第28页。
② 参见胡建淼:《行政法学》(第四版),法律出版社2015年版,第66页。
③ 参见姜明安主编:《行政法与行政诉讼法》(第六版),北京大学出版社、高等教育出版社2015年版,第84页。
④ 参见《行政法与行政诉讼法学》编写组:《行政法与行政诉讼法学》,高等教育出版社2017版,第74页。
⑤ 章剑生:《现代行政法总论》,法律出版社2014年版,第116页;章剑生:《现代行政法基本理论》(第二版),法律出版社2014年版,第184页。

行政主体。行政权不同于国家的立法权、司法权及监察权。在我国,人大及其常委会行使立法权,人民法院行使审判权,人民检察院行使检察权,监察委员会行使监察权,它们均不是行政主体。

第三,行政主体是能以自己的名义行使行政职权,进行行政活动的组织。行政主体具有独立的法律人格。一个组织只有能以自己的名义对外行使行政职权和独立进行行政活动,才能成为行政主体。它往往有自己专门的机构、编制和预算,有权处分财产并以自己的独立名义进行诉讼。① 当然,有些行政机关的内设机构、派出机关或派出机构等,依据法律、法规的特别规定可以以自己的名义对外进行行政活动,此时它们也属于行政主体。

第四,行政主体是能独立承担因行使行政职权而产生的法律效果的组织。某一国家机关或社会组织仅仅行使行政职权,实施行政职能活动,但并不承担因行政职权的行使而产生的法律效果,则不是行政主体。须指出的是,"法律效果"是指具有法律意义的有利结果或不利后果。其中,不利的法律后果又称"法律责任"。能独立承担法律效果,实际上是能以自己的名义行使行政权的必然结果。任何行政主体,都必须依法有能力承担行使行政权所产生的法律效果,否则也不能成为行政主体。其中,比较常见的情形之一就是行政主体能独立作为行政复议、行政诉讼和国家赔偿的主体。例如,能成为行政复议的被申请人、行政诉讼的被告或第三人、国家赔偿的行政赔偿义务机关等,独立承担行政复议、行政诉讼或行政赔偿的后果。

(二) 行政主体与相关范畴的界限

行政主体与一些相关概念既有联系,又有区别。因此,在明确行政主体的内涵之后,有必要了解行政主体和这些概念的区别,以进一步明晰行政主体的外延。

1. 行政主体与行政法主体

行政主体有别于行政法主体。行政法主体的范围大于行政主体,行政主体只是行政法主体的一种,即行政法律关系中的一方当事人。两者的关系是,行政主体必定是行政法主体,而行政法主体不一定是行政主体。

2. 行政主体与行政组织

行政主体不等同于行政组织。行政组织是一个系统概念,侧重于体现行政机关的整体性和统一性,而行政主体强调的是哪些组织具有对外管理的法律资格与地位。

3. 行政主体与行政机关

行政主体与行政机关是两个联系密切但又有所区别的概念。行政机关是指为实现行政目的而依法设置,承担行政事务并能独立进行管理的基本组织体。在我国,行政机关是一个法律概念。迄今,我国法律、法规中大量地使用"行政机关"一词,而"行

---

① 参见张千帆、赵娟、黄建军:《比较行政法——体系、制度与过程》,法律出版社2008年版,第219页。

政主体"则不常用。行政主体更多的是作为一个法学概念被运用于行政法学理论中，是指对在公共行政中依法具有行政权能，能代表国家独立进行行政活动的组织。诚然，行政机关是最普遍、最重要的一种行政主体，但并非唯一的行政主体。除了行政机关之外，法律法规授权的行政机构以及企事业单位、社会团体、群众性组织，亦可成为行政主体。另外，行政机关也并非在任何场合都是行政主体，只有当行政机关以自己的名义依法行使行政职权时，才是行政主体，在其他场合并不是。例如，当行政机关从事民事活动时，其身份是机关法人，即"民事主体"。又如，在行政管理法律关系中，当行政机关以被管理者的身份出现时，它是行政相对人。这说明，行政机关具有多种法律身份，行政主体仅是行政机关多种法律身份中的一种而已。基于上述原因，行政法学才使用了"行政主体"这一概念，以全面概括行政机关和被授权的组织这两类行政主体。

4. 行政主体与行政公务人员

行政主体与行政公务人员之间既具有不可分割的联系，又是性质各异的两个不同概念。一方面，行政主体是一种组织，是一种抽象的法律人格，不能自行实施具体的行政活动，必须通过具体的行政公务人员来完成行政活动，故而行政主体是由一个个行政公务人员组成的集合概念，它离不开行政公务人员，否则，行政主体将成为一个毫无意义的空壳。而行政公务人员作为代表行政主体执行公务的内部工作人员，也离不开行政主体，一旦离开行政主体而独立存在时，就成为一个普通的公民，就不能以行政公务人员的身份代表行政主体，从事任何行政公务行为，否则就必须承担相应的法律责任。

5. 行政主体与行为主体

行为主体系指虽无法律上的名义，但直接、具体实施行政行为的组织或个人，如行政机关委托社会团体行使行政职权，社会团体就是行为主体。相对于行政机关而言，行政公务人员均属行为主体，而不是行政主体。行政主体与行为主体的区别甚多，具体有：一是行政主体能以自己的名义行使行政职权，而行为主体只能以别人（行政主体）的名义行使行政职权；二是行政主体应由自己来承担自己行为的后果，而行为主体则由他人，即行政主体来承担自己行为的后果；三是行政主体在行政复议中能作为被申请人参加行政复议、在行政诉讼中能作为被告参加诉讼，而行为主体既不能成为行政复议中的被申请人，也不能成为行政诉讼中的被告。在一般情况下，行政主体与行为主体往往存在于同一个组织之中，但行政主体不是自己亲自实施该行政行为，而是委托其他组织或个人实施该行政行为时，就会出现"行政主体"与"行为主体"相分离的情况。行政主体与行为主体的关系取决于行政职权内的行政权能与行为权能的关系。区分二者的法律意义在于，有助于确认某种行政行为效果的归属，追究行政主体的法律后果，也有助于切实保障行政相对人的合法权益，有力监督行政主体依法行使行政职权的活动。

二、行政主体的资格

(一) 行政主体的资格要件

行政主体资格是指作为行政主体应当具备的条件。目前,我国法律对行政主体的资格要件没有明文规定,学术界的认识也不统一。一般认为,行政主体的资格要件主要包括组织要件和法律要件两类。

1. 组织要件

组织要件即作为行政主体的组织自身应具备的条件。由于行政机关和法律法规授权的组织的设立依据和目的不同,因而其组织要件也不相同。

行政机关的组织要件应包括以下内容:(1) 行政机关的设立有法律依据;(2) 行政机关的成立经有权机关批准;(3) 行政机关已被正式对外公告其成立;(4) 行政机关已有法定编制和人员;(5) 行政机关已有独立的行政经费预算;(6) 行政机关已具备必要的办公条件。

法律法规授权组织作为行政主体应具备两个组织要件:(1) 该组织应具有法人资格;(2) 该组织是不以营利为目的的事业单位、社会团体和群众组织。

2. 法律要件

作为行政主体的组织在法律上应当具备一定的条件,主要是必须具有法律法规的明确授权。在此,既包括宪法和行政组织法对中央和地方各级人民政府的授权,也包括其他法律法规的授权。将法律法规授权作为行政主体的法律要件是依法行政的要求。没有法律法规明确授权,任何组织和个人都无权对外行使行政权能,当然不能成为行政主体。

至于规章能否授权,学术界对此有不同认识。实践中,《行政诉讼法》《行政诉讼法司法解释》规定,规章授权的主体是可以作为行政诉讼被告的,这意味着《行政诉讼法》《行政诉讼法司法解释》承认了规章授权的主体也是行政主体。

须指出的是,不能将行政主体的"法律要件"等同于其"法律地位"。一个组织是否具有行政主体的资格,直接决定了它的法律地位。一般说来,某组织只有取得行政主体的资格后,它才具有行政主体的法律地位。因而,从逻辑上说,对于行政主体而言,是先具备法律要件之后,才有可能取得相应的法律地位。

(二) 行政主体资格的确认

严格地说,一个组织是否具备行政主体的法律地位,要从组织要件和法律要件两个方面加以衡量。由于我国目前的行政组织法尚不完备,对于行政主体需要具备哪些组织要件没有统一、明确规定,不同的组织具备行政主体资格的要求不同,因而在确认行政主体资格时采用的方法和程序也不尽相同。总体上看,确认行政主体资格的方法,可以归纳为以下三种:

1. 事前确认、事中确认、事后确认

这是按照确认的时间来进行的分类。对于某一组织是否具有行政主体资格的判定,究竟应采取事前、事中还是事后确认,须根据不同的情况而定。事前确认是有权机关根据有关法律法规的明确规定来判定某一组织是否具有某种行政权能;事中确认是某一组织在行使行政职权的过程中,有权机关对其是否具有行政主体资格的确认;事后确认则是某一行政行为实施终了,有权机关对其实施行政行为的组织是否具有行政主体资格的确认。

2. 职权确认与性质确认

这是根据是否具有行政权能来进行的分类。职权确认是根据某一组织是否具有行政职权来判定其是否具有行政主体资格。对于职权行政主体,应该核实其产生职权法律的内容;对于授权行政主体,应该审查授权的合法性。性质确认则是通过确认行政机关的行为性质,进而确认行政机关的行政主体资格的一种途径。

3. 主体确认与行为确认

这是因考察对象不同来进行的分类。主体确认是从某一组织本身着手,从行政主体资格应具有的要件角度考察行政机关或其他组织是否应具有行政主体资格。行为确认则是通过某一组织实施了某种行政行为而分析、判定该行为是否应该由行政机关或其他组织实施,进而分析确认其行政主体资格。前种确认方法可在任何时候进行,不管行政机关或其他组织是否实施行政行为,都可以对行政机关或其他组织进行确认。而后种确认方法实际上是以行为来定资格,它只能在行为实施过程中或者行为实施完毕后进行。

(三) 行政主体资格的转移与丧失

1. 行政主体资格的转移

行政主体资格的转移,也称行政主体资格变更,是指享有行政主体资格的组织因一定的法律事实而将原有的行政主体资格依法转移给其他行政主体的情况。发生转移后,原行政主体的职权、职责及实施行政行为的法律效果,同时由新行政主体承受。例如,《行政诉讼法》第26条第6款规定,"行政机关被撤销或者职权变更的,继续行使其职权的行政机关是被告",就是一个典型的立法例。

对于行政主体资格的转移必须有严格的条件限制,具体包括以下两个方面:第一,法定依据。行政主体资格的转移应当有法定的依据,即或根据法律法规的规定作出,或根据有权机关的决定作出,任何人都不得任意妄为。第二,法定程序。行政主体资格转移时,必须经过法定程序。总之,行政主体资格的转移应当严格依法进行,不得随意变更,更不得超越法律法规的明确规定。

2. 行政主体资格的丧失

行政主体资格的丧失,系指因一定的法律事实而使已具有行政主体资格的组织失去其主体资格的情况。职权行政主体资格的丧失主要是由于其组织被解散或被撤销,撤销之后,其撤销之前实施的行政行为的法律效果由撤销机关承受。授权行政主体资格的丧失则主要是由于授权规定被废止或被修改。无论是职权行政主体还是授权行政主体,其行政主体资格丧失以后,其主体资格便不再存在,也没有新的行政主体作为其资格的继承者继续行使其行政职权。因此,行政主体资格丧失后,对原行政主体行使职权的行政行为承担法律效果的原则应当是,原行政主体依法实施的行政行为仍然有效,其所产生的法律效果,依法律、法规的规定丧失的,由法定机关或其主管机关承受;依有权机关的决定丧失的,由决定其丧失的有权机关承受。例如,《行政诉讼法司法解释》第23条就明确规定:"行政机关被撤销或者职权变更,没有继续行使其职权的行政机关的,以其所属的人民政府为被告;实行垂直领导的,以垂直领导的上一级行政机关为被告。"

但应当注意的是,资格的消灭并不意味着承受其行政主体资格的组织的必然灭失。在实践中,有的被授权组织的行政主体资格虽然消灭了,该组织却未必一定消灭。因而,被授权组织的行政主体资格的取得与丧失,与该组织的设立和消灭并不一致。在取得行政主体资格之前,该组织作为一个普通的社会组织可能已经存在,在其行政主体资格消灭之后,该组织也可能仍然继续存在。

行政主体资格丧失,意味着某一行政机关或有关组织再也不能独立行使行政职权,甚至再也不能行使行政职权,因此必须有严格的条件限制。其条件主要有两个方面:第一,必须有法律法规的明确规定。因为行政主体资格的取得必须有法定的依据,而同样行政主体资格的丧失也必须有法定的依据,即有明确的法律法规的规定。第二,必须有法定的程序。同行政主体资格取得一样,行政主体的丧失也必须经过法定的程序,否则,行政主体资格的消灭是无效的。

三、行政主体的类型

根据不同的标准,可以对行政主体作不同的分类。关于行政主体的分类,学界多采用二分法,如职权行政主体和授权行政主体、外部行政主体和内部行政主体、地域行政主体与公务行政主体、本行政主体与派出行政主体等。[①] 对行政主体作类型化的研究,有助于我们识别各种行政法律关系中的行政主体,以更好地理解行政法学的基本原理。

(一) 职权行政主体与授权行政主体

根据行政职权的产生方式,行政主体可以被划分为职权行政主体和授权行政主体。这是对行政主体最基本的分类。

职权行政主体是依据宪法和组织法的规定,在其成立时就具有职权并取得行政主体资格的组织,如中央和地方各级人民政府及其工作部门。从政治意义上说,"中华人民共和国的一切属于人民",一切国家机关的职权都来自于人民的授予,因而一切国家机关概属授权主体。这样,行政主体似乎就无须进行职权与授权的划分。但是,从法律意义上说,根据我国宪法的规定,实施国家行政管理是人民所固有的法定

---

① 参见黄学贤主编:《中国行政法学专题研究述评(2000—2010)》,苏州大学出版社2010年版,第21—24页。

职权,无须经其他国家机关作个别授权。行政机关一经依法成立,组织法所规定的行政职权也随之形成。凡行政职权随组织的成立而自然形成,无须经其他组织授予的管理主体,便是职权主体。

授权行政主体,又被称为法律法规授权的组织,是因宪法、组织法以外的法律、法规的规定而获得行政职权,取得行政主体资格的组织。如行政机关的内部机构、派出机构、经授权的事业单位等其他组织,它们的行政职权并不因组织的成立而形成,而来自于法律、法规等的授权。

职权行政主体与授权行政主体的区别在于:第一,职权行政主体一般为国家正式的行政机关,属行政组织序列;而授权行政主体或者为行政机关的内部机构,或者为行政机关以外的组织,如事业单位等。第二,职权行政主体自成立之日起就取得行政主体资格;而授权行政主体常在成立之后,经法律、法规乃至规章授权才成为行政主体。

区分职权行政主体与授权行政主体的实践意义在于:由于行政主体资格取得的方式不同,故对其各自的行政行为合法性审查的角度也有所区别,对授权行政主体行政行为合法性的审查,应首先审查"授权关系"是否合法成立。[1]

(二) 中央行政主体与地方行政主体

根据行政职权的管辖范围,行政主体可以被划分为中央行政主体和地方行政主体。这也是一种常见的分类。

中央行政主体是指其行使职权的范围及于全国的组织,如国务院、国务院各部委等。地方行政主体是指其行使行政职权的范围及于本行政区域的组织,如地方各级人民政府及工作部门等。

区分中央行政主体与地方行政主体的实践意义在于:有助于明确各类行政主体的管辖范围,确定行政行为的有效性。同时,也有助于明确行政主体各自的职权范围及相互关系,有利于行政的统一与协调。

(三) 地域性行政主体与公务性行政主体

根据行政主体行使行政权的对象、性质,行政主体可以被划分为地域性行政主体和公务性行政主体。

地域性行政主体,也称一般权限行政主体,是指以行政地域为基础,有权对管辖地域范围内的各种社会事务实施全面综合管理,作出行政行为的组织。如国务院和地方各级人民政府等。公务性行政主体,又称为专门权限行政主体,是指只能以某项行政事务为对象作出行政行为的组织。如国务院的各部委和县级以上人民政府的各厅、局、委员会等。一般说来,同层级的公务性行政主体是地域性行政主体的所属部门。

区分地域性行政主体与公务性行政主体的实践意义在于:既有助于厘清行政领

---

[1] 参见胡建淼:《行政法学》(第四版),法律出版社 2015 年版,第 70 页。

导关系和业务指导关系,也有助于确定行政复议管辖。前者表现为,特定层级的公务性行政主体属于垂直领导的,则只受上一层级同一性质的公务性行政主体的领导;特定层级的公务性行政主体是属地领导的,则只受同一层级地域性行政主体的领导;如果是属于双重领导的,则既受同层级地域性行政主体的领导,又受上一层级的公务性行政主体的领导。后者表现为,《行政复议法》的规定基本上体现了行政复议管辖依照被申请人的主体性质而定的原则。

四、行政主体的地位

行政主体的地位可以表现在各个方面,但在此仅限指法律地位。它是行政主体的权力、义务及其综合体现。行政主体的权力主要表现为行政职权,行政主体的义务具体表现为行政职责,因此,行政主体的地位取决于其行政职权和职责,即通过依法享有的行政职权和依法履行的行政职责,来表现行政主体在行政法律关系中所处的位置。

(一) 行政职权

1. 行政职权的含义

行政主体是具有权利能力与法律人格的组织体。[1] 要更好地了解行政法,正确把握行政主体的地位,就必须了解行政职权。如前所述,只有具有行政权能的组织,才能成为行政主体。而一个具有行政权能的组织在取得行政主体资格后,也就取得了相应的行政权力。但是,行政权力的内容广泛而复杂,不同的行政主体享有的行政权力是不同的。在行政权力经法律赋予特定的行政主体之后,即转化为具体的行政职权,可以说,行政职权就是行政权力的具体配置和转化形式。

简言之,所谓行政职权,是指行政主体依法所享有的对某一领域或者某一方面行政事务按照一定的方式进行组织与管理的行政权力。它渊源于国家行政权,是国家行政权的转化形式和具体化,是法律对行政主体、行政事务和权力内容进行规范、调整的结果。因此,行政职权只属于行政主体,行政相对人并不拥有行政职权。

2. 行政职权的特征

行政职权除了具有权力的一般属性,如强制性、命令性、执行性等,还具有以下特征:

(1) 公益性

即行政职权的设定与行使不是以行政主体自身的利益为目的,而是以国家和社会的公共利益为目的,如治安管理权、环境保护权、市场监管权、商标审批权等。虽然法律上许多权利的享有和行使,都是以权利主体自身的利益为主要目的,如公民依法享有的财产权、法人依法享有的经营自主权等,但行政职权却与此不同,它为公共利

---

[1] 参见薛刚凌主编:《行政主体的理论与实践——以公共行政改革为视角》,中国方正出版社2009年版,第70页。

益或公共福祉而设立,因此,行政职权在对相对人权利与自由的尊重和保护的基础上,通过对私益的限制来实现公益最大化的目的。

(2) 优益性

这是由行政职权的公益性派生出来的。为了有效地维护公共利益,法律往往要赋予行政主体有效行使行政职权的保障条件,包括职务上的优先权力和物质上的受益权力。行政主体在行使职权时依法享有的优先权和受益权,一般统称为"行政优益权"。行政职权因此具有一定的优先性和受益性,其优益性特征由此形成。

行政优先权,是指行政主体及其行政公务人员在行使职权时依法享有的种种优越条件。法律为保障行政主体有效地行使行政职权而赋予行政主体许多职务上的优先条件,即行政职权与其他社会组织及公民个人的权利在同一领域或范围发生关系时,具有优先行使与实现的效力。其主要内容包括先行处置权和获得社会协助权。前者是指行政主体在紧急条件下,可不受程序规定的制约,先行处置,如先行扣留、即时强制等。后者是指行政主体在从事紧急公务时依法有权获得有关组织和个人的协助。这是一种具有强制性的协助,违反者须承担法律责任。行政主体除了获得社会协助权,优先通过、使用权之外,其行政公务人员还享有人身特别保护权。如《国家安全法》第75条规定:"国家安全机关、公安机关、有关军事机关开展国家安全专门工作,可以依法采取必要手段和方式,有关部门和地方应当在职责范围内提供支持和配合。"该法第六章"公民、组织的义务和权利"中还明确列举了为国家安全工作提供便利条件或者其他协助,向国家安全机关、公安机关和有关军事机关提供必要的支持和协助等义务。这些规定,充分体现了行政主体的社会协助权。须指出的是,行政主体享有行政优先权必须具备两个条件:一是只能用于执行公务,而不得用于谋取个人私利;二是只有在执行紧急公务时,才享有行政优先权。

行政受益权,是指国家为保证行政主体有效行使行政职权而向其提供的各种物质保障条件。例如,《警察法》第37条明确规定:"国家保障人民警察的经费";该法第39条还规定:"国家加强人民警察装备的现代化建设,努力推广、应用先进的科技成果。"行政受益权是行政主体从国家所享受到的权益,而不是由相对人提供的。须指出,行政受益权不同于行政优先权,具体表现为,受益权仅体现行政主体与国家的关系,而不体现它与相对方之间的关系,其内容具体表现为国家向行政主体提供行政经费、办公条件、交通工具等。此外,不能将行政受益权与民法中的"收益权"相混淆,后者是指民事主体基于对财产的所有权而享有该财产所带来的利益。

总之,行政优先权和行政受益权构成了行政优益权的内容,共同体现了行政职权的优益性。

(3) 不可处分性

行政职权不仅表现为法律上的支配力量,而且还包含着法律上的职责,是权力和职责的统一体。作为法定职责的要求就是行政主体不得任意处分行政职权,必须依法行使。行政职权的不可处分性主要表现在以下两个方面:

第一,不得随意转移。一定的行政职权必须由法律定位的相应行政主体行使,任何行政主体不按法定依据和法定程序都不得转让行政职权。法律上对行政授权和行政委托的规定就反映了这种要求。授权和委托实际上是行政职权的转移,但任何授权和委托都必须严格符合法定的条件。

第二,不得随意放弃或抛弃。行政职权的行使过程也就意味着行政职责的履行过程,放弃职权就意味着不履行职责,属于违法失职,有关责任人员就应当受到法律的制裁。

3. 行政职权的内容

行政职权的内容因行政主体的不同而异。不同行政主体所行使的行政职权多少不等,内容范围也有别。例如,某些行政许可权、行政处罚权等均只限定于特定行政主体行使。但总的来说,行政职权大致包括以下内容:

(1) 制定规范权。即行政主体在法定权限范围内制定和发布法规、规章和其他具有普遍约束力的规范性文件的职权。

(2) 行政决定权。即行政主体就某一行政管理事项作出相关处理决定或命令,从而为相对人设定、变更、消灭某种权利义务的职权,包括行政许可、行政处分权、行政处罚权、行政奖励权等。

(3) 行政检查权。即行政主体依法对相对人履行法定义务和守法情况进行监督检查的职权,如交通运输安全、食品安全、环境污染状况等检查处理权。

(4) 行政强制权。即行政主体对相对人依法采取强制措施的职权,包括即时强制权和强制执行权等。

(5) 行政裁判权。即行政主体对一定的行政纠纷和民事纠纷进行裁判处理的职权,包括行政复议权、行政调解权、行政仲裁权、行政申诉处理权等。

(二) 行政职责

1. 行政职责的含义

行政职责是指行政主体在行使行政职权过程中依法必须承担的义务。行政职权与行政职责之间是辩证统一、密不可分的关系。行政职权与行政职责通常是统一的,从一个角度看是职权,从另一角度看则是职责。没有无行政职权的行政职责,也没有无行政职责的行政职权,且行政职责随着行政职权的产生、变更或消灭而相应变化,任何享有行政职权的行政主体,必须履行行政职责。

正因如此,大多数情况下,法律、法规往往只规定行政职权,或者只规定行政职责。此时,应当注意行政职权中包含着行政职责,行政职责中也包含着行政职权。

2. 行政职责的特征

一般说来,行政职责的核心是依法行政,它具有以下三个特征:

(1) 义务性。行政职责是行政法上的义务在行政主体上的体现和转化形式。它是与权力(利)相对应的内容和范畴。在现代民主法治社会,行政主体拥有、行使行政职权与履行行政职责是相一致的,且这一行政职责是行政主体不可推卸的义务,任何行政主体若不履行行政职责,就必然要承担相应的法律责任。

（2）法定性。行政职责是行政主体在实施行政管理中必须履行的进行一定作为与不作为的义务，但这种义务是"法定"的，而不是"人定"的。[①] 在现代民主法治国家，行政主体的职责大都由法律在规定其行政职权的同时予以明确规定。

（3）与行政职权的不可分割性。行政职权是行政法权力（利）的转化形式，行政职责是行政法义务的转化形式。任何组织和个人有行政职权，必然同时具有行政职责；没有无职权的职责，也没有无职责的职权。

3. 行政职责的内容

不同的行政主体有不同的行政职责，这取决于行政主体的地位、任务以及法律对其职权的设定，因而，行政职责的具体内容极为丰富多样。从概括的角度，可简要归纳为以下七个方面：(1) 履行职责，不失职；(2) 遵守权限，不越权；(3) 符合法定目的，不得滥用职权；(4) 严格遵守程序，不得随意行政；(5) 遵循合理原则，避免不当行政；(6) 尊重事实证据，不得主观臆断；(7) 正确适用法律、法规，不得错误适法。

（三）行政权限

1. 行政权限的含义与特征

行政权限是指行政主体行使行政职权时所不能逾越的法定范围和界限。它是行政职权的边界，故行政权限与行政职权密切相关，了解行政权限对于进一步明确行政主体的法律地位具有重要意义。它有以下三个主要特征：

（1）法定性。行政权限是依法设定的，行政主体不得擅自改变。从实际情况看，既然行政权限关系到行政主体行使行政职权的范围，为行政主体行使行政职权划定不可逾越的界限，也关系到行政主体履行行政职责的内容，为判断行政主体履行行政职责的程度提供标准，因此它也必须是法定的。

（2）义务性。行政权限是属于义务而不是权利的范畴。不得超越行政权限是每一个行政主体的法定职责。作为一种义务，行政权限由国家法律设置，为行政主体所遵守。它不是可有可无的，也不是可任意扩大或缩小的。对于法定的行政权限，行政主体必须不折不扣地予以贯彻执行。没有法定原因，行政主体超越权限范围行使行政职权，其行政行为无效。行政主体必须对由此产生的一切后果承担法律责任。

（3）依附性。行政权限与行政职权具有一种依附关系，前者依附于后者。行政权限随着行政职权的产生而产生，又随着行政职权的变化而变化，没有行政职权也就无所谓行政权限，行政权限不能脱离行政职权而独立存在。行政职权与行政权限不可分离，有行政职权就必须有行政权限，没有任何范围或界限限制的行政职权是不允许存在的，行政法上也不存在行政职权以外的行政权限。

2. 行政权限的类型

从不同的角度，可以对行政权限作不同的分类；对行政权限分类的结果，便形成行政权限的各种类型。常见的行政权限类型主要有以下两大类：

---

① 参见胡建淼：《行政法学》（第四版），法律出版社2015年版，第529页。

(1) 纵向权限和横向权限

这是根据一定范围内行政主体之间的隶属关系，对行政权限所作的一种划分。凡有上下级隶属关系的行政主体之间的职权范围划分就是纵向权限，如国务院、省人民政府和市人民政府等关于土地审批权的划分，省公安厅和市公安局之间关于治安管理权的划分，均属于纵向权限。这种权限划分主要表现为层级权限。

凡无上下级隶属关系的行政主体之间的职权范围划分就是横向权限，如同一个市的公安局、市场监管局和海关之间的权限划分，就属于横向权限。它主要表现为地域管辖权与事务管辖权。

(2) 层级权限、地域权限和事务权限

这是根据行政主体行政职权的确定方式而对行政权限所作的一种划分。凡是以行政主体的层级关系来确定行政职权行使范围的就是层级权限。例如，《文物保护法》第 8 条规定：国务院文物行政部门主管全国文物保护工作。地方各级人民政府负责本行政区域内的文物保护工作。县级以上地方人民政府承担文物保护工作的部门对本行政区域内的文物保护实施监督管理。县级以上人民政府有关行政部门在各自的职责范围内，负责有关的文物保护工作。

凡是以行政主体的管辖地域来确定的行政职权行使范围的就是地域权限，如同土地、水域、森林、草原和房屋等有关的事务，即由其所在地行政主管部门管辖，就属于地域权限。

凡是以行政主体管辖的事务来确定的行政职权行使范围的就是事务权限，如公安机关管辖公安事务、市场监管机关管辖市场事务等。

综上，行政权限的各种类型，将构成划分行政权限与认定行政越权的基础，对于行政执法与行政审判等实践活动，有着一定的理论指导意义。

第三节 行 政 机 关

一、行政机关的概念

(一) 行政机关的含义

在我国，行政机关是一个法律术语，经常出现在有关的法律条文中，如《宪法》第 65 条规定："中华人民共和国国务院，即中央人民政府，是最高国家权力机关的执行机关，是最高国家行政机关。"又如，《行政诉讼法》第 2 条规定："公民、法人或者组织认为行政机关和行政机关工作人员的行政行为侵犯其合法权益，有权依照本法规定提起诉讼。"但我国法律迄今并未对行政机关的内涵和外延作出明确规定。为此，行政法学界从不同角度对于行政机关也有着不同的界定。①

行政机关有广义与狭义之分。广义上的行政机关,系指从中央到地方的各级人民政府(如国务院、省级人民政府、市人民政府、县人民政府、乡镇人民政府等)和各部门机构(如政府所属的部、委、厅、局、处、室等)。狭义上的行政机关,则仅指各级人民政府。根据我国《宪法》的规定,国务院即中央人民政府,是最高行政机关,地方各级人民政府是地方各级国家权力机关的执行机关,是地方国家行政机关。这表明,行政机关是国家权力的执行机关,向国家权力机关负责并报告工作且受其监督。各级人民政府及其工作部门都属行政机关系列。

在新近的司法实践中,还有一种观点是将行政机关分为组织法意义上的行政机关和行为法意义上的行政机关。前者是指宪法或者组织法设立的行使行政权的国家机关;后者是指法律、法规或者规章授予行政权的社会组织(通常为民事主体)。②

我们认为,行政机关是指依宪法或行政组织法的规定而设置的、行使国家行政职能、管理国家行政事务的国家机关。这一概念可以从以下几个方面进行分析:

第一,行政机关是两人以上的组织体,不是指某一职位。比如说,国务院总理是国务院的最高领导人,但不是行政机关。将行政机关视为一种组织体的做法,既符合国际上大多数国家对行政机关更普遍的理解,也符合我国的实际情况和传统。

第二,行政机关是为实现行政目的而依法设置。这里有两层含义,一是行政机关为实现行政目的而设置;二是行政机关设置应当依法进行。

第三,行政机关行使的是国家行政权。它行使的既不是国家立法权,也不是审判权与检察权,更不是国家的监察权。虽然从形式上看,行政机关是担当一定行政事务、享有一定行政权限的组织,但这正反映了行政机关依法行使行政权这一本质特性。因此,行政机关是固定的、基本的行政主体。

(二) 行政机关与相关概念的区别

为了进一步把握行政机关的概念,有必要将其与相近概念作一定的区分。

1. 行政机关与行政机构

对行政机构,有广义、狭义等多种不同含义之分。本书所表述的行政机构,是指行政机关的构成机构,如司、局、处、室等。行政机关和行政机构的区别主要表现在行政机关是能独立对外管理的基础单位,而行政机构作为行政机关的内部组成部分,只是作为行政机关的一部分而存在,在未获得法律、法规等的授权之前,只能以所在的行政机关的名义对外进行行政管理活动,不能独立行使职权。

2. 行政机关与行政公务人员

行政公务人员是我国公务员队伍中最为重要的一种,是在行政机关内部承担行政公务的除公勤人员以外的工作人员。行政机关由行政公务人员组成,是行政公务人员的集合体,但行政公务人员并不是行政机关。在法律上,行政公务人员代表行政

---

① 参见黄学贤主编:《中国行政法学专题研究述评(2000—2010)》,苏州大学出版社2010年版,第26页。
② 参见王振宇:《行政诉讼参加人制度的完善》,载《中国审判》2018年第7期。

机关进行行政管理时,作为行政机关的代表与行政相对人发生行政法律关系,行政公务人员执行职务公务行为的法律效果归属于其所在的行政机关。

二、行政机关的体系

在我国政治、经济体制改革不断深化的过程中,具有行政主体资格和行政主体地位的行政机关已经构成了一个比较稳定而完整的体系。

1. 中央层级的行政机关

中央层级的行政机关是指活动范围及管辖事项涉及全国的行政机关,它领导全国和各地的行政工作,是一国行政体系的核心。具体包括:

(1) 国务院

即中央人民政府,是最高国家权力机关的执行机关,也是最高国家行政机关。根据我国《宪法》《国务院组织法》的规定,它依法享有领导和管理全国性行政事务的职权,可以制定行政法规、采取行政措施、发布决定和命令,因此具有行政主体资格。

根据《宪法》第86条的规定,国务院由总理、副总理若干人、国务委员若干人、各部部长、各委员会主任、审计长和秘书长组成。国务院总理由国家主席提名,经全国人大以全体代表过半数通过决定,由国家主席任命,每届任期5年,连续任期不超过两届。国务院其他成员由总理提名,经全国人大以全体代表过半数通过决定,由国家主席任命。国务院实行总理负责制,总理负责领导国务院的工作,副总理和国务委员协助总理工作。国务院工作中的重大问题,必须经国务院常务会议或全体会议讨论决定。国务院常务会议由总理、副总理、国务委员、秘书长参加,全体会议由国务院全体成员参加,由总理召集和主持常务会议和全体会议。

(2) 国务院组成部门

即国务院的工作部门或职能机关。除了国务院办公厅外,国务院各部、委(含行、署,下同)是国务院的工作部门,也是国务院的组成部分,是广义上的国务院。依宪法和组织法的规定,国务院各部、委对国务院所管辖的某一方面或某一类行政事务,享有全国范围的管理权限,是行政主体。各部、委的设立经国务院总理提出,由全国人民代表大会或全国人民代表大会常务委员会决定。各部、委实行部长、委员会主任负责制。国务院各部、委所行使的行政职能归纳起来,有以下三个方面:第一,制定行政规章权;第二,行使属于本部门的管理权;第三,行使有关争议的裁决权。

(3) 国务院直属特设机构与直属机构

国务院设有1个直属特设机构和10个直属机构。国务院直属特设机构和直属机构是国务院主管各项专门业务的机构,由国务院根据工作需要和精简的原则设立,无须全国人大或全国人大常委会批准。其中,国务院直属特设机构是国务院国有资产监督管理委员会;国务院直属机构包括海关总署、国家市场监督管理总局等。

须指出,国务院直属机构的地位较为特殊。一方面,由于它们不属于国务院组成部门,其地位低于国务院各部、委、行、署;同时,它们又拥有独立的职权与职责。另一方面,国务院直属机构不同于国务院办事机构(如国务院港澳事务办公室、国务院研究室),可以以自己的名义独立行使法律规定的行政权,依法具有行政职能,是行政主体。而国务院办事机构则不具有独立的行政管理职能,不是行政主体。

(4) 国务院部、委管理的国家局

国务院部、委管理的国家局是国务院根据国家行政事务的需要而设立的,由主管部、委管理,主管特定业务,行使行政管理职能的行政管理机关。部、委管理的国家局大都是由国务院机构改革前的专业主管部或国务院直属机构演变而来的,因此这些部、委管理的国家局在成立时,就具有独立的法律地位,依法行使某项行政事务的管理权和裁决争议权,具有行政主体资格。

2. 地方层级的行政机关

地方层级的行政机关是指活动范围及管辖事项仅限于国家一定地域范围内的行政机关。它又包括:

(1) 地方各级人民政府

它是地方各级国家权力机关的执行机关,负责组织和管理本行政区域内的一切行政事务,依照宪法和组织法的规定,以自己的名义独立行使相应行政职权,都是行政主体。地方人民政府分为省(自治区、直辖市)、市(自治州)、县(自治县、市辖区及不设区的市)、乡(民族乡、镇)四级。根据现行《地方组织法》的规定,我国地方各级人民政府的行政职权可归纳为:第一,执行权;第二,具体行政管理权;第三,规章的制定权、行政措施的规定权和决议命令的发布权。

(2) 地方各级人民政府的职能部门

根据宪法和有关法律的规定,县级以上地方各级人民政府根据工作需要,设立若干职能部门,承担某一方面事务的组织与管理,受本级人民政府的统一领导,并且受上级人民政府主管部门的领导或业务指导。

省、自治区、直辖市人民政府的职能部门的设立、增加、减少或合并,由本级人民政府报请国务院批准;自治州、直辖市人民政府的职能部门的设立、增加、减少或合并,由本级人民政府报请国务院批准;自治州、县、自治县、市、市辖区的人民政府的职能部门的设立、增加、减少或合并,由本级人民政府报请上一级人民政府批准。

县级以上地方各级人民政府的职能部门的法定职权主要有两项:第一,发布命令和指示,依照法律、法规和规章,可以就其管辖的专门行政事务发布命令和指示。第二,对行政事项的主管权。依照法律、法规、规章和政策,有权就其主管的行政事项作出处理决定。

地方各级人民政府的职能部门均能以自己的名义独立行使宪法和有关法律规定的行政权,都是行政主体。

(3) 地方人民政府的派出机关

派出机关是指县级以上地方人民政府因工作需要,经有权机关批准而在一定区域内设立的,承担该区域内各项行政事务的国家行政机关。

按照《地方组织法》第68条的规定,派出机关主要有三类:省、自治区人民政府经国务院批准而设立的行政公署；县、自治县人民政府经省、自治区、直辖市人民政府批准而设立的区公所；市辖区、不设区的市的人民政府，经上一级人民政府批准而设立的街道办事处。

行政公署，简称"行署"，是指我国行政区划中省、自治区人民政府的派出机关，属于"地区"和"盟"的行政管理机构，是我国行政机关设置的一个形式。它是我国省、自治区人民政府根据工作需要，在具体地区设置的派出机关，代表上级人民政府指导工作。在级别上，行政公署与地级市人民政府等同。行政公署设专员或副专员，领导行署工作。

区公所是指县或市政府的派出机关，其行政地位介于县和乡镇之间。目前，我国仅存在个别区公所。

街道办事处是指市辖区、不设区的市人民政府的派出机关，受市辖区、不设区的市人民政府领导，行使市辖区、不设区的市人民政府赋予的职权。

须指出的是，派出机关虽不是一级人民政府，但却依法行使着一定区域内所有行政事务的组织和管理权，并能以自己的名义作出行政行为和对行为后果承担法律责任，因而它们都是行政主体。此外，行政公署的职能机关也是行政主体，但区公所和街道办事处内设的办事机构不能成为行政主体。

第四节　法律、法规授权的组织

一、法律、法规授权的组织的概念

法律、法规授权的组织，是指除行政机关以外依照法律、法规具体授权规定而取得行政主体资格的组织。其他行政主体具有下列主要特点：

（1）法律、法规授权的组织是指除了行政机关外的组织。除了行政机关的组织，既包括行政组织系统内的组织机构，如某些职能部门设立的派出机构，也包括行政组织系统内的组织机构。

（2）法律、法规授权的组织是依照法律、法规的授权规定而取得行政主体资格的。例如，县级以上公安部门的交警机构依《道路交通安全法》的授权获得行政主体资格；又如，公安派出所、税务所等派出机构分别依据《治安管理处罚法》《税收征收管理法》的规定，获得法定授权，因而成为行政主体。

（3）法律、法规授权的组织的行政主体资格的取得同其他组织机构的设立可能是同步的，也可能是分离的。有的行政机关的专门机构，自设立时起便具有行政主体资格，如依《专利法》在专利局内设立的专利复审委员会，法律在设立其组织机构时就同时赋予其行政主体资格。而有的则是通过后来的法律、法规授权才取得行政主体资格。①

二、法律、法规授权的组织的种类

(一) 法律、法规授权的行政机构

行政机构是行政机关的组成部分,其本身是作为行政机关的内部机构而存在的,是具体处理和承办各项行政事务的内部组织、派出组织和临时组织。行政机构不具有独立的编制和财政经费,一般不具有行政主体资格,只能以所在行政机关的名义对外实施行政行为,只能由其所在行政机关承担自己行使行政职权而产生的法律后果。但是,经法律法规的特别授权,行政机构可具有行政主体资格。

根据我国法律、法规的有关规定,目前具有行政主体资格的行政机构主要有下列三种:

1. 内设机构

行政机关的某些内设机构在得到法律、法规授权的情况下,可以成为行政主体。如现行《商标法》第2条、《专利法》第41条分别授予商标局、专利复审委员会等这些内设机构行政主体资格。

2. 派出机构

它是指政府职能部门根据工作的需要而在一定区域设置的,代表该职能部门管理某项行政事务的派出工作机构。如审计署驻各地办事处,还有公安派出所、税务所、财政所等。从机构性质和法律地位上讲,派出机构与职能部门所设的内部机构处于相同的地位,其本身并无行政法上的主体资格。但经过法律、法规授权的派出机构,就获得了行政主体资格。法律、法规对派出机构,有以概括式进行授权的,如《税收征收管理法》第5条和第14条对税务所进行了概括式授权,使其取得行政主体资格;也有以列举方式具体授权的,如《治安管理处罚法》第91条以列举式直接授予特定范围的处罚权,赋予公安派出所行政主体资格。无论以何种方式进行,只要某派出机构获得法律、法规授权,该派出机构便获得行政主体资格,在授权范围内成为行政主体。当然,也并不是说授权范围之外的职权,派出机构一律不能行使。只要是所在机关的职权,派出机构都可行使,但不能以行政主体的身份出现,即不能以自己名义来行使,而应以所在机关的名义来行使,代表所在机关行使职权,该行政机关是行政主体。

须注意的是,派出机构与派出机关虽同属行政机关派出的组织,但二者有着严格的区别。派出机关是由各级人民政府设置的;派出机构则是由各级人民政府的职能部门设置的。派出机关在法律上能以自己的名义行使行政权,是职权行政主体,且是地域性行政主体;派出机构则只能成为授权行政主体,且只能是公务性行政主体。

---

① 参见黄学贤主编:《中国行政法学专题研究述评(2000—2010)》,苏州大学出版社2010年版,第30页。

3. 临时机构

它是指国家行政机关设立的、协助其处理某项临时性行政工作的组织。我国的临时机构很多,如国务院就曾设有国家防汛指挥部、中央职称改革领导小组等临时机构;地方国家行政机关设置的临时机构则更多,如有些地方政府临时设立的市容整顿办公室、扶贫帮困指导委员会等。临时机构都不具有行政主体资格,但经法律法规的授权也可成为行政主体。例如,中央职称改革领导小组和省、自治区、直辖市人民政府设置的职称改革领导小组,就曾被行政法规授权为行政主体。现阶段,在特殊或者紧急的情况下,经国务院同意,国务院议事机构可以规定临时性的行政管理措施。

(二) 法律、法规授权的其他社会组织

其他社会组织是指某些社会组织本身并不是行政机关,也不是行政机关所属的机构,但它们可以根据法律、法规的授权,取得行政主体资格,行使某一方面的行政职能。目前,有下列四种:

1. 经授权的企业单位

企业是从事生产经营活动,以营利为目的的单位。一般而言,企业在民事法律关系中以法人身份出现,在行政法律关系中也只能以行政相对人的身份出现。在特定情况下,由于法律、法规的授权,企业单位在行政法律关系中也可以取得行使某项行政职权的行政主体。如《铁路法》第3条第2款规定:"国家铁路运输企业行使法律、行政法规授予的行政管理职能。"

2. 经授权的事业单位

事业单位是从事某种专业性活动,但不以营利为目的,其经费实行预算拨款制的单位。它一般从事社会事业活动,但在法律、法规授权的情况下,也可以取得行使某项行政职权的行政主体资格。实践中,教学科研单位、技术单位等均属于这类被授权的事业单位。例如,《学位条例》第8条第1款规定:"学士学位,由国务院授权的高等学校授予;硕士学位、博士学位由国务院授权的高等学校和科学研究机构授予。"这就是授予高等学校高校学位授予权。

3. 经授权的社会团体

社会团体是社会成员本着自愿的原则,依其团体章程而依法组成的集合体。根据《社会团体登记管理条例》第2条的规定,社会团体是指中国公民自愿组成,为实现会员共同意愿,按照其章程开展活动的非营利性社会组织。可见,社会团体不属于国家行政机关体系,但部分社会团体,如《行政诉讼法司法解释》第24条提到的律师协会和注册会计师协会等行业性社会团体,在获得法律、法规授权的情况下,就可以成为法律、法规授权的组织。

4. 经授权的其他组织

除上述社会组织之外,群众性自治组织,如居委会、村委会等经授权,也可从事一定的行政职能活动,成为行政主体。例如,《村民委员会组织法》第2条第2款规定:村委会有权管理本村的公共事务和公益事业,有权管理属于集体所有的土地;《土地管理法》第10条规定：集体所有的土地依法属集体所有，由村委会经营、管理等，这些表明，管理公共事务，经营、管理集体土地是村委会的法定职责。因此，村委会即是法律、法规授权的组织，在行使这些行政职责时具有行政主体资格。

第五节 行政委托

一、行政委托的界定

所谓行政委托就是行政主体将其职权的一部分，依法委托给其他组织行使的法律行为。在行政活动中，行政机关根据行政管理的需要，依法委托其他组织或个人实施行政行为，其后果归属于委托的行政机关。这种委托，不包括行政机关的相互委托，如上级行政机关委托下级行政机关，或甲地行政机关委托乙地行政机关行使某种职能。

行政委托不同于法律、法规授权。对于法律、法规授权来说，被授权组织是以自己的名义行使职权，并由自己对行使被授权行为负责，从而自己就是行政主体；而对于行政委托来说，受委托人是以委托行政机关的名义行使职权，并由委托行政机关对受委托人的行为负责，受委托人不是行政主体，行政主体是委托行政机关。简言之，虽然行政授权和行政委托都是行政机关以外的组织参与行政的法律制度，但在权力来源、对外行使权力的名义以及法律后果的承担上有着根本的区别。

二、受委托人的含义及特点

（一）受委托人的含义

它是指受行政主体的委托，以委托行政主体的名义行使被委托的行政职权的组织或者个人。在我国的许多行政事务中，特别是在公共设施、公共服务等公共行政领域的公私合作中，受委托人行使行政职权的现象大量存在。

虽然受委托人不是行政主体，但受委托必须要有明文的依据，即必须以法律、法规和规章的明文规定为前提，没有这一依据，行政机关就不得实施委托。受委托人必须符合一定的条件，且行政委托必须形成委托协议或委托文件予以公开，委托协议或委托文件不公开的，该行政委托关系不成立。

（二）受委托人的特点

行政职权的委托，在本质上是行政职权的代行。受委托人因此有着自身特点，可以归纳为以下三个方面：

1. 受委托人的范围较为广泛

行政机关委托的人是基于行政委托而产生的。行政委托的对象可以是其他社会组织,在某些特定的情况下,也可以是某些个人。但是,法律明确规定是组织的,则必须是组织。许多现行法律,如《行政处罚法》第18、19条等,均将受委托人列为组织。而有些法律、法规对受委托人的条件并未仅限定于"组织",也可以是个人,如《税收征收管理法实施细则》第44条就明确规定:"税务机关根据有利于税收控管和方便纳税的原则,可以按照国家有关规定委托有关单位和人员代征零星分散和异地缴纳的税收,并发给委托代征证书。受托单位和人员按照代征证书的要求,以税务机关的名义依法征收税款,纳税人不得拒绝;纳税人拒绝的,受托代征单位和人员应当及时报告税务机关。"可见,受委托人可以是有关单位,也可以是相关人员。

2. 受委托人必须因委托行为而产生

受委托人不同于法律法规授权的组织,它不是依据法律法规的明确授权而产生,而是依据行政机关的行政委托行为而产生。因而,受委托人在行使行政职权时,只能以委托机关的名义行使职权,而不能以自己的名义。当然,受委托人行使行政职权过程中所产生的法律后果也由委托行政机关承担。例如,《行政诉讼法司法解释》第24条第4款明确规定:"当事人对高等学校等事业单位以及律师协会、注册会计师协会等行业协会受行政机关委托作出的行政行为不服提起诉讼的,以委托的行政机关为被告。"这表明受委托组织的委托行为引发行政诉讼的,其法律后果由委托行政机关承担。

3. 受委托人行使的行政职权要受严格的限制

受委托人行使职权只是一种委托的职权,不是依法所享有的,这就决定了其行使的行政职权只能是一定的行政职权或某一定时间内的某项行政职权,且受委托人不得转委托。如果受委托人超越委托权限从事受托行为,其行为构成越权并由受委托人自行承担越权责任。而对行政机关来说,也并不是任何行政职权都能委托给其他组织或者个人,要受到严格的限制。一般来说,行政机关的委托行为需要上级主管机关的批示,必须遵循一定的行政程序。

第六节 行政相对人

一、行政相对人的概念

(一) 行政相对人的含义

行政相对人,与"行政主体"一样,是一个行政法学上的概念,而非实定法的概念。在我国行政处罚法、行政复议法、行政诉讼法等实定法上,行政相对人一般称为"公民、法人和其他组织"。所谓行政相对人,也称"相对人",是指行政行为直接针对的对象或其权利义务受到行政行为影响,与行政行为有法律利害关系的公民、法人或者其他组织。行政相对人包括行政行为直接相对人和间接相对人。例如,在税收关系中,税务机关为行政主体,纳税的单位或个人为行政相对人。

行政相对人具有以下法律特征:

第一,行政相对人是处于行政法律关系中的当事人,是行政法主体之一,是行政法上权利与义务的享受者和承担者。任何个人、组织如果不处于行政法律关系中而处于其他法律关系中,就不具有行政相对人的地位,不能被称为"行政相对人"。

第二,行政相对人是在行政法律关系中与行政主体相对应的另一方当事人。在某一行政法律关系中,一旦确定了一方当事人是行政主体,另一方当事人作为行政相对人也就随之确定了,故它具有"相对性"。

第三,行政相对人是在行政法律关系中,其权益受到行政主体行政行为影响的个人、组织。这种影响有时是直接的,如行政处罚、行政强制、行政许可、行政征收等法律关系中的受罚人、被行政强制者、获得许可的申请人、被征收人等;有时是间接的,如行政处罚案件中的受害人、行政许可案件中其权益可能受到许可行为不利影响的同许可申请有利害关系的人。作为行政法律关系中的另一方当事人,无论其权益受到行政主体行政行为的直接影响还是间接影响,都是行政相对人。

(二) 行政相对人的分类

对行政相对人的分类研究,有助于我们把握各种类型行政相对人的特征和有关行政法原理。依据不同的标准,可以对行政相对人进行不同的分类。①

1. 个人相对人与组织相对人

行政相对人以其是否有一定的组织体为标准,可以分为个人相对人和组织相对人。个人相对人主要指公民,也包括在中国境内的外国人(含无国籍人)。个人相对人不一定是单个的个人,在某一行政法律关系中,行政主体的行政行为可能涉及多个个人。只要这些个人不构成一定的组织体,相互之间无组织上的联系,即使这些个人数量再多,他们仍为个人相对人,而非组织相对人。此外,国家公务员在执行国家公务时是行政主体的代表,不具有行政相对人的地位,但他在非执行公务时则具有公民的身份,有可能接受各种有关行政管理,遂成为行政法律关系的行政相对人。

组织相对人主要指各种具有法人地位的企业组织、事业组织和社会团体,包括在我国取得法人资格的外国企业、事业组织;非法人组织;处于行政相对人地位的国家行政机关及其他国家机关等。所谓"非法人组织",是指经有关主管部门认可,获准成立和进行某种业务活动,但不具备法人条件,没有取得法人资格的社会团体或经济组织。非法人组织和法人组织一样,在行政法律关系中也处于行政相对人的地位。国家机关(包括国家行政机关)在行使相应国家职权时,是国家职权行为的主体,不能成为行政相对人,但国家机关实施非职权行为或处于非行使职权场合、领域,如在治安、交通、卫生、环境、规划、文化、体育等领域时,同样要接受相应行政主体的管理,遂成为行政相对人。

---

① 参见姜明安主编:《行政法与行政诉讼法》(第六版),北京大学出版社、高等教育出版社 2015 年版,第 136—139 页。

区分个人相对人与组织相对人的意义在于,某些行政主体的行政行为与行政相对人有一定的相对应性,如行政拘留、治安拘留只适用于个人相对人,而不适用于组织相对人。组织相对人和个人相对人在行政复议中均可作为复议申请人,在行政诉讼中均可作为原告。

2. 授益相对人与侵益相对人

行政相对人以行政主体行政行为对其权益影响的性质为标准,可以分为授益相对人与侵益相对人。授益相对人是指通过行政行为获取某种权益的相对人,如行政许可、行政给付行为的相对人。侵益相对人是指因行政主体行政行为而失去某种利益或利益受到损害的相对人,如行政处罚、行政强制的相对人等。

区分授益相对人和侵益相对人的意义在于,在行政法上对授益相对人和侵益相对人的权利保障制度是不同的,其救济途径、方式也是不一样的。

3. 作为行为的相对人与不作为行为的相对人

行政相对人以影响其权益的行为方式为标准,可以分为作为行为的相对人与不作为行为的相对人。作为行为的相对人是指相对人权益受到行政行为作为方式影响的相对人,如行政征收、行政强制、行政裁决、行政许可、行政处罚的相对人。不作为行为的相对人是指相对人权益受到行政行为不作为方式影响的相对人。如行政机关不履行法定职责导致其人身权、财产权被侵害的相对人,行政机关不依法发给抚恤金或者对其申请许可证照的请求不予答复的相对人。

二、行政相对人的法律地位

(一) 行政相对人的权利

行政相对人的法律地位具体体现为相对人的权利、义务。行政相对人在行政法上享有的权利,是宪法赋予当事人的基本权利在行政领域的具体化。相对人的权利与行政主体的义务相辅相成,即行政相对人的权利同时构成行政主体的义务。

根据我国有关法律、法规的规定和行政法理论,行政相对人在行政法律关系中大致有下列行政法上的权利:[①]

1. 参与权

行政相对人享有通过合法途径参加国家行政管理活动的权利,如通过信函、电子邮件、网上讨论以及座谈会、听证会、论证会等形式和途径参与行政法规、规章及行政措施的制定;参与国民经济和社会发展计划的讨论和提供建议、意见;参与与自身有利害关系的行政决定的形成和作出等。

2. 申请权

行政相对人有权依法向行政主体提出实现其法定权利的各种申请,如申请行政

---

① 参见方世荣:《论行政相对人》,中国政法大学出版社 2000 年版,第 79—107 页;姜明安主编:《行政法与行政诉讼法》(第六版),北京大学出版社、高等教育出版社 2015 年版,第 140—141 页;胡建淼:《行政法学》(第四版),法律出版社 2015 年版,第 110 页。

许可,申请取得抚恤金、补助金、救济金等行政给付,以及在合法权益受到侵犯时申请获得法律保护。

3. 知情权

行政相对人有权依法了解和获取行政主体的各种行政信息,包括各种规范性法律文件、会议决议、决定、制度、标准、程序规则以及与行政相对人本人有关的各种档案材料。

4. 正当程序权

行政相对人在行政主体作出与其自身权益有关,特别是不利的行为时,有权要求行政主体告知行为的根据,说明理由;有权陈述自己的意见、看法,提供有关证据材料,进行说明和申辩,必要时可要求为之举行听证。

5. 救济权

行政相对人认为行政主体作出的行政行为侵犯其合法权益时,有权依法申请复议,依法提起行政诉讼,对该行政行为所依据的有关规定(规章以下的规范性文件)有权依法向复议机关或有管辖权的法院一并提出审查的请求。此外,行政相对人在其合法权益被国家机关及其工作人员行使职权行为侵犯并造成损失时,有权依法请求国家赔偿或补偿。

6. 批评、建议权

行政相对人对行政主体及其工作人员实施的违法、不当的行政行为有权提出批评,并有权就如何改善行政主体的工作和提高行政管理质量提出建议、意见。

7. 申诉、控告、检举权

行政相对人对行政主体及其工作人员作出的对自己不公正的行政行为有权申诉,对行政主体及其工作人员的违法、失职的行为有权控告或检举。

8. 行政法上的其他权利

(二) 行政相对人的义务

没有无权利的义务,同样也没有无义务的权利。行政相对人在行政法上享有一定的权利,同时也必须履行行政法上的义务。行政相对人在行政法上的义务主要有以下内容:①

1. 服从行政管理的义务

在行政管理法律关系中,行政相对人的首要义务是服从行政管理,如遵守行政机关发布的行政法规、规章和其他规范性文件;执行行政命令、行政决定;履行行政法上的各项义务。如《防沙治沙法》第6条规定:"适用土地的单位和个人,有防止该土地沙化的义务。"

2. 协助公务的义务

行政相对人对行政主体及其工作人员执行公务的行为,有主动予以协助的义务,

---

① 参见胡建淼:《行政法学》(第四版),法律出版社2015年版,第110—111页;姜明安主编:《行政法与行政诉讼法》(第六版),北京大学出版社、高等教育出版社2015年版,第141—142页。

如配合公安机关维持社会秩序,协助人民警察追捕违法犯罪分子或抢救交通事故致伤人员,必要时为公务人员提供交通工具或执行公务所需的其他设施,如防洪、灭火器材等。如《防洪法》第6条规定:"任何单位和个人都有保护防洪工程设施和依法参加防汛抗洪的义务。"

3. 维护公益的义务

行政相对人有义务维护国家和社会公共利益。在国家和社会公共利益正受到或可能受到损害或威胁时,行政相对人因采取措施,尽可能防止或减少损害的发生。如《建筑法》第5条规定:"从事建筑活动应当遵守法律、法规,不得损害社会公共利益和他人的合法权益。"

4. 接受行政监督的义务

行政相对人在行政法律关系中,要接受行政主体依法实施的监督、检查、审查、检验、鉴定、登记、统计、审计,依法向行政主体提供情况、说明和报表、账册等有关材料。如《税收征收管理法》第56条规定:"纳税人、扣缴义务人必须接受税务机关依法进行的税务检查,如实反映情况,提供有关资料,不得拒绝、隐瞒。"

5. 提供真实信息的义务

行政相对人在向行政主体申请行政服务或接受行政监督时,向行政主体提供的各种信息资料应真实、准确,如其故意提供虚假信息,要为之承担相应的法律责任。如《行政许可法》第31条规定:申请人申请行政许可,应当如实向行政开馆提供有关材料和反映真实情况,并对其申请材料实质内容的真实性负责。

6. 遵守法定程序的义务

行政相对人无论是请求行政主体实施某种行为,还是应行政主体要求作出某种行为,都应遵守法律、法规规定的程序、手续、时限。如《税收征收管理法》第15—27、60—62条的规定。

7. 行政法上的其他义务

第四章
行政行为

第一节 行政行为概述

一、行政行为的内涵

(一) 行政行为的定义

所谓行政行为就是行政主体在行使行政权对公共事务进行管理的过程中所实施的能产生法律后果的行为。

这一概念包含以下几个方面的要素：

(1) 行政行为是行政主体所做的行为。在法国,行政法学者将行政行为这一概念从行政学中引入时,曾经就行政行为的确立标准产生过不同理解。有的学者主张从形式意义上确立行政行为的概念,即凡是具有国家行政权行使资格的机关、组织实施的行为都可以认为是行政行为,而无论其行为的内容和作用。有的学者则主张以行为的内容作为确立行政行为的标准,即凡是体现公共利益、维护公共秩序的行为都可以认为是行政行为,这是从行为的实质内容上来区分是否为行政行为。

在我国行政法的理论中,一般均强调行政行为首先应当是行政主体的行为,如果不具备行政主体资格,则不是行政行为,尽管其内容可能是反映社会公共利益的。这种理论标准的优点是,解决了"谁的行为不是行政行为"的问题。当然,在我国的行政法学理论中,行政主体包括国家行政机关以及法律、法规授权的组织。也就是说,在我国,只有拥有行政管理权的行政机关和法律、法规授权的组织所实施的行为才可能是行政行为。从这一点理解行政行为时,应当特别注意,在实践中,有一些不具有行政主体资格的组织,如社团或企业等,也在实施一些涉及公共利益的行为,这些行为不能认为是行政行为。如果这些组织在没有法律规定的情况下所做的行为影响到其他公民、法人或组织的权利,则将构成民事侵权。当然,在有些采用实质行政学说的国家,这些行为也纳入公法调整的对象。

(2) 行政行为是行政主体在行政管理过程中,实施行政权所为的行为。这是从行政行为发生领域的角度来把握行政行为的。在我国法律体系中,行政主体有各种不同的身份,比如行政机关在民法上具有法人资格,可以从事诸如买卖、租赁等民事行为,这些行为不发生行政法上的效力,因而不是行政行为。另一方面,作为行政主体的行政机关还可能作为行政管理的相对人参加行政诉讼,比如,税务局需要建造新的办公大楼,建房之前必须向规划部门申请批准,此时税务局就是规划部门的管理相对人,它的申请行为就不是行政行为;而作为受法律、法规、规章授权的组织,其一般情况下的身份不是行政主体,只有在法律、法规、规章授权的范围内的行为才可能是行政行为,其他行为不可能是行政行为。

(3)行政行为是能够产生法律后果的行为。这是从行为的后果角度来把握行政行为。所谓产生法律后果就是指对行政相对人的权利与义务发生影响,这些影响可能是直接的,也可能是间接的。只有行政机关处分被管理者的权利义务、设定或者改变被管理者的法律地位的行为才是行政行为,那些对被管理者的权利、义务不产生任何影响的行为不是法律意义上的行政行为。如果行政机关的行为对公民、法人或其他组织的权利、义务不发生任何影响,则该行为就不是行政行为,比如行政机关内部的研究、咨询等行为。行政行为产生法律后果并不意味着一定是合法的后果,也可能是违法后果,此时行政主体就应当承担违法责任。

此外,我们在对行政行为进行阐述的时候,还应当关注我国《行政诉讼法》对行政行为的规定。我国《行政诉讼法》第2条第1款规定:"公民、法人或者其他组织认为行政机关和行政机关工作人员的行政行为侵犯其合法权益,有权依照本法向人民法院提起诉讼。"该条是2014年《行政诉讼法》修改的重要条文之一,该款的修订是由"行政行为"取代原"具体行政行为"的表述。具体行政行为是相对于抽象行政行为的概念,实践中有些法院不愿受理行政案件,为"具体行政行为"设定标准,对应当受理的行政案件不予受理,客观上成为"立案难"的原因之一。结合《行政诉讼法》第12条关于行政诉讼受案范围的规定,第2条第1款中关于行政行为的内涵包括作为、不作为和事实行为。因此,对于《行政诉讼法》所规定的行政行为,需要从这样几个方面来理解:第一,《行政诉讼法》所规定的行政行为主要是从是否"可诉"的角度来界定的,目的是解决行政机关职权行为受司法监督的问题。第二,可诉行政行为并不包括行政机关制定的"规范性文件",虽然《行政诉讼法》将规范性文件纳入审查范围,但法院只是进行附带性审查,不对其作出判决。第三,行政行为既包括作为,也包括不作为。行政行为侵犯相对人合法权益,既可以由行政机关积极作为引起,也可以由行政机关消极不作为引起。《行政诉讼法》第12条第3、6、10项中规定的事项都涉及行政机关不作为侵犯合法权益。第四,可诉行政行为还包括事实行为。事实行为是行政主体实施的不产生法律拘束力但以影响或者改变事实状态为目的的行为,如行政调查、执法人员在执法中非法使用暴力手段等。只要事实行为造成公民合法权益侵害的,就具有可诉性。第五,行政行为包括行政机关签订、履行有关协议的行为。行政机关为了实现行政管理或者服务目的,可以与行政相对人签订协议。如果行政机关一方不依法履行或者未按照约定履行协议,行政相对人可以向法院提起行政诉讼。对此,《行政诉讼法》第12条第11项规定,"认为行政机关不依法履行、未按照约定履行或者违法变更、解除政府特许经营协议、土地房屋征收补偿等协议的",

由公民、法人或者其他组织向人民法院提起诉讼。①

(二) 行政行为与行政活动的关系

所谓行政活动是指在法定的职权范围之内,行政主体为实现行政目的所实施的具有国家组织管理职能性质的活动。政府为了履行政府职能,经过长期的实践,积累了大量的方法,而且随着社会的发展、行政科学的进步,行政活动的方式还可能进一步扩展和丰富。行政活动更多的是一个行政学上的概念,而行政行为是法学上的一个概念。两者有明显的联系,但也存在一定的区别。

1. 行政活动与行政行为的联系

行政行为是行政活动的一种方式。政府是人类发明的用于满足人们各种需要的工具。人们之所以需要政府,是为了公共秩序的需要,没有公共秩序,一切个人自由与权利都将无法实现;人们需要政府,是出于对公共安全的依赖,一个盗贼横行的社会,人们是无法安居乐业的;人们需要政府,也是为了营造和管理人们共同需要的生活、生产设施。一个得到人民信任的政府,总是千方百计地采取各种措施满足人们的这些需要,而能不能满足这些需要,又往往是政府能不能得到人民信任的最根本的标准。政府要运用公共财政建设大量的公用设施供人们使用,要对人们共同需要的物品作出生产上的安排,要采取各种组织、管理、指挥、协调的方法,实现公共秩序,必须组建警察队伍除暴安良,必须建立军队维护国家的主权与安全。而在实现这些目标的过程中,政府要采用大量的方法、措施,这些都可以看成是行政活动。比如要对城市建设作出合理的布局与规划;要建立完整的社会保障体系,使老有所养、穷有所助、弱有所扶、贫有所依。由于人们对于利益的不同诉求和主张以及个人或本团体或组织权利的天然敏感性,使得政府在实现这些目标的时候,总是会遇到各种阻力或者抵触。为了维护政府实现公众利益的权威性,就必须通过法律赋予政府某些活动的强制性,以国家强制力作为实现政府正当目的的保障,当政府在这些领域活动时,其活动就具有了法律后果,这种活动就是行政行为。因此,行政行为是行政活动的一种方式,是由法律维护其权威、保证其目的实现的一种活动。但并不是所有的政府活动都需要运用法律来保证其目的的实现,有些行政活动就没有必要赋予法律上的强制力。可以这样认为,行政行为是指政府根据法律规定所实施的能强制性地改变他人权利义务或者法律地位的一种行政活动。比如,特定的行政机关根据《宪法》《立法法》的规定,制定行政法规或者行政规章的活动;再如,行政机关依据法律授予的职权,受理公民、法人或其他组织的申请,依法批准其从事法律禁止的行为的活动。从以上分析可以看出,行政行为是行政活动的一种形式,但是,行政行为不是行政活动的全部。

政府活动的领域极为广泛,从摇篮到墓地都离不开政府,而在政府活动的几乎每一个领域,都有可能出现阻力与对抗,法律对于政府效力的保障就应当是全方位的。因此,只要有政府的地方,就有行政行为。可以说,行政行为是政府最为广泛的行政

---

① 参见全国人大常委会法制工作委员会行政法室编:《〈中华人民共和国行政诉讼法〉解读与适用》,法律出版社2015年版,第6—7页。

活动,在行政计划与行政规划、行政管制、行政给付等活动中,都广泛运用着行政行为。虽然如此,行政行为远不是行政活动的全部,几乎在所有行政领域,同时还存在着非行政行为的行政活动。

2. 非行政行为属性的行政活动与行政行为的区别

既然行政行为只是行政活动的一种方式,那么,除行政行为外,还有大量的其他行政活动方式,而行政行为对于行政机关之所以成为必要,就必然存在着与其他行政活动不同的特性。

首先,两者的动因不同。非行政行为属性的行政活动,是政府为了满足人们各方面需要而推动的。比如,在我国各级政府中存在着招商引资的各种活动,这种活动实际是各级政府为了满足人们不断增长的物质与精神需要而推动的。再如,政府对见义勇为行为的奖励,实际上是政府为了弘扬社会正气、形成良好的社会风尚而进行的;政府调解各种民间纠纷,是政府为了建立和形成和谐的社会氛围而实施的。而行政行为,往往是政府为了履行法律规定的职责而实施的,在法治国家,有一些领域的管理目标是政府必须达到的,不容政府有任何的懈怠行为,政府的懈怠必然意味着某些领域的混乱和无秩序,因此,不容政府自行裁量选择活动的方式和强度,而是通过法律明确规定政府活动的底线。在这些领域,政府活动的动因就不再基于要获得人们的信任或者仅仅是为了满足人们的需要,而是政府的法定职责。比如,《治安管理处罚法》列举了大量的危害社会秩序、侵犯他人权利的行为,对这些行为的禁止是一个有序社会所应当达到的基本目标,法律授予公安机关对实施这些行为的行为人予以制裁的权力,实际是赋予公安机关维护社会秩序的职责,如果公安机关怠于对这些违法行为进行取缔、实施制裁,则构成违法。所以,行政行为的发动力来自法律的规定。

其次,两者实施的领域不同。由于行政行为要对公民、法人或其他组织的权利义务进行处分,往往会引起公民、法人或其他组织权利的取得与丧失,或者导致其义务的形成、增加或免除,或者法律地位与状态的改变等,所以对政府实施行政行为的领域应当严加控制,只有在法律规定的范围内,政府才能通过行政行为的方式干预、影响他人权利与自由,这是法律保留原则的基本要义。所以,行政行为的作用领域是有限的,受到法律的制约。但是,其他行政活动则不同,几乎所有社会领域的事务,行政机关为了秩序的需要,都可以采取行政行为以外的其他方式进行引导、调解、规劝,以达到行政管理的目标,即便是可以通过行政行为干预的领域,政府也可以通过其他行政活动方式来达到管理目标,行政行为不是唯一选择。比如,法律规定家长有保障符合法定年龄的儿童接受教育的义务,但并没有强制规定适龄儿童有接受某种教育的义务,因此学生家长有权利选择自己孩子所受教育的内容和形式(只要教育的形式和内容不违法、不损害公共秩序)。当家长没有履行保障适龄儿童接受教育的义务时,政府完全有权力运用行政行为的方式对家长进行强制性干预;而当家长尽了这一义务时,即便政府认为家长的选择不符合教育的规律和现代教育的方向,也只能通过说服、引导的方法进行干预。在这种情况下,就不能通过行政行为的方式强制性地进行干预。可见,行政行为可以作用的领域是由法律规定的,而其他行政活动的范围要比行政行为作用的领域广泛得多。

最后,两者作用的方式和强度不同。由于法律规定行政行为可以作用的领域,是基于基本社会秩序和安全的考虑,如果基本秩序和安全得不到保障,就会引起社会的混乱和动荡,因此,法律在确定行政行为可以作用的领域时,同时赋予政府对这些领域的干预必须是强制的,相对人必须服从,否则将会导致国家强制力的行使,因而行政行为是强制的、不可违拗的。但在法律保留的领域,政府并不是一概不能干预,只是这种干预应当通过规劝、说服、调解、引导等非强制性的方法进行,而政府干预目标的实现,取决于相对人的自愿接受与认同。

二、行政行为的特征

(一) 单方性

即行政主体可以不经相对人同意,根据自己的主观意愿单方面决定实施行政行为,这一特征显然与一般的民事行为不同。行政主体可以不经对方同意,按照自己的意志对某个相对人实施行政行为,这一特征不仅在行政机关的主动行为中得以体现,比如行政处罚、行政强制、行政检查监督等,在行政主体的被动行为,即行政主体经相对人申请才能实施的行为中也能得到体现,比如行政许可等。一种观点认为,行政许可的行为应相对人的申请才能实施,因此是相对人的申请行为导致行政许可发生的,所以行政主体不具有单方性。我们认为,相对人的申请固然是行政主体实施被动行政行为的前提,但相对人的申请提出后,能否受理相对人的申请以及能否批准相对人的申请都取决于行政主体的单方意志,也就是说并不是行政相对人提出申请就可以获得许可,能否获得许可还需要行政主体根据法律赋予的职权和法律规定的条件来进行审查并最终作出决定。还应当注意,在双方行政行为中,又如何理解这种单方性呢?表面看来,诸如行政协议这样的双方行政行为是建立在双方合意的基础上的。但是,第一,认为行政协议是双方行政行为这一认识本身就是不能成立的,行政协议的名称给人一种感觉,似乎行政协议是行政主体与其他公民、法人或组织共同实施了行政协议这一行政行为,而事实上行政协议本身不是行政行为,而是行政机关实施某种行政行为后的结果,只能说行政主体与他人签订协议的行为是行政行为;第二,行政主体为了行政管理的需要,改变传统的强制命令式的方式,将有关公共利益的一些事务,用协议的方式加以明确。在这个过程中以及在协议签订后的履行中,行政主体始终处于主导地位,行政主体的意志仍然具有决定性意义。因此,行政主体与公民、法人或其他组织签订行政协议的行为仍然体现了行政行为的单方性。

强调行政行为的单方性,不是认同行政主体可以为所欲为。在法治背景下,行政主体的任何改变、处分他人权利或者改变他人法律地位的行为均应当有法律根据,是按照法律的规定实施的行为。与一般的民事行为不同的是,一般的民事行为往往受制于当事人之间的契约,而行政行为则不受被管理者的意志约束,只受法律的制约约束。行政行为的单方性,是行政诉讼中应当由被诉的行政机关承担举证责任的决定性的原因。

(二) 先行性

行政行为的先行性,也称为公定力、先定力、推定有效性,就是行政行为一经作出,就被推定为是合法有效的,被管理者应当履行其规定的义务,当然其赋予的权利也就成立,即不允许被管理者认为行政行为违法或不当而拖延履行。这是基于行政行为代表社会公共利益,如果被拖延履行就可能损害他人或公共利益,使行政管理的连续性受到影响,从而造成不必要的损失。先行性并不是不允许抗辩,而是抗辩不影响履行义务,这就是为什么《行政复议法》规定申请复议不停止行政行为的执行,《行政诉讼法》规定提起行政诉讼不停止行政行为的执行的理由。当然,在先行性问题上,抽象行政行为生效的时间与具体行政行为有所不同,具体行政行为往往是从行为成立之时开始生效,而抽象行政行为往往是在规定的生效时间到达后开始生效,但这一情况并不影响抽象行政行为的先行性,因为抽象行政行为生效后也有一个实质效力的判定问题,在被撤销前,其效力是确定的。

(三) 强制性

行政行为是行政机关代表国家所作的行为,是以国家强制力作为保障的,所以有强制性。强制性表现在:第一,行政主体在行政行为中所表达的意志是不允许相对人改变的,相对人只有履行的义务;第二,当相对人不履行行政主体的行政决定或者命令时,拥有行政强制执行权的行政主体可以依法实施强制执行,没有行政强制执行权的行政主体也可以申请人民法院强制执行;第三,如果不履行或者拖延履行行政行为规定的义务,将被要求承担法律责任,甚至可能受到国家强制力的制裁。

三、行政行为的内容和形式

(一) 行政行为的内容

行政行为的内容是指行政主体对被管理者权利义务的处分或者法律地位的设定与改变。这是行政行为的实质,实施行政行为的目的是为了实现行政管理的目标,实现政府对社会事务的组织、管理、指挥与协调,而这一功能的实现,必须靠行政主体对被管理者的权利和义务作出处分,或者对他人的法律地位予以确定或者改变。一个没有权利义务处分或者法律地位设定、改变的行为是没有实质意义的行为,也不会发生任何功能和作用,在法律上也就没有任何价值。

行政行为的内容,往往表现为以下几个方面:

(1) 赋予或限制、剥夺权利。前者是行政主体授予或者确认被管理者可以实施某种行为的资格,既可能是权利的从无到有,也可能是从小到大。这是行政行为最常见的内容。比如,工商机关颁发企业营业执照,就是赋予法人在营业执照规定的范围内从事经营活动的权利。后者则正好相反,是对当事人固有的权利或者法律拟制资格的限制或消灭。比如,对许可证的吊销。

(2) 科处或免除义务。科处义务是行政主体命令被管理者为或不为一定行为,前者称为作为义务,如税务机关要求当事人照章纳税,后者称为不作为义务,如环保部门要求当事人停止排放污染物;免除义务是行政机关对当事人应当履行的义务的免除,如税务机关对纳税人纳税义务的免除等。免除通常只针对作为义务,不作为义务的免除通常表现为行政许可。

(3) 证明或确立法律地位。行政行为在某些情况下往往是对当事人的地位、水平、资质的最权威的证明,比如,通过国家组织的四、六级英语考试,意味着取得了国家作出的英语水平的最权威证明,这种证明往往是当事人取得某些利益或资格的前提条件。结婚证书也具有这方面的功能,是对持有人婚姻状况的最权威证明。

(二) 行政行为的形式

行政行为的形式是指行政主体表达行政行为内容的外在物质载体。行政行为的内容形成之后,如果不以一定的形式表达出来,行政行为实际上就没有形成,则行政行为的效力就不会发生。科学意义上对于行政行为形式的要求是准确、清晰地表达行政行为的内容,即将行政主体对当事人权利义务的处分或法律地位的确立与改变准确、清晰地传达给当事人。而法律意义上的形式,是指行政主体应当以合法的形式将行政行为的内容传达给当事人。

行政主体表达行政行为内容的方式通常有以下几种:

(1) 口头形式。这是行政主体借助于语言来实现其行为意思的方式。如口头宣布命令,或者电话发布通知。这种形式的优点是简便、易行、直接、迅速;缺点是缺乏文字依据,发生争议时不易处理。所以,它仅适用于比较简单的行政行为,内容复杂、后果重大的行政行为则不宜采用。

(2) 书面形式。这是行政主体借助于文字来实现其行为意思的一种方式。如各种书面文件。这是行政行为最大量、最普遍、最常见的形式。按照法律要求,一般比较重大的行政行为都应采取书面形式。行政行为依法必须是书面形式,而未采取书面形式的,在许多情况下,应被视为不合法。某些法律、法规明确规定了实施行政行为的书面文件还应当具备一定的规格,对这些规格的违反,应视为形式瑕疵。

(3) 动作形式。这是行政主体借助于人的动作来进行意思表示的方式。最常见的是交通警察指挥交通的各种手势。

(4) 其他形式。主要包括光电信号、电子数据等。随着网络化时代的到来,网上政府、电子政务方兴未艾。这种方式的采取,在提高效率的同时,对传统的行政行为的形式也提出了相应的挑战,引发相对比较复杂的法律问题,比如电子文书的效力认证、电子签名的真实与安全问题等。

讨论行政行为的形式时,不能不注意默示问题。所谓默示,是指行政主体没有用上述任何一种形式来明确表达行政主体的意图,也没采用事实上的行为来对相关事务进行处分。这种状态在客观上造成的局面是使相对人无法明确行政主体的意图,从而使某些行政事务处在不确定状态。这种情况无论对公共利益、公共秩序,还是对特定的当事人而言,都是不利的。因此,默示行为并不是可以正常使用的方式,行政主体应当避免默示方式。但是,当行政主体出现沉默状态时,在法律上应当规定这种默示的法律后果。一般而言,当行政主体应当表示而没有表示的时候,应当作出对当事人有利的解释。因此,在不少国家的法律中规定,当申请人提出申请之后,如果行政主体在法定的或者合理的期限里没有表达其意图的,应当推定为行政主体没有拒绝申请人的申请。比如,《行政许可法》第32条规定,行政机关对申请人提出的申请材料不齐全或者不符合法定形式的,"应当当场或者在五日内一次告知申请人需要补正的全部内容,逾期不告知的,自收到申请材料之日起即为受理"。这就是一种典型的默示推定。

第二节 行政行为的分类

行政行为形态非常复杂,表现形式多种多样,因此对行政行为进行分类是极为重要的。通过不同的标准对行政行为进行划分,既是对行政行为进行理论研究的需要,同时对行政机关把握各种行政行为的条件、程序等,以及对法院针对不同种类行政行为进行司法审查的标准的把握也具有重要的意义。

一、抽象行政行为与具体行政行为

这一划分,是根据行政行为对象的不同所进行的。

抽象行政行为,是指行政主体以一类事、一类人为对象制定行政规范的行为。其特点是具有普遍拘束力,其效力向后(抽象行为本身另有规定的除外),而且可以多次反复地适用,抽象行政行为往往不会对公民、法人或其他组织的权利与义务发生直接影响,而只发生间接影响。例如,国务院制定行政法规的行为,就是一个抽象行政行为。再如,上海市人民政府发布规范性文件的行为,都是针对一类事或一类现象所作的具有广泛约束力的行为,因此都是抽象行政行为。在抽象行政行为中,又可以区分为行政立法行为和行政机关制定的一般的具有普遍约束力的规范性文件行为。

具体行政行为,是指行政主体针对特定的、具体事件所作的能直接改变被管理者权利与义务的行为。其特点是对象特定化、具体化,是对某一个具体的事件或者具体的人所作的处理,效力指向特定具体事件或者公民、法人或其他组织;具体行政行为往往是对已经存在的现象或情况作的处理,是向前发生效力的;特别是,具体行政行为对被管理者的权利义务产生直接影响。比如,公安机关对违反《治安管理处罚法》的人给予行政处罚,就是一个具体行政行为。

一般认为,抽象行政行为与具体行政行为有下列区别:

第一,两者的对象不同。这是两者划分的标准所在。抽象行政行为的对象是不特定的,也就是说,实施抽象行政行为的目的不是处理特定对象的具体权利义务,也不是改变特定对象的法律地位;而具体行政行为的对象则是特定的,就是为了处分、形成或者改变他人的权利义务或法律地位。由于特定与不特定是一个相对的概念,在有些领域是特定的,而在另外的领域,又可能是不特定的,对人特定的,对事可能不特定,反之亦然。因此,就对象是否特定的问题,有学者主张只要人或事一方面是特定的,就可以认为是对象特定,有学者认为必须是人和事都特定时才是具体行政行为,而有的学者则认为应当以对象是否可以统计作为是否特定的标准。

第二,两者的效力不同。这种不同又可以归纳为两个方面:首先,生效的方向不同,抽象行政行为向后生效,即只对该行为作出后的情况产生拘束力,一般没有溯及既往的效力;而具体行政行为则向前生效,即是对行为作出前的情况作出的处理和安排,是当事人此前的情形在法律上的后果。其次,是否具有反复适用的效力,抽象行政行为具有普遍约束力,可以多次被援引作为处分他人权利义务的依据,而具体行政行为只能发生一次效力,对被管理者的权利义务的处分或法律地位的改变一旦实现,其效力即归于消灭。

第三,两者的后果不同。抽象行政行为不直接改变被管理者的权利义务或法律地位,往往需要通过一个执行性的手段或措施(通常是具体行政行为)才能对被管理者产生影响,因而是间接地对被管理者产生影响;而具体行政行为是直接产生法律后果,即无须再通过任何手段或措施的作用,就会对被管理者产生实质的影响。

当然,抽象行政行为与具体行政行为也有联系:抽象行政行为往往是具体行政行为的依据,抽象行政行为对当事人的影响一般需要具体行政行为作为"中介"。

抽象行政行为与具体行政行为的划分是行政法理论对行政行为所作的一种最基本的划分,具有重要的法律意义。这两类行为在程序上有着明显的不同,由于抽象行政行为更多的功能是一种规则或规范,因此其程序主要围绕公平、公正而设计,类似于立法的程序;而具体行政行为着眼的是具体问题的解决,程序设计往往是以效率为中心。

应当指出,尽管抽象行政行为和具体行政行为的分类具有重要的法律意义,但是,这种划分在理论上还是不够成熟的,特别是两类行政行为的划分标准还不够科学,依据理论界现行的标准是很难将行政行为划分穷尽的。

二、羁束行政行为与自由裁量行政行为

这一划分是根据行政行为受法律约束程度不同所进行的。根据依法行政的原则,任何一个行政行为都要受到法律规范的约束,但是,法律对行政行为的约束程度却有不同,有的行政行为受法律的约束非常严格,而有的行政行为受法律约束的程度却要宽松一些。这两类行政行为的划分正是基于这种标准所进行的。

羁束行政行为是指法律规范对行政行为实施的条件、范围、方式、数额等有详细

明确的规定,行政主体必须严格按照法律规定实施的行为。其特点是:行政主体无法参与主观意志,没有任何选择的余地,法律怎样规定,行政主体就只能怎样执行。例如,税务机关征收各种税款的行为,就是一种典型的羁束行政行为,因为国家各种税法都详细地规定了税率,税务机关只能根据税率计算应当征缴的税款,不能出现偏差。

自由裁量行为是指行政法律规范对行为的条件、范围、方式、幅度的规定留有一定余地,或只规定了一定的范围和幅度甚至原则,行政主体可以在法定范围内或根据原则来具体斟酌、选择实施的行政行为。例如,法律规定行政拘留的天数是1日到15日,在这一幅度内由公安机关根据违法者违法的具体情节、社会危害程度等具体情况来确定拘留的天数。由于现代行政管理的内容日益复杂、丰富,行政主体需要根据实际情况灵活处置的情况越来越多,而且行政管理所涉及的专门知识和技术规范也越来越复杂,因此,法律在试图详尽地规定行政管理规则时越来越显得无能为力,更多的要赋予行政主体灵活处置的权利,这就导致在现代行政管理的过程中,行政主体的自由裁量权越来越广泛。同时,这种状况又带来一个重大课题,就是在充分赋予行政主体实施管理所必备的自由裁量权的同时,如何监督和控制行政裁量权过度膨胀和滥用。

区别羁束行为和自由裁量行为有重要法律意义,表现为对这两类行为的评价不同,羁束行为只发生违法与否的问题,不发生适当与否的问题。而自由裁量行为如果出现裁量偏轻、偏重或畸轻畸重,则属于不当或严重不当的行政行为,而非违法行政行为。

三、共同行政行为与单独行政行为

根据实施同一行政行为的行政主体的数目可将行政行为分为共同行政行为和单独行政行为。

共同行政行为是两个或两个以上行政主体以共同名义作出的行政行为。共同行政行为的内容往往同时涉及共同主体的职权范围,比如,甲、乙两个公安机关共同对某一违法行为作出处罚,就是共同的行政行为。因此,共同行政行为往往只发生在事权相同的行政主体之间,如公安机关之间、市场监督机关之间等,否则将有可能出现一个或数个行政主体超越事权行使行为的问题。比如,公安机关与市场监督机关共同对违法经营的企业予以处罚,公安机关就构成了越权,因为对企业违法经营,公安机关并没有处罚权。单独行政行为是一个行政主体以自己的名义独自作出行政行为。在多数情况下,行政主体在职权范围内都以自己的名义独自作出行政行为。

区分共同行政行为和单独行政行为的法律意义在于:对共同行政行为,参加共同行政行为的所有行政主体负共同责任。比如,在行政复议中,它们将是共同被申请人;在行政诉讼中,它们将作为共同被告;在行政赔偿中,它们是共同赔偿义务机关。而单独行政行为则由行为机关独立承担责任。

四、主动行政行为与被动行政行为

以行政行为是否由行政主体主动作出为标准,可将行政行为分为主动行政行为和被动行政行为。

主动行政行为是行政主体依据自己的职权,无须相对人请求便能主动作出并发生效力的行为。例如,行政处罚行为、行政征收行为等。主动行政行为体现了国家管理职能的特点。现代国家,由于对社会、经济等各方面干预增多,行政权力扩增,主动行政行为成为行政行为的重要部分。被动行政行为是行政主体只有在相对人请求的条件下方能作出的行政行为。例如,行政许可行为。

区分主动行政行为和被动行政行为的法律意义在于:一方面,对行政主体而言,行政行为须由相对人申请才能作出,行政主体主动作出行政行为,行为无效;对相对人而言,依据法律规定必须申请才能获得的权利或免除的义务,不依法定程序提出请求,就不能享受相应的权利,也不能免除相应的义务。另一方面,如果引起行政争议,行政相对人作为原告时提起行政诉讼的诉讼请求也不相同,主动行政行为引起的诉讼请求往往是撤销之诉、行政侵权赔偿之诉或确认之诉,而被动行政行为引起的往往是履行之诉,个别情况下可能出现确认之诉。

五、要式行政行为与略式行政行为

以法律是否对行政行为的形式作出明确规定为标准,可以将行政行为分为要式行政行为和略式行政行为。

要式行政行为是指法律对行政行为的形式作了明确的规定,行政主体必须按法律规定的形式实施的行为。比如,《行政处罚法》规定,行政处罚必须以书面方式作出。"书面"就成为行政处罚的法定形式,以其他方式作出的行政处罚决定,都是违反《行政处罚法》规定的。还有一种情况,有些法律对某一行为实施的形式作了若干种规定,行政机关可以在法律规定的数种形式中选择一种,这种行为仍然是要式行政行为,因为虽然行政主体有一定的选择权,但必须在法律规定的几种形式中选择,其行为方式还是受到法律制约的。比如,《行政许可法》第38条规定:"申请人的申请符合法定条件、标准的,行政机关应当依法作出准予行政许可的书面决定。"这一规定意味着行政许可行为的形式必须是书面的,但同时第39条又规定:"行政机关作出准予行政许可的决定,需要颁发行政许可证件的,应当向申请人颁发加盖本行政机关印章的下列行政许可证件:(一)许可证、执照或者其他许可证书;(二)资格证、资质证或者其他合格证书;(三)行政机关的批准文件或者证明文件;(四)法律、法规规定的其他行政许可证件。"这就意味着书面的行政许可证的具体形式可以是许可证、执照、资格证、资质证、行政机关的批准文件或者证明文件等,而且还允许特别法规定其他形式的书面行政许可证件。从这些规定可以看出,《行政许可法》首先要求许可证必须是书面的,至于是哪一种书面形式,由行政机关在许可证、执照、资格证、资质证、行政机关的批准文件或者证明文件中甚至法律、法规规定的其他形式中加以选择。由于法律对行政机关选择许可形式是有限制的,因此,行政许可行为还是要式行政行为。

略式行政行为是指法律没有对行政行为的形式作出明确规定,采用何种形式由行政主体自由选择的行政行为。对于略式行政行为,行政主体对行为形式的选择,不存在违法问题。但是,就正当性而言,行政主体对行为形式的选择应当符合清楚、明确地表达其对当事人权利义务的处分以及法律地位设定与变更的内容,使当事人清楚明确地领会行政主体的意图。

区分要式行政行为与略式行政行为的意义在于:对两类行为是否合法的判定标准不同。对要式行政行为,行政行为的形式必须符合法定标准,否则构成形式违法,而形式违法是程序违法的一种表现,构成行政行为被撤销的理由;对略式行政行为,行政主体可以灵活选择行为方式,不存在因为形式选择错误而构成程序违法的情况。

第三节 行政行为的成立、生效与合法要件

一、行政行为的成立要件

(一) 含义

行政行为的成立要件是指行政行为的作出或者形成所应当具备的条件。正如一个有型产品,需要各种结构或对材料的合理组合才能形成一样,行政行为也应当由各种要件构成,缺乏必要的要件,行政行为便没有形成、没有成立。行政行为的成立是其发生效力的前提,行政行为如果还没有形成就谈不上发生效力。因此,要研究行政行为,就必须从行政行为的起点,即行政行为的成立开始,揭示和归纳行政行为形成所应当具备的条件。

(二) 内容

行政行为的成立所应当具备的条件,可以从三个方面把握:

(1) 主体要件。即行政行为应当由一个组织作出,没有行为者很难想象可以作出一个行政行为。根据形式行政的行政行为理论,行政行为必须是行政主体,也就是行政机关或者法律、法规、规章授权的组织作出的。这一表述意味着,非行政主体作出的行为,即便其实质内容是涉及公共事务或公共利益的,也不能认为形成了一个行政行为。有一个问题应当特别注意,行政行为是一个组织行为,而组织行为必须依靠其组织成员实施,因此,什么身份的人员实施的行为,是关系到行政行为是否成立的重要因素。一个没有得到行政主体授权的人员实施的行为,不应当认为行政行为已经形成,除非得到行政主体的事后追认。这就要求行政主体的工作人员在代表行政

主体实施行政行为时表明身份、说明自己所代表的机关,还应出示自己的身份证明以及得到行政主体授权的证明。如果是非行政主体工作人员受行政主体的委托实施行政行为,必须出示合格的委托书。

有一种观点认为,行政行为成立的要件之一是必须有合法的主体。我们认为,就行政行为的成立而言,出现行政主体就应当认为具备了行政行为成立的主体要件,至于主体合法与否,则是行政行为是否合法应当具备的条件之一。

从我国行政主体实施行政行为的实践看,从主体要件角度判断行政行为是否成立的一个最重要的特征是行为者有无出示加盖本机关印章的文书。

(2) 内容要件。即行政主体应当通过一定的方式对被管理者的权利与义务作出处分,即行政主体要对被管理者的权利与义务作出改变,如果没有这种处分,实际是没有意义的。理解这一要件时,应当注意:第一,有时行政主体不是直接处分某一个特定的人的权利与义务,而是针对某一具体的事件作出处理,但无论对人还是对事,归根结底是对人的权利与义务的影响;第二,有时行政主体似乎并没有改变相对人的权利与义务,只是对行政相对人权利与义务的一种认定,但如果这种认定直接涉及相对人的某种权利的实现,则同样构成行政行为。例如,法人之间就不动产的抵押达成协议,依法到房地产管理部门申请办理抵押登记手续,房地产管理部门依法予以登记。表面看来,形成法人之间抵押权利与义务的,似乎是法人之间的契约,是双方当事人处分自己民事权利的结果,但是,由于经过房地产管理部门的登记是契约生效的前提,不经登记的抵押实际是无效的,因此,房地产管理部门核准登记的行为仍然是行政行为。

把握行政行为构成的内容要件,具有极为重要的意义。实践中,经常会出现一些"假行政行为",即这些行为,具备了主体要件,也具备了形式要件,但这一行为实际没有任何对他人权利与义务或者法律地位予以处分的实质,因而也就没有任何法律意义。例如,某教育行政机关在接到辖区内某民办小学关于撤销其现任校长职务的函告后,局长在函件上批示:"同意某某小学撤销某某校长职务",该机关对这一批示加盖本机关印章后将此函发还该民办小学,遭到被撤职校长的起诉。法院受理此案后查明,《民办教育促进法实施条例》只规定民办学校任命校长需要经过教育主管机关批准,没有规定撤销校长需要得到教育主管机关的批准。据此,法院判决撤销该教育局的批准行为。本案中,教育行政机关对学校撤销校长的批准行为,就是一个典型的"假行政行为",没有,也不可能有任何法律意义,因为导致那位校长被撤职后果的,不是教育行政机关的行为,而是学校的撤销行为,法院实际是撤销了一个没有任何法律意义的行为。

(3) 形式要件。即行政主体必须在客观上有行使行政职权或职责的行为,并且这种行为应当已经或者必然地要对公民、法人或其他组织的权利与义务发生影响,导致某一法律关系的形成、变更和消灭。根据法律的原理,行政行为应当以符合法律规定的形式表达出来,这种形式要么是书面的,要么是口头的,当然,在实行电子政务的过程中还可能是以电子方式表达出来的。但有两个问题应当引起注意:第一,行政主体未按法律规定的形式作出行政行为,而是选择了错误的形式;第二,行政主体没有采用任何表达意图的形式,直接实施或执行行政行为,这种情况在紧急状态中还是存在的。这两种情况,都应当认为行政行为已经成立。因为行政行为的成立环节,把握的是行政行为是否已经存在,对行政行为是否合法则不是在这一环节应当注意的问题。

研究行政行为的成立要件,具有非常重要的意义。第一,行政行为的效力是从行政行为的成立时开始,因此,只要具备成立要件,在相对人受领以后行政行为就开始生效;第二,行政行为的成立,并不意味着行政行为合法,是否合法要看行政行为是否具备合法要件,这是后面我们要研究的问题。但是,如果行政行为成立以后,相对人不按照法定程序提出异议(如行政复议、行政诉讼),就将永远失去对行政行为的抗辩权。

二、行政行为的生效要件

(一) 含义

行政行为的生效要件是指行政行为发生效力的条件。

行政行为成立以后,必须通过一定的程序和具备一定的条件才能对外发生法律效力。虽然行政行为具有先行性,但是,其从作出到发生效力还是要通过一定的程序并具备一定的条件,否则行政行为的约束力将不会产生。

(二) 具体行政行为的生效要件

具体行政行为的生效,一般应当具备告知和受领两个条件。而由于行政主体告知方式的不同,当事人受领的方式也有所不同。

(1) 告知。即行政主体通过一定的方式将具体行政行为的内容告知相对人以及其他相关的人员。在具体行政行为中,行政主体应当根据事实与法律,对相对人的权利或者义务作出处理,但这种处理如果没有按照一定的程序告知相对人,在相对人不知悉的情况下,相对人不可能,也不能要求其履行义务或者行使权利,因而行政行为也就不可能开始发生效力。行政主体告知具体行政行为的方式有很多,有口头告知的,有书面告知的,还有公告告知的。如果法律规定实施行为告知方式的,应当符合这种方式,否则将构成违法,如果法律没有规定告知方式的,则行政主体可以选择告知的具体方式,以当事人明确领会行政主体的意思为原则。

一个值得注意的问题是,在推行电子政务后,而且有关法律也已经明确规定可以用电子方式实施行为,比如《行政许可法》规定,行政许可申请可以通过信函、电报、电传、传真、电子数据交换和电子邮件等方式提出。既然申请人可以通过电子方式提出许可申请,那么,行政主体通过电子方式的答复或其他对应行为是否应当作为告知的一种合法的方式呢?我们的意见是肯定的。

(2) 受领。即相对人领会和接受了具体行政行为的内容。如果相对人没有接受和领会行政主体通过具体行政行为所表达的意愿,当然不可能要求其履行具体行政行为,具体行政行为当然不应该发生效力,所以,要使具体行政行为生效,就必须经过受领的环节。

相对人受领具体行政行为的方式也是多种多样的,随具体行政行为主体告知方式的不同而不同。具体如下:如果行政主体用口头的方式告知,且是当场告知的,告知即为受领;如果书面告知,则以相对人在文书送达回执上签字为受领;如果是留置书面文书送达的,则以证人或基层组织的签字证明为受领;如果是公告告知的,则以告知期限届满为受领。当然,可能还有一些法律规定的特别的告知方式,受领的方式也就比较特别。

一般而言,具体行政行为在当事人受领后,就可以发生效力,但也有某些具体行政行为,还需要具备一定条件才能生效,这种情况称为附条件生效的具体行政行为。

(三) 抽象行政行为的生效要件

抽象行政行为与具体行政行为生效的方式并无本质上的不同,都应当经过告知与受领两个环节。抽象行政行为的告知一般称为发布,其生效是以发布的期限或者法律规定的期限是否到达作为受领的标志。这一问题,我们将在"行政规范"一章中加以阐述。

三、行政行为的合法要件

(一) 含义

行政行为的合法要件是指行政行为合法所应当具备的各种条件。

行政行为成立以后,并不意味着行政行为就一定是合法的,尽管在相对人受领后已经生效,但这是基于行政行为的公定力而作出的一种推定。因此,并非所有行政行为都能产生实质效力。行政行为只有符合一定的条件,才能产生行政法律关系当事人双方或一方预期的效果,才是合法的。这就是行政行为实质效力的要件。

(二) 内容

(1) 主体合法。合法的行政行为必须是合法的主体实施的。对于这一问题,应当注意行政行为成立环节对主体问题的把握。在成立环节中,强调的是只有行政主体的行为才是行政行为,也只有出现了行政主体,才可能成立一个行政行为。而在行政行为是否合法的环节上,强调的却是合法的行政行为对行政主体的要求,即只有适格的行政主体实施的行为才是合法的。比如,公安部门作出吊销某企业的营业执照的行政处罚决定并按法律程序送达,从行为成立的角度,这一行政处罚行为依法成立并且生效,但由于公安机关超越了职责权限,因而,从行政行为合法的角度判断,这是一个违法的行政行为。还有一个问题值得注意,即行政机关行政主体资格的获得与授权性组织不同。行政机关是专事国家行政管理职能的组织,因此,只要依法成立即享有行政主体资格。授权性组织有其自身业务范围,其行政主体资格的获得来源于法律、法规、规章的授权,在法律、法规、规章的授权范围内是授权性组织,享有行政主体资格;在法律、法规、规章授权范围外就不是授权性组织,不享有行政主体资格。授权性组织在法律、法规、规章授权的管辖范围以外,行使法律、法规、规章没有授权的行为,如果没有事先的约定或者当事人的认可,则是一个普通的民事侵权行为,而不是一个不合法的行政行为。比如,高等院校具有授予学位的法律授权,但如果高等院校对学生实施了所谓的罚款,则这一行为不是行政行为的违法问题,而是是否构成民事侵权的问题,因为在授予学位的领域以外,高等院校并没有获得法律授权,其行为不是行政行为。

在行政诉讼中,对行政主体是否合法的审查,称为职权审查,即法院审查行政主体实施被诉行为的身份是否合法。

(2) 权限合法。每一个行政主体所享有的权利都是有一定的限度的,法律在赋予行政主体行政权时,往往同时规定行政权行使的范围和幅度,行政主体实施行政行为,必须在法律规定的权限范围以内,超出权限范围所实施的行为是违法行为。

行政权限的大小,往往是由法律对行政主体的分工、地域、时间、手段、数额等因素的规定所决定的。

(3) 内容合法。即行政行为内容符合法律的规定,这有两方面的要求:一方面指行政行为中赋予相对人的权利和要求相对人履行的义务应当有法律根据,不能违法赋予权利,也不能在没有法律规定的情况下要求履行义务;另一方面当然也不能没有法律根据形成、改变或者消灭当事人的法律地位。

在行政诉讼中,内容是否合法的审查,被作为适用法律、法规是否正确的问题对待。在成文法国家,根据法律保留和法律优位的原则,没有法律根据,行政主体不得科处义务,不得剥夺或限制权利,而在有法律规定的情况下,应当根据法律规定的条件和范围适用法律,对当事人的权利与义务进行处分。正确地适用法律、法规,还包括严格按照法律规范的适用规则来适用法律规范。

(4) 程序合法。程序合法包括行政行为的过程符合法律规定和行政行为的方式符合法律规定。程序合法要求行政主体按法定的步骤和程序实施行政行为;对法律要求有特定方式的要式行为,行政主体还必须依照法律规定的方式,否则也属程序违法,对于法律没有特别形式要求的,行政主体可采取各种方式。行政行为还必须按照法律规定的顺序实施各种阶段的活动,比如应当先调查,后取证,而不是相反;法律规定了实施某项行为的期限的,还应遵守法定期限,即便是法律没有规定期限的,也应当在尽量合理的期限内完成行政行为。

行政行为程序合法,是行政行为合法的必要条件,程序不合法直接构成行政行为违法,而不论其实体内容如何。在行政诉讼中,程序违法构成行政行为被撤销的理由。

研究行政行为合法要件的重要性是显而易见的。依法行政的首要精神就是要求行政主体的行为符合法律规定,行政行为是否合法是关系到行政管理活动是否做到依法行政的决定性因素,行政主体应当按照上述要求自觉地约束自己的行政行为;在行政复议和行政诉讼中,复议机关和法院也主要是根据这些条件对行政行为进行全面审查,对不符合上述条件的行政行为将加以撤销;如果行政行为违反以上要求的任何一方面,行政行为就是违法的,在导致相对人合法权利遭受实际侵害时,应当承担国家赔偿责任。

第四节　行政行为的效力

一、行政行为效力的含义及内容

(一) 含义

行政行为的效力是指行政行为生效后在法律上的后果。由于行政行为是行政主体行使国家权力所实施的行为,因此其一经成立并按法定程序生效,就具有以国家强制力作为保障的效力,无论是对行政主体还是对相对人以及其他组织、人员等都具有约束力。这种约束力通常表现为拘束力、确定力和执行力。

行政行为的效力可分为实质效力和形式效力。实质效力是指行政行为只有符合其合法性的条件,才能产生法律效力。形式效力是指行政行为在其是否合法、适当被确认前,在形式上应推定有效。当行政行为被确认为合法、适当时,形式效力即为实质效力;当行政行为被确认为违法或不当时,形式效力全部或部分向前丧失效力,恢复到行政行为实施前的状态,视为没有发生行政行为。

(二) 内容

(1) 拘束力。行政行为的拘束力,是指行政行为一经生效,就对有关当事人具有约束的效力。有关当事人不服从或违反行政行为,则须承担相应的法律后果。拘束力表现在:第一,对行政主体的拘束力。规范性行政行为对所有作为规范性文件的执行者的行政主体发生拘束力,行政主体必须根据相应的规范性文件作出具体行政行为,否则将承担相应的法律后果。就具体行政行为而言,行政主体也应当受自己实施的行政行为的拘束,不能只要求相对人受行政行为的拘束。比如,工商行政管理部门颁发了营业执照,就应当对权利人在营业执照规定的范围内的经营权利予以尊重,不得干预其合法经营的权利,在有效期到达前,除具备法定理由、经过法定程序外,不得剥夺其经营权。第二,对相对人的拘束力。就规范性行政行为而言,相对人必须遵守规范性行政行为;就具体行政行为而言,具体行政行为本身即为相对人所设定,对相对人产生拘束力。相对人如为特定,原则上具体行政行为仅对特定相对人发生效力,拘束力不得转移至其他人,只有少数允许相对人变更的情况例外。相对人如为不特定的利害关系人,则根据行政行为内容,行为效力归属的不特定的利害关系人,均应受其约束。第三,对其他组织、人员的拘束力。行政行为是行政主体对公共事务进行管理的过程中所实施的产生法律后果的行为,即便是具体行政行为,其效力是否得到尊重,有时也关系到社会公共利益。因此,在其被法定程序撤销之前,其他一切机关或组织、人员等也要受其拘束。比如,法院在对民事案件进行审理时,如果当事人提交了行政机关的决定或者其他形式的行政行为,则法院不宜以审查普通证据的规则和方式进行质证,因为行政行为其实与法院的判决一样,在被撤销之前,必须认可其效力,受其拘束。

(2) 确定力。行政行为的确定力,是指行政行为一经作出,非依法定理由和程序,不得变动的效力。它可以分为形式上的确定力和实质上的确定力。行政行为的内容一经生效后具有相对稳定性,无法定理由,不经过法定程序不能随意改变或撤销。行政规范行为非经特定程序,除特别需要予以撤销或修改,或制定新的规范性文件外,其效力一直不变。具体行政行为的内容确定后,行政主体不能随意改变其内容或再就同一事项作出不同的决定;相对人不能自行否认行政行为的内容和随意理解行政行为的内容。

在我国行政管理的实践中,行政机关经常出现变动或撤销已作出的行政决定的情形,这实际是对行政行为确定力的不尊重,不符合信赖保护原则。即便符合法定条件,其撤销与变更也要符合法定程序。如果是因为违法原因被撤销的,对当事人所造成的损失,应当按照法律规定给予赔偿;如果是基于合法的原因被撤销或变更的,对当事人造成的损失,也应当给予补偿。

(3) 执行力。行政行为的执行力,是指行政行为具有的依法采用一定手段使行为的内容得以实现的效力。行政行为有须执行和不须执行之分,如果行政行为是赋予相对人某种权利的,该种行政行为不须执行,但当事人可以实际行使行政行为赋予的权利。如果行政行为是科以相对人义务的,相对人应当按照行政行为的要求履行义务,相对人不履行义务的,则行政主体可依法直接强制执行,或申请人民法院强制执行。

二、行政行为的变更

行政行为一经成立,就不应当随意加以变更,任意变更行政行为,首先会使被管理者的权利义务处于不确定状态;其次,将可能对公共秩序造成损害,而且也会使行政主体的诚信受到损伤。但是,这不等于说行政行为绝对不能变更。在符合法定条件的情况下,法定机关可以通过法定程序变更行政行为,使其更切合实际情况,更具有正当性。当然,法律应当对行政行为变更的条件和程序以及变更后的后果作出更为明确的规定。

(一) 含义

行政行为的变更,是指在行政行为作出以后、消灭之前,法定机关按照法定程序改变不当行政行为内容的活动。

行政行为的变更只能发生于行政行为作出之后,也就是在行政行为被当事人受领之后。如果行政机关已经告知,则应当视告知方式的不同而判断是否有变更的可能。第一,如果采用口头告知,由于口头告知是行政主体在当事人在场的情况下的直接告知,告知即为受领,在这种情况下,就可能产生行政行为的变更问题,认为行政行为的内容不妥的可以进行变更。第二,如果采用书面告知、当事人签收受领的方式,则在当事人签收前,不存在变更的问题,认为不妥的可以收回重做。只有在当事人签收之后才有变更的可能。第三,如果采用公告送达的方式,则期限到达前,不存在变更问题,如有不妥,可以调整后重新公告,但期限应当重新计算。只有在期限到达、行政行为已经生效后,才有可能变更。

行政行为的变更只能发生于行政行为效力消灭之前。行政行为生效后,由于撤销、履行完毕、情况变化而废止、客体消灭、权利或义务主体的消失等原因,将会使行政行为的效力消灭,如果已经发生了上述情况,将意味着行政行为不会产生任何效力,行政主体基于此行政行为要达到的管理目标已经实现或者根本无法实现,自然也就不会产生变更的可能性。

(二) 行政行为变更的原因和行政行为的可变范围

1. 原因

导致行政行为变更的原因只能是行政行为的不适当,也就是行政主体运用裁量权不当而导致行政行为出现瑕疵。

首先,羁束的行政行为不存在变更的问题。由于法律对这类行为实施的具体条件、内容、方式、手段等作了非常明确而严格的规定,符合这些规定的,是合法的行政行为,而不符合这些规定的,就属于违法的行政行为,应当予以撤销,并且追究实施了这种行为的行政机关的法律责任。

其次,超越裁量幅度的行政行为也不存在变更的问题。裁量权不是毫无边际的,尽管基于技术、经验、情势变迁等原因,使得立法者不得不给予行政机关灵活机变的裁量权,但法律从来不允许行政机关恣意妄为,因此,裁量权也是受到法律控制的。超越裁量幅度、裁量情节实施的行为,是违法行政行为,也是应当被撤销的。比如,公安机关依据《治安管理处罚法》处以 10000 元罚款,就是一个应当被撤销的行政处罚,因为《治安管理处罚法》规定的最高罚款额度是 5000 元以下。对这种行为,公安机关不应当只简单地将罚款数额"变更"到 5000 元以下,而应当将原行为加以撤销后重做。

最后,构成法定变更理由的应当是行政行为的显失公正,对于只是存在裁量瑕疵的行为,如果行政主体在认为变更不会引起公共秩序混乱,或更有利于当事人的情况时,可以予以变更,但构成必须变更原因的应当是裁量权明显不当。

2. 行政行为的可变范围

把握行政行为的可变范围,应当将行政行为作为一个整体对待,从行政行为的构成中加以分析。在成文法国家,法治原则下的完整的行政行为构成状态是:事实—法律—结果。即：行政主体应当在清楚明确地了解事实、掌握确凿证据之后，准确地依据法律规定，按照法律规定的程序，对行政事务作出正确的处理。在这三大要素中，事实与法律问题均不存在变更的问题，只有对行政行为的处理结果不适当，才有可能被变更。

首先，事实不清，或认定事实不正确，构成行政行为被撤销。从理论上说，事实与法律的关系相当于形式逻辑中的大小前提的关系，事实是大前提，法律是小前提，只有在大前提和小前提的共同作用中，才可能形成一个正确的、符合逻辑的结论——行政机关的处理结果。因此，当事实不清或者行政机关认定事实错误时，所导致的结果就是不可能正确地适用法律法规，其结果也就不可能是合法的。因此，事实是否清楚、证据是否确凿，实际是一个法律问题，关系到行政行为是否合法。当行政主体基于错误的事实作出行政行为时，该行为一定是违法的，不是可以通过修改事实根据，使行政行为合法化的。

其次，行政行为适用法律、法规，也不是可以变更的范围。适用法律、法规错误，同样构成行政行为被撤销。比如，公安机关原来依据《治安管理处罚法》的某条规定实施了处罚，在处罚决定送达后，认为不应当适用该条款，而应当适用另一个条款，公安机关应当更改适用的条款。我们认为，这种情况实际已经构成了行政行为被撤销后的重做，而不是变更。

认识行政行为绝不能只看行政主体对某一行政事务的处理结果，不能认为只要处理结果正确，无论是基于什么事实，或者依据什么法律，都是应当接受的。在《行政诉讼法》中，明确将事实不清、证据不足以及适用法律、法规错误作为撤销行政行为的法定理由。尽管这是司法审查的标准，但行政行为只有符合了司法审查标准，才是一个真正合法的行为，也才是符合行政法治原则的根本要义的。

（三）行政行为变更的程序

（1）作出行政行为的行政主体的变更。根据行政行为确定力的原理，作出行政行为的行政主体不应当频繁地变更自己作出的行政行为。但是，就我国行政机关的实际情况而言，如果行政主体认为自己的行政行为不适当并且有必要进行变更，从而主动予以变更的，是值得肯定的。这就需要在行政主体"知错就改"和维护行政行为的确定力之间建立一种平衡，而达到这种平衡的途径，可以从规范行政主体变更自己行政行为的程序入手，起码，行政主体变更自己的行政行为，应当与实施这一行政行为的程序保持同一。

（2）上级行政机关在法制监督过程中，变更行政行为。就理论层面而言，我国行政机关实行上级行政机关领导下级行政机关、下级行政机关服从上级行政机关的领导和指挥、上级行政机关对下级行政机关担负着业务指导和监督的职能，这是我国行政法制监督的重要内容。因此，当下级行政机关的行政行为有不当情况时，上级机关有权对下级机关的行为予以变更。就法律根据层面而言，《宪法》第89条规定，国务院有权"改变或者撤销各部、各委员会发布的不适当的命令、指示和规章，改变或者撤销地方各级国家行政机关的不适当的决定和命令";第108条规定,"县级以上的地方各级人民政府领导所属各工作部门和下级人民政府的工作,有权改变或者撤销所属各工作部门和下级人民政府的不适当的决定"。

(3) 行政复议机关对被复议的行政行为的变更。《行政复议法》第28条第1款第3项规定,复议机关对"明显不当"的具体行政行为,可以决定变更。

(4) 法院在行政诉讼中对被诉的行政行为的变更。根据《行政诉讼法》第54条的规定,对"显失公正"的行政处罚,可以判决变更。当然,这种变更只能针对行政处罚,法律没有授予法院完全的司法变更权。不过,近年来已经有学者提出应当赋予法院充分的变更权。

三、行政行为效力的消灭

行政行为成立并经过告知受领的程序之后,将会发生前文所述的各种效力。由于各种原因,生效后的行政行为的效力将会消失,不再具有约束力。导致行政行为效力消失的情形主要包括:

(一) 行政行为的撤回

行政行为的撤回,是指行政主体主动收回自己作出的行政行为。

1. 行政行为撤回的原因

(1) 行政主体发现自己的行政行为违法或不当,是行政主体的自我纠错行为。

(2) 行政主体认为由于当事人的某些情况,致使行政行为不应当再发生效力,从而予以撤回。对于某些行政行为,特别是设定当事人权利的行为,当当事人没有行使这些权利时,行政主体有权撤回这些行政行为。比如,在市场监督管理中,如果获得营业执照的企业,没有实际从事经营活动,又没有办理年检手续的,市场监督管理局有权"注销"其营业执照,这里的注销实际是一种营业许可的撤回。再如,在取得国有土地使用许可证之后,如果超过两年没有实际开发利用,则土地管理部门有权收回国有土地使用许可证。

(3) 行政主体认为当事人实施了违法行为,根据法律规定,撤回行政行为,使原赋予当事人的权利归于消灭。这种情况实际属于行政处罚。比如,市场监督管理局认为某取得营业执照的企业存在违法行为,依法吊销其营业执照。这里的吊销实际就是营业执照的收回,目的在于消灭其经营的资格。

(4) 当事人以欺骗、贿赂等不正当手段使行政主体作出行政行为,当行政主体明了事实真相后,撤回自己的行政行为。比如,《行政许可法》第69条第2款规定,"被许可人以欺骗、贿赂等不正当手段取得行政许可的,应当予以撤销"。尽管《行政许可法》中使用的是撤销的表述,但这种情况与下面要讨论的行政行为的撤销着明显的区别,我们认为,这里的撤销实际是行政主体对自己行为的撤回。类似的情况还可能发生在征收免除领域。当事人通过提供错误的材料等手段,使行政主体作出了减免征收费用的决定。针对这种情况,行政主体有权撤回减免决定。在这种情况下,当事人获得的利益不受保护。

还有一种情况,由于行政主体本身的工作失误,没有严格按照法律规定的条件进行审查,在不符合法律规定的情况下,实施了行政行为,而在事实真相明了后,消灭了行政行为。这种情况应当认为是行政行为的撤销,因为其原因可以归为违法实施了行政行为。

2. 行政行为撤回的规则

行政行为具有确定力的效力,已经作出的行政行为不能随意加以撤回。但是,在出现上述情况时,如继续保持行政行为的效力,将不符合公共利益,因此应当撤回。只是我国尚缺乏规范行政主体撤回行政行为的程序性规则。我们认为,在行政主体撤回行政行为时,应当坚持程序同一原则。即原行政行为是通过什么程序实施的,撤回行政行为也应当遵循这一程序。

3. 行政行为撤回的法律后果

由于撤回行政行为的原因很多,不同情况下的撤回,其后果也有所不同。第一,因为第一个原因撤回的,行政主体应当负责将当事人的权利义务状态恢复到没有作出行政行为之前的状态,如果不能恢复,并且已经造成当事人权利受到损害的,应当主动予以赔偿;第二,因为第二个原因撤回的,一方面,行政行为的效力自此消灭,任何人不得再主张其效力,但另一方面,在未被撤回之前取得的利益,应当得到认可;第三,因行政处罚而消灭行政行为效力的,不但原行为的效力从此丧失,因违法行为获得的利益还应当追缴;第四,以欺骗、贿赂等不正当手段使行政主体作出行政行为的,不但行政行为的效力一定要予以消灭,其所获得的利益不受法律保护,行政主体或者其他国家机关还有权进一步追究当事人的法律责任。

(二) 行政行为的撤销

行政行为的撤销,是指有权机关针对违法或明显不当的行政行为,取消其效力的过程。

1. 行政行为撤销的原因

行政行为撤销的原因是行政行为违法或明显不当,这是行政行为撤销与其他行政行为效力消灭情形的最大区别。首先,前文已经阐述了行政行为撤回的原因,虽然其中也包括行政行为违法或不当,但这是行政主体自己发现后的主动纠错行为,而行政行为的撤销则主要是基于当事人的申请。当然,在行政法制监督环节,也有上级机关对下级机关的撤销,但就行为机关而言,也还是被动的。因此,行政行为的撤销实际是一个依申请的行为。其次,在行政行为的废止中,废止的原因是由于情况发生了变化,行政行为不可能或不宜持续,并不是行政行为本身存在问题。

2. 行政行为撤销的程序

当行政行为出现违法或明显不当,根据当事人依法提出撤销请求的途径或程序的不同,撤销行政行为的程序有着很大的不同。

(1) 在行政复议中,由复议机关依《行政复议法》所规定的程序予以撤销;
(2) 在行政诉讼中,由法院依《行政诉讼法》所规定的程序予以撤销。

对抽象行政行为,撤销的程序则更为复杂。这些我们将在"行政规范"一章中加以阐述。

实践中,还存在通过信访途径撤销行政行为的情况。我们认为,作为我国一项有特色的制度,信访在公民权利救济、行政权的监督方面,事实上发挥着不容忽视的作用。但我们同时认为,在信访程序中,不宜直接撤销行政行为。如果在信访途径中发现了违法行政行为,应当通过前面所述的途径加以撤销。当然,对一个超过复议或者诉讼时效的违法行政行为,只能通过法制监督途径加以解决。

3. 行政行为撤销的后果

行政行为被撤销后的法律后果主要有以下几个方面:

(1) 被撤销的行政行为自作出之日起无效,即撤销是有溯及力的,无效的状态追溯至自行为实施之日,而不是被撤销之日起。

(2) 行政行为被撤销后,行政主体有义务将行政管理事务的状态恢复到没有实施行政行为时的"原始"状态,消除被撤销行为所产生的一切后果。这正好与行政行为的废止不同。行政行为的废止只使行为往后失去效力,但不影响以前的效力。

(3) 行政行为被撤销以后,如果被撤销的行政行为已经对当事人的合法权利造成损害,行政主体应当依法给予当事人国家赔偿,当事人也有权要求其给予赔偿。

(三) 行政行为的废止

行政行为的废止,系指行政主体作出行政行为后,由于客观情况的变化,或者法律、法规的修改以及公共利益的需要,使得该行政行为不再适应新的情况,依职权决定停止该行政行为的往后效力。

1. 行政行为废止的原因

实践中,行政行为废止的原因,主要包括:

(1) 客观情况发生变化。比如,行政主体向某公司发放了滩涂开发许可证,但由于海水的上涨,滩涂消失,已经没有开发利用的可能。

(2) 法律、法规的修改。比如,行政主体根据原法律规定的标准,核发了排污许可证,由于法律修改后,提高了环保标准,致使原许可证持有人不符合新的法律规定,原许可证应当废止。在这种情况下,原许可证持有人不得以新的法律没有溯及力为由主张原许可证的效力。因为法律之所以对原环保标准予以提高,完全是出于对环境保护的考虑。如果不符合新标准的许可仍然存续,则新法所追求的目标是无法实现的。

(3) 公共利益的需要。严格地说,这一原因与法律、法规的修改这一原因是重合的,因为法律、法规的修改往往就是基于对公共利益的保护,但这里将其作为一个独立的原因加以列举,主要是基于这样的考虑:在某些情况下,法律、法规尚未及时修改,而公共利益的需要已经不能允许某一行政行为继续有效。

2. 行政行为废止的程序及后果

行政行为的废止从程序上说,一般应当由行政主体依法定职权决定并宣布。行政行为的废止不影响其废止前的行为效力,其效力自废止时丧失。由于导致行政行为废止的原因不同,废止的后果也有所不同:

(1) 由于客观原因变化导致的废止,其实是当事人的自我判断问题。一般情况下,行政主体不应当主动干预。由于在这种情况下,无论行政主体还是当事人自己,都不存在法律上的过错,也不存在赔偿问题。当然,在这个过程中,当事人可能会有损失,但实际是当事人应当承受的风险。

(2) 在后两种情况下,从公平的角度说,基于信赖保护原则,行政主体应当给予当事人一定的补偿。对此,行政许可法第一次在我国确立了这样的原则。

(四) 行政行为的失效

行政行为的失效,是指因一定事由的出现,行政行为失去效力的现象。

1. 行政行为失效的原因

(1) 期限届满。如果行政行为被规定有存在期限,它会因期限的届满而失效。如营业执照确定的期限届满,当事人没有依法办理延期手续的,该营业执照的效力归于消灭。

(2) 行政法律关系中,相对人的消亡致使管理目标消失,导致行政主体针对其所作的行政行为的效力没有存续的必要或可能。如对张三的行政处罚决定会因张三的死亡而消灭。再如,获得营业执照的企业因破产而清算,致使其营业执照失效。应当注意的是,行政主体一方的调整、合并或者撤销,不会导致其原所作行政行为的失效。在这种情况下,法律上都会对原机关所行使的职权作出安排。

(3) 行政法律关系标的物的灭失导致行政行为失效。在法律关系中都有主体双方权利义务所指向的对象,对象的消失,将会使主体双方的权利义务失去载体,因此行政行为的效力将难以为继。例如,获准政府许可承包的煤矿因为被开采完毕而枯竭,允许承包经营的许可证自然会失去效力。

(4) 履行完毕。行政行为的权利和义务实现完毕,该行政行为自然失效。如对某公民给予行政拘留3天的处罚,该公民在被拘留3天后,原行政处罚决定自然失效。

2. 行政行为的失效与其他行政行为消灭方式的不同

(1) 原因不同。行政行为的失效与以上行政行为的撤回、废止、撤销以及无效不同的是,其他行政行为有赖于有权机关通过一定的法律程序作出一个新的行为(决定),而失效是无须经过这一环节的,它是客观自然地使行政行为失去效力的一种现象。

(2) 后果不同。行政行为的失效无溯及性,是行政行为效力的自然完结,其无效的状态从出现上述情况开始,并不影响其在此之前已经发生的效力,即所谓没有溯及既往的效力。这一点与行政行为的废止是相同的。

(五) 行政行为的无效

行政行为无效是指那些具有重大且明显违法情形的行政行为,自始就不具有法律效力。

1. 行政行为无效的原因

《行政诉讼法》第 75 条规定:"行政行为有实施主体不具有行政主体资格或者没有依据等重大且明显违法情形,原告申请确认行政行为无效的,人民法院判决确认无效。"对于"重大且明显违法情形"的判断,《行政诉讼法司法解释》第 97 条又具体化为四种情形:第一,行政行为实施主体不具有行政主体资格;第二,减损权利或者增加义务的行政行为没有法律规范依据;第三,行政行为内容客观上不可能实施;第四,其他重大且明显违法的情形。

2. 行政行为无效的后果

(1) 行政相对人可不受该行为拘束,不履行该行为确定的任何义务,即具有抵制权,并且对这种不履行不承担法律责任。

(2) 行政相对人可在任何时候请求有权国家机关(行政机关的上级机关、权力机关、人民法院)宣布该行为无效。这不同于可撤销的行政行为。对于可撤销行政行为,行政相对人必须在法定期限内申请复议或者提起行政诉讼以撤销该行政行为。

(3) 有权国家机关可在任何时候宣布相应行政行为无效,因为无效行政行为不具有公定力和确定力。

(4) 行政行为被宣布无效后,行政主体通过相应行为从行政相对人处所获取的一切(如罚没款物等)均应返还相对人;所赋予相对人的一切义务均应取消;对相对人所造成的一切实际损失,均应赔偿。①

---

① 参见应松年主编:《行政法与行政诉讼法学》,高等教育出版社 2017 年版,第 129 页。

第五章
行 政 规 范

第一节 行政规范概述

一、行政规范的概念和特征

(一) 行政规范的概念

行政规范,是指国家行政机关根据法定职权和程序,为实施有效的行政管理而制定和发布的具有普遍约束力的规范性文件。国家行政机关制定规范性文件的行为则是行政规范制定行为。

行政规范的概念主要包括以下几方面的含义:

1. 行政规范的制定主体是国家行政机关

就主体而言,只有国家行政机关才有权制定行政规范。其他任何非国家行政机关的主体,包括国家权力机关、国家司法机关、任何社会组织或个人等所制定的规则都不能称为行政规范。

2. 行政规范具有普遍约束力

就性质而言,行政规范具有普遍约束力。行政规范针对的对象是不特定的主体,其规定的内容是在某种条件和情况下,行政主体和相对一方应当普遍遵循的行为规则和权利义务关系。

3. 行政规范的制定必须依据法定职权和程序

行政规范是由国家行政机关制定的。但国家行政机关不能任意为之,而必须在法定职权范围内,依据一定程序制定行政规范。为保证行政管理的高效性、有序性,现代国家通常以宪法、各种组织法或其他规范性法律文件对国家行政机关的职权作出规定,使其各尽其职、各负其责。行政规范的制定权是宪法或法律赋予国家行政机关的权力之一。而国家行政机关在行使该权时只能依据法定职权,超越权限范围而制定行政规范的行为是无效行为。同时,行政规范的制定还必须经过一定程序。现代法治社会中,只有经过一定程序,才能有效控制行政规范行为,保证所产生的行政规范符合民主法治的基本原则。

(二) 行政规范的特征

为了进一步认识行政规范行为的含义,有必要对其特征加以分析。我们认为,行政规范具有以下特征：

1. 行政性

行政规范的行政性主要体现在以下几个方面：第一，行政规范的制定主体是国家行政机关，而不是国家权力机关、国家司法机关、其他社会组织或个人；第二，行政规范调整的内容主要是行政管理事务或与行政管理有关的事务，包括不特定主体在行政法上的权利(权力)和义务(责任)；第三，行政规范的根本目的是为了执行和实施法律、法规等规范性法律文件以及国家政策等，实现行政管理职能，保障公民的合法权益；第四，行政规范的制定是行政权力作用的结果。

2. 规范性

制定行政规范是为了对一定社会关系进行规范性调整，为不特定主体提供一种具有普遍意义的行为准则，因此具有规范性。这种规范性具体表现在：第一，行政规范的适用范围具有普遍性或概括性。即其针对的对象是非特定的行为主体，并且在同样条件下可以反复适用。第二，行政规范的内容具有抽象性和导向性。所谓抽象性，指行政规范的内容是"将各种具体的特点和共性概括、归纳出来，舍弃它们的具体形态，以'类场合'或'类行为'的方式加以描述和规定"①。正由于行政规范提供的是一种抽象的行为模式，它在适用范围上才具有普遍性。所谓导向性，是指行政规范可以通过某种抽象的行为模式，指出人们应当做什么，可以做什么，不能做什么，以引导人们的行为。第四，行政规范在法律效果上具有强制性。行政规范可以强制人们接受其规范性调整，使人们作出符合规范要求的行为，具有强制执行的法律效果。

3. 主体的广泛性

国家行政机关作为行政规范的制定主体，具有广泛性。各级各类行政机关都可以在各自的法定职权范围内制定各种行政规范。在我国，行政机关的设置构成了一个纵横交错、关系复杂的系统。其中既有纵向的从中央到地方各级行政机关，如国务院、县级以上各级人民政府乃至乡、镇人民政府等，也有横向的各级政府职能部门，如公安部门、工商部门、税务部门等，还有各个处于平行关系的机关、机构等。在宪法、组织法或其他规范性法律文件规定的职权范围内，这些行政机关均可制定行政规范。

4. 效力的多层次性和持续性

由于制定行政规范的主体较为广泛，行政规范本身的数量极为庞大。如此众多的行政规范，在效力等级上是与其制定主体的地位相对应的。行政机关之间具有严密的上下级关系，这就决定了下级行政机关制定的行政规范的效力等级低于上级行政机关制定的行政规范，在纵向上呈现多层级的特点。同时，行政规范一般适用于行政规范制定以后的一类行为或者事件，在横向上具有向后的持续适用的效力。

二、行政规范的分类

依据我国的法律规定，行政规范分为两大类，即行政立法与行政规定。

---

① 孙国华、朱景文主编：《法理学》，中国人民大学出版社1999年版，第277页。

(一) 行政立法

行政立法是指特定的国家行政机关根据法定权限和程序,制定和公布有关行政管理的规范性法律文件。从动态意义上,也可指有关机关制定和公布行政立法的行为。在我国现阶段则包括行政法规、部门规章和地方政府规章。行政立法既是一种重要的行政行为,同时也具有立法的性质。其制定的行政法规和规章是我国法律体系的重要组成部分。因此,行政立法权必须由我国宪法及法律赋予特定的国家行政机关,其他任何国家行政机关均无权行使。

(二) 行政规定

行政规定是指行政机关针对广泛的、不特定的对象制定和发布的具有普遍约束力的除行政法规和规章以外的行政措施、决定或命令。行政规定的性质虽然不是法,但在一定范围和行政管理领域内对所适用的对象同样具有普遍约束力。

三、制定行政规范的基本原则

制定行政规范是宪法和法律规定的行政机关的一项重要权能,是行政机关为执行宪法和法律、维护公共秩序所运用的必不可少的手段之一。为保证行政规范制定行为的合法性和有效性,使其在行政管理中发挥更大的效能,行政机关实施这一行为必须遵循以下基本原则:

(一) 依法制定原则

行政规范的制定行为必须遵循依法制定原则。其中包括三层含义:(1) 行政规范的制定必须依照法定权限。行政机关无论是依照法定职权制定行政规范,还是依照授权法的授权制定行政规范,都必须与其法定职权相一致,超越权限所制定的行政规范应属无效。(2) 行政规范的内容必须符合宪法、法律、法规等的规定,不得与上位法相抵触。即行政法规不能与宪法、法律相抵触,部门规章不能与宪法、法律、行政法规相抵触,地方政府规章除不能与宪法、法律、行政法规相抵触外,还必须符合地方性法规的规定。行政规定作为行政立法以外的规范,不得与所有规范性法律文件相抵触。(3) 行政规范行为必须遵循法定程序。制定行政规范应当符合一定的法定程序,尤其是行政立法,其制定必须经过由法律、法规规定的法定程序,以体现其科学性和民主性,防止制定行政规范的任意性和违法性。对于行政立法之外的行政规定的制定,也应当设定一定的程序规则加以制约。

(二) 法制统一原则

法制的统一是国家和社会得以稳定的前提,也是经济发展过程中建立统一大市场的必然要求。行政规范的制定行为必须符合这一原则,具体体现在:(1) 行政规范与权力机关的立法之间、行政规范之间应当协调一致,不得相互冲突、矛盾;下位阶的行政规范应当遵循上位阶的行政规范,不得相抵触。(2)行政规范制定行为的连续性和稳定性与及时立、改、废相统一。行政规范是为行政相对人提供一定的行为规则,因此必须保持一定的稳定性和连续性,尤其是行政立法,如果变动过于频繁,必然会造成社会公众的无所适从,导致社会混乱。与此同时,行政规范制定机关必须善于把握因客观情况的变化所引起的与已有行政规范的不一致状态,及时对行政规范进行立、改、废,以解决社会发展与规范相对滞后之间的矛盾。

(三)公开原则

行政规范的公开原则是现代行政法治的必然要求,是民主性在程序上的集中体现。具体体现在:

(1)文档公开。所谓文档公开,指行政规范尤其是行政立法制定过程中的各种草案、说明及为立法目的而搜集的背景资料、立法讨论中的会议记录、备忘录等的公开。通过这一途径,人们可以及时了解行政机关规范制定活动的内容;对于自己关心的问题及时掌握,在必要的时候通过合法途径将自己的利益、要求告知行政机关,以避免行政机关制定规范的盲目性。

(2)文本公开。即是指对已经成文的正式规范文本的公开,这也是公开原则的最基本内容。其意义在于让人们知道必须遵守和执行的行为规则,有利于行政规范的正确实施。行政规范的公开能够使规范建立在尽可能广大的民主基础之上,为行政规范主体和行政相对人之间建立直接的、即时的、全面的通道,以此保障规范制定的实体公正。

(四)科学原则

科学原则指制定行政规范应贯穿科学思想以及运用科学技术方法的准则。这一原则要求:(1)行政规范的制定必须遵循客观规律,顺应社会、历史的发展规律,对社会客观规律予以正确地表述,而不是脱离实际凭空创造规律。(2)行政规范的制定必须采取科学、严谨的态度。它要求行政规范的制定机关必须从实际出发,实事求是;必须从中国国情出发,并借鉴外国经验,做到原则性与灵活性相统一。(3)行政规范的制定必须运用现代科学知识和科学技术。要具有科学的预见性,积极地运用科学程序和科学技术,否则行政规范的质量就会出现问题。

第二节 行 政 立 法

一、行政立法的概念与特点

(一)行政立法的概念

所谓行政立法,是指特定的行政机关根据法定权限和程序,制定和发布有关行政管理的规范性法律文件的行为。这是就其动态意义而言。同时,行政立法也可从静态意义上理解,即特定的行政机关根据法定权限和程序,制定和发布有关行政管理的规范性法律文件。

(二) 行政立法的特点

行政立法是行政机关作为立法主体的一种立法活动,是行政性质和立法性质的有机结合。它既区别于一般的行政执法行为,具有一定的立法性质,同时又与国家权力机关的立法行为有所不同。它主要包括以下特点:

1. 行政性

这是由行政立法的行政管理性质所决定的。它主要体现在:(1) 行政立法的主体是国家行政机关;(2) 行政立法是特定的国家行政机关履行行政管理职责的行为;(3) 行政立法所调整的对象主要是行政管理事务,应行政管理的需要而产生;(4) 行政立法是体现执法机关履行国家法律、实现行政管理职能的行为;(5) 行政立法是一种具有普遍约束力的行政行为。

行政立法虽具有行政性质,但它与行政机关作出行政决定或命令等行政行为又有一定的区别:第一,行政立法的主体是特定的,不是所有的行政机关都享有行政立法权,但几乎所有行政机关都有实施行政行为的权力。第二,行政立法所针对的对象是不特定的主体,具有相对意义上的普遍性,而行政行为所针对的对象是特定的。第三,行政立法是为尚未发生的行为确定行为规则,具有向后的持续性效力,并能够多次反复适用,而行政行为是行政机关针对已经发生的行为作出的行政决定或命令,具有向前的并且是一次性的效力。第四,行政立法程序一般包括立项、起草、审查、决定、公布等步骤,而行政行为的程序则视其种类不同各有不同规定。

2. 立法性

行政立法往往被作为一种准立法行为,这是由行政立法所产生的法的效力所决定的。行政立法的立法性主要表现为:(1) 行政立法是由特定的行政机关以国家的名义制定人们应当遵守的社会规范的行为;(2) 行政立法机关所制定的行政立法规范具有普遍性、规范性和强制性等法的基本特征;(3) 行政立法的程序具备立法程序的特点,必须强调系统性、科学性、民主性和稳定性,必须经过起草、征求意见、会议审查、决定、公布等立法程序。

但另一方面,行政立法与国家权力机关的立法又有所区别。第一,立法主体不同。权力机关立法的主体是人民代表大会及其常务委员会,而行政立法的主体是行政机关。第二,立法权的来源不同。权力机关的立法权直接来源于宪法,而行政立法权则部分来自于宪法,部分来自于法律、法规的授权或最高国家权力机关的特别授权。第三,立法的内容不同。权力机关的立法着重于确立国家的基本制度和重大问题,而行政立法通常涉及国家有关行政事务的管理内容。第四,立法的效力等级不同。行政立法的效力等级低于权力机关的立法,必须以后者为根据,不得出现相抵触的内容。第五,立法的程序不同。权力机关的立法程序要比行政立法程序更为严格,并以民主性作为程序设计的第一价值取向,行政立法程序相对比较简便,在价值取向上往往民主性较弱而更为强调效率性。第六,司法适用不同。权力机关的立法在司法活动中具有完全的适用力,而行政立法中的一部分并不具备完全的司法适用力,如规章在行政诉讼中只能参照适用。

3. 从属性

这是由行政机关从属于权力机关的法律地位所决定的。首先,按照我国宪法所确立的体制,行政机关是权力机关的执行机关,即国务院是全国人民代表大会及其常委会的执行机关,地方各级人民政府是地方各级人民代表大会及其常委会的执行机关。国家行政机关由国家权力机关产生,并对它负责,受它监督。行政机关的任何意志当然不能同权力机关的意志相抵触。其次,我国法律体系是统一的,宪法是国家的根本大法,任何规范性文件都不得与宪法相抵触,国家权力机关所制定的法律具有仅次于宪法的效力,它作用于全社会。凡行政机关制定的规范性文件,都不得与宪法和法律相抵触。因此,行政立法必须从属于法律。其从属性主要表现在:(1) 行政立法以权力机关所立之法为根据。(2) 行政立法的内容不得与权力机关所立之法相抵触。(3) 行政立法的目的是为了执行权力机关所立之法,是后者的具体化。

二、行政立法的分类

依照不同的标准,可以将行政立法分为不同的类型。

(一) 职权立法和授权立法

根据行政立法权的来源不同,行政立法可分为职权立法和授权立法。

职权立法是指行政机关依据宪法和组织法所规定的立法职权,就其职权管理范围内的行政事项所进行的行政立法。其特征表现为:(1) 职权立法权来源于宪法和有关组织法的规定,是行政机关的固有职权。(2) 职权立法的权限范围是宪法和组织法所规定的行政机关进行行政管理的职权范围。(3) 职权立法是自主性的立法,只要不超越行政管理职权,即便没有法律作为直接的上位法根据,也有权进行创制性规定。

授权立法是指行政机关依据特定法律、法规的授权或最高国家权力机关的特别授权所进行的立法。它又可分为一般授权立法与特别授权立法两类。

(1) 一般授权立法。它是指国家行政机关依照宪法和有关组织法以外的法律、法规的授权,在授权范围内制定行政法规和规章的行为。其特征为:第一,其立法权基于法律、行政法规或地方性法规的授权而获得,而不是行政机关的固有职权。第二,立法权的行使受授权法所规定的标准、范围、内容等权限的严格限制。第三,其性质主要表现为执行性立法,以执行授权法为目的。因此,一般授权立法只能是对授权法的具体化,而不能在授权法之外任意增加新的内容,但授权法明确规定可以补充的除外。如《行政处罚法》第63条规定:"本法第四十六条罚款决定与罚款收缴分离的规定,由国务院制定具体实施办法。"依据此条款,国务院于1997年11月1日公布了《罚款决定与罚款收缴分离实施办法》。

(2) 特别授权立法。它是指最高国家权力机关将本应由自身行使的制定或修改某一方面法律的权力,以专门性决定或决议的方式授权给最高国家行政机关,后者依据这一特别授权所进行的立法。其特征为:第一,其立法权基于最高国家权力机关通过专门决定或决议所进行的授权而获得。第二,在授权事项、授权内容、授权时间等方面受到严格限制。如根据我国《立法法》第9条、第10条、第11条之规定,有关犯罪和刑罚、对公民政治权利的剥夺和限制人身自由的强制措施和处罚、司法制度等立法事项,在任何情况下都不得向国务院授权。授权决定应当明确授权目的和范围。被授权机关应当严格按照授权目的和范围行使该项权力。授权期限不得超过五年。被授权机关不得将该权力转授给其他机关。授权立法事项,在经过实践检验,制定法律的条件成熟时,由全国人民代表大会及其常委会及时制定法律。法律制定后,相应立法事项的授权终止。

(二) 中央行政立法和地方行政立法

根据行政立法主体地位及效力范围的不同,可以将行政立法分为中央行政立法和地方行政立法。

中央行政立法是指中央行政机关制定行政法规和规章的行为。在我国,有权立法的中央行政机关是指国务院和国务院所属的各部、委、行、署以及具有行政管理职能的直属机构。中央行政立法包括国务院制定行政法规和国务院所属部门制定部门规章的行为。根据我国《宪法》《国务院组织法》的相关规定,国务院有权制定行政法规,国务院各部委有权制定部门规章。《立法法》则在上述规定的基础上,将具有行政管理职能的国务院直属机构也作为部门规章的制定主体予以规定。中央行政立法调整的是全国范围内行政管理的普遍问题或者某一行政管理领域的全局性问题,如国家安全、治安管理、环境资源保护、交通、通信等,其效力遍及全国。

地方行政立法是指特定的地方人民政府制定地方政府规章的行为。根据《立法法》第82条之规定,省、自治区、直辖市人民政府,设区的市及自治州人民政府可以根据法律、行政法规和地方性法规制定地方政府规章。地方行政立法一方面要根据地方的实际情况,将法律和中央行政立法的规定具体化,确定实施细则和实施办法;另一方面,也要对某些特殊的地方性事务作出具体的规定,以调整区域性的社会关系。地方行政立法的效力只及于地方政府的行政管理区域。如果地方行政机关就中央行政立法的同类事项进行立法,则一般应以后者为标准,不得与之相抵触。

(三) 执行性立法、创制性立法和补充性立法

依据行政立法的内容及功能的不同,行政立法可分为执行性立法、创制性立法和补充性立法。

执行性立法,是指行政机关为了执行法律、法规而进行的立法活动。执行性立法可以依授权进行,表现为一般授权立法;也可以依职权进行,表现为职权立法。但它

不能创设新的权利（权力）和义务（责任），不得增减法律、法规的内容。行政立法主体行使此类执行性立法权所制定的行政法规、规章通常命名为实施条例、实施细则或实施办法等。如《环境保护税法实施条例》《公共场所卫生管理条例实施细则》等。

创制性立法，是指行政立法主体根据宪法或组织法规定的职权或专门性决定的授权，就法律、法规尚未作出规定的事项而创制新的法规范的活动。创制性立法以产生新的权利（权力）和义务（责任）为内容。其中，行政立法主体在自身行政管理职权范围内进行的创制性立法是一种职权立法。根据《立法法》的有关规定，目前我国行政立法主体中，国务院和特定的地方人民政府有权进行此类创制性立法，如《机关团体建设楼堂馆所管理条例》《上海市南京路步行街综合管理暂行规定》等。国务院各部委、直属机构等则没有该权力。另一类创制性立法的立法权来源于国家最高权力机关以专门性决定作出的特别授权，这类立法主要是指对于某些本应由法律规定的事项，在条件尚不充分、经验尚未成熟或社会关系尚未定型的情况下，先由行政机关制定创制性规范的立法活动。此类创制性立法又是一种试验性立法，待条件成熟后应当上升为法律。

补充性立法，是行政机关为了补充已经颁布的法律、法规而进行的行政立法活动。由于法律、法规对于某些情况不能预见或不便详细规定，需要行政机关根据实际情况予以适当补充。补充性立法一般在得到法律、法规的明确授权后，也可以创设新的权利（权力）和义务（责任）内容。如《执业医师法》第 45 条规定，"不具备本法规定的执业医师资格或执业助理医师资格的乡村医生，由国务院另行制定管理办法"，根据该授权条款，国务院制定了《乡村医生管理条例》作为对《执业医师法》的补充。

三、行政立法主体及其权限

行政立法主体是指根据宪法或宪法性法律，可以依职权或授权制定行政法规或规章的国家行政机关。每一类行政立法主体均有各自的立法权行使范围，即立法权限。行政立法主体应当也只能在其立法权限范围内行使行政立法权，而不能越权立法。否则就会给行政专横、行政腐败留下可乘之机，甚而破坏法治秩序，造成国家和社会的混乱。因此，以宪法或宪法性法律确定一国的行政立法主体，明确划分各自的立法权限，保证其立法行为各守其疆界，是现代法治国家的应有之义。

我国的行政立法主体及其权限具体列举如下：

（一）国务院

现行《宪法》第 89 条第 1 项规定，国务院"根据宪法和法律，规定行政措施，制定行政法规，发布决定和命令"。《立法法》第 65 条规定："行政法规可以就下列事项作出规定：(1) 为执行法律的规定需要制定行政法规的事项；(2) 宪法第八十九条规定的国务院行政管理职权的事项。"同时根据《立法法》第 9 条之规定，"本法第八条规定的事项尚未制定法律的，全国人民代表大会及其常务委员会有权作出规定，授权国务院可以根据实际需要,对其中的部分事项先制定行政法规,但是有关犯罪和刑罚、对公民政治权利的剥夺和限制人身自由的强制措施和处罚、司法制度等事项除外"。

(二) 国务院各部、委、中国人民银行、审计署以及具有行政管理职能的直属机构

《宪法》第 90 条第 2 项规定:"各部、各委员会根据法律和国务院的行政法规、决定、命令,在本部门的权限内,发布命令、指示和规章。"《立法法》第 80 条规定:"国务院各部、委员会、中国人民银行、审计署和具有行政管理职能的直属机构,可以根据法律和国务院的行政法规、决定、命令,在本部门的权限范围内,制定部门规章。"

(三) 特定范围内的地方人民政府

《立法法》第 82 条第 1 款规定:"省、自治区、直辖市和设区的市、自治州人民政府,可以根据法律、行政法规和本省、自治区、直辖市的地方性法规,制定规章。"据此,当前我国地方政府中的行政立法主体包括:省、自治区、直辖市的人民政府;设区的市和自治区的人民政府。

根据《立法法》第 82 条第 2 款的规定,地方政府规章可以就为执行法律、行政法规、地方性法规的规定需要制定规章的事项,或者属于本行政区域的具体行政管理事项作出规定。其中设区的市及自治州的地方政府规章限于城乡建设与管理、环境保护、历史文化保护等方面的事项。

四、行政立法的程序

关于我国行政立法的程序,《立法法》《行政法规制定程序条例》《规章制定程序条例》《法规规章备案条例》等法律规范对我国的行政立法程序作了较为完整和详细的规定。

根据上述法律和法规,我国行政立法的具体程序列举如下:

(一) 立项

根据《行政法规制定程序条例》《规章制定程序条例》的规定,国务院于每年年初编制本年度的立法工作计划。国务院有关部门认为需要制定行政法规的,应当于每年年初编制国务院年度立法工作计划前,向国务院报请立项,并应当说明立法项目所要解决的主要问题、依据的党的路线方针政策和决策部署,以及拟确立的主要制度。国务院法制机构应当向社会公开征集行政法规制定项目建议。对行政法规立项申请和公开征集的行政法规制定项目建议进行评估论证,突出重点,统筹兼顾,拟订国务院年度立法工作计划,报党中央、国务院批准后向社会公布。国务院年度立法工作计划在执行中可以根据实际情况予以调整。列入国务院年度立法工作计划的行政法规项目应当符合下列要求:(1) 贯彻落实党的路线方针政策和决策部署,适应改革、发展、稳定的需要;(2) 有关的改革实践经验基本成熟;(3) 所要解决的问题属于国务院职权范围并需要国务院制定行政法规的事项。

国务院部门内设机构或者其他机构认为需要制定部门规章的,应当向该部门报请立项。省、自治区、直辖市和设区的市、自治州人民政府所属工作部门或者下级人民政府认为需要制定地方政府规章的,应当向该省、自治区、直辖市或者设区的市、自治州人民政府报请立项。同时,国务院部门,省、自治区、直辖市和设区的市、自治州的人民政府,可以向社会公开征集规章制定项目建议,并应当对制定规章的立项申请和公开征集的规章制定项目建议进行评估论证,拟订本部门、本级人民政府年度规章制定工作计划,报本部门、本级人民政府批准后向社会公布。年度规章制定工作计划应当明确规章的名称、起草单位、完成时间等。年度规章制定工作计划在执行中,可以根据实际情况予以调整,对拟增加的规章项目应当进行补充论证。

（二）起草

行政法规由国务院组织起草。国务院年度立法工作计划确定行政法规由国务院的一个部门或者几个部门具体负责起草工作,也可以确定由国务院法制机构起草或者组织起草。对于专业性较强的行政法规,起草部门可以吸收相关领域的专家参与起草工作,或者委托有关专家、教学科研单位、社会组织起草。起草部门应当就涉及其他部门的职责或者与其他部门关系紧密的规定,与有关部门充分协商,涉及部门职责分工、行政许可、财政支持、税收优惠政策的,应当征得机构编制、财政、税务等相关部门同意。同时,起草部门应当对涉及有关管理体制、方针政策等需要国务院决策的重大问题提出解决方案,报国务院决定。

部门规章由国务院部门组织起草,地方政府规章由省、自治区、直辖市和设区的市、自治州人民政府组织起草。国务院部门可以确定规章由其一个或者几个内设机构具体负责起草工作,也可以由其法制机构起草或者组织起草。省、自治区、直辖市和设区的市、自治州的人民政府可以确定规章由其一个部门或者几个部门具体负责起草工作,也可以确定由其法制机构起草或者组织起草。起草专业性较强的规章,可以吸收相关领域的专家参与起草工作,或者委托有关专家、教学科研单位、社会组织起草。

起草部门规章,涉及国务院其他部门的职责或者与国务院其他部门关系紧密的,起草单位应当充分征求国务院其他部门的意见。起草地方政府规章,涉及本级人民政府其他部门的职责或者与其他部门关系紧密的,起草单位应当充分征求其他部门的意见。起草单位与其他部门有不同意见的,应当充分协商;经过充分协商不能取得一致意见的,起草单位应当在上报规章草案送审稿时说明情况和理由。

（三）意见听取

行政法规起草部门应当深入调查研究,总结实践经验,广泛听取有关机关、组织和公民的意见。涉及社会公众普遍关注的热点、难点问题和经济社会发展遇到的突出矛盾,减损公民、法人和其他组织权利或者增加其义务,对社会公众有重要影响等重大利益调整事项的,应当进行论证咨询。听取意见可以采取召开座谈会、论证会、听证会等多种形式。起草部门应当将行政法规草案及其说明等向社会公布,征求意见,但是经国务院决定不公布的除外。向社会公布征求意见的期限一般不少于30日。

起草上述同类规章除同样经过上述论证咨询、公布草案等意见听取程序以外,还可采取书面征求意见等形式。同时,如果起草的规章涉及重大利益调整或者存在重大意见分歧,对公民、法人或者其他组织的权利义务有较大影响,人民群众普遍关注,需要进行听证的,起草单位应当举行听证会听取意见。

根据《规章制定程序条例》的有关规定,听证会依照下列程序组织:(1)听证会公开举行,起草单位应当在举行听证会的30日前公布听证会的时间、地点和内容;(2)参加听证会的有关机关、组织和公民对起草的规章,有权提问和发表意见;(3)听证会应当制作笔录,如实记录发言人的主要观点和理由;(4)起草单位应当认真研究听证会反映的各种意见,起草的规章在报送审查时,应当说明对听证会意见的处理情况及其理由。

(四)审查

国务院法制机构、部门法制机构、地方政府法制机构主要从以下几个方面对行政法规、规章送审稿进行审查:

(1)审查行政法规、规章是否严格贯彻落实党的路线方针政策和决策部署,是否符合宪法和法律或上位法的规定,是否遵循立法法确定的立法原则;制定政治方面法律的配套行政法规和规章,是否按照有关规定及时报告党中央或同级党委(党组);制定经济、文化、社会、生态文明等方面重大体制和重大政策调整的重要行政法规,是否将行政法规、规章草案或者行政法规、规章草案涉及的重大问题按照有关规定及时报告党中央或同级党委(党组)。

(2)是否弘扬社会主义核心价值观,体现全面深化改革精神,科学规范行政行为,促进政府职能向宏观调控、市场监管、社会管理、公共服务、环境保护等方面转变;是否符合精简、统一、效能的原则,相同或者相近的职能规定由一个行政机关承担,简化行政管理手续;是否切实保障公民、法人和其他组织合法权益,在规定其应当履行的义务的同时,还规定其相应权利和保障权利实现的途径;是否体现行政机关的职权与职责相统一的原则,在赋予行政机关必要职权的同时,还规定其行使职权的条件、程序和应承担的责任。

(3)审查行政法规、规章是否与有关的法律、行政法规、规章协调、衔接。

(4)是否正确处理了有关机关、组织和公民对行政法规、规章送审稿主要问题的意见。

(5)是否符合立法技术的要求。

(6)其他需要审查的内容。

法制机构应当将行政法规、规章送审稿或者行政法规、规章送审稿涉及的主要问题发送国务院有关部门、地方人民政府、有关机关、组织和专家等各方面征求意见。法制机构可以将行政法规、规章送审稿或者修改稿及其说明等向社会公布,征求意见。向社会公布征求意见的期限一般不少于30日。法制机构应当就行政法规、规章送审稿涉及的主要问题,深入基层进行实地调查研究,听取基层有关机关、组织和公民的意见。行政法规、规章送审稿涉及重大利益调整的,法制机构应当进行论证咨询,广泛听取有关方面的意见。论证咨询可以采取座谈会、论证会、听证会、委托研究等多种形式。行政法规、规章送审稿涉及重大利益调整或者存在重大意见分歧,对公民、法人或者其他组织的权利义务有较大影响,人民群众普遍关注的,法制机构可以举行听证会,听取有关机关、组织和公民的意见。有关部门对行政法规送审稿涉及的主要制度、方针政策、管理体制、权限分工等有不同意见的,法制机构应当进行协调,力求达成一致意见。对有较大争议的重要立法事项,法制机构可以委托有关专家、教学科研单位、社会组织进行评估。经过充分协调不能达成一致意见的,法制机构、起草部门应当将争议的主要问题、有关部门的意见以及法制机构的意见及时报国务院或有关领导协调,或者报国务院、本部门或本级人民政府决定。

(五) 决定

该程序主要涉及行政立法通过权的归属。具体而言,行政法规草案由国务院常务会议审议,或者由国务院审批。国务院法制机构应当根据国务院对行政法规草案的审议意见,对行政法规草案进行修改,形成草案修改稿,报请总理签署国务院令公布施行。部门规章应当经部务会议或者委员会会议决定,地方政府规章应当经政府常务会议或者全体会议决定。国务院各部门或地方政府法制机构应当根据有关会议审议意见对规章草案进行修改,形成草案修改稿,报请本部门首长或者省长、自治区主席、市长、自治州州长签署命令予以公布。

(六) 公布和生效

公布是行政立法发生法律效力的必要条件,未经公布的行政立法对社会不产生约束力。只有及时公布行政立法,才能充分发挥其对社会的指引、评价、教育、预测、强制等作用;同时,公布也是政府活动公开化的起码要求。在我国,行政立法应由行政立法主体的行政首长予以公布。具体而言,行政法规由国务院总理签署公布。行政法规签署公布后,及时在国务院公报和中国政府法制信息网以及在全国范围内发行的报纸上刊载。国务院法制机构应当及时汇编出版行政法规的国家正式版本。在国务院公报上刊登的行政法规文本为标准文本。

部门规章签署公布后,及时在国务院公报或者部门公报和中国政府法制信息网以及在全国范围内发行的报纸上刊载。地方政府规章签署公布后,及时在本级人民政府公报和中国政府法制信息网以及在本行政区域范围内发行的报纸上刊载。在国务院公报或者部门公报和地方人民政府公报上刊登的规章文本为标准文本。

行政立法的生效之日应与公布之日有一定间隔,以便于公众和执行机关提前了解和熟悉行政立法的内容,便于公众对行政立法的遵守和执行机关的执行。我国行政法规、规章应在公布之日起30日后施行;但是,涉及国家安全、外汇汇率、货币政策的确定以及公布后不立即施行将有碍行政法规、规章施行的,可以自公布之日起施行。

(七) 解释

行政法规解释权属于国务院。行政法规有下列情形之一的,由国务院解释:(1)行政法规的规定需要进一步明确具体含义的;(2)行政法规制定后出现新的情况,需要明确适用行政法规依据的。国务院法制机构研究拟订行政法规解释草案,报国务院同意后,由国务院公布或者由国务院授权国务院有关部门公布。行政法规的解释与行政法规具有同等效力。国务院各部门和省、自治区、直辖市人民政府可以向国务院提出行政法规解释要求。对属于行政工作中具体应用行政法规的问题,省、自治区、直辖市人民政府法制机构以及国务院有关部门法制机构请求国务院法制机构解释的,国务院法制机构可以研究答复;其中涉及重大问题的,由国务院法制机构提出意见,报国务院同意后答复。

规章解释权属于规章制定机关。规章解释的对象是:对于规章的规定需要进一步明确具体含义的;规章制定后出现新的情况,需要明确适用规章依据的。规章解释由规章制定机关的法制机构参照规章送审稿审查程序提出意见,报请制定机关批准后公布。规章的解释同规章具有同等效力。

(八) 备案与审查

备案是指将制定出来的行政立法文本报送相应的有权机关登记审查的制度。备案不影响行政立法的生效。该程序是对行政立法进行事后监督的一种形式。由于接受备案的机关一般都具有对行政立法主体的监督权,有权作出对行政立法的改变或者撤销的决定,因此,备案制度对确保行政立法的质量有重要作用。

行政法规在公布后30日内由国务院办公厅报全国人民代表大会常务委员会备案。行政法规备案的内容包括:国务院关于行政法规备案的报告、国务院令、行政法规文本以及对行政法规的起草说明。

规章应当自公布之日起30日内由法制机构向有关机关备案。部门规章由国务院部门报国务院备案,两个或两个以上部门联合制定的规章,由主办的部门报国务院备案;省、自治区、直辖市的地方政府规章由省、自治区、直辖市人民政府报国务院备案,同时报省、自治区、直辖市的人民代表大会常务委员会备案;设区的市和自治州地方政府规章由设区的市和自治州人民政府报国务院备案,同时报本省或自治区的人民代表大会常务委员会和人民政府以及本市人民代表大会常务委员会备案。国务院法制机构负责报国务院备案的规章的日常清理工作,履行备案审查监督职责。

国务院法制机构对报送国务院备案的规章,就下列事项进行审查:(1)是否超越权限;(2)是否违反上位法的规定;(3)地方性法规与部门规章之间或者不同规章之间对统一事项规定不一致,是否应当改变或者撤销一方或者双方的规定;(4)规章的规定是否适当;(5)是否违背法定程序。

国务院法制机构审查规章时,认为需要有关的国务院部门或者地方人民政府提出意见的,有关机构应当在规定期限内回复;认为需要规章制定机关说明有关情况

的,规章制定机关应当在规定期限内予以说明。对于经审查认为确实存在问题的,按照下列程序处理:

第一,属于超越权限的、违反法律或者行政法规规定的规章,或者规章规定不适当的,由国务院法制机构建议规章制定机关自行纠正,或者国务院法制机构提出处理意见报国务院决定,并通知规章制定机关。规章制定机关应当自接到通知之日起30日内,将处理情况报国务院法制机构。

第二,属于部门规章之间、部门规章与地方政府规章之间对同一事项规定不一致的,由国务院法制机构提出处理意见报国务院决定,并通知有关规章制定机关。规章制定机关应当自接到通知之日起30日内,将处理情况报国务院法制机构。

第三,属于部门规章与地方性法规之间对同一事项规定不一致的,由国务院法制机构提出处理意见,报国务院决定。国务院认为应当适用地方性法规的,决定在该地方适用地方性法规的规定;认为应当适用部门规章的,提请全国人民代表大会常务委员会裁决。

国家机关、社会团体、企事业组织、公民认为规章与法律、行政法规相抵触的,可以向国务院书面提出审查的建议,由国务院法制机构研究处理;认为设区的市、自治州地方政府规章与法律、行政法规相抵触或者违反其他上位法的规定的,也可以向本省、自治区人民政府书面提出审查的建议,由本省、自治区人民政府法制机构研究处理。

(九)清理与汇编

由于行政立法的数量众多,为避免与其他法律规范之间出现矛盾和冲突,应及时对行政立法予以清理。国务院法制机构、国务院有关部门、省、自治区、直辖市和设区的市、自治州的人民政府等行政立法主体应当根据全面深化改革、经济社会发展需要以及上位法规定,及时组织开展行政法规、规章清理工作。对不适应全面深化改革和经济社会发展要求、不符合上位法规定的行政法规和规章,应当及时修改或者废止。

为保障法律体系的整体性、系统性,以便人们全面了解法律,法律的汇编是一个必要程序。根据1990年《法规汇编编辑出版管理规定》,法律汇编由全国人民代表大会常务委员会法制工作委员会编辑;行政法规由国务院法制机构编辑;军事法规汇编由中央军事委员会法制局编辑;部门规章汇编由国务院依照该部门职责范围编辑;地方性法规和地方政府规章汇编由具有地方性法规和地方政府规章制定权的地方各级人民代表大会常务委员会和地方各级人民政府指定的机构编辑。

(十)立法后评估制度

立法后评估制度是衡量立法成本与效益、提高立法科学性的有效措施。行政法规或规章起草部门、法制机构可以组织对行政法规、规章或者其中的有关规定进行立法后评估,并把评估结果作为修改、废止有关行政法规或者规章的重要参考。

五、行政立法的监督

根据监督机关的不同,可将对行政立法的监督分为权力机关的监督、行政机关的监督和司法机关的监督。

(一) 权力机关的监督

权力机关的监督,就是国家权力机关依法行使宪法所赋予的监督职能,对行政立法实施监督的活动。

我国《宪法》第 67 条第 6 项规定全国人民代表大会常务委员会监督国务院的工作;第 7 项则规定全国人民代表大会常务委员会可以撤销国务院制定的同宪法、法律相抵触的行政法规、决定和命令。根据《立法法》第 97 条之规定,全国人民代表大会常务委员会有权撤销同宪法和法律相抵触的行政法规,地方人民代表大会常务委员会有权撤销本级人民政府制定的不适当的规章。

根据《立法法》有关规定,行政法规应自公布之日起 30 日内,报全国人民代表大会常务委员会备案;各级地方政府规章应同时报本级人民代表大会常务委员会备案;较大的市的人民政府制定的规章还应当同时报省、自治区的人民代表大会常务委员会备案。

(二) 行政机关的监督

《立法法》第 97 条第 3 项规定,"国务院有权改变或者撤销不适当的部门规章和地方政府规章";第 97 条第 6 项规定,"省、自治区的人民政府有权改变或者撤销下一级人民政府制定的不适当的规章"。

《立法法》第 98 条第 4 项还规定了行政机关内部的备案程序:部门规章和地方政府规章报国务院备案;设区的市和自治州人民政府制定的规章应当同时报省、自治区的人民政府备案。①

(三) 司法机关的监督

司法机关对于行政立法的监督,主要体现在诉讼过程中。根据我国《行政诉讼法》第 63 条第 1 款的规定,法律、行政法规和地方性法规都是人民法院审理行政案件的依据。但是,在审查行政机关适用行政法规作为行政行为的依据时,法院应当对于该行政法规是否符合法律进行必要的审查与判断。同时,《行政诉讼法》第 63 条第 3 款规定:"人民法院审理行政案件,参照规章。"所谓"参照"规章,可视为对规章的间接的司法审查,表现为法院可以就规章是否合法有效进行认定和选择适用,但并不直接对违法的规章进行撤销、变更或废止。

---

① 关于行政机关内部的备案程序,详见本节"行政立法的程序"中的"备案与审查"程序。

第三节 行政规定

一、行政规定的概念

在行政规范中,除属于立法体系的行政立法之外,还存在大量的由行政机关制定的具有普遍约束力的决定、命令和行政措施等。此类行政规范,人们对之有不同的称谓,如规章以下的规范性文件、其他规范性文件、一般规范性文件、行政规范性文件等。我们根据《行政复议法》第7条的规定,将这类规范性文件命名为行政规定。据此,所谓行政规定,是指各级行政机关为实施法律、行政法规或其他上位规范性法律文件,在法定权限范围内制定的行政法规、行政规章以外的具有普遍约束力的决定、命令及行政措施。同时,在动态意义上,行政规定也指制定此类行政规范的行为。

二、行政规定的分类

在我国,可以分别采取形式性的和实质性的标准,对行政规定进行分类。

(一) 以制定主体为分类标准

1. 有行政立法权的国家行政机关制定的行政规定

有行政立法权的国家行政机关既有权制定行政立法,也可制定行政规定。如国务院既能制定《政府信息公开条例》这类行政法规,也能制定《国务院关于投资体制改革的决定》这类非行政立法的行政规定。

2. 无行政立法权的国家行政机关制定的行政规定

行政规定是行政机关行使行政权、进行行政管理运用的重要手段,因此,具有行政职权的国家行政机关均有依法制定行政规定的权力。例如,地方人民政府中没有规章立法权的市、县政府和各级地方人民政府的职能部门,都有权依照职权和程序制定相关的行政规定。

(二) 以法律效果为分类标准

1. 裁量基准

在行政活动实践中,上级行政机关常常就裁量的事项,以执法手册、工作指南、纲要等方式,制定统一的标准,作为执法人员行使裁量权的依据,使得执法人员遇到相同或类似的事项作相同或类似的处理,这类规定即可称为裁量基准。由于立法机关不可能为行政机关的裁量行为提供详细标准,因此以行政规定实现行政裁量权的自我约束,是法治社会中行政权发展的必然趋势。如《沈阳市工商行政管理局行政处罚自由裁量权施行办法》,就对法律法规规定的自由裁量幅度区别不同情况,划分为若干档次,分别规定相应的处罚额度。

2. 解释基准

解释基准,是指为了防止进行某种行政活动时作出各不相同的对待,确保其统一性,由上级行政机关对下级行政机关发布的关于对法律法规适用问题进行解释的基准。一般而言,上级行政机关能够发布解释基准,是以其具有的指挥监督权为基础的。在我国,行政机关的解释基准事实上得到了广泛应用。需要注意的是,这种解释基准的对象是法律法规在具体应用过程中产生的问题,由法律法规的适用或执行部门进行解释,而不是由立法机关作出的对于法条本身需要进一步明确界限或者进行补充规定的立法性解释。后者如法律解释、行政法规解释、规章解释等,具有相应的法的效力。

(1) 对法律的解释。如在《关于向河道倾倒堆放石渣行为适用法律问题的复函》中,就对《水污染防治法》的适用作了解释。

(2) 对行政法规的解释。根据《行政法规制定程序条例》第33条的规定,对属于行政工作中具体应用行政法规的问题,省、自治区、直辖市人民政府法制机构以及国务院有关部门法制机构请求国务院法制机构解释的,国务院法制机构可以研究答复,其中涉及重大问题的,由国务院法制机关提出意见,报国务院同意后答复;凡属于行政工作中具体应用行政法规的问题,仍由有关行政主管部门负责解释。如国务院法制办公室于2002年9月10日对《陕西省人民政府法制办公室关于〈中华人民共和国陆生野生动物保护实施条例〉适用中有关问题的请示》的答复中,对该实施条例第10条进行了解释。

(3) 对地方性法规的解释。地方性法规具体应用的问题,通常由政府主管部门负责解释。如《上海市河道管理条例》第52条规定:"本条例的具体应用问题,由市水务局负责解释。"

3. 规范具体化规则

这些规则主要是对上位法的规定予以具体化,以强化其可操作性。如我国的大量技术标准,如药品标准、环境标准等。以药品标准为例,药品标准的制定和修改,不仅是判断行政违法行为的重要前提,而且还对判断生产销售假劣药品罪的构成要件成立与否发挥相当大的作用。药品标准规定的是药品的制法、性状、鉴别、检查、含量测定、功能与主治、用法与用量、规格、贮藏等事项,直接对象是药品,未直接规定相对人的权利义务,对相对人只具有间接的法律效果。而药品标准的制定使得药品检验检疫机构检验药品时有章可循,使得药品监督管理部门有了认定违法与否的依据,是典型的规范具体化规则。

4. 指导纲要

这类纲要性文件不具有法律上的拘束力,通常是行政工作的内部指南或训令,但现实中的行政活动往往是依照纲要来实施的,因此很可能产生外部的法律效果。如《国务院办公厅关于进一步做好房地产市场调控工作有关问题的通知》《南通市政府关于切实加强应急管理工作的意见》等。

5. 组织规则

这类规则用于调整行政机关的内部机构及其业务活动。如浙江省国土资源厅发布的《浙江省国土资源厅公务员考核实施办法》等，这类规则仅限于内部事务，对外不产生法律效果。

三、行政规定与行政立法的关系

行政规定与行政立法有着密不可分的联系，两者都是行政机关在法定职权范围内制定行政规范的行为，它们都要以宪法、法律为依据。同时，两者都具有相对意义上的普遍约束力，都具有规范性、效力的持久性和重复适用性等特征。但两者之间仍存在着以下区别：

（一）制定主体范围不同

行政立法的主体是特定的，仅限于宪法和法律所规定的特定行政机关。而行政规定的制定主体则较为广泛，几乎所有的行政机关都可以成为制定行政规定的主体，不仅包括行使行政立法权的国家行政机关，也包括其他国家行政机关。

（二）效力等级的层次不同

行政立法属于一国法律体系的组成部分，因此，行政法规和规章作为法的渊源，其效力等级要高于一般行政规定。而行政规定是法律体系以外的规范性文件，不仅要符合宪法、法律，同时也不得与行政立法相抵触。

（三）规范内容不同

在法定权限范围内，行政立法可以在没有直接上位法根据的前提下进行创设性规定，而行政规定的目的是执行或实施上位法，其内容只能是上位法相应条文的细化，而不能对权利（权力）或义务（责任）进行创设。如《行政处罚法》第14条规定，除法律、行政法规、地方性法规和行政规章外，其他规范性文件不得设定行政处罚。但行政立法可以在法定权限范围内设定行政处罚。

（四）表现形式不同

行政立法的表现形式是法的专属形式——条文式，其名称通常包括条例、办法、规则等。行政规定通常表现为公文形式，其常见名称有命令、决定、公告、通告、通知、通报、批复、意见等。

（五）制定程序不同

行政立法必须遵循较为严格的法定的行政立法程序，且以行政首长签署的公布令作为生效要件。而行政规定的制定程序相对于行政立法而言则较为简单和灵活，通常只要有行政机关主管负责人签发就可生效。

四、行政规定的制定程序

我国目前尚缺乏统一和明确的行政规定制定程序。① 结合实践经验,我们认为,制定行政规定一般应当遵循如下程序规则:

(1) 起草。由行政机关的法制工作机构组织专门人员进行起草。

(2) 协商协调。草案要经过协商协调,如内容涉及几个部门职权职责的,应与这些部门协商,取得一致意见。

(3) 征求听取意见。应当在一定范围内征求有关人员和专家的意见,对于合理的建议应当予以采纳。

(4) 审核。草案完成后,经协商、协调和征求意见并进行修改后,应由有关负责人进行审核,以审查、核实该草案是否有法律、法规或规章作为依据,是否与上一级规范性文件相抵触,其可行性程度如何以及文字表述方面是否规范等。

(5) 签发。审核结束后,由负有签发职权的行政机关负责人进行签发。

五、对行政规定的监督

由于我国行政规定在一定程度上出现了越权制定创设性内容、与其他法律规范相冲突等问题,造成了行政管理上的混乱,因此,加强对行政规定的监督势在必行。根据宪法和相关法律的规定,目前我国对行政规定的监督途径有:

(一) 权力机关的监督

根据我国《宪法》《地方组织法》的规定,全国人大常委会有权撤销国务院制定的同宪法、法律相抵触的行政法规、决定和命令;县级以上地方各级人大及其常委会有权撤销本级人民政府不适当的决定和命令。此外,各级人大及其常委会还有权对政府的工作进行监督,其中也包含对政府制定行政规定工作的监督。

(二) 行政机关的监督

1. 通过备案审查制度实施监督

这是一种上级行政机关对行政规定的专门监督方式。目前,我国对行政规定的备案尚无统一规定,而是散见于各类部门规章或地方政府规章中。如《浙江省行政规范性文件备案审查规定》,对浙江省行政规定的备案审查作了规定。

2. 通过行政复议制度实施监督

根据《行政复议法》第 7 条之规定,行政复议申请人在就具体行政行为申请复议时,可一并对该行为所依据的规定的合法性提出复议申请,其中包括:国务院部门的

---

① 比较接近的规定是国务院于 2000 年 8 月 24 日颁布的《国家行政机关公文处理办法》,其中第 24 条针对行政公文的发文办理过程规定了如草拟、审核、签发、复核、缮印、用印、登记、分发等程序。

规定,县级以上地方各级人民政府及其工作部门的规定,以及乡、镇人民政府的规定。从该制度在行政复议制度整体中的定位而言,可以认为此处对行政规定的审查是一种行政的间接性附带审查制。所谓附带审查,是指复议机关或者其他机关对上述规定的审查是以具体行政行为为前提的,即不能单独依据《行政复议法》对规定是否合法进行审查。同样,复议申请人也不能仅就行政规定的合法性向行政复议机关提出复议申请。《行政复议法》第7条中所指规定,是作为行政复议审查对象的具体行政行为的行为依据,只有当具体行政行为成为行政复议对象时,申请人才可一并向行政复议机关提出对该规定的审查申请,此时作为行为依据的规定才可成为被审查对象。

(三) 司法机关的监督

根据《行政诉讼法》第53条的规定,公民、法人或者其他组织认为行政行为所依据的国务院部门和地方人民政府及其部门制定的规范性文件不合法,在对行政行为提起诉讼时,可以一并请求对该规范性文件进行审查。该条规定明确了我国司法机关对行政规定的一并审查权,这也意味着司法机关有权对行政规定进行监督。

第六章

行 政 许 可

第一节 行政许可概述

《行政许可法》于2003年8月27日由第十届全国人大常委会第四次会议通过，自2004年7月1日起施行。《行政许可法》的制定秉持权利观念，这有三个方面的重要意义：一是加强对政府行为的控制；二是加强对个人权利的保护，防止政府规制措施给个人权利和公共利益带来损害；三是提升资源配置的有效性，增进社会效益。[①]

一、行政许可的概念

《行政许可法》第2条规定：本法所称行政许可，是指行政机关根据自然人、法人或者其他组织提出的申请，经依法审查，准予其从事特定活动的行为。在全国人大常委会审议的《行政许可法(二审稿)》中，行政许可的概念被表述为："行政机关根据自然人、法人或者其他组织提出的申请，经依法审查，准予其从事特定活动、认可其资格资质或者确立其特定主体资格、特定身份的行为。"[②]对此，在审议过程中，一些委员、地方和法学专家提出，行政许可是行政机关根据申请，经依法审查，准予申请人从事特定活动的行为。行政机关"认可其资格资质或者确立其特定主体资格、特定身份"，已经包含在前一句的表述之中，可以不再重复规定。因此，全国人大法律委员会在《行政许可法(三审稿)》中建议将这一条予以简化修改。[③]这一建议最终确定为《行政许可法》的正式条文。

与此相对，《行政许可法》第3条第2款规定，有关行政机关对其他机关或者对其直接管理的事业单位的人事、财务、外事等事项的审批，不适用本法。

行政许可是最重要的行政行为类型之一。总体而言，行政许可是外部行政行为，是具体行政行为，是依申请作出的行政行为。然而，被统称为行政许可的这类行政行

---

① 参见周汉华：《行政许可法：观念创新与实践挑战》，载《法学研究》2005年第2期。
② 杨景宇：《关于〈中华人民共和国行政许可法(草案)〉的说明——2002年8月23日在第九届全国人民代表大会常务委员会第二十九次会议上》，载《全国人民代表大会常务委员会公报》2003年第5期。
③ 参见乔晓阳：《全国人大法律委员会关于〈中华人民共和国行政许可法(草案)〉修改情况的汇报——2002年12月23日在第九届全国人民代表大会常务委员会第三十一次会议上》，载《全国人民代表大会常务委员会公报》2003年第5期。

为,相互之间又存在着显著的差别,需要分类加以阐述。

二、行政许可的分类

国务院起草的《行政许可法(草案)》根据性质、功能、适用事项的不同,将行政许可分为五类,以对行政许可加以规范,强化对实施行政许可的监督:一是普通许可。普通许可是由行政机关确认自然人、法人或者其他组织是否具备从事特定活动的条件。它是运用最广泛的一种行政许可,适用于直接关系国家安全、经济安全、公共利益、人身健康、生命财产安全的事项。普通许可的功能主要是防止危险、保障安全,一般没有数量控制。二是特许。特许是由行政机关代表国家向被许可人授予某种权利,主要适用于有限自然资源的开发利用、有限公共资源的配置、直接关系公共利益的垄断性企业的市场准入等。海域使用许可、无线电频率许可是典型的特许。特许的功能主要是分配稀缺资源,一般有数量控制。三是认可。认可是由行政机关对申请人是否具备特定技能的认定,主要适用于为公众提供服务、直接关系公共利益并且要求具备特殊信誉、特殊条件或者特殊技能的资格、资质。认可的主要功能是提高从业水平或者某种技能、信誉,没有数量限制。四是核准。核准是由行政机关对某些事项是否达到特定技术标准、经济技术规范的判断、确定,主要适用于直接关系公共安全、人身健康、生命财产安全的重要设备设施的设计、建造、安装和使用,直接关系人身健康、生命财产安全的特定产品、物品的检验、检疫。核准的功能也是为了防止危险、保障安全,没有数量控制。五是登记。登记是由行政机关确立个人、企业或者其他组织的特定主体资格。登记的功能主要是确立申请人的市场主体资格,没有数量控制。①

行政许可的分类在立法过程中引起广泛的讨论。②国务院《行政许可法(草案)》的分类经过几番争论,最终未能在立法中确立。当然,《行政许可法》第12条规定的可以设定行政许可的事项范围和第四章第六节"特别规定",隐含着行政许可的分类。厘清行政许可的分类及其具体内涵,对于充分准确认识行政许可实有必要。

考察行政法学通说和比较法,行政许可通常分为一般许可、特许和认可三类。其中,许可是免除私人所负的一般性禁止义务(不作为义务)的特定行为;而特许是对相对人直接设定其原本不拥有的权利或权利能力的行为;认可则是补充私主体的行为从而使之具备法律效力的行为(补充性行为)。③

(一) 许可

在我国行政法学上,较早将许可定义为:"国家对于人民,一面依法规之所定或于

---

① 参见杨景宇:《关于〈中华人民共和国行政许可法(草案)〉的说明——2002年8月23日在第九届全国人民代表大会常务委员会第二十九次会议上》,载《全国人民代表大会常务委员会公报》2003年第5期。
② 参见应松年口述:《与法同行》,何海波整理,中国政法大学出版社2015年版,第133页。
③ 参见朱芒:《日本的行政许可——基本理论与制度》,载《中外法学》1999年第4期。

法律之范围内命令其作为或不作为,然他之方面,则又就实在之事件对于特定之人而解除其禁止或命令。所谓解除其禁止者,一般禁止之行为对于特定之人,实际许其作为之谓可称之为许可(Erlaubnis)。……许可云者,以一般禁止之事件,实际解除其禁止者为限。"①在日本法上的行政许可制度中,行政相对人被行政机关的许可行为所解除的是由法律设定的一般性不作为义务(禁止义务)。相应的许可行为所要恢复的则是私人原本拥有的自由。由于许可申请人所受到的一般性禁止是基于公益的需要而设定的,因此解除该禁止的许可行为并不产生权利,被许可者即使因许可获得利益,也不因此拥有排除第三者利益的效力,即不拥有为了维持该利益而请求不得向第三者发放或撤销已经发放的同样许可的权利。从权利义务关系上看,由于许可行为只是产生解除被禁止义务的法律效果,即恢复原本具有的自由,因此,对作出是否给予许可决定的行政机关而言,不可以自由裁量决定不给予许可,只要申请事项中不存在法定的欠格事项以及其他不应给予许可的事项,行政机关原则上应给予许可。②

早期有学者对行政许可是"赋权"行为提出质疑,主张"行政许可是一种义务与服务,而非恩赐权利"③。在对一般许可的性质认识上,这一意见是成立的。

在中国行政法实定法上,《行政许可法》第12条第1项规定的"批准"、《行政许可法》第12条第3项规定的"资格认定"、《行政许可法》第12条第4项规定的"技术核准",从意思表示及其法律效果的角度考察,其性质实为许可。我国《道路交通安全法》第19条第1款规定:"驾驶机动车,应当依法取得机动车驾驶证。"这其实就是许可。起初,每个人都有驾驶机动车辆的自由,但是为了维护公共安全,国家制定法律对驾驶行为设定了普遍禁止,每个人都失去了这一自由,只有提出符合许可条件的申请获得许可后,才能解禁,从而恢复驾驶自由。

(二) 特许

在我国行政法学上,较早将特许定义为:"行政处分中,有对于个人或团体而赋与以公法上特权,或设定特别之权利关系,或赋与以私法上之权利者,总称之曰赋与(Gewährung),或曰设权行为(Konstitutive Akte, Rechtsbegründende Akte),又称之为特许(Verleihung oder Konzession)者。此等处分之效果,在于使特定之个人或团体得以享有从未所未有之特权或权利,其所以异于许可者。"④在法国行政法上,特许通常是指相对人和行政机关签订合同,得到特别允许作某种行为或使用公产的权利。⑤

与解除一般性禁止的许可相反,特许为赋权性或授益性的行政许可行为,是对

---

① 钟赓言:《钟赓言行政法讲义》,王贵松等点校,法律出版社2015年版,第73页。
② 参见朱芒:《日本的行政许可——基本理论和制度》,载《中外法学》1999年第4期。
③ 郭道晖:《对行政许可是"赋权"行为的质疑——关于享有与行使权利的一点法理思考》,载《法学》1997年第11期。
④ 钟赓言:《钟赓言行政法讲义》,王贵松等点校,法律出版社2015年版,第73页。
⑤ 参见王名扬:《法国行政法》,北京大学出版社2007年版,第271页。

国民设定其原本不拥有的权利或权利能力的行为。诸如电力、煤气等公共事业、铁路、公共汽车等运输业，承担着向国民生活提供不可少的服务任务。这类领域所具有的高度公益性，决定了这类营业活动不应当然地归属于私人原本拥有的自由，而应获得国家的特别批准并在实施过程中接受国家的业务监督。因此，这类针对公共事业的许可称为公企业的特许，即赋予属于国家经营公益事业特权的特许。①

在我国实定法上，《行政许可法》第12条第2项规定的"有限自然资源开发利用、公共资源配置以及直接关系公共利益的特定行业的市场准入等，需要赋予特定权利的事项"，一般被认为是"特许"。我国《矿产资源法》第3条规定，"矿产资源属于国家所有，由国务院行使国家对矿产资源的所有权。……勘查、开采矿产资源，必须依法分别申请、经批准取得探矿权、采矿权，并办理登记"。这里的"批准"，就是特许。第5条规定："国家实行探矿权、采矿权有偿取得的制度……开采矿产资源，必须按照国家有关规定缴纳资源税和资源补偿费。"私主体没有开采矿产资源的自由，只有获得特许并支付相应费用后才能取得采矿的权利。

（三）认可

在我国行政法学上，较早将认可定位为："认可者，当事人之法律行为，非经国家同意不能有效成立，此际由国家予以同意，使之完成其效力之行为之谓也。其与许可之所以异者，盖在许可为一般禁止之解除，其效果只在于回复自然之自由，而在认可，则系对于法律行为之同意，其效果在于完成法律行为之效力。"②

在日本行政法中，认可是指行政机关补充第三者的合同行为、共同行为等法律行为，使其完成法律上的效力的行为。认可是从立法政策的需要出发，通过行政意思的表示使其他法律主体间的法律行为发生效力的一种行政介入手段，因此未经认可的合同不发生效力，行政以此方法达到规制目的。③ 由于认可行为仅仅只是补充本体行为，即私人的法律行为的补充，因此作为本体行为的私人的法律行为如存在瑕疵，即使该行为已经获得认可，它在私法上也不具有效力。作为本体的法律行为有瑕疵时，私人即使在已经获得认可之后仍然有权主张该行为无效或应被撤销。

在我国行政法实定法上，《行政许可法》第12条第5项规定的"登记"，其性质应为"认可"。④ 我国《合同法》第44条规定："依法成立的合同，自成立时生效。法律、行政法规规定应当办理批准、登记等手续生效的，依照其规定。"这里的"批准、登记"就是认可。我国《中外合资经营企业法》第3条规定："合营各方签订的合营协议、合同、章程，应报国家对外经济贸易主管部门（以下称审查批准机关）审查批准。"这里的"审

---

① 参见朱芒：《日本的行政许可——基本理论和制度》，载《中外法学》1999年第4期。
② 钟赓言：《钟赓言行政法讲义》，王贵松等点校，法律出版社2015年版，第75页。
③ 参见朱芒：《日本的行政许可——基本理论和制度》，载《中外法学》1999年第4期。
④ 有学者认为，《行政许可法》第12条第1、3、4、5项规定的四类事项，实质上有共性，包括许可条件法定、许可决定一般无行政裁量权、一般没有数量限制、不涉及资源配置、当事人取得许可无须支付资源使用费，因此主张都属于普通（一般）许可。参见王克稳：《行政许可中特许权的物权属性与制度建构研究》，法律出版社2015年版，第29—31页。

查批准"也是认可。

认可因其在私人的法律行为之后作出,而在形式上容易与备案相混淆。实务中,行政机关往往也以"备案"之名行"许可"之实。但是,备案与许可、认可在意思表示及其法律效果上存在根本区别。所谓备案,是指私人向行政机关作出的通知行为。备案的形式要件,是指行政机关的意思和判断没有介入余地的法律法规上的要件。行政机关对备案,不具有审查其内容的权限。[1]在日本,备案制在实际运用中也常常起着与许可制同样的作用。为此,日本《行政程序法》第37条规定,在备案书所记载事项中不存在欠缺,已附加备案书所必需的文件以及具备其他法令所规定的备案的形式要件的情况下,备案在到达法令规定该备案的提交机关的办公场所时,即已完成应履行的程序上的义务。[2]

依日本行政法的经典理论,行政行为分为法律行为性行政行为和准法律行为性行政行为,其中,法律行为性行政行为又进而分为命令性行政行为(免除私人特定义务或命令私人履行特定义务的行为)和形成性行政行为(赋予权利能力、行为能力、特定的权利或设定概括性法律关系、使法律上的效力发生、变更、消灭的行为)。上述的许可属于命令性行政行为,特许和认可则属于形成性行政行为。总体而言,许可与自由的关系、特许与权利形成的关系、认可和私法调整的关系,是认识行政许可性质的基本框架。

三、行政许可的基本原则

行政许可是一种非常重要的行政行为类型。其设定和实施受行政法基本原则的调控。《行政许可法》对行政许可的基本原则作了一些具体规定,主要包括法定原则,公平、公开、公正原则,高效便民原则,权利保障原则,信赖保护原则。

(一) 法定原则

法定原则主要体现在《行政许可法》第4条中,即"设定和实施行政许可,应当依照法定的权限、范围、条件和程序"。《行政许可法》第27条"行政机关实施行政许可,不得向申请人提出购买指定商品、接受有偿服务等不正当要求"的规定,实际上是从禁止的角度对法定原则提出的具体要求。

(二) 公平、公开、公正原则

公开、公平、公正原则主要在《行政许可法》第5条第1款宣示,即"设定和实施行政许可,应当遵循公平、公开、公正的原则"。《行政许可法》第5条第2款规定进一步深化了公开原则,即"有关行政许可的规定应当公布;未经公布的,不得作为实施行政

---

[1] 参见〔日〕室井力、芝池义一、滨川清主编:《日本行政程序法逐条注释》,朱芒译,上海三联书店2009年版,第253页。
[2] 同上书,第252页。

许可的依据。行政许可的实施和结果,除涉及国家秘密、商业秘密或者个人隐私的外,应当公开。"《行政许可法》第7条规定的公民、法人或者其他组织对行政机关实施行政许可享有陈述权、申辩权,第36条规定的告知利害关系人和听取陈述申辩,第46条规定的法定和重大行政许可事项听证,以及第47条规定的申请人、利害关系人听证,都是体现公平、公正原则的重要制度。

(三) 高效便民原则

高效便民原则在国务院《全面依法行政实施纲要》中有详细阐述,在法律职业资格考试的辅导读本中也被作为行政法基本原则纳入。《行政许可法》第6条具体表述了行政许可的便民和效率原则,即"实施行政许可,应当遵循便民的原则,提高办事效率、提高优质服务。"《行政许可法》第26条规定,行政许可需要行政机关内设的多个机构办理的,应当确定一个机构统一受理行政许可申请,统一送达行政许可决定。依法应当由地方人民政府两个以上部门分别实施的行政许可,本级人民政府可以确定由一个部门受理行政许可申请并转告有关部门分别提出意见后统一办理,或者组织有关部门联合办理、集中办理。实际上是体现效率、便民原则的具体制度安排。国务院的"放管服"改革、浙江省广泛实践的"最多跑一次改革",以及上海自贸区的"负面清单"等行政审批制度改革,其出发点都在于提升效率、提供优质服务。

(四) 权利保障原则

权利保障原则具体体现在《行政许可法》第7条中,即"公民、法人或者其他组织对行政机关实施行政许可,享有陈述权、申辩权;有权依法申请行政复议或者提起行政诉讼;其合法权益因行政机关违法实施行政许可受到损害的,有权依法要求赔偿"。《最高人民法院关于审理行政许可案件若干问题的规定》第2条也明确规定:"公民、法人或者其他组织认为行政机关未公开行政许可决定或者未提供行政许可监督检查记录侵犯其合法权益,提起行政诉讼的,人民法院应当依法受理。"

(五) 信赖保护原则

信赖保护原则系大陆法系行政法上的基本原则,它是法的安定性和诚实守信政府的集中体现。在实定法上,《行政许可法》第8条规定:"公民、法人或者其他组织依法取得的行政许可受法律保护,行政机关不得擅自改变已经生效的行政许可。行政许可所依据的法律、法规、规章修改或者废止,或者准予行政许可所依据的客观情况发生重大变化的,为了公共利益的需要,行政机关可以依法变更或者撤回已经生效的行政许可。由此给公民、法人或者组织造成财产损失的,行政机关应当依法给予补偿。"《行政许可法》第69条规定:因行政机关自己的违法行为导致行政许可被撤销的,使被许可人的合法权益受到损害的,行政机关应当依法给予赔偿。这些规定是信赖保护原则的具体制度表现。

第二节　行政许可的设定

在《行政许可法》的制定过程中,讨论得最多,也是最大的难题之一,就是如何划定一条界线,明确哪些事项需要设定许可,哪些事项根本不需要设定许可。行政许可的设定,是指拥有行政许可立法权的国家机关在行政法律规范性文件中,对行政许可所作出的创设性规定。

在计划经济体制之下,政府实际上是一个全能政府。这种体制直接导致大锅饭、低效率、资源配置不合理、政府权力过大等弊端。我国的改革正是从革除这种体制的弊端开始的,通过最初的放权让利,减少政府干预的范围和程度,让市场在资源配置中发挥越来越大的作用,逐步建立了社会主义市场经济制度。市场化改革后,政府仍然需要承担经济调节、市场监管、社会管理与公共服务的职能。制定《行政许可法》,科学地划定政府与市场的边界,有利于巩固市场化改革的成果,为政府履行其法定职责提供法律依据。[①]

一、事项

设定行政许可的原则是尊重市场在资源配置中的基础性作用,尊重社会在国家治理中的重要作用,其目的在于保障权利、实现公益。对此,《行政许可法》第 11 条有明确的规定:"设定行政许可,应当遵循经济和社会发展规律,有利于发挥公民、法人或者其他组织的积极性、主动性,维护公共利益和社会秩序,促进经济、社会和生态环境协调发展。"

在《行政许可法》制定过程中,对于哪些事项可以设定为许可,引起广泛的争论。国务院"在征求意见过程中,普遍认为:草案对哪些事项可以设定行政许可,哪些事项不能设定行政许可,需要作出明确规定。考虑到我国经济体制还处于转轨时期,政府职能转变还没有完全到位,为了对下一步改革留有余地,这个问题不宜规定过于具体,以免挂一漏万。据此,草案对可以设定行政许可的事项作了原则规定"[②]。

《行政许可法》第 12 条规定了可以设定行政许可的事项:"(一) 直接涉及国家安全、公共安全、经济宏观调控、生态环境保护以及直接关系人身健康、生命财产安全等特定活动,需要按照法定条件予以批准的事项;(二) 有限自然资源开发利用、公共资源配置以及直接关系公共利益的特定行业的市场准入等,需要赋予特定权利的事项;(三) 提供公共服务并且直接关系公共利益的职业、行业,需要确定具备特殊信誉、特

---

① 参见周汉华:《行政许可法:观念创新与实践挑战》,载《法学研究》2005 年第 2 期。
② 参见杨景宇:《关于〈中华人民共和国行政许可法(草案)〉的说明——2002 年 8 月 23 日在第九届全国人民代表大会常务委员会第二十九次会议上》,载《全国人民代表大会常务委员会公报》2003 年第 5 期。

殊条件或者特殊技能等资格、资质的事项;(四)直接关系公共安全、人身健康、生命财产安全的重要设备、设施、产品、物品,需要按照技术标准、技术规范,通过检验、检测、检疫等方式进行审定的事项;(五)企业或者其他组织的设立等,需要确定主体资格的事项;(六)法律、行政法规规定可以设定行政许可的其他事项。"

设定行政许可还要坚持合理的原则,即使是可以设定行政许可的事项,也并不是都要设定行政许可。据此,《行政许可法(草案)》规定:凡是通过市场机制能够解决的问题,应当由市场机制去解决;通过市场机制难以解决,但通过规范、公正的中介机构自律能够解决的问题,应当通过中介机构自律去解决;即使是市场机制、中介机构自律解决不了,需要政府加以管理的问题,也要首先考虑通过事后监督去解决。①

根据《行政许可法》第13条的规定,《行政许可法》第12条规定的可以设定行政许可的事项,通过私主体自主决定、市场竞争机制、行业自律和事后监督等方式能予以规范的,可以不设行政许可。这些替代行政许可的方式具体包括:(1)公民、法人或者其他组织能够自主决定的事项;(2)市场竞争机制能够有效调节的事项;(3)行业组织或者中介机构能够自律管理的事项;(4)行政机关采用事后监督等其他行政管理方式能够解决的事项。

我国《水法》第7条规定:"国家对水资源依法实行取水许可制度和有偿使用制度。但是,农村集体经济组织及其成员使用本集体经济组织的水塘、水库中的水的除外。""农村集体经济组织及其成员使用本集体经济组织的水塘、水库中的水"之所以被排除适用"取水许可制度和有偿使用制度",是因为这是自然经济运作的基本形态,国家干预不应介入。在解释论上,它不完全属于私主体自主决定或行业自律的情形,而是自然经济和村民自治的运作情形。

2004年颁布的国务院《全面推进依法行政实施纲要》对上述规定的要旨作了进一步明确的表述:"凡是公民、法人和其他组织能够自主解决的,市场竞争机制能够调节的,行业组织或者中介机构通过自律能够解决的事项,除法律另有规定的外,行政机关不要通过行政管理去解决。"

即使为了确立基本秩序、保障公共安全、实现公共利益,行政许可也不必然是充分或可行的手段。例如,为保障网络安全而实行互联网网站的入网许可,实际上没有意义,因为网络技术日新月异,指望以入网时许可而保障安全无异于"刻舟求剑";又如,网络搜索引擎的"竞价排名"使搜索的自然结果受到调整,如果采用事前许可的方式一一予以审查则必定毫无效率;再如,特大城市的重要地段在节假日必有人群聚集,即使不举办特定活动也是如此,此时为保障安全不可能采用许可的手段。

二、权限

行政许可的设定权限是《行政许可法》立法中一个争议很大的问题。有学者较早

---

① 参见杨景宇:《关于〈〈中华人民共和国行政许可法(草案)〉〉的说明——2002年8月23日在第九届全国人民代表大会常务委员会第二十九次会议上》,载《全国人民代表大会常务委员会公报》2003年第5期。

指出:"我国许可制度比较混乱,许多没有行政许可立法权的行政机关随意为自己设定许可权,这无疑是对相对人权利的限制和剥夺。为了防止类似情况的出现,可拟从立法上统一行政许可权的设定问题。"①

《行政许可法》对不同位阶的法律规范的设定权限作了分别规定。《行政许可法》第 14 条规定:"本法第十二条所列事项,法律可以设定行政许可。"

《行政许可法》对国务院的行政许可设定权限作了分类规定。《行政许可法》第 14 条规定:"尚未制定法律的,行政法规可以设定行政许可。必要时,国务院可以采用发布决定的方式设定行政许可。实施后,除临时性行政许可事项外,国务院应当及时提请全国人民代表大会及其常务委员会制定法律,或者自行制定行政法规。"根据我国《宪法》第 89 条第 1 项的规定,国务院可以根据宪法和法律,规定行政措施,制定行政法规,发布决定和命令。"制定行政法规"和"发布决定"都是国务院有权采取的行政活动方式。

《行政许可法(草案)》曾规定,"本法规定可以设定行政许可的事项,尚未制定法律的,行政法规、国务院有普遍约束力的决定可以设定行政许可"。一些委员、地方和专家提出,设定行政许可是一种立法行为,"国务院有普遍约束力的决定"在制定程序和法律效力上与行政法规不同,在行政许可设定权上不宜与行政法规并列。同时考虑到一些临时的、紧急的和尚未制定法律、行政法规的事项,国务院还需要以行政许可的方式进行管理,因此,法律委员会建议删去"国务院有普遍约束力的决定"可以设定行政许可的规定,同时增加规定:"必要时,国务院可以用发布决定的形式设定行政许可。实施后,国务院应当及时将该行政许可事项提请全国人民代表大会或者其常务委员会制定法律或者自行制定行政法规。"②《行政许可法》之所以允许国务院以决定形式设定行政许可,是因为当时绝大部分许可都是由部门规章设定的,其中一部分是合理的,是实际需要的。③

关于"用发布决定的形式设定行政许可",《国务院对确需保留的行政审批项目设定行政许可的决定》是较为重要的实例。它规定,对法律、行政法规以外的规范性文件设定,但确需保留且符合《行政许可法》第 12 条规定事项的行政审批项目,根据《行政许可法》第 14 条第 2 款的规定,决定予以保留并设定行政许可,共 500 项。例如,该决定的第 112 项即规定了"出租汽车经营资格证、车辆运营证和驾驶员客运证核发"④。

地方性法规的行政许可设定权规定于《行政许可法》第 15 条。该条第 1 款规定,"本法第十二条所列事项,尚未制定法律、行政法规的,地方性法规可以设定行政许

---

① 马怀德:《行政许可权初探》,载《中外法学》1991 年第 8 期。
② 乔晓阳:《全国人大法律委员会关于〈中华人民共和国行政许可法(草案)〉修改情况的汇报——2002 年 12 月 23 日在第九届全国人民代表大会常务委员会第三十一次会议上》,载《全国人民代表大会常务委员会公报》2003 年第 5 期。
③ 参见应松年口述:《与法同行》,何海波整理,中国政法大学出版社 2015 年版,第 134 页。
④ 《国务院对确需保留的行政审批项目设定行政许可的决定》(国务院令第 412 号),载《中华人民共和国国务院公报》2004 年第 23 期。

可"。同条第 2 款作了限制性规定:地方性法规不得设定应当由国家统一确定的公民、法人或者其他组织的资格、资质的行政许可;不得设定企业或者其他组织的设立登记及其前置性行政许可。其设定的行政许可,不得限制其他地区的个人或者企业到本地区从事生产经营和提供服务,不得限制其他地区的商品进入本地区市场。

关于政府规章是否可以设定行政许可,两种不同意见相持不下。在国务院常务会议第一次讨论中,针对部门规章设定行政许可中存在的各方面问题,由国务院领导同志拍板,取消了部门规章的许可设定权,但保留了地方政府规章的许可设定权。①时任总理朱镕基说:部门规章不能设定行政许可。你又是裁判员又是运动员,自己设定许可,然后自己掌握着,那不行。关于地方规章,朱镕基说,地方政府,特别是省政府,相当于小国务院,事情多得不得了,应该给它设定权。②

到全国人大常委会审议阶段,对地方政府规章的许可设定权进行了反复的讨论,最后决定从设定主体和设定时限两个方面进行限制。草案第 24 条第 2 款规定:尚未制定法律、行政法规的,"地方性法规、地方政府规章可以设定行政许可"。一些部门、地方和专家提出,现在行政许可过多过滥,主要原因之一是对规章的设定权缺乏约束。地方行政管理如果需要设定行政许可,可以通过地方性法规设定。因此,应当删去地方政府规章的设定权。也有一些地方认为,地方性法规制定周期较长,设定权集中于地方性法规,不利于保障行政管理的效率。因此,应当保留地方政府规章的行政许可设定权。考虑到省级人民政府规章和省会市、较大市人民政府规章有所不同,法律委员会建议规定,省、自治区、直辖市人民政府的规章可以设定一年期的临时性行政许可。此外,针对一些地方存在的地方保护主义等问题,有针对性地作出一些限制性规定。③

省级地方政府规章的临时性许可设定权规定于《行政许可法》第 15 条第 1 款:"尚未制定法律、行政法规和地方性法规的,因行政管理的需要,确需立即实施行政许可的,省、自治区、直辖市人民政府规章可以设定临时性的行政许可。临时性的行政许可实施满一年需要继续实施的,应当提请本级人民代表大会及其常务委员会制定地方性法规。"关于其限制性规定的内容与地方性法规设定行政许可的限制性规定一体,见于《行政许可法》第 15 条第 2 款。

总体而言,《行政许可法》对于许可设定权的规定,尤其是对地方许可设定权的规范与限制,应该说远远超出了《行政处罚法》《立法法》的规定,达到近年来立法权上的最高峰。④最高人民法院在行政审判中对规章设定行政许可往往也进行较为严格的合法性审查。在最高人民法院指导案例 5 号中,法院生效裁判认为:根据《行政许可法》第 15 条第 1 款、第 16 条第 3 款的规定,在已经制定法律、行政法规的情况下,地

---

① 参见周汉华:《行政许可法:观念创新与实践挑战》,载《法学研究》2005 年第 2 期。
② 参见应松年口述:《与法同行》,何海波整理,中国政法大学出版社 2015 年版,第 133—134 页。
③ 参见乔晓阳:《全国人大法律委员会关于〈中华人民共和国行政许可法(草案)〉修改情况的汇报——2002 年 12 月 23 日在第九届全国人民代表大会常务委员会第三十一次会议上》,载《全国人民代表大会常务委员会公报》2003 年第 5 期。
④ 参见周汉华:《行政许可法:观念创新与实践挑战》,载《法学研究》2005 年第 2 期。

方政府规章只能在法律、行政法规设定的行政许可事项范围内对实施该行政许可作出具体规定,不能设定新的行政许可。例如,法律及《盐业管理条例》没有设定工业盐准运证这一行政许可,地方政府规章不能设定工业盐准运证制度。在裁判要点中,最高人民法院进一步明确,地方政府规章违反法律规定设定许可、处罚的,人民法院在行政审判中不予适用。①

《行政许可法》第17条进一步规定:除上述规定外,其他规范性文件一律不得设定行政许可。第18条则规定:设定行政许可,应当规定行政许可的实施机关、条件、程序、期限。其中,关于许可条件的设定,应当符合比例原则,即设定的条件应当妥当,能够实现立法上的行政目的;设定的条件应当必要,对当事人权益的影响或负担最小;设定的条件应该均衡,所实现的公共利益应当高于所付出的社会成本。②

除了行政许可的设定权限外,《行政许可法》还规定了行政许可的规定权限。所谓行政许可的规定,是指在设定行政许可事项范围内对实施该许可作出具体规定。《行政许可法》第16条前三款规定:行政法规可以在法律设定的行政许可事项范围内,对实施该行政许可作出具体规定。地方性法规可以在法律、行政法规设定的行政许可事项范围内,对实施该行政许可作出具体规定。规章可以在上位法设定的行政许可事项范围内,对实施该行政许可作出具体规定。第4款对规定行政许可作了限制性规定,即"法规、规章对实施上位法设定的行政许可作出的具体规定,不得增设行政许可;对行政许可条件作出的具体规定,不得增设违反上位法的其他条件"。

第三节 行政许可的实施

行政许可涉及私主体重要权益,《行政许可法》颁布实施后,行政许可的合法性框架确立。其中,行政许可实施的合法性更是首当其冲。2004年,《行政许可法》实施当年,不计行政许可不作为案件,人民法院受理一审行政许可案件8000件,2006年突破1万件,在全部行政一审案件中所占比例突破10%。③司法审查推动行政许可实施的合法性水平得到持续提升。关于行政许可的实施,最为重要的是实施机关、审查基准、实施程序和监督检查这四个方面的内容。

---

① 参见《指导案例5号:鲁潍(福建)盐业进出口有限公司苏州分公司诉江苏省苏州市盐务管理局盐业行政处罚案》,http://www.court.gov.cn/shenpan-xiangqing-4218.html,2018年6月16日访问。详细的判例评析,参见金自宁:《地方立法行政许可设定权之法律解释——基于鲁潍案的分析》,载《中国法学》2017年第1期。
② 作为示例,对以"网约车"为代表的"互联网+"新经济、新业态,是否及如何设定许可,参见陈越峰:《"互联网+"的规制结构——以"网约车"规制为例》,载《法学家》2017年第1期。
③ 参见赵大光、赵大光、王振宇:《最高人民法院〈关于审理行政许可案件若干问题的规定〉之解读》,载《法律适用》2010年第4期。

一、实施机关

行政许可的实施机关包括行政机关、授权组织。《行政许可法》第22条规定:行政许可由具有行政许可权的行政机关在其法定职权范围内实施。第23条规定:法律、法规授权的具有管理公共事务职能的组织,在法定授权范围内,以自己的名义实施行政许可。

行政机关实施行政许可可以委托,但是条件较为严格。《行政许可法》第24条规定:行政机关在其法定职权范围内,依照法律、法规、规章的规定,可以委托其他行政机关实施行政许可。与行政处罚的委托实施相比,行政许可只能委托"其他行政机关实施",即不能委托"其他行政机关"以外的组织或个人实施。此外,委托机关还应当将受委托行政机关和受委托实施行政许可的内容予以公告。该条第2款规定:委托行政机关对受委托行政机关实施行政许可的行为应当负责监督,并对该行为的后果承担法律责任。同条第3款规定:受委托行政机关在委托范围内,以委托行政机关名义实施行政许可;不得再委托其他组织或者个人实施行政许可。《行政许可法》关于委托实施的名义和责任的规定符合委托的法理。

为了提升行政许可的效能,《行政许可法》第25条规定:"经国务院批准,省、自治区、直辖市人民政府根据精简、统一、效能的原则,可以决定一个行政机关行使有关行政机关的行政许可权。"该法第26条进一步规定:行政许可需要行政机关内设的多个机构办理的,该行政机关应当确定一个机构统一受理行政许可申请,统一送达行政许可决定。行政许可依法由地方人民政府两个以上部门分别实施的,本级人民政府可以确定一个部门受理行政许可申请并转告有关部门分别提出意见后统一办理,或者组织有关部门联合办理、集中办理。根据《最高人民法院关于审理行政许可案件若干问题的规定》第5条的规定,通过集中受理、联合办理的方式作出行政许可决定后,承担因此而产生的法律责任的行政机关是"对当事人作出具有实质影响的不利行为的机关"。

二、审查基准

行政机关对申请的审查就是确认申请是否符合法定要件的过程,而对要件的审查不可能排除行政机关的意思参与法律规范的适用过程。因此,如何建构审查申请时行政裁量的可能空间和对此的法律适用是非常关键的问题。[①]国外对行政基准有解释基准与裁量基准的区分。"所谓解释基准,是指为了防止进行某种决定时作出各不相同的对待,确保行政的统一性,上级行政机关对下级行政机关发布的法令解释的基

---

① 参见〔日〕横川隆生:《审查基准、程序性义务与成文法化——有关裁量自我拘束的一则参考资料》,朱芒译,载《公法研究》2005年第1期,第410—425页。

准"①,一般是因为行政法规范使用了不确定法律概念而需要对其进行"解释"而发生。裁量基准则是行政法规范委任行政机关进行裁量性判断、选择时规定该裁量权行使方法的行政基准。②

我国学者认为,行政裁量基准是指"行政执法者在行政法律规范没有提供要件—效果规定,或者虽然提供了要件—效果规定但据此不足以获得处理具体行政案件所需之完整的判断标准时,按照立法者意图、在行政法律规范所预定的范围内、以要件—效果规定的形式设定的判断标准"③。

在日本,对申请审查的基准不明确、申请后长时间得不到受理、难以知悉申请被驳回的理由等,被认为是许可、特许以及认可等行政运营领域中存在的主要问题。就许可、特许和认可等制度,行政程序法的立法目的在于统一其在审查基准、审查申请的期限和驳回申请时的表明理由等方面的程序制度。④ 为了行政机关能判断是否作出对国民提出的申请给予许可、认可等决定,日本《行政程序法》第5条要求行政机关制定具体的并且是公开的必要的审查基准,以此使行政机关在解释和适用法律时能公正地作出裁量和提高行政过程的透明度。对于申请人而言,这项要求本身也意味着提高了申请人预测行政机关答复内容的可能性。⑤

我国学者主张,从平等原则出发,应将设定裁量基准规定为行政机关的义务。裁量基准相对于立法而言是裁量权的一般行使,相对于公务员而言则又是裁量权的控制手段。裁量基准虽非立法,但经由平等对待、信赖保护等原则的转换而对行政机关具有事实上的拘束力。⑥在实定法上,我国《行政许可法》没有明定制定裁量基准的义务。

我国《行政许可法》第30条规定,行政机关应当将法律、法规、规章规定的有关行政许可的事项、依据、条件、数量、程序、期限以及需要提交的全部材料的目录和申请书示范文本等在办公场所公示。申请人要求行政机关对公示内容予以说明、解释的,行政机关应当说明、解释,提供准确、可靠的信息。尽管没有明确规定应当制定具体的、必要的审查基准,但是对许可条件进行公示且应要求说明解释以提供准确可靠的信息,也在一定程度上为行政机关设定了在个案中明确实质性审查基准的义务。

我国行政程序的地方立法规定了裁量基准的设定义务。2008年《湖南省行政程序规定》第91条第1、2款规定:法律、法规和规章规定行政机关有裁量权的,应当制定裁量权基准,对裁量权予以细化、量化。裁量权基准由享有裁量权的行政机关或者县级以上人民政府制定。裁量权基准的制定程序,按照规范性文件的制定程序办理。

---

① 〔日〕盐野宏:《行政法总论》,杨建顺译,北京大学出版社2008年版,第66页。
② 参见〔日〕平冈久:《行政立法与行政基准》,宇芳译,中国政法大学出版社2014年版,第213页。
③ 王天华:《裁量标准基本理论问题刍议》,载《浙江学刊》2006年第6期。
④ 参见朱芒:《日本的行政许可——基本理论和制度》,载《中外法学》1999年第4期。
⑤ 参见〔日〕室井力、芝池义一、滨川清主编:《日本行政程序法逐条注释》,朱芒译,上海三联书店2009年版,第73页。详细分析参见朱芒:《日本〈行政程序法〉中的裁量基准制度——作为程序正当性保障装置的内在构成》,载《华东政法学院学报》2006年第1期。
⑥ 参见王贵松:《行政裁量基准的设定与适用》,载《华东政法大学学报》2016年第3期。

裁量权基准应当向社会公开。2016年《浙江省行政程序办法》第43条规定：行政机关应当建立健全行政执法裁量基准制度，细化、量化裁量范围、种类和幅度。行政执法裁量基准应当向社会公布。2008年《湖南省行政程序规定》第92条还规定了制定裁量权基准所应根据的情形，具体包括："（一）所依据的法律、法规和规章规定的立法目的、法律原则；（二）经济、社会、文化等客观情况的地域差异性；（三）管理事项的事实、性质、情节以及社会影响；（四）其他可能影响裁量权合理性的因素。"

在实践中，行政机关从自我拘束的角度考虑，对行政许可的法定条件规定具体的审查基准，这种情形越来越多。①

三、实施程序

（一）申请与受理

行政许可是典型的依申请行政行为，因此行政相对人的申请行为是启动行政许可的首要条件，也是行政许可程序的第一步。

（1）提出申请的申请书可能需要采用格式文本。根据《行政许可法》第29条第1款的规定，如果申请书需要采用格式文本的，行政机关应当向申请人提供行政许可申请书格式文本。行政机关提供的格式文本中所列出的要求申请人填写的项目，应当是行政机关批准行政许可所必须了解的事项，申请书格式文本不得包含与申请行政许可事项没有直接关系的内容。《行政许可法》第58条进一步规定：行政机关向申请人提供申请书格式文本，不得收取任何费用。

（2）提出申请可以代理。对此，《行政许可法》第29条第2款规定：申请人可以委托代理人提出行政许可申请，但依法应当由申请人到行政机关办公场所提出行政许可申请的除外。

（3）提出申请的方式原则上不作限定。《行政许可法》第29条第3款规定：行政许可申请可以通过信函、电报、电传、传真、电子数据交换和电子邮件等方式提出。事实上，《行政许可法》规定了行政机关推行电子政务的制度义务，第33条规定：行政机关应当建立和完善有关制度，推行电子政务，在行政机关的网站上公布行政许可事项，方便申请人采取数据电文等方式提出行政许可申请；应当与其他行政机关共享有关行政许可信息，提高办事效率。

提出申请的材料应当真实。对此，《行政许可法》第31条规定：申请人申请行政许可，应当如实向行政机关提交有关材料和反映真实情况，并对其申请材料实质内容的真实性负责。《行政许可法》第69条规定：被许可人以欺骗等不正当手段取得行政许可的，应当予以撤销。

行政机关收到申请材料后，应根据相应情形进行受理或者不予受理。行政机关

---

① 在多机关审批模式下，行政许可的审查标准及其规范依据，可能出现实体要件的矛盾，也可能表现为程序上的"互为前置"。有关研究参见骆梅英：《行政许可标准的冲突及解决》，载《法学研究》2014年第2期。

受理或者不予受理行政许可申请,应当出具加盖本行政机关专用印章和注明日期的书面凭证。根据《行政许可法》第32条第1款第5项的规定,申请事项属于本行政机关职权范围,申请材料齐全、符合法定形式,或者申请人按照本行政机关的要求提交全部补正申请材料的,应当受理行政许可申请。同条款第3项规定:申请材料存在可以当场更正的错误的,应当允许申请人当场更正;第4项则规定:申请材料不齐全或者不符合法定形式的,应当当场或者在5日内一次告知申请人需要补正的全部内容,逾期不告知的,自收到申请材料之日起即为受理。

行政机关应当不予受理的情形主要有三类,根据《行政许可法》第32条的规定,具体包括无须许可、无权受理和申请瑕疵。对此,应作出相应的处理:(1)申请事项依法不需要取得行政许可的,应当即时告知申请人不受理;(2)申请事项依法不属于本行政机关职权范围的,应当即时作出不予受理的决定,并告知申请人向有关行政机关申请;(3)申请材料存在可以当场更正的错误,申请人不予纠正,或申请材料不齐全或者不符合法定形式,经告知后不予补正的,应告知申请人不受理。

(二)审查与决定

1. 一般程序

关于行政许可审查与决定的一般程序,在《行政许可法》中有系统规定。

行政机关应当对申请人提交的申请材料进行审查。申请人提交的申请材料齐全、符合法定形式,行政机关能够当场作出决定的,应当当场作出书面的行政许可决定。根据法定条件和程序,需要对申请材料的实质内容进行核实的,行政机关应当指派两名以上工作人员进行核查。

《行政许可法》第35条规定,依法应当先经下级行政机关审查后报上级行政机关决定的行政许可,下级行政机关应当在法定期限内将初步审查意见和全部申请材料直接报送上级行政机关。上级行政机关不得要求申请人重复提供申请材料。

《行政许可法》第36条规定,行政机关对行政许可申请进行审查时,发现行政许可事项直接关系他人重大利益的,应当告知该利害关系人。申请人、利害关系人有权进行陈述和申辩。行政机关应当听取申请人、利害关系人的意见。

《行政许可法》第37条规定,行政机关对行政许可申请进行审查后,除当场作出行政许可决定的外,应当在法定期限内按照规定程序作出行政许可决定。《最高人民法院关于审理行政许可案件若干问题的规定》第6条规定:行政机关受理行政许可申请后,在法定期限内不予答复,公民、法人或者其他组织向人民法院起诉的,人民法院应当依法受理。"法定期限"自行政许可申请受理之日起计算;以数据电文方式受理的,自数据电文进入行政机关指定的特定系统之日起计算;数据电文需要确认收讫的,自申请人收到行政机关的收讫确认之日起计算。

行政许可审查和决定的一般时限为自受理行政许可申请之日起20个工作日。20日内不能作出决定的,经本行政机关负责人批准,可以延长10日,并应当将延长期限的理由告知申请人。行政许可采取法定的统一办理或者联合办理、集中办理方式的,办理的一般时限为45个工作日;45日内不能办结的,经本级人民政府负责人批准,可以延长15日,并应当将延长期限的理由告知申请人。依法应当先经下级行政机关审查后报上级行政机关决定的行政许可,下级行政机关应当自其受理行政许可申请之日起20日内审查完毕。此外,依法需要听证、招标、拍卖、检验、检测、检疫、鉴定和专家评审的,所需时间不计算在上述期限内。行政机关应当将所需时间书面告知申请人。①

申请人的申请符合法定条件、标准的,行政机关应当依法作出准予行政许可的书面决定。行政机关依法作出不予行政许可的书面决定的,应当说明理由,并告知申请人享有依法申请行政复议或者提起行政诉讼的权利。行政机关作出准予行政许可的决定,需要颁发行政许可证件的,应当向申请人颁发加盖本行政机关印章的下列行政许可证件:(1)许可证、执照或者其他许可证书;(2)资格证、资质证或者其他合格证书;(3)行政机关的批准文件或者证明文件;(4)法律、法规规定的其他行政许可证件。行政机关实施检验、检测、检疫的,可以在检验、检测、检疫合格的设备、设施、产品、物品上加贴标签或者加盖检验、检测、检疫印章。向申请人颁发、送达行政许可证件,或者加贴标签、加盖检验、检测、检疫印章,应当自作出决定之日起10日内完成。

行政机关作出的行政许可决定,其地域效力及于全国。根据《行政许可法》第41条的规定,法律、行政法规设定的行政许可,其适用范围没有地域限制的,申请人取得的行政许可在全国范围内有效。

在作出准予许可的决定后,行政机关还负有向公众公开的义务。根据《行政许可法》第40条的规定,行政机关作出的准予行政许可决定,应当予以公开,公众有权查阅。《最高人民法院关于审理行政许可案件若干问题的规定》第2条规定,公民、法人或者其他组织认为行政机关未公开行政许可决定而提起行政诉讼的,人民法院应当依法受理。

2. 特别程序

行政许可程序的特别规定是调整某种特殊行政许可事项的程序规范,规定于《行政许可法》第52—57条。国务院提出的《行政许可法(草案)》针对普通许可事项、特许事项、认可事项、核准事项和登记事项等各类行政许可的特点规定了不同的特别程序。② 其后,关于这一分类及相应的特别程序一直有不同意见,直到《行政许可法(草案)》三审时尚有不同意见。③ 最终,行政许可的分类未作保留,但是特别程序被保留

---

① 对这一规定,也有意见认为,《行政许可法》规定了一般的时限,但又规定鉴定、评审的时间不包括在内,例如,在药品审批领域,新药上市快两个月、慢两个月涉及利益大,容易滋生腐败。参见应松年口述:《与法同行》,何海波整理,中国政法大学出版社2015年版,第136页。在国务院"放管服"改革中,地方政府开始加速许可的各种实践,例如,"浙江最多跑一次"的改革等。参见《浙江"最多跑一次"越跑越顺》,载《人民日报》2018年1月30日第1版。

② 参见杨景宇:《关于〈中华人民共和国行政许可法(草案)〉的说明——2002年8月23日在第九届全国人民代表大会常务委员会第二十九次会议上》,载《全国人民代表大会常务委员会公报》2003年第5期。

③ 参见乔晓阳:《全国人大法律委员会关于〈中华人民共和国行政许可法(草案)〉修改情况的汇报——2003年6月23日在第十届全国人民代表大会常务委员会第三次会议上》,载《中华人民共和国全国人民代表大会常务委员会公报》2003年第5期。

了。其中一个重要的考虑就是,不同类型的行政许可,有的需要进行实质审查,有的只需进行形式审查,有的要经拍卖,有的要经考试,宜严则严,宜简则简。这样,便于规范、监督实施行政许可的行为,防止执法扰民,以方便当事人办事。①

在适用上,根据《行政许可法》第51条的规定,特别程序优于一般程序。国务院实施行政许可的程序,根据第52条的规定,适用有关法律、行政法规的规定。《行政许可法》规定了招标、拍卖,考试、考核,检验、检测、检疫,核实,排序等特别程序,分述如下:

(1) 实施《行政许可法》第12条第2项所列"有限自然资源开发利用、公共资源配置以及直接关系公共利益的特定行业的市场准入等,需要赋予特定权利的事项"的行政许可,即"特许"事项的行政许可,根据第53条的规定,行政机关应当通过招标、拍卖等公平竞争的方式作出决定。但是,法律、行政法规另有规定的,依照其规定。行政机关通过招标、拍卖等方式作出行政许可决定的具体程序,依照有关法律、行政法规的规定。行政机关按照招标、拍卖程序确定中标人、买受人后,应当作出准予行政许可的决定,并依法向中标人、买受人颁发行政许可证件。行政机关违反本条规定,不采用招标、拍卖方式,或者违反招标、拍卖程序,损害申请人合法权益的,申请人可以依法申请行政复议或者提起行政诉讼。

(2) 实施《行政许可法》第12条第3项所列"提供公众服务并且直接关系公共利益的职业、行业,需要确定具备特殊信誉、特殊条件或者特殊技能等资格、资质的事项"的行政许可,根据第54条的规定,赋予公民特定资格,依法应当举行国家考试的,行政机关根据考试成绩和其他法定条件作出行政许可决定;赋予法人或者其他组织特定的资格、资质的,行政机关根据申请人的专业人员构成、技术条件、经营业绩和管理水平等的考核结果作出行政许可决定。但是,法律、行政法规另有规定的,依照其规定。公民特定资格的考试依法由行政机关或者行业组织实施,公开举行。行政机关或者行业组织应当事先公布资格考试的报名条件、报考办法、考试科目以及考试大纲。但是,不得组织强制性的资格考试的考前培训,不得指定教材或者其他助考材料。

(3) 实施《行政许可法》第12条第4项所列"直接关系公共安全、人身健康、生命财产安全的重要设备、设施、产品、物品,需要按照技术标准、技术规范,通过检验、检测、检疫等方式进行审定的事项"的行政许可,根据第55条的规定,应当按照技术标准、技术规范依法进行检验、检测、检疫,行政机关根据检验、检测、检疫的结果作出行政许可决定。行政机关实施检验、检测、检疫,应当自受理申请之日起5日内指派两名以上工作人员按照技术标准、技术规范进行检验、检测、检疫。不需要对检验、检测、检疫结果作进一步技术分析即可认定设备、设施、产品、物品是否符合技术标准、技术规范的,行政机关应当当场作出行政许可决定。行政机关根据检验、检测、检疫

---

① 参见乔晓阳:《全国人大法律委员会关于〈中华人民共和国行政许可法(草案)〉修改情况的汇报——2003年6月23日在第十届全国人民代表大会常务委员会第三次会议上》,载《中华人民共和国全国人民代表大会常务委员会公报》2003年第5期。

结果,作出不予行政许可决定的,应当书面说明不予行政许可所依据的技术标准、技术规范。

(4) 实施《行政许可法》第12条第5项所列"企业或者其他组织的设立等,需要确定主体资格的事项"的行政许可,根据第56条的规定,申请人提交的申请材料齐全、符合法定形式的,行政机关应当场予以登记。需要对申请材料的实质内容进行核实的,行政机关依照《行政许可法》第34条第3款的规定办理,即根据法定条件和程序,需要对申请材料的实质内容进行核实的,行政机关应当指派两名以上工作人员进行核查。

(5) 实施有数量限制的行政许可,两个或者两个以上申请人的申请均符合法定条件、标准的,根据《行政许可法》第57条的规定,行政机关应当根据受理行政许可申请的先后顺序作出准予行政许可的决定。但是,法律、行政法规另有规定的,依照其规定。

3. 听证程序

行政许可的听证程序包括法定和决定听证、申请听证这两类。《行政许可法》第46条规定:法律、法规、规章规定实施行政许可应当听证的事项,或者行政机关认为需要听证的其他涉及公共利益的重大行政许可事项,行政机关应当向社会公告,并举行听证。① 例如,我国《环境影响评价法》第21条规定:除国家规定需要保密的情形外,对环境可能造成重大影响、应当编制环境影响报告书的建设项目,建设单位应当在报批建设项目环境影响报告书前,举行论证会、听证会,或者采取其他形式,征求有关单位、专家和公众的意见。2004年《环境保护行政许可听证暂行办法》第5条第1、2款规定:按照法律、法规、规章的规定,实施环境保护行政许可应当组织听证的,实施涉及公共利益的重大环境保护行政许可,环境保护行政主管部门认为需要听证的,适用该办法。

《行政许可法》第47条规定:行政许可直接涉及申请人与他人之间重大利益关系的,行政机关在作出行政许可决定前,应当告知申请人、利害关系人享有要求听证的权利。例如,城市规划许可事项影响到利害关系人的房屋日照、通行、通风、采光、截水、排水等民事相邻权关系的,是重大利益关系,行政机关应履行听证告知程序。② 又如,《环境保护行政许可听证暂行办法》第5条第3款规定:环境保护行政许可直接涉及申请人与他人之间重大利益关系,申请人、利害关系人依法要求听证的,适用该办法。该办法第6条第2款规定:可能产生油烟、恶臭、噪声或者其他污染,严重影响项

---

① 在《行政许可法(草案)》二审过程中,法律委员会建议增加一条规定:"有关资源、环境保护、城市征地建设等涉及社会公共利益的重大行政许可事项,行政机关应当向申请人或者利害关系人说明有关情况,并举行听证会。"最后,列举的"资源、环境保护、城市征地建设等"表述被删除了。参见乔晓阳:《全国人大法律委员会关于〈中华人民共和国行政许可法(草案)〉修改情况的汇报——2002年12月23日在第九届全国人民代表大会常务委员会第三十一次会议上》,载《全国人民代表大会常务委员会公报》2003年第5期。

② 参见万靖、胡俊辉:《行政许可中重大利益关系的认定》,载《人民司法·案例》2013年第24期。关于城市空间利益正当分配及听证程序的适用,可参见陈越峰:《城市空间利益的正当分配——从规划行政许可侵犯相邻权益案切入》,载《法学研究》2015年第1期。

目所在地居民生活环境质量的建设项目,未依法征求有关单位、专家和公众的意见,或者虽然依法征求了有关单位、专家和公众的意见,但存在重大意见分歧的,环境保护行政主管部门在审查或者重新审核建设项目环境影响评价文件之前,可以举行听证会,征求项目所在地有关单位和居民的意见。

根据《最高人民法院关于审理行政许可案件若干问题的规定》第 3 条的规定,公民、法人或者其他组织仅就行政许可过程中告知听证的通知行为提起行政诉讼的,人民法院不予受理,但导致许可程序对上述主体事实上终止的除外。

听证程序的实施,需要遵循告知、公开、回避、听取意见和案卷排他性的规则。《行政许可法》第 47、48 条对此作出详细规定,具体包括:

(1) 申请人、利害关系人在被告知听证权利之日起 5 日内提出听证申请的,行政机关应当在 20 日内组织听证。① 申请人、利害关系人不承担行政机关组织听证的费用。

(2) 行政机关应当于举行听证的 7 日前将举行听证的时间、地点通知申请人、利害关系人,必要时予以公告。

(3) 行政许可听证应当公开举行。

(4) 行政机关应当指定审查行政许可申请的工作人员以外的工作人员为听证主持人。申请人或利害关系人如果认为主持人与本行政许可事项有直接利害关系的,有权申请回避。

(5) 举行听证时,审查该行政许可申请的工作人员应当提供审查意见的证据、理由,申请人和利害关系人可以有针对性地提出证据并进行申辩和质证,提出对自己有利的事实和依据。

(6) 听证应当制作笔录,听证笔录应当交听证参加人确认无误后签字或者盖章。行政机关应当根据听证笔录,作出行政许可决定。

4. 变更与延续程序

根据《行政许可法》第 49 条的规定,被许可人要求变更行政许可事项的,应当向作出行政许可决定的行政机关提出申请;符合法定条件、标准的,行政机关应当依法办理变更手续。

根据《行政许可法》第 50 条的规定,被许可人需要延续依法取得的行政许可的有效期的,应当在该行政许可有效期届满 30 日前向作出行政许可决定的行政机关提出申请。但是,法律、法规、规章另有规定的,依照其规定。行政机关应当根据被许可人的申请,在该行政许可有效期届满前作出是否准予延续的决定;逾期未作决定的,视为准予延续。

---

① 《行政许可法(草案)》二次审议稿第 47 条规定了行政机关应当举行听证的情形。有的地方提出,这一条对于申请人或者利害关系人在提出听证申请后,行政机关应当在多长时间内举行听证未作规定,应当加以明确。因此,法律委员会建议增加规定:行政机关应当在申请人或者利害关系人提出听证申请后的 20 日内组织听证,并将其写入三审稿中。参见乔晓阳:《全国人大法律委员会关于〈中华人民共和国行政许可法(草案)〉修改情况的汇报——2003 年 6 月 23 日在第十届全国人民代表大会常务委员会第三次会议上》,载《中华人民共和国全国人民代表大会常务委员会公报》2003 年第 5 期。

四、监督检查

(一) 检查

在作出行政许可的后续监管中,行政机关可以依法进行检查、检验、检测。具体包括对被许可人生产经营的产品依法进行抽样检查、检验、检测,对其生产经营场所依法进行实地检查。检查时,行政机关可以依法查阅或者要求被许可人报送有关材料;被许可人应当如实提供有关情况和材料。行政机关根据法律、行政法规的规定,对直接关系公共安全、人身健康、生命财产安全的重要设备、设施进行定期检验。对检验合格的,行政机关应当发给相应的证明文件。

(二) 命令

在作出行政许可的后续监管中,行政机关有权采取责令限期改正、责令停止违法行为等行政命令的形式实现行政目的。例如,被许可人未依法履行开发利用自然资源义务或者未依法履行利用公共资源义务的,行政机关应当责令限期改正;被许可人在规定期限内不改正的,行政机关应当依照有关法律、行政法规的规定予以处理。

取得直接关系公共利益的特定行业的市场准入行政许可的被许可人,应当按照国家规定的服务标准、资费标准和行政机关依法规定的条件,向用户提供安全、方便、稳定和价格合理的服务,并履行普遍服务的义务;未经作出行政许可决定的行政机关批准,不得擅自停业、歇业。被许可人不履行前款规定的义务的,行政机关应当责令限期改正,或者依法采取有效措施督促其履行义务。

对直接关系公共安全、人身健康、生命财产安全的重要设备、设施,行政机关应当督促设计、建造、安装和使用单位建立相应的自检制度。行政机关在监督检查时,发现直接关系公共安全、人身健康、生命财产安全的重要设备、设施存在安全隐患的,应当责令停止建造、安装和使用,并责令设计、建造、安装和使用单位立即改正。

(三) 撤销

行政许可决定作出后,若存在法定事由,作出行政许可决定的行政机关或者其上级行政机关,根据利害关系人的请求或者依据职权,可以撤销行政许可。

可撤销的行政许可包括:(1) 行政机关工作人员滥用职权、玩忽职守作出准予行政许可决定的;(2) 超越法定职权作出准予行政许可决定的;(3) 违反法定程序作出准予行政许可决定的;(4) 对不具备申请资格或者不符合法定条件的申请人准予行政许可的;(5) 依法可以撤销行政许可的其他情形。撤销许可后,被许可人的合法权益受到损害的,行政机关应当依法给予赔偿。

被许可人以欺骗、贿赂等不正当手段取得行政许可的,应当予以撤销。撤销行政许可后,被许可人基于行政许可取得的利益不受保护。

前述应撤销行政许可的情形,若撤销可能对公共利益造成重大损害的,不予撤销。

此外,在《行政许可法》授权设定许可的法律规范以外,其他规范性文件设定行政许可的,有关机关应当责令设定该行政许可的机关改正,或者依法予以撤销。

(四) 注销

行政许可注销是行政机关在行政许可效力终止后办理的手续,是一种程序行为。注销制度对于保证行政许可信息的完整准确,避免有限自然资源和社会资源的浪费,有着重要意义。①《行政许可法》第70条规定了行政机关应当依法办理有关行政许可注销手续的法定事由:(1) 行政许可有效期届满未延续的;(2) 赋予公民特定资格的行政许可,该公民死亡或者丧失行为能力的;(3) 法人或者其他组织依法终止的;(4) 行政许可依法被撤销、撤回,或者行政许可证件依法被吊销的;(5) 因不可抗力导致行政许可事项无法实施的;(6) 法律、法规规定的应当注销行政许可的其他情形。

五、法律责任

行政机关及其工作人员实施违反《行政许可法》的违法行为,将受到相应的行政处分,构成犯罪的,依法追究刑事责任。行政机关违法实施行政许可,给当事人的合法权益造成损害的,应当依照《国家赔偿法》的规定给予赔偿。

行政机关及其工作人员违反《行政许可法》的规定,有下列情形之一的,由其上级行政机关或者监察机关责令改正;情节严重的,对直接负责的主管人员和其他直接责任人员依法给予行政处分:(1) 对符合法定条件的行政许可申请不予受理的;(2) 不在办公场所公示依法应当公示的材料的;(3) 在受理、审查、决定行政许可过程中,未向申请人、利害关系人履行法定告知义务的;(4) 申请人提交的申请材料不齐全、不符合法定形式,不一次告知申请人必须补正的全部内容的;(5) 未依法说明不受理行政许可申请或者不予行政许可的理由的;(6) 依法应当举行听证而不举行听证的。

行政机关实施行政许可,有下列情形之一的,由其上级行政机关或者监察机关责令改正,对直接负责的主管人员和其他直接责任人员依法给予行政处分;构成犯罪的,依法追究刑事责任:(1) 对不符合法定条件的申请人准予行政许可或者超越法定职权作出准予行政许可决定的;(2) 对符合法定条件的申请人不予行政许可或者不在法定期限内作出准予行政许可决定的;(3) 依法应当根据招标、拍卖结果或者考试成绩择优作出准予行政许可决定,未经招标、拍卖或者考试,或者不根据招标、拍卖结果或者考试成绩择优作出准予行政许可决定的。

行政机关工作人员办理行政许可、实施监督检查,索取或者收受他人财物或者谋取其他利益,构成犯罪的,依法追究刑事责任;尚不构成犯罪的,依法给予行政处分。

行政机关实施行政许可,擅自收费或者不按照法定项目和标准收费的,由其上级行政机关或者监察机关责令退还非法收取的费用;对直接负责的主管人员和其他直

---

① 参见王太高:《论行政许可注销立法之完善》,载《法学》2010年第9期。

接责任人员依法给予行政处分。截留、挪用、私分或者变相私分实施行政许可依法收取的费用的,予以追缴;对直接负责的主管人员和其他直接责任人员依法给予行政处分;构成犯罪的,依法追究刑事责任。

行政机关不依法履行监督职责或者监督不力,造成严重后果的,由其上级行政机关或者监察机关责令改正,对直接负责的主管人员和其他直接责任人员依法给予行政处分;构成犯罪的,依法追究刑事责任。

行政许可申请人、被许可人和其他私主体,有违反《行政许可法》的违法行为,将依法受到行政处罚;构成犯罪的,依法追究刑事责任。行政许可申请人隐瞒有关情况或者提供虚假材料申请行政许可的,行政机关不予受理或者不予行政许可,并给予警告;行政许可申请属于直接关系公共安全、人身健康、生命财产安全事项的,申请人在1年内不得再次申请该行政许可。

被许可人以欺骗、贿赂等不正当手段取得行政许可的,行政机关应当依法给予行政处罚;取得的行政许可属于直接关系公共安全、人身健康、生命财产安全事项的,申请人在3年内不得再次申请该行政许可;构成犯罪的,依法追究刑事责任。

被许可人有下列行为之一的,行政机关应当依法给予行政处分;构成犯罪的,依法追究刑事责任:(1)涂改、倒卖、出租、出借行政许可证件,或者以其他形式非法转让行政许可的;(2)超越行政许可范围进行活动的;(3)向负责监督检查的行政机关隐瞒有关情况、提供虚假材料或者拒绝提供反映其活动情况的真实材料的;(4)法律、法规、规章规定的其他违法行为。

公民、法人或者其他组织未经行政许可,擅自从事依法应当取得行政许可的活动的,行政机关应当依法采取措施予以制止,并依法给予行政处罚;构成犯罪的,依法追究刑事责任。

第七章
行 政 处 罚

第一节 行政处罚概述

一、行政处罚的概念和特征

(一) 行政处罚的概念

行政处罚,也称"行政罚",是指特定的行政主体对被认为违反行政法律规范的公民、法人和其他组织所给予的一种制裁。

行政处罚是国家法律责任制度的重要组成部分,是行政主体有效地进行行政管理、维护公共利益和社会秩序、保障法律实施的重要手段。它属于行政法律制裁,与刑事法律制裁、民事法律制裁一样,都属于国家制裁制度。

(二) 行政处罚的特征

作为一种具有法律制裁性的具体行政行为,行政处罚具有可区别于其他行为的特征,具体为:

(1) 决定并实施行政处罚的主体为特定的行政主体。在我国,有权决定并实施行政处罚的主体,为特定的国家行政主管机关以及法律、法规授权的组织。由于行政处罚属于一种行使行政权的行为,因而只能由拥有行政职权的行政主体决定并实施,其他任何组织、个人不能决定并实施。而行政主体是否享有行政处罚权,以及其可以决定并实施的处罚种类、范围,也必须基于行政法律规范的规定。这一特征使行政处罚区别于人民法院实施的刑罚。

(2) 行政处罚只适用于违反行政法律规范并且依法应当给予处罚的行为。行政处罚是特定的行政主体针对被认为违反行政法律规范的相对人而作出的,其适用的前提只能是相对人具有违反行政管理方面的法律、法规和规章但尚未构成犯罪的行为。如果违法行为人的行为已经构成犯罪,则应当适用刑罚,而不能仅以行政处罚来替代刑罚。同时,并非所有违反行政法律规范的行为都应当给予处罚,如《行政处罚法》第25条规定:不满14周岁的人实施的违法行为,不予行政处罚。只有那些违反行政法律规范并且依法应当给予处罚的行为才能适用行政处罚。

(3) 行政处罚是违法者承担行政法律责任的一种表现形式。行政法律责任是行政法律关系主体应承担的法律责任,既包括行政主体因违法或不当行政而应承担的责任,也包括相对人违反行政法律规范而应承担的责任。行政处罚就是相对人因违反行政法律规范所应承担的一种行政法律责任。当然,如果相对人没有违反行政法律规范,这种行政法律责任可以通过行政救济消除。

(4) 行政处罚是一种以制裁为内容的具体行政行为。它以直接限制或剥夺相对人的人身权、财产权为内容,是由国家法律、法规和规章确定的,并由特定的行政主体实施的带有强制性的国家制裁措施,是一种科以惩戒性义务的行政处理决定。

(三) 行政处罚与行政处分的区别

在我国,行政处分主要是指对具有违法、违纪行为的公务员所采取的一种纪律处分。国务院于 2007 年 4 月颁布的《行政机关公务员处分条例》第 2 条第 1 款规定:"行政机关公务员违反法律、法规、规章以及行政机关的决定和命令,应当承担纪律责任的,依照本条例给予处分。"行政处罚与行政处分都属于行政制裁行为,但它们是两种不同的法律制度,具体表现在:①

(1) 主体不同。行政处罚由法律、法规、规章规定拥有行政处罚权的特定的行政机关实施,并非所有行政机关都有行政处罚权。而行政处分由于是针对所在机关违法、违纪的公务员所作出,所以一般该公务员所在的机关就拥有行政处分权。

(2) 形式不同。行政处罚的形式有警告、罚款、没收、责令停产停业、暂扣或者吊销许可证或执照、行政拘留等种类。根据《公务员法》的规定,行政处分则有警告、记过、记大过、降级、撤职、开除六种。

(3) 适用关系不同。行政处罚根据行政管辖关系进行,采用属地主义,即只要被处罚人的行为发生在行政处罚机关管辖的地域范围内,该行政机关便有权处罚。而行政处分则根据行政隶属关系进行,采用属人主义,即行政处分机关仅对有行政隶属关系的公务员有权实施处分。

(4) 性质和法律救济途径不同。行政处罚属于外部行政行为,因此当事人对行政处罚不服,可以申请行政复议或提起行政诉讼。而行政处分属于内部行政行为,根据目前我国《行政复议法》《行政诉讼法》的规定,当事人对行政处分不服的,不能申请行政复议或提起行政诉讼,只能适用内部申诉途径解决。

二、行政处罚的基本原则

行政处罚的基本原则是指行政主体决定并实施行政处罚时必须遵循的行为准则。《行政处罚法》在第一章"总则"部分规定了行政处罚的基本原则,这些基本原则在具体行政领域有关行政处罚的行政法律规范中得到了具体体现,如《治安管理处罚法》第一章"总则"部分的相关规定即是对《行政处罚法》规定的基本原则的落实。规定行政处罚的基本原则,可以防止行政处罚的任意性,保证行政主体依法实施行政处

---

① 参见胡建淼:《行政法学》(第三版),法律出版社 2010 年版,第 287 页。

罚,维护受处罚者的合法权益。根据《行政处罚法》的规定,行政处罚的基本原则包括:

(一) 行政处罚法定原则

行政处罚法定原则是指具有行政处罚权的行政机关和法律法规授权组织应当在法定权限内,依据法定程序对相关违法行为给予行政处罚的原则,它是行政法治原则在行政处罚领域的集中体现。[①] 法定原则包含四个层面的含义:首先,处罚的设定法定,行政处罚必须由拥有行政处罚立法权的主体在法定职权范围内设定。《行政处罚法》第9条至第12条对不同位阶的法律文件的行政处罚设定权进行了详细的规定。其次,处罚主体法定,行政处罚只能由具有特定行政处罚权的行政主体在法定职权范围内决定并实施。根据《行政处罚法》的规定,拥有行政处罚权的主体包括特定的行政机关以及经法律、法规授权的具有管理公共事务职能的组织。无论是行政机关,还是经法律、法规授权的具有管理公共事务职能的组织,都必须依法拥有特定的行政处罚权。再次,处罚依据法定,即"法无明文规定不处罚",只有当公民、法人或者其他组织具有违反行政管理秩序的行为,且该行为是法律、法规和规章规定必须给予行政处罚的,才能予以行政处罚,没有法定依据实施的行政处罚无效。另外,给予处罚的内容、种类等也应有法定依据。最后,处罚程序法定,行政主体实施行政处罚,必须遵守法定程序,违反法定程序实施的行政处罚无效。《行政处罚法》规定的行政处罚的程序包括行政处罚的决定程序和执行程序。

(二) 公开、公正原则

公开原则包含两层含义:其一,法源依据必须公开,即有关行政处罚的法律、法规和规章必须公开,未经依法公开的法律文件不能作为行政处罚的依据。其二,处罚程序和结果必须公开,即给予的处罚要公开,使受罚者了解、知道处罚的事实依据和法律依据以及处罚的具体内容。此外,除法律有特殊规定以外,行政处罚还应向社会公开,如依法公开举行听证会等。

公正原则是"法律面前人人平等"原则在行政处罚领域的体现,即实施行政处罚必须符合法律面前人人平等的原则,特定的行政主体在决定和实施行政处罚时应当平等地对待当事人各方,平等、公正地适用法律,同样事项同等对待,做到过罚相当,不因当事人的地位、权势、名望等因素而有所偏私。

(三) 处罚与教育相结合原则

行政主体对违法者实施处罚,既是为了惩戒违法行为,也是为了通过纠正违法行为来教育公民、法人或者其他组织自觉守法。在实施行政处罚时,处罚与教育应当相辅相成,简单机械地以罚代教或者以教代罚均无法充分发挥行政处罚所应有的功能。

---

① 参见关保英主编:《行政处罚法新论》,中国政法大学出版社2007年版,第22—23页。

(四) 保障当事人权利原则

由于行政主体在实施行政处罚的过程中,往往是由其单方面作出处罚决定,这种"典型的侵益性行政行为,潜存着侵害人们合法权益的危险性"[①],因而,必须保障当事人在行政处罚中的权利,最大限度地降低滥罚发生的概率。当事人享有的权利主要包括:第一,知悉行政主体给予处罚的内容、违法事实、证据以及法律依据的知情权;第二,陈述和包括要求举行听证在内的申辩权;第三,对行政处罚不服申请行政复议或提起行政诉讼的获得救济权;第四,认为行政处罚违法损害自己合法权益而提出行政赔偿的赔偿请求权等。

第二节 行政处罚的种类和设定

一、行政处罚的种类

(一) 行政处罚的法定种类

行政处罚的种类,就是法律所规定的行政处罚的类型。根据不同的标准,行政处罚可以分为不同的种类。《行政处罚法》在对大量散见于各法律、法规和规章中的各种行政处罚进行总结的基础上,将行政处罚按不同的表现形式归为以下几种:

1. 警告

它是指行政主体对有违法行为的公民、法人或者其他组织提出告诫,使其认识其行为的违法性和社会危害性而不再重犯的一种处罚措施。警告适用于违反行政法律规范情节轻微、对社会危害程度较轻的违法行为人,是一种既具有教育性质又具有一定强制性质的较为缓和的处罚种类。其适用对象可以是法人或者其他组织,也可以是公民个人。

2. 罚款

它是指行政主体强制违反行政法律规范的公民、法人或者其他组织在一定期限内缴纳一定数量货币的一种处罚措施。罚款是对违法者的财产权的一种合法损害,是对有违法行为的相对人的一种经济性制裁,目的是通过罚款,使违法者认识自己的违法行为,是一种适用较为广泛的行政处罚措施。

3. 没收违法所得、没收非法财产

它是指行政主体依法将违法者因实施违法行为所获得的财物或者非法财物强制无偿收归国有的一种处罚措施。这里所指的非法所得是指违法者以非法手段(如从事非法经营)所获取的财产,如因销售伪劣商品所获得的财产、因进行赌博所获得的

---

① 姜明安主编:《行政法与行政诉讼法》,法律出版社 2003 年版,第 149 页。

财产、因非法行医获得的财产等。非法财产主要是指用于实施违法活动的财产,如走私物品、淫秽物品、用于赌博的赌具或者国家禁止流通的物品等。如《药品管理法》第75条第2款规定:"对生产者专门用于生产假药、劣药的原辅材料、包装材料、生产设备,予以没收。"没收是一种较为严厉的处罚,其执行领域具有一定程度的限制性,只有对那些为谋取非法利益而违反法律、法规的行为人,才可以适用这类处罚。

4. 责令停产停业

它是指行政主体对违反行政法律规范的工商企业、个体工商户或者其他从事特定职业的人员,在一定期限内剥夺其从事生产经营或相关从业活动权利的一种处罚措施。如《食品安全法》第132条规定:"违反本法规定,未按要求进行食品贮存、运输和装卸的,由县级以上人民政府食品药品监督管理等部门按照各自职责分工责令改正,给予警告;拒不改正的,责令停产停业,并处一万元以上五万元以下罚款;情节严重的,吊销许可证。"一般来说,责令停产停业应当有一定的期限,由违法者在停产停业期间内进行整改,认识自己的违法行为。由于这一类处罚主要针对的是企业、个体工商户和从事特定职业的人员,处罚措施的实施将直接影响被处罚人的经济利益和从业声誉,往往是较为严重的违法行为才能适用。在违法者认识到并确实改正自己的违法行为之后,应允许其恢复被停止的相关活动。

5. 暂扣或者吊销许可证或执照

许可证或者执照是行政主体应有关相对人的申请而颁发的准许其从事某项活动或赋予其某种权利的批准证书。暂扣或者吊销许可证或执照是指行政主体对于具有违法行为的相对人,暂时地扣留或者吊销其许可证或执照,从而停止或撤销违法者从事某项活动或享有某项权利的一种处罚措施。《道路交通安全法》第91条第1款规定:"饮酒后驾驶机动车的,处暂扣六个月机动车驾驶证……"对于被处以暂扣许可证或执照的相对人而言,在其认识到并改正违法行为且在暂扣期满后,主管机关应当发还其被扣的许可证或执照,恢复其从事某项活动或享有某项权利的资格;而对于被处以吊销许可证或执照的相对人来说,其继续从事该证照所允许的活动的资格已被终止,只有在其认识到并改正违法行为后,通过重新申请该项许可证或执照的方式才能重新拥有从事该证照所允许的活动的资格,但这种权利或资格可能因法律、行政法规的规定在一定期限内不得申请该项许可证或执照而受到限制。《道路交通安全法》第91条第2款规定:"醉酒驾驶机动车的,由公安机关交通管理部门约束至酒醒,吊销机动车驾驶证,依法追究刑事责任;五年内不得重新取得机动车驾驶证。"暂扣或者吊销许可证或执照较责令停产停业而言更为严厉,主要适用于比较严重的违法行为。因此,必须对适用暂扣或者吊销许可证或执照的条件作出明确规定。只有在许可证或执照的持有者的违法行为达到不可能正常行使许可证或执照所赋予的权利的时候,才可适用这一处罚。

6. 行政拘留

这是指公安机关对于违反行政法律规范(一般特指治安管理法律规范)的公民,所作出的在短期内限制其人身自由的一种处罚措施。行政拘留的期限为1日以上,

15日以下。同时,根据《治安管理处罚法》的规定,如果违法行为人有两种以上违反治安管理行为且均被处以行政拘留的,合并执行最长不超过20日。行政拘留是限制公民人身自由的一种处罚,也是行政处罚中最为严厉的处罚之一。目前,我国的行政拘留主要为治安拘留。由于它是一种严厉的行政处罚,因此法律对这一处罚的规定也是严格的,只有公安机关才能实施,其他任何行政机关均无权实施。

7. 法律、行政法规规定的其他行政处罚

《行政处罚法》在规定前述六种行政处罚种类之后,又规定法律、行政法规规定的其他行政处罚也可作为行政处罚的种类。可见,前述六种处罚种类是行政处罚的基本种类,也是实践中运用得最多的种类。但是,为了防止现有法律和行政法规规定的处罚种类的遗漏,也为了规范今后立法中可能出现的新的处罚种类,所以专门规定法律、行政法规规定的其他行政处罚也属行政处罚种类,如限期离境和驱逐出境即属此类。① 限期离境是特定的行政主体责令违反我国行政法律规范的外国人在规定的时限内离开我国国(边)境的处罚;而驱逐出境是特定的行政主体强迫违反我国行政法律规范的外国人离开我国国(边)境的处罚。此类行政处罚的直接法律依据为《出境入境管理法》第81条:"外国人从事与停留居留事由不相符的活动,或者有其他违反中国法律、法规规定,不适宜在中国境内继续停留居留情形的,可以处限期出境。外国人违反本法规定,情节严重,尚不构成犯罪的,公安部可以处驱逐出境。公安部的处罚决定为最终决定。被驱逐出境的外国人,自被驱逐出境之日起十年内不准入境。"以及《反间谍法》第34条:"境外人员违反本法的,可以限期离境或者驱逐出境。"另外,《治安管理处罚法》第10条第2款也有相关规定:"对违反治安管理的外国人,可以附加适用限期出境或者驱逐出境。"

(二) 行政处罚种类的学理分类

上述几种行政处罚均是从形式上所作的分类,也是我国《行政处罚法》的法定种类。此外,以处罚所设定的义务性质为标准,可以将行政处罚划分为四类:

第一,申诫罚,又称为影响声誉的处罚或精神罚,是指特定的行政主体通过对实施了违法行为的相对人予以谴责、告诫,对违法者的名誉、声誉施加不利影响,使其在精神上产生一定压力,从而达到敦促违法者认识错误并不再违法的目的的处罚措施。警告就属于一种申诫罚。

第二,财产罚,也称为剥夺财产的处罚,是指特定的行政主体对实施了违法行为的相对人的财产予以剥夺的处罚措施。财产罚的主要形式有罚款和没收非法所得、没收非法财物。

第三,行为罚,也称为能力罚,是指特定的行政主体限制或剥夺违法行为人特定

---

① 全国人大常委会法制工作委员会国家法、行政法室主编的《〈中华人民共和国行政处罚法〉讲话》(法律出版社1996年版,第35页)中即指出:允许法律、行政法规规定其他行政处罚"一是要解决不是大量使用的行政处罚手段,但法律也规定了一些行政处罚,如外国人入境出境管理法规定的可以驱逐出境是作为一种行政处罚。二是为今后可能规定的一些行政处罚留有一定的余地"。

的行为能力或资格的处罚措施。行为罚的主要形式就是责令停产停业、暂扣或者吊销许可证或执照。

第四，人身罚，又称为自由罚，是指特定的行政主体对违法者在短期内限制其人身自由的处罚措施。其主要形式就是行政拘留。

通过法律规定对行政处罚的种类进行法定化，有利于行政主体根据各类行政处罚的性质和适用对象、范围以及其所针对的违法行为的轻重，选择处罚方式和进行裁量，以保证行政处罚的正确适用。

二、行政处罚的设定

设定，是对一项权力的创设和规定。行政处罚的设定，是指拥有行政处罚立法权的国家机关在行政法律规范性文件中，对行政处罚所作出的创设性规定。世界各国对行政处罚的设定权通常均有严格限制。因为哪些违法行为应处罚、实施何种处罚、在某一种类中实施何种程度的处罚、由何机关去实施处罚、该机关依据何种程序去处罚、受处罚人不履行义务时如何强制执行等无不涉及权利义务关系。因此，行政处罚设定权通常由立法机关行使，其他国家机关和组织不得行使。例如，《奥地利行政罚法》规定，行政处罚只依法律实施；在德国，设定权集中在联邦议会，联邦政府和各地原则上不能超越联邦议会规定的原则另行设定新的行政处罚；在美国，处罚的设定权由国会行使；在日本，设定权主要集中在国会，内阁及内阁各省非经法律的特别授权不得制定罚则；在意大利，设定权只掌握在国会和20个地区议会手中，地区议会的规定不得设定；在新加坡，设定权集中在议会，行政机关只能依据议会的法令规定处罚的具体标准。①

《行政处罚法》对我国行政处罚的设定作了统一规定。从总体上看，只有法律、法规和规章可以设定行政处罚，规章以下的规范性文件均无行政处罚的设定权。就法律效力的层级性而言，从法律、法规到规章，法律文件的位阶逐渐降低，其所享有的行政处罚的设定权所受到的限制也随之逐渐增加。具体内容为：

（一）法律对行政处罚的设定

法律可以设定各种行政处罚。限制人身自由的行政处罚，只能由法律设定。

法律是由全国人民代表大会及其常务委员会制定的规范性文件，具有仅次于宪法的权威性。全国人民代表大会及其常务委员会是国家的最高权力机关，从法理上讲，其权力无任何限制，根据国家统治的需要，可以设定包括剥夺个人生命权的极刑在内的任何形式的处罚。因此，全国人民代表大会及其常务委员会可以依照职权设定包括警告、罚款、没收非法所得或非法财物、责令停产停业、暂扣或者吊销许可证或执照、行政拘留及其他行政处罚在内的各种行政处罚，这一设定权通过其所制定的法

---

① 参见胡锦光：《行政处罚研究》，法律出版社1998年版，第61—62页。

律表现出来,成为行政主体决定并实施行政处罚的依据。其他规范性文件设定的行政处罚,如果与其相抵触,则自然无效,并应予撤销。

此外,《行政处罚法》强调限制人身自由的行政处罚,只能由法律设定。这是一项特别规定,具有专属性和排他性。因为人身自由权是公民最基本的一项权利,限制人身自由又是一种极为严厉的行政处罚,所以各国在对待涉及限制人身自由的法律问题时都采取非常审慎的态度,绝大多数国家的法律都排除了行政法规等规范性文件对这类处罚的设定权。因此,除了法律之外,其他任何形式的规范性文件都不得设定限制人身自由的行政处罚,其目的是保护公民的人身自由不受非法侵害。

(二) 行政法规对行政处罚的设定

行政法规可以设定除限制人身自由以外的行政处罚。

行政法规是国务院制定的行政规范性文件,根据我国的实际情况,国务院的行政处罚设定权应当界定在除人身罚以外的其他任何处罚,即法律没有规定对某一违法行为给予行政处罚时,行政法规如果需要,可以对该违法行为设定限制人身自由以外的行政处罚种类。由于人身罚本身的严厉性和对公民人身自由的限制性,必须对限制公民人身自由的处罚设定权加以严格的控制,以防这种权力被滥用。

此外,法律对违法行为已经作出行政处罚规定,行政法规需进一步具体规定的,应在法律规定的处罚行为、种类和幅度的范围内实施。国务院的行政立法本质上是一种授权立法,必须在授权范围内行使立法权,不得与宪法、法律相抵触。因此,如果法律已经对行政处罚作出规定的,行政法规可以将法律规定具体化,但不得超出法律所规定的给予处罚的行为、种类和幅度。

(三) 地方性法规对行政处罚的设定

地方性法规可以设定除限制人身自由、吊销企业营业执照以外的行政处罚。

地方性法规不得与宪法、法律和行政法规相抵触。由于地方性法规属于地方立法,法律对其行政处罚的设定权应有所限制。一方面,地方性法规是地方行政主体行政执法的依据,应赋予其一定的行政处罚设定权。另一方面,为防止各地随意设定行政处罚,影响我国法制统一,理应对地方性法规的处罚设定权加以限制。限制人身自由的行政处罚属于最严厉的处罚种类,地方性法规不能设定。吊销企业营业执照意味着受处罚人的经营权利被剥夺或撤销,是行为罚中最为严厉的一种,而且在许多法律、行政法规中都已有明确、具体的规定,地方性法规无须再作设定,应由国家统一掌握。另外,由于《行政处罚法》明确列举的六种行政处罚以外的处罚种类只能由法律或行政法规规定。因此,当法律、行政法规未规定对某一违法行为给予行政处罚时,地方性法规对该行为设定的行政处罚也只能限于除限制人身自由、吊销企业营业执照外,法律、法规已经明确规定的处罚种类范围之内,而不能创设法律、行政法规未创设的新的处罚种类。

此外,地方性法规可以针对本地区的具体情况,根据法律、行政法规中已经设定了的行政处罚内容予以具体规定,但不能超越法律、行政法规规定的行为、种类和幅度。

(四) 规章对行政处罚的设定

根据《行政处罚法》，无论是国务院各部门的规章，还是省、自治区、直辖市人民政府，设区的市、自治州的人民政府制定的规章，均只能设定警告或者一定数量罚款的行政处罚。国务院各部门的规章设定行政处罚的前提是尚未制定法律、行政法规，地方政府规章设定行政处罚的前提为尚未制定法律、法规。

规章是行政法律规范体系中层次相对较低的一种规范性文件，之所以赋予规章一定的设定权，在立法时是基于实际需要的考虑。因为当时乃至以后的一些行政管理领域中，尚未制定法律和行政法规或者地方性法规，如果规章完全不能设定行政处罚，则某些领域的行政管理将面临无法可依的局面。但是，规章毕竟是层次较低的行政立法，其设定权应当受到严格限制。所以，规章可以设定一定的行政处罚，但仅限于警告和一定数量的罚款。关于罚款的限额，国务院各部委的规章由国务院规定；特定的地方人民政府的规章，由省、自治区、直辖市人大常委会规定。

此外，规章还可以在法律、法规规定的给予行政处罚的行为、种类和幅度的范围内作出具体规定。

值得指出的是，对于部门规章设定行政处罚的问题，在制定《行政处罚法》时确实是基于当时行政管理的需要。但是，《立法法》第80条第2款对部门规章的立法权限作了限定性的规定，即"部门规章规定的事项应当属于执行法律或者国务院的行政法规、决定、命令的事项"。作为立法基本法的《立法法》的这一规定非常明确地表明，部门规章不是创制性的立法，而只能是执行性的立法。由此看来，《行政处罚法》所规定的部门规章的行政处罚设定权，与《立法法》关于部门规章所应当具备的权限不相符合。建议修改《行政处罚法》，取消部门规章的行政处罚设定权，从而使《立法法》第80条第2款的规定在行政处罚设定权领域得到具体的实现。①

第三节 行政处罚的实施

一、行政处罚的条件

行政处罚的条件，是指合法地实施行政处罚所必须具备的要件。根据行政处罚原理，行政处罚的条件应当包括以下几个方面：

1. 当事人客观上实施了违反行政法律规范的行为

认定当事人实施了违法行为，必须掌握：(1) 违法行为已查证属实，违法事实未

---

① 参见沈福俊：《部门规章行政处罚设定权的合法性分析》，载《华东政法大学学报》2011年第1期。

经查明,不得实施行政处罚;(2)违法行为必须是行政法律规范明确规定应当予以行政处罚并规定法定处罚形式的,这是前述行政处罚法定原则的体现之一;(3)违法行为必须是未受过同一行政主体以同一理由予以处罚的。

2. 责任能力要件

行政处罚中的责任能力,是指一定的公民、法人和其他组织对自己所实施的行政违法行为独自承担法律责任的能力。

根据《行政处罚法》,不满14周岁的人有违法行为的,不予行政处罚,责令其监护人加以管教。精神病人在不能辨认或者不能控制自己的行为时有违法行为的,不予行政处罚,但应责令其监护人严加看管和治疗。对于间歇性精神病人在精神正常时实施违法行为的,应当给予行政处罚。

3. 时效要件

这是指行政主体对有关公民、法人或者其他组织进行行政处罚时应遵守的法定有效期限,也称为追责时效。

根据《行政处罚法》,违法行为在2年内未被发现的,不再给予行政处罚。法律另有规定的除外。这一期限从违法行为发生之日起计算,违法行为有连续或者继续状态的,从行为终了之日起计算。但是,针对某些特殊形式的行政违法案件,如果其他法律对时效有特殊规定的,则依其他法律规定的时效执行。如《治安管理处罚法》规定,违反治安管理行为在6个月内没有被公安机关发现的,不再处罚。

二、行政处罚的实施主体

行政处罚的实施主体,是指依法拥有行政处罚权,以自己的名义实施行政处罚,并且独立地承担相应法律责任的行政主体。简言之,行政处罚的实施主体就是行政处罚权的行使者。

对于行政处罚的实施主体,应从三个方面理解:首先,行政处罚权应是依法拥有的。行政处罚的实施主体所享有的行政处罚权是由法律、法规明确授予的。并非所有的行政主体都享有行政处罚权,并非拥有行政处罚权的行政主体都可以实施各种行政处罚,哪一行政主体可以实施行政处罚或者可以实施哪一种类的行政处罚,都应当严格依照法律、法规的规定。其次,行政处罚实施主体必须以自己的名义实施行政处罚。行政处罚权是国家赋予特定行政主体的一项法定职权,因此,必须以自己的名义实施,如果以他人的名义实施,则不称其为行政处罚的实施主体,如受委托实施行政处罚的组织就不是行政处罚的实施主体。最后,行政处罚的实施主体必须能够独立地承担由于实施行政处罚而引起的法律责任。

我国行政处罚实施主体的种类包括:

1. 拥有行政处罚权的行政机关

行政处罚要求由拥有行政处罚权的行政机关在法定职权范围内实施。这里的行政机关,是指拥有行政处罚权的各级人民政府及其职能部门。拥有行政处罚权的行政机关应当在法定职权范围内实施行政处罚,如工商行政管理部门有权对工商企业的违法经营进行处罚,公安机关有权对治安违法案件的行为人进行处罚等。

此外,国务院或者经国务院授权的省、自治区、直辖市人民政府可以决定一个行政机关行使有关行政机关的行政处罚权,即相对集中处罚权。《行政处罚法》的这一规定第一次以法的形式确认相对集中行政处罚权。行政处罚原则上应奉行职权法定的原则,每个行政机关有其自身的行政处罚权,不能超越职权行使行政处罚。但是,从行政管理的效率和解决综合行政事务的需要来看,为了节省人力和精兵简政,避免重复处罚的出现,应当允许一个行政机关行使有关行政机关的行政处罚权。实施这一制度,必须经国务院或者国务院授权的省级人民政府决定。如无这一条件,一个行政机关则不能行使其他有关行政机关的行政处罚权。限制人身自由的行政处罚只能由公安机关行使,其他任何机关不能行使,这是保护公民的人身权所必需的。

2. 拥有行政处罚权的被授权组织

依照法律规定,法律、法规授权的具有管理公共事务职能的组织可以在法定职权范围内,以自己的名义实施行政处罚。也就是说,经依法授权的具有管理公共事务职能的组织也可以成为行政处罚的实施主体,但必须符合一定的条件:(1)该组织必须经过法律、法规的授权,规章及规章以下的规范性文件不得授权非行政机关的组织行使行政处罚权;(2)该组织必须具有管理公共事务的职能;(3)获得授权的组织实施行政处罚必须符合授权的法律、法规对行政处罚的权限、范围的规定。

三、行政处罚的委托实施

行政处罚的委托实施,是指拥有行政处罚权的行政主体依法将自己的行政处罚权委托给符合法定条件的组织实施,受委托的组织以委托的行政主体的名义实施行政处罚的行为。

由于行政管理的范围广泛,行政主体基于管理力量等原因将行政处罚委托给符合法定条件的组织实施成为必要。但是,为了防止滥委托情况的发生,对行政处罚的委托实施应当规定一定的条件。主要是:

1. 行政主体必须在其法定权限内进行委托

行政主体进行委托,必须有法律、法规的明文规定,即行政处罚的委托必须有明确的法律依据。同时,委托给有关组织的行政处罚权限必须是委托的行政主体自己所依法拥有的,本身不属于自己的行政处罚权不能委托。

2. 行政主体只能将行政处罚实施权委托给符合法定条件的组织

根据《行政处罚法》的规定,受委托组织必须符合三个条件:(1)受委托的组织必须是依法成立的管理公共事务的事业组织;(2)该组织必须具有熟悉有关法律、法规、规章和业务的工作人员;(3)对违法行为需要进行技术检查或者技术鉴定的,应当有条件组织相应的技术检查或者技术鉴定。不符合上述三个条件的组织,不得受委托实施行政处罚。

3. 受委托实施行政处罚的组织在委托范围内,以委托的行政主体的名义实施行政处罚,委托的行政主体对受委托的组织实施行政处罚的行为应当负责监督,并对该行为的后果承担法律责任

受委托的组织实际上是代表委托的行政主体实施行政处罚,也即在委托的权限范围内以委托行政主体的名义实施行政处罚,所以委托的行政主体要对受委托的组织所实施的行政处罚进行监督,以防止受委托的组织滥用行政处罚权,受委托组织所作的行政处罚行为产生的一切法律后果均归于委托的行政主体承受。

4. 受委托的组织不得再委托其他任何组织或者个人实施行政处罚,即禁止转委托

受委托的组织本身并不享有行政处罚权,它所行使的处罚权是特定的行政主体的职权,从本质上说,该项行政处罚权仍属于特定行政主体的职权范围,受委托的组织并不因为接受委托而拥有法定的行政处罚权,实质上只是由其代表有权主体实施而已,因此,受委托组织不再具有委托权。

四、行政处罚的管辖

行政处罚的管辖,是指拥有行政处罚权的行政主体受理和处理行政处罚案件上的权限和分工,也就是说,行政处罚的管辖所要解决的是某一具体的行政违法案件应由哪个行政主体受理和处理的问题。

根据《行政处罚法》和相关法律的规定,行政处罚的管辖的具体规则是:

(1)地域管辖,也称区域管辖或属地管辖,是指同级行政主体之间在各管辖区内处理行政处罚案件的权限和分工。行政处罚由违法行为发生地的县级以上地方人民政府具有行政处罚权的行政主体管辖,即由违法行为发生地的行政主体管辖,但是,法律、行政法规另有规定的除外。

另外,如果违法行为发生地在多个地区,多个行政主体均有管辖权,一般应由最先发现违法行为的行政主体管辖。

(2)指定管辖,是指上级行政机关以决定的方式指定下一级行政主体对某一行政处罚案件行使管辖权。

指定管辖一般因两个及两个以上的行政主体对行政处罚管辖权发生的争议引起。由于行政管理的复杂性,可能导致部分行政主体之间职责不明,或职责虽明,但行政主体之间互相推诿或互相争取,在这样的情况下,如果行政主体对行政处罚管辖权发生争议的,应报请共同的上一级行政机关指定管辖。

五、行政处罚的适用

行政处罚的适用,是指行政主体依法认定违法行为,并决定是否给予违法者处罚和如何进行处罚的活动。行政处罚在具体适用过程中,除了遵循法定的基本原则、符

合行政处罚的条件之外,还应遵循以下要求:

(一) 责令违法者改正违法行为

《行政处罚法》第 23 条规定:"行政机关实施行政处罚时,应当责令当事人改正或者限期改正违法行为。"这是一项行政处罚的补救功能。在适用行政处罚的同时责令违法者改正违法行为的目的,主要是通过行政处罚矫正违法行为,恢复被违法行为所侵害的行政管理秩序。因此,行政主体在实施行政处罚时,应当责令当事人改正或限期改正违法行为。

(二) 对同一个违法行为,不得给予两次以上罚款

罚款是一种在实践中被广泛适用的处罚形式,同一违法行为可能同时触犯两个以上的行政法律规范且均适用罚款处罚时,就存在对违法者进行重复罚款的可能性,因此,为防止重复罚款,依照《行政处罚法》第 24 条的规定,对于违法者的同一违法行为,不能给予两次以上罚款的行政处罚。即一个违法行为已经被处以罚款,如果需要再处罚的,则不能再进行罚款,而只能适用其他处罚种类。在实践中,经常会发生违法者的一个违法行为同时触犯两个以上法律规范,如果根据其中的一个法律规范对违法者已经处以罚款,则不能根据其他法律规范对其再次处以罚款,而如果其他法律规范规定了其他形式的处罚,则可以适用相应的处罚。①

(三) 符合法定情形的,应当依法从轻减轻处罚或免予处罚

从轻处罚是行政主体在法定处罚范围内适用较轻的处罚。减轻处罚是行政主体在法定处罚最低限以下适用的处罚。免予处罚明确指出违法者有违法行为,但免除其行政处罚。

从轻、减轻或者免除行政处罚,实际上是赋予行政主体一定的裁量权,便于行政主体根据自己对违法者的某些法定情节和因素进行考虑,灵活地运用行政处罚权,作出与违法行为的情节、危害程度相当的处罚决定。但行政主体在运用这一权力时,必须遵循公正原则,使行政处罚与违法行为相适应,而不能恣意裁量。

根据《行政处罚法》的规定,违法者有下列情形之一的,应当依法从轻或减轻行政处罚:(1) 主动消除或者减轻违法行为危害后果的;(2) 受他人胁迫有违法行为的;(3) 配合行政主体查处违法行为有立功表现的;(4) 其他依法从轻或者减轻行政处罚的。如《行政处罚法》规定,对已满 14 周岁但不满 18 周岁的人有违法行为的,从轻或

---

① 关于《行政处罚法》第 24 条的规定,学者们常称作"一事不再罚款"原则。但是,关于"一事不再罚款"原则的完整含义,不同学者的关注点往往各不相同。例如,胡建淼教授认为,"一事不再罚款"原则指的是不论是否基于同一理由和依据,均不得给予两次以上的罚款。参见胡建淼:《行政法学》,法律出版社 2010 年版,第 300 页。叶必丰教授直接用"一事不再罚"的名称,并认为该原则要求同一行政主体对违法行为人的同一违法行为不得给予两次以上的行政处罚,不同行政主体对违法行为人的同一违法行为不得给予多次财产罚。参见叶必丰:《行政法与行政诉讼法》,高等教育出版社 2012 年版,第 171 页。杨建顺教授则认为,"一事不再罚"原则的含义还包括行政处罚措施和刑罚措施的折抵。参见姜明安主编:《行政法与行政诉讼法》(第三版),北京大学出版社、高等教育出版社 2007 年版,第 316 页。

者减轻行政处罚。

对于违法行为轻微并及时纠正、没有造成危害后果的，以及未满14周岁的人和不能辨认或者不能控制自己行为的精神病人实施违法行为的，不予行政处罚。同时，对不满14周岁的人违反治安管理的，还应当责令其监护人严加管教；对精神病人在不能辨认或者不能控制自己行为的时候违反治安管理的，还应责令其监护人严加看管和治疗。

此外，依据《治安管理处罚法》，盲人或者又聋又哑的人违反治安管理的，可以从轻、减轻或者不予处罚。

（四）符合法定情形，应当从重处罚

《行政处罚法》并未对从重处罚的情形予以规定，而赋予其他规范具体行政处罚的法律、法规或规章一定的裁量空间。当其他法律、法规或规章涉及规范具体领域的行政处罚时，可以依法设定具体的从重处罚情节，便于行政主体依法灵活适用，以更好地维持社会秩序，实现行政管理的目的。如《治安管理处罚法》第20条即规定了以下几种从重处罚的情形：（1）有较严重后果的；（2）教唆、胁迫、诱骗他人违反治安管理的；（3）对报案人、控告人、举报人、证人打击报复的；（4）6个月内曾受过治安管理处罚的。

（五）违法行为与民事责任以及构成犯罪问题的处理

第一，因违法行为受到行政处罚，其违法行为对他人造成损害的，应当依法承担民事责任。第二，违法行为如果构成了犯罪，就产生了行政处罚与刑罚竞合适用的问题。其具体规则是：行政主体受理某一行政处罚案件时，如果无法判断违法行为是否构成犯罪，可以先适用行政处罚。如果发现违法行为已经构成犯罪，应将案件移送至司法机关，由司法机关依法追究刑事责任。当人民法院判处拘役或者有期徒刑时，行政主体已给予违法者行政拘留的，应当依法折抵相应刑期；人民法院判处罚金时，行政主体已给予违法者罚款的，应当折抵相应罚金。

第四节　行政处罚的程序

一、行政处罚的简易程序

行政处罚的简易程序，是行政主体对违法事实清楚、确凿，情节简单、轻微的违法行为给予法定的较轻的行政处罚并当场作出处罚决定时所适用的程序。

简易程序是一种较为简单的行政处罚程序，在特定的情况下适用简易程序，不仅体现了行政效率原则的要求，同时也对维护行政相对人的合法权益有一定的积极作用。但是，简易程序虽然简单，也不能随意适用，必须符合法律的规定。

(一) 适用简易程序的条件

适用简易程序必须符合法律规定的条件,主要是:(1) 违法事实确凿,如违法事实不清,尚需进一步查明的,不能适用简易程序;(2) 有法定依据;(3) 属于《行政处罚法》规定的行政处罚的种类和幅度,即适用简易程序的是对公民处以 50 元以下、对法人或者其他组织处以 1000 元以下罚款或者警告的行政处罚。另外,《治安管理处罚法》第 100 条规定:违反治安管理行为事实清楚,证据确凿,处警告或者 200 元以下罚款的,也可以当场作出处罚决定。

(二) 简易程序中的具体要求

(1) 表明身份。执法人员当场作出行政处罚决定的,应当出示执法身份证件,表明执法身份。

(2) 告知当事人相关事项及权利。即行政主体在作出行政处罚决定之前,应当告知当事人作出行政处罚决定的事实、理由及依据,并告知当事人依法享有的权利。

(3) 当事人有权进行陈述和申辩。对于当事人的陈述和申辩,行政主体必须充分听取。对当事人提出的事实、理由及依据,行政主体应当进行复核。

(4) 填写行政处罚决定书。执法人员当场给予行政处罚的,填写预定格式、编有号码的行政处罚决定书。行政处罚决定书应当当场交付当事人。

(5) 备案。执法人员当场作出行政处罚决定后,必须依法向其所在的行政主体备案。这是防止执法人员滥用当场处罚权力的一项措施。

(6) 当事人对当场作出的行政处罚决定不服的,同样可以申请行政复议或提起行政诉讼。

二、行政处罚的一般程序

行政处罚的一般程序,又称为行政处罚的普通程序,是指行政主体对于事实较为复杂、情节较为严重的违法行为给予法定的较重的行政处罚时所适用的行政处罚程序。它是行政处罚中的基本程序。

一般来说,除了对情节简单、危害后果较轻的违法行为的处罚,适用简易程序外,对其他违法行为的处罚应适用一般程序。

(一) 一般程序的基本要求

1. 调查事实

行政主体在受理行政处罚案件后,作出处罚决定之前,必须经过调查程序。"调查原则,即行政机关依职权调查与决定有关的案件事实,具有决定性的意义,因为拟作出行政行为的合法性取决于对案件事实的合法的和深入的调查。"[①]调查是获取违

---

① 〔德〕哈特穆特·毛雷尔:《行政法学总论》,高家伟译,法律出版社 2000 年版,第 466 页。

法者违法证据的重要手段。行政主体给予行政处罚,必须首先查明事实,包括违法的情节、过程和社会危害程度,违法事实不清的,不得给予行政处罚。根据法律规定,调查程序的规则是:

(1)行政主体发现公民、法人或者其他组织有依法应给予行政处罚的行为。发现违法是调查程序开展的前提,只有发现了违法行为,才有必要展开调查。

(2)必须全面、客观、公正地调查和收集证据。

第一,在调查和检查时,执法人员不得少于两人,并应向当事人或者有关人员出示执法身份证件以及相关的检查证明文件。

第二,当事人或者有关人员应当如实回答询问,并协助调查或检查,不得阻挠。

第三,询问或者检查应当制作笔录,并交由被讯问人补充、更正、确认无误。

第四,在收集证据时,可以采取抽样取证的方法。在证据可能灭失或者以后难以取得的情况下,经行政主体负责人批准,可以先行登记保存,任何人不得销毁或者转移证据。行政主体对于登记保存的证据,应当在7日内及时作出处理决定。

第五,执法人员与当事人有直接利害关系或其他法定情形的,应当回避。

此外,根据《治安管理处罚法》第82、83条的规定,在查处治安管理案件时,对于违反治安管理行为人进行调查,应使用传唤证传唤,对现场发现的违反治安管理行为人可以口头传唤,但应在讯问笔录中注明,传唤应告知被传唤人传唤原因和依据,传唤后应在8小时内进行询问查证,依《治安管理处罚法》规定可能适用行政拘留的,查证也必须在24小时内结束;依照《治安管理处罚法》第79条的规定,公安机关及其人民警察在对治安案件的调查中,严禁刑讯逼供或者采取威胁、引诱、欺骗等非法手段收集证据,以非法手段收集的证据不得作为处罚的根据。

2. 审查和决定

调查程序终结以后,必须经过审查与决定程序。这也是一般程序与简易程序的不同之处。由于一般程序适用于违法情节比较复杂、处罚幅度或种类较重的行政处罚,所以必须严格审查和把关,不能轻率作出。《行政处罚法》规定了行政处罚实行调查人员与审查决定人员分离的原则,即调查结束后,调查的执法人员将调查结果和处理意见送交行政主体负责人进行审查。

行政主体负责人对调查结果进行审查以后,根据不同情况,分别作出如下决定:

(1)确有应受行政处罚的违法行为的,根据情节轻重及具体情况,作出行政处罚决定;

(2)违法行为轻微,依法可以不予行政处罚的,不予行政处罚;

(3)违法事实不能成立的,不得给予行政处罚;

(4)违法行为已构成犯罪的,移送司法机关。

此外,法律还规定,对于情节复杂或者重大的违法行为给予较重的行政处罚,应当由行政主体的负责人集体讨论决定。

3. 告知并听取当事人陈述、申辩

经讨论决定给予行政处罚的,应当向当事人说明给予行政处罚的内容、事实、理由及依据,并告知当事人依法享有的权利。当事人进行陈述、申辩的,行政主体应当听取并核实。

与前述的简易程序相比较,不难发现,无论是适用一般程序,还是适用简易程序,都必须遵循告知并听取当事人陈述、申辩的规则。如果不履行告知义务或者拒绝听取当事人陈述、辩解的,行政处罚决定不能成立。但当事人放弃陈述、辩解权利的除外。对于当事人提出的事实、理由或者证据经复核认定成立的,行政主体应当采纳。此外,行政主体不得因当事人的申辩而加重处罚。

4. 作出决定

作出最终行政处罚决定,制作行政处罚决定书并依法送达当事人。

(二) 听证程序

听证程序,是指行政主体在作出行政处罚决定之前,听取当事人的陈述和辩解,由当事人和调查办案人员对事实和适用法律进行辩论的活动。它不是一个独立的程序,而是构成一般程序中一个特别环节的程序。

《行政处罚法》首次在我国行政立法中确立了听证程序。其宗旨是,行政权力必须公正行使,当行政主体作出对当事人不利的决定时,应当听取当事人的意见,允许当事人辩解和反驳,保证行政决定的公正与合法。在行政处罚的听证程序中,当事人有权充分表达自己的意见和主张,提出有利于自己的证据,有权为自己辩解,反驳不利于自己的证据,有权与调查的执法人员进行对质和辩论,维护自己的合法权益。

听证程序是在法定情形下,应当事人申请而启动的程序,其实质上是一般程序的组成部分,而非独立于简易程序和一般程序之外的一类程序。

我国行政处罚听证程序的主要内容包括:

(1) 举行听证程序的范围。并非所有的行政处罚都可举行听证程序,法律只规定对部分行政处罚可以举行听证,主要是行政主体作出责令停产停业、吊销许可证或者执照、较大数额罚款等对行政相对人的权益产生重大影响的行政处罚,可以举行听证。其中,较大数额的罚款可由具体执行的法律、法规和规章予以细化规定,如《治安管理处罚法》第98条即规定处以2000元以上罚款的治安管理处罚决定前,可以举行听证。上述几种处罚都属于较重的行政处罚,如果适用错误,将会侵犯公民和组织的合法权益,因而必须采取谨慎的态度,以保证这几类行政处罚的合法性。这里需要说明的是,没收较大数额的违法所得,虽然在《行政处罚》中没有明确属于行政处罚听证的范围,但从《行政处罚法》关于听证制度的立法原意来说,也应当纳入行政处罚听证程序的适用范围。[①]

(2) 告知听证权利。行政主体在作出责令停产停业、吊销许可证或者执照、较大数额罚款等行政处罚之前,应当告知当事人有要求举行听证的权利。首先,行政主体应当先告知当事人可能将受到上述处罚;其次,行政主体应告知当事人有要求听证的

---

① 参见《指导案例6号:黄泽富、何伯琼、何熠诉四川省成都市金堂工商行政管理局行政处罚案》,http://www.court.gov.cn/shenpan-xiangqing-4219.html,2018年9月6日访问。

权利。告知是行政主体应当履行的程序性义务,如果不经告知而作出处罚的,则上述几类处罚不能成立。

(3) 应当事人要求而举行听证。行政主体告知以后,当事人得知自己将受到责令停产停业、吊销许可证或者执照、较大数额罚款等行政处罚时,有权要求举行听证。当事人要求听证的,应当在行政主体告知后的3日内提出。因此,对于是否举行听证,当事人有选择权,即受到上述行政处罚的当事人可以要求举行听证,也可以放弃要求听证的权利。

(4) 通知听证的时间、地点。行政主体应当在听证的7日前,通知当事人举行听证的时间、地点,以便给当事人留有必要的准备时间。

(5) 听证程序的主持人和参加人。听证程序的主持人为行政主体指定的非本案调查人员;听证程序的参加人由本案调查人员作为一方,由被认为实施了违法行为,有可能受到行政处罚的公民、法人或者其他组织作为另一方,并可以有证人等参加。可能被处罚的当事人既可以亲自参加听证,也可以委托一至二人代理。

(6) 公开听证与回避。除了涉及国家秘密、商业秘密或者个人隐私外,听证应当公开进行。此外,当事人如果认为主持人与本案有直接利害关系的,有权申请回避。

(7) 当事人有权进行申辩和质证。举行听证时,调查人员提出当事人违法的事实、证据和行政处罚建议,当事人可以有针对性地提出申辩和进行质证,提出对自己有利的事实和证据,反驳对自己不利的事实和证据。

(8) 听证应当制作笔录,并交当事人审核无误后签字或者盖章。当事人不承担行政主体组织听证的费用。

听证程序结束以后,由行政主体负责人决定或者集体讨论决定,对当事人是否适用行政处罚。

三、行政处罚决定

行政处罚决定,是指行政主体认定公民、法人或者其他组织实施了违反行政法律规范的行为,依照法定依据对其作出行政处罚决定的书面文件。

行政处罚是一种要式行为,依据法律规定,作出行政处罚决定,无论是适用一般程序,还是适用简易程序,都必须出具行政处罚决定书。

《行政处罚法》对行政处罚决定书的内容亦作了具体的规定:

在一般程序中,行政主体决定给予违法者行政处罚的,应当制作行政处罚决定书。内容应当载明:(1) 当事人的姓名或者名称、地址等信息;(2) 违反法律、法规或者规章的事实和证据;(3) 行政处罚的种类和依据;(4) 行政处罚的履行方式和期限;(5) 不服行政处罚决定,申请行政复议或者提起行政诉讼的途径和期限;(6) 作出行政处罚决定的日期及作出行政处罚的行政主体的名称。最后,应当加盖作出行政处罚的行政主体的印章。

行政处罚决定书应当在宣告后当场交付当事人;当事人不在场的,行政主体应当在 7 日内依照民事诉讼法规定的方式,将行政处罚决定书送达当事人。

在简易程序中,执法人员当场作出行政处罚决定的,应填写预定格式、编有号码的行政处罚决定书,其内容应当载明当事人的违法行为、行政处罚依据、罚款数额(或警告处罚)、时间、地点以及行政主体名称,并由执法人员签名或者盖章。行政处罚决定书应当当场交付当事人。

四、行政处罚的执行

行政处罚的执行,是将行政处罚决定书所确定的行政处罚内容付诸实施的行为。

行政处罚是一种具体的行政行为,是行政主体依照国家赋予的行政处罚权作出的,它具有国家意志先定力、拘束力、确定力和执行力,受处罚的当事人应当在行政处罚确定的期限内,予以履行。另外,当事人对行政处罚决定不服申请行政复议或者提起行政诉讼的,行政处罚不停止执行。但如果当事人确有经济困难,需要延期或者分期交纳罚款的,经当事人申请和行政主体批准,可以暂缓或者分期缴纳。被处以行政拘留的当事人符合法定条件也可申请暂缓执行行政拘留处罚。具体的规则为:

(一) 行政拘留的执行

《行政处罚法》中并未明确对行政拘留的执行予以规定,但《治安管理处罚法》对作为其重要的处罚种类之一的行政拘留的执行进行了较为详细的规定。

行政拘留的执行主体为公安机关,即对被决定给予行政拘留处罚的人,由作出决定的公安机关送拘留所执行。被处罚人不服行政拘留决定,申请行政复议,提起行政诉讼的,行政拘留不暂停执行,但是被处罚人可以向公安机关提出暂缓执行行政拘留的申请,公安机关认为暂缓执行不致发生社会危险的,可以决定暂缓执行行政拘留,但是必须由被处罚人或其近亲属提出符合法律规定的担保人或者按每日行政拘留 200 元的标准交纳保证金。担保人对于被担保人负有保证其不逃避行政处罚执行的义务,对于不履行担保义务,致使被担保人逃避行政拘留处罚的执行的担保人,公安机关应对其处以 3000 元以下的罚款。而对于交纳保证金的被处罚人,如暂缓行政拘留后,逃避行政拘留处罚的执行的,公安机关应当没收保证金上缴国库,并决定执行行政拘留处罚。但行政拘留的处罚决定被撤销或者行政拘留处罚开始执行的,公安机关应当将收取的保证金及时退还交纳人。由于行政拘留是一种极其严厉的限制人身自由的行政处罚,复议、起诉不停止的执行规则在某种程度上对被限制了人身自由的被处罚人申请复议或提起诉讼的权利的行使造成了一定的障碍,并且即使被处罚人最终赢得诉讼,即行政拘留决定被确认违法,他也已经遭受了在一定期限内被限制人身自由的实际处罚,实际损害已经不可弥补。因而,《治安管理处罚法》关于在法定的情况下可以应被处罚人申请而暂缓执行行政拘留的制度设计在一定程度上体现了法律对于限制人身自由的行政处罚的谨慎态度。

此外,《治安管理处罚法》关于对特殊相对人不执行行政拘留处罚的规定也值得注意。《治安管理处罚法》第 21 条规定:对于已满 14 周岁不满 16 周岁;已满 16 周岁不满 18 周岁,初次违反治安管理的;70 周岁以上的;怀孕或者哺乳自己不满一周岁婴儿的四类特殊相对人处以行政拘留处罚的,不执行行政拘留处罚。该条款体现了对弱势群体的特殊保护,一方面对相对人的违法行为予以否定评价,同时又考虑到特殊群体在生理和心理上的弱势,而给予特别保护。

(二) 罚款的执行

《行政处罚法》对罚款处罚的执行予以详细的规定,并确立罚缴分离原则,即罚款的决定机关与收缴罚款的机构相分离的原则。除法律规定的特殊情况的罚款外,一般情况下,罚款均遵循罚缴分离原则,当事人自收到行政处罚决定书之日起 15 日内,应到指定银行缴纳罚款。银行应当收受罚款,并将罚款直接上缴国库。作出行政处罚决定的行政主体及执法人员,除了法律规定的特别情形之外,不得自行收缴罚款。《行政处罚法》的这一制度设计,有利于避免行政罚款的随意性,消除当事人的抵触情绪,从而提高行政处罚执法的效率。

作为罚缴分离原则的例外,《行政处罚法》也规定了当场收缴罚款的具体要求,保证特殊情况下行政处罚执行的有效性。即依简易程序当场处罚,依法给予 20 元以下罚款或者不当场收缴事后难以执行以及在边远、水上、交通不便地区,当事人向指定的机构缴纳罚款确有困难的,可以当场收缴罚款。另外,违反《治安管理处罚法》,被处 50 元以下罚款且被处罚人对罚款无异议的,或者被处罚人在当地没有固定住所,不当场收缴事后难以执行的,也可以当场收缴罚款。执法人员当场收缴的罚款,应当自收缴罚款之日起 2 日内,交至行政机关;在水上当场收缴的罚款,应当自抵岸之日起 2 日内交至行政机关;行政机关应当在 2 日内将罚款缴付指定的银行。

此外,行政主体及其执法人员当场收缴罚款的,必须向当事人出具省、自治区、直辖市财政部门统一制发的罚款收据,如不出具的,当事人有权拒绝缴纳罚款。

当事人逾期不履行行政处罚决定的,作出行政处罚决定的行政主体可以采取下列措施:(1) 到期不缴纳罚款的,每日按罚款数额的 3% 加处罚款。这是指当事人逾期不缴纳罚款,又未提出延期或分期缴纳的申请,或者虽提出申请未获批准但逾期不缴罚款的,应加处罚款。需要注意的是,这里的 3% 的加处罚款虽然也用了"罚款"的字样,但是与前述的"到期不缴纳罚款"中的罚款是有本质区别的。后者属于行政处罚的种类之一,前者则是行政强制执行中的执行罚,即通过对不履行义务的行政相对人科以新的、一定数量的金钱给付义务,督促义务人履行义务。虽然二者均以为相对人设定某种义务为内容,但行政处罚的目的是制裁实施违法行为的相对人;执行罚的目的则是促使负有罚款义务的相对人尽快履行缴纳罚款的义务。根据《行政强制法》第 45 条第 2 款的规定,加处罚款或者滞纳金的数额不得超出金钱给付义务的数额。具体到罚款的加处数额,则不得超出罚款本身的数额。这一规定,有利于督促行政机关提高行政效率,在加处罚款或滞纳金仍难以督促相对人履行义务的情况下,积极寻求其他解决问题的途径,采取其他手段。① 当然,这一规定还有利于保护当事人的权利,以防止行政机关通过对罚款数额的不断加处而滥用职权,损害当事人的合法权益。

(2)当事人逾期不履行罚款决定,而又无任何理由的,行政主体可以依法将查封、扣押的财产拍卖,将拍卖款抵缴罚款,或者将冻结的存款划拨抵缴罚款。

(3)申请人民法院强制执行。根据《行政强制法》第53条的规定,当事人在法定期限内不申请行政复议或者提起行政诉讼,又不履行行政决定的,没有行政强制执行权的行政机关可以自期限届满之日起3个月内,依法申请人民法院强制执行。

《行政处罚法》第53条规定:除依法应当予以销毁的物品外,依法没收的非法财物必须按照国家规定公开拍卖或者按照国家有关规定处理。罚款、没收违法所得或没收非法财物拍卖的款项,必须全部上缴国库,任何行政机关或者个人不得以任何形式截留、私分或者变相私分;财政部门不得以任何形式向作出行政处罚决定的行政机关返还罚款、没收的违法所得或者返还没收非法财物的拍卖款项。

---

① 参见马怀德主编:《〈行政强制法〉条文释义及应用》,人民出版社2011年版,第175页。

第八章
行政强制

第一节 行政强制概述

一、行政强制的概念和特征

(一) 行政强制的概念

行政强制是一种非常重要的行政行为类型,它是动用国家机器的强力直接干预公民权利义务的行为,是一种很严厉的手段。行政强制依照法律的规定运行是保证良好法治秩序、保障公民合法权益的关键因素之一。为了实现法治秩序良好、公民权益得到保障的目的,我国自 1999 年就开始酝酿制定《行政强制法》,2005 年、2007 年、2009 年、2011 年 4 月以及 2011 年 6 月《行政强制法(草案)》先后五次提请全国人大常委会审议修改。终于在 2011 年 6 月 30 日下午闭幕的第十一届全国人大常委会第二十一次会议上,《行政强制法》得以表决通过。《行政强制法》的通过,意味着行政强制将会在统一的法律规定之下运行,标志着我国行政法治迈上一个新的台阶。

《行政强制法》并没有直接规定行政强制的概念。它是通过列举行政强制的种类来表述行政强制的基本含义的。根据《行政强制法》的规定,行政强制包括行政强制措施和行政强制执行。其中,行政强制措施是行政机关在行政管理过程中,为制止违法行为、防止证据损毁、避免危害发生、控制危险扩大等情形,依法对公民人身自由实施暂时性限制,或者对公民、法人或者其他组织的财产实施暂时性控制的行为。行政强制执行是行政机关或者行政机关申请人民法院,对不履行行政决定的公民、法人或者其他组织,依法强制履行义务的行为。

行政强制措施和行政强制执行都是行政强制,但又分为不同类别,说明它们既相同又不相同。相同点在于:既然称为行政强制,那么顾名思义,通过外在的客观的国家实力表现的强制是其基本的共同点。不同点则在于:行政强制措施和行政强制执行有着不同的目的。行政强制措施以制止违法行为、危险状态或不利后果、防止证据损毁、避免危害发生、控制危险扩大为目的;而行政强制执行则以迫使拒不履行行政法义务的相对方履行义务或达到与履行义务相同状态为目的。

行政强制仅包括行政强制措施和行政强制执行,其他类似的行为不属于行政强制。《行政强制法》第 3 条第 2 款和第 3 款对该问题作了规定。《行政强制法》第 3 条第 2 款规定:"发生或者即将发生自然灾害、事故灾难、公共卫生事件或者社会安全事件等突发事件,行政机关采取应急措施或者临时措施,依照有关法律、行政法规的规定执行。"第3款规定:"行政机关采取金融业审慎监管措施、进出境货物强制性技术监控措施,依照有关法律、行政法规的规定执行。"根据上述规定,发生或者即将发生自然灾害、事故灾难、公共卫生事件或者社会安全事件等突发事件时,行政机关采取的应急措施或者临时措施不属于行政强制。行政机关采取金融业审慎监管措施、进出境货物强制性技术监控措施也不属于行政强制。

(二) 行政强制的特征

1. 主体的特殊性

行政强制与其他行政行为一样,行政机关运用这一权力都必须有法律、法规的明确规定。事实上,法律、法规对行政机关适用行政强制都有严格的限制。这种限制一方面反映在适用行政强制的条件上,另一方面也反映在对行政强制实施主体,特别是行政强制执行主体的规定上,即很多行政强制执行都应当由行政机关依法申请人民法院实施。这一点显然不同于其他行政行为。

2. 行为的行政性

国家强制除了行政强制外,还有刑事强制、民事强制。行政强制与刑事强制、民事强制比较,行政性是其主要特点。首先,行政强制中的行政强制措施的主体是行政主体;行政强制执行的实施主体虽然主要是人民法院,这从表面上看和刑事强制、民事强制相同。但实际上行政强制执行与刑事强制、民事强制依然有着本质的不同:其一,人民法院实施行政强制执行必须由行政主体申请,而刑事强制、民事强制的实施或由司法机关自主决定,或由相关当事人申请,由司法机关实施;其二,人民法院实施行政强制执行的是行政行为的内容,而刑事强制、民事强制实现的则是司法行为的内容。因此,本质上,由行政主体申请人民法院的行政强制执行实现的仍然是国家行政权;而刑事强制、民事强制实现的是国家司法权。其次,行政强制的实施发生于行政管理过程中,是一种行政管理的手段或措施。所以,无论是行政主体对公民人身自由进行暂时性限制,对公民、法人或者其他组织的财产实施控制,抑或行政主体或者行政主体申请人民法院实施强制执行都与行政管理密切相关。或者说,这些行为本身就是行政管理的构成部分。最后,行政强制的前提都与妨害行政管理秩序有关。比如,行政强制措施的前提是行政管理的正常秩序可能或正在受到危害;又比如,行政强执的前提是相对人负有行政法上的义务而拒不履行。

3. 手段的强制性

所谓强制性,与自主性相对。即某种行为的实现不取决于当事人的意愿,当事人如果不能容忍该种行为,将会招致对其不利的后果。从这个意义上讲,由行政主体单方意志形成的行政行为都有对相对人的强制性。当然,在很多情况不,相对人对行政行为的容忍,也意味着接受某种不利的后果,比如行政处罚,强制性恰恰是表达着这样的含义:不能容忍,不愿接受,就必然被强迫接受。大多数的行政行为都有这种"强迫"的特质。但大多数行政行为的强制性仅仅是"表意",即强制性蕴涵于行政行为中,而与之不同的是,行政强制的强制性则往往直接表现为一种看得见、摸得着的动作,即行政主体将"表意"予以实现。所以,行政强制手段的强制性不是主观上的一种威慑力量,而是一种客观上已采取的物理性的、直接作用于相对人的行为。比如,人民警察直接将醉酒者限制于公安派出所内;对非法营业场所行政主管机关的工作人员直接贴上封条予以查封;等等。

4. 目的特定性

行政强制与其他具体行政行为的目的也不相同,如行政许可的目的在于赋予行政相对人某种权利或资格;行政处罚的目的在于对实施违反行政法律规范的行为的行政相对人进行惩罚;而行政强制的目的,则在于预防、制止危害社会、妨害行政管理秩序的行为或事件的发生和存在,或者迫使拒不履行行政法义务的行政相对人履行义务。

二、行政强制的原则

行政强制的强制性表现为直接作用于行政相对人的人身和财产,必然会对公民的人身权,对公民、法人和其他组织的财产权产生很大影响。因此,必须加以严格规范,实施行政强制时必须严格遵守一定的准则和原则。《行政强制法》第 4 条至第 8 条规定了行政强制的原则。

(一) 行政强制法定原则

《行政强制法》第 4 条规定了行政强制法定原则。该条规定:"行政强制的设定和实施,应当依照法定的权限、范围、条件和程序。"根据该条的规定,行政强制法定原则包括如下内容:

1. 行政强制设定法定

行政强制的强制性比其他行政行为更为直接,其对公民、法人和其他组织人身权、财产权产生的影响及可能造成的损害更大。因此,对行政强制创设权的限制应该更为严格。行政强制的设定,应当依照法定的权限、范围、条件和程序,也即行政强制设定权限法定。

2. 实施行政强制法定

实施行政强制法定包括:(1) 实施主体法定。有权实施行政强制措施的行政主体包括法定行政机关和法律、法规授权的符合法定条件的具有管理公共事务职能的组织。有权实施行政强制执行的主体必须是法律明确规定的行政机关,或者接受行政机关申请,依法执行的人民法院。鉴于行政强制措施对公民权利的严重干预性,享有行政强制措施职权的行政主体不宜委托其他组织或公民行使该权力。在行政强制执行中,由于代履行制度的存在,行政机关可以依法委托没有利害关系的组织代为行使权力。(2) 行政强制实施内容合法。首先,行政强制必须在法定范围内实施,法定范围以外没有行政强制。其次,行政强制应当依照法定的条件实施。法律、法规在设定行政强制时,都严格规定了适用的条件;只有满足了这些适用条件,才可实施行政强制。(3) 行政强制实施的程序合法。行政主体在实施行政强制时要求严格遵守法定步骤和方式,违反法定的行政强制实施程序同样必须承担相应的法律责任。

(二) 行政强制适当原则

《行政强制法》第5条规定了行政强制适当原则,即:"行政强制的设定和实施,应当适当。采取非强制手段可以达到行政管理目的的,不得设定和实施行政强制。"根据该条规定,行政强制适当原则,是指行政强制的设定应当适当,兼顾公共利益和当事人的合法利益;实施行政强制除了有法律依据外,应选择对相对人权益损害最小的方式进行,采取非强制手段可以达到行政管理目的的,不得设定和实施行政强制。其具体内容包括:

1. 行政强制设定适当

行政强制设定是否适当,其衡量的标准就在于设定是否妥当、是否必要,以及是否兼顾了公共利益和当事人的合法利益。所谓妥当是指,设定某一行政强制的方式能否达到设定该行政强制的法定目的。设定某一行政强制不是为了达到法定的目的,或者达不到法定目的,那么,该行政强制的设定就不妥当。因为它无助于法律目的的实现。比例原则的内容之一就是要求行为设定与目的实现的一致性,也即妥当性要求。所谓必要是指,行政强制的设定具有不可替代性。也即,设定其他非强制行政手段不能达到行政管理的目的。如果通过其他非强制性行政手段能够达到行政管理的目的,则不宜设定行政强制。所谓兼顾公共利益和当事人合法权益是指,设定行政强制必须权衡实施该行政强制所能实现的公共利益和对当事人合法权益所造成的损害,只有实现的公共利益重于当事人所受的损害,并且对当事人权益损害又最小时,行政强制的设定才是适当的。反之,虽然能实现公共利益,但公共利益实现小于当事人受损害的权益,或者无法使当事人权益受损害最小,则该行政强制的设定不适当。

2. 实施行政强制适当

实施行政强制的适当性要求与设定行政强制的适当性要求实质上并无不同。因为设定行政强制是否适当在一定程度上决定了实施行政强制是否适当。尽管如此,设定和实施毕竟是行政强制的两个不同阶段,主客观条件的影响也不一样,因此适当原则内容反映的着重点也会不同。行政强制适当原则在实施行政强制阶段的内容是:(1) 实施行政强制应当选择适当的方式。选择适当方式即意味着可对行政强制裁量。在实施行政强制中,作为裁量的适当性要求不仅包括选择何种行政强制的方式,而且还包括应否采取行政强制的选择。因此,所谓适当包括:其一,选择采取行政强制必须是确实为了维护公共利益和公共秩序的需要。当事人行为无涉公共利益、公共秩序时,不应对其采取行政强制;或虽然当事人的行为违法,但显著轻微,没有明显社会危害,那也应选择不对其实施行政强制;或为了维护公共利益和公共秩序的需要必须实施行政强制,一旦目的实现,即应停止行政强制。其二,选择的方式应合乎情理,"恰如其分"。比如,可以用间接强制就能达到目的的,则不选择用直接强制等。(2) 实施行政强制以最小损害当事人的权益为限度。该项内容是指当有其他同样有效且对于基本权利侵害较少之措施可供选择时,应选择对相对人侵害最小的措施。凡是有其他可供选择的行政强制手段,应以必要为限,由轻到重依次进行,优先选用较轻的强制措施和间接强制措施。这就是说,行政主体在选择实施行政强制手段和方法时,不仅要考虑选择的手段和方法对当事人造成的损害明显小于所要维护的公共利益和公共秩序,而且也要尽可能考虑选择对当事人的损害最小的手段和方法。如果行政主体不作这种选择,或者选择的手段和方法不符合"以最小损害当事人的权益为限度"的要求,那么,行政主体实施的行政强制就违反了适当原则。

(三) 说服教育和行政强制相结合原则

《行政强制法》第 6 条规定了说服教育和行政强制相结合的原则。该条规定:"实施行政强制,应当坚持教育与强制相结合。"根据《行政强制法》的规定,行政强制的目的是预防、制止违法行为、危险状态或不利后果或达到义务的履行,强制本身并不是目的。强制只是迫不得已的手段。因此,在采取行政强制的过程中,应结合说服教育这一原则。说服教育和强制相结合首先强调当事人自我履行。行政强制作为行政管理的一种方式虽然是为了实现公共利益,但这并不等于可以简单地将国家意志强加于当事人。在行政管理中坚持对当事人的尊重是现代国家管理服务意识的基本要求。因此,坚持说服教育就是在条件允许的情况下通过与当事人的沟通,让当事人自我履行,只有在当事人坚持不履行的情况下,强制才是迫不得已的手段。说服教育和强制相结合还在于,即便必须要采取行政强制的,也应在事前、事中和事后做好说服教育工作,从而保证行政强制能顺利进行。

(四) 行政强制禁止谋取私利的原则

《行政强制法》第 7 条规定了行政强制禁止谋取私利的原则。该条规定:"行政机关及其工作人员不得利用行政强制权为单位或者个人谋取利益。"根据该条的规定,行政强制活动的实施,是为了实现行政管理的目的,不是为特定组织或个人谋取私利,因此,行政机关或者法律、行政法规授权的组织及其工作人员不得利用行政强制权为单位或者个人谋取利益。

(五) 保护公民权利的原则

《行政强制法》第 8 条规定了保护公民权利的原则。该条规定:"公民、法人或者其他组织对行政机关实施行政强制,享有陈述权、申辩权;有权依法申请行政复议或者提起行政诉讼;因行政机关违法实施行政强制受到损害的,有权依法要求赔偿。公民、法人或者其他组织因人民法院在强制执行中有违法行为或者扩大强制执行范围受到损害的,有权依法要求赔偿。"根据该条的规定,行政强制的目标虽然是实现特定的行政管理目的,但也不能忽视相对人的合法权益,相反,由于行政强制对相对人权利的干预程度很严重,行政强制的实施过程中还应当加强对相对人权利的保护。除前述原则已体现的保护公民权利的内容外,公民、法人或者其他组织等行政强制的相对人还应当具有一定的程序权利和获得救济的权利。具体而言,对行政机关实施行政强制,相对人享有陈述权、申辩权;有权依法申请行政复议或者提起行政诉讼;因行政机关违法实施行政强制受到损害的,有权依法要求赔偿。

第二节 行政强制措施

一、行政强制措施的概念和特点

(一) 行政强制措施的概念

在我国,"行政(强制)措施"一词较早出现在1983年王珉灿主编的《行政法概要》一书中,但其意义与现在的行政强制措施的含义并不相同。现行意义的"行政强制措施"一词最早出现在1989年《行政诉讼法》中,该法第11条第1款第2项规定:公民、法人和其他组织如果对"限制人身自由或对财产的查封、扣押、冻结等行政强制措施"不服的,可以提起行政诉讼。而后,"行政强制措施"这一名称被学界普遍接受。但关于这一概念的性质和范围的争议则一直持续不断。《行政强制法》出台后,行政强制措施的概念被确定为行政机关在行政管理过程中,为制止违法行为、防止证据损毁、避免危害发生、控制危险扩大等情形,依法对公民人身自由实施暂时性限制,或者对公民、法人或其他组织的财产实施暂时性控制的行为。

(二) 行政强制措施的特点

1. 行政强制措施的主体是行政主体

行政强制措施的主体必须是依法拥有相应强制权的行政主体。具体包括两类:一是依法享有行政强制措施权的行政机关;二是法律、行政法规授权的具有管理公共事务职能的组织。行政强制措施的这一特点表明行政强制措施和行政强制执行在主体上的区别:行政强制执行可以由行政机关或由行政机关申请人民法院执行,而行政强制措施的主体不包括行政主体外的其他国家机关。同时,对具体行使行政强制措施权的人员,也应该有一定的要求,行政强制措施应当由行政机关具备资格的正式执法人员实施,其他人员不得实施。

一般而言,行政主体在获得法律、法规授权的情况下,可以将自己享有的行政权力委托给符合法定条件的组织或个人行使。但行政强制措施权比较特殊,它是直接作用于相对人人身或财产的行政权力,对相对人权利的干预比较严重。为了确保行政强制措施权的依法行使,行政强制措施权不宜委托给其他组织或个人行使。

2. 行政强制措施的目的特殊

目的特殊性是行政强制措施与其他行政活动的主要区别。行政强制措施的目的具有多重性:一是直接预防和制止违法行为、避免危害发生、控制危险扩大;二是为查清违法事实,比如为查清违法行为而采取的证据保全或先行登记等。

二、行政强制措施的种类

(一)《行政强制法》规定的行政强制措施种类

根据《行政强制法》第9条的规定,行政强制措施包括以下五种:

1. 限制公民人身自由

限制公民人身自由的行政强制措施表现为对公民人身自由暂时性的限制。限制公民人身自由的行政强制措施可以有多种表现形式,如强行带离现场、盘问、扣留或管束人身以及强制隔离等。

2. 查封场所、设施或者财物

查封场所、设施或者财物是指行政机关在出现法定的情形时,对特定的场所、设施或者财物实行就地封存,不允许财产所有人或使用人使用或处分的行政强制措施。例如,根据《审计法》第34条的规定,审计机关有权对转移、隐匿、篡改、毁弃的会计凭证、会计账簿、会计报表以及其他有关资料进行查封。

3. 扣押财物

扣押财物是指行政机关将有关的财产置于自己的实际控制之下,以防当事人毁损或转移财产的行政强制措施。比如,根据《道路交通安全法》第72条第2款的规定,"交通警察应当对交通事故现场进行勘验、检查、收集证据;因收集证据的需要,可以扣留事故车辆,但是应当妥善保管,以备核查"。

4. 冻结存款、汇款

冻结存款、汇款指行政机关依法定职权要求银行等金融机构暂时拒绝当事人动用其处于银行等金融机构控制中的存款、汇款的强制措施。采取冻结行政强制措施由法律规定的行政机关作出决定,不得委托,并由行政机关直接通知金融机构。

5. 其他行政强制措施

其他行政强制措施是指法律、法规依法规定的行政强制措施,如强制隔离、强制进入住所等。

(二)行政强制措施的学理分类

根据不同的标准,学理上将行政强制措施分成不同的种类:

1. 制止性行政强制措施、预防性行政强制措施和保障性行政强制措施

根据行政强制措施目的的不同,行政强制措施可分为制止性行政强制措施、预防性行政强制措施和保障性行政强制措施。

制止性行政强制措施是对已经发生且正在进行的违法行为、危害事件采取措施,以制止违法行为、危害事件继续发展为目的的行政强制措施。制止性行政强制措施的特点在于,采取行政强制措施时违法行为或危害事件已经发生且还在进行,通过对

相关的人或物采取措施,进行限制,以制止危害时间延续。比如,对传染病人采取强制隔离措施以制止传染病的继续漫延;又如,对非法集会游行者强行驱散,以阻止非法集会游行等。

预防性行政强制措施是以防止违法行为发生和证据灭失、预防危害事件的发生为目的的行政强制措施。预防性行政强制措施的特点是采取行政强制措施时违法行为和危害事件还未发生,但存在发生的可能,或证据还未灭失,但有灭失的可能,通过采取行政强制措施以期使之不能发生,或使证据得以保全。比如,管束有自杀企图的人以防止自杀的发生;又如,管束醉酒的人以防止其可能作出的危害他人的人身、财产和公共安全的行为。

保障性行政强制措施是以保障行政管理的顺利进行或保障后续行政行为能顺利作出和执行为目的的行政强制措施。这种行政强制措施的意义在于,如果没有此种行政强制措施,后续的行政管理就无法正常有效地进行,或已作出的行政行为无法实施或很难有效实施;保障性行政强制措施就是为以后的行政管理工作起保障或辅助作用。比如,行政执法中的查封、扣押、冻结等措施就为以后可能的执行提供了可以履行的保障。

2. 对人身的行政强制措施强制和对财产的行政强制措施

根据行政强制措施所限制的对象不同,可以将行政强制措施分为对人身的行政强制措施和对财产的行政强制措施。其中,对人身的行政强制措施是指对公民人身自由暂时性的限制,包括强行带离现场、盘问、扣留或管束人身、强制隔离、人身搜查以及强行进入处所等。对财产的行政强制措施则是以限制行政管理对象对财产的处分和流通为手段,包括查封场所、设施或者财物,以及扣押财物和冻结存款、汇款等。

三、行政强制措施的设定

设定,是对权力的创设性规定。行政强制的设定,是指拥有立法权的国家机关在行政法律规范性中,对行政强制所作出的创设性规定。《行政强制法》第10、11、14、15条规定了行政强制措施的设定。

(一) 行政强制措施的设定权限

1. 法律

这里的法律指的是狭义的法律,即全国人大及其常委会制定的法律规范。《行政强制法》第10条规定:行政强制措施由法律设定。根据该条的规定,法律可以设定限制公民人身自由,查封场所、设施或者财物,扣押财物,冻结存款、汇款以及其他各种行政强制措施。

同时,根据《行政强制法》第10条和第11条的规定,限制公民的行政强制措施和冻结存款、汇款的行政强制措施只能由法律设定,行政法规、地方性法规和其他规范性文件都无权设定这两种行政强制措施。限制公民人身自由的行政强制措施只能由法律设定,这是《立法法》第8条和第9条明确规定的,《行政强制法》如此规定,符合《立法法》的规定,体现了我国法律保留原则中绝对保留的要求。

2. 行政法规

根据《行政强制法》第10条第2款的规定,国务院制定的行政法规可以设定除限制公民人身自由、冻结存款、汇款和应当由法律明确规定的行政强制措施以外的其他行政强制措施。

行政法规在设定行政强制措施的过程中,还应当遵守下位法不得与上位法相抵触的原则,即行政法规设定行政强制措施不得与法律的规定相抵触。这一要求已为《行政强制法》第11条所确认。该条规定,法律对行政强制措施的对象、条件、种类作了规定的,行政法规不得作出扩大规定。法律中未设定行政强制措施的,行政法规不得设定行政强制措施。但是,法律规定特定事项由行政法规规定具体管理措施的,行政法规可以设定除限制公民人身自由、冻结存款、汇款和应当由法律规定的行政强制措施以外的其他行政强制措施。

3. 地方性法规

根据《行政强制法》第10条和第11条的规定,地方性法规也具有行政强制措施设定权。地方性法规在设定行政强制措施的过程中,应当遵守如下规范:

(1) 地方性法规只能设定尚未制定法律、行政法规,且属于地方性事务的查封场所、设施或者财物以及扣押财物的行政强制措施。除此之外,其他行政强制措施,地方性法规无权设定。

(2) 地方性法规设定行政强制措施不能与上位法相冲突,包括:法律对行政强制措施的对象、条件、种类作了规定的,地方性法规不得作出扩大规定;法律中未设定行政强制措施的,地方性法规不得设定行政强制措施。

4. 其他规范性文件

根据《行政强制法》第10条第4款的规定,除了法律、行政法规和地方性法规可以依法设定行政强制措施外,其他规范性文件不得设定行政强制措施。

(二) 行政强制措施的设定程序

根据《行政强制法》第14条和第15条的规定,行政强制措施的设定程序包括:

1. 听取意见

起草法律草案、法规草案,拟设定行政强制措施的,起草单位应当采取听证会、论证会等形式听取意见,并向制定机关说明设定该行政强制措施的必要性、可能产生的影响以及听取和采纳意见的情况。

2. 论证评估

行政强制措施的设定机关应当定期对其设定的行政强制措施进行评价,并对不适当的行政强制措施及时予以修改或者废止;行政强制措施的实施机关可以对已设定的行政强制措施的实施情况及存在的必要性适时进行评价,并将意见报告该行政强制的设定机关。公民、法人或者其他组织可以向行政强制的设定机关和实施机关就行政强制的设定和实施提出意见和建议。有关机关应当认真研究论证,并以适当方式予以反馈。

四、行政强制措施实施程序

根据《行政强制法》第三章的规定,行政强制措施的实施程序总的来说包括两大类:一般程序和特殊程序。其中,特殊程序指的是除一般程序外,限制公民人身自由,查封、扣押以及冻结等行政强制措施应当遵守的特殊程序。

(一) 行政强制措施的一般实施程序

1. 行政强制措施实施的条件

行政强制措施针对的是违反行政强制法律规范,并依法应当实施行政强制措施的情况。根据《行政强制法》第16条第2款的规定,违法行为情节显著轻微或者没有没有明显社会危害的,可以不采取行政强制措施。

2. 行政强制措施的实施主体

《行政强制法》第17条和第70条规定了行政强制措施的实施主体:

(1) 职权性主体

根据《行政强制法》第17条第1款和第2款的规定,法律、法规规定的行政机关可以在法定职权范围内实施行政强制措施。依据《行政处罚法》的规定,行使相对集中行政处罚权的行政机关可以实施法律、法规规定的与行政处罚权有关的行政强制措施。

(2) 授权性主体

根据《行政强制法》第17条和第70条的规定,法律、行政法规授权的具有管理公共事务职能的组织在法定授权范围内,可以以自己的名义实施行政强制措施。即,法律、行政法规授权的具有公共事务管理职能的组织在法定授权范围内能够成为实施行政强制措施的行政主体。

特别要指出的是:第一,《行政强制法》第17条第1款规定,行政强制措施权不得委托。根据该规定,有行政强制措施权的行政主体不能将行政强制措施权委托给其他组织或个人。在行政强制措施领域,不存在受委托组织或个人行使行政强制措施权的情况。第二,《行政强制法》对行政强制措施的实施主体有着非常严格而具体的规定。这不仅表现为行政强制措施权的实施主体应当完全符合《行政强制法》的规定,还表现为行政主体内部具体负责实施行政强制措施的人员必须符合《行政强制法》的规定。具体而言,《行政强制法》第17条第3款规定:行政强制措施应当由行政机关具有资格的行政法执法人员实施,其他人员不得实施。

3. 行政强制措施实施的一般程序

《行政强制法》第18条和第19条规定了行政强制措施实施的一般程序,具体规则如下:

(1) 实施前须向行政机关负责人报告并经批准；

(2) 由两名以上行政执法人员实施；

(3) 出示执法身份证件；

(4) 通知当事人到场；

(5) 当场告知当事人采取行政强制措施的理由、依据以及当事人依法享有的权利、救济途径；

(6) 听取当事人的陈述和申辩；

(7) 制作现场笔录；

(8) 现场笔录由当事人和行政执法人员签名或者盖章，当事人拒绝的，在笔录中予以注明；

(9) 当事人不到场的，邀请见证人到场，由见证人和行政执法人员在现场笔录上签名或者盖章；

(10) 法律、法规规定的其他程序。

情况紧急，需要当场实施行政强制措施的，行政执法人员应当在24小时内向行政机关负责人报告，并补办批准手续。行政机关负责人认为不应当采取行政强制措施的，应当立即解除。

（二）行政强制措施实施的特殊程序

1. 限制公民人身自由的特殊程序

根据《行政强制法》第20条的规定，依照法律规定实施限制公民人身自由的行政强制措施，除应当履行上述一般程序外，还应当遵守下列规定：

(1) 当场告知或者实施行政强制措施后立即通知当事人家属实施行政强制措施的行政机关、地点和期限；

(2) 在紧急情况下当场实施行政强制措施的，在返回行政机关后，立即向行政机关负责人报告并补办批准手续；

(3) 法律规定的其他程序。

实施限制人身自由的行政强制措施不得超过法定期限。实施行政强制措施的目的已经达到或者条件已经消失，应当立即解除。

根据《行政强制法》第21条的规定，违法行为涉嫌犯罪应当移送司法机关的，行政机关应当将查封、扣押、冻结的财物一并移送，并书面告知当事人。

2. 查封、扣押的特殊程序

根据《行政强制法》的规定，查封、扣押必须由法律、法规规定的行政机关或者法律、行政法规授权的具有公共事务管理职能的组织实施，其他任何行政机关或者组织不得实施行政强制措施。上述组织行使行政强制措施权时，除必须遵守行政强制措施实施的一般程序外，还必须遵守下列特殊规定：

(1) 查封、扣押的对象

根据《行政强制法》第23条的规定，查封、扣押限于涉案的场所、设施或者财物，不得查封、扣押与违法行为无关的场所、设施或者财物;不得查封、扣押公民个人及其所扶养家属的生活必需品。

当事人的场所、设施或者财物已被其他国家机关依法查封的,不得重复查封。

(2)查封、扣押的决定书和清单

根据《行政强制法》第24条的规定,行政机关决定实施查封、扣押的,应当履行行政强制措施的一般程序,制作并当场交付查封、扣押决定书和清单。查封、扣押决定书应当载明下列事项:第一,当事人的姓名或者名称、地址;第二,查封、扣押的理由、依据和期限;第三,查封、扣押场所、设施或者财物的名称、数量等;第四,申请行政复议或者提起行政诉讼的途径和期限;第五,行政机关的名称、印章和日期。

查封、扣押清单一式二份,由当事人和行政机关分别保存。

(3)查封、扣押的期限

根据《行政强制法》第25条的规定,查封、扣押的期限不得超过30日;情况复杂的,经行政机关负责人批准,可以延长,但是延长期限不得超过30日。法律、行政法规另有规定的除外。如果查封、扣押的期限要延长,那么,延长查封、扣押的决定应当及时书面告知当事人,并说明理由。

对物品需要进行检测、检验、检疫或者技术鉴定的,查封、扣押的期间不包括检测、检验、检疫或者技术鉴定的期间。检测、检验、检疫或者技术鉴定的期间应当明确,并书面告知当事人。检测、检验、检疫或者技术鉴定的费用由行政机关承担。

(4)保管

《行政强制法》第26条规定了行政机关保管查封、扣押的场所、设施和财物的义务以及相关的责任。具体而言,对查封、扣押的场所、设施或者财物,行政机关应当妥善保管,不得使用或者损毁;造成损失的,应当承担赔偿责任。对查封的场所、设施或者财物,行政机关可以委托第三人保管,第三人不得损毁或者擅自转移、处置。因第三人的原因造成的损失,行政机关先行赔付后,有权向第三人追偿。因查封、扣押发生的保管费用由行政机关承担。

(5)查封、扣押后的决定

《行政强制法》第27条规定:行政机关采取查封、扣押措施后,应当及时查清事实,在法定期限内作出处理决定。对违法事实清楚,依法应当没收的非法财物予以没收;法律、行政法规规定应当销毁的,依法销毁;应当解除查封、扣押的,作出解除查封、扣押的决定。

(6)查封、扣押的解除

根据《行政强制法》第28条的规定,有下列情形之一的,行政机关应当及时作出解除查封、扣押决定:第一,当事人没有违法行为;第二,查封、扣押的场所、设施或者财物与违法行为无关;第三,行政机关对违法行为已经作出处理决定,不再需要查封、扣押;第四,查封、扣押期限已经届满;第五,其他不再需要采取查封、扣押措施的情形。

行政机关解除查封、扣押应当立即退还财物;已将鲜活物品或者其他不易保管的财物拍卖或者变卖的,退还拍卖或者变卖所得款项。变卖价格明显低于市场价格,给当事人造成损失的,应当给予补偿。

3. 冻结的特殊程序

(1) 冻结的对象

冻结的对象是依法应当冻结的存款、汇款。根据《行政强制法》第29条第2款的规定,冻结存款、汇款的数额应当与违法行为涉及的金额相当;已被其他国家机关依法冻结的,不得重复冻结。

(2) 通知金融机构

根据《行政强制法》第30条的规定,行政主体实施冻结行政强制措施除应当遵守一般程序中的实施前向行政机关负责人报告并经批准,由两名以上行政执法人员实施,出示执法身份证件以及制作现场笔录等程序规定外,还必须通知金融机构。具体方式是向金融机构交付冻结通知书。金融机构接到行政机关依法作出的冻结通知书后,应当立即予以冻结,不得拖延,不得在冻结前向当事人泄露信息。

法律规定以外的行政机关或者组织要求冻结当事人存款、汇款的,金融机构应当拒绝。

(3) 冻结决定

行政机关作出冻结的行政强制措施应当将行政决定告知相对人,表现形式是交付冻结决定书。《行政强制法》第31条规定:依照法律规定冻结存款、汇款的,作出决定的行政机关应当在3日内向当事人交付冻结决定书。冻结决定书应当载明下列事项:第一,当事人的姓名或者名称、地址;第二,冻结的理由、依据和期限;第三,冻结的账号和数额;第四,申请行政复议或者提起行政诉讼的途径和期限;第五,行政机关的名称、印章和日期。

(4) 冻结的期限

根据《行政强制法》第32条的规定,自冻结存款、汇款之日起30日内,行政机关应当作出处理决定或者作出解除冻结决定;情况复杂的,经行政机关负责人批准,可以延长,但是延长期限不得超过30日。法律另有规定的除外。延长冻结的决定应当及时书面告知当事人,并说明理由。

(5) 冻结决定的解除

根据《行政强制法》第33条的规定,有下列情形之一的,行政机关应当及时作出解除冻结决定:第一,当事人没有违法行为;第二,冻结的存款、汇款与违法行为无关;第三,行政机关对违法行为已经作出处理决定,不再需要冻结;第四,冻结期限已经届满;第五,其他不再需要采取冻结措施的情形。

行政机关作出解除冻结决定的,应当及时通知金融机构和当事人。金融机构接到通知后,应当立即解除冻结。

行政机关逾期未作出处理决定或者解除冻结决定的,金融机构应当自冻结期满之日起解除冻结。

第三节 行政强制执行

一、行政强制执行的概念和特征

行政强制执行是指行政机关或者行政机关申请人民法院,对不履行行政决定的公民、法人或者其他组织,依法强制其履行义务的行为。

行政强制执行的特征主要表现在以下几个方面:

(1) 相对人不履行应履行的义务,是行政强制执行的前提条件。行政强制执行是针对相对不履行法定义务而采取的强制执行行为,因此,行政强制执行,只有在构成义务不履行的条件下,法律明确规定可以采取行政强制执行时才能采取。对于不构成义务不履行的,则不能强制执行。

(2) 行政强制执行的主体是行政机关和人民法院。由谁适用行政强制执行的问题,必须依据法律规定。法律规定行政机关强制执行的,行政机关可以依法自己强制执行。法律没有规定行政机关强制执行的,或法律规定应当申请人民法院强制执行的,作出赋予相对人义务的行政决定的行政机关都应当申请人民法院强制执行。

(3) 行政强制执行的目的是实现义务的履行。无论由行政机关自己依法强制执行,还是由行政机关申请人民法院执行,目的都是为了迫使相对人自己履行义务或达到义务履行的结果。正因为如此,义务已经履行,就没有必要强制执行,已采取强制执行致使相对人履行了义务,也就没有必要采取进一步强制执行措施。

(4) 行政强制执行的内容是行政决定。这是行政强制执行和司法强制执行的区别所在。当人民法院作为行政强制执行主体时,执行的是被申请执行的行政决定的内容;而当人民法院作为司法强制执行的主体时,执行的是司法裁判书的内容。当然,二者的区别还在于申请人的不同、执行程序和执行前置程序等诸多方面的不同。

二、行政强制执行的方式和设定

(一) 行政强制执行的方式

根据《行政强制法》第12条的规定,行政强制执行的方式包括以下六种:

1. 加处罚款或者滞纳金

行政强制执行中的加处罚款或者滞纳金是指法定义务人逾期不履行其应当履行的义务时,行政机关或行政机关申请人民法院对义务人在一定期限内课以新的持续不断的金钱给付义务,以促使其履行义务的行政强制执行的方式。

加处罚款或者滞纳金主要适用于不可替代的作为义务和不作为义务,即以义务人亲自履行为必需的义务。这种行政强制执行方式被广泛适用于海关、税务、环保、审计等部门的行政管理过程中,其中的一个共同特点是,在这些方面适用加处罚款或者滞纳金的,往往是相对人负有作为义务而不作为;而对于相对人不履行不作为义务的,相对人如拒绝履行,从现有规定看,规定采用这种强制执行方式的情况不多。

行政机关必须按法定数额实施加处罚款或者滞纳金。根据《行政强制法》第45条第2款的规定,加处罚款或者滞纳金的数额不得超出金钱给付义务的数额。

加处罚款或者滞纳金与行政处罚中的罚款是不同的。加处罚款或者滞纳金的目的,是促使相对人履行其负有的义务,而不是对违法行为的制裁,如纳税人逾期纳税,令其缴纳滞纳金,纳税人履行义务完毕,该行为即告结束。而行政处罚中的罚款,则是属于对实施违法行为的相对人的一种制裁。因为目的不同,所以加处罚款或者滞纳金可以反复适用。而行政处罚中的罚款,作为一种制裁,适用"一事不再罚"原则。

2. 划拨存款、汇款

划拨存款、汇款是指行政机关从相对人的金融机构账号中划拨其存款、汇款的行政强制执行方式。

3. 拍卖或者依法处理查封、扣押的场所、设施或者财物

拍卖或者依法处理查封、扣押的场所、设施或者财物是指在依法查封、扣押的场所、设施或者财物后,经催告,当事人仍不履行法定义务时,行政机关依法拍卖查封、扣押的财物,依法处理查封、扣押的场所和设施的行政强制执行方式。

4. 排除妨碍、恢复原状

排除妨碍、恢复原状是指相对人不履行行政决定,实施了妨碍公共秩序或他人的合法权益的违法作为或不作为时,行政机关依法排除障碍,恢复公共秩序或他人合法权益的原来状态的行政强制执行方式。

5. 代履行

代履行是指行政机关依法作出要求当事人履行排除妨碍、恢复原状等义务的行政决定,当事人逾期不履行,经催告仍不履行的,其后果已经或者将危害交通安全、造成环境污染或者破坏自然资源的,行政机关可以代履行,或者委托没有利害关系的第三人代履行。

代履行是一种使用比较广泛的间接强制执行方法。当义务人不履行的义务凡能通过他人代为履行而达到与义务人履行相同状态的,且符合法律规定的条件时,均可适用代履行的方法。但是,行政决定规定的义务人负有的义务未必都可以采用代履行这种间接行政强制方法。有些不能采用他人代为履行的方法,而只能由义务人自己履行。这时候就只能采取除代履行以外的行政强制执行的方法。

代履行的主要特征如下:

第一,代履行所履行的义务人的义务必须是由他人代履行与义务人自己履行达到相同结果的作为义务,不以义务人自己履行义务为必需。他人不可代为履行的义务人的作为义务和不作为义务,不能实施代履行这种行政强制执行的方法。因为他人不可代为履行的义务人的作为义务和不作为义务除了义务人自己履行外,具有不

可代替性。这些可以代为履行的义务主要指排除妨碍、恢复原状等义务,当然也包括法律规定的其他可以采用代履行的义务。

第二,代履行义务的实际履行人既可以是行政机关,也可以是没有利害关系的第三人。如果行政机关拥有法定的代履行权力,则可以依法自己代为履行或者委托没有利害关系的第三人代为履行。

第三,代履行完毕后,因代履行所发生的费用应由义务人承担。行政机关可依法向义务人收取代履行的费用。代履行的费用应按照成本合理确定。

代履行可以分为限期代履行和立即代履行两种。

限期代履行是指行政机关作出使相对人承担义务的行政决定时,给予相对人履行义务的期限,只有履行期届满时,相对人仍然未履行义务或无能力履行义务的,行政机关才可实施代履行。

立即代履行是指相对人不能当场履行其负有的义务,由行政机关立即实施代履行。适用立即代履行的情形是:需要立即清除道路、航道或者公共场所的遗洒物、障碍物或者污染物,当事人不能当场清除的,或者其他紧急情况。行政机关立即实施代履行时当事人不在场的,行政机关应当在事后立即通知当事人,并依法作出处理。如对遗洒污染物,造成后果的,行政机关代履行后,可对当事人予以处罚。

6. 其他强制执行方式

其他强制执行方式是指法律、法规依法规定的上述五种行政强制执行方式以外的其他行政强制方式,如强制传唤、强制履行等。

(1) 强制传唤

《治安管理处罚法》第82条第2款规定:"公安机关应当将传唤的原因和依据告知被传唤人。对无正当理由不接受传唤或者逃避传唤的人,可以强制传唤。"

(2) 强制履行

《兵役法》第61条规定:对拒绝、逃避兵役登记和体格检查的,应征公民拒绝、逃避征集的,以及预备役人员拒绝、逃避参加军事训练和执行军事勤务的,由县级人民政府强制其履行兵役义务,等等。

以上是《行政强制法》第12条规定的行政强制执行的六种方式。根据《行政强制法》第四章的规定,上述六种方式中的加处罚款或者滞纳金,划拨存款、汇款,拍卖或者依法处理查封、扣押的场所、设施或者财物这三种行政强制执行方式统称为金钱给付义务的执行。

(二) 行政强制执行的设定

1. 行政强制执行的设定权限

《行政强制法》第13条规定了行政强制执行的设定权限。根据该条的规定,行政强制执行应当只能由法律设定。学界认为,之所以采取这样的观点是基于目前中国公权力过于膨胀和往往导致滥用的现实。严格限制行政强制执行设定权显然会给当下相关行政管理带来某些不便,但放宽行政强制执行设定权则难以有效治理目前行政强制存在的"乱"和"滥"两大问题,而行政强制的"乱"和"滥"已构成对公民人权的威胁。权衡利弊,自然应以不赋予规章行政强制设定权为好。

2. 行政强制措施的设定程序

根据《行政强制法》第 14 条和第 15 条的规定,行政强制措施的设定程序包括:

(1) 听取意见

起草法律草案、法规草案,拟设定行政强制的,起草单位应当采取听证会、论证会等形式听取意见,并向制定机关说明设定该行政强制的必要性、可能产生的影响以及听取和采纳意见的情况。

(2) 论证评估

行政强制的设定机关应当定期对其设定的行政强制进行评价,并对不适当的行政强制及时予以修改或者废止;行政强制的实施机关可以对已设定的行政强制的实施情况及存在的必要性适时进行评价,并将意见报告该行政强制的设定机关。公民、法人或者其他组织可以向行政强制的设定机关和实施机关就行政强制的设定和实施提出意见和建议。有关机关应当认真研究论证,并以适当方式予以反馈。

三、行政强制执行的程序

行政强制执行程序分为行政机关强制执行程序和申请人民法院执行程序。

(一) 行政机关强制执行的程序

1. 行政机关强制执行的一般程序

(1) 催告

根据《行政强制法》第 35 条的规定,行政机关作出行政强制执行决定前,应当事先催告当事人履行义务。催告应当以书面形式进行,并载明下列事项:第一,履行的期限;第二,履行义务的方式;第三,涉及金钱给付的,应当有明确的金额和给付方式;第四,当事人依法享有的陈述权和申辩权。

(2) 陈述和申辩

根据《行政强制法》第 36 条的规定,当事人收到催告书后有权进行陈述和申辩。行政机关应当充分听取当事人的意见,对当事人提出的事实、理由和证据,应当进行记录、复核。当事人提出的事实、理由或者证据成立的,行政机关应当采纳。

(3) 作出行政强制执行决定

根据《行政强制法》第 37 条的规定,经催告,当事人逾期仍不履行行政机关决定,且无正当理由的,行政机关可以作出行政强制执行决定。行政机关的行政强制执行决定应当载明下列事项,以书面形式作出:第一,当事人的姓名或者名称、地址;第二,强制执行的理由和依据;第三,强制执行的方式和时间;第四,申请行政复议或者提起行政诉讼的途径和期限;第五,行政机关的名称、印章和日期。

在催告期间,对有证据证明有转移或者隐匿财物迹象的,行政机关可以作出立即强制执行决定。

(4) 行政强制执行催告书和决定书的送达

根据《行政强制法》第 38 条的规定,催告书、行政强制执行决定书应当直接送达当事人。当事人拒绝接收或者无法直接送达当事人的,应当依照《民事诉讼法》的有关规定送达。

(5) 中止执行

根据《行政强制法》第 39 条的规定,有下列情形之一的,应当中止执行:第一,当事人履行行政决定确有困难或者暂无履行能力的;第二,第三人对执行标的主张权利,确有理由的;第三,执行可能造成难以弥补的损失,且中止执行不违背社会公共利益的;第四,行政机关认为需要中止执行的其他情形。

中止执行的情形消失后,行政机关应当恢复执行。对没有明显社会危害,当事人确无能力履行,经中止执行满 3 年后未恢复执行的,行政机关不再执行。

(6) 终结执行

根据《行政强制法》第 40 条的规定,有下列情形之一的,应当终结执行:第一,公民死亡,无遗产可供执行,又无义务承受人的;第二,法人或者其他组织终止,无财产可供执行,又无权利义务承受人的;第三,执行标的物灭失的;第四,据以执行的行政决定撤销的;第五,乡镇机关认为需要终结执行的其他情形。

(7) 行政强制执行的赔偿

《行政强制法》第 41 条规定:"在执行中或者执行完毕后,据以执行的行政决定被撤销、变更,或者执行错误的,应当恢复原状或者退还财物;不能恢复原状或者退还财物的,依法给予赔偿。"根据该规定,据以执行的行政决定被撤销、变更,或者执行错误的,应当赔偿或补偿被执行人。在一般行政法原理中,行政决定被撤销或变更的时候,该行政决定是违法的,或者是不当的,总而言之,是存在瑕疵的行政决定。行政主体作出违法或者不当的行政决定侵犯当事人的合法权益时,应当赔偿当事人的损失。《行政强制法》第 41 条强调了这一制度,并按照行政赔偿的一般赔偿方式规定,在赔偿当事人的损失时,应当首先采取恢复原状或者退还财物的赔偿方式,在不能恢复原状或者退还财物时,采取赔偿当事人具体损失的方式。

(8) 执行协议

《行政强制法》第 42 条规定了行政强制执行协议。根据该规定,实施行政强制执行,行政机关可以在不损害公共利益和他人合法权益的情况下,与当事人达成执行协议。执行协议可以约定分阶段履行;当事人采取补救措施的,可以减免加处的罚款或者滞纳金。执行协议应当履行。当事人不履行执行协议的,行政机关应当恢复强制执行。

执行协议是执行和解的方式之一,在执行中行政机关与当事人达成协议,既能保证行政决定的执行,又可以减少社会冲突,符合构建社会主义和谐社会的要求。

(9) 其他规定

除上述规定外,《行政强制法》还对行政强制执行作了一些其他的程序规定。《行政强制法》第 43 条规定:行政强制执行不得在夜间和法定节假日实施,情况紧急的除外。对居民生活行政机关不得采取停止供水、供电、供热、供燃气等方式迫使当事人履行相关行政决定。

对于拆除违法的建筑物、构筑物和设施的行政强制执行,《行政强制法》第 44 条规定:对违法的建筑物、构筑物、设施等需要强制拆除的,应当由行政机关予以公告,限期当事人自行拆除。当事人在法定期限内不申请行政复议或者提起行政诉讼,又不拆除的,行政机关可以依法强制拆除。

2. 行政机关强制执行的特殊程序

(1) 金钱给付义务执行的特殊程序

① 加处罚款或者滞纳金的特殊程序

《行政强制法》第 45 条和第 46 条规定了加处罚款或者滞纳金的特殊程序。具体程序如下:

第一,加处罚款或者滞纳金的标准。《行政强制法》第 45 条规定:加处罚款或者滞纳金的标准应当告知当事人。

第二,加处罚款或者滞纳金的数额。《行政强制法》第 45 条规定:加处罚款或者滞纳金的数额不得超过金钱给付义务的数额。

第三,加处罚款或者滞纳金的条件。《行政强制法》第 46 条规定了实施加处罚款或者滞纳金程序的条件。该条规定,行政机关依法实施加处罚款或者滞纳金超过 30 日,经催告当事人仍不履行的,具有行政强制执行权的行政机关可以强制执行。

② 拍卖或者依法处理查封、扣押的场所、设施或者财物的特殊程序

第一,行政强制执行前查封、扣押、冻结的程序。《行政强制法》第 46 条规定:行政机关实施强制执行前,需要采取查封、扣押、冻结措施的,依照查封、扣押、冻结等行政强制措施的程序办理。

第二,拍卖的条件。《行政强制法》第 46 条第 3 款规定:当事人在法定期限内不申请行政复议或者提起行政诉讼,经催告仍不履行的,在实施行政管理过程中已经采取查封、扣押措施的行政机关,可以将查封、扣押的财物依法拍卖抵缴罚款。

第三,拍卖的程序。《行政强制法》第 48 条规定:依法拍卖财物,由行政机关委托拍卖机构依照《拍卖法》的规定办理。关于拍卖和依法处理所得的款项,根据《行政强制法》第 49 条的规定,应当上缴国库或者划入财政专户。任何行政机关或者个人不得以任何形式截留、私分或者变相私分。

③ 划拨存款、汇款的特殊程序

《行政强制法》第 47 条和第 49 条规定了划拨存款、汇款的特殊程序。这些程序包括:第一,划拨存款、汇款应当由法律规定的行政机关决定,并书面通知金融机构。金融机构接到行政机关依法作出划拨存款、汇款的决定后,应当立即划拨。第二,法律规定以外的行政机关或者组织要求划拨当事人存款、汇款的,金融机构应当拒绝。第三,划拨的存款、汇款应当上缴国库或者划入财政专户。任何行政机关或者个人不得以任何形式截留、私分或者变相私分。

(2) 代履行的特殊程序

《行政强制法》第 51 条和第 52 条规定了代履行的特殊程序。这些程序包括：

第一，代履行决定书的送达。代履行前送达决定书，代履行决定书应当载明当事人的姓名或者名称、地址，代履行的理由和依据、方式和时间、标的、费用预算以及代履行人。

第二，催告。代履行 3 日前，催告当事人履行，当事人履行的，停止代履行。

第三，执法监督。代履行时，作出决定的行政机关应当派员到场监督。

第四，执行文书的签名或盖章。代履行完毕，行政机关到场监督的工作人员、代履行人和当事人或者见证人应当在执行文书上签名或者盖章。

第五，代履行的费用。代履行的费用按照成本合理确定，由当事人承担。但是，法律另有规定的除外。

第六，代履行的方式。代履行不得采用暴力、胁迫以及其他非法方式。

第七，立即代履行的程序。需要立即清除道路、河道、航道或者公共场所的遗洒物、障碍物或者污染物，当事人不能清除的，行政机关可以决定立即实施代履行；当事人不在场的，行政机关应当在事后立即通知当事人，并依法作出处理。

（二）申请人民法院强制执行的程序

申请人民法院强制执行，是行政强制执行制度的重要组成部分，目的是限制行政机关的强制执行权，更好地保护公民的合法权益。我国当前法律体系中规定行政机关申请人民法院强制执行的法律规范除《行政强制法》以外，还包括《行政诉讼法》《行政诉讼法司法解释》等。

1. 申请

（1）申请的主体

一般而言，申请人民法院强制执行的主体是法律没有赋予行政强制执行权的行政机关。《行政强制法》第 53 条和《行政诉讼法司法解释》第 156 条都对此作了规定。已经由法律赋予行政强制执行权的行政机关，则不能依法申请法院强制执行，"对于行政机关自身有强制执行权的情形，即不属于'依法可以由人民法院执行'，法院对行政机关提出的申请有权不予受理"[①]。但是，特别法另有规定的除外。立法机关在解释《行政强制法》没有授予有行政强制执行权的行政机关可以选择自己执行或申请法院执行时强调，"至于特别法中赋予了行政机关选择权，则依照特别法的规定执行"[②]。这里所说的特别法，比较典型的是《行政复议法》第 33 条。该条规定，行政复议申请人逾期不起诉又不履行行政复议决定的，或者不履行最终裁决的行政复议决定的，按照如下方式分别处理：维持具体行政行为的行政复议决定，由作出具体行政行为的行

---

① 最高人民法院行政审判庭编著：《最高人民法院行政诉讼法司法解释理解与适用》（下），人民法院出版社 2018 年版，第 729 页。
② 全国人大常委会法制工作委员会行政法室编著：《中华人民共和国行政强制法解读》，中国法制出版社 2011 年版，第 173 页。

政机关依法强制执行,或者申请人民法院强制执行;变更具体行政行为的行政复议决定,由行政复议机关依法强制执行,或者申请人民法院强制执行。如《税收征管法》第88条第3款规定:"当事人对税务机关的处罚决定逾期不申请行政复议也不向人民法院起诉,又不履行的,作出处罚决定的税务机关可以采取本法第四十条规定的强制执行措施,或者申请人民法院强制执行。"

申请人民法院强制执行的主体主要是行政机关,但是,在特定场合下,公民、法人或其他组织也能提出申请。根据《行政诉讼法司法解释》第158条的规定,行政机关根据法律的授权对平等主体之间民事争议作出裁决后,当事人在法定期限内不起诉又不履行,作出裁决的行政机关在申请执行的期限内未申请人民法院强制执行的,生效具体行政行为确定的权利人或者其继承人、权利承受人在6个月内可以申请人民法院强制执行。享有权利的公民、法人或者其他组织申请人民法院强制执行生效行政裁决,参照行政机关申请人民法院强制执行行政行为的规定。

(2) 申请的条件

根据《行政强制法》第53条、第54条和《行政诉讼法司法解释》第155条的规定,行政机关申请人民法院强制执行需要具备一定的条件。具体条件为:

第一,行政行为依法可以由法院执行。

第二,行政行为已经生效并具有可执行的内容。所谓"具有可执行的内容",指的是行政行为具有可执行性,即行政行为确定了被申请人具有一定的义务,包括物权的转移、债权的实现以及为一定的行为等。

第三,申请人是作出该行政行为的行政机关或者法律、法规、规章授权的组织。

第四,被申请人是该行政行为所确定的义务人。

第五,被申请人在行政行为确定的期限内或者行政机关催告期限内未履行义务。

第六,被申请人在法定期限内没有申请行政复议或者提起行政诉讼。

第七,申请人在法定期限内提出申请。如果申请人是没有强制执行权的行政机关,那么,所谓的"法定期限内",指的是自被执行人的法定起诉期限届满之日起3个月内。逾期申请的,须有正当理由,否则法院不予受理。

第八,被申请执行的行政案件属于受理执行申请的法院管辖。

第九,申请人已经催告当事人履行义务,且催告书送达10日后当事人仍未履行义务。

(3) 管辖法院

根据《行政强制法》第54条和《行政诉讼法司法解释》第157条的规定,在具备申请的条件后,申请人可以向该申请人所在地的基层法院申请强制执行;执行对象是不动产的,向不动产所在地的基层法院申请强制执行。基层人民法院认为执行确有困难的,可以报请上级人民法院执行;上级人民法院可以决定由其执行,也可以决定由下级人民法院执行。

(4) 申请材料

《行政强制法》第55条规定:行政机关向人民法院申请强制执行,应当提供法定的材料。具体材料包括如下一些：第一，强制执行申请书，强制执行申请书应当由行政机关负责人签名，加盖行政机关的印章，并注明日期；第二，行政决定书及作出决定的事实、理由和依据；第三，当事人的意见及行政机关催告情况；第四，申请强制执行标的情况；第五，法律、行政法规规定的其他材料。上述材料必须齐全，缺一不可。

2. 受理

根据《行政强制法》第56条和《行政诉讼法司法解释》第155的规定，人民法院对符合条件的申请，应当在5日内立案受理，并通知申请人；对于不满足条件的，应当裁定不予受理。行政机关对人民法院不予受理的裁定有异议的，可以在15日内向上一级人民法院申请复议，上一级人民法院应当自收到复议申请之日起15日内作出是否受理的裁定，该裁定为终局裁定。

3. 申请人民法院强制执行中的财产保全

《行政诉讼法司法解释》第159规定了申请人民法院强制执行程序中的财产保全制度，即行政机关或者行政行为确定的权利人申请人民法院强制执行前，有充分理由认为被执行人可能逃避执行的，可以申请人民法院采取财产保全措施。行政行为确定的权利人申请强制执行的，应当提供相应的财产担保。

4. 审查与执行裁定的作出

《行政强制法》第57条、第58条和第59条和《行政诉讼法司法解释》第160条、第161条规定了人民法院审查行政机关的申请并作出执行裁定的程序。

根据上述规定，人民法院受理行政机关的申请后，应当在7日内进行审查并作出是否准予执行的裁定。法院审查的组织是行政审判庭，审查的方式是书面审查，审查的内容是被申请的行政行为的合法性，对于符合申请条件且行政决定具备法定执行效力的，法院应当作出执行裁定，除非行政行为明显违法并损害被执行人的合法权益。

对于明显违法并损害被执行人合法权益的行政行为，法院要经过更加严格的程序进行审查。"明显违法并损害被执行人合法权益的行政行为"包括四种：第一，实施主体不具有行政主体资格的；第二，明显缺乏事实根据的；第三，明显缺乏法律、法规依据的；第四，其他明显违法并损害被执行人合法权益的。法院在作出裁定前发现被申请的行政行为有上述情形之一的，应当听取被执行人和行政机关的意见，并在受理之日起30日内作出是否准予执行的裁定。裁定不予执行的，应当说明理由，并在5日内将不予执行的裁定送达行政机关。行政机关对人民法院不予执行的裁定有异议的，可以自收到裁定之日起15日内向上一级人民法院申请复议，上一级人民法院应当自收到复议申请之日起30日内作出是否执行的裁定。

因情况紧急，为保障公共安全，行政机关可以申请人民法院立即执行。经人民法院院长批准，人民法院应当自作出裁定之日起5日内执行。

5. 通知履行

法院作出执行裁定后，需要采取强制执行措施的，由该法院负责强制执行非诉行政行为的机构执行。需要注意的是，这里所说的"强制执行措施"并不是"行政强制措施",而是指"强制执行手段"或"强制执行方式"。① 负责强制执行行政行为的机构,在强制执行前,应当再次书面通知被执行人,告诫被执行人履行义务,并附履行期限,促使被执行人自觉履行义务。如果被执行人逾期仍不履行义务的,则由执行机构强制执行。

6. 执行准备和执行实施

人民法院强制执行行政决定的执行准备和实施,原则上适用人民法院在行政诉讼执行中的执行程序和执行措施。

《行政强制法》第60条规定:拍卖财务和划拨的存款、汇款的处理依照该条规定执行。即,依法拍卖财物,由人民法院委托拍卖机构依照《拍卖法》的规定办理;划拨的存款、汇款以及拍卖和依法处理所得的款项应当上缴国库或者划入财政专户,不得以任何形式截留、私分或者变相私分。

7. 执行费用

《行政强制法》第60条规定了行政强制执行的费用。该条规定,行政机关申请人民法院强制执行,不缴纳申请费。强制执行的费用由被执行人承担。人民法院以划拨、拍卖方式强制执行的,可以在划拨、拍卖后将执行费用扣除。

---

① 参见最高人民法院行政审判庭编著:《最高人民法院行政诉讼法司法解释理解与适用》(下),人民法院出版社2018年版,第757页。

第九章
行政协议

第一节 行政协议概述

一、行政协议的发展历程

行政协议是一种新型行政行为,它是行政主体出于行政管理目的,与公民、法人或其他组织基于合意达成的协议。在理论上,行政协议被部分学者称作"行政合同",还被部分学者称作"行政契约"。在司法实践中,法院对这一行为的称呼也并不统一。2014年修订的《行政诉讼法》及之后的司法解释中,使用了"行政协议"这一概念。行政协议正式入法,行政协议纠纷被纳入行政诉讼受案范围,从而使其备受关注。如学者所言:"当前,一方面要发挥市场在资源配置中的决定性作用,让一切生产要素通过市场竞争来进行,尽量避免公权力对平等竞争的侵害;另一方面要更好地发挥政府的作用,防止自由竞争危及或者侵蚀社会公平正义的底线,背离人类共同体的基本价值追求。因此,如何在私法上的契约自由与公法上的监管行为之间找到最佳的平衡点,行政协议无疑是法律发展史上弥补公私法隔阂一个不容小觑的制度创新。"[①]

(一)学理上的行政协议

行政协议,因其合意性、柔性等不同于传统行政行为的特点,早在学理层面就颇受关注。作为一种明显有别于传统行政行为的行政手段,有的学者称其为行政契约,有的称之为行政合同,还有的称之为行政协议。[②] 其中,行政契约与行政合同之间存在概念混用的现象。《中华法学大辞典·诉讼法学卷》认为:"行政合同又称行政契约,是国家行政机关或者其他主体以实现国家行政管理的特殊要求为目的,与行政相对人达成的明确权利义务的协议。"[③]同时,行政协议与行政契约也存在混用的现象。早期,不少学者认为行政契约也是行政合同或公法上的契约,是行政主体为了行使行政职能、实现特定的行政管理目标,而与公民、法人和其他组织,经过协商,相互意思

[①] 贺小荣:《行政协议的创设与国家治理方式的转型》,载《中国法律评论》2017年第1期。
[②] 参见余凌云:《行政契约论》,中国人民大学出版社2006年版;应松年主编:《行政行为法——中国行政法制建设的理论与实践》,人民出版社1993年版,第583页;罗豪才主编:《行政法学》,北京大学出版社1996年版,第258页。
[③] 陈光中主编:《中华法学大辞典·诉讼法学卷》,中国检察出版社1995年版,第656页。

表示一致所达成的协议。①

因为这三个概念之间不断地混同使用,所以有学者认为行政协议、行政契约、行政合同这三个概念只是形式上的叫法不同,实质上属于同一个事物。② 不过,也有学者认为行政协议是一个特别的法律概念,具体指的是"政府间实现平等合作的一项法律机制"③,这显然与大多数学者所定义的行政协议不同。

2014年11月1日,修改通过的《行政诉讼法》第12条第1款规定,"认为行政机关不依法履行、未按约定履行或者违法变更、解除政府特许经营协议、土地房屋征收补偿协议等协议的",属于行政诉讼的受案范围。至此,学界开始较多并统一地使用"行政协议"这一概念。在此之前,官方与学界更多使用的是"行政合同"。有学者指出,这一新的立法举措进一步加剧了行政合同、行政契约、行政协议三个概念混同使用的情况。④

(二) 立法上的行政协议

2014年《行政诉讼法》中关于协议的规定让"行政协议"成为一个正式的法律概念。实际上,行政协议入法经历了一个颇为曲折的过程。现有资料显示,行政协议引入立法的历程大体包括三个阶段:

1. 无法可依阶段

早在20世纪七八十年代,我国已有部分领域出现了行政协议这种行政活动,当时更多地被称作合同。例如,1978年的"农村联产承包责任制"、1979年《中外合资经营企业法》和1982年《关于中外合营企业建设用地的暂行规定》中的"中外合资企业建设用地的使用权转让合同"、1984年《高等学校接受委托培养学生的试行办法》中的"高等学校学生委托培养协议"等均具备当前所说的行政协议的特质。在当时,《行政诉讼法》尚未制定发布,行政纠纷都适用1982年的《民事诉讼法(试行)》加以解决,性质特殊的相关协议也是如此。

后来,《行政诉讼法》于1989年制定出台,不过行政协议仍然没有进入行政诉讼法当中。1989年发布的《行政诉讼法》将受案范围限于"具体行政行为",而"具体行政行为"仅包括单方行政行为,排除了行政协议这种双向性的行政行为。⑤ 直到2000年发布《最高人民法院关于执行〈中华人民共和国行政诉讼法〉若干问题的解释》(以下简称《执行解释》)之前,这种界定也没有发生变化。可以说,在很长一段时期,现实

---

① 参见罗豪才主编:《行政法学》,北京大学出版社1996年版,第258页。
② 参见张启江:《"行政"与"协议"的融合与冲突——行政协议制度研究三十年》,载《时代法学》2016年第5期。
③ 叶必丰:《我国区域经济一体化背景下的行政协议》,载《法学研究》2006年第2期。
④ 参见郑秀丽:《行政契约、行政合同与行政协议的概念辨析》,载《中国社会科学报》2017年7月26日第5版。
⑤ 1991年《最高人民法院关于贯彻执行〈中华人民共和国行政诉讼法〉若干问题的意见(试行)》将"具体行政行为"解释为"国家行政机关和行政机关工作人员、法律法规授权的组织、行政机关委托的组织或者个人在行政管理活动中行使行政职权,针对特定的公民、法人或者其他组织,就特定的具体事项,作出的有关该公民、法人或者其他组织权利义务的单方行为"。

中的行政协议或者说行政合同一直处于一种无可适从的状态。

2. 进入地方规章阶段

2000年《最高人民法院关于执行〈中华人民共和国行政诉讼法〉若干问题的解释》发布，其第1条已经不再用"单方行政行为"框定行政诉讼的受案范围，①这为行政协议进入行政诉讼提供了空间。随后，不少地方政府明确将"行政合同"纳入其规章当中。例如，2008年的《湖南行政程序规定》首次对行政合同进行专门性规定。再如，2013年的《海口市行政程序规定》也对"行政合同"进行了专章规定。这些法律文件不仅直接界定了行政合同的内涵，还罗列了其具体类型，规定行政合同的订立程序和主要内容。随着实务中行政合同、行政协议日益增多，行政合同、行政协议的法制化进程也在逐步推进。

在2014年《行政诉讼法》修订之前，中央与地方政府其实都在积极倡导行政协议实践。例如，《国务院关于印发全面推进依法行政实施纲要的通知》中强调："行政管理方式……充分发挥行政规划、行政指导、行政合同等方式的作用……"这些文件对"行政合同"的强调都证明"行政合同"在行政法、行政诉讼中占有一席之地。

3. 正式入法阶段

实践中行政主体越来越多地采用行政协议这一执法方式，立法已无法对此视而不见。最终，借由《行政诉讼法》修订的机会，行政协议终于入法。由于就"行政合同"一词，行政法学者与民法学者争论不断，最终《行政诉讼法》采用了"行政协议"的叫法。随后，2015年5月，最高人民法院公布了《关于适用〈中华人民共和国行政诉讼法〉若干问题的解释》，就如何审理行政协议案件明确了具体的规则。地方立法也继续跟进，在上述司法解释之后出台的地方程序规定在用语上选择了"行政协议"，而非原先的"行政合同"。②

2018年2月，《行政诉讼法司法解释》发布，《关于适用〈中华人民共和国行政诉讼法〉若干问题的解释》被废止。但《行政诉讼法司法解释》中并没有将行政协议相关内容纳入其中，只是在其第68条明确：《行政诉讼法》第49条第3项规定的"有具体的诉讼请求"包括"请求解决行政协议争议"。至此，行政协议正式成为一个法律概念。

二、行政协议的界定

(一) 行政协议的内涵

在《行政诉讼法》和相关司法解释发布以后，行政协议的内涵成为广受关注的问题。新近立法中虽然确立了行政协议这一法律概念，但没有明确它的具体内涵。目前较为一致的看法认为，行政协议是指行政机关基于行政管理目的的需要，在行使行政职权过程中与公民、法人或者其他组织协商一致，订立的具有行政法上权利义务内

---

① 2000年《最高人民法院关于执行〈中华人民共和国行政诉讼法〉若干问题的解释》中关于行政诉讼受案范围的解释是："具有国家行政职权的机关和组织及其工作人员的行政行为"。

② 典型如2016年正式发布出台的《浙江省行政程序办法》。

容的协议。① 在不少司法案例中,审理法院对行政协议的界定也有相似的看法。例如,在刘世才与重庆市璧山区河边镇人民政府确认协议无效案②中,法院认为,"行政协议是指行政机关为了实现公共利益或者行政管理目标,在法定职责范围内,与相对人经过协商达成的协议"。

(二) 行政协议的特征

一般认为,行政协议具备以下特征:

1. 主体特殊

这是相较于民事合同而言的,民事合同双方是平等主体,而行政协议中一方主体必须是行使公权力的行政主体,或者是依法接受委托的主体。在司法审判中,法院往往首需要确定协议双方主体的性质方能进一步判断案中协议是否属于行政协议,是否属于行政诉讼受案范围。在诸暨恒瑞置业有限公司诉诸暨市国土资源局行政协议纠纷上诉案③中,法院认为,上诉人诸暨恒瑞置业有限公司与被上诉人诸暨市国土资源局签订的国有建设用地使用权出让合同及关于诸暨恒瑞置业有限公司土地出让相关事宜的三方协议,系政府部门为实现公共利益或行政管理目标,依职权签订的具有行政法上权利义务的不平等主体间的行政协议,属于行政诉讼受案范围,符合起诉条件。又如,在原告张正花诉被告嘉兴市南湖区人力资源和社会保障局劳动和社会保障行政协议案④中,原告认为被告下属的就业管理处不具有签订协议的主体资格和职权依据,未提供原告土地被征收的合法批文,故双方签署的被征地农民分流安置协议书无效。法院则认为,"从本案所涉协议的签订主体的职能来看,促进就业,统筹建立覆盖城乡的社会保障体系属于被告南湖区人社局的职责范围,故被告有权与原告签订关于进行职业技能培训、办理基本养老保险的协议"。由此来看,协议双方主体的性质是辨别协议类型的重要因素之一,与上述案件中具备同样判断思路的法院不在少数。

2. 目的特殊

行政主体签订行政协议的目的在于实现特定的行政目标,或者为了特定的公共利益,这是行政协议的另一特质。行政主体基于自身需要与民事主体签订的协议属于民事合同的范畴,应归于民事法律关系,由民事法律规范进行调整。在审判实践中,法院也常常强调行政协议的这一特质。在王开富与广元市昭化区水务局行政协议纠纷二审案⑤中,法院认为,原、被告所签订的元坝区河道采砂权有偿出让合同是被告昭化区水务局为了实现其行政管理目标,而与原告王开富经协商一致达成的协议,

---

① 时任最高人民法院审判委员会委员、行政审判庭庭长贺小荣认为:"行政协议,又称行政契约或者行政合同,是指国家公权力机关为实现社会公共利益和谋求人民共同福祉,在行使行政管理职权和履行行政管理职责时与公民、法人或者其他社会组织签订的具有行政法上权利义务关系内容的协议。"贺小荣:《行政协议的创设与国家治理方式的转型》,载《中国法律评论》2017 年第 1 期。
② 参见重庆市北碚区人民法院行政裁定书,(2017)渝 0109 行初 16 号。
③ 参见浙江省绍兴市中级人民法院行政裁定书,(2017)浙 06 行终 44 号。
④ 参见浙江省嘉兴市南湖区人民法院行政裁定书,(2017)浙 0402 行初 19 号。
⑤ 参见四川省广元市中级人民法院行政判决书,(2016)川 08 行终 23 号。

应属行政合同。其中,元坝区河道采砂权有偿出让合同的签订目的是法院判定协议属性时所关注的重要因素。

3. 内容特殊

行政协议的内容具备特殊性,具体表现为行政主体一方具备行政优益权。行政主体的行政优益权具体表现为行政协议履行过程中监督、单方变更、解除协议等系列特权。例如,在湖北草本工房饮料有限公司、荆州经济技术开发区管理委员会经贸行政管理(内贸、外贸)再审审查与审判监督案[①]中,湖北省荆州市中级人民法院一审认为:荆州开发区管委会是荆州市政府的派出机构,根据《湖北省经济开发区管理条例》授权代表荆州市政府对开发区实行统一管理,行使相应职权,具有独立的诉讼主体资格。荆州开发区管委会在开发区范围内行使一级政府的行政管理职能,以土地、税收优惠政策吸引民间资本投资建厂,属于行使行政权力的行为。荆州开发区管委会与草本工房有限公司签订的招商项目投资合同及补充合同为行政合同,其特征之一就是必须贯彻行政优益性原则,即行政合同当事人的地位不完全平等,行政主体享有合同履行的指挥权、监督权,可以根据国家管理和社会共同利益的需要单方行使合同变更权和解除权。

三、行政协议的类型

相比法律文本,实践中早已出现多种类型的行政协议。随着"行政协议"正式入法,司法实务中呈现出越来越多关于行政协议的现实图景。目前较为常见的行政协议具体表现为以下几种类型:

(一) 土地房屋征收补偿协议

土地房屋征收补偿协议是《行政诉讼法》中明确列举的一种行政协议。《行政诉讼法》第12条第1款第11项规定:公民、法人或者其他组织认为行政机关不依法履行、未按照约定履行或者违法变更、解除土地房屋征收补偿协议的,提起诉讼后人民法院应当受理。这里的土地房屋征收补偿协议既包括集体土地征收补偿协议,还包括国有土地上的房屋征收补偿协议。

在王金山与敦化市翰章乡人民政府等行政协议纠纷案[②]中,乡政府作为甲方、崔海军作为乙方、村委会作为丙方签订的集体土地征收补偿协议,就是《行政诉讼法》中所指的土地征收补偿协议。这个协议约定,甲方征收乙方位于敦化市翰章乡四人班村的275.86平方米土地,共应支付乙方征地及奖励费用8606元。另外,《国有土地上房屋征收与补偿条例》第25条第1款规定:"房屋征收部门与被征收人依照本条例的规定,就补偿方式、补偿金额和支付期限、用于产权调换房屋的地点和面积、搬迁

---

① 参见最高人民法院(2017)最高法行申3564号行政裁定书。
② 王金山与敦化市翰章乡人民政府等行政协议一审行政判决书,敦化市人民法院(2017)吉2403行初49号。

费、临时安置费或者周转用房、停产停业损失、搬迁期限、过渡方式和过渡期限等事项，订立补偿协议。"这里所说的补偿协议，就是《行政诉讼法》中所列明的房屋征收补偿协议。

在赵有菊与秭归县房屋征收与补偿管理办公室二审案①中，秭归县人民政府为实施茅坪城区商业步行街改造项目，于2013年9月11日作出房屋征收决定，并于同年9月22日发布征收补偿方案。2014年8月28日，赵有菊与秭归县房屋征收与补偿办公室签订房屋征收补偿协议，确定选择房屋产权调换补偿方式，并对过渡期租房补偿费等费用进行了约定。案中双方所作的约定，就是典型的房屋征收补偿协议。

（二）公用事业特许经营协议

《行政诉讼法》第12条第1款第11项中规定的"政府特许经营协议"是一种典型的行政协议。2004年《市政公用事业特许经营管理办法》第2条明确规定："公用事业特许经营，是指政府按照有关法律、法规规定，通过市场竞争机制选择市政公用事业投资者或者经营者，明确其在一定期限和范围内经营某项市政公用事业产品或者提供某项服务的制度。"据此，特许经营协议是政府与市政公用事业投资者或经营者之间签订的一种行政协议。早在《行政诉讼法》作出规定之前，特许经营协议践行已久，司法实务中也常涉及相关纠纷。例如，在平果华商清洁能源有限公司、广西田阳华商清洁能源有限公司不服百色新山铝产业示范园管理委员会能源行政许可行为纠纷案②中，田阳县政府根据建设部令第126号第3条的规定，授权田阳县市政管理局作为主管部门与平果华商公司签订了田阳县管道燃气特许经营协议，这个协议通过约定明确了田阳县政府与平果华商公司的权利义务，是《行政诉讼法》中"政府特许经营协议"的典型表现。

（三）其他类型的行政协议

按照《行政诉讼法》的规定，行政协议不限于土地房屋征收补偿协议和政府特许经营协议两种类型。从当前的司法实践来看，大量行政机关作为协议主体一方所签订的合同被认定为是行政协议，归入《行政诉讼法》的调整范围。在成都亿嘉利科技有限公司、乐山沙湾亿嘉利科技有限公司与沙湾区人民政府投资协议纠纷案③中，法院认定，成都亿嘉利科技有限公司和沙湾区人民政府于2011年8月29日签订的投资协议属于行政协议。长期以来，委托培养协议也被纳入行政审判的范围。应晓云与赤壁市地方税局税务行政管理纠纷案④中，涉及的就是委托培养协议签订主体职权

---

① 赵有菊与秭归县房屋征收与补偿管理办公室二审行政判决书，宜昌市中级人民法院（2017）鄂05行终48号。
② 平果华商清洁能源有限公司、广西田阳华商清洁能源有限公司再审审查与审判监督行政裁定书，最高人民法院（2017）最高法行申6054号。
③ 乐山市中级人民法院（2016）川11行初267号行政裁定书。
④ 应晓云与赤壁市地方税务局税务行政管理（税务）一审行政判决书，赤壁市人民法院（2016）鄂1281行初23号。

方面的争议。此外,行政奖励协议、息诉罢访协议等均是行政协议的具体类型。①

第二节 行政协议的运作

行政协议的运作指的是行政协议从其订立到履行的整个过程。通过认识行政协议运作的各个环节,能够全面、准确地获知行政协议机制的具体内容。

一、行政协议的订立

(一) 订立前提

行政协议是行政主体在充分尊重相对方真实意思的基础上协商订立的,这是行政协议得以成立的前提之一。在实践中,行政主体一方是否尊重行政相对人的意思表示,双方是否协商一致往往是判断一个行政协议订立与否的重要标准。例如,在方珍与江山市清湖镇人民政府行政补偿纠纷案②中,双方当事人的争议焦点集中在行政协议的订立环节。该案的审理法院指明:"行政协议的订立过程中,较多是当事人合意内容的体现。"费水福与德清县新安镇人民政府行政征收、行政强制纠纷案③中,法院认为:"行政协议的订立,是在充分尊重行政相对人意思表示的基础上,以协商一致的方式达成协议,通过履行双方协议所确定的权利义务,实现行政管理目标。"协议一旦协商订立,非因法定事由不得撤销。由于目前《行政诉讼法》中还没有关于行政协议方面的具体审理规则,且行政协议兼具行政与民事双重属性,所以法院在涉及行政协议民事性部分,往往适用与行政法律规则不相冲突的民事法律规则。所以,在费水福案中,法院根据《合同法》第 54 条的规定来判断案中协议是否合法订立。④ 在审理过程中,费水福要求撤销双方订立的征收集体土地房屋拆迁补偿协议书的理由有两个,其中一个是协议是被迫签订的,但费水福没有提供任何证据证明这一主张,再结合案中费水福已经全额领取补偿款,协议所涉房屋已自愿拆除等事实,法院认定案中协议是基于双方自愿协商订立的。

---

① 参见重庆市高级人民法院(2016)渝行申 501 号行政裁定书,运城市中级人民法院(2017)晋 08 民终 2223 号。
② 方珍与江山市清湖镇人民政府行政补偿一案一审行政判决书,衢州市柯城区人民法院(2017)浙 0802 行初 30 号。
③ 费水福与德清县新安镇人民政府行政征收、行政强制一审行政判决书,德清县人民法院(2015)湖德行初字第 177 号。
④ 《合同法》第 54 条规定:"下列合同,当事人一方有权请求人民法院或者仲裁机构变更或者撤销:(一) 因重大误解订立的;(二) 在订立合同时显失公平的。一方以欺诈、胁迫的手段或者乘人之危,使对方在违背真实意思的情况下订立的合同,受损害方有权请求人民法院或者仲裁机构变更或者撤销。"

(二) 订立主体

从表面上看,行政协议的订立主体很容易判断,无非是行政主体和普通的公民、法人或者其他组织。实务中,就行政主体一方而言,能否作为行政协议的订立主体有着更加细致的考虑。与其他行政行为一样,行政协议的作出主体也需要具有相应的行政职权。以行政处罚为例,一个行政主体能否作出行政处罚要看它是否获得法律、法规等的授权。同样的,一个行政主体能否采用行政协议的方式实现行政目标,也会存在这个行政主体是否有相应权力的问题。目前尚无立法明确行政协议的作出是否需要明确的法律依据或者授权,但司法实践中已有对此问题的具体意见。在黄璟诉江苏省教育厅不履行教育行政协议案①中,法院首先判断的问题是被告江苏省教育厅是否具有签订协议书的权力。在这个案件中,原审法院认为:"根据行政法的'职权法定'原则,行政机关的职权必须有法律、法规、规章等规范性依据,行政机关不能为自身任意创设职权。行政机关通过订立行政协议进行社会管理,也属于职权行为,因此,哪些事务可以采用协议方式进行,不能由缔约的行政机关自主决定,必须有规范性文件的依据。"因为《关于完善和推进师范生免费教育的意见》明确了省级教育行政部门可与免费师范生、部属师范大学签订免费教育协议,且该意见经国务院同意,所以案中被告省教育厅有权签订协议书。

同样,在沈阳沃尼化工有限公司与沈阳市铁西区大青中朝友谊街道办事处行政协议纠纷案②中,法院对被告一方的职权问题进行了细致考察。对于被告是否具有签订本案行政协议的职权,法院着重根据《国有土地上房屋征收与补偿条例》第4条加以判断。在铁西区征字(2012)第19号房屋征收决定中,已经确定由沈阳经济技术开发区土地房屋征收补偿中心负责案涉房屋征收与补偿工作,2014年7月31日,沈阳经济技术开发区管理委员会要求原告与被告签订协议,且沈阳经济技术开发区管委会会议纪要中决定同意被告与原告补偿协议。所以,法院认为被告作为沈阳经济技术开发区管理委员会授权处置本辖区内房屋拆迁补偿事宜的房屋征收部门,具有签订案涉行政协议的职权。因而,对于原告主张被告签订协议时超越职权的诉求,不予支持。

关于行政协议订立的另一方主体,即公民、法人或其他组织,在实践中似乎只需辨认其是否出于真实意图自愿签订行政协议就可以了,但是具体案件中往往出现近亲属代为签订协议的情形。在这种情况下,近亲属的代签行为是否反映了协议相对方的真实意图就成了判断协议订立与否的关键。在李旭香与兰州市城关区人民政府张掖路街道办事处行政协议纠纷案③中,就因为双方签订的住宅房屋征收货币补偿协议上的签字并非李旭香本人所签,引发了该协议是否订立的争议。该案的二审法院

---

① 江苏省高级人民法院(2015)苏行终字第00282号。
② 沈阳沃尼化工有限公司与沈阳市铁西区大青中朝友谊街道办事处行政协议纠纷二审行政裁定书,沈阳市中级人民法院(2017)辽01行终1106号。
③ 李旭香与兰州市城关区人民政府张掖路街道办事处行政撤销二审行政判决书,兰州铁路运输中级法院(2017)甘71行终203号。

认为:"虽然协议书上的签字并非李旭香本人所签,是其儿子代签的,但李旭香本人于 2017 年 1 月 10 日在《被征收人收款确认单》上亲笔签名和按印,并领取了补偿款,根据《中华人民共和国民法通则》第 66 条第一款'没有代理权、超越代理权或者代理权终止后的行为,只有经过被代理人的追认,被代理人才承担。未经追认的行为,由行为人承担民事责任。本人知道他人以本人名义实施民事行为而不作否认表示的,视为同意'的规定,李旭香的行为依法应视为其对房屋补偿协议代签字行为的追认,且协议内容不违反相关法律、法规的强制性规定,应认定此追认行为合法有效,具有与本人签名相同效力。"

类似的情形还发生在毛介坤与衢州市柯城区花园街道办事处行政补偿纠纷案①中。案中原告毛介坤以女儿毛卫芳、儿媳叶春霞在无其授权的情况下,与被告花园街道办事处签订被诉征收补偿安置协议,且协议选择的安置方式非其真实意思表示为由,要求法院确认被诉行政协议无效。不过,法院查明,被诉行政协议系在两原告家中签订,两原告对第三人毛卫芳、叶春霞签订征收补偿安置协议的行为是自始知晓的,但未提出异议。同时,原告毛介坤于 2014 年 11 月 3 日在旧房移交拆除单上签字确认,其子方卫明、女儿毛卫芳分别在 2015 年 1 月 21 日、22 日至被告处领取了部分房票,原告毛介坤本人亦分别于 2015 年 1 月 23 日、5 月 15 日领取了部分安置费和补偿款,两原告已实际履行了协议的内容。所以,法院认为关于第三人签订协议系无权处分的主张与事实不符,对毛介坤的诉求不予支持。

(三)订立程序

按照现有地方行政程序规章中关于行政合同方面的规定,行政合同也就是行政协议,对于它的订立一般在程序上会有所要求。例如,2016 年修订的《汕头市行政程序规定》第 86 条规定:"订立行政合同应当遵循竞争原则和公开原则。订立涉及有限自然资源开发利用、公共资源配置以及直接关系公共利益的特定行业的市场准入等行政合同,应当采用招标、拍卖等公开竞争方式……法律、法规、规章对订立行政合同另有规定的,从其规定。"同时,该规定第 87 条还指明,"行政合同应当以书面形式签订"。行政协议的订立程序之所以要遵循竞争与公开原则,是因为行政协议订立的目标在于实现公共利益或者行政管理。这一订立程序上的要求不仅仅是行政法规范上的要求,也是民事法规范上的要求。对此,潍坊讯驰置业发展有限公司与安丘市人民政府行政纠纷案②就是典型例证。在该案中,涉案合同书的效力是双方当事人的争议焦点之一,讯驰公司以及市政府对涉案合同书效力是否违反法律强制性规定的问题提出了相反的观点。法院认为,合同书第 2 条第 2 项约定了市政府以招拍挂方式出让开发用地使用权,并约定了出让土地面积以及单价,该约定违反了《中华人民共和

---

① 毛介坤与衢州市柯城区花园街道办事处行政补偿一案一审行政判决书,衢州市柯城区人民法院(2017)浙 0802 行初 94 号。

② 潍坊讯驰置业发展有限公司、安丘市人民政府二审行政判决书,山东省高级人民法院(2017)鲁行终 495 号。

国招投标法》有关排除第三人参与竞标中标可能性的法律规定,应当无效。可见,虽然尚无立法统一明确行政协议的具体订立程序,但具体领域的行政协议的订立应当遵循相应法律、法规中的程序要求,否则将导致协议无效的后果。

二、行政协议的履行

行政协议的履行是行政协议订立后的一个运作环节。从司法实务来看,行政协议的履行是常发生纠纷的一个环节。具体而言,行政协议的履行目前存在以下几种状态:

(一) 全面履行

全面履行是合同履行的一种状态,它要求协议双方按约定认真履行协议的内容。《民法通则》第88条第1款规定:合同的当事人应当按照合同的约定,全部履行自己的义务。这种履行状态是民事合同所要求的,也是行政协议所要求的。《行政诉讼法》第12条第11项规定表明,只要行政协议中行政相对人认为行政机关一方不依法履行、未按照约定履行或者变更、解除行政协议的,行政相对人均可以提起行政诉讼。这也就意味着,一旦行政相对人一方认为行政机关没有依法全面履行他们之间的行政协议,就可以寻求相应的救济。

在戴明兴、戴科君与宁波鄞州区房屋拆迁办公室行政协议纠纷案①中,原告戴明兴、戴科君就是认为被告宁波鄞州区房屋拆迁办公室未依法履行行政协议,于2016年3月4日向宁波市东区人民法院提起行政诉讼。根据《合同法》第60条第1款的规定,即"当事人应当按照约定全面履行自己的义务",法院认为:行政协议的履行应依法遵守全面适当原则,房屋征收补偿协议依法成立后,协议双方必须依据协议约定的权利义务全面履行协议条款。本案原、被告在协议依法成立后,均应全面履行协议条款。至于双方具体履行情况的判断,法院进一步根据《合同法》第67条的规定进行确定。② 在本案中,由于原告未能在协议约定期限对其所有房屋搬迁腾空完毕,导致被告合同目的无法实现,被告为此将部分拆迁补偿金延迟交付既不违反协议的约定,也不违反《民法通则》中的全面履行原则与《合同法》中具体的履行规则。

在惠来县靖海镇西锋村民委员会、惠来县靖海镇人民政府乡政府纠纷案③中,惠来县靖海镇人民政府为规范辖区建设,经与上诉人惠来县靖海镇西锋村民委员会协商同意,双方于1999年2月8日订立仙神公路靖海西丰拓宽路段两侧建设用地开发

---

① 戴明兴、戴科君与宁波市鄞州区房屋拆迁办公室一审行政判决书,宁波市江东区人民法院(2016)浙0204行初44号。
② 《合同法》第67条规定:"当事人互负债务,有先后履行顺序,先履行一方未履行的,后履行一方有权拒绝其履行要求。先履行一方履行债务不符合约定的,后履行一方有权拒绝其相应的履行要求。"
③ 惠来县靖海镇西锋村民委员会、惠来县靖海镇人民政府乡政府二审行政判决书,揭阳市中级人民法院(2016)粤52行终34号。

建设协议书,就双方开发建设仙神公路靖海西丰拓宽路段两侧建设用地的有关事项作了约定。惠来县靖海镇西锋村民委员会作为行政协议相对方,在其已依约履行规划区内的排水设施及交纳公路建设补偿款等义务的情况下,惠来县靖海镇人民政府至今未依照约定履行完成规划区域内障碍物(电信路线、有主坟墓)的迁移工作的义务,这显然已构成违约。按照《合同法》第107条的规定,按照全面履行原则,违约方应承担继续履行协议承诺条款的违约责任。

从上述司法实例来看,只要行政机关与相对人是基于自愿签订的目标明确、内容合法的行政协议,当一方已经按照协议履行相关义务时,另一方也应当依照协议的承诺条款履行相应职责。

(二) 变更履行

变更履行也是行政协议运作中的一种状态,它主要指的是协议内容的变更,这一点与民事合同相同。然而,根据《合同法》第77条的规定,"当事人协商一致,可以变更合同",行政协议中的变更履行又与民事合同中的变更履行不一样。民事合同中的变更履行往往是合同双方当事人协商一致的结果,而行政协议中的很多情况是行政机关基于行政优益权单方变更行政协议。

在安明华与沈阳市和平区土地房屋征收管理办公室、沈阳市和平区土地房屋征收补偿中心行政纠纷案①中,沈阳市和平区土地房屋征收管理办公室于2016年6月23日直接作出了关于变更安明华国有土地上房屋征收与补偿安置协议的决定。沈阳市和平区土地房屋征收管理办公室变更原征收与补偿协议的原因在于,原协议系征办工作人员在现场负责人的指示下与安明华签订的,违反了民富项目征收补偿方案,不符合《国有土地上房屋征收与补偿条例》的规定。最终,现场负责人王明松被检察机关立案侦查,原协议也经集体研究决定予以变更。法院认为,行政协议签订后,行政机关具有单方变更行政协议的权力。

(三) 终止履行

协议的终止履行是协议解除的具体法律效果。《合同法》第93条规定:"当事人协商一致,可以解除合同。当事人可以约定一方解除合同的条件。解除合同的条件成就时,解除权人可以解除合同。"同时,《合同法》第97条规定:"合同解除后,尚未履行的,终止履行……"在行政协议中,协议双方可以约定协议解除条件,也可以由行政主体一方基于行政优益权单方解除。

在湖北草本工房饮料有限公司、荆州经济技术开发区管理委员会经贸行政管理纠纷案②中,法院就认可了案中招商项目投资合同的解除既可以基于双方合意,也可以基于行政机关一方的行政优益权。法院认为:"行政协议既保留了行政行为的属

---

① 安明华与沈阳市和平区土地房屋征收管理办公室、沈阳市和平区土地房屋征收补偿中心不依法履行房屋征收补偿协议二审行政判决书,沈阳市中级人民法院(2017)辽01行终314号。
② 湖北草本工房饮料有限公司、荆州经济技术开发区管理委员会经贸行政管理(内贸、外贸)再审审查与审判监督行政裁定书,最高人民法院(2017)最高法行申3564号。

性,又采用了合同的方式,由这种双重混合特征所决定,一方面,行政机关应当与协议相对方平等协商订立协议;协议一旦订立,双方都要依照协议的约定履行各自的义务;当出现纠纷时,也要首先根据协议的约定在《合同法》的框架内主张权利。另一方面,'协商订立'不代表行政相对人与行政机关是一种完全平等的法律关系。法律虽然允许行政机关与行政相对人缔结协议,但仍应坚持依法行政,不能借由行政协议扩大法定的活动空间。法律也允许行政机关享有一定的行政优益权,当继续履行协议会影响公共利益或者行政管理目标实现时,行政机关可以单方变更、解除行政协议,不必经过双方的意思合致。"

行政协议一旦解除,行政相对人就无权要求行政主体一方继续履行合同约定的义务。如果行政协议是基于双方协商一致解除的,双方的权利义务关系就终止;如果行政协议是行政主体一方基于国家管理和社会公共管理的需要单方解除的,则涉及解除后赔偿或补偿问题。在湖北草本工房案中,法院认为,行政优益性原则要求行政主体在行使单方解除权造成合同相对人财产损失时,应予以赔偿或补偿,案中荆州开发区管委会应做好合同解除后的善后工作。这种法院意见与当前《合同法》中的相关规定有相似之处。《合同法》第97条规定:"合同解除后……已经履行的,根据履行情况和合同性质,当事人可以要求回复原状、采取其他补救措施,并有权要求赔偿损失。"实际上,湖北草本工房案中草本工房有限公司与荆州开发区管委会签订的招商项目投资合同第6条约定:"甲、乙双方必须认真履行本合同的各项承诺。如一方违约或未实现承诺,给对方造成经济损失应负赔偿责任;如因违约或不适当履行承诺可能给对方造成重大损失,或者致合同无法继续履行时,对方有权解除本合同,并追究赔偿责任。"总之,无论从《合同法》的规定以及案中双方的约定,还是从行政优益权行使的要求来看,行政协议的终止履行时常会涉及一个赔偿或补偿的问题。就像萍乡周江车辆尾气净化器有限公司与萍乡经济技术开发区管理委员会经贸行政管理纠纷案[1]中所指明的,行政协议纠纷中,行政协议的履行情况与赔偿问题密切相关。

三、行政协议中双方的权利义务

由于行政协议的一方主体是行政机关,所以行政协议中双方权利义务与普通民事协议有较大的不同。在司法审判中,行政协议中的权利义务关系往往成为判断案中协议性质的关键要素。[2] 行政协议兼具合同的基本属性和行政性,所以行政协议中行政机关一方存在优于行政相对人一方的权利。有法官认为,行政协议中的行政属

---

[1] 萍乡周江车辆尾气净化器有限公司与萍乡经济技术开发区管理委员会经贸行政管理(内贸、外贸)一审行政判决书,萍乡市中级人民法院(2016)赣03行初10号。
[2] 参见韩宁:《行政协议判断标准之重构——以"行政法上权利义务"为核心》,载《华东政法大学学报》2017年第1期。

性使得行政相对人一方的私法权利受到行政机关公法权利的限制。① 即便具体签署协议的主体是行政机关委托的组织,协议双方特殊的权利义务关系也不会改变。在重庆秦皇建材有限公司与万州土地收储中心行政纠纷案②中,万州土地收储中心作为万州区政府委托对象,与秦皇建材公司签订协议书的行为,应当视为万州区政府行使行政职权的行为,协议书的签订主体仍然不是平等的民事主体,双方属于管理与被管理的关系。同时,协议书内容涉及收回秦皇建材公司国有土地使用权和补偿事宜,具有行政法上的权利义务关系。

行政机关基于行政协议的公法属性所享有的权利一般称作行政优益权,这种权利在理论和实践层面都受到普遍的承认。

(一) 行政优益权的内涵

行政优益权是行政管理领域为行政主体行使职权提供便利的优先条件和物质保障,源于行政管理活动的公益性。在行政协议履行过程中,行政优益权真实存在。湖北草本工房案③的审理法院判定,荆州开发区管委会与草本工房有限公司签订的招商项目投资合同及补充合同为行政合同,并认为它的特征之一就是"必须贯彻行政优益性原则,即行政合同当事人的地位不完全平等,行政主体享有合同履行的指挥权、监督权,可以根据国家管理和社会共同利益的需要单方行使合同变更权和解除权"。在这个案件中,法院已经查明,草本工房有限公司在前期投入一部分资金后无后续资金投入,使得已经取得的约194.11亩土地长期处于闲置状态,投资项目也一直未予启动,已构成对合同的违约。据此,荆州开发区管委会为了更好地实现投资开发目的以及社会公共利益的需要,作出合同自行终止通知书,单方终止与草本工房有限公司所签订的招商项目投资合同及补充合同,是行使行政优益权的行为,合法有效。结合现有行政优益权的理论和司法实践来看,行政优益权大体包括以下内容:

1. 单方变更解除权

单方变更解除权指的是行政协议履行过程中,行政机关基于行政管理和公共利益的需要,单方变更或者解除行政协议的权利。在龙生湖、锦屏县偶里乡人民政府、锦屏县发展和改革局行政纠纷案④中,原告与被告签订的2012年锦屏县生态移民搬迁项目农户自建房屋协议系行政协议。法院认为,在行政协议的履行、变更或解除中,行政机关享有行政优益权,有权单方面变更或解除合同。二被告作为签订自建房屋协议的行政机关,有权单方面解除行政协议。这种解除权的行使,并不因原告要求继续履行自建房屋协议而受到限制或影响。本案中,由于2012年锦屏扶贫生态移民

---

① 参见王争:《行政协议的认定、违约构成及责任承担原则》,载《人民法院报》2016年4月21日第7版。
② 重庆秦皇建材有限公司再审审查与审判监督行政裁定书,最高人民法院(2016)最高法行申947号。
③ 湖北草本工房饮料有限公司、荆州经济技术开发区管理委员会经贸行政管理(内贸、外贸)再审审查与审判监督行政裁定书,最高人民法院(2017)最高法行申3564号。
④ 龙生湖、锦屏县偶里乡人民政府乡政府二审行政判决书,黔东南苗族侗族自治州中级人民法院(2017)黔26行终14号。

工程项目安置点调整至锦屏省级经济开发区实施,致使原、被告履行自建房屋协议的基础丧失,继续履行协议已成为不可能。况且,被告已退回原告的自建房屋保证金30000元,原告已接受,亦没有提出异议,应视为原告予以默认和通知原告解除自建房屋协议。因此,被告解除自建房屋协议合法。

2. 行政强制与行政处罚权

在行政协议履行过程中,如果发现行政相对人违反协议约定,危害行政管理秩序的,行政机关可以对其进行处罚;如果发现危及公共利益的紧急情况,行政机关还可以采取行政强制措施。例如,特许经营协议中的政府临时接管权就属于此类。

在陈宏、陈叶与南通市通州区张芝山镇人民政府行政合同纠纷案①中,法院认为,行政协议的主要特征为协议主体一方恒定是依法享有行政职权的行政主体,签订行政协议的目的是为了履行行政职责,实现行政管理目标,因此,行政协议签订、履行过程中行政机关享有行政优益权。这个权利包括保障履行行政管理职责的目的不被改变,在履行协议过程中,行政机关可以根据实现行政管理目的的需要单方改变、解除协议,甚至可以依法单方作出行政强制、行政处罚。

(二) 行政优益权的界限

虽然出于公共行政的需要,行政协议履行中行政机关一方享有优益权,但是这种权利的行使也有其界限。在湖北草本工房案②中,法院明确了行政机关在行使单方解除权时的具体要求。该案法院认为,行政优益原则要求行政主体在行使单方解除权造成合同相对人财产损失时,应予以赔偿或补偿,所以案中被告荆州开发区管委会应做好合同解除后的善后工作。再审过程中,法院进一步指出:"固然,基于行政协议和行政管理的公共利益目的,应当赋予行政机关一定的单方变更权或解除权,但这种行政优益权的行使,通常须受到严格限制。首先,必须是为了防止或除去对于公共利益的重大危害;其次,当作出单方调整或者单方解除时,应当对公共利益的具体情形作出释明;再次,单方调整须符合比例原则,将由此带来的副作用降到最低;最后,应当对相对人由此造成的损失依法或者依约给予相应补偿。尤为关键的是,行政优益权是行政机关在《合同法》的框架之外作出的单方处置,也就是说,行政协议本来能够依照约定继续履行,只是出于公共利益考虑才人为地予以变更或解除。如果是因为相对方违约致使合同目的不能实现,行政机关完全可以依照《合同法》的规定或者合同的约定采取相应的措施,尚无行使行政优益权的必要。"由此,行政优益权的行使首先应满足保护公益这一基本条件;其次应对协议另一方进行通知并说明理由;最后,行政优益权的行使造成损失的话,应进行相应的赔偿与补偿。

---

① 陈宏、陈叶与南通市通州区张芝山镇人民政府行政合同一审行政判决书,如皋市人民法院(2016)苏0682行初15号。

② 湖北草本工房饮料有限公司、荆州经济技术开发区管理委员会经贸行政管理(内贸、外贸)再审审查与审判监督行政裁定书,最高人民法院(2017)最高法行申3564号。

四、行政协议争议的解决

（一）行政协议争议的类型

行政协议争议是指因行政协议的签订或者履行而发生的行政争议。《行政诉讼法》第12条第1款第11项规定了几种行政协议争议的类型，即认为行政机关不依法履行、未按照约定履行与违法变更、解除行政协议。在实务层面，对于这几类以外的争议是否属于行政诉讼受案范围的问题引发了不同的看法。

蒋大玉与重庆高新技术产业开发区管理委员会再审案[①]的争议焦点之一是，蒋大玉提起撤销行政协议的诉讼请求是否属于行政诉讼受案范围。原审法院认为蒋大玉以被诉征地拆迁补偿安置协议的签订主体、程序、内容以及补偿标准存在异议为由，请求人民法院撤销该协议的诉讼请求不属于人民法院行政诉讼受案范围。原审法院的判决理由是蒋大玉的诉请不属于《行政诉讼法》第12条第1款第11项规定的四种情形。再审法院则认为，将行政协议争议仅理解为《行政诉讼法》第12条第1款第11项规定的四种情形，既不符合现行法律及司法解释的规定，也在理论上难以自圆其说，且在实践中容易造成不必要的混乱。因为行政协议是行政机关在行使行政职权、履行行政职责过程中与公民、法人或者其他组织协商订立的协议。就争议类型而言，除《行政诉讼法》第12条第1款第11项所列举的四种行政协议争议外，还包括协议订立时的缔约过失，协议成立与否，协议有效或无效，撤销、终止行政协议，请求继续履行行政协议、采取相应的补救措施、承担赔偿和补偿责任以及行政机关监督、指挥、解释等行为产生的行政争议。

再审法院进一步指出，从现行《行政诉讼法》《合同法》及其司法解释的相关规定看，对行政协议的起诉不仅限于《行政诉讼法》第12条第1款第11项列举的四种情形，而应包括所有行政协议争议。（1）依据《行政诉讼法》第75条"行政行为有实施主体不具有行政主体资格或者没有依据等重大且明显违法情形，原告申请确认行政行为无效的，人民法院判决确认无效"的规定，行政协议作为行政行为的重要组成部分，如其有上述规定情形，公民、法人或者其他组织申请确认行政协议无效的，人民法院判决确认无效。（2）依据《最高人民法院关于适用〈中华人民共和国行政诉讼法〉若干问题的解释》第15条第2款"原告请求解除协议或者确认协议无效，理由成立的，判决解除协议或者确认协议无效，并根据合同法等相关法律规定作出处理"的规定，公民、法人或者其他组织可以依法请求解除行政协议或者确认行政协议无效。（3）依据《最高人民法院关于适用〈中华人民共和国行政诉讼法〉若干问题的解释》第14条"人民法院审查行政机关是否依法履行、按照约定履行协议或者单方变更、解除协议是否合法，在适用行政法律规范的同时，可以适用不违反行政法和行政诉讼法强

[①] 蒋大玉与重庆高新技术产业开发区管理委员会再审行政裁定书，最高人民法院（2017）最高法行再49号。

制性规定的民事法律规范"以及《合同法》第54条"下列合同,当事人一方有权请求人民法院或者仲裁机构变更或者撤销:(一)因重大误解订立的;(二)在订立合同时显失公平的。一方以欺诈、胁迫的手段或者乘人之危,使对方在违背真实意思的情况下订立的合同,受损害方有权请求人民法院或者仲裁机构变更或者撤销。当事人请求变更的,人民法院或者仲裁机构不得撤销"的规定,公民、法人或者其他组织可以依法请求变更或者撤销行政协议。

此外,再审法院还指明,从理论和实践上看,将《行政诉讼法》第12条第1款第11项列举之外的行政协议争议不纳入行政诉讼的受案范围,可能会出现以下问题:一是如将相关行政协议争议纳入民事诉讼,既会造成同一性质的协议争议由行政民事分别受理并审理的混乱局面,又会增加行政裁判和民事裁判不一致的风险,不利于彻底化解行政协议纠纷;二是如相关行政协议争议不纳入行政诉讼的受案范围,又因其行政性民事诉讼不予受理,极易造成行政诉讼和民事诉讼均不受理的尴尬局面,亦有悖于现代行政诉讼为公民、法人或者其他组织提供无漏洞、有效的司法保护的主要宗旨;三是将相关行政协议争议排除出行政诉讼的受案范围,意味着有关行政协议争议游离行政法制轨道,既不能及时有效地依法解决相关行政争议,也不利于监督行政机关依法行使职权。故而,不应将"行政机关不依法履行、未按照约定履行或违法变更、解除协议"四种情形设定为提起行政协议行政诉讼的受理条件,原审法院对《行政诉讼法》第12条规定作狭义的文义理解,属于适用法律错误,依法应予纠正。

(二) 行政协议争议的解决方式

一般来说,普通行政争议可以通过行政复议、行政诉讼等多种权利救济方式进行解决。对于行政协议争议,按照现有法律规定,除了双方协商以外,只能通过行政诉讼的方式加以解决。《行政诉讼法司法解释》第68条第1款第6项规定:行政诉讼法第49条第3项规定的"有具体的诉讼请求"包括"请求解决行政协议争议"。

行政协议争议无法通过仲裁程序解决,即便协议双方在合同中约定也是如此。在重庆秦皇建材有限公司再审案[①]中,法院指出,我国《仲裁法》第2条已明确,平等主体的公民、法人和其他组织之间发生的合同纠纷和其他财产权益纠纷,可以仲裁。这就意味着,具备不平等主体的行政协议无法适用《仲裁法》的这条规定。也就是说,行政协议纠纷争议无法进行仲裁。本案中,虽然秦皇建材有限公司与行政机关在行政协议中约定由重庆仲裁委员会(渝东仲裁院)仲裁,但因行政协议主体的特殊性,这个约定不产生实际的法律效果。

此外,行政协议争议不能进行行政复议。2017年9月13日,国务院法制办公室发布了《对〈交通运输部关于政府特许经营协议等引起的行政协议争议是否属于行政复议受理范围的函〉的复函》,明确"政府特许经营协议等协议争议不属于《中华人民

---

① 重庆秦皇建材有限公司再审审查与审判监督行政裁定书,最高人民法院(2016)最高法行申947号。

共和国行政复议法》第 6 条规定的行政复议受案范围"。不仅如此,目前法院一般也不认可行政协议争议进行行政复议的合法性。在荥阳市人民政府与王菊红二审案[①]中,法院指出:在 2015 年实施的新《行政诉讼法》修改以前,原《行政诉讼法》和 2009年实施的行政复议法关于行政诉讼受案范围与行政复议范围的规定均不含行政协议争议,修改后的《行政诉讼法》虽然将行政协议争议纳入行政诉讼受案范围,但《行政复议法》至今并没有修改,对行政复议范围的规定也未作调整,因此行政协议争议不属于行政复议范围。从行政诉讼与行政复议衔接关系来看,虽然二者均是解决行政争议的法定途径,但是在《行政复议法》对复议范围规定未作修改的情况下,不能用《行政诉讼法》关于受案范围的规定推定行政复议范围。据此,法院认为,根据《行政复议法》第 6 条的规定,王菊红对荥阳市豫龙镇人民政府、荥阳市房屋征收与补偿办公室等单位与荥阳市刘村村民委员会签订的荥阳市豫龙镇刘村集体土地征收补偿协议不服,其提出的复议申请不属于行政复议的范围,荥阳市人民政府依法作出荥政(复决)字〔2016〕第 14 号驳回行政复议申请决定并无不当。

(三) 行政协议纠纷解决中的法律适用

目前,行政诉讼是解决行政协议争议的主要方式。在行政诉讼中,法院常常面对的问题是,对当事人的诉求,应当适用民事法律规范还是适用行政法律规范加以审查。

陈维新与武汉市江夏区人民政府二审案[②]的争议焦点是,对陈维新请求撤销其与江夏区政府签订的征补协议的审查,是应当参照民事法律规范中合同撤销权行使的相关规定,还是应当适用行政法律规范及司法解释的相关规定。面对兼具民事合同特性与行政行为特性的行政协议,行政审判人员指出,行政协议案件的审理应以合法性审查为主线,优先适用行政法律规范,同时参照适用合同法规范。[③] 在具体审理中,法院认为根据当事人诉讼标的不同,对行政协议审查所适用的法律规范亦相应有所不同。陈维新案中,法院指出:"根据《行政诉讼法》及其司法解释的相关规定,行政相对人对行政机关行使行政优益权、单方变更、解除行政协议等行为提起诉讼,人民法院应当适用行政法律规范的相关规定予以审查;而相对人就行政协议的履行、请求变更、撤销或解除协议等平等主体间权利义务关系提起诉讼的,人民法院则应参照民事法律规范的相关规定予以审查。"对于陈维新请求撤销其所称江夏区政府以有失公允使其违法签订的征补协议,法院认为这属于一方平等民事主体向人民法院提起的合同撤销之诉,应依法参照《合同法》及其司法解释的相关规定予以审查。按照《合同法》第 55 条和《最高人民法院关于适用〈中华人民共和国合同法〉若干问题的解释(一)》第 8 条的规定,陈维新与江夏区政府于 2011 年 7 月前签订了被诉征补协议,陈

---

① 荥阳市人民政府、王菊红二审行政判决书,河南省高级人民法院(2017)豫行终 421 号。
② 陈维新与武汉市江夏区人民政府二审行政判决书,湖北省高级人民法院(2016)鄂行终 200 号。
③ 参见梁凤云:《行政协议案件适用合同法的问题》,载《中国法律评论》2017 年第 1 期。

维新于 2015 年 4 月才请求法院撤销该征补协议,超过了撤销权行使的除斥期间,撤销权已经消灭。陈维新认为其为征地补偿事宜进行了相关行政诉讼,该期间应该予以扣除的诉讼理由于法无据。最终,法院对其诉讼请求不予支持,驳回了陈维新请求法院撤销与江夏区政府签订的纸坊青龙南路拓宽及综合改造项目房屋征收补偿安置协议书,责令江夏区政府重新签订协议的诉讼请求。

第十章
其他行政行为

第一节 行政征收

一、行政征收的定义

(一) 传统定义

行政法学界在2004年之前对行政征收的基本看法是:"行政征收是指行政主体根据法律、法规规定,以强制方式无偿取得相对人财产所有权的一种具体行政行为。……包括税收和行政收费这两类法律制度。"[1]"行政征收,是指行政主体凭借国家行政权,根据国家和社会公共利益的需要,依法向行政相对人强制地、无偿地征集一定数额金钱或实物的行政行为。"[2]

2004年我国《宪法》的修正对行政征收和征用概念和制度产生了重大影响。修正的《宪法》第10条第3款规定:"国家为了公共利益的需要,可以依照法律规定对土地实行征收或者征用并给予补偿。"第13条增加规定:"国家为了公共利益的需要,可以依照法律规定对公民的私有财产实行征收或者征用并给予补偿。"《宪法》的修改使传统的行政征收定义和特征等需要调整,根据《宪法修正案》的规定,征收和征用都具有获得"补偿"的属性。不少学者因此主张,传统的行政征收即行政征税和行政征费不再属于行政法学意义上的行政征收。[3] 因为传统行政法学理论关于行政征收"无偿性"的特征不符合宪法"补偿"的要求。在此意义上的行政征收仅指行政主体为了公共利益的需要,依法强制取得财产所有权,并给予相应补偿的行政行为。[4] 我们称之为公益征收。

(二) 本书界定

本书仍将传统意义上的无偿性行政征收与现代补偿性行政征收纳入其中,认为行政征收是指行政主体依法向行政相对人强制地收取税费或者私有财产的行政行

---

[1] 应松年主编:《行政法学新论》,中国方正出版社2004年第3版,第216页。
[2] 姜明安主编:《行政法与行政诉讼法》,北京大学出版社、高等教育出版社1999年版,第217页。
[3] 参见章剑生:《行政收费的理由、依据和监督》,载《行政法学研究》2014年第2期,第64页。
[4] 参见金伟峰、姜裕富:《行政征收征用补偿制度研究》,浙江大学出版社2007年版,第9页。

为。① 据此,行政征收须具备三个条件:第一,为了公共利益的需要;第二,依据法律规定进行;第三,给予补偿。

二、行政征收的特征和构成要素

国内教材对其特征有不同概括。有学者概括为,行政征收具有公益性、补偿性、正当程序性、强制性。② 本书从构成要素角度认为具有如下特征:

(一)行政征收法律关系的主体包括征收主体、被征收人及关系人、征收标的的需用人③

(1)征收主体指享有征收权的行政主体,包括行政机关和法律法规授权的主体。多数情况下,行政征收是由行政机关实施的,但是法律法规也可以授权某个组织实施行政征收。此外,在一定条件下,行政主体可以将行政征收行为委托给其他主体实施,此时,实施行政征收行为的承担者不是行政主体,它只能以委托者的名义实施征收,其结果由委托的行政主体承担。

(2)被征收人及关系人。被征收人是指,因行政征收而丧失权利的人,分为征收标的的权利人和关系人两种。前者指财产的所有人。后者指除财产所有人以外,其他一切关于该财产有权益的人,包括因该财产被征收而受到损失的人。

(3)征收标的的需用人。需用人是指基于公共利益的需要,为兴办公共事业或实施国家经济政策,而申请征收的人。行政征收的需用人既包括国家机关,也包括企业事业社会团体以及公民个人。需用人对财产的使用必须直接或间接带有公共性。

(二)行政征收的标的是财产所有权

行政征收的标的是"财产所有权"。关于"财产"的内涵和外延,各国一直随着实践的发展而不断发展。传统的行政征收对象主要是税费。现代征收的对象主要是土地、房屋等不动产的所有权,当然对财产的理解有不断扩大的趋势。各国通过立法、行政和司法等方法不断扩展行政征收的标的范围和种类。

(三)行政征收的目的是为了公共利益的需要

无论是传统的收税收费还是现代公益类征收,行政征收的目的都是为了公共利益。学者们对"公共利益"有多种不同的解读。④ 有的认为,"公共利益"不是什么崇高的、与私人利益截然有别的概念,而只不过是所有相关的私人利益之和而已。⑤ 多数学者认为,界定"公共利益"相当困难。

---

① 参见胡建淼:《行政法学》(第四版),法律出版社2015年版,第399页。
② 参见姜明安:《行政法》,北京大学出版社2017年版,第374页。
③ 参见翁岳生编:《行政法》(下册),中国法制出版社2002年版,第1703—1706页。
④ 参见中国法学会行政法学研究会主编:《修宪之后的中国行政法》,中国政法大学出版社2005年版,第411—659页。
⑤ 参见张千帆:《"公共利益"与"合理补偿"的宪法解释》,载《南方周末》2005年8月14日。

例如，我国台湾地区"土地法"第 208 条以列举加概括的方式界定"公共利益"。该法规定：因下列公共事业之需要，得依本法之规定征收私有土地。但征收之范围，以其事业所必需者为限：(1) 国防设备；(2) 交通事业；(3) 公用事业；(4) 水利事业；(5) 公共卫生；(6) 政府机关、地方自治机关及其他公共建筑；(7) 教育学术及慈善事业；(8) 国营事业；(9) 其他由政府兴办的以公共利益为目的之事业。

由行政促成公益的情形，可以是依据法律公益的规定、授权或拘束行政机关采取防止公益被侵害的事情发生，可以归纳为两类：一类是行政机关防卫公益的消极行为，即行政机关因公益考虑，避免人民的行为侵犯公益，进而限制人民的权利；另一类是行政机关增进公益的积极行为，即行政机关除了可以依法律行使制止私人有害公益行为的权力，又可以由法律授权，积极行使权力增进公益的行为。① 行政机关对"公共利益"的界定只能根据法律规定，就行政方面的相关问题作出具体细化。我国国务院制定的《国有土地上房屋征收与补偿条例》对"公共利益"作了列举。

司法实践对行政征收中公共利益的界定可以分三步走。第一步，审查该特定的征收行为是否有相应的特定法律法规作为依据，或是否符合征收法律中所列举的征收类型。如果回答是肯定的，法院会尊重立法者的裁量权，确定该征收行为符合公共利益，即只要立法者的出发点是为了公共利益，其立法与公益之间就已存在一个真实的关系。如果回答是否定的，该特定的征收行为只是一个概括的法律授权，则进入第二步。第二步，审查该征收行为的受益人的身份，若受益者是国家机关或公共事业，除了在公共利益的掩饰下主要为了增加财政收入(即国库利益)或满足纯粹私人利益之外，法院将会尊重并承认该征收行为的公益性与合法性。如果受益人的身份不在上述范围内，则进入第三步。第三步，法官对征收目的作一全方位的考察，并通过个案的审查，以法官的智慧来配合立法者的智慧，对公益条款为价值之充实，从而确定征收行为是否符合公共利益。② 当然，司法机关对"公共利益"的界定，需要把握合适的度，避免司法立法的现象。

可见，通过多种途径对"公共利益"的界定，将其内涵和外延逐渐具体化，有利于将行政征收的恣意任性控制在最小范围内。

(四) 行政征收具有非对价性

行政征税是无偿的；行政收费大多是无偿的，个别以提供行政服务为前提，可见传统的行政征收不具有对价性。即使在给予补偿的行政征收中，补偿也不是根据被征收财产的实际价值支付对价。③

我国法律法规中对行政征收的"补偿"规定比较粗疏，规范性程度不高。应从以下六个方面予以明确规定：第一，确立行政补偿的基本原则。一般认为，应当确立公

---

① 参见中国法学会行政法学研究会主编：《修宪之后的中国行政法》，中国政法大学出版社 2005 年版，第 439 页。
② 同上书，第 442—443 页。
③ 参见胡建淼：《行政法学》(第四版)，法律出版社 2015 年版，第 399—400 页。

平补偿作为主要原则。第二,确定行政补偿的范围。第三,规范行政补偿的程序。完善的补偿程序至少应当包括以下要求:行政主体在确立补偿标准之前,要有充分的调查;在调查基础上提出补偿方案;协商和修改;听证程序;补偿争议的处理方法;补偿的执行和监督。第四,规范补偿方式和标准。我国目前主要是金钱补偿,如土地征收补偿费,同时还有房屋置换、实物补偿、返还原物、安排就业、支持从事开发等形式。在众多方式中,行政主体应当选择合理的有利于维护相对人权利的方式。如《土地管理法》第47条规定:征收土地的,按照被征收土地的原用途给予补偿。征收耕地的补偿费用包括土地补偿费、安置补助费以及地上附着物和青苗的补偿费。接着规定了具体的标准。第50条规定:地方各级人民政府应当支持被征地的农村集体经济组织和农民从事开发经营,兴办企业。第51条规定:大中型水利、水电工程建设征收土地的补偿费标准和移民安置办法,由国务院另行规定。但是,其他行政征收很少有类似上述法律中的明确规定。第五,明确行政征收补偿中相对人的参与权。为了保证补偿的公正和公开,一些法律中增加了相对人参与的程序性规定。如《土地管理法》第48条规定:征地补偿安置方案确定后,有关地方人民政府应当公告,并听取被征地的农村集体经济组织和农民的意见。第六,明确对行政补偿不服的救济措施。当事人可以根据《行政复议法》《行政诉讼法》《国家赔偿法》等规定申请行政复议、行政诉讼或者申请国家赔偿。

三、行政征收的类型

根据我国立法,行政征收主要有以下几种情形:

(一) 非国有财产的征收

《立法法》第8条对"非国有财产的征收"作出了规定。《中外合资经营企业法》第2条规定:国家对合资企业不实行国有化和征收。在特殊情况下,根据社会公共利益的需要,对外资企业可以依照法律程序实行征收,并给予相应的补偿。《台湾同胞投资保护法》第4条、《外资企业法》第5条都有类似规定。

(二) 土地征收

《土地管理法》规定了农村集体所有土地转为国有土地的情形。

2004年《宪法》修正之前,我国一直将集体土地收归国有予以补偿的制度称为"土地征用"。2004年修宪对土地征收和土地征用进行了区分。2004年修正后的《土地管理法》第2条第4款规定:国家为了公共利益的需要,可以依法对土地实行征收或者征用并给予补偿。第45条规定:征收下列土地的,由国务院批准:基本农田;基本农田以外的耕地超过35公顷的;其他土地超过70公顷的。征收前款规定以外的土地的,由省、自治区、直辖市人民政府批准,并报国务院备案。

(三) 房屋征收

2011年国务院制定的《国有土地上房屋征收与补偿条例》是我国行政征收方面

的重要立法，值得其他方面的行政征收立法借鉴。

第一，对"公共利益"作了明确列举。《国有土地上房屋征收与补偿条例》第 8 条规定：为了保障国家安全、促进国民经济和社会发展等公共利益的需要，有下列情形之一，确需要征收房屋的，由市、县级人民政府作出房屋征收决定：(1) 国防和外交的需要；(2) 由政府组织实施的能源、交通、水利等基础设施建设的需要；(3) 由政府组织实施的科技、教育、文化、卫生、体育、环境和资源保护、防灾减灾、文物保护、社会福利、市政公用等公共事业的需要；(4) 由政府组织实施的保障性安居工程建设的需要；(5) 由政府依照城乡规划法有关规定组织实施的对危房集中、基础设施落后等地段进行旧城区改建的需要；(6) 法律、行政法规规定的其他公共利益的需要。

第二，确立了征收须遵守正当法律程序的制度。《国有土地上房屋征收与补偿条例》第 9—15 条规定了主要程序：先有计划，后有征收；拟定征收补偿方案，报市县政府审批；因旧城区改造需要征收房屋的须组织听证会并根据听证会情况予以修改；作出征收决定前进行社会稳定风险评估，涉及被征收人数量较多的，应当经政府常务会议讨论决定；作出征收决定后应当技术公告；房屋被依法征收的，国有土地使用权同时收回；对征收决定不服的可以申请行政复议或者行政诉讼；房屋征收部门调查登记，被征收人应当配合。

第三，确立了公正足额的补偿制度。《国有土地上房屋征收与补偿条例》第三章规定了补偿制度。

(四) 财产权限制——准征收

行政主体为了公共利益的需要，对相对人的财产进行限制、管制超过必要的限度，以至具有行政征收性质和效果的类似于征收的具体行政行为。如《防洪法》规定：为防洪调用的物资、设备、交通运输工具等，在汛期结束后应当及时归还；造成损坏或者无法归还的，按照国务院规定给予适当补偿或者作其他处理。该规定中的"无法归还"实际上由原来的行政征用转变为行政征收了。《人民警察法》等也有类似的规定。

(五) 合法权益的提前收回——准征收

由于法律的修改和政策的变化，行政主体为了公共利益的需要，要收回原先授予的利益行为，以至具有行政征收性质和效果的类似于征收的行政行为。

第一，行政机关提前撤回已经颁发的行政许可。如《行政许可法》第 8 条规定：行政机关不得擅自改变已经生效的行政许可，为了公共利益的需要，行政机关可以依法撤回已经生效的行政许可。由此给公民、法人或者其他组织造成财产损失的，行政机关应当给予补偿。撤回是指行政许可的实施以及被许可人从事许可事项的活动本身并不违法，但由于行政许可失去法律依据或者情势变更，行政机关基于公共利益的需要收回已经颁发的行政许可的监管方式。撤回是针对行政法中的"信赖保护"原则而言的，即行政决定一旦作出，就被推定为合法有效。法律要求相对人对此予以信任和依赖，相对人基于对行政决定的信任和依赖而产生的利益，也要受到保护，禁止行政机关以任何借口任意改变既有的行政决定。《行政许可法》对撤回行政许可的适用情形作了明确规定：一是行政许可所依据的法律、法规、规章修改或者废止；二是颁发行政许可所依据的客观情况发生重大变化。

第二，提前收回海域使用权。《海域使用管理法》第30条规定：因公共利益或者国家安全的需要，原批准用海的人民政府可以依法收回海域使用权。依照前款规定在海域使用权期满前提前收回海域使用权的，对海域使用权人应当给予相应的补偿。

（六）税的征收

税的征收是指为了公共利益的需要，行政主体依法强制无偿取得财政收入的行政行为。主要依据包括《税收征收管理法》及其他相关的法律法规。

（七）费的征收

费的征收是行政主体依法征收相对人一定钱币的行政行为。我国目前各种征费主要有公路运输管理费、车辆购置附加费、公路养路费、港口建设费、教育附加费、社会抚养费、城市生活垃圾处理费等。如《城市生活垃圾管理办法》第38条规定：单位和个人未按规定缴纳城市生活垃圾处理费的，由直辖市、市、县人民政府建设（环境卫生）主管部门责令限期改正，逾期不改正的，对单位可处以应交城市生活垃圾处理费3倍以下且不超过3万元的罚款，对个人可处以应交城市生活垃圾处理费3倍以下且不超过1000元的罚款。

四、行政征收的程序

我国没有统一的征收立法对程序作出规定，有学者认为行政征收程序有四步：(1) 行政主体告知被征收的内容和范围，听取相对人的意见。(2) 义务人自愿接受征收，一般情况下，征收行为到此结束。(3) 在义务人逾期不履行义务时，行政主体依法实施强制征收或申请人民法院强制执行，并可以依法对义务人予以处罚。(4) 争议的解决。行政主体必须告知相对人部分征收决定的救济途径，主要是为相对人指明行政复议和行政诉讼的途径。[①] 我们认为，这可以作为行政征收的一般程序。

第二节　行　政　征　用

一、行政征用的概念

我国在2004年修宪之前，学界没有严格区分行政征收和行政征用，有时把行政

---

① 参见杨解君、顾治青：《宪法构架下征收征用制度之整合》，载《法商研究》2004年第5期。

征收纳入行政征用中,也有学者把行政征用纳入行政征收之中。2004 年修正后的《宪法》第 10 条和第 13 条对行政征收和行政征用二者予以区分。2004 年修正后的《土地管理法》将这两个概念加以区别。行政征用是指行政主体为了一定的目的,依法强制地使用他人的财产或者对有关劳务进行征用并给予相应补偿的行政行为。[①]行政征用是指行政主体根据法律规定,出于公共利益的需要,强制地使用相对人的财产并给予补偿的行政行为。[②] 据此,行政征用须具备三个条件:第一,为了公共利益的需要;第二,依据法律规定进行;第三,给予补偿。

二、行政征用的特征

在 2004 年《宪法》修正前,学界主流看法认为行政征收和行政征用二者区别体现在两个方面:第一,对财物所有权的处分程度不同。行政征收是对被征物所有权的彻底处分,即使被征物的所有人发生变化。行政征用部分是处分被征物的使用权,部分是处分被征物的所有权。第二,对具体行政行为的有偿性不同。行政征收无偿,而行政征用则有偿。[③] 2004 年《宪法修正案》中明确规定征收或者征用都必须给予"补偿",第二个特征不再具备。二者的区别可归纳如下:

第一,行政主体对标的的处分权限不同。行政征收处分的是财产的"所有权";行政征用处分的标的是"使用权"。

第二,标的种类不同。行政征收限于财产,不包括劳务,劳务不能成为行政征收的对象。行政征用的标的既有财产,也有劳务。

第三,行政征用通常适用于国防、公共安全和自然灾害等非常时期,它是政府应对紧急情况的一项紧急权力。在许多情况下,它具有紧急性和刻不容缓性的特征。而行政征收如征税和征费等不具有这些特征。

第四,不少行政征用具有事后补偿性特征。由于不少征用决定是在紧急情况下作出的,通常只能于事后根据征用的时间长短及征用标的的损耗程度来计算补偿数额。而行政征收与此不同,行政征收具有事前补偿性。

第五,程序的规范程度不同。行政征收立法在规范征收程序方面更规范,而行政征用较少。我国《土地管理法》《国有土地上房屋征收与补偿条例》关于行政征收的程序都比较规范和具体。行政征用程序没有行政征收程序严格、正式,行政征用程序则注重对行政效率的保障。特别是在面临紧急情况下实施的征用,其程序比较简便、快捷,有的甚至可以事后补办手续。如《防洪法》第 45 条规定:取土占地、砍伐林木的,在汛期结束后依法向有关部补办手续。

---

① 参见金伟峰、姜裕富:《行政征收征用补偿制度研究》,浙江大学出版社 2007 年版,第 9 页。
② 参见胡建淼:《行政法学》(第四版),法律出版社 2015 年版,第 404 页。
③ 参见胡建淼:《行政法学》(第二版),法律出版社 2003 年版,第 266 页。也有学者认为有三个区别,除前两个以外,还增加了"标的"不同。参见俞子清主编:《行政法与行政诉讼法》,法律出版社 2001 年版,第 211 页。

三、行政征用的类型

根据不同的标准,可以对行政征用进行不同的分类。

(一)根据行政征用是否适用于紧急状态时期,可以分为正常征用和紧急征用

正常征用属于行政机关在正常社会管理状态下的征用,应当有明确的法律依据,遵循严格的法定权限和程序,典型的如土地征用。紧急征用属于行政机关在紧急状态下的征用,可以依据行政命令强制实施,如因抗击非典之需紧急征用某些物资;特别紧急的甚至可以即时强制征用,事后按行政权限补办批准手续,如需要立即征用车辆运送非典病人、疏散健康人群等。《传染病防治法》第45条规定:传染病暴发、流行时,根据传染病疫情控制的需要,国务院有权在全国范围或者跨省、自治区、直辖市范围内,县级以上地方人民政府有权在本行政区域内紧急调集人员或者调用储备物资,临时征用房屋、交通工具以及相关设施、设备。《国防法》第48条以及《防洪法》第45条等有类似规定。

(二)根据征用的对象不同,可以把行政征用分为财物征用和劳务征用

1. 财物征用

财物征用是指行政主体为了公共利益的需要,按照法律法规规定,以国家强制力为后盾,获取相对人财产使用权并给予公平补偿的具体行政行为。

(1) 私人或者单位的财产征用。如《归侨侨眷权益保护法》第13条规定:国家依法保护归侨、侨眷在国内私有房屋的所有权。依法征用、拆迁归侨、侨眷私有房屋的,建设单位应当按照国家有关规定给予合理补偿和妥善安置。

又如2007年《物权法》第44条规定:因抢险、救灾等紧急需要,依照法律规定的权限和程序可以征用单位、个人的不动产或者动产。被征用的不动产或者动产使用后,应当返还被征用人。单位、个人的不动产或者动产被征用或者征用后毁损、灭失的,应当给予补偿。第121条规定:因不动产或者动产被征收、征用致使用益物权消灭或者影响用益物权行使的,用益物权人有权依照本法第42条、第44条的规定获得相应补偿。

2017年《民法总则》第117条规定:为了公共利益的需要,依照法律规定的权限和程序征收、征用不动产或者动产的,应当给予公平、合理的补偿。

(2) 土地征用。如《土地管理法》第58条规定:有下列情形之一的,由有关人民政府土地行政主管部门报经原批准用地的人民政府或者有批准权的人民政府批准,可以收回国有土地使用权:为公共利益需要使用土地的;为实施城市规划进行旧城区改建,需要调整使用土地的;土地出让等有偿使用合同约定的使用期限届满,土地使用者未申请续期或者申请续期未获批准的;因单位撤销、迁移等原因,停止使用原划拨的国有土地的;公路、铁路、机场、矿场等经核准报废的。依照前款第1项、第2项的规定收回国有土地使用权的,对土地使用权人应当给予适当补偿。

(3) 其他自然资源的征用。如《森林法》第18条规定：进行勘查、开采矿藏和各项建设工程，应当不占或者少占林地；必须占用或者征用林地的，经县级以上人民政府林业主管部门审核同意后，依照有关土地管理的法律、行政法规办理建设用地审批手续。

(4) 专利征用。如《专利法》第49条规定：在国家出现紧急状态或者非常情况时，或者为了公共利益的目的，国务院专利行政部门可以给予实施发明专利或者实用新型专利的强制许可。

2. 劳务征用

劳务征用是指行政主体为了公共利益的需要，依照法律法规，征集、调用相对人劳务并给予公平补偿的行政行为。如《防洪法》第45条规定：在紧急防汛期，防汛指挥机构根据防汛抗洪的需要，有权在其管辖范围内调用……人力。

四、行政征用的程序

关于行政征用的程序，除了《土地管理法》等法律有所规定外，其他人多没有具体的程序规定。我们认为，一般的行政征用程序有四步：(1) 行政主体告知被征用的内容和范围，听取相对人的意见。(2) 义务人自愿接受征用，一般情况下，征用行为到此结束。(3) 在义务人逾期不履行义务时，行政主体依法实施强制征用或申请人民法院强制执行，并可以依法对义务人予以处罚。(4) 争议的解决。行政主体须告知相对人部分征用决定的救济途径，主要是为相对人指明行政复议和行政诉讼的途径。但是对于因紧急状态而实施的征用，在程序上更加简便。

第三节 行政确认与行政裁决

一、行政确认

(一) 行政确认的概念与特征

行政确认是指行政主体对行政相对人的法律地位、法律关系或者法律事实进行甄别，依法给予确定、认可或证明并予以宣告的行政行为。

行政确认具有以下特征：

1. 行政确认是独立的行政行为

行政确认具有行政法律效力，对相关当事人具有约束力。它不是其他行为的一个环节或者附属的程序行为，而是一种独立的行政行为。它不同于行政许可过程中的确认环节，两者有着本质的区别：第一，行为的内容不同。行政确认的内容只是对法律事实的存在与否作出认定，它并不直接创设权利和义务。而行政许可的内容则是审查申请人是否具备从事某种特定活动的条件和能力,它直接影响申请人的权利和义务。第二,行为的性质不同。行政确认在本质上是一种证明行为;而行政许可实际上是对于一般禁止的解除,因此是一种赋权行为。第三,行为的法律效果不同。行政确认是对相对人既有的权利和义务或法律事实的认定,因此其法律效果具有前溯性。而行政许可是允许申请人在今后从事某种特定活动,因此其法律效果具有后及性。

2. 行政确认是要式行政行为

行政确认是对特定的法律事实或法律关系是否存在进行甄别和宣告,它的目的即在于使相关当事人定分止争,因此必须以法定的形式加以表示,通常是书面形式。

3. 行政确认是羁束行政行为

行政确认是对特定的法律事实与法律关系是否存在作出甄别,这种法律事实或法律关系是否存在由客观事实和法律规定所决定。行政主体所应当做和能够做的,就是以事实为根据、以法律为准绳,严格、准确地适用法律规定和技术规范作出判断和决定。在这个过程中,客观上并不存在任何裁量空间,主观上也没有裁量存在的必要性。

(二) 行政确认的分类

1. 根据行政确认的内容,可以分为对法律关系的确认和对法律事实的确认

(1) 对法律事实的确认:主要包括对身份的确认、对能力的确认和对某些特定法律事实的确认。对相对人身份的确认也是对其法律地位的确认,例如,居民身份证对于公民身份的确认。对于能力的确认,是对相对人具有某种知识和能力的确认,例如,教育机构颁发的毕业证书、学位证书等。对特定的法律事实的确认是对这种法律事实是否存在的确认,例如,出租车出城登记即是对于出租车驾驶出城这一法律事实的确认。

(2) 对法律关系的确认:主要包括对权属的确认、对责任分担的确认和对相对人之间权利义务关系的确认。对权属的确认是对相对人对特定的动产或不动产是否享有所有权或使用权的确认。例如,不动产权证即是对不动产权属的确认。对于权属的确认实际上就确认了在相对人和第三人之间所存在的法律关系。对责任分担的确认是对相对人之间法律责任分担的确认,例如,交通事故责任认定书就是对于责任分担的确认。对相对人之间权利义务关系的确认是指对于相对人之间是否存在某种权利义务关系以及存在何种性质的权利义务关系的确认。例如,民政部门对于收养关系的鉴证就是对养父母和养子女的权利义务关系的确认。

2. 根据行政确认的主体,可以分为公安行政确定、民政行政确认、劳动行政确认、卫生行政确认、教育行政确认

(1) 公安行政确认:主要包括对身份、出生、死亡的确认,对交通事故等级的确认,对相对人交通事故责任的认定等。

(2) 民政行政确认:主要包括对符合结婚、离婚条件的确认,对现役军人死亡性

质、伤残性质的确认,对烈士纪念建筑物等级的确认等。

(3) 劳动行政确认:主要包括对职工伤亡事故原因、责任的认定,对锅炉、压力容器事故原因和责任的认定,对特别重大事故的认定等。

(4) 卫生行政确认:主要包括对食品卫生的确认,对新药及进口药品的确认,对医疗事故等级的确定等。

(5) 教育行政确认:主要包括办学权的确认以及学历与学位证明、学籍登记、留学合同鉴证、科研成果鉴定等。

除此之外,还有新闻出版确认、军事行政确认等。

(三) 行政确认的形式

(1) 确定。即行政主体对相对人法律地位或者权利义务的确定。例如,颁发不动产权证,就是对相对人土地、房屋等不动产所有权或者使用权的确定。

(2) 证明。即行政主体向其他人明确肯定相对人的法律地位、权利义务或者其他情况的行为。例如,学历证明、婚姻状况证明、居民身份证明、原产地证明等。

(3) 登记。即行政主体应相对人的申请,通过在政府有关登记簿册中记载相对人的某种情况和事实,从而进行行政确认的一种行为。例如,房地产交易登记、结婚登记等。

(4) 鉴证。即行政主体对某种法律关系的合法性予以审查后,确认或者证明其效力的行为。例如,劳动行政主管部门对于劳动合同的鉴证、对于文化制品是否合法的确认等。

(5) 认定、认证。即行政主体对相对人已有的法律地位、权利义务以及确认事项是否符合法定要求的承认和肯定。例如,对于交通事故责任的认定、对于产品质量的认证等。

(四) 行政确认的原则

1. 法定原则

行政确认的法定原则主要包括确认的主体法定和确认的实施法定。确认的主体法定是指行政确认的主体必须具有法定的资格。考察一个主体是否是合法、适格的行政确认主体,首先应当确认其是否是合法的行政主体。如果不是,那它显然也不可能是行政确认主体;如果是行政主体,那还必须看是否有成为行政确认主体的法定依据。行政确认的实施法定是指行政主体在实施行政确认时不得超越权限,并且应当按照法定的条件、方式和程序实施。

2. 客观公正原则

行政确认是对法律事实和法律关系的证明或者明确。因此,必须非常客观地加以确认,不应有主观上的考量;确认应当公正作出,不应有任何的偏私。为了实现公正,有必要在行政公开及程序上作进一步的完善。

(五) 行政确认的程序

从目前已有法律法规有关行政确认的规定来看,行政确认的一般程序为:

1. 程序的启动

行政确认程序的启动有两种方式,即相对人申请和行政主体依职权主动进行。比较而言,依申请的行政确认更加广泛。在依申请的行政确认中,首先应当由相对人向有确认权的行政主体提出申请,行政主体对申请人提交的申请文件进行形式审查,认为申请材料符合法定形式的,应当予以受理。认为申请材料不齐全或不符合法定形式的,应当允许当事人进行补正。经形式审查后决定不予受理的,行政主体应当说明理由。

2. 审核

行政主体受理确认申请后或依职权进行行政确认时,需要对确认内容进行实质性审核。对于需要实地勘验或者专业技术鉴定的事项,行政主体工作人员应当进行现场勘验或者委托专业鉴定机构进行鉴定。行政机关在审核确认内容时,应当听取相对人以及利害关系人的意见,允许其陈述和申辩,允许其提供有关的证据材料。

3. 决定

行政主体根据调查核实的证据作出确认与否的书面决定,并及时通知相对人。行政确认应当以送达作为发生法律效力的要件,必要时应当予以公告。

二、行政裁决

(一) 行政裁决的概念与特征

行政裁决,是指国家行政机关根据法律、法规的授权,以居间裁决者的身份,对特定范围内与裁决机关行政管理职权密切相关的民事纠纷依法作出处理的行政行为。[①]

行政裁决是一种行政司法行为,具有如下特征:

1. 主体的法定性

行政裁决的主体是法律、法规授权的行政机关。[②]在我国,除了对于商标、专利等知识产权领域的争议有专门的行政裁决机构以外,目前没有对行政裁决的主体作出统一的规定,主要由各个单行法律、法规来确定各自领域中行政裁决的主体、权限和程序。

2. 范围的特定性

行政裁决的范围是与行政管理职权密切相关的平等主体之间的特定民事纠纷。首先,行政裁决的对象是民事纠纷,而不是行政争议。其次,行政裁决仅对于行政管理职权密切相关的民事纠纷享有裁决权。"与行政管理职权密切相关"是指,行政机关所裁决的民事纠纷应当是行政机关在行使其行政职权、履行其行政职责的过程中,

---

[①] 《湖南省行政程序规定》第109条对行政裁决的定义是:"本规定所称行政裁决,是指行政机关根据法律、法规的授权,处理公民、法人或者其他组织相互之间发生的与其行政职权密切相关的民事纠纷的活动。"

[②] 有学者认为,行政裁决的设定涉及人民法院与行政机关的权限划分,属于宪政体制范畴,因此建议行政裁决的授权以"法律和行政法规"为限。参见胡建淼主编:《行政法学》(第三版),法律出版社2010年版,第227页。

调查、处理的相关事实与当事人争议的民事纠纷事实全部或者部分重合,由行政机关在行使行政权的过程中一并对该民事纠纷作出处理,更有利于纠纷的及时、有效解决的情况。

3. 地位的中立性

行政裁决主体在行政裁决中是居间裁决者。它与民事纠纷的双方当事人形成的行政裁决法律关系是三方法律关系,并且与该民事纠纷的实体权利义务无直接关联。行政机关相对于民事纠纷双方当事人而言,处于中立地位,起着主导作用。

4. 性质上的行政性

行政裁决作为一种行政管理职能,本质上属于行政行为,而不是司法行为或者立法行为。行政裁决决定由裁决机关单方面作出,且对双方当事人具有强制性的法律效力。非经行政诉讼或其他法定途径,任何组织和个人都无权否定其法律效力,双方当事人对裁决决定既不申请行政复议又不提起行政诉讼的,经过法定时效后,行政机关可以予以强制执行或申请法院强制执行。

5. 程序的准司法性

行政裁决作为行政机关处理民事纠纷的一种方式,程序上具有"准司法性",也叫"行政司法性"。具体表现在:首先,行政裁决程序是依当事人的申请而启动;其次,行政裁决机关必须听取双方意见,允许双方辩论,必要时还需召开听证会;最后,必须作出正式的书面裁定。

(二) 行政裁决与相关制度的比较

1. 行政裁决与行政调解

行政调解是指行政主体应争议当事人的申请,在当事人自愿的基础上,运用说服和疏导的方法,通过争议当事人的平等协商来解决争议的活动。行政裁决与行政调解的区别在于:(1) 行为性质不同。行政调解是行政机关处理纠纷的一种经常性活动方式,属于行政机关的非行政职权活动;行政裁决则是行政机关依法实施的行政司法性质的行政行为。(2) 行为的依据不同。行政调解行为的依据是争议当事人的申请;而行政裁决行为的依据是法律授予行政机关的行政裁决的职权。前者基于当事人的自愿和合意,而后者则是基于法律的授权规定。(3) 法律效力不同。行政调解是一种非权力性的行为,因此,双方当事人即便达成协议,也可以反悔,当事人反悔的,调解书不发生法律效力;行政裁决决定则是由行政机关依行政权作出的,它具有法律约束力。(4) 救济途径不同。行政调解达成协议后双方或一方又反悔的,当事人可以依法向人民法院提起民事诉讼;而当事人如果对行政裁决不服,则不应提起民事诉讼,而应依法提起行政诉讼。

2. 行政裁决与行政仲裁

行政仲裁是仲裁的一种。仲裁也叫"公断",起源于社会道德规范,后作为国家权力的一种形式,归属于司法机关。随着国家行政管理范围的扩大,行政机关介入对管理领域纠纷的解决,行政仲裁形式由此产生。《仲裁法》颁布和实施后,行政机关的仲裁职能之绝大部分转移到独立于行政机关的民间仲裁委员会。我国现行法律规定的行政仲裁主要有劳动争议仲裁和人事争议仲裁等。① 行政裁决与行政仲裁的区别主要表现在：(1) 所处理争议的范围不同。通过行政裁决途径解决的争议主要是与行政管理职权密切相关的民事争议，如权属争议等；而通过行政仲裁解决的争议仅是与合同有关的民事争议，如劳动合同争议等。(2) 程序不同。行政裁决与行政仲裁虽然都是居中对民事争议进行解决，而且在程序上都具有准司法的性质。但是，行政裁决的程序总体上仍属于行政程序，行政机关也享有程序上的决定权；而行政仲裁则比较强调当事人的参与，在程序上更类似于司法程序。(3) 救济途径不同。经过行政裁决，除法律规定属于终局裁决的以外，当事人如果对该裁决不服，可以提起行政复议或行政诉讼，以维护自己的合法权益。而经行政仲裁，当事人不服仲裁裁决的，只能按照有关法律规定提起民事诉讼，但不能提起行政复议和行政诉讼。

3. 行政裁决与行政复议

行政裁决与行政复议都属于行政司法的范畴，都是行政机关裁决纠纷的法律制度，两者有一些相似之处，但也存在着重要的区别。主要表现在：(1) 性质不完全相同。行政复议既有行政机关解决纠纷的行政司法性质，又有行政机关内部层级监督的性质；而行政裁决主要是一种行政司法行为，不具有行政机关内部层级监督的性质。(2) 调整对象不同。行政复议的调整对象是法定范围内的行政争议；行政裁决的调整对象是与行政管理相关的特定民事纠纷。(3) 基础法律关系不同。行政复议的基础法律关系是行政法律关系；行政裁决的基础法律关系是民事法律关系。(4) 行为依据不同。行政复议机关依据《行政复议法》赋予的权力对行政争议作出行政复议决定；而有关行政裁决的规定主要散见于单行的法律之中，例如，《土地管理法》《森林法》《草原法》《水法》《环境保护法》等。

（三）行政裁决的种类

一般认为，行政裁决包括权属纠纷裁决、侵权纠纷裁决、损害赔偿纠纷裁决三类。但随着我国相关法律的修改，侵权纠纷裁决和损害赔偿纠纷裁决的范围逐渐缩小。如《环保法》修改后就取消了原来环境保护行政主管部门对于环境污染损害赔偿纠纷行政裁决权的规定。侵权纠纷和损害赔偿纠纷越来越多地通过民事诉讼形式加以解决。因此，目前行政裁决主要是指行政机关对于权属纠纷的裁决。

所谓权属纠纷，是指民事主体间因土地、草原、森林、水面、滩涂和矿产等自然资源的所有权或使用权的归属而发生的争议。对此，双方当事人可依法请求有权机关进行确认并作出裁决。例如《矿产资源法》第49条规定："矿山企业之间的矿区范围

---

① 前者是对企业和职工之间的劳动争议进行仲裁，劳动争议仲裁委员会的组成成员包括劳动行政部门代表、同级工会代表和用人单位的代表。后者是对实施公务员法的机关、参照公务员法管理的机关（单位）与聘任工作人员之间，事业单位、社团组织与其工作人员之间以及军队聘用单位与文职人员之间因履行聘用合同发生的争议进行仲裁。人事争议仲裁委员会由公务员主管部门代表、聘任（用）单位代表、工会组织代表、受聘人员代表以及人事、法律专家组成。参见胡建淼主编：《行政法与行政诉讼法》，中国法制出版社2010年版，第322—323页；应松年主编：《行政法与行政诉讼法学》，高等教育出版社2017年版，第273页。

的争议,由当事人协商解决,协商不成的,由有关县级以上地方人民政府根据依法核定的矿区范围处理;跨省、自治区、直辖市的矿区范围的争议,由有关省、自治区、直辖市人民政府协商解决,协商不成的,由国务院处理。"

(四) 行政裁决的程序

行政裁决程序是行政机关依法作出行政裁决时所遵循的步骤、顺序、方式和时限的总和。我国没有《行政程序法》,因此对于行政裁决程序没有统一的规定,各种行政裁决程序散见于单行法律法规之中。结合我国现行立法规定和行政裁决的实践,行政裁决程序大致包括以下几个环节:

1. 申请与受理

在行政裁决程序的启动上,一般应由当事人向有关行政机关提出申请,要求行政机关对已发生的争议作出行政裁决,以保护自己的合法权益。当事人的申请是启动行政裁决程序的前提条件。裁决申请的提出应当符合以下条件:(1) 必须在法定期间提出。规范性文件对申请裁决的时效有规定的,裁决申请应在规定的期限内提出。没有申请裁决的时效规定的,按照惯例或由裁决机关裁量决定。(2) 符合裁决申请的一般要求。比如有明确的被申请人;有具体的申请要求和事实根据;属于裁决机关受理和管辖范围。如要求申请书以书面的形式提出,则必须提交申请书和副本。裁决申请符合条件的,裁决机关应当及时立案受理;裁决申请不符合条件的,不予受理,但要向申请人说明不予受理的理由。

2. 审查和听证

行政裁决机关在正式受理裁决案件后,应当对当事人之间纠纷的有关事实和证据进行实质性审查。如有必要,还可以采取一定的调查取证措施。在审查的过程中,行政裁决机关应当对双方当事人提交的证据进行核实,并对证明力作出认定,同时,还应当认真听取双方当事人的陈述和答辩,为最终裁决意见的公正作出做好充分准备。裁决期间还可以主持调解,调解达成协议的,应当制作调解协议书,调解不成或当事人不愿调解的,裁决机关应当及时作出裁决。值得注意的是,如果法律规范规定行政裁决需采用听证方式进行的,裁决程序还可以适用听证程序。比如《湖南省行政程序规定》第112条第4款规定:"行政机关认为必要时,可以实地调查核实证据;对重大、复杂的案件,申请人提出要求或者行政机关认为必要时,可以采取听证的方式审理。"

3. 裁决

裁决机关对案件进行审查之后,应当及时作出裁决。裁决应当制作裁决书并及时送达双方当事人,裁决书应当载明裁决主体对纠纷的裁断意见、作出裁决的依据和理由、对裁决不服的法律救济途径等内容。

第四节 行政给付与行政奖励

一、行政给付

(一) 行政给付的概念与特征

行政给付,是指行政主体在特定情况下,依法向符合条件的申请人提供物质利益或赋予其与物质利益有关的权益的行为。行政给付具有以下特征:

1. 行政给付是一种授益性行政行为

行政给付是行政主体向行政相对人给付金钱或者实物的授益性行政行为,与负担性行政行为不同,行政给付最为突出的特点,是给予相对人物质上的帮助,从而使相对人获得一定数额的金钱或实物,或者赋予相对人与物质利益有关的其他权益,如发放失业救济金、发放最低生活保障费等。行政给付与行政许可也不同,行政许可是赋予相对人某种权利或资格,相对人通过实施获得许可的事项而获得物质利益,行政给付则是直接给予物质利益。

2. 行政给付是应申请的行政行为

行政给付是国家对公民的生存照顾,但这并不意味着行政给付是一种依职权的行政行为。绝大多数的行政给付以相对人的申请为要件,甚至是整个程序启动的要件。即使是在遭遇自然灾害、紧急状态的情况下,行政主体实施的行政给付行为有时也要求履行一定的申请手续。

3. 行政给付的对象是符合特定条件的行政相对人

与行政许可等应申请行政行为相比,行政给付的对象具有较强的限定性,只有符合特定条件的行政相对人才能申请并进而获得行政给付。例如,抚恤金发放的对象是因战、因工伤残的人员,救灾物资及款项是发放给灾民的,等等。

(二) 行政给付的形式

目前,我国有关行政给付形式的法律、法规主要有:《社会保险法》《残疾人保障法》《城市居民最低生活保障条例》《失业保险条例》《工伤保险条例》《城市生活无着的流浪乞讨人员救助管理办法》《军人抚恤优待条例》《中国人民解放军现役士兵服役条例》等。主要有以下几种形式:

1. 抚恤金

抚恤金是公民因公或者因病致残、死亡时,由国家发给本人或者家属用以维持本人或家属日常生活的费用。根据《军人抚恤优待条例》《革命烈士褒扬条例》等法律法规的规定,抚恤金包括伤、残抚恤和死亡人员遗属抚恤;抚恤的对象包括伤残军人、因公致残的职工及其他人员,以及革命烈士、牺牲人员的遗属等。

2. 最低生活保障费

最低生活保障费是国家发给收入低于一定水平的困难家庭,用以维持最低生活标准的费用。根据国务院《城市居民最低生活保障条例》的规定,持有非农业户口的城市居民,凡共同生活的家庭成员人均收入低于当地城市居民最低生活保障标准的,均有从当地人民政府获得基本生活物质帮助的权利。这里所称的收入,是指共同生活的家庭成员的全部货币收入和实物收入,包括法定赡养人、扶养人或者抚养人应当给付的赡养费、扶养费或者抚养费,但不包括优抚对象按照国家规定享受的抚恤金、补助金。

最低生活保障费管理审批机关应当自接到申请人提出申请之日起的 30 日内办结审批手续。由县级人民政府民政部门进行审查,对符合享受城市居民最低生活保障待遇条件的家庭,应当区分下述情况批准其享受城市居民最低生活保障待遇:(1)对无生活来源、无劳动能力,又无法定赡养人、扶养人或者抚养人的城市居民,批准其按照当地城市居民最低生活保障标准全额享受;(2)对尚有一定收入的城市居民,批准其按照家庭人均收入低于当地城市居民最低生活保障标准的差额享受。对不符合享受城市居民最低生活保障待遇条件的,应当书面通知申请人,并说明理由。

城市居民对县级人民政府民政部门作出的不批准享受城市居民最低生活保障待遇或者减发、停发城市居民最低生活保障款物的决定或者给予的行政处罚不服的,可以依法申请行政复议;对复议决定仍不服的,可以依法提起行政诉讼。

城市居民最低生活保障标准,按照当地维持城市居民基本生活所必需的衣、食、住费用,并适当考虑水、电、燃煤(燃气)费用以及未成年人的义务教育费用确定。直辖市、设区的市的城市居民最低生活保障标准,由市人民政府民政部门会同财政、统计、物价等部门制定,报本级人民政府批准并公布执行;县(县级市)的城市居民最低生活保障标准,由县(县级市)人民政府民政部门会同财政、统计、物价等部门制定,报本级人民政府批准并报上一级人民政府备案后公布执行。最低生活保障标准需要提高时,依照上述规定重新核定。

城市居民最低生活保障待遇由管理审批机关以货币形式按月发放;必要时,也可以给付实物。

3. 社会保险金

社会保险金是公民根据法律法规规定,在其出现年老、疾病、失业、工伤和其他法定事由时,由国家发给本人用以承担养老、医疗、维持家庭生活等必要生活支出的费用。我国《宪法》在 2004 年作了修正。在第 14 条增加了一款,作为第 4 款:"国家建立健全同经济发展水平相适应的社会保障制度。"这是我国对于国家任务的重要宣示,它使国家职能的定位更为准确、更为全面。社会保险是社会保障体系中最为重要的一部分,在宪法的指引下,我国的社会保险工作将会迎来新的发展,给付行政在行政中占有的比例和重要性也日益增加,对其进行规制的迫切性和重要性也就不言而喻了。

(三) 行政给付的原则

1. 法定原则

行政给付的法定原则包括给付的主体法定、给付的设定法定和给付的实施法定。给付的主体法定是指行政给付的主体必须具有一定的资格，并不是每一个行政主体都是适格的行政给付主体。考察一个主体是否是适格的行政给付主体，首先应当确认其是否是合法的行政主体。如果不是，那它显然也不可能是行政给付主体；如果是行政主体，那还必须看是否有成为行政给付主体的法定依据。主体法定原则贯彻的同时应当一并做到权限法定。行政给付的设定法定是指行政给付的条件、形式等应当依法设定，行政主体不得擅自设定。行政给付的实施法定是指行政主体在实施行政给付时不得超越权限，并且应当按照法定的条件、方式和程序实施。

2. 公正原则

行政给付的公正原则包括平等对待、合理审查和决定等。平等对待要求行政给付主体客观、公正地适用法律，行政相对人在同等条件下享有同等的获得行政给付的机会和权利。合理审查和决定的实质在于要求行政主体在实施行政给付时合理运用行政裁量权。因为行政给付的目的即在于赋予特定相对人一定的物质权益或者与物质权益有关的权益，因此，对于符合条件的行政给付申请，行政主体只要没有法定理由就不应拒绝给付。这就要求行政主体在实施行政给付时牢牢把握希望通过行政给付实现的公共利益和行政目标。

为了确保公正和平等，一个有效的途径就是建立健全行政给付公开制度。然而，行政给付领域中往往涉及申请人的经济窘况等一般不大愿意让他人知晓的事宜，以及有关行政相对人的隐私及精神方面的因素。因此，不宜一概而论地讨论和实施全面的公开制度，尤其是对于申请人的个人信息不宜作过于细致的公开。在行政给付公开制度中，应着力加强给付条件、标准和程序透明化方面的建设。

(四) 行政给付的程序

行政给付的程序由法律、法规规定。一般先由相对人本人或其所属单位提出申请，由主管机关对其是否符合给付条件进行审查，符合条件的予以批准，然后直接发给行政相对人或经有关基层组织分发。行政给付的金钱有定期性的，如抚恤金、最低生活保障费等通常是按月发放的，也有一次性的，如军人安置费等。行政给付一般采取书面形式，对于行政给付的标的是财物的，在程序上还要办理财务手续和物品登记、交接手续。

对于定期性的行政给付，必须进行经常性的监督和检查，对于情况发生变动以致不符合有关行政给付的条件的，应相应减少或停止给付。如《城市居民最低生活保障条例》规定：享受城市居民最低生活保障待遇的城市居民家庭人均收入情况发生变化的，应当及时通过居民委员会告知管理审批机关，办理停发、减发或者增发城市居民最低生活保障待遇的手续。管理审批机关应当对享受城市居民最低生活保障待遇的城市居民的家庭收入情况定期进行核查。

二、行政奖励

(一) 行政奖励的概念与特征

行政奖励,是指行政主体为了实现一定的行政目标,依照法定条件和程序赋予行政相对人物质、精神或其他特别权益,激励、引导行政相对人实施符合政府施政意图的行政行为。

行政奖励具有以下基本特征:

1. 行政奖励是倡导性行政行为

行政奖励的对象是贡献突出或遵纪守法的行政相对人,奖励所指向的行为是行政主体基于政策考量在主观意愿和法律规定上都大力倡导的行为。对于此类行为,行政主体并不能通过强制的方式来迫使相对人实施,但是上述行为的实施对行政主体政策的实施和行政目标的实现又具有非常重要的作用。在这种情况下,行政主体就只有通过正向激励的方式来鼓励、引导甚至刺激人们作出上述行为。行政主体的这种行为方式具有非常明显的倡导性。

2. 行政奖励是授益性行政行为

对行政相对人实施的符合行政主体施政意图的行为,行政主体为了达到引导、鼓励的作用,会赋予相对人物质、精神或者其他特别权益。这些权利的获得是有法律保障的,行政主体也就负担了必须给付的法定义务。基于行政奖励的特有属性,它显然不同于劳动报酬,因此,也不存在适用等价有偿原则的问题。

3. 行政奖励是非强制性行政行为

行政奖励是行政主体依照行政法律规范的规定针对特定的行政相对人实施的,行政奖励决定直接影响相对人的权利和义务。由于行政奖励通常是由行政主体单方面作出决定的,而且它又是一种赋权行为,因此,当相对人放弃奖励时,一般认为是无法强制执行的。也就是说,行政奖励是不具有强制执行力的。

(二) 行政奖励的种类与形式

1. 根据受奖权利的表现形式,可以将行政奖励分为赋予权利的奖励和减免义务的奖励

赋予权利的奖励是指行政主体依法赋予行政相对人物质、精神或其他权利。这些权利是行政相对人因为实施受奖行为、满足受奖条件而获得的额外权利。例如,《人口与计划生育法》第25条规定:"公民晚婚晚育,可以获得延长婚假、生育假的奖励或者其他福利待遇。"减免义务的奖励是指行政主体依法减轻或免除行政相对人的某种法定义务。最为常见的就是激励性税收减免优惠。

2. 根据行政相对人对受奖行为是否负有法定义务,可以将行政奖励分为对非义务性行为的奖励和对义务性行为的奖励

对非义务性行为的奖励是指行政主体对行政相对人实施非义务性行为所给予的

奖励,如举报奖励、见义勇为奖励、科技创新奖励等。对于非义务性行为的实施,行政主体不能采取强制手段,因此最需要运用行政奖励的方式对行政相对人加以激励和引导。对义务性行为的奖励是指行政主体对行政相对人实施义务性行为所给予的奖励。虽然对于义务性行为的实施,行政主体可以采取强制手段,但是,强制手段并不能替代激励手段。行政奖励的效果也是采取行政处罚或行政强制手段所无法达到的。更何况,在当今社会,柔性的行政手段因为人权保障和政治文明的要求而被越来越多地采用。行政主体与相对人之间的沟通和合作对行政目标的实现也越来越重要。因此,即使对于义务性行为,行政奖励仍然大有可为。例如,虽然我国公民有计划生育的义务,但是《人口与计划生育法》仍然在第四章详细规定了相应的奖励和社会保障措施。

3. 根据是否需要受奖行为产生某种特定结果,可以将行政奖励分为行为性奖励和结果性奖励

行为性奖励是指只要行政相对人实施了某种法定受奖行为,不论其结果如何,行政主体都必须给予的一种奖励。见义勇为奖励就是典型的行为性奖励,因为这种行为本身就是对社会有益的、应当倡导的。结果性奖励是指行政相对人不仅实施了某种法定受奖行为,而且还取得了法定的经济或社会效果,行政主体才会依法给予的一种奖励。例如,科技奖励就是典型的结果性奖励。

4. 根据行政奖励的内容,可以将行政奖励分为物质奖励、精神奖励和权能奖励

物质奖励是指行政主体以授予奖金、奖品或其他实物的方式给予行政相对人的奖励。精神奖励是指行政主体以予以认可、赞赏或授予荣誉称号等方式给予行政相对人的一种奖励。权能奖励是指行政主体以赋予一定权利或享有从事某种活动资格的方式给予行政相对人的奖励。

行政奖励运用的广泛性决定了其表现形式的多样性。行政奖励的具体形式从物质、精神和权能这三方面来看,主要有发给奖金、奖品或其他实物,授予荣誉称号、通报表扬、通令嘉奖、记功、减免税收、晋级、晋职等。由于行政奖励的规定散见于诸多法律、法规和规章之中,对于行政奖励的形式确实也无法形成相对统一的规定。

(三) 行政奖励的原则

1. 法定原则

奖励法定原则包括奖励的主体法定、奖励的设定法定、奖励的实施法定。奖励的主体法定是指行政奖励的主体必须具有一定的资格。由于行政奖励适用的广泛性,几乎每一个行政主体都可能是适格的行政奖励主体。因此,行政奖励的主体法定主要体现为行政主体的法定,也就是说看一个主体是不是适格的行政奖励主体,主要是看它是不是一个适格的行政主体。奖励的设定法定是指行政奖励的条件、形式等应当依法设定,行政主体不得擅自设定。奖励的实施法定是指行政主体在实施行政奖励时不得超越权限,并且应当按照法定的条件、方式和程序实施。

2. 公正原则

奖励公正原则包括平等对待、合理评定等。平等对待要求行政奖励主体客观、公

正地适用法律,任何组织和个人在同等条件下享有同等的获奖机会和权利。平等对待的另一个层面的要求是指实施不同行为的行政相对人应当受到不同的奖励,即不同条件不同待遇,"同同""异异"是平等对待的题中应有之义。合理评定的实质在于要求行政主体在实施行政奖励时合理运用行政裁量权。这就要求行政主体在实施奖励时不应考虑任何集团利益或个人偏私,通过行政奖励要实现的是公共利益和行政目标。

3. 信赖保护原则

信赖保护原则是指行政主体对于作出的行政奖励行为或承诺,无法定事由不得随意变更。当行政主体作出行政奖励行为或承诺时,行政相对人对此产生信赖并预期获得某种权益时,行政主体不得随意撤销该奖励行为。如果行政主体随意撤销已获得行政相对人合理信赖的奖励决定或者虽未撤销却不如期如数兑现,并且对行政相对人不作任何补偿,那就势必伤及政府诚信,挫伤行政相对人实施受奖行为的积极性。

4. 效益原则

行政奖励作为一种制度安排和政策工具,它的运行需要成本。尤其是行政奖励的目的就在于通过一定的投入取得相应的收益。因此,行政奖励需要遵循效益原则。当然,此处的效益并不单指经济效益,还包括社会效益。而要做好成本和效益的测算还需要行政管理的科学化加以支撑。

(四) 行政奖励的程序

1. 奖励公开

奖励公开是指行政奖励权力行使的依据、过程和结果,除涉及国家安全、国家秘密并由法律规定不得公开的以外,应当一律予以公开。通过行政奖励的公开,可以增加行政奖励的透明度,杜绝"暗箱操作"。这一方面可以确保公众的知情权,另一方面便于实施有效的监督。随着行政公开理念被普遍接受,行政公开作为行政奖励程序的重要组成部分已经在制度实践中有所体现。

2. 专家评审

专家评审是指行政奖励审查过程中听取有关专家、学者及权威机构的意见,并据此决定是否给予行政相对人行政奖励的程序制度。尤其是某些专业性和技术性较强的行政奖励,如科技奖励,更是依赖专家的评审。而行政主体在这种情况下实际上也没有评审能力。对于专业性不强的行政奖励,为了提高行政奖励的公信力,也应当引入专家进行评审。

3. 说明理由

说明理由是指行政主体在实施行政奖励时,除法律特别规定外,必须说明其作出该行为的事实、法律依据以及进行裁量时所考虑的政策、公益等。这就使行政主体在作出奖励行为时更为审慎,同时也有利于对行政奖励的合法性和合理性进行事后的审查。

4. 异议处理

异议处理是指行政奖励初步确定之后、正式决定并公布之前或者在作出行政奖励决定之后，由社会公众在规定的时间，以规定的方式对受奖对象、受奖形式提出不同意见并由行政主体加以处理的制度。一般要求异议人以书面形式提出异议，并书面说明提出异议的理由和证据。异议人还需要表明自己的真实身份以便于有关行政主体进行调查处理。有权的行政主体在接到异议材料后，应当对异议内容进行审查，并在调查、核实后提出处理意见。处理的结果应当按照规定向异议人反馈。

第五节 行政检查与行政指导

一、行政检查

（一）行政检查的概念与特征

行政检查是指行政主体基于行政职权，对相对人执行法律、法规和规章以及有关行政命令、行政处理决定的情况进行单方面强制了解的行政行为。它是行政主体进行行政管理，监督相对人守法和履行法定义务的一个重要手段。

行政检查具有以下主要特征：

1. 行政检查是独立的行政行为

行政检查具有独立性，它不依附于其他行政行为。与其他行政行为有所不同，它对当事人的实体权利义务只产生间接的影响。一般而言，具体行政行为都会直接涉及相对人的实体权利和义务，要么赋予权利或撤销权利，要么设定义务或免除义务，也有的是赋予能力或者剥夺能力，确认法律事实和法律地位等。而行政检查却不同，它不认定、改变和消灭相对人的实体权利义务。行政检查虽然对相对人的实体权利义务不产生直接的影响，但它可以对相对人设定某些程序性义务和对其权利进行一定的限制，它的结论可以为进一步采取其他必要的行政行为提供支持。

2. 行政检查是一种单方的依职权的行为

行政检查是一种依职权的行为，行政主体无须经过相对人申请即可强制进行检查，这是它区别于行政许可等应申请行为的主要标志。正因为如此，行政主体必须在其职权范围内进行相应的行政检查。如公安机关不能进行土地执法检查，税务机关不能进行企业营业执照年检。任何超越职权的行政检查都是违法的。行政机关在进行行政检查时只能采取法定的行政措施，而不能采取没有法定依据的其他措施。

3. 行政检查的方式、方法具有多样性和灵活性

行政检查主体职能的多样、行政检查对象的广泛和行政检查事项的庞杂，必然要求行政检查的具体方式、方法灵活多样。如有必要，对同一对象可以采取多种方式、方法进行相关的行政检查。也可以由不同的行政检查主体分别依职权或授权采取行

政检查手段。当然,这种多样性和灵活性并不是通过行政检查主体裁量甚至"创造"而实现的,它是立法者在洞悉实践要求后作出的相应安排。也就是说,这种多样性和灵活性是在有法定依据的情况下对方式、方法进行灵活的运用和多样的组合而实现的。

(二) 行政检查的分类

行政检查的主体广泛,内容多样,方式方法灵活,依据不同的标准可以对行政检查作以下分类:

1. 以行政检查的对象是否特定为标准,可以分为一般行政检查和特定行政检查

一般行政检查也可以称为普遍检查,是指行政主体对不特定的行政相对人是否守法或是否执行有关行政决定的情况所作的全面检查,具有巡查、普查的特点。特定行政检查是指行政主体对特定的、具体的行政相对人的守法和执行有关行政决定的情况进行的检查。通常,一般行政检查的主要目的并不在于发现违法事实和证据,而在于通过检查来督促相关的公民、法人或其他组织遵守法律、法规和规章,执行有关行政命令或行政决定。而一旦接到有关相对人违法的举报或线索时,通常会首先展开特定行政检查,以确认是否存在违法的事实和证据。一般行政检查和特定行政检查可以有机结合起来,以取得更高的效率和更好的效果。

2. 根据行政检查主体的性质不同,可以分为专门行政检查和业务行政检查

专门行政检查是指专门从事监督检查而无其他行政管理任务的行政主体所进行的行政检查;业务行政检查是指担负管理和监督检查双重任务的行政主体的行政检查。业务行政检查在行政检查中占有很大的比重,也发挥着很大的作用。而专门行政检查的作用也正越来越突显出来,近年来的"审计风暴"就是典型的例证。这两者之间也需要一种更好的配合。

3. 根据行政检查的内容是否单一,可以分为综合行政检查和专项行政检查

综合行政检查是指行政主体对行政相对人所进行的内容广泛、涉及工作的各个方面的行政检查。例如,教育行政主管部门对学校的教育质量、教学管理、收费、科研等各项工作所进行的全面检查。专项行政检查是行政主体对行政相对人某一方面的情况所进行的行政检查。检查的内容不是全面的,而是某一个方面的。专项行政检查通常与专项执法、专项治理等工作密不可分。例如,劳动行政主管部门对拖欠农民工工资情况所进行的检查等。综合行政检查与专项行政检查的区分是相对的,在实践中,应结合需要采取既充分又适当的行政检查内容。

4. 根据行政主体是否亲自到被检查者进行有关活动的场所,可分为书面检查和实地检查

书面检查是指行政主体以查阅行政相对人有关书面材料的方式对行政相对人的有关情况进行的检查。例如,税务机关调阅会计账册和报表等。书面检查的重要性和应用的广泛性随着电子政务时代的来临也正日益显现出来。实地检查是指行政主体的检查人员直接到行政相对人的有关场所进行的检查。例如,卫生防疫部门到养

殖场进行的禽流感预防检查等。

5. 根据行政检查的内容,可以分为行政守法检查和行政执行检查

行政守法检查是指行政主体对相对人遵守法律、法规、规章以及有关行政命令的情况所进行的检查。例如,土地行政管理部门对相对人依法利用土地的情况所进行的检查;劳动行政管理部门对相对人遵守劳动安全保护法律规范的情况所进行的检查等。行政执行检查是指行政主体对相对人执行有关行政处理决定的情况所进行的检查。例如,环境保护部门对相对人是否执行已生效的罚款决定的检查;税务部门对相对人是否执行已生效的缴纳滞纳金决定的检查等。行政守法检查的对象一般是不确定的,但相对人的权利义务是具体明确的;行政执行检查的对象是具体确定的,而且相对人的权利义务是已生效的行政处理决定所规定的,因此是非常具体和确定的,相对人对其权利义务也是非常清楚和明了的。

6. 根据行政检查在相对人进行有关活动的前后,可以分为事前行政检查、事中行政检查和事后行政检查

事前行政检查是指行政主体在相对人从事有关活动之前所进行的检查。例如,消防管理部门在某加油站开业之前对其消防设施的情况所进行的检查。事中行政检查是指行政主体在相对人从事有关活动的过程中所进行的检查。例如,卫生防疫站受卫生局的委托,对啤酒厂啤酒生产过程中的卫生情况所进行的检查。事后行政检查是指行政主体在相对人的有关活动结束后所进行的检查。例如,建设行政主管部门对竣工建筑工程所进行的检查。在行政管理活动中,事前、事中和事后行政检查发挥着不同的作用。事前行政检查主要起到预防违法的作用,同时掌握有关相对人的信息;事中行政检查可以及时发现并制止违法行为,同时掌握相对人的动态;事后行政检查的作用在于加强把关,同时对相对人的情况作汇总并对经验加以总结。事前、事中和事后行政检查的共同目的在于督促相对人守法,要达到这个目的,就必须在行政管理的整个过程中进行合法、全面、严格的行政检查,各个阶段的行政检查都发挥着不可或缺的作用。

7. 根据行政检查的时间,可以分为日常性检查与临时性检查、定期行政检查与不定期行政检查

日常性检查是指行政主体对相对人的有关活动或设施所进行的在时间上不中断的检查。这种检查已经成为行政主体的一种经常性职责,成为其日常工作。例如,出入境管理部门对过境的相对人所进行的检查。临时性检查是指行政主体对相对人的有关活动或设施所进行的突然性检查,这种检查通常根据行政管理的需要对时间、范围和程度作出临时性的安排。例如,工商行政管理部门和物价管理部门在"黄金周"来临时为规范市场秩序、保障消费者的合法权益而对相对人的经营和定价所作的检查等。定期行政检查是指行政主体每隔一段特定的时间而对相对人所进行的检查。例如,工商行政管理部门对注册企业所进行的年检等。而不定期行政检查是指行政主体对相对人进行的时间不确定的常规检查。这种检查方式给予行政主体一定的裁量权,即行政主体可以选择进行检查的时间。但是,与临时性检查相比,它又是常规

的检查,只是在时间上有更大的选择余地。这些检查为行政主体提供了更多灵活的选择,以更好地应对各种情况。当然,在行政管理过程中,行政主体要充分利用日常性检查和定期行政检查,做好常态管理。只是在确有必要时,才采用临时性检查或不定期检查。既要充分履行行政职能,也要尽力避免增加不必要的行政费用和相对人的负担。

(三) 行政检查的原则

1. 依法检查原则

依法检查原则要求行政检查权的设定和实施都应当符合法律的明确规定。依法检查原则是行政检查的首要原则,主要包括行政检查主体法定、职权法定、程序法定等内容。

2. 比例原则

运用比例原则对行政检查进行规制具有非常重要的意义,否则,行政检查就很可能因为恣意而成为扰民的"工具"。比例原则对行政检查的约束主要表现在立法和执法两个方面:(1) 行政检查的立法应当遵循比例原则。在立法中规定行政检查的频度和强度要合理、恰当。尤其要注意不可规定不必要或过于频繁的行政检查,因为那样不仅会加重相对人的负担,也会加重不必要的行政成本。因此,立法中对行政检查的规定应当具体明确,从而避免在执行中出现范围过大、不断重复、毫无目的和意义甚至是恶意的行政检查。(2) 行政检查的执法应当遵循比例原则。由于成文法的固有特点,立法中不可能规定得过细、过死,也一定会留给行政主体一定的裁量余地。因此,执法过程中如何运用裁量权就成了关键。对裁量权的运用也应当以比例原则加以必要的规制。执法过程中遵循比例原则对于行政检查的法治化无疑具有更为直接的作用。

3. 禁止片面原则

禁止片面原则是指行政主体在行政检查过程中应当全面地搜集信息、材料和证据。行政主体应当依法积极主动地搜集各种信息、材料和证据,也必须接受相对人主动提供的信息、材料和证据,还应当应相对人的请求对有关信息、材料和证据进行调查。行政主体应当全面搜集对相对人有利和不利的证据,绝不可只是片面地搜集对相对人不利的证据,而对相对人有利的证据不作搜集。否则,就很难得出正确的结论。

4. 禁止歧视原则——平等、公正原则

禁止歧视原则是指行政主体在进行行政检查时应当平等、公正地对待所有相对人。在检查方法、时间、频度和内容等各个方面要平等对待所有相对人,不得出现事实上的歧视或差别待遇。为了贯彻该原则,首先需要用公开原则加以保证。除涉及国家秘密、商业秘密和个人隐私之外,所有的与行政检查相关的事项都应当向公众公开,以使得行政检查行为受到充分、有效的监督。此外,要加强行政检查过程中相对人的参与,通过参与形成沟通、合作机制,使相对人可以更好地主张自己的权利、维护自身的合法权益。

(四) 行政检查的程序

前已述及,行政检查作为一种行政行为,对相对人的权利义务会产生一定的影响,而且主要是在程序上给相对人设定权利和义务。因此,行政检查更应当严格地遵循程序规则。目前,我国尚未制定完整统一的行政程序法典,有关行政检查程序的规定也是散见于有关法律规范中。有些规定得较为详细、具体,有些则比较欠缺。根据学界的研究成果,对行政检查的主要程序已基本形成共识。总体而言,行政检查的程序主要包括以下内容:

1. 表明身份

表明身份是指行政主体的工作人员在执行行政检查时应当通过合法的方式向相对人表明其具有相关职权并已开始实施的行为。在行政检查开始之时,行政主体的工作人员必须向行政相对人出示有关执法证件或佩戴有关公务标志,以表明自己是合法的行政检查人员并有权进行有关行政检查,制服一般不能单独作为执行公务、进行检查的当然标志。否则,行政相对人有权拒绝接受检查。目前在公安、税务等法律、法规中,已经明确规定行政主体的工作人员在实施行政检查时应当明示其合法的执法身份。例如,《人民警察法》第9条规定:"为维护社会治安秩序,公安机关的人民警察对有违法犯罪嫌疑的人员,经出示相应证件,可以当场盘问、检查。"

2. 说明理由

说明理由是指行政主体在进行行政检查时,应当将事实理由和法律依据向行政相对人说明。在实施行政检查时,除法律、法规有特别规定外,行政主体应当公开进行,并向相对人说明实施行政检查的原因、依据以及检查的方法。行政主体在作出行政检查结论尤其是对相对人不利的结论之前应当允许行政相对人进行陈述或申辩。在作出行政检查结论之前或之时,应当向相对人说明作出结论的理由。作出行政检查结论的理由应当以书面的方式通知相对人。

3. 提取证据

行政检查主体必须以合法的方式提取有关证据。提取有关证据应当及时、全面、准确。提取证据必须符合法定程序,需要符合法定要件或采取法定方式的,也必须加以遵循。例如,行政主体对女性公民的身体特征、伤害情况或生理状态等进行检查时,应当由女性工作人员实施等。为了查明行政相对人的有关情况,还可以向相对人以外的第三人依法调查并提取证据,对此,被取证的单位或个人应当予以协助和配合。在行政检查中,行政相对人为了维护自身的合法权益,可以主动提供对自己有利的证据。行政相对人提供证据的,行政主体必须接受;行政相对人请求行政主体调查有关证据的,行政主体必须接受请求并予以调查。证据的提取必须遵守法定时效,不得在行政检查结论作出后再补充有关证据。

4. 告知结果

行政检查不论以何种方式进行,都应当将检查结果尤其是对相对人不利的检查结果告知相对人,以便行政相对人根据检查结果采取相应的应对措施。如果相对人接受行政检查的结果,可以根据检查结果对自己的违法行为进行及时的纠正。如果相对人对检查结果不服,可以根据检查结果进行有针对性的申辩,以维护自身的合法权益。行政检查结果一般应当以书面形式告知行政相对人。检查笔录就是行政检查结果的书面形式。行政主体在进行行政检查时必须制作检查笔录,检查笔录上应当载明检查的时间、地点、内容和在场人员,经相对人或其代理人核实后,由参加检查的公务人员、相对人或其代理人以及其他当事人如见证人等签名或盖章。相对人或其代理人对笔录有异议或拒绝签名的,应当在检查笔录中注明并由参加检查的公务人员和见证人签名或盖章。

5. 告知权利

行政主体在行政检查结束时必须告知行政相对人有关权利,包括对检查结果的申辩权,对检查行为或结果不服的申请行政复议、提起行政诉讼以及请求行政赔偿的权利。这也有助于行政相对人及时运用法律救济途径来维护自身的合法权益。

二、行政指导

(一) 行政指导的概念与特征

1. 定义

行政指导是指行政主体通过建议、劝导、告诫、激励等非强制性手段引导行政相对人作出或不作出一定行为,在为行政相对人提供信息服务和对相对人进行说服教育的过程中柔性实现行政管理的目标和任务。①

2. 特征

学界对行政指导特征有不同的概述。如姜明安教授认为其特征主要有:不具有行政命令、行政禁令等一般行政行为所具有的强制性;是行政主体为实现行政管理的目标和任务而作出的,与社会治理有着密切的联系;属于非要式行为,指导形式多种多样;一般不适用行政复议、行政诉讼等法律救济。② 也有学者概括为八大特征:(1) 非强制性,从行为的法律关系和拘束力度看,行政指导是不具有强制性、无法律拘束力的行为;(2) 主动补充性,从行为动因和目的角度看,行政指导是适应多样化的社会管理需求的主动行为;(3) 主体优势性,从行为主体的角度看,行政指导主要是由具有综合优势和权威性的行政机关实施的行为;(4) 相对单方性,从行为本身的角度看,行政指导是由行政机关单方实施即可成立的行为;(5) 行为引导性,从行为品格的角度看,行政指导是具有利益诱导性或综合引导性、示范性的行为;(6) 方法多样性,从行为方式的角度看,行政指导是适用范围广泛、方法灵活多样的行为;(7) 广义合法性,从行为受约束的角度看,行政指导是符合现代行政法治原则的行为;(8) 事

---

① 参见姜明安:《行政法》,北京大学出版社2017年版,第435页。
② 同上书,第435—436页。

实行为性,从行为过程的结局看,行政指导是不直接产生法律效果的行为。①

一般来说,行政指导具有下列特征:(1)与职权相关性。行政主体实施的行政指导与其职权职责有关,不得实施与其职权无关的行政指导。(2)法律规范性程度较低。行政主体实施行政指导大多依据法律法规的原则和政策,法律上很少作出具体的规定。(3)非强制性。行政指导的前提是非权力性行为,即不具有强制性,它期待相对人的任意协助。②行政指导不具有强制性,相对人是否接受取决于自己的意愿,因此不直接产生行政法律后果。但是,行政主体一经作出行政指导,对于行政主体就具有约束力,不经一定的程序,不得"反悔"。行政指导违反法律,给相对方造成损害的还应当承担法律责任。③(4)手段性。行政指导是实现行政行为目的的手段,如果只是政策宣示,如政令宣导、提供资讯等无具体目的的,则不是行政指导。④(5)自愿性。行政指导是非强制性行为,接受行政指导的相对人是否接受指导具有自愿性,相对人没有必须服从的义务,这不同于行政权所固有的命令与服从的强制性。

(二) 行政指导的种类

根据不同的标准,可以对行政指导作不同的分类:

(1)根据行政指导的功能和作用的强度,可分为管制性指导、调整性指导和促进性指导。管制性指导是指,对于妨害秩序或公益的行为加以预防或抑制,如抑制物价暴涨和违章建筑。调整性指导是指,相对人相互之间发生争执,由行政主体出面调停以达成妥协。促进性指导是指,行政主体为了促使相对人的行为合法化和实现最有利于相对人的利益,而给予的行政指导。如行政主体对农业发展实施的指导。

(2)根据指导的依据情况,可分为有法律法规依据的指导、有政策依据的指导和无法律法规或政策依据的指导。有法律法规依据的行政指导,如《网络安全法》第19条规定:各级人民政府及其有关部门应当组织开展经常性的网络安全宣传教育,并指导、督促有关单位做好网络安全宣传教育工作。《防震减灾法》第44条规定:国务院地震工作主管部门和县级以上地方人民政府负责管理地震工作的部门或者机构,应当指导、协助、督促有关单位做好防震减灾知识的宣传教育和地震应急救援演练等工作。有的有相关政策依据,如2015年中共中央国务院发布的《法治政府建设实施纲要》规定:"推广运用说服教育、劝导示范、行政指导、行政奖励等非强制性执法手段。"有的没有任何明确的依据,往往是行政主体在实践中自发形成的一些惯例,如行政主体通过召开会议、发布座谈纪要或公布某种信息情报或对相对方直接提出某种建议、劝告以引导相对方的行为符合行政主体的某种行政意图。

(3)根据指导者和被指导者之间是否存在隶属关系,可分为内部行政指导和外部行政指导。具有行政从属关系的行政主体之间或者行政主体与其公务员之间发生

---

① 参见莫于川:《行政指导要论》,人民法院出版社2002年版,第25—32页。
② 参见翁岳生主编:《行政法》(下册),中国法制出版社2002年版,第911页。
③ 参见俞子清主编:《行政法与行政诉讼法学》,法律出版社2001年版,第190页。
④ 同上。

的指导和被指导关系是内部行政指导。如《行政复议法实施条例》第53条规定：行政复议机构在本级行政复议机关的领导下，按照职责权限对行政复议工作进行督促、指导。外部行政指导则指行政主体与外部相对人之间发生的行政指导。行政法中所说的行政指导主要指外部行政指导。

（三）行政指导实施的条件

行政指导是行政主体基于行政职权对相对人实施的行为，指导行为要遵循如下原则：

（1）合法性原则。行政主体实施行政指导应当具有相应的依据（包括本部门的决定和惯例）。第一，所指导的事务应当属于行政主体法定管辖权的事项范围。行政主体指导的事项如果与自己职权没有关联性，就是超越职权范围的行为，要承担相应的行政法律责任。第二，行政指导坚持法律优先原则，即不能与法律法规的规定和一般的法律原则相冲突。

（2）不得强行指导的原则。行政指导须获得相对人的同意。即使相对人一开始接受了行政指导，但在指导过程中，相对人要求停止指导，行政主体不得再继续指导。

（3）坚持在尊重相对人知情权的情况下实行指导。行政主体的指导必须是明示的指导，在指导过程中要告知相对人指导的依据以及可能产生的后果。

（四）行政指导的法律救济

由于行政指导是行政主体实施的非强制性的行为，而且相对人有选择接受指导或不接受指导的权利，因此，对于相对人自愿接受行政指导的行为，即使对相对人不利，法律一般也不提供正式的救济。我国法律也没有对此作出如何救济的规定。学界通常认为，对于行政指导不可以申请行政复议或者行政诉讼救济。对于前者，没有明确规定，对于后者有明确的司法解释规定。2017年《最高人民法院关于适用〈中华人民共和国行政诉讼法〉的解释》第1条第2款规定：行政指导行为不属于人民法院行政诉讼的受案范围。

对于行政指导行为不予行政诉讼的救济，要有正确的理解，不能简单地以不须承担任何责任来处理问题。有学者指出："行政指导实效性的保障主要得力于两大机制，即'事实上的强制力'和'给予好处'（诱导利益的设置）。"[①]日本今成教授指出："该行政指导是非权力性的活动，只不过是从形式方面来讲……一般来说，行政指导之所以能够发挥作用，是因为其背后有能够发挥强制作用的行政权力间接的控制，那种不问实体的形式的观点，是一种敷衍的观点。"[②]

对于现实中实际上带有强制性或者违法误导的行政指导，应当给当事人提供复议或诉讼的救济。主要有两种情况：（1）行政主体违反非强制和相对人自愿接受原则，采取直接或者间接的强制方式。行政指导的内容可能是违法的，也可能是合法

---

① 唐明良、李鸿兰：《行政指导的权力性》，载《行政法学研究》2005年第4期。
② 转引自罗豪才主编：《行政法学》，北京大学出版社1996年版，第106页。

的;指导目的可能是恶意的,也可能是善意的。不论属于何种情况,只要行政主体向相对人作出了强制的意思表示,相对人接受了行政主体的行政指导,其合法权益受到了损害,就可以申请行政复议、行政诉讼或者国家赔偿等正式法律救济。(2)行政主体虽然没有实施强制性的意思表示或者采取任何强制手段,但其对相对人作出的行政指导的内容明显违法,或其目的明显是恶意的,行政相对人基于对行政主体的信赖,接受了行政主体的行政指导,作出了行政指导建议其作出的行为,结果导致其合法权益受到损害。对此,只要相对人自身对作出行政指导建议作出的行为没有过错,也可以通过行政复议、行政诉讼或者国家赔偿等途径申请法律救济。①

---

① 参见姜明安:《行政法》,北京大学出版社2017年版,第438页。

第十一章
行政程序与政府信息公开

第一节 行政程序

一、行政程序的概念与分类

(一) 行政程序的概念

1. 行政程序的学理界定

行政程序是行政主体实施行政行为时所应当遵循的方式、步骤、时限和顺序。在此,方式是指行政主体实施行政行为时采用的各种具体方法和形式,如是采用秘密的方式还是公开的方式作决定,是以书面的方式还是口头的方式作出,甚至可否使用电子、电脑或电讯媒介等高新技术方式。步骤是指行政主体完成某一行政行为所要经历的阶段,如行政许可程序就由申请、审查和决定三个步骤构成。时限是指行政主体实施行政行为的时间限定,如行政复议机关应当作出行政复议决定的时限是自受理申请之日起的60日内。顺序是指行政主体实施行政行为所必经的步骤之间的先后次序,如行政机关在作出行政决定时,必须"先取证,后裁决",不能先作决定,再去收集证据。否则,就违背人的认识规律,容易形成错误决定。

其中,行为方式、步骤构成了行政行为的空间表现形式;行为的时限、顺序构成了行政行为的时间表现形式。行政程序本质上是行政行为空间和时间表现形式的有机结合。① 有时,行政机关实施行政行为离不开行政相对人的参与行为,如依申请行政行为,其行政相对人参与行政行为程序也是该行政程序的内容之一。

行政程序作为规范行政权、体现法治形式合理性的行为过程,是实现实质法治的重要前提,而行政程序发达与否,是衡量一国行政法治程度的重要标志。源于西方法治国家的现代行政程序,迄今为止在我国行政法学体系中占据并不显眼的地位,与它能在我国行政法治建设过程中所发挥的作用是极不相称的。在推进国家治理现代化与法治中国建设的进程中,通过现代行政程序来整合社会的各种关系,确保社会的长期稳定,也有着相当重要的战略意义。

2. 行政程序的法律特征

行政程序的法律意义,主要表现于它与行政机关的实体行政活动的关系上。行

---

① 参见姜明安主编:《行政法与行政诉讼法》(第六版),北京大学出版社、高等教育出版社2015年版,第325页。

政程序的主要作用,首先是保证实体法的实施,实现实体正义。法律要求将行政程序作为行政实体职权合法的必要条件,将程序因素纳入实体权力的实现过程。同时,行政程序还具有宪法上的重要意义,承载着实现个人权利、落实宪法理念的重要作用。因此,行政程序具有如下四个法律特征:

(1) 行政程序的法定性

行政程序的法定性,是指用于规范行政行为的程序一般应通过预设的立法程序法律化,使其具有可控制行政行为合法、正当运作的强制力量。有行政就必然有行动的过程,但有行动的过程未必就有法律意义上的行政程序,所有的行政行为的程序也未必都需要法定化。只有当程序性权益与实体性权利一样得到国家强制力保障时,真正的行政程序才得以出现,而这些能够对行政行为产生控制功能的程序,才有必要成为法定程序。

行政程序的法定性,决定了行政主体和行政相对人在进行法律活动时,必须严格遵守法定程序,其行为的步骤和方式必须受到法定程序的制约。任何违反法定行政程序的行为,都将产生对行为人不利的法律后果,尤其对行政主体来说,必须履行法定程序所规定的程序义务,其遵守法定行政程序更具有法治意义。因为有时程序公正比实体公正更能体现一个国家依法治国的现状和程度。而对行政相对人而言,行政程序与其说是他的义务性程序,不如说是他的权利性程序,即行政相对人通过参与程序,监控行政主体依法实施行政行为,保护自身的合法权益。

行政程序具有法定性并非意味着所有行政程序规则都由立法所调整,立法特别是在立法机关的立法层面,往往对基本的行政程序规则作出规定。行政机关在法定行政程序之外,有时还须遵循本机关在长期工作中所形成的行政惯例。当然,这些有关行政程序的惯例不能与上位法存在冲突,而且有的行政惯例由于其重要性及适用的普遍性,为立法所吸收,成为行政主体必须遵循的法定程序。

(2) 行政程序的多样性

行政程序的多样性,是指因行政行为性质上的差异导致所遵守的行政程序在客观上呈现出多种行政程序并存,并各自调整行政行为的制度。如在我国实定法中,有行政处罚程序制度、行政许可程序制度、行政强制措施实施程序及行政强制执行程序等。在各种行政行为中还有一般程序与特别程序,甚至还存在特别行为程序、应急程序等,如《湖南省行政程序规定》第5章的规定。行政程序的多样性增加了行政程序法典化的难度。当下,要将多种不同性质的行政程序规定在一部法典中,就必须从理论上深入研究和分析在不同性质的行政行为中所客观存在的基本相同的行政程序,为统一的行政程序法典提供理论和现实的基础。

(3) 行政程序的分散性

行政程序的分散性,是指行政程序分散于众多的、具有不同效力的各单行法律文件之中。[①] 在我国,有些行政实体法中规定了若干行政程序规范,例如,我国《国家赔

---

① 参见王万华主编:《中国行政程序法汇编》,中国法制出版社2005年版。

偿法》中规定的行政赔偿处理程序。还有很多针对不同性质的行政行为制定各种单一的法律文件,如《行政复议法》《行政处罚法》《行政许可法》《行政强制法》等,均有专章规定相应的行政程序规范。此外,还有些法规、规章等专门规定了相关的行政程序,如《工商行政管理机关行政处罚程序规定》《质量技术监督行政处罚程序规定》《价格行政处罚程序规定》《湖南省行政程序规定》《浙江省行政程序办法》等,这些关于行政程序的规范性文件大量地存在于各种行政执法实践之中,为相应的行政行为提供了行政程序规范。

(二) 行政程序的分类

行政程序按不同的标准,可以进行不同的分类。对行政程序进行科学的划分,有助于行政主体合法、合理地实施行政行为,也有助于行政相对人参与到行政行为的过程中来,及时、有效地保护自己的合法权益。

1. 羁束性行政程序与裁量性行政程序

这是根据法律规定行政主体在实施行政行为时,对所遵守的行政程序是否具有一定的自由选择权为标准所作的分类。羁束性行政程序,又称强制性行政程序,是指行政主体在实施行政行为时,必须严格遵循法律规定和要求的行政程序。无选择性是其最大的特征,行政主体在实施行政行为时没有自主选择的余地,必须严格遵守,不得增加或者减少行政行为的步骤、方法、时限,也不得颠倒顺序。譬如,责令停产停业的行政处罚,行政主体必须在告知当事人听证权之后才能作出,否则,行政处罚决定无效。我国行政法中的行政处罚程序、行政许可程序、行政强制执行程序等均属于此类。

裁量性行政程序,又称任意性行政程序,是指行政主体在实施行政行为时,法律规定了可供选择的余地,由行政主体根据具体情况酌情决定适用何种程序。例如,《行政许可法》第34条第3款规定:"根据法定条件和程序,需要对申请材料的实质内容进行核实的,行政机关应当指派两名以上工作人员进行核查。"这里的核查程序就是依据"需要"而确定的裁量性行政程序。

划分羁束性行政程序与裁量性行政程序的法律意义在于:第一,羁束性行政程序只发生合法与否的问题,而裁量性行政程序还可能发生合理是否的问题;第二,违反羁束性行政程序在司法审查中导致行为的撤销或重作,而违反裁量性行政程序只有在超出法定选择范围或极不合理的情况下,在司法审查中才会导致相应行为的撤销或重作。

2. 内部行政程序与外部行政程序

这是根据行政程序适用的对象和范围为标准所作的分类。内部行政程序,是指行政主体实施内部行政行为时所应当遵循的程序。比如,行政系统内部各部门公文办理程序、讨论研究作出决策的程序、行政首长签署程序、某些行政监督程序等。这些基本上是由行政主体自行设置,适用于行政主体系统内的程序。一旦行政主体不遵守内部程序,就只能通过行政主体系统内部来解决,故而内部行政程序的法律化程度不高。

外部行政程序,是指行政主体作出外部行政行为时所应当遵守的程序。例如,行政许可程序、行政处罚程序、行政强制措施实施程序及行政强制执行程序等。外部行政程序直接关系到行政相对人的切身利益,是行政程序法的研究重点。

划分内部行政程序与外部行政程序的法律意义在于:明确行政程序的调整重心,强调外部行政程序的法律化和民主化,扩大行政相对人行政过程的参与权;与此同时,逐步实现内部行政程序的法律化和公开化,进一步体现公正、合理、科学的法律精神。有时,内部行政程序和外部行政程序的区分并不明显,行政事务的处理往往是通过内部行政程序和外部行政程序交织的混合程序来实现的。因此,无论是内部行政程序还是外部行政程序,只要法律明确规定,都必须严格遵守。否则,作为程序上有瑕疵的行政行为,难以达到预期的法律效果。

3. 具体行政行为程序与抽象行政行为程序

这是根据行政程序所规范的行政行为是具体的还是抽象的为标准所作的分类。具体行政行为程序,是指行政机关作出具体行政行为所应依据的程序。经过具体行政行为程序所作出的行政行为,可以直接作为强制执行的依据。该程序所规范的具体行政行为直接为特定的行政相对人确定行政法上的权利和义务,具体行政行为程序的违法或者不当将直接对行政相对人的利益产生不利影响,因此,具体行政行为程序备受行政相对人和全社会的关注。

抽象行政行为程序,是指行政机关作出抽象行政行为所应依据的程序。经过抽象行政行为程序所作出的一个行政行为,不能直接作为强制执行的依据。由于抽象行政行为所作用的对象具有不特定性和广泛性,抽象行政行为所产生的结果表现为一种法律规范或者行政规定,具有反复、多次适用的特点,因而抽象行政行为程序比具体行政行为程序更具有稳定性和重复性。抽象行政行为程序违法,不会直接对行政相对人的合法权益产生影响。但是,抽象行政行为程序违法可能产生的危害性在范围上远甚于具体行政行为程序的违法,因此,抽象行政行为程序也越来越受到人们的关注,如行政法规制定程序、规章制定程序、重大行政决策程序等。

划分具体行政行为程序与抽象行政行为程序的法律意义在于:第一,依程序作出的法律行为的后果不同。如在因违法而被撤销的情况下,具体行政行为程序所规范的行政行为从成立之日起即为无效;而抽象行政行为程序所规范的行政行为从撤销之日起方始无效。第二,法律救济途径不同。不服具体行政行为程序下的行政行为,可以依法提起行政复议或者行政诉讼;不服抽象行政行为程序下的行政行为,其救济途径有二:一是能向国家权力机关提出申诉,由权力机关依据《宪法》规定的程序,通过行使监督权,纠正行政违法行为;二是依据《行政诉讼法》第53条、《行政诉讼法司法解释》第145条的规定,在对该行政行为提起诉讼时,可以一并请求对该行政行为所依据的规范性文件进行审查。

4. 事先行政程序与事后行政程序

这是根据行政程序适用的时间顺序不同所作的分类。事先行政程序是指行政行为实施前或实施过程中应遵循的程序,如行政处理过程中的调查程序、行政处罚过程中的告知与听证程序、行政立法过程中的征求意见程序等。事后行政程序是指行政行为实施后,为确定该行政行为的合法性与适当性以及纠正违法、不当行政行为而适用的程序,如行政复议程序等。

划分事先行政程序与事后行政程序的意义在于,要求人们不仅要重视事后行政程序,也要重视事先行政程序,以预防各种纠纷的产生。

5. 行政立法程序、行政执法程序与行政司法程序

这是根据实施行政行为时形成法律关系的特点不同所作的分类。行政立法程序是指行政机关制定行政法规和行政规章时所适用的程序。由于行政立法行为对象的不特定性和效力的后及性,使得行政立法程序比较正式、严格,具有准立法性特点,一般都要经过规划、起草、征求意见、审查、决定与签署、公布和备案等阶段,每个阶段又包括一些具体的办法和相应的制度,如听证制度、专家论证制度等成为行政立法程序不可缺少的内容。行政执法程序是指行政机关行使行政职权、实施具体行政行为过程中所适用的程序。由于行政执法行为方式和手段上的多样性,使得行政执法程序的设置也具有多样性的特点,如在行政许可、行政征收、行政强制、行政处罚、行政奖励、行政给付等方面,必须设置不同的程序制度。行政司法程序是行政机关以第三方公断人的身份,依法解决行政管理范围内的纠纷所必须遵循的程序,包括行政裁决程序和行政复议程序等。由于行政司法行为是解决争议、裁决纠纷的活动,具有准司法的特点,强调公正应是行政司法程序设置的最基本要求。

除上述五种分类方式之外,行政程序根据不同的标准还可以作其他分类,如根据行政程序相对人合法权益所产生影响的利弊情况,可以将行政程序划分为有利结果的行政程序、不利结果的行政程序;根据行政主体实施行政行为所必须遵循的各种步骤与方式,可以将行政程序分为主要行政程序、次要行政程序等;根据行政程序的简繁程度,可以将行政程序分为一般行政程序和简易行政程序;等等。

二、行政程序的基本原则与主要制度

(一) 行政程序的基本原则

行政程序的基本原则,是指贯穿于行政程序的基本准则和内在精神,它一般源于行政管理和行政诉讼的实践,同时取决于人们对行政程序的理性认识。借鉴各国的经验,结合我国的实际情况,可将公正、公开、参与、效率等原则确立为我国行政程序的基本原则。

1. 行政公正原则

程序公正是指行政机关行使行政权应当公正,尤其是公正地行使行政裁量权。行政机关公正地行使行政权力,对于行政机关来说,是树立行政权威的源泉;对于行政相对人和社会来说,是信任行政权的基础,也是行政权具有执行力量的保证。

行政公正原则是指行政机关在实施行政行为时应合理处理公共利益与个人利益

之间的关系,并在程序上平等地对待行政相对人,其宗旨是公平、正义。其具体内容包括:(1) 行政机关在实施行政行为时,要尽可能地兼顾公共利益和个人利益,在两者之间保持平衡;(2) 对所有行政相对人要一视同仁,不偏不倚,如在行政裁决中要给利害关系人以同等的辩论机会等;(3) 行政机关要公正地查明一切与作出行政决定有关的事实真相;(4) 在作出影响行政相对人权益的决定时要排除偏见,如实行回避、审裁分离、禁止单方面接触制度等。如《湖南省行政程序规定》第28条规定:"行政程序参与人在行政程序中,依法享有知情权、参与权、表达权、监督权。"这表明应当赋予行政相对人应有的行政程序权利,以确保程序公正。

2. 行政公开原则

公开是现代民主政治的要求,行政公开已成为现代行政活动应遵循的一项基本原则。行政公开原则是指行政主体的一切行政活动除涉及国家秘密、商业秘密及个人隐私并由法律规定不得公开的以外,一律向行政相对人和社会公开,以增强行政活动的透明度,接受行政相对人和社会的监督。行政公开主要包括:(1) 行政主体行使行政权的依据必须公开;(2) 行政机关根据行政相对人的申请,应当及时、迅速地提供其所需要的行政信息,除非法律有不得公开的禁止性规定;(3) 行政机关在作出影响行政相对人合法权益的决定前,应当确立行政听证制度;(4) 行政机关对行政相对人的合法权益作出有影响的决定,必须向行政相对人公开,从而使行政相对人不服决定时及时行使行政救济权。应当向行政相对人公开的行政决定不公开,该行政决定不能产生法律效力,不具有行政执行力。如《行政处罚法》《行政许可法》《行政复议法》《政府信息公开条例》均对行政公开原则作出了明确规定,全面接受并贯彻行政公开原则。

3. 参与原则

扩大公民行使参政权、实现公民民主权利的途径之一就是行政相对人的民主参与。行政行为由行政主体单方意志支配,这是形成行政专横、权力滥用的重要条件之一,也是行政争议的重要原因。因此,赋予行政相对人在行政程序中的参与权利,建立与健全行政程序中的行政相对人参与机制,是防止行政专横和滥用职权、减少行政争议的有效途径。

参与原则是指行政机关在作出行政行为的过程中,除法律特别规定外,应当尽可能为行政相对人提供参与行政行为的各种条件和机会,从而确保行政相对人实现行政程序法上的权益,同时也可以使行政行为更加符合社会公共利益。其主要内容包括:(1) 行政机关应当保障公民及时了解有关情况;(2) 行政机关在实施行政行为时,要保证让行政相对人参与,为利害关系人举行听证,广泛听取各方面的意见、建议,并允许行政相对人提出反对意见等;(3) 行政机关在实施行政行为时,要事先通知利害关系人,允许行政相对人查阅或复制公文案卷,以收集有关资料,维护自己的合法权益。事后要允许行政相对人向行政机关申诉,通过行政复议等获得救济。如《行政处罚法》《行政许可法》《价格法》《行政法规制定程序条例》等均已确立了行政听证制度,从而确保了行政相对人通知权、陈述权、抗辩权和申请权等程序性权利的实现。

4. 效率原则

行政效率是行政权的生命,没有基本的行政效率,就不可能实现行政权维护社会所需要的基本秩序的功能。效率原则是指行政程序中的各种行为方式、步骤、时限、顺序的设置,都必须有助于确保基本的行政效率,并在损害行政相对人合法权益的前提下适当提高行政效率。其主要内容包括:(1)任何行政程序的设定都要考虑到时间性,防止拖延,保障快速实现行政目标。行政程序中的时效制度即体现这一要求。(2)行政程序的设定要有一定的灵活性,以适应行政管理复杂多变的需要。行政程序中的紧急处置制度体现了这一要求。(3)行政程序应建立在科学、合理的基础上,以保证行政决策的正确以及行政活动为公众所接受,通过减少失误和保证执行顺畅来提高行政效率。(4)行政程序的设计应有利于排除行政管理的障碍、保证行政目标的实现。行政程序中的不停止执行制度即体现这一要求。如《行政许可法》第50条对"时效"的规定,《行政复议法》第21条对"不停止执行"的规定。

(二)行政程序的主要制度

行政程序的主要制度是指行政主体在行政活动中必须遵循的重要程序制度,是行政程序基本原则的具体化。大体表现为几个制度:

1. 表明身份制度

这是指行政主体及其公务人员在进行调查或者作出行政决定之前,应当向行政相对人出示履行职务的证明,表明其有权从事该项活动的制度。表明身份制度不仅有利于防止假冒、诈骗活动,也有利于防止行政主体及其公务人员超越职权、滥用职权。如《行政处罚法》第37条有关"行政机关在调查或者进行检查时,执法人员不得少于两人,并应当向当事人或者有关人员出示证件"的规定;《行政强制法》第18条关于"出示执法身份证件"的规定等。

2. 告知制度

这是指行政主体作出影响行政相对人权益的行为之前,应当就该行为的事实依据、法律依据以及相对人所享有的权利等告知行政相对人的制度。其内容包括:(1)告知决定,如告知受理或不受理、告知许可或不许可、告知处罚轻重或不予处罚等;(2)告知权利,行政主体在行使行政权的过程中,应当依法告知行政相对人享有的法定权利,如告知行政相对人有陈述和申辩的权利、聘请律师的权利、查阅材料的权利、申诉的权利、申请行政复议与提起行政诉讼的权利等;(3)告知依据,为了确保行政相对人有效地行使申辩权,行政主体应当将拟作出行政决定的依据告知行政相对人,这些依据包括事实依据、法律依据和裁量依据;(4)告知其他事项,如告知听证会的时间和地点、告知申诉的期限和受理申诉的机关等。

3. 调查制度

这是指行政主体在作出决定或裁决前,应当查明事实、收集证据的制度,具体包括询问证人、查账、鉴定、勘验等各种方法。由于行政主体实施行政行为时比较注重效率,因而在行政调查中,行政主体的主导性比司法审判中法院的主导性强得多,建立调查制度并予以规范,以保障行政相对人的权利,就显得十分重要。

4. 说明理由制度

这是指行政主体在作出对行政相对人合法权益产生不利影响的行政行为时,除法律特别规定的外,必须向行政相对人说明作出该决定的事实根据、法律依据以及进行裁量时所考虑的政策、公益等因素的制度。其内容主要包括行政行为说明理由,分为行政行为的合法性理由和正当性理由。前者如事实依据、法律依据等,后者如筛选事实、选择法律等,如《行政处罚法》第 31 条、《治安管理处罚法》第 78 条的规定。说明理由制度的实践意义在于,将行政行为的效力和行政权威建立在行政相对人接受的基础上,有利于增强行政行为的说理性和说服力,获得行政相对人的信服和信赖,减少和避免行政争议,有利于化解矛盾,全面提高行政效率。必须指出的是,不说明理由的行政行为应当由法律加以明确规定,法定必须说明理由但行政机关没有说明行政行为理由的,如果在行政相对人提起行政诉讼前行政机关始终没有说明行政行为的理由,这种行政行为在法律上可以推定为没有理由的、不合法的行政行为;如果在行政相对人提起行政复议或行政诉讼之前,行政机关通过法定形式向行政相对人说明了行政行为理由,视为行政行为程序上的一种瑕疵,并且行政机关事后作了补救,应当不影响行政行为在程序上的合法性。[①]

5. 听证制度

这是指行政主体在作出影响行政相对人权利义务的决定之前,听取行政相对人的陈述、申辩和质证的一种程序制度。1996 年颁布的《行政处罚法》首次规定了听证制度,目前这一制度有了很大的发展,听证的范围也在不断扩大。根据我国现行法律规定,听证范围可以分为决策类与决定类两大类:前一类是指听证结果影响不特定人的权利义务的听证,包括行政立法、政府价格决策、城市规划、环境影响评价等;后一类是指听证的结果影响特定人的权利义务的听证,包括行政处罚、行政许可、城市房屋拆迁行政裁决、产业损害调查、保障措施调查、反倾销与反补贴调查、审计、医疗事故技术鉴定等。虽然听证程序不是所有行政行为的必经程序,但是具有重要影响的行政行为一般都适用行政听证程序,如重大行政决策。又如,拟作出责令停产停业、吊销许可证或执照、较大数额罚款等行政处罚决定时才可能启动听证程序。听证制度的主要功效在于:为行政相对人和社会公众参与行政提供常态性和程式化的制度与机制保障,增强行政参与的有效性,保障行政决策和行政决定充分考虑社会公众和行政相对人的意见,增强行政决策、决定的正当性,有利于发现案件事实,纠正行政偏见,保证行政行为的公正性,增强行政行为的可接受程度,减少和防止行政争议、纠纷和冲突。

6. 辩论制度

这是指行政主体在裁决当事人之间的争议时,应通知双方当事人到场,在行政主

[①] 参见姜明安主编:《行政法与行政诉讼法》(第六版),北京大学出版社、高等教育出版社 2015 年版,第 353—354 页。

体的主持下,由双方当事人就有关事实问题和法律问题展开质证和辩论的一种法律制度。该制度给予当事人充分陈述自己观点和理由的机会,当事人有陈述对自己有利的事实,并提交相关的证据,发表自己对法律适用问题的看法的权利,对行政机关提出的不利指控进行抗辩。这将有利于防止行政主体在进行裁决时偏听偏信,也有利于增加行政相对人对行政主体的信任感,保障行政管理活动的顺利进行。

7. 回避制度

这是指行政公务人员在行使职权过程中因对所处理的行政事务有偏见或者与其有利害关系,可能影响公正处理或裁决时,主动或应行政相对人申请而不得参与处理该项行政事务的制度。故而该制度主要指公务回避,如《行政处罚法》第42条第1款第4项的规定。在具体操作层面,回避的理由,特别是回避范围,应由法律明确加以规定。如《公务员法》第68条所列亲属关系范围,适用于因特定身份关系的行政程序回避。回避的程序大致有两种:一是自行回避;二是申请回避。行政回避的限制,表现为:回避不能瓦解行政机关的管辖权,行政程序结束后当事人不得提出回避申请,应当回避而没有回避下作出的行政行为不具有合法性。回避制度的法治意义在于:切割行政程序上的利害关系,避免利益冲突,预防行政腐败,防止行政偏见,维护行政法律程序的公正性,保障行政行为的实体公正性,维护和提升行政公信力。

8. 职能分离制度

这是指将行政主体内的某些相互联系的职能加以分离,使之分属不同机关(机构)或不同工作人员行使的制度。主要包括两种:一是审裁分离,即案件的调查人和裁决人相分离,如《税收征收管理法》第11条:税务机关负责征收、管理、稽查、行政复议的人员的职责应当明确,并相互分离、相互制约;二是裁执分离,即案件的裁决者和执行者相分离,如《行政处罚法》第46条规定的"罚缴分离"制度。职能分离制度的意义在于:防止过于集中、强势的权力破坏权利与权力的制度平衡,避免行政专横独断、滥权侵权,防止利益冲突,避免关联交易,保障行政决定或裁决的公正性,消除行政相对人和社会公众对行政偏私的疑虑,增强行政公信力。

9. 时效制度

这是指行政行为的全过程或其各个阶段应受到法定时间限制的程序制度。该制度是行政程序效率原则的具体体现,主要是针对行政机关的。例如,行政相对人依法提出某种许可申请后,行政机关必须在法定的期限内予以答复。否则,行政相对人可以以行政机关不作为为由申请行政复议或提起行政诉讼。又如,《行政强制法》第25条第1款规定:"查封、扣押的期限不得超过三十日;情况复杂的,经行政机关负责人批准,可以延长,但是延长期限不得超过三十日。"与此同时,时效制度也适用于行政相对人,如行政相对人不在法定期限内申请复议或提起行政诉讼,就丧失了获得相应救济的权利。另外,随着政府公共服务职能的增强,政府提供公共服务的标准包括了大量的具体服务的时效要求。比如,《山东省行政程序规定》第10条规定:"行政机关实施行政行为,应当遵守法定期限或者承诺期限,为公民、法人和其他组织提供高效、优质服务。"又如,《浙江省行政程序办法》第64条明确规定:"法律、法规和规章对行政执法事项有明确期限规定的,行政机关必须在法定期限内办结。行政机关对行政执法事项的办理期限作出明确承诺的,应当在承诺期限内办结。行政机关的承诺期限应当合理,不得妨碍行政目的的实现。"

10. 单方接触禁止制度

这是指行政主体在处理两个以上有利害关系的行政相对人的事项时,不得在一方当事人不在场时单独与另一方当事人接触,不得单方面听取其陈述、接受其提交的证据的制度。如禁止行政听证主持人与行政调查人员、行政复议人员与被复议行政主体相关人员私下接触、交换意见等。行政主体违反单方接触禁止的规定,能够引起一定的法律后果。比如,适用证据排除规则,禁止采信单方接触接受的证据。须指出,我国《行政处罚法》等虽已建立了行政听证制度,但是尚未建立单方接触禁止制度。单方接触禁止制度的主要功效在于:强化行政程序的权威性和行政过程的严谨性;增强行政行为的规范性;防止行政主体偏听偏信、先入为主,损害行政行为的公正性;降低私下交易的可能性;防止滥用权力和行政腐败。

三、行政程序法概述

(一) 行政程序法的概念

1. 行政程序法的含义

行政程序法是关于行政程序的法律规范的总和,即规定行政行为的方式与步骤的法律规范的总和。它包括以下三层意思:

(1) 行政程序法所规范的主要对象是行政主体的行政行为。尽管行政程序对行政相对人的行为也作了一些要求和规范,但这些都直接或间接地与行政行为有关,因而也可以认为是在直接或间接地规范行政行为。行政程序法所规范的是行政机关行使行政权力的行为。

(2) 行政程序法是规范行政行为的方式、步骤、时限与顺序方面的法律规范,而不是规范行政行为所有方面的法律规范。行政机关有无权限实施某种行政行为,由行政实体法规定;如何实施行政行为,则由行政程序法规定。行政法是行政实体法与行政程序法的有机统一,在实践中,行政实体法与行政程序法通常交织在一起,共存于一个法律文件之中,难以截然分开。

(3) 行政程序法是关于行政程序的法律规范的总和。它不仅包括行政程序法典,还包括散见于其他法律、法规及规章中的有关行政程序的法律规范。

从总体上说,行政程序法的内容主要包括四大块,即:一是行政主体及利害关系人;二是行政立法;三是行政活动;四是法律救济。但就某一国或某一地区的行政程序法典的具体内容而言,则差异颇大。[1]

---

[1] 参见胡建淼:《行政法学》(第四版),法律出版社 2015 年版,第 626 页。

2. 行政程序法的作用

行政程序法的作用主要表现在以下四个方面：

第一，规范与控制行政权。行政程序法对行政权的规范与控制作用主要表现为两个方面：(1) 行政程序法使行政程序成为行政行为发生法律效力的必要条件。如行政程序不合法，就会导致行政行为违法，行政主体要对此承担相应的法律责任。(2) 行政程序法是杜绝失职和滥用职权等行政违法行为的有效手段。行政违法行为的发生大多都与制度不完备、程序不健全有关，健全和完善行政程序法，不给失职与滥用职权留有余地，从而确保行政权在法治的轨道上正常运行。

第二，保护行政相对人的合法权益。行政程序法具有在程序上保障行政相对人合法权益不受非法侵犯的作用。它不仅要求行政主体的一切行政行为必须严格依照法定程序进行，为行政机关设定了一系列程序上的义务，如告知义务、听证义务、说明理由义务、回避义务等，同时也赋予行政相对人应有的行政程序权利，如听证权利、陈述与申辩权利、申请复议权利等。这些程序的设定，可以制约行政主体对行政权尤其是自由裁量权的行使，促使行政主体更审慎周密地行使行政职权，从而尽可能避免或减少违法与不当行为的发生，以保护行政相对人的合法权益。

第三，提高行政效率。效率是行政的生命。行政行为的效率取决于多种因素，其中之一即是行为方式的适当选择、环节的合理安排、过程的科学组合，以保证行政机关活动的合理化和科学化。行政程序法所规定的程序是立法者为行政主体选择的尽可能合理的程序，去除了不必要的繁文缛节，减少了不必要的人力、物力及时间的耗费。同时，行政程序法确立的各项制度增加了行政的灵活性，有助于行政效率的提高。

第四，促进行政民主。现代行政法一般都有防止行政专断、保障行政民主的相应程序规定。如行政立法应当广泛听取有关机关、组织和公民的意见，听取意见可以采取座谈会、论证会、听证会等多种形式；行政机关作出行政处理或处罚决定时，应当允许受决定影响的公民提供证据，进行陈述和申辩，行政机关必须听取公民的意见，较重的行政处罚要举行听证等。这些程序规定确立了公民在行政程序中的主体地位，保障了公民对行政活动的参与，奠定了行政民主化的基础，有利于防止行政专断。

(二) 行政程序法的法典化

1. 行政程序法的发展历程

行政程序法的产生和发展是 20 世纪行政法发展的重要内容之一，引起行政程序法产生的直接动因，来自于国家行政权力的扩张、依法治国原则的贯彻以及"程序理性"观念的深化等多种因素的交融。行政程序法发展的最突出标志是行政程序法的法典化。迄今，它大致经历了以下三个发展高潮：

最早以法典形式规定行政程序的国家是西班牙，它于 1889 年就制定了《行政手续法》。由于该法制定后对提高行政效率、减少政府侵害公民权益发挥了一定的作用，被其他各国纷纷仿效。奥地利于 1925 年 7 月 21 日通过了《普通行政程序法》，该法共 8 章 103 个条文，是一部较为完备的行政程序法。捷克斯洛伐克于 1925 年、南斯拉夫于 1929 年相继制定行政程序法典，形成了行政程序法典化的第一次高潮。这次高潮以规范行政权力、提高行政效率为主要目的。

20 世纪 30 年代是行政程序法典化的第二次高潮。在美国罗斯福新政时期，行政权力的急剧集中和扩张使人们对行政程序的作用有了迫切的期待。联邦最高法院于 1936—1941 年对摩根案件的四次判决，强调行政程序的重要性。1946 年，美国通过了《联邦行政程序法》(APA)，该法对行政程序的一般原则、规章制定以及行政裁决程序作了规定，体现了行政活动的公开、参与、公正等程序原则。在美国的影响下，各国纷纷制定或修订行政程序法典，出现了行政程序法典的第二次高潮。这次高潮以保障公民在行政权力运行中的权利为中心。

20 世纪 90 年代以来，出现了行政程序法典化的第三次高潮。已经制定行政程序法的国家，纷纷对原法案进行修改，赋予其新的时代精神，没有制定行政程序法的日本、韩国、中国澳门等亚洲国家及地区也积极制定行政程序法，其中心仍是保证行政的公开、透明，保护公民在行政程序中的权利。

我国自 20 世纪 90 年代以来的行政法制建设，在行政程序立法方面取得引人注目的成就。1989 年的《行政诉讼法》首次将具体行政行为"违反法定程序"列为法院撤销判决的理由之一，可以说是在我国现代行政法中撒下了现代行政程序法理念的种子，史无前例地将行政行为的程序违法与实体违法相提并论。同年 10 月由全国人民代表大会常务委员会制定的《集会游行示威法》第 9 条中，现代行政程序法的精神再次获得认可，首次在我国行政法上确立了行政行为说明理由的程序法律制度。

之后制定的《行政处罚法》《行政复议法》以及 21 世纪制定的《行政许可法》《行政强制法》更是现代行政程序法精神在我国行政法中的集中体现。如《行政处罚法》对行政处罚程序作了较完备的规定，首次规定了听证程序，标志着我国行政程序立法在向现代化的方向迈进。

2003 年颁布的《行政许可法》对行政许可的程序作了较为明确具体的规定，并对违反行政许可程序的法律责任作了相应的规定。尤其值得一提的是，2008 年 4 月 9 日，湖南省人民政府第四次常务会议审议通过了《湖南省行政程序规定》，于 2008 年 4 月 17 日公布，并于 2008 年 10 月 1 日起正式实施。该规定分 10 章，具体包括总则、行政程序中的主体、行政决策程序、行政执法程序、特别行为程序和应急程序、行政听证、行政公开、行政监督、责任追究和附则，共计 178 条。它的颁布实施，填补了我国统一的行政程序立法的空白，开创了一条"先地方后中央"的立法途径，为我国行政程序立法积累了有益的实践经验，标志着在全国开展行政程序立法的条件已经具备，时机已经成熟。此后，全国各地有关行政程序的地方政府规章纷纷面世。此外，在市场管理、价格执法等领域有关行政程序的部门规章等也纷纷出现，这些立法例均为我国现代行政程序立法提供了一个较为坚实的立法基础。

在行政程序法典阙如的情形下，2014 年修改后的《行政诉讼法》担当了规范行政程序瑕疵类型的重任。该法对行政程序瑕疵采取"违反法定程序"与"程序轻微违法"

的二分法,在原来将"违反法定程序"的行政行为定性为行政违法由人民法院判决予以撤销并重作的基础上,明确规定"行政行为程序轻微违法但对原告权利不产生实际影响的",可以判决确认违法但不撤销行政行为。①

与此同时,行政执法与行政审判也引领着行政程序法治向精细化道路迈进,为我国现代行政程序立法提供了更多可操作性的实践经验。以行政程序补正制度为例,最早规定于《湖南省行政程序规定》第164条:"具有下列情形之一的,行政执法行为应当予以补正或者更正:(一)未说明理由且事后补充说明理由,当事人、利害关系人没有异议的;(二)文字表述错误或者计算错误的;(三)未载明决定作出日期的;(四)程序上存在其他轻微瑕疵或者遗漏,未侵犯公民、法人或者其他组织合法权利的。"后来,《江苏省行政程序规定》第75条、《山东省行政程序规定》第129条和《西安市行政程序规定》第29条也作了类似规定。而在我国近年的行政诉讼实践中,对于行政行为的"程序不合理"与"其他行政瑕疵"等一些程序瑕疵(以程序瑕疵未影响行政行为实体内容、未侵害利害关系人合法权益等为前提),在不否定行政行为的合法性,对行政行为效力也不产生任何负面影响的前提下,法院大量采用指正的方法加以处理。②

显见,我国行政程序法治的脚步始终未曾停止。我国现代行政法的未来发展仍应以程序法的发达为导向,行政程序法的发展与完善是法治文明的大势所趋,是现代行政法治的必由之路。

2. 行政程序法的完善途径

我国行政程序法的发展与完善应当从何入手,目前存在三种观点:第一种观点认为,从我国目前行政程序法的状况来看,以行政程序法典化来实现行政程序立法的统一是最有效的途径,主张制定统一的行政程序法典。第二种观点认为,行政程序立法是一项巨大的工程,在立法上应当采取逐项解决的办法。例如,可以先完善行政立法和行政规范制定程序;在行政执法方面,先研究、制定行政处罚、行政强制、行政许可、行政收费等程序规范;或者对听证程序、强制程序、调查程序等逐个予以立法,最终达到基本上建立国家行政程序法律制度的目的。第三种观点认为,我国行政程序立法总趋势是制定一部统一的《中华人民共和国行政程序法》,但应根据实际情况,先在行政立法、行政执法和行政司法领域制定单行行政程序法规、规章,从而为制定统一的行政程序法典奠定基础。③

上述观点中,第二种观点反映了我国行政程序立法的现状,第三种观点则结合我国现实,使行政程序立法更具有现实性。较之这两种观点,第一种观点更为可取。因为随着我国市场经济的建立与完善,依法治国作为治国方略写入宪法。作为行政法治的标志之一,"行政程序法典"的制定是我国行政程序发展的必然趋势,是我国现代

---

① 参见《行政诉讼法》第70、74条。
② 参见杨登峰:《行政行为程序瑕疵的指正》,载《法学研究》2017年第1期。
③ 参见皮纯协主编:《行政程序法比较研究》,中国人民公安大学出版社2000年版,第528—531、557—558页;姜明安主编:《行政程序研究》,北京大学出版社2006年版,第58页。

行政法的最终目标之一。

在现有条件下,我国行政程序立法的完善途径应当从以下三个方面着手:

第一,我国行政程序立法的价值取向应当是控制行政权。在现代社会中,行政权的核心是行政自由裁量权,对于行政相对人而言,它更具有侵权的可能性,为此,现代行政法下的行政权必须是一种有限的权力。行政实体法在授予行政机关行政职权并确定其范围之后,对要求其正当地行使行政职权几乎是无所作为,而行政程序法则具有确保行政职权正当行使的功能。因此,我国行政程序法在设计上应当体现公正兼顾效率的法律价值,任何走极端的立法都无助于控制行政权的目的。

第二,我国行政程序立法应当重视法律本土资源。现代行政程序法源于西方法治发达国家的理论与实践,要构建我国行政程序法典,必须借鉴这些国家在行政程序法典化方面的成功经验。与此同时,在制定我国行政程序法的过程中,重视法律本土资源的开发与利用也是应当坚持的一个同样重要的基本原则。尤其是对行政程序法目标模式及其选择,应当在运用行政程序法基本原理,适应当代历史潮流的前提下,从现实国情出发,结合我国民主法制建设进程,选择以权利模式为主、兼顾行政效率的模式。①

第三,我国行政程序立法的模式应当是近期颁行单行法律,远期制定统一法典。制定统一的行政程序法典不仅必要而且可能,行政程序法典是我国行政法治的基本要求。但是,行政程序法典化具有一定的难度,鉴于我国的立法技术和行政法学理论发展的状况,可以先制定单行的行政程序法,如《行政调查法》《行政补偿法》等,并通过切实有效的实施,使行政程序法所蕴涵的价值与观念为社会基本接受,待条件成熟后再制定统一的行政程序法典。

第二节 政府信息公开

一、政府信息公开的概况

(一)政府信息公开的缘起

公开原则是现代行政法制的基本要求,这一原则已被视为现代行政程序的生命所在,而政府信息公开作为体现公开原则的一项重要制度,既是现代行政民主、行政法治精神发展的直接结果,也是依法行政的重要内容与客观要求。在信息公开制度中,行政相对人通过预设的程序,从行政主体那里获得有助于其参与行政程序、维护自身合法权益或者公共利益所需要的各种信息资料;如果没有法律禁止,则行政主体应当无条件地提供。因此,政府信息公开可以增进公民对政府的信任,加强公民和政

---

① 参见姜明安主编:《行政程序研究》,北京大学出版社2006年版,第59页。

府之间的沟通与合作,调动公民参与行政的积极性。

信息公开制度起源于两百多年前的瑞典。1776年,瑞典通过的《出版自由法》规定,普通市民与议员一样享有要求法院和行政机关公开有关文书的权利。对当代各国信息公开制度影响甚大的是美国。早在20世纪六七十年代,美国就制定了《信息自由法》《政府阳光法》等,构建了联邦行政程序法的重要组成部分。此后,各国纷纷制定相关法律,使信息公开成为当代各国公法领域中最有创造性的一项制度。至今,法国、日本、加拿大、澳大利亚等国家及我国台湾地区均制定了有关政府信息公开的立法。①

我国自实行改革开放以来,随着社会主义民主的不断发展,社会主义法制建设的不断加强,政府信息公开不仅在理论上,而且在制度上、实践中都不断发展。同时,随着依法治国基本方略的贯彻实施,依法行政进程的不断推进,对政府信息公开的要求也越来越高。加强政府信息公开制度的理论研究,建立健全政府信息公开制度及其规范,已成为学术界的共识。② 行政程序理论研究和立法设想,推动了我国政府信息公开制度的立法实践。

(二) 政府信息公开的发展历程③

我国政府信息公开制度起源于20世纪80年代以来村务公开的探索发展。1982年《宪法》确立了农村实行村民自治制度,规定:"城市和农村按居民居住地区设立的居民委员会或者村民委员会是基层群众性自治组织。居民委员会、村民委员会的主任、副主任和委员由居民选举。"居民委员会、村民委员会的领导班子都要由居民、村民投票选举产生,促进了村务公开的萌生与发展。江苏省大丰市白驹镇北新河村自实行家庭联产承包责任制后,就开展了财务管理、宅基地管理、计划生育指标管理的民主管理"三公开"制度。这一时期信息公开的组织者是村党支部和村民委员会,主要由各村自发探索开展,公开的形式、内容、程序也都存在较大差异。

直到1987年,《村民委员会组织法(试行)》的制定首次将村务公开作为一项法律制度固定下来。该法第17条规定:"村民委员会办理本村的公共事务和公益事业所需的费用,经村民会议讨论决定,可以向本村经济组织或者村民筹集。收支账目应当按期公布,接受村民和本村经济组织的监督。"该法虽仅就村委会收支账目按期公布,接受村民和本村经济组织的监督作出规定,但这一规定极大地推动了村务公开的规范化和制度化,使村务公开制度得以在全国范围普遍推开,信息公开的价值理念扎根于广大基层乡村。

1990年,《中共中央关于批转〈全国村级组织建设工作座谈会纪要〉的通知》要求"增加村务公开程度,接受村民对村民委员会工作的监督"。1994年,《中共中央关于

---

① 1978年,法国制定了《行政和公众关系法》;1982年,澳大利亚制定了《资讯公开法》;1992年,加拿大制定了《资讯取得法》;1998年,日本制定了《资讯公开法》;2000年,我国台湾地区公布了"行政资讯公开办法"。
② 参见黄学贤主编:《中国行政程序法的理论与实践——专题研究述评》,中国政法大学出版社2007年版,第150页。
③ 参见马怀德:《政府信息公开制度的发展与完善》,载《中国行政管理》2018年第5期。

加强农村基层组织建设的通知》强调应着重抓好"村务公开制度",要求"凡涉及全村群众利益的事情,特别是财务收支、宅基地审批、当年获准生育的妇女名单及各种罚款的处理等,都必须定期向村民张榜公布,接受群众监督"。1998年,中办、国办印发《关于在农村普遍实行村务公开和民主管理制度的通知》,对村务公开的内容和方法、村务公开的制度保障以及领导和督促检查都作出了细致规定,全面促进了村务公开制度的健全和发展。党中央对村务公开工作作出部署后,村务公开制度在全国各地普遍实行并逐步规范,各地也加强了村务公开工作的制度化建设,摸索并总结出执行村务公开工作的运行机制,在消除农村基层矛盾、干部联系群众方面发挥了积极作用。

在村务公开探索的基础上,乡镇机关政务公开和企业厂务公开制度相继建立。2000年,中办、国办发布《关于在全国乡镇政权机关全面推行政务公开制度的通知》,将村务公开的范围扩展到乡镇,要求在全国乡镇政权机关和派驻乡镇的站所全面推行政务公开制度,将政府信息公开制度提升到一个新的高度。2002年,中办、国办印发《关于在国有企业、集体企业及其控股企业深入实行厂务公开制度的通知》,要求国有企业、集体企业及其控股企业都要实行厂务公开,重点就企业重大决策问题、企业生产经营管理方面的重要问题、涉及职工切身利益方面的问题、与企业领导班子建设和党风廉政建设密切相关的问题通过职工代表大会和厂务公开栏、厂情发布会等日常形式予以公开。2005年,党中央印发《建立健全教育、制度、监督并重的惩治和预防腐败体系实施纲要》,再次强调"健全政务公开、厂务公开、村务公开制度"。厂务公开制度的推广进一步拓展了信息公开的范围,丰富了信息公开的内容。

在此之前,2004年3月,国务院印发《全面推进依法行政实施纲要》,强调"除涉及国家秘密和依法受到保护的商业秘密、个人隐私的事项外,行政机关应当公开政府信息。对公开的政府信息,公众有权查阅。行政机关应当为公众查阅政府信息提供便利条件"。此外,21世纪以来国内外一系列重大事件对政府的考验,也为政府信息公开的立法提供了契机与动力。2001年,我国加入世贸组织,促使我国政府开始思考有关货物贸易、服务贸易、知识产权保护等法律、法规、规章和其他政策、措施是否应当公开以及公开的程度、方式等问题。我国要加入世贸组织,就必须在议定书中签字同意向成员国公开相关信息并且接受成员国的咨询。我国加入世贸组织就得承担起公开特定政府信息的国际义务,政府信息公开制度遂率先在我国贸易合作领域初成体系。

2007年1月17日,我国《政府信息公开条例》经国务院第165次常务会议通过,于2007年4月5日公布,自2008年5月1日起实施。虽然这只是一部行政法规,但其意义却不容低估。因为它第一次为我国公民的知情权提供了法律保障,第一次将信息公开规定为政府的法定义务。有人甚至称之为继《行政诉讼法》《行政许可法》之后的"第三次重大革命"。[①]《政府信息公开条例》的颁布实施,标志着我国政府信息公

---

① 参见李广宇:《政府信息公开诉讼:理念、方法与案例》,法律出版社2009年版,第2页。

开制度的正式建立,我国向建成阳光政府、开放政府、法治政府又迈出了重要的一步。此后,该条例与《保守国家秘密法》《档案法》等法律相协调,基本实现了政府信息公开制度的体系化。

近些年,姜明安教授主持的《行政程序法(专家建议稿)》(2015年)对行政公开制度作了明确、具体、富有可操作性的规范设想,其中就包括行政信息公开和行政会议公开等内容。总之,通过立法规范政府信息公开,建立、健全政府信息公开制度是现代民主法治国家的普遍选择。政府信息公开法治化是建设透明政府和阳关行政、保障权力在阳光下运行、促进行政法治的基础。

(三)政府信息公开的定义

在我国,对信息公开有不同的提法,不同的提法所包含的公开范围不尽相同。有的称为"情报公开""情报自由"等,"情报公开"是日本对信息公开的称法,美国联邦《信息自由法》也常被译为《情报自由法》。在对信息公开制度研究初期,我国学者也多采用这一用语,但"情报"在中文中一般被理解为带有机密性质的消息或报告,容易使人对信息公开产生误解,不利于信息公开理念的推广。而"资讯公开"是我国台湾地区对信息公开的称谓。"资讯"一词表达文件、资料、讯息较为贴切,但不属于汉语通常使用的词汇,只是近两年才被逐步采纳,相形之下,"信息公开"的表述更易为人所理解与接受。

"信息公开"同样有广义、狭义之分。广义的信息公开包括行政信息公开、立法信息公开和司法信息公开,行政(政府)信息公开制度只是广义的信息公开制度的重要内容之一。狭义的信息公开则仅指行政机关对所拥有信息的公开,也称政府信息公开。由于行政机关是掌握社会信息的最大主体,国家机关公开信息主要是指行政机关公开信息,即政府信息公开。

所谓政府信息公开,也称行政信息公开,是指行政机关在履行职责过程中制作或者获取的,以一定形式记录、保存的信息。[1] 行政机关根据职权或者行政相对人请求,将行政信息向行政相对人或者社会公开展示,并允许查阅、摘抄和复制。对政府信息的认定和理解中,应当把握以下三个关键之处:

第一,从政府信息的性质上看,它是与履行行政管理职责密切相关的信息。如纯属行政机关内部管理的人事、财务等相关信息就不属于该条例所规定的政府信息。

第二,从政府信息的产生方式上看,它不仅包括本机关在履行职责过程中制作、加工的信息,还包括在履行职责过程中从其他机关、组织、个人那里获取的信息。

第三,从政府信息的存在形式上看,它应当是以一定形式记录、保存的信息,既可以是纸质文件,也可以是胶卷、磁带、磁盘以及其他存储介质,没有以一定载体形式存在的口头消息、社会传闻,不属于政府信息,行政机关无法提供。[2]

---

[1] 参见《政府信息公开条例》第2条。
[2] 参见曹康泰主编:《中华人民共和国政府信息公开条例读本》(修订版),人民出版社2009年版,第24—25页。

必须指出的是，在我国，行政机关并非是政府信息公开的唯一主体。根据《政府信息公开条例》的规定，政府信息公开的主体包括以下三类：行政机关是政府信息的主要拥有者，也是政府信息公开义务的主要承担者；除此之外，法律、法规授权的具有管理公共事务职能的组织、与群众利益密切相关的公共企事业单位均是政府信息公开的主体之一。根据该条例第 36 条的规定，法律、法规授权的具有管理公共事务职能的组织，如地震局、气象局、银监会、证监会、保监会、电监会等单位虽然是事业单位，依照有关法律和行政法规的授权，具有管理公共事务的职能，在履行公共管理职能的过程中掌握着大量的政府信息，这些单位公开政府信息的活动也适用该条例。根据该条例第 37 条的规定，教育、医疗卫生、计划生育、供水、供电、供气、供热、环保、公共交通等与人民群众利益密切相关的公共企事业单位在提供社会公共服务过程中制作、获取的信息的公开，参照该条例执行，具体办法由国务院有关主管部门或机构制定。这些规定表明，行政机关并非是依法应当公开政府信息的唯一主体。

与此同时，政府信息不宜包括以下信息：(1) 公报、白皮书、报纸、杂志、书籍以及其他以向不特定多数人销售为目的发行的文件；(2) 在法律、法规规定的国家档案馆、公共图书馆及其他机构中，依法属于历史性或文化性的资料或者用于学术研究的资料而被特别管理的文件。

二、政府信息公开的类型及范围

(一) 政府信息公开的类型

根据不同标准可以对政府信息公开的类型进行划分。比如，根据信息领域的不同，可以划分为行政立法信息公开、行政执法信息公开、行政司法信息公开等；根据公开对象的不同，可以划分为面向行政相对人的信息公开与面向社会公众的信息公开，等等。在此，重点介绍根据行政信息公开启动方式的不同，将行政信息公开分为依职权的政府信息公开与应申请的政府信息公开两大类。

所谓"依职权的政府信息公开"，是指行政主体根据法律规定和法定职权，主动将所掌握的政府信息依法定方式面向社会公开的行为。依职权公开是一种主动公开，是政府信息公开的基本方式，也是《政府信息公开条例》设定的一项重要制度。对于依职权主动公开的政府信息，行政主体应当通过法定方式或其他有效方式予以公开。例如，《行政法规制定程序条例》第 28 条、《规章制定程序条例》第 31 条分别规定：行政法规签署公布后，及时在国务院公报和中国政府法制信息网以及在全国范围内发行的报纸上刊载。国务院法制机构应当及时汇编出版行政法规的国家正式版本；部门规章签署公布后，部门公报或者国务院公报和全国范围内发行的有关报纸应当及时予以刊登。地方政府规章签署公布后，本级人民政府公报和本行政区域范围内发行的报纸应当及时刊登。在部门公报或者国务院公报和地方人民政府公报上刊登的规章文本为标准文本。此外，政府信息领域广、内容繁杂、数量浩渺，对于多数政府信息，行政主体可以基于行政成本的考虑和便民有效原则的要求确定公开方式。比如，设立公共查阅室、信息公开栏、电子信息屏等公开政府信息。

所谓"应申请的政府信息公开",是指行政主体回应行政相对人的信息公开请求,以申请人要求的形式或其他适当形式面向申请人的信息公开行为。充分发挥政府信息对人民群众生产、生活和经济社会活动的服务作用是行政信息公开的重要目的之一。除了依职权公开的政府信息外,行政主体还掌握着大量关于公民、法人或者其他组织生产、生活、科研等方面的政府信息。对于这些政府信息,公民、法人或者其他组织均可以依法向特定行政主体主动申请公开。行政主体回应行政相对人的请求公开相关政府信息,对于公民、法人或者其他组织的行为选择和具体权益能够产生重要影响。

(二) 政府信息公开的范围

综观世界不少国家已制定的政府信息公开法,对政府信息公开的范围基本上都遵循了"公开为原则,不公开为例外"的基本原则。在这一基本原则的指导下,强调立法是以列举的方式确定政府信息不公开的范围,而将没有公开的政府信息全部划入可以公开的范围;与此同时,在决定某一政府信息是否可以公开时,将行政机关的裁量权尽可能收缩到最低限度,防止行政机关通过裁量权削减公民的知情权。概言之,各国信息公开制度一般均包括政府主动公开信息和依公众申请公开信息两种方式。而在我国,《政府信息公开条例》则将重点放在了政府主动公开的事项上,该条例第二章对各级行政机关应主动公开的事项作了详尽的列举,且对不公开的范围也作出了规定。这一规定有利于明确行政机关公开政府信息的责任,增加信息公开工作的操作性,为信息公开提供具体标准,进一步推动政府信息公开工作的深化发展。

1. 政府信息公开的基本要求

该条例第9条对政府信息范围作出了强制性规定,并明确了基本要求,即行政机关对符合下列基本要求之一的政府信息应当主动公开:

(1) 涉及公民、法人或者其他组织切实利益的;

(2) 需要社会公众广泛知晓或者参与的;

(3) 反映本行政机关机构设置、职能、办事程序等情况的;

(4) 其他依照法律、法规和国家有关规定应当主动公开的。

行政机关应当根据上述四项基本要求确定本行政机关主动公开政府信息的具体范围。某条政府信息只要符合其中任意一项要求,并且不属于该条例第14条规定的国家秘密、商业秘密、个人隐私,就应当主动公开。上述四项基本要求也是行政机关主动公开政府信息的原则性规定。

2. 公开政府信息的具体要求

结合我国行政区划体制,《政府信息公开条例》第10、11、12及第13条,分别对不同层级的人民政府及其部门应当重点公开的政府信息公开范围作出了较为详尽的规定,主要表现在以下四个方面:

第一,县级以上各级人民政府及其部门重点公开政府信息的要求。《政府信息公开条例》第9条包含以下两层含义：一是要求县级以上各级人民政府及其部门依照该条例第9条的规定，在各自职责范围内确定主动公开的政府信息的具体内容；二是具体列举了县级以上各级人民政府及其部门应当公开政府信息的重点内容。

《政府信息公开条例》第10条详尽列举了县级以上各级人民政府及其部门应当依照该条例第9条的规定，在各自职责范围内确定主动公开的政府信息的具体内容，并重点公开下列十一项政府信息：

(1) 行政法规、规章和规范性文件

行政法规、规章和规范性文件是行政机关在履行行政管理职责过程中制定的政府信息，也是行政机关行使行政权力的重要依据，对于调整行政机关和公民、法人和其他组织之间的权利义务关系具有非常重要的作用。根据《立法法》的相关规定，行政法规、部门规章及地方政府规章均须其行政首长签署公布并根据具体要求予以刊登。规范性文件可以规范行政机关的行政行为，对于公民、法人和其他组织也具有约束力，应当在实施前对外公开。

(2) 国民经济和社会发展规划、专项规划、区域规划及相关政策

这些规划及相关政策是国家加强和改善宏观调控的重要手段，也是政府履行经济调节、市场监管、社会管理和公共服务职责的重要依据。尽管规划的编制一般不直接对具体的个人发生效力，但作为支付的依据，往往涉及社会的普遍利益，因此根据国家有关规定，编制规划要充分发扬民主，广泛听取社会公众和专家学者的意见，除法律、行政法规另有规定和涉及国家秘密的外，这些规划经法定程序批准后应当及时公布。

(3) 国民经济和社会发展统计信息

国民经济和社会发展统计信息是反映国民经济和社会发展总体情况的重要信息，从总体上反映了经济、社会等各个方面的状况，对指导国民经济和社会发展、促进社会主体现代建设事业的顺利发展有着极为重要的作用。为此，我国制定了《统计法》及其实施细则，对于统计调查、统计资料的管理和发布等内容作出规定，其中，第23条第1款规定："县级以上人民政府统计机构依照国家规定，定期公布统计资料。"该条例将国民经济和社会发展统计信息纳入应当重点公开的政府信息正是对这一法律规定的贯彻执行。

(4) 财政预算、决算报告

国务院、县级以上地方各级政府及乡、民族乡、镇政府编制相应的财政预算草案，其程序应当严格执行《预算法》及其实施条例的相关规定；同时，相关法律还规定，各级政府及其部门应当将经过批准的财政预算、决算报告及时向社会公开，促进人民群众对政府财政行为的监督，保障人民群众的知情权和参与权。将财政预算、决算报告列入应当重点公开的政府信息，有利于进一步强化预算的分配和监督职能，健全国家对预算的管理，也有利于加强国家宏观调控，保障经济和社会的健康发展。

(5) 行政事业性收费项目、依据、标准

行政事业性收费是指国家机关、事业单位、代行政府职能的社会团体及其他组织

根据法律法规等有关规定,依照国务院规定程序批准,在实施社会公共管理,以及在向公民、法人提供特定公共服务的过程中,向特定对象收取的费用。收费标准实行中央和省两级审批制度。除涉及国家秘密外,价格、财政部门应及时将批准的收费标准通知申请人和有关单位,并向社会公布。收费单位应在收费地点的显著位置公示收费项目、收费标准、收费主体、收费文件依据、收费范围、收费对象等,接受社会监督。

(6) 政府集中采购项目的目录、标准及实施情况

政府采购是指各级国家机关、事业单位和团体组织,使用财政性资金采购依法制定的集中采购目录以内的或者采购限额标准以上的货物、工程和服务的行为。根据《政府采购法》的规定,属于中央预算和地方预算的政府采购项目,其集中采购目录、政府采购限额标准,分别由国务院和省、自治区、直辖市人民政府或者其授权的机构确定并公布;除涉及商业秘密外,政府采购应当以公开招标为主要采购方式,政府采购项目的采购标准应当公开;采用法律规定的采购方式的,采购人在采购活动完成后,应当将采购结果予以公布。

(7) 行政许可的事项、依据、条件、数量、程序、期限以及申请行政许可需要提交的全部材料目录及办理情况

行政许可是指行政机关根据公民、法人或者其他组织的申请,经依法审查,准予其从事特定活动的行为。根据《行政许可法》相关规定,许可机关公开的内容,不仅包括行政机关实施行政许可所依据的法律、法规、规章,还包括行政机关制定的为实施行政许可而对申请、受理和审查程序所作的具体规定,其内容应当涵盖行政许可的事项、依据、条件、数量、程序、期限、费用以及需要提交的全部材料目录、行政许可申请书示范文本等与申请行政许可有关的全部信息。

(8) 重大建设项目的批准和实施情况

为了加强对重大建设项目的管理,我国颁行了一系列的相关法律、法规、规章。如《招标投标法》规定:大型基础设施、公用事业等关系社会公共利益、公众安全的项目以及全部或者部分使用国有资金投资或者国家融资的项目必须进行招标,遵循公开、公平、公正和诚实信用的原则选择建设经营单位。行政机关在重大建设项目的审批和建设过程中,应当依据国家有关规定,按照法定程序和方式,发布招投标公告,提供载有招投标工程的主要技术要求、主要的合同条款、评标的标准和方法以及开标、评标、定标的程序等内容的招标文件,通过公开公平的竞争保证建设质量。

(9) 扶贫、教育、医疗、社会保障、促进就业等方面的政策、措施及其实施情况

建设和谐社会、发展社会事业,解决好群众最关心、最直接、最现实的利益问题,这是各级政府的工作任务之一。实现以人为本,优化公共资源配置,健全公共服务体系,为广大人民群众提供完善的公共服务,确保广大人民群众及时了解国家有关政策,切实维护广大人民群众的合法权益,其重要举措之一就是要求行政机关应当通过各种方式及时公开扶贫、教育、医疗、社会保障、促进就业等方面的政策、措施,特别是国家政策的实施、执行情况。

（10）突发公共事件的应急预案、预警信息及应对情况

突发公共事件的发生往往具有不可预知型、紧迫性、严重的破坏性,会对社会公众心理造成很大的震动,建立信息公开机制十分必要,《国家突发公共事件总体应急预案》规定:突发公共事件的信息发布应当及时、准确、客观、全面。事件发生的第一时间要向社会发布简要信息,随后发布初步核实情况、政府应对措施和公众防范措施等,并根据事件处置情况做好后续发布工作。信息发布形式主要包括授权发布、散发新闻稿、组织报道、接受记者采访、举行新闻发布会等。要通过广播、电视、报刊、通信、信息网络、警报器、宣传车或组织人员逐户通知等方式将突发公共事件的类别、预警级别、起始时间、可能影响范围、警示事项、应采取的措施和发布机关等预警信息及时通知社会公众。

（11）环境保护、公共卫生、安全生产、食品药品、产品质量的监督检查情况

为了保证行政机关履行社会管理职能,《环境保护法》《食品安全法》《产品质量法》等相关法律法规对行政机关实施监督检查作出明确规定,为此,有关行政机关应当在其职权范围内依法开展监督检查并公开检查结果。这既是保护广大人民切身利益的需要,也是履行行政管理职责的具体体现。

须指出的是,上述十一项政府信息是县级以上人民政府及其部门重点公开政府信息的一般规定,也是对《政府信息公开条例》第9条行政机关主动公开政府信息基本要求的具体体现。行政机关主动公开政府信息的内容应当包含但不限于这十一项规定。其他主动公开政府信息的内容,由行政机关根据《政府信息公开条例》第9条规定的基本要求自行确定。

第二,设区的市级人民政府、县级以上各级人民政府及其部门重点公开政府信息的补充规定。设区的市级人民政府、县级人民政府是城市和乡镇的具体管理者,除了执行上级国家行政机关的决定和命令,指导所属各工作部门和下级人民政府的工作外,主要工作就是管理城市和乡镇,对城乡建设进行规划,提供市政公益设施,安排城镇居民的生产生活,因此,设区的市级人民政府、县级人民政府及其部门重点公开的政府信息除了《政府信息公开条例》第10条规定的十一项外,还应当包括以下四个方面的补充内容:

（1）城乡建设和管理的重大事项

城乡建设和管理的重大事项主要包括:城乡规划的编制、实施与管理;城市和村镇基础设施建设;城市容貌和环境综合治理;城市河道、水系的综合整治;历史文物古迹的保护与规划;城镇社区的建设和管理;城市新区的开发或旧区改造;城市供排水、公共交通、污染治理等公共设施的建设等事项。

（2）社会公益事业建设情况

社会公益事业直接关系社会公众的切实利益。它主要包括:救助灾害、救济贫困、扶助残疾人等困难的社会群体和个人的活动;教育、科学、文化、卫生、体育事业;环境保护、社会公共设施建设;促进社会发展和进步的其他社会公共和福利事业。

(3) 征收或者征用土地、房屋拆迁及其补偿、补助费用的发放、使用情况

根据《土地管理法》等法律法规的相关规定,应当按照国家有关规定及时公开征收或者征用土地、房屋拆迁及其补偿、补助费用的发放、使用情况,确保征地、拆迁的公开、公正、公平。例如,征地补偿安置方案确定后,有关地方人民政府应当公告,并听取被征地的农村集体经济组织和农民的意见。

(4) 抢险救灾、优抚、救济、社会捐助等款物的管理、使用和分配情况

社会救助和社会福利是国家社会保障体系建设中的重要环节,是解决困难群众生产生活实际问题,促进社会和谐和全面进步的重要保障。对于国家拨付和社会捐赠的抢险救灾、优抚、救济、社会捐助等款物的管理、使用和分配情况,应当进行监督、检查。特别是要通过公开捐赠款物的接收、分配、使用情况,自觉接受公众监督。对此,《公益事业捐赠法》《城市居民最低生活保障条例》等法律法规均有相应的规定。

第三,乡(镇)人民政府主动公开政府信息的具体要求。《政府信息公开条例》第12条规定:乡(镇)人民政府除应当依照该条例第9条的规定,在其职责范围内确定主动公开的政府信息的具体内容,并具体列举了乡(镇)人民政府应当重点公开政府信息的范围。主要包括以下八个方面:

(1) 贯彻落实国家关于农村工作政策的情况

乡镇人民政府作为国家的基层政权组织,应当按照上级人民政府的部署,积极贯彻执行国家关于农村工作的政策,特别是要把惠民、利民的各项政策措施落到实处,解决农民群众的实际生产生活问题,努力实现粮食稳定增产、农民持续增收,促进农村经济社会全面发展。

(2) 财政收支、各类专项资金的管理和使用情况

财务公开是乡镇人民政府信息公开的重点内容,主要包括财政收支、各类专项资金的管理和使用情况。无论是否具备预算条件,乡镇均应当通过各种方式公开其财政预算,便于群众监督。为了加快农村各项事业的发展,国家设立了特大防汛抗旱资金、农业救灾资金、农业基本支出特大防汛抗旱资金等各类专项资金,并建立了相应的监督管理制度,乡镇人民政府应当将上级人民政府及其部门下拨的各类专项资金和财政转移支付资金及其使用情况及时向社会公开。

(3) 乡(镇)土地利用总体规划、宅基地使用的审核情况

合理利用土地和切实保护耕地是我国的基本国策,《土地管理法》要求各级人民政府编制、实施土地利用总体规划,并严格规定了宅基地的管理和使用。乡镇土地利用总体规划经依法批准后,乡镇人民政府应当在本行政区域内予以公告。农村村民住宅用地的使用方案,根据《村民委员会组织法》规定应当由村民委员会提请村民会议讨论后,方可办理,根据中共中央办公厅、国务院办公厅《关于在农村普遍实行村务公开和民主管理制度的通知》将宅基地审批作为村务公开的重要内容,在《关于在全国乡镇政权机关全面推行政务公开制度的通知》中要求将其同时作为乡镇政权机关政务公开的重要内容。

(4) 征收或征用土地、房屋拆迁及其补偿、补助费用的发放、使用情况

这类政府信息是与村务公开相对应的事项，同时也是设区的市级人民政府、县级人民政府及其部门重点公开的政府信息。

(5) 乡（镇）的债权债务、筹资筹劳情况

乡镇级财政是我国现行五级财政的基础环节，也是最薄弱的环节，故乡镇人民政府应当纠正经济管理活动中的各种不规范行为，从源头上防止新的乡村债务发生，彻底清理乡村现有债权债务关系，加强财务管理和审计工作，通过民主、公开、公正的程序明晰债权债务关系，对外公布清查核实结果，保障村民权益，加强群众监督。筹资筹劳是指为了兴办农田水利基本建设、道路交通、植树造林、土地治理等村民直接受益的公益事业，经民主程序确定村民出资出劳的行为。乡镇人民政府作为基层政权组织，应当加强对本行政区域内筹资筹劳的监督管理，及时公开筹资筹劳的有关信息。

(6) 抢险救灾、优抚、救济、社会捐助等款物的发放情况

这类政府信息也是与村务公开相对应的事项。除了村民委员会根据《村民委员会组织法》相关规定，应及时公开救灾救济款物的发放情况之外，基于各级人民政府的管理职责分工的不同，市、县级人民政府侧重于公开抢险救灾、优抚、救济、社会捐助等款物的管理、使用和分配情况，而乡镇人民政府重点公开的是这类款物的发放情况。

(7) 乡镇集体企业及其他乡镇经济实体承包、租赁、拍卖等情况

乡镇企业根据《乡镇企业法》和相关政策文件，应当实行民主管理，乡镇集体企业及其他经济实体改革要因地制宜，因企施策，讲究实效：实行出售的，要按照公开、公平、公正的原则，民主决策，竞价出售；实行租赁和承包经营的，要通过公开招标、招聘的方式择优选择经营者，合理确定租赁金和承包费；实行联合或兼并的，要本着自愿互利原则，尊重企业和群众的选择，不得强制划拨，保障群众充分行使对企业事务的知情权、参与权和监督权。

(8) 执行计划生育政策的情况

作为基层政权组织，乡镇人民政府负责本管辖区域内的人口与计划生育工作，应当及时主动向社会公开人口和计划生育的行政执法范围、执法依据和执法程序，公开人口和计划生育的管理情况、奖励优惠政策落实情况、社会抚养费征收及其他与行政相对人相关事项的办事程序、办事期限、办事结果和服务承诺等，通过公开信息使基层群众了解计划生育的政策方针，保障基层群众对计划生育工作的知情权、参与权和监督权，更好地保证国家的计划生育政策得到贯彻落实。

第四，公民、法人或者其他组织申请获取政府信息的规定。对于公民、法人或者其他组织申请获取政府信息的条件，《政府信息公开条例》第13条规定：除该条例前述规定的政府信息公开范围之外，公民、法人或者其他组织还可以根据自身生产、生活、科研等特殊需要，向国务院部门、地方各级人民政府及县级以上地方人民政府部门申请获取相关政府信息。除此一般性规定之外，《政府信息公开条例》第25条还针

对公民、法人或者其他组织向行政机关申请提供与其自身相关的税费缴纳、社会保障、医疗卫生等政府信息,以及公民、法人或者其他组织有证据证明行政机关提供的与其自身相关的政府信息记录不准确时的有关更正程序作了特别规定。要求申请人应当出示有效身份证件或者证明文件。公民、法人或者其他组织要更正错误信息记录的,行政机关应当对申请人的更正申请作出回应,及时更正该政府信息,或者将申请转送有权更正的行政机关,并告知申请人。

依据本条例的相关规定,依申请公开制度的主要内容包括:

(1) 申请公开政府信息的方式

申请获取政府信息应当采用书面形式(包括数据电文形式)载明申请人的姓名或者名称、联系方式,申请公开的政府信息的内容描述以及申请公开的政府信息的形式要求。公民、法人或者其他组织向行政机关申请提供与其自身相关的税费缴纳、社会保障、医疗卫生等政府信息的,还应当出示有效身份证件或者证明文件。

对采用书面形式确有困难的,可以口头提出申请,受理该申请的行政机关应当代为填写政府信息公开申请。

(2) 答复申请的期限

行政机关收到政府信息公开申请后,能够当场答复的应当当场予以答复;不能当场答复的,应当自收到申请之日起15个工作日内予以答复;不能在15个工作日内作出答复的,经政府信息公开工作机构负责人同意,可以适当延长答复期限,并告知申请人,延长答复的期限最长不得超过15个工作日。

(3) 征求第三方意见

行政机关认为申请公开的政府信息涉及商业秘密、个人隐私,公开后可能损害第三方合法权益的,应当书面征求第三方的意见;第三方不同意公开的,不得公开。但是,行政机关认为不公开可能对公共利益造成重大影响的,应当予以公开,并将决定公开的政府信息内容和理由书面通知第三方。

(4) 申请公开政府信息的收费

行政机关依申请提供政府信息,除可以收取检索、复制、邮寄等成本费用外,不得收取其他费用。申请公开政府信息的公民确有经济困难的,经本人申请,政府信息公开工作机构负责人审核同意,可以减免相关费用。

(5) 政府信息公开申请的答复

属于公开范围的,应当告知申请人获取该政府信息的方式和途径;属于不予公开范围的,应当告知申请人并说明理由;依法不属于本行政机关公开或者该政府信息不存在的,应当告知申请人,对能够确定该政府信息的公开机关的,应当告知申请人该行政机关的名称、联系方式;申请内容不明确的,应当告知申请人作出更改、补充。申请公开的政府信息中含有不应当公开的内容,但是能够作区分处理的,行政机关应当向申请人提供可以公开的信息内容。无法按照申请人要求的形式提供的,可以通过安排申请人查阅相关资料、提供复制或者其他适当形式提供。

3. 不予公开政府信息范围的规定

政府信息是为了实现行政管理目标而制作、采集的,对于某些公开后可能影响行政管理目标实现、危害国家安全、造成社会动荡、侵犯他人合法权益的信息,行政机关不能对外公开。为了使政府信息公开既保证公民、法人或者其他组织的知情权,又能防止因公开不当导致失密、泄密,《政府信息公开条例》第14条第4款规定:"行政机关不得公开涉及国家秘密、商业秘密、个人隐私的政府信息。但是,经权利人同意公开或者行政机关认为不公开可能对公共利益造成重大影响的涉及商业秘密、个人隐私的政府信息,可以予以公开。"明确不予公开政府信息的范围,有利于为行政机关提供一个是否公开政府信息的基本判定标准,确保政府信息公开工作的顺利实施,以推动政府信息公开工作的深入发展。

该条例根据现行法律规定和中央政务公开文件要求,将不予公开政府信息的范围限定在以下三类政府信息:

(1) 国家秘密

根据《保守国家秘密法》的规定,国家秘密是关系国家的安全和利益,依照法定程序确定,在一定时间内只限一定范围的人员知悉的事项。根据该法规定,各级国家机关、单位对所产生的国家秘密事项,应当按照国家秘密及其密级具体范围的规定确定密级。对保密期限内的国家秘密事项,如果公开后无损于国家的安全和利益,或者从全局衡量公开后对国家更为有利的,根据情况的变化,由确定密级的机关、单位及时解密。对于依法解密的政府信息,可以予以公开。

(2) 商业秘密

根据《反不正当竞争法》第10条的规定,商业秘密是指不为公众所知悉、能为权利人带来经济利益、具有实用性并经权利人采取保密措施的技术信息和经营信息。为了履行行政管理职责,行政机关收集整理了大量企业和其他经济组织的信息,其中有很大一部分涉及企业的商业秘密,因此企业在向政府提供商业秘密时,应当说明其保密性,防止竞争对手通过向行政机关申请公开含有商业秘密的政府信息这一手段,进行不正当竞争。依照有关法律、法规的规定,行政机关对企业提供的商业秘密负有保密义务。[①] 行政机关泄漏商业秘密,给企业造成直接经济损失的,应当承担相应的赔偿责任。

(3) 个人隐私

个人隐私是指关系个人财产、名誉或者其他利益的不宜对外公开的情况、资料。行政机关及其工作人员在行政管理过程中根据需要有权调查、了解、收集个人的有关

---

① 例如,《审计法》第14条规定:"审计人员对其在执行职务中知悉的国家秘密和被审计单位的商业秘密,负有保密的义务。"《政府采购法》第11条规定:"政府采购的信息应当在政府采购监督管理部门指定的媒体上及时向社会公开发布,但涉及商业秘密的除外。"《道路运输条例》第61条规定:"道路运输管理机构的工作人员实施监督检查时,可以向有关单位和个人了解情况,查阅、复制有关资料。但是,应当保守被调查单位和个人的商业秘密。"

秘密和隐私信息,个人一方面有义务配合协助行政机关的调查行为,按照要求提供必要的个人隐私信息,另一方面也有权要求行政机关及其工作人员保守所知悉的个人隐私信息。依照有关法律法规的规定,行政机关对个人隐私负有保密义务。[①] 行政机关及其工作人员不当地扩散、泄露了个人隐私,给公民个人财产和名誉造成损失的,应当承担相应的行政责任。

需要注意的是,对于涉及商业秘密、个人隐私的政府信息,并不是绝对的不公开。政府公开政府信息时应当在信息公开所保护的国家利益、公共利益和信息不公开所保护的个体利益之间寻求一种平衡。

三、政府信息公开的方式、场所及程序

(一) 政府信息公开的方式、场所

行政机关主动公开的政府信息,都是涉及公民、法人或者其他组织切实利益,需要社会公众广泛知晓或者参与的信息,对于反映本行政机关机构设置、职能、办事程序等情况的信息,应当采取便于公众广泛知晓的方式及时公开。《政府信息公开条例》第15条列举了主动公开政府信息的方式,并要求行政机关设置相应的场所设施,编制政府信息公开指南和政府信息公开目录,方便公民、法人和其他组织获取政府信息。据此,行政机关主动公开政府信息的方式主要有政府公报、政府网站、新闻发布会以及报刊、广播、电视等新闻媒体。

1. 政府公报

政府公报是各级政府办公厅主办,刊载国家法律、法规和文件的政府出版物,是《立法法》规定公布行政法规、规章的法定形式。例如,国务院常务会议创办国务院公报、地方政府公报等。政府公报在公开政府信息方面有着极其重要的作用。

2. 政府网站

随着国民经济和社会信息化的发展尤其是电子政务的深入推进,我国政府网站建设和发展不断加快。各级人民政府网站围绕发布政务信息、提供在线服务、与公众互动交流三个方面的职能开展工作,在信息公开方面具有其他方式不可比拟的优势,但也需要考虑到老年人、农村农民、残障人士等特殊人群,各地、各部门应当选择符合实际情况的方式和途径公开政府信息。

---

① 例如,《传染病防治法》第12条规定:"在中华人民共和国领域内的一切单位和个人,必须接受疾病预防控制机构、医疗机构有关传染病的调查、检验、采集样本、隔离治疗等预防、控制措施,如实提供有关情况。疾病预防控制机构、医疗机构不得泄露涉及个人隐私的有关信息、资料。"该法第69条规定:医疗机构故意泄露传染病病人、病原携带者、疑似传染病病人、密切接触者涉及个人隐私的有关信息、资料的,由县级以上人民政府卫生行政部门责令改正,通报批评,给予警告;造成严重后果的,对负有责任的主管人员其他直接责任人员,依法给予降级、撤职、开除的处分,并可以依法吊销有关责任人员的执业证书。《企业劳动争议处理条例》第33条也规定:"仲裁委员会在处理劳动争议时,有权向有关单位查阅与案件有关的档案、资料和其他证明材料,并有权向知情人调查,有关单位和个人不得拒绝。仲裁委员会之间可以委托调查。仲裁委员会及其工作人员对调查劳动争议案件中涉及的秘密和个人隐私应当保密。"

3. 新闻发布会

新闻发布会已成为政府推动政务公开、完善信息公布制度、处置公共突发事件的一项重要内容,更是政府各类信息向社会公开的重要窗口。我国政府的新闻发布制度分为三个层次:一是以新闻发言人的名义,定人、定时、定点举办新闻发布会;二是邀请政府部门负责人或发言人介绍有关情况;三是遇有突发事件时,临时组织新闻中心进行新闻发布。

4. 报刊、广播、电视等新闻媒体

新闻媒体也是政府信息发布的重要渠道。新闻媒体一方面要准确及时地发布各类政府信息,让群众知道国家惠民利民的各项方针政策和需要群众普遍遵守的法律法规,进而合理地安排自己的生产生活;另一方面也要积极探索深化政府信息公开工作的新途径,把新闻媒体变为政府与群众信息沟通交流的平台。

此外,《政府信息公开条例》第16条还就公开政府信息的场所作了专门的规定,关于政府信息公开场所有以下三点法律要求:第一,要求各级人民政府在国家档案馆、公共图书馆设置政府信息查阅场所,并配备相应的设施、设备,为公民、法人或者其他组织获取政府信息提供便利,这是对各级人民政府的硬性规定,是落实本条例确立的政府信息公开制度的基础保障;第二,要求行政机关根据需要设立公共查阅室、资料索取点、信息公告栏、电子信息屏等场所、设施,公开政府信息,这是对各行政机关的弹性要求,强调因地制宜;第三,要求行政机关及时向国家档案馆、公共图书馆提供主动公开的政府信息,充分发挥国家档案馆、公共图书馆在政府信息公开工作中的作用。

(二) 政府信息公开的程序

政府信息公开是行政程序的一部分,为此确定政府信息公开的程序必须结合行政程序的相关制度来加以规范与运行。《政府信息公开条例》第17—28条集中体现了政府信息公开的程序要求。

1. 政府信息公开权限

在政府信息公开的过程中,由于不同行政机关可能同时掌握了同一项政府信息,如果不明确某项具体政府信息的公开主体,则可能出现责任不清,甚至拒绝履行政府信息公开义务或者因审查不严泄漏国家秘密、商业秘密和个人隐私等弊端,因此,必须明确行政机关公开政府信息的权限。根据《政府信息公开条例》第17条的规定,政府信息公开权限按照下列规则确定:

(1) "谁制作谁公开,谁保存谁公开"的一般原则

行政机关制作的政府信息,由制作该政府信息的行政机关负责公开,行政机关从公民、法人或者其他组织获取的政府信息由保存该政府信息的行政机关负责公开。这是政府信息公开权限的一般规定,通常概括为"谁制作谁公开,谁保存谁公开"原则。须注意,如果是几个行政机关联合发文产生的政府信息,则所有在文件上盖章、署名的行政机关均为公开的义务主体,公民、法人和其他组织可以向其中任何一个行

政机关申请获取该政府信息。

(2) 法律法规另有规定的特殊原则

如果法律、法规对政府信息公开的权限有规定的,从其规定,这是政府信息公开权限的特殊原则。在特殊情况下,对一些事关国计民生、影响重大的政府信息,在公开前还要经过上级部门核实后统一对外发布。该种情况主要包括突发公共安全事件信息、国家重要基础数据的发布等,均应当按照有关法律法规的特殊规定执行。

2. 主动公开政府信息时限

在信息时代,信息成为各方主体作出决策和选择的基础,为此行政机关应当及时、准确地公开涉及公民、法人或者其他组织切实利益,需要社会公众广泛知晓或者参与,反映本行政机关机构设置、职能、办事程序等情况,以及其他依照法律、法规和国家有关规定应当主动公开的政府信息。《政府信息公开条例》第18条对主动公开政府信息的时限作出了明确的规定,其规定的政府信息公开时限分为两种情况:

(1) 主动公开政府信息时限的一般规定

根据规定,属于主动公开范围的政府信息,原则上应当自该政府信息形成或者变更之日起20个工作日内予以公开。

(2) 主动公开政府信息时限的特殊规定

如果法律、法规对政府信息公开的期限另有规定的,应当按照法律、法规规定的时限办理。如《档案法》第19条规定:"国家档案馆保管的档案,一般应当自形成之日起满三十年向社会开放。经济、科学、技术、文化等档案向社会开放的期限,可以少于三十年,涉及国家安全或者重大利益以及其他到期不宜开放的档案向社会开放的期限,可以多于三十年,具体期限由国家档案行政管理部门制订,报国务院批准施行。"根据这一规定,档案就不能在形成或变更之日起20日内进行公开。

3. 公民、法人或者其他组织申请公开政府信息的程序

依照《政府信息公开条例》第13条的规定,除行政机关主动公开的政府信息外,公民、法人或者其他组织还可以根据自身生产、生活、科研等特殊需要,向国务院部门、地方各级人民政府及县级以上地方人民政府部门申请获取相关政府信息。

该条例第20条对公民、法人或者其他组织申请获取政府信息的程序,从形式要件和实质要件两个层面作出以下具体规定:

(1) 公民、法人或者其他组织申请获取政府信息的形式要件

根据规定,公民、法人或者其他组织向行政机关申请获取政府信息的,一般采用书面形式(包括数据电文形式)。所谓书面形式,一般理解为纸质形式,比如填写表格。所谓数据电文,一般是指以电子、光学或者类似手段生成、发送、接收或者储存的信息,包括但不限于电子数据交换(EDI)、电子邮件、电报或传真。这样规定可以极大地便利社会公众提出政府信息公开申请,节省了申请所需要的时间成本和物质成本。在特定情形,政府信息公开申请也可以通过口头形式提出,但采取口头形式申请公开政府信息的,必须由受理该申请的行政机关代为填写政府信息公开申请。代为填写政府信息公开申请的行政机关必须如实记录申请人的有关申请内容,申请人应当对

此确认无误。

(2) 政府信息公开申请的实质要件

政府信息公开申请需要提供申请人的姓名或者名称、联系方式；应当有申请公开的政府信息的内容描述；应当列明申请公开的政府信息的形式要求。

4. 行政机关处理政府信息公开申请的方式

行政机关受理政府信息公开申请后，行政机关即负有作出回应的义务，应当对申请人所需要的政府信息进行查找，根据不同的查找结果，根据《政府信息公开条例》第21条的规定区分不同的情形，作出答复。

(1) 申请公开的政府信息属于政府已经主动公开的，行政机关应当告知申请人该政府信息主动公开的方式和获取途径。具体地说，它又包括两种情形：一是申请公开的政府信息属于政府已经主动公开的，行政机关应当告知申请人该政府信息主动公开的方式和获取途径，便于申请人查找；二是申请公开的政府信息虽然属于公开范围，但尚未主动公开的，或者申请人对已公开的信息有更具体的公开要求的，行政机关应当告知申请人办理获取政府信息手续的时间、地点、形式等程序性事项。

(2) 申请公开的政府信息属于不予公开范围的，行政机关应当告知申请人并说明理由。如前所述，行政机关公开政府信息，不得危及国家安全、公共安全、经济安全和社会稳定。对于涉及国家秘密、商业秘密和个人隐私的政府信息，行政机关应当根据政府信息公开保密审查机制的审查结果决定是否予以公开。对属于不予公开的范围的，为了取得申请人的理解，行政机关应当告知申请人其申请的政府信息属于本条例规定的哪一种不予公开的情形，并说明理由。

(3) 依法不属于本行政机关公开或者该政府信息不存在的，应当告知申请人，对于能够确定该政府信息的公开机关的，应当告知申请人该行政机关的名称、联系方式。依法不属于本行政机关公开的，包括两种情形：一是申请公开的政府信息不属于收到政府信息公开申请的行政机关制作、掌握或者保存。在这种情形下，收到政府信息公开申请的行政机关也就无法为申请人提供其所需要的政府信息。另一种情形是对该政府信息的公开不属于收到政府信息公开申请的行政机关的职权范围，即使收到政府信息公开申请的行政机关知道，该行政机关也无权予以公开，而应当由具有相应权限的行政机关负责公开。

行政机关收到不属于本行政机关公开范围的政府信息公开申请，必须告知申请人。如果能够确定该政府信息掌握机关的，还应当一并告知有关行政机关的名称、联系方式，方便申请人向掌握该政府信息的行政机关提出政府信息公开申请。

申请公开的政府信息不存在的，也就是这一政府信息自始至终不曾产生，根本谈不上是否应当公开的，对此，行政机关应当告知申请人该政府信息本身不存在。

(4) 申请公开的内容不明确的，应当告知申请人更改、补充申请。根据该条例第20条的规定，公民、法人或者其他组织根据该条例的规定申请行政机关提供政府信息的，应当提交或者由行政机关代为填写书面形式的政府信息公开申请，政府信息公开申请中应当保护申请人的姓名或者名称、联系方式，申请公开的政府信息的内容描述以及申请公开的政府信息的形式要求。

在政府信息公开申请人不能够清楚、完整地填写政府信息公开书面申请的情况下,收到政府信息公开申请的行政机关应当一次性告知申请人所应当更改、补充的事项,必要时,行政机关应当为申请人提供相应的指导和帮助。

此外,《政府信息公开条例》第22、23条还对依申请公开政府信息的一些特殊情形分别作了特别规定:一是,申请公开的政府信息中含有不应当公开的内容,但是能够作区分处理的,行政机关应当向申请人提供可以公开的信息内容。二是,行政机关认为申请公开的政府信息涉及商业秘密、个人隐私,公开后可能损害第三方合法权益的,应当书面征求第三方的意见;第三方不同意公开的,不得公开。但是,行政机关认为不公开可能对公共利益造成重大影响的,应当予以公开,并将决定公开的政府信息内容和理由书面通知第三方。

5. 行政机关答复政府信息公开申请人的时限制度

所谓时限制度是指为了保证行政机关及时答复申请人,提高政府信息公开的效率,而提出的时间上的要求。规定时限制度,可以促进行政机关提高办事效率,也可以防止出现办事不认真、答复不及时等侵害公民、法人或者其他组织合法权益的问题。行政机关答复政府信息公开申请的时限一般不宜过长,必须明确,其规定应当合理,同时考虑到审查对象的复杂性、政府信息公开机构工作人员配置等实际情况,对行政机关答复政府信息公开申请的延长时限也应当作特殊要求及例外规定。为此,《政府信息公开条例》第24条作出了具体规定:"行政机关收到政府信息公开申请,能够当场答复的,应当当场予以答复。行政机关不能当场答复的,应当自收到申请之日起15个工作日内予以答复;如需延长答复期限的,应当经政府信息公开工作机构负责人同意,并告知申请人,延长答复的期限最长不得超过15个工作日。申请公开的政府信息涉及第三方权益的,行政机关征求第三方意见所需时间不计算在本条第二款规定的时限内。"

6. 行政机关提供政府信息公开的形式要求及收费规定

(1) 行政机关向政府信息公开申请人提供依申请公开政府信息的形式

行政机关依申请公开政府信息,应当遵循便民原则,提供优质服务。根据《政府信息公开条例》第26条的规定,行政机关依申请公开政府信息,应当按照申请人要求的形式予以提供;无法按照申请人要求的形式提供的,可以通过安排申请人查阅相关资料、提供复制件或者其他适当形式提供。在此,所谓"适当形式"指的是行政机关在无法按照申请人要求的形式提供政府信息时,应当从最大限度地方便申请人获取政府信息出发,采用申请人可以接受的经济、便捷的其他形式提供政府信息。

(2) 行政机关依申请公开政府信息的收费原则、收费标准及减免等规定

对于行政机关依申请公开政府信息是否可以收费的问题,各国均有不同的法律规定,但是目前世界上大多数国家立法都规定,申请政府信息公开需要缴费,但仅就其所需成本进行收费,只有少部分国家规定了在一定条件下获取政府信息是不收费的,关于收费原则及收费规定,如法国规定公民在行政机关当场查询是免费的。我国

《政府信息公开条例》第 27 条规定:行政机关依申请公开政府信息,除可以收取检索、复制、邮寄等成本费用外,不得收取其他费用。行政机关不得通过其他组织、个人以有偿服务方式提供政府信息。行政机关收取检索、复制、邮寄等成本费用的标准由国务院价格主管部门会同国务院财政部门制定。

这一规定也充分表明,行政机关不得变相收取公民、法人或者其他组织依申请获取政府信息的费用或者牟取其他不当利益。

为了保证申请人能够依法平等地获取政府信息,保障公民依法享有知情权,《政府信息公开条例》对确有经济困难的申请人规定了可以减免相关费用,其前提条件和程序要求是必须经其本人申请。但这不意味着,行政机关对所有因为经济困难提出减免相关费用的申请都必须一概同意。

此外,申请公开政府信息的公民存在阅读困难或者视听障碍的,行政机关应当履行协助义务,提供必要的帮助。

四、建立与完善政府信息公开制度的法治意义

自 2008 年《政府信息公开条例》实施以来,公开透明成为法治政府建设和依法行政的基本准则。政府信息公开制度不断完善,不仅促进了政府治理能力的全面提高,也为公众更好地行使知情权、参与权、表达权、监督权提供了制度保障。十年来,政府信息公开制度取得重大进展和显著成就,在国家治理体系和治理能力现代化进程中发挥了重要作用。当下,建立与完善政府信息公开制度的法治意义,主要体现在以下四个方面:[①]

首先,建立与完善政府信息公开制度,有力推动了法治政府建设进程。党的十九大报告指出,到 2035 年,法治国家、法治政府、法治社会基本建成。2015 年 12 月 27 日,中共中央、国务院联合印发《法治政府建设实施纲要(2015—2020 年)》(以下简称《纲要》),就法治政府建设的总体要求、主要任务和具体措施等提出要求。《纲要》将公开公正作为法治政府建设的总体目标之一,将行政权力规范透明运行作为法治政府建成的重要衡量标准,将全面推进政务公开作为强化对行政权力制约和监督的重要措施。政府信息公开已成为法治政府建设的重要目标和关键环节。《政府信息公开条例》实施以来,各级政府机关通过多种途径公开政府信息,使政府信息公开范围不断扩展、程度不断深入、渠道不断丰富、效果不断提升。政府信息公开制度的有效实施,对行政机关依法全面履行政府职能,完善依法行政制度体系,推进行政决策科学化、民主化、法治化,坚持严格规范公正文明执法,以及行政权力的制约和监督均发挥了重要作用。政府信息公开是政府的一场自我革命,是我国民主与法治发展进程中政府主导的自我改革与完善。通过主动公开和依申请公开政府信息,行政权运行的透明度得以有效提高,为到 2035 年如期建成法治政府奠定了坚实基础。

---

① 参见马怀德:《政府信息公开制度的发展与完善》,载《中国行政管理》2018 年第 5 期。

其次,建立与完善政府信息公开制度,为加强民主监督、防止腐败提供了制度保障。党的十八大报告指出:"保障人民知情权、参与权、表达权、监督权,是权力正确运行的重要保证。"权力只有公开运行,才能防止被滥用。20世纪60年代,美国制定《情报自由法》的主要宗旨就是公开行政程序,供新闻界及公众检查,从而达到强化民主政治和防止行政腐败的目的。《政府信息公开条例》实施以来,越来越多的行政机关在政府网站公开财政预算、公共资源配置、重大建设项目批准和实施、社会公益事业建设等领域的政府信息。行政机关的相关职权、办事程序、办事结果等都让公众知晓。如此,公众不仅可以根据公开的政府信息办理各类所需事项,为生产、生活等活动提供便利;还能够监督行政机关依法全面履行职责,在行政立法、重大行政决策等行政活动中行使民主权利。如果行政机关公开政府信息的行为可能侵犯公众合法权益,权利人可以申请行政复议或者提起行政诉讼,以监督行政机关依法公开政府信息。此外,根据《政府信息公开条例》的规定,各级人民政府及县级以上人民政府部门应当编制政府信息公开工作年度报告。行政机关通过公开信息公开工作年度报告,能够"主动自我揭短,指出本级政府在信息公开工作方面存在的主要问题,并明确提出改进措施和努力方向",从而不断完善保障人民知情权、参与权、表达权、监督权的机制,健全权力运行制约和监督制度。

再次,建立与完善政府信息公开制度,对规范社会主义市场经济秩序、维护社会稳定发挥了重要作用。市场失序、信用缺失、交易信息不对称等问题是长期以来制约我国社会主义市场经济发展的重要因素。"各种欺诈现象的存在,一个重要的原因就在于民众无法获得正确的政府信息,一旦真实的政府信息对民众公开,各种欺诈现象也就失去了藏身之所。"《政府信息公开条例》实施以来,各级政府及市场监管、税务、商务等行政部门将有关市场经济活动的信息公之于众,使民众有权通过官方渠道和程序获得有关信息,从而合法、理性地参与市场经济活动。例如,2014年2月,国家工商行政管理总局开发的国家企业信用信息公示系统正式上线运行。公众通过该系统平台能够查询到全国企业、农民专业合作社、个体工商户等市场主体的注册登记、许可审批、年度报告、行政处罚、抽查结果、经营异常状态等信用信息。政府信息公开对于规范社会主义市场经济秩序发挥了重要作用。此外,社会和谐稳定是中国经济社会有序发展的重要保障。政府及时、准确公开信息,有利于妥善应对各类社会风险和矛盾,保障国家长治久安、人民安居乐业。

最后,建立与完善政府信息公开制度,为人民群众生产、生活和经济社会活动提供便捷服务。

充分发挥政府信息对人民群众生产、生活和经济社会活动的服务作用,是《政府信息公开条例》的目的之一。近年来,各级政府在卫生、医药、教育、交通、能源、金融等领域公开越来越多的政府信息供公众使用。公众利用这些公共信息不仅获得了更多的生活便利,还将这些信息作为资源,开发了大量具有实用价值的新产品,为社会创造了更多的就业机会和经济财富。《纲要》明确要求:"创新政务公开方式,加强互联网政务信息数据服务平台和便民服务平台建设,提高政务公开信息化、集中化水平。"随着政府信息公开的范围不断扩展、程度不断深入、形式不断丰富,公众将从政府信息中获得更多更有价值的信息,从而为生活提供便利,为经济活动创造更大的价值。

综上,《政府信息公开条例》实施十年以来,政府信息公开制度在运行中虽然取得了诸多重大成就,但随着社会发展和时代变化,政府信息公开制度本身也暴露出越来越多的问题,如规范政府信息公开制度的法律体系尚不健全,无法满足新时代背景下政务公开的内涵与要求,等等。随着全面依法治国进入新阶段,中国特色社会主义法治体系和社会主义法治国家的建设目标愈加清晰。依法治国、依法执政、依法行政共同推进,法治国家、法治政府、法治社会一体建设,迫切需要全面推进政务公开,不断完善政府信息公开体制机制。面对新时代新要求,今后应当尽快制定更加高位的法律制度,即《政务公开法》。通过这一立法举措进一步完善我国的政务公开制度,确立"公开为原则,不公开为例外"的基本原则,拓展政府信息公开的范围,创新政务公开方式,推进政府数据开放,为推进国家治理体系和治理能力现代化奠定坚实的制度基础。

第十二章
行 政 复 议

行政诉讼与行政复议是两种最为主要的行政救济途径,对于对相对人合法权益的保障以及对行政机关依法行政的监督具有重要意义。为此,全国人大于1989年4月4日颁布了《行政诉讼法》。为了配合《行政诉讼法》的实施,在当时立法条件尚未成熟的情况下,国务院于1990年12月24日颁布了《行政复议条例》,正式确立了我国的行政复议制度。此后,在积累了有关行政复议的立法经验后,1999年4月29日第九届全国人大常委会第九次会议通过了《行政复议法》(2009年8月27日第十一届全国人大常委会第十次会议第一次修正、2017年9月1日第十二届全国人大常委会第二十九次会议第二次修正)。该法详细规定了行政复议机关、复议原则、复议程序、法律责任等,标志着我国的行政复议制度进入一个逐步完善的新阶段。本章以《行政复议法》为基础,阐述我国行政复议制度的主要内容。

第一节 行政复议概述

行政复议是行政系统内部的救济形式,相对人可以通过行政复议进行权利救济,而行政复议机关也可以通过行政复议达到监督行政的目的。

一、行政复议的概念

行政复议是指行政相对人认为行政主体违法或不当行使职权侵犯其合法权益,依法向复议机关提出撤销、变更违法行为或停止侵害、恢复原状等请求,复议机关依法受理申请,经审查作出复议决定的一种行政救济制度。

该定义包括以下含义:第一,行政复议因相对人向复议机关提出复议申请而开始,具有"不告不理"的被动性;第二,相对人提出复议申请的理由是行政主体违法或不当行使职权并侵犯自己的合法权益;第三,相对人的诉求是请求复议机关撤销、变更违法行为或要求行政主体停止侵害、恢复原状等;第四,受理、审理复议申请的复议机关是依法享有行政复议权的国家行政机关,通常是作出行政行为的行政机关的上级行政机关,可见,行政复议具有内部监督的性质;第五,复议机关审查的内容包括行政行为的合法性与合理性,即是否存在违法或不当;第六,行政复议是一种行政救济制度,其目的是对相对人的合法权益进行救济,同时监督行政机关行为的合法性。

二、行政复议的性质

行政复议是由属于行政机关的复议机关对相对人遭受行政行为侵害的权益进行救济的制度,是一种介于行政行为与司法行为之间的行政司法活动,同时兼具行政性与司法性。该特性主要表现在以下方面:

(一)复议目的的行政性与司法性

行政复议的目的是救济相对人的合法权益,同时监督下级行政机关是否依法行政。其中,救济相对人权益的目的体现了行政复议的司法性,而监督下级行政机关合法行政的目的体现了行政复议的行政性。

(二)复议机关的行政性与司法性

复议机关是行政系统内部的行政机关,由此表明行政复议的行政性。但复议机关在复议过程中,是以第三者的身份进行复议,与作出行政行为的行政机关之间存在一定的独立性;同时,具体负责行政复议的专职行政复议人员必须具有一定的专业知识与业务能力,可见,行政复议机关具有一定的司法性。

(三)复议行为的行政性与司法性

复议行为是指由复议机关对行政机关作出的行政行为的合法性与合理性进行审查,解决复议申请人与被申请人之间争议的行为,具有司法性。但复议行为的审查并不以双方当事人的争议为限,即复议机关可以对复议申请以外的部分进行审查;此外,申请人在复议决定作出前要求撤回复议申请的,必须经过复议机关的同意才可撤回,从而体现了其行政性的特点。

(四)复议程序的行政性与司法性

从行政复议的申请、受理、决定等程序来看,行政复议程序比一般的行政行为程序更为严格,具有司法程序的性质。但是,行政复议并没有司法程序那么严格,例如一般采用书面方式进行审查等,又具有一定的行政性特点。因此,复议程序有时又被称为"准司法程序"。

三、行政复议的基本原则

行政复议的基本原则是指贯彻于行政复议整个过程,对行政复议具有普遍的规范和指导意义的基本准则。《行政复议法》第4条规定:"行政复议机关履行行政复议职责,应当遵循合法、公正、公开、及时、便民的原则,坚持有错必纠,保障法律、法规的正确实施。"由此确立了合法、公正、公开、及时、便民共五项行政复议基本原则。

（一）合法原则

行政复议必须依法进行，这是依法行政原理在行政复议领域的体现。具体而言，合法原则对行政复议的要求包括以下方面：第一，主体合法，复议机关必须具有法定的行政复议权限，由专职行政复议人员进行复议审查；第二，复议行为合法，复议机关必须在查明案件事实的基础上，适用法律、法规或规章作出复议决定；第三，程序合法，复议机关必须依据法定程序进行审查决定。

（二）公正原则

公正是指公平、正义，不偏不倚，要求复议机关必须平等地对待行政复议的各方当事人，特别是不能因为与行政机关同属行政系统而偏向行政机关一方；必须同时考虑到相对人所处的相对弱势的地位，对相对人进行必要的保护。例如，为了平衡相对人与行政机关的举证能力，《行政复议法》规定："申请人、第三人可以查阅被申请人提出的书面答复、作出具体行政行为的证据、依据和其他有关材料"，"在行政复议过程中，被申请人不得自行向申请人和其他有关组织或者个人收集证据"，而"申请人提出要求或者行政复议机关负责法制工作的机构认为有必要时，可以向有关组织和人员调查情况，听取申请人、被申请人和第三人的意见"。

（三）公开原则

公开是指行政复议的过程、结果应当向复议当事人公布，使其了解。行政复议过程的公开内容包括复议过程中的复议申请书、答复书、相关的证据、依据、材料；行政复议决定的公开内容包括复议决定以及决定所依据的事实、理由与法律依据等。

（四）及时原则

及时原则要求行政复议必须具有效率，主要表现为对行政复议机关及复议当事人活动的各种时限限制，例如，要求行政复议机关收到行政复议申请后，应当在五日内进行审查。

（五）便民原则

便民原则要求为行政复议申请人提请行政复议以及参加复议活动提供便利，充分保证相对人申请和参与行政复议的权利得以实现。提请行政复议的便利表现为："申请人申请行政复议，可以书面申请，也可以口头申请；口头申请的，行政复议机关应当当场记录"；参加复议活动的便利，如"申请人、第三人可以委托代理人代为参加行政复议"，"行政复议机关受理行政复议申请，不得向申请人收取任何费用"等。

第二节 行政复议的范围

行政复议的范围是指行政复议的受案范围,是指相对人不服,可以提出行政复议申请的行政活动的范围。行政复议的范围直接关系到相对人是否可以请求行政复议,是涉及行政复议"入口"的前提性问题。对此,《行政复议法》采用了"概括＋列举""肯定＋排除"的立法方式,详细地规定了行政复议的范围。

一、具体行政行为的复议范围

(一) 概括式

《行政复议法》首先采用"概括式"的立法方式,其第 2 条规定:"公民、法人或者其他组织认为具体行政行为侵犯其合法权益,向行政机关提出行政复议申请,行政机关受理行政复议申请、作出行政复议决定,适用本法。"即对于"具体行政行为",只要相对人认为该行为侵犯其合法权益的,都可以提出行政复议申请。由此,将行政复议的范围概括为"具体行政行为"。

(二) 列举式

《行政复议法》第 6 条采用"列举式"的立法方式,对第 2 条"概括式"所规定的"具体行政行为"进行列举,即对于下列"具体行政行为"可以提出行政复议申请:

1. 行政处罚

《行政复议法》第 6 条第 1 项规定,"对行政机关作出的警告、罚款、没收违法所得、没收非法财物、责令停产停业、暂扣或者吊销许可证、暂扣或者吊销执照、行政拘留等行政处罚决定不服的",可以申请行政复议。行政处罚是指行政主体对于违反行政法律规范但尚未构成犯罪的公民、法人或其他组织给予制裁的具体行政行为。该项规定所列举的行政处罚类型正好与《行政处罚法》第 8 条所列举的行政处罚的种类相衔接,故对所有的行政处罚类型都可以提出行政复议申请。

2. 行政强制措施

《行政复议法》第 6 条第 2 项规定,"对行政机关作出的限制人身自由或者查封、扣押、冻结财产等行政强制措施决定不服的",可以申请行政复议。行政强制措施是指行政机关在实施行政管理的过程中,为了维护公共利益或实现一定的行政管理目的,对特定的相对人或特定的物作出的、以限制权利和课以义务为内容的临时性的限权性措施。限制人身自由的行政强制措施包括约束、收容、强制遣送、强制戒毒、强制隔离、强制治疗、强制带离现场等行为,而针对财产的行政强制措施包括查封、扣押、冻结、划拨、扣缴、强制收购、强制检查等。从该项规定来看,对所有的行政强制措施都可以申请行政复议。

与行政强制措施相关联的还有行政强制执行。行政强制执行是指行政机关或者由行政机关申请人民法院,对于不履行发生法律效力的行政决定的公民、法人或者其组织,依法强制其履行义务的行为。理论上,行政强制执行是对已经存在的行政行为的执行,因此,如果相对人对该执行不服,应当对被执行的原行政行为提起行政复议或行政诉讼。但在现实中,存在超越原行政行为违法进行行政强制执行的事例,即原行政行为并不违法,但行政强制执行违法,对此应当给予相对人救济的途径,即可以提起行政复议或行政诉讼。

3. 变更、中止、撤销行政许可的行为

《行政复议法》第6条第3项规定,"对行政机关作出的有关许可证、执照、资质证、资格证等证书变更、中止、撤销的决定不服的",可以申请行政复议。许可证和执照是指行政机关根据相对人的申请颁发的允许其从事某种活动的书面证明,资质证一般是指企业或其他组织能够从事某种活动的能力证明,资格证书是公民具备某种能力的书面证明,也是其能够从事某项工作的前提条件,这些证书都属于行政许可的表现形式。由于《行政复议法》制定时还没有制定《行政许可法》,所以该项规定并没有与《行政许可法》的相关规定相衔接,但可以认为该项规定的就是"变更、中止、撤销"行政许可的行为。

4. 行政确权行为

《行政复议法》第6条第4项规定,"对行政机关作出的关于确认土地、矿藏、水流、森林、山岭、草原、荒地、滩涂、海域等自然资源的所有权或者使用权的决定不服的",可以申请行政复议。《宪法》第9条、第10条规定,城市土地、矿藏、水流、森林、山岭、草原、荒地、滩涂等自然资源属于国家所有;由法律规定属于集体所有的森林和山岭、草原、荒地、滩涂除外;农村和城市郊区的土地,除由法律规定属于国家所有的以外,属于集体所有。对于国家所有或集体所有的这些自然资源,相对人可以依法取得使用权,但需要经过行政机关的确认并核发证书。例如,《土地管理法》第11条规定:"农民集体所有的土地,由县级人民政府登记造册,核发证书,确认所有权。"这是由行政机关对相对人所享有的权利进行确认的行政确权行为,属于行政确认的一种类型。相对人对这些行政确权行为不服时,可以申请行政复议。

5. 侵犯经营自主权的行为

《行政复议法》第6条第5项规定,"认为行政机关侵犯合法的经营自主权的",可以申请行政复议。经营自主权是指企业等从事经营的主体在不违反国家法律的基础上所拥有的调配、使用自己的人力、物力、财力,自行组织生产经营,对所经营财产的占有、使用、收益和处分的权利。根据企业性质或经营主体的不同,经营自主权的内容也各不相同,但其最核心的内容是企业独立自主决定其经营事务的权利。经营自主权是企业等经营主体依法享有的权利,任何单位和个人都不得对其经营自主权非法干涉,因此,当行政机关违法侵犯时,经营者可以申请行政复议。

6. 变更或者废止农业承包合同的行为

《行政复议法》第6条第6项规定,"认为行政机关变更或者废止农业承包合同,侵犯其合法权益的",可以申请行政复议。农业承包合同是指在实行农业家庭承包经营过程中,农业生产合作社等农业集体经济组织与其成员为了发包、承包集体所有的土地等生产资料以及依法确定给农户集体长期使用的国有自然资源,明确相互的权利、义务关系而订立的协议。《农业法》第5条第2款规定,"国家长期稳定农村以家庭承包经营为基础、统分结合的双层经营体制"。农业承包合同涉及农民的经营自主权与财产权,因此,对于行政机关变更或者废止农业承包合同的行为,相对人可以申请行政复议。

7. 集资、征收、摊派等要求相对人履行义务的行为

《行政复议法》第6条第7项规定,"认为行政机关违法集资、征收财物、摊派费用或者违法要求履行其他义务的",可以申请行政复议。其中的"违法集资"是指行政机关没有依照法定的程序经有关部门批准,以发行股票、债券、彩票、投资基金证券或者其他债权凭证的方式向社会公众筹集资金,并承诺在一定期限内以货币、实物及其他利益等方式向出资人还本付息给予回报的行为;"征收财物"包括行政征税、行政收费与公益征收,其共同的特点在于行政机关以强制方式取得相对人一定数额的金钱或特定物品;"摊派费用"是指行政机关将特定支出的费用按照比例进行分配,由众人分担的行为;"违法要求履行其他义务"是指行政机关违法要求相对人承担上述三种行为之外的其他财产或劳务负担,如行政征购等。这些行为的共同特点是行政机关以强制方式要求相对人履行特定义务,对此,相对人可以申请行政复议。

8. 拒绝许可或许可不作为

《行政复议法》第6条第8项规定,"认为符合法定条件,申请行政机关颁发许可证、执照、资质证、资格证等证书,或者申请行政机关审批、登记有关事项,行政机关没有依法办理的",可以申请行政复议。该项规定中涉及的行为实际上是有关许可的行为,"行政机关没有依法办理"可分为两种情况:第一,拒绝许可,即行政机关在相对人提出申请后明确答复不予办理;第二,许可不作为,即行政机关在相对人提出申请后的一定期限内不作出答复,既未许可,也未拒绝,超过法定期间后即构成许可不作为。这两种情况都导致相对人不能获得许可,因此,相对人可以申请行政复议。

9. 行政不作为

《行政复议法》第6条第9项规定,"申请行政机关履行保护人身权利、财产权利、受教育权利的法定职责,行政机关没有依法履行的",可以申请行政复议。人身权利、财产权利和受教育权利都是《宪法》规定的公民基本权利,行政机关负有保护的义务,当相对人申请行政机关保护而行政机关没有依法履行法定职责时,构成行政不作为。行政不作为是指行政主体负有积极实施行政行为的职责和义务,应当履行而未履行或拖延履行其法定职责的状态。对此,相对人可以申请行政复议。

10. 行政救助不作为

《行政复议法》第6条第10项规定,"申请行政机关依法发放抚恤金、社会保险金

或者最低生活保障费,行政机关没有依法发放的",可以申请行政复议。其中的"抚恤金"是指公民因公或因病致残或死亡时,由本人或其家属依法领取的生活费用;"社会保险金"是指公民在失业、年老、疾病、生育、工伤等情况发生时,向社会保障机构申请发放的社会救济金;"最低生活保障费"是指向城镇居民发放的维持其基本生活需要的社会救济金。这些行为同属于行政救助行为,行政救助又被称为行政物质帮助,是指负有法定救助职责的行政主体在公民因年老、疾病或丧失劳动能力等情况或其他紧急事项危及其基本生存时,依法对其提供相应救助的行为。当负有救助义务的行政机关不作为时,相对人可以申请行政复议。

11. 兜底条款

《行政复议法》第6条第11项规定,"认为行政机关的其他具体行政行为侵犯其合法权益的",可以申请行政复议。这是一个"兜底条款",前面列举的事项行为几乎涉及所有的具体行政行为,但其实并不全面;而且随着行政实践的发展,将会不断出现新型的具体行政行为,为了充分、全面地保障相对人的合法权益,该项兜底性规定是必要的。同时,在立法技术上,该项兜底性规定与《行政复议法》第2条的概括式规定相对应,前面列举的十项具体行政行为形式加上"其他具体行政行为"的兜底性规定,正好就是《行政复议法》第2条所规定的"具体行政行为",在立法上实现前后呼应,充分发挥了概括式立法与列举式立法各自的优点。

二、抽象行政行为的复议范围

根据《行政复议法》第2条"概括式"和第6条"列举式"的规定,行政复议的范围仅限于"具体行政行为",而对于抽象行政行为不得直接提出行政复议申请。但是,可以在针对具体行政行为提出复议申请的同时,针对作为该具体行政行为依据的规章以下的规范性文件(行政规定)附带性地提出审查申请,因此,针对抽象行政行为提出的行政复议又被称为"附带性审查"。

抽象行政行为是指行政机关针对不特定的对象作出的具有普遍约束力的决定和命令的行为。根据效力等级的不同,抽象行政行为可以划分为制定行政法规、规章以及规章以下的规范性文件的行为。《行政复议法》第2条、第6条规定:对于具体行政行为可以申请行政复议;对于抽象行政行为,该法第7条规定:公民、法人或者其他组织认为行政机关的具体行政行为所依据的下列规定不合法,在对具体行政行为申请行政复议时,可以一并向行政复议机关提出对该规定的审查申请:(1)国务院部门的规定;(2)县级以上地方各级人民政府及其工作部门的规定;(3)乡、镇人民政府的规定。前款所列规定不含国务院部、委员会规章和人民政府规章。规章的审查依照法律、行政法规的规定实施。其中的"规定"是指行政机关发布的具有普遍约束力的决定、命令等规范性文件,即规章以下的规范性文件。

抽象行政行为的复议范围被限定于规章以下的规范性文件,而行政法规、部门规章、地方政府规章被排除于行政复议的范围之外。其理由在于:第一,行政法规、部门规章、地方政府规章是分别由国务院、国务院部委、省级或副省级人民政府制定的规范性文件,行政立法的层次较高,《立法法》《行政法规制定程序条例》《规章制定程序条例》对其制定的程序进行了严格的限制,违法的可能性较小;第二,《立法法》《法规规章备案条例》等对行政法规、规章规定了监督的程序,设置了一套比较严格的备案审查制度,在行政法规、规章违法的情况下,可以通过这些监督程序进行纠正;第三,行政法规、规章一般并不直接侵犯相对人的合法权益,只有在行政机关适用行政法规、规章作出具体行政行为时才可能侵犯相对人的合法权益,但此时完全可以通过对具体行政行为申请行政复议进行救济;第四,考虑到政策上、技术上的因素,复议机关审查行政法规、规章的合法性还存在一定的难度。

对于规章以下的规范性文件,《立法法》以及其他有关行政立法的法律、法规中都没有作出规定,不存在有效的监督途径;同时,在现实中,某些行政机关违法制定"规定"的问题严重,甚至有行政机关依据自己违法制定的"规定"作出具体行政行为。而行政复议是救济相对人权益、监督行政机关依法行政的途径,因此,有必要对这些"规定"进行审查。

此外,从申请审查的形式来看,相对人不得单独提起对规章以下的规范性文件的行政复议申请,而必须在对具体行政行为提出行政复议申请的同时"一并"提出对规章以下的规范性文件的行政复议申请。其理由在于:规章以下的规范性文件属于抽象行政行为,针对的是不特定的人或事,如果没有具体适用于特定的人或事,就不能产生实际的损害。没有受到实际损害的公民、法人或其他组织如果认为该规范性文件违法,可以向各级人大及其常委会、上级行政机关等有权机关提出审查建议,但不得提出行政复议申请,行政复议必须由权益受到侵害或实际影响的相对人提起。因此,对于规章以下的规范性文件,相对人不得单独提起行政复议申请,而只能与对具体行政行为的行政复议申请一并提起。

三、行政复议的排除事项

《行政复议法》除了在第 2 条、第 6 条、第 7 条对可以申请行政复议的范围作出明确规定外,还在第 8 条规定了行政复议的排除事项,即"不服行政机关作出的行政处分或者其他人事处理决定的,依照有关法律、行政法规的规定提出申诉。不服行政机关对民事纠纷作出的调解或者其他处理,依法申请仲裁或者向人民法院提起诉讼"。

(一) 行政处分或者其他人事处理决定

行政处分是行政机关对违法、违纪的国家公务员所给予的惩戒,包括警告、记过、记大过、降级、撤职、开除六种形式。其他人事处理决定是指除行政处分外,公务员的管理机关对公务员的违纪行为或尚未构成犯罪的一般违法行为进行的精神处罚、物质处罚和职务处罚等方面的处理决定,包括辞退或者取消录用、降职、免职、对申请辞职或提前退休的批准或不批准、确定或者扣减工资福利或保险待遇等。

从特别权力关系理论来看,行政处分以及其他人事处理决定是行政机关的内部行政行为,与外部行政法律关系所具有的权力性不同,这些法律关系中具有特别的权力性,因此称为"特别权力关系"。对于特别权力关系内的纷争,通过内部途径救济。对此,《公务员法》第90条规定了复核、申诉、控告等行政内部的救济方式。

(二) 行政机关对民事纠纷作出的调解或者其他处理

行政机关对民事纠纷作出的调解是指行政机关依法对属于本机关职权管辖范围内的民事纠纷,通过耐心的说服教育,使纠纷的双方当事人互相谅解,在平等协商的基础上达成一致协议,从而解决纠纷的活动。传统理论一般认为,行政权机关不应干预民事活动,民事纠纷应当由社会中介组织或司法机关作出裁决。但随着现代行政的发展,行政调解逐渐得到承认,并被广泛运用于行政活动之中。

在有关民事纠纷的行政调解中,行政机关仅仅作为居中的调停人对民事纠纷的各方当事人进行说服教育,促使其达成和解协议。同时,行政调解协议并不具有强制执行的法律效力,调解的结果要靠双方当事人自觉自愿地遵守、执行,对当事人没有法律约束力,当事人不执行调解协议的,不能强制执行。因此,行政调解并非严格意义上的行政行为,当事人对调解协议不服的,可以向法院提起诉讼或者向仲裁机构申请仲裁,不能向行政复议机关申请复议。

但是,《治安管理处罚法》第9条规定:"对于因民间纠纷引起的打架斗殴或者损毁他人财物等违反治安管理行为,情节较轻的,公安机关可以调解处理。经公安机关调解,当事人达成协议的,不予处罚。经调解未达成协议或者达成协议后不履行的,公安机关应当依照本法的规定对违反治安管理行为人给予处罚,并告知当事人可以就民事争议依法向人民法院提起民事诉讼。"可见,达成协议以及履行协议是公安机关不予处罚的条件,对于相对人而言,也可能会因为畏惧处罚而达成并履行协议。可见,在这种行政调解中,存在一定的强制性。可见,将所有的行政调解都排除在行政复议的范围之外也未必合理。

值得注意的是,该条款中规定的"其他处理"并不包括行政裁决。行政裁决虽然也是针对民事纠纷的行为,但该行为与行政调解在本质上并不相同。行政调解的特征在于必须以当事人自愿为前提,对当事人不具有拘束力,这也正是对调解无须申请行政复议的立法理由。但行政裁决是行政裁决机关针对与行政管理活动相关的民事争议单方面作出的具体行政行为,对当事人具有法律上的拘束力,因此,对行政裁决可以申请行政复议。可见,该条款中的"其他处理"不包括行政裁决,而是指与行政调解具有相同性质的非强制性的处理行为。

第三节 行政复议机关及管辖

在相对人提出行政复议申请时,必须解决向谁提出的问题,其中涉及行政复议机关及其管辖的确定等。

一、行政复议的机关

行政复议是由行政复议机关通过对行政争议的审查、决定而对相对人的权益进行救济的方式,因此,要求行政复议机关必须独立于行政争议的双方当事人之外,居中进行审查、决定。此外,由于行政复议审查的是行政主体的行为,为了确保行政复议决定的有效性,一般要求行政复议机关是作出行政行为的行政机关的上一级行政机关。

(一) 行政复议机关的概念

行政复议机关是指受理行政复议申请,依法对被申请的行政行为进行审查并作出决定的行政机关,即具有行政复议权限、依法履行行政复议职责的行政机关。该定义包括以下含义:第一,行政复议机关是行政机关,而非立法机关或司法机关,这表明了行政复议的内部救济性质;第二,行政复议机关必须具有行政复议权限;第三,行政复议机关能以自己的名义行使行政复议权并对行为后果独立承担法律责任,具有法律主体的资格。

(二) 行政复议机关的类型

从《行政复议法》的相关规定来看,行政复议机关包括以下三种类型:

1. 各级人民政府

各级人民政府是最主要的行政复议机关,包括县级以上地方各级人民政府与国务院,国务院一般不直接作为行政复议机关,但在特殊情况下可以作为二级复议的行政复议机关,此时,国务院的行政复议裁决具有终局性,对其不得寻求救济途径。

2. 派出机关

派出机关是指县级以上地方人民政府派出的行政机关,包括:(1) 省、自治区人民政府经国务院批准设立的行政公署;(2) 县、自治县人民政府经省、自治区、直辖市人民政府批准设立的区公所;(3) 市辖区、不设区的市人民政府经上一级人民政府批准设立的街道办事处。派出机关虽然是由地方人民政府派出的机关,但与派出机构不同,具有行政主体的资格,因此可以作为行政复议机关。

3. 主管部门

针对县级以上地方各级人民政府工作部门的具体行政行为申请行政复议时,除了上一级人民政府可以作为行政复议机关外,上一级主管部门也可以作为行政复议机关。

二、行政复议的机构

行政复议涉及审查行政行为的合法性、合理性等问题,需要一定的专业知识,因此,一般要求行政复议机关内部设立专门负责行政复议的机构,在该机构中要求配备具备专业知识和业务能力的人员。

(一)行政复议机构的概念

行政复议机构是指在行政复议机关内部设立的,专门负责办理有关复议事项的法制机构。该定义包括以下含义:第一,行政复议机构设立在行政复议机关的内部,隶属于行政复议机关。第二,行政复议机构负责办理有关复议的事项,包括受理、审理、裁决复议申请以及有关复议的其他各种事项。第三,行政复议机构在性质上属于办事机构,即行政机关内部的机构,不具有独立的法律主体资格,虽然由其承担行政复议的实际工作,但只能代表行政复议机关,以行政复议机关的名义进行复议活动。第四,行政复议机构是法制机构,在行政复议机关中专门负责法制工作。

(二)行政复议机构的设置

行政复议机构是设置在行政复议机关内部的机构。具体而言,行政复议机构的设置分为两种类型:第一,各级人民政府的行政复议机构设在政府的法制工作机构内或与政府法制工作机构合署办公,即由各级人民政府的法制办公室作为行政复议机构。第二,地方各级政府职能部门和国务院职能部门的行政复议机构并不统一。一般而言,设置了法制工作机构的职能部门作为行政复议机关时,由该法制工作机构作为行政复议机构;而没有设置法制工作机构的职能部门作为复议机关时,由其他机构承担行政复议工作。

行政复议机构与行政复议机关中的其他机构应当保持一定的独立性,直接对行政复议机关的首长负责。行政复议机构对行政复议机关负有切实、适当办理行政复议事项的义务,而行政复议机关负有领导并支持行政复议机构依法办理行政复议事项的义务,依照法律规定配备、充实、调剂专职行政复议人员,保证行政复议机构的办案能力与工作任务相适应。

由于法制工作的专业性,要求行政复议机构必须配备专职行政复议人员。从事行政复议的人员为了适应法制工作的需要,应当具备与履行行政复议职责相适应的品行、专业知识和业务能力。具体而言,除了具备公务员的资格外,在行政机关中初次从事行政复议的人员,应当通过国家统一法律职业资格考试取得法律职业资格。

(三)行政复议机构的职责

《行政复议法》第3条规定:行政复议机关负责法制工作的机构具体办理行政复

议事项,履行下列职责:(1)受理行政复议申请;(2)向有关组织和人员调查取证,查阅文件和资料;(3)审查申请行政复议的具体行政行为是否合法与适当,拟订行政复议决定;(4)处理或者转送对本法第7条所列有关规定的审查申请;(5)对行政机关违反本法规定的行为依照规定的权限和程序提出处理建议;(6)办理因不服行政复议决定提起行政诉讼的应诉事项;(7)法律、法规规定的其他职责。

此外,根据《行政复议法实施条例》第3条的规定,行政复议机构除应当履行上述职责外,还应当履行下列职责:(1)依照《行政复议法》第18条的规定转送有关行政复议申请;(2)办理《行政复议法》第29条规定的行政赔偿等事项;(3)按照职责权限,督促行政复议申请的受理和行政复议决定的履行;(4)办理行政复议、行政应诉案件统计和重大行政复议决定备案事项;(5)办理或者组织办理未经行政复议直接提起行政诉讼的行政应诉事项;(6)研究行政复议工作中发现的问题,及时向有关机关提出改进建议,重大问题及时向行政复议机关报告。

三、行政复议的管辖

行政复议的管辖是指不同层级、职能、地域的各行政复议机关之间在受理行政复议案件上的分工。虽然是行政复议机关之间的内部性权限分工,但从相对人来看,行政复议管辖权的划分不仅限制了相对人可以提出行政复议申请的对象机关,而且有可能影响行政复议的结果。因此,《行政复议法》作出了详细的规定。

(一)对政府工作部门的行为不服的管辖

1. 原则性规定

根据《行政复议法》第12条第1款的规定,对县级以上地方各级人民政府工作部门的具体行政行为不服的,由申请人选择,可以向该部门的本级人民政府申请行政复议,也可以向上一级主管部门申请行政复议。可见,在原则上,对政府工作部门的行为不服的,具有管辖权的行政复议机关包括"本级人民政府"与"上一级主管部门",两者并无先后顺序,由申请人自由选择。

值得注意的是,在《行政复议法》制定之前,某些单行法律、法规规定对政府工作部门的行为的行政复议由"本级人民政府"或者"上一级主管部门"管辖。例如,《集会游行示威法》第13条规定:"集会、游行、示威的负责人对主管机关不许可的决定不服的,可以自接到决定通知之日起三日内,向同级人民政府申请复议,人民政府应当自接到申请复议书之日起三日内作出决定。"对此,应当适用《行政复议法》的规定。

2. 例外性规定

(1)对垂直领导体制的政府工作部门的行为不服的管辖。《行政复议法》第12条第2款规定:"对海关、金融、国税、外汇管理等实行垂直领导的行政机关和国家安全机关的具体行政行为不服的,向上一级主管部门申请行政复议。"目前,我国实行垂直领导的政府工作部门除海关、金融、国税、外汇管理外,还包括工商、质监、土管、烟草、交通、盐业等部门。实行垂直领导体制的行政机关一般都是专业性、技术性要求较强的机关,因此,对其行为进行的行政复议应当由同样具有专业性、技术性条件的上一级主管部门管辖。此外,至于国家安全机关,由于其具有保密性等特殊性,对其行为的行政复议也应当由上一级国家安全机关管辖。

(2) 对国务院各部门的行为不服的管辖。《行政复议法》第 14 条规定:对国务院部门的具体行政行为不服的,向作出该具体行政行为的国务院部门申请行政复议。对行政复议决定不服的,可以向人民法院提起行政诉讼;也可以向国务院申请裁决,国务院依照本法的规定作出最终裁决。也即由国务院部门自己作为对自己行为进行行政复议的机关,这并不符合"正当法律程序"中的回避原则。立法当时的考虑是国务院部门的上一级行政机关是国务院,如果所有对国务院部门的行为的行政复议都由国务院管辖,则国务院有可能不堪重负。但毕竟由国务院部门自己裁决自己的行为在程序上存在着问题,在结果上也有可能导致对相对人权益的救济不利,因此,《行政复议法》采用折中的办法,即"二级复议制度":首先由国务院部门进行行政复议,在申请人对国务院部门的行政复议决定不服时,可以向国务院申请二次行政复议。当然,申请人也可以选择向人民法院起诉,但一旦选择由国务院进行二次行政复议,该复议决定就是终局裁定,即不得再起诉。

(二) 对地方各级人民政府的行为不服的管辖

1. 原则性规定

根据《行政复议法》第 13 条第 1 款的规定,对地方各级人民政府的具体行政行为不服的,向上一级地方人民政府申请行政复议。地方各级人民政府的上一级行政机关是上一级地方人民政府,与上一级人民政府的工作部门之间并不存在领导关系,因此,上一级人民政府的工作部门不具有行政复议管辖权。

2. 例外性规定

(1) 对隶属于行政公署的县级人民政府的行为不服的管辖。根据《行政复议法》第 13 条第 2 款的规定,对省、自治区人民政府依法设立的派出机关所属的县级地方人民政府的具体行政行为不服的,向该派出机关申请行政复议。根据《行政复议法》第 13 条第 1 款的原则性规定,对县级人民政府的行为不服的行政复议由上一级人民政府即省、自治区、直辖市、设区的市、自治州的人民政府管辖。但根据《地方各级人民代表大会和地方各级人民政府组织法》第 68 条的规定,省、自治区的人民政府在必要的时候,经国务院批准,可以设立若干派出机关,即行政公署。行政公署是省、自治区人民政府的派出机构,与设区的市、自治州(地级市)的人民政府设有人民代表大会不同,行政公署不设有人民代表大会,不构成一级地方政权,但其代表省、自治区人民政府指导和管理下属的县级人民政府,因此,具有对其下属的县级人民政府的行为的行政复议管辖权。

(2) 对省级人民政府的行为不服的管辖。《行政复议法》第 14 条规定:对省、自治区、直辖市人民政府的具体行政行为不服的,向作出该具体行政行为的省、自治区、直辖市人民政府申请行政复议。对行政复议决定不服的,可以向人民法院提起行政诉讼;也可以向国务院申请裁决,国务院依照本法的规定作出最终裁决。该规定的立法精神与对国务院部门的行为不服的管辖权的规定相同。

(三)对特殊行政主体具体行政行为不服的管辖

1. 对派出机关的具体行政行为不服的管辖

《行政复议法》第15条第1款第1项规定:对县级以上地方人民政府依法设立的派出机关的具体行政行为不服的,向设立该派出机关的人民政府申请行政复议。根据《地方组织法》第68条的规定,县级以上地方人民政府依法设立的派出机关包括以下三种类型:第一,省、自治区的人民政府在必要的时候,经国务院批准,设立的若干的行政公署;第二,县、自治县的人民政府在必要的时候,经省、自治区、直辖市的人民政府批准,设立的若干区公所;第三,市辖区、不设区的市的人民政府,经上一级人民政府批准,设立的若干街道办事处。如上所述,派出机关并非一级地方政权,没有设置与之相对应的人民代表大会,但具有行政管理权限,从组织上来看,隶属于设立该派出机关的人民政府,即设立派出机关的人民政府是该派出机关的上一级行政机关,因此,对派出机关行为不服的行政复议应当由设立该派出机关的人民政府管辖。

2. 对派出机构的具体行政行为不服的管辖

《行政复议法》第15条第1款第2项规定:对政府工作部门依法设立的派出机构依照法律、法规或者规章规定,以自己的名义作出的具体行政行为不服的,向设立该派出机构的部门或者该部门的本级地方人民政府申请行政复议。派出机构是指由省、自治区、直辖市和各级市人民政府的职能部门根据需要所设置的从事某种专门职能的机构,例如,公安局设立的公安派出所、税务局设立的税务所、市场监管局设立的市场监管所等。派出机构一般不具有行政主体资格,但如果获得法律、法规或者规章的授权,在授权的范围内可以成为行政主体。例如,公安派出所一般不具有行政主体资格,但是《治安管理处罚法》第91条规定:"治安管理处罚由县级以上人民政府公安机关决定;其中警告、五百元以下的罚款可以由公安派出所决定。"可见,公安派出所可以以自己的名义作出警告或500元以下的罚款,此时,公安派出所具有行政主体的资格。《税收征收管理法》第74条规定:"本法规定的行政处罚,罚款额在二千元以下的,可以由税务所决定。"也即税务所在作出2000元以下的罚款时具有行政主体的资格。对于派出机构以自己的名义作出的具体行政行为提起的行政复议,由派出机构的上一级行政机关管辖。派出机构的上一级行政机关包括设立该派出机构的部门与本级地方人民政府,两者都具有管辖权,对此,申请人具有选择的权利。在派出机构不以自己的名义而以设立该派出机构的部门的名义依法作出具体行政行为时,申请人应当以设立该派出机构的部门为被申请人提起行政复议。

3. 对授权组织作出的行政行为不服的管辖

《行政复议法》第15条第1款第3项规定,"对法律、法规授权的组织的具体行政行为不服的,分别向直接管理该组织的地方人民政府、地方人民政府工作部门或者国务院部门申请行政复议"。法律、法规授权的组织具有行政主体的资格,可以在授权范围内以自己的名义作出具体行政行为,对该行为不服而提起的行政复议应当由直接管理法律、法规授权组织的行政机关管辖。根据具体情况的不同,直接管理该组织的行政机关又可以分为地方人民政府、地方人民政府工作部门或者国务院部门。

4. 对共同行政行为不服的管辖

《行政复议法》第15条第1款第4项规定,"对两个或者两个以上行政机关以共同的名义作出的具体行政行为不服的,向其共同上一级行政机关申请行政复议"。通常情况下,行政复议机关是作出具体行政行为的行政机关的上一级行政机关,但在共同行政行为中,行为的主体是两个或者两个以上行政机关,因此,对其行为的行政复议应当由共同的上一级行政机关管辖。此时,判断是否属于共同行政行为的标准是具体行政行为是否由两个或者两个以上行政机关以共同的名义作出,如果多个行政机关仅仅是参与行政活动,而最终以其中某一个行政机关的名义作出具体行政行为,则并非共同行政行为。

5. 对被撤销的行政机关作出的行政行为不服的管辖

《行政复议法》第15条第1款第5项规定,"对被撤销的行政机关在撤销前所作出的具体行政行为不服的,向继续行使其职权的行政机关的上一级行政机关申请行政复议"。我国正在进行行政体制改革,随着政府职能的转变,可能发生撤销行政机关的情况,此时,被撤销的行政机关的权利、义务随着其职权一起转移到继续行使其职权的行政机关。因此,对被撤销的行政机关的具体行政行为不服的行政复议应当由继续行使其职权的行政机关的上一级行政机关管辖。

上述五种对特殊行政主体具体行政行为不服的管辖权比较复杂,对于一般的申请人来说未必知晓。为了方便申请人提出复议申请,《行政复议法》第15条第2款规定:"有前款所列情形之一的,申请人也可以向具体行政行为发生地的县级地方人民政府提出行政复议申请,由接受申请的县级地方人民政府依照本法第十八条的规定办理。"也即接受申请的地方人民政府在自接到申请的7日内,应当转送有关行政复议机关,并告知申请人;接受转送的机关应当对申请人的申请进行审查,作出是否受理的决定。

第四节 行政复议的参加人

行政复议参加人是指提出行政复议申请、被申请行政复议以及与争议的具体行政行为具有利害关系,在整个或部分行政复议过程中参加行政复议活动的人。

一、行政复议参加人

行政复议参加人是指在整个或部分行政复议过程中参加行政复议,对行政复议程序能够产生重大影响的人,包括当事人及其代理人。其中的"人"包括公民、法人、其他组织以及行政主体。

(一) 复议当事人

复议当事人是指与具体行政行为有利害关系,因具体行政行为发生争议,以自己的名义参加复议,并受行政复议机关的裁定拘束的主体。狭义的复议当事人特指申请人与被申请人,这也是最主要的复议参加人;广义的复议当事人还包括申请人、被申请人以及第三人。当事人的特点在于:第一,与具体行政行为有利害关系,具体行政行为影响其权利、义务或者其本身就是作出具体行政行为的主体;第二,对具体行政行为发生争议,针对具体行政行为是否合法、适当等发生争议;第三,能够以自己的名义参加行政复议,并受到行政复议决定的拘束;第四,能够引起行政复议程序发生、变更或消灭。

(二) 复议代理人

复议代理人是指在当事人授权范围内,以该当事人的名义代理该当事人进行行政复议行为,维护该当事人合法利益的人。《行政复议法》第10条第5款规定:申请人、第三人可以委托代理人代为参加行政复议。

此外,与行政复议参加人相关联的还有行政复议参与人的概念。行政复议参与人是指参与行政复议活动的人,范围比行政复议参加人更为广泛,除了行政复议参加人之外,还包括证人、鉴定人、翻译人、勘验人等。这些人的特点是在法律上与行政复议案件本身没有利害关系。

二、行政复议申请人

(一) 行政复议申请人的概念

行政复议申请人是指认为行政机关违法行使职权侵犯自己的合法权益,而依法向行政复议机关提出行政复议申请的公民、法人或者其他组织。可见,行政复议申请人应当具备以下条件:第一,行政复议申请人是与行政机关相对的相对人,是行政机关作出的具体行政行为的针对对象,具体包括公民、法人或者其他组织;第二,行政复议申请人认为行政机关的行为违法或不当,并侵犯了自己的合法权益,当然,此处仅仅要求行政复议申请人"认为"即可;第三,行政复议申请人以自己的名义向行政复议机关提出行政复议申请。

(二) 行政复议申请人的资格

依照《行政复议法》申请行政复议的公民、法人或者其他组织就是申请人,但在特定情况下,申请人的资格可能发生转移。

1. 公民的行政复议申请人资格

通常情况下,行政复议申请人就是有权申请行政复议的公民本人。公民作为申请人,要求具有权利能力、能够亲自参加行政复议活动的行为能力。因此,具备权利能力与行为能力的有权申请行政复议的公民就是行政复议申请人。但是,有权申请行政复议的公民死亡的,其近亲属可以申请行政复议,此时,该近亲属具有行政复议申请的资格,即行政复议申请人的资格发生了转移。此外,有权申请行政复议的公民为无民事行为能力人或者限制民事行为能力人的,其法定代理人可以代为申请行政复议。此时,法定代理人仅仅是"代为"申请行政复议,而行政复议申请人仍然是无民事行为能力或者限制民事行为能力的公民,即申请人资格没有发生转移。

2. 法人或其他组织的行政复议申请人资格

通常情况下,有权申请行政复议的法人或其他组织是行政复议申请人。根据《行政复议法实施条例》第6条、第7条的规定,对法人或其他组织的行政复议申请人资格的具体认定包括以下规则:第一,合伙企业申请行政复议的,应当以核准登记的企业为申请人,由执行合伙事务的合伙人代表该企业参加行政复议;其他合伙组织申请行政复议的,由合伙人共同申请行政复议。第二,合伙组织以外的不具备法人资格的其他组织申请行政复议的,由该组织的主要负责人代表该组织参加行政复议;没有主要负责人的,由共同推选的其他成员代表该组织参加行政复议。第三,股份制企业的股东大会、股东代表大会、董事会认为行政机关作出的具体行政行为侵犯企业合法权益的,可以以企业的名义申请行政复议。

此外,法人或其他组织的行政复议申请人资格也有可能发生转移,但有权申请行政复议的法人或者其他组织终止时,承受其权利的法人或者其他组织可以申请行政复议。

三、行政复议被申请人

(一) 行政复议被申请人的概念

行政复议被申请人是指由申请人在行政复议申请中指控其具体行政行为违法侵犯申请人的合法权益,并经行政复议机关确认,通知其参加行政复议的行政机关或法律、法规授权的组织。行政复议被申请人具有以下特点:第一,被申请人是行使职权作出行政行为的行政机关或法律、法规授权组织;第二,被申请人认为,其违法行为侵犯了申请人的合法权益;第三,被申请人处于被动地位,只有在申请人提出行政复议申请,经行政复议机关确认并通知其参加行政复议时,才能成为被申请人;第四,被申请人以自己的名义参加行政复议。

(二) 行政复议被申请人的资格

《行政复议法》第 10 条、第 15 条以及《行政复议法实施条例》第 12 条至第 14 条规定了确定行政复议被申请人资格的以下规则：

1. 原则性规定

公民、法人或者其他组织对行政机关的具体行政行为不服，申请行政复议的，作出具体行政行为的行政机关是被申请人。原则上，以"作出具体行政行为的行政机关"作为行政复议被申请人。

2. 共同被申请人

行政机关与法律、法规授权的组织以共同的名义作出具体行政行为的，行政机关和法律、法规授权组织为共同被申请人。但是，行政机关与其他组织以共同名义作出具体行政行为的，行政机关为被申请人。

3. 被授权组织与受委托组织的被申请人资格

行政授权包括广义上的法律、法规的授权与行政机关依法将自己行政职权的部分或全部转让给其他组织的狭义行政授权。获得法律、法规或行政机关授权的被授权组织可以以自己的名义在授权范围内作出具体行政行为，对该行政行为提出行政复议时应当以该组织为被申请人。

受行政机关委托的组织并不具有行政主体的资格，必须以委托的行政机关的名义作出具体行政行为，行为的法律后果也由委托的行政机关承担，因此，对其行为不服，提出行政复议时应当以委托的行政机关为被申请人，受委托组织并不具有被申请人的资格。

4. 派出机关的被申请人资格

派出机关虽然不是一级地方政权，但具有行政主体的资格，因此，对派出机关的具体行政行为不服，提出行政复议时，应当以该派出机关作为被申请人。

5. 派出机构的被申请人资格

派出机构是否具有行政复议被申请人资格，应当根据派出机构在作出具体行政行为时是否具有行政主体资格来决定。具体而言，对政府工作部门依法设立的派出机构依据法律、法规或者规章的规定以自己的名义作出的具体行政行为不服的，该派出机构是被申请人。但是，行政机关设立的派出机构、内设机构或者其他组织，未经法律、法规授权，对外以自己的名义作出具体行政行为被申请行政复议的，该行政机关为被申请人。

6. 作出具体行政行为的行政机关被撤销后的被申请人

作出具体行政行为的行政机关被撤销后，该行政行为的法律后果由继续行使其职权的行政机关承担，因此，对该行为不服，提出行政复议时，应当以继续行使其职权的行政机关作为被申请人。

7. 经批准的行政行为之被申请人

下级行政机关依照法律、法规、规章的规定，经上级行政机关批准而作出的具体行政行为,实际上是以批准机关的名义作出的行政行为,对该行为不服而提出行政复议时,应当以批准机关作为被申请人。

四、行政复议第三人

(一) 行政复议第三人的概念

行政复议第三人是指申请人之外,与被申请行政复议的具体行政行为有利害关系,为维护自己的合法权益并经行政复议机关同意参加行政复议的公民、法人或者其他组织。该定义包括以下含义:第一,行政复议第三人与被申请行政复议的具体行政行为之间具有利害关系,包括直接利害关系与间接利害关系;第二,行政复议第三人参加行政复议的时间必须是在复议申请已经被受理至复议活动尚未终结期间;第三,行政复议第三人参加复议必须得到复议机关的同意;第四,行政复议第三人以独立的身份参加复议,并不依附于申请人或被申请人;行政复议第三人参加复议就是为了维护自己的合法权益;第五,行政复议第三人在参加复议过程中享有与申请人基本相同的权利,但不具有撤回行政复议申请的权利。

(二) 行政复议第三人的类型

在现实中,第三人参加行政复议活动主要包括以下情形:第一,在行政处罚案件中,被侵害人与被处罚的侵害人互为第三人,即对行政处罚行为不服时,双方中的任何一方都可以提出行政复议,而另一方就可以以行政复议第三人的身份参加复议;第二,行政处罚案件中共同的被处罚人之间互为第三人;第三,在竞争性的行政许可案件中,具有竞争关系的相对人之间互为第三人;第四,行政裁决、行政确权案件中民事纠纷当事人之间互为第三人;第五,两个或两个以上行政机关对同一行政案件作出相互矛盾的具体行政行为,相对人以其中一个行政机关为被申请人而提出行政复议申请时,其他行政机关可以作为第三人参加复议;第六,其他与被申请的具体行政行为有利害关系的相对人。

(三) 行政复议第三人参加复议的方式

根据《行政复议法实施条例》第9条的规定,行政复议第三人参加复议的方式包括"通知"参加与"申请"参加两种方式。

1. "通知"参加

行政复议期间,行政复议机关认为申请人以外的公民、法人或者其他组织与被审查的具体行政行为有利害关系的,可以通知其作为第三人参加行政复议。被通知作为第三人参加复议的公民、法人或其他组织可以自由决定是否参加复议。第三人不参加行政复议,不影响行政复议案件的审理。

2. "申请"参加

行政复议期间,申请人以外的公民、法人或者其他组织认为自己与被审查的具体行政行为有利害关系的,可以向行政复议机关申请作为第三人参加行政复议。该申请经行政复议机关审查批准后,公民、法人或者其他组织才可参加复议。可见,"申请"未必就意味着"参加"。

五、行政复议代理人

(一) 行政复议代理人的概念

行政复议代理人是指在法律规定、法院指定或者该当事人授权范围内,以该当事人的名义代理该当事人作出复议行为,并维护该当事人合法利益的人。该定义包括以下含义:第一,行政复议代理人必须具有进行复议的行为能力,无行为能力者不能成为行政复议代理人;第二,行政复议代理人必须由法律规定、法院指定或者该当事人委托才可参加复议活动;第三,行政复议代理人以被代理人的名义进行复议活动,其目的是维护被代理人的合法权益;第四,行政复议代理人的代理权限来自于法律规定、法院指定或者该当事人委托,必须在该权限范围内进行复议活动,否则,不能产生法律效果;第五,行政复议代理人在代理权限范围内进行复议活动的法律后果由被代理人承担。

(二) 行政复议代理人的类型

根据行政复议代理人获得代理权限的依据的不同,可以将行政复议代理人分为以下三种类型:

1. 法定代理人

法定代理人是指依据法律的规定获得行政复议代理权,代理无民事行为能力或者限制民事行为能力的公民进行行政复议的人,例如,《行政复议法》第10条第2款规定:"有权申请行政复议的公民为无民事行为能力人或者限制民事行为能力人的,其法定代理人可以代为申请行政复议。"其目的是保护那些无民事行为能力和限制民事行为能力的人的合法权益。

2. 委托代理人

委托代理人是指受当事人的委托而获得行政复议代理权,代理当事人参加行政复议的人。

(1) 委托代理人的适用范围

《行政复议法》第10条第5款规定:"申请人、第三人可以委托代理人代为参加行政复议。"可见,行政复议代理人的委托仅适用于申请人与第三人,而被申请人不可以委托代理人。这是因为被申请人是作出具体行政行为的行政主体,如果委托代理人,代理人并不熟悉作出具体行政行为时的具体情况,而被申请人亲自参加行政复议有利于行政复议机关对行政行为的审查。

(2) 行政复议代理人的委托程序

《行政复议法实施条例》第10条规定:申请人、第三人可以委托1至2名代理人参加行政复议。申请人、第三人委托代理人的,应当向行政复议机关提交授权委书。授权委托书应当载明委托事项、权限和期限。公民在特殊情况下无法书面委托的,可以口头委托。口头委托的,行政复议机关应当核实并记录在卷。申请人、第三人解除或者变更委托的,应当书面报告行政复议机关。

第五节　行政复议的申请与受理

行政复议程序是指行政复议活动所必须遵循的步骤、方式、时限、顺序等。行政复议程序是介于一般行政程序与司法程序之间的准司法性的程序,注重保障行政复议活动的公正性与合理性,同时也具有简易、高效的特点。根据《行政复议法》的有关规定,行政复议程序分为申请、受理、审理、决定、送达与执行等阶段。

一、行政复议的申请

行政复议申请是指相对人对行政主体的行政行为不服而向行政复议机关提出请求行政复议的申请的行为。行政复议具有"不告不理"的特点,因此,相对人向行政复议机关提出复议申请是启动行政复议程序的前提。

(一) 行政复议申请的期限

1. 行政复议申请的法定期限

根据行政复议时效原则,行政复议申请人必须在法定期限内提出行政复议申请,若超过法定期限就将丧失申请行政复议的权利。《行政复议法》第9条第1款规定:"公民、法人或者其他组织认为具体行政行为侵犯其合法权益的,可以自知道该具体行政行为之日起六十日内提出行政复议申请;但是法律规定的申请期限超过六十日的除外。"可见,"自知道该具体行政行为之日起60日内"就是行政复议申请的法定期限。但如果单行法所规定的行政复议申请期限超过该法定期限,则以该单行法规定的期限为准;如果单行法规定的行政复议申请期限少于60日,根据《行政复议法》第42条的规定,"本法施行前公布的法律有关行政复议的规定与本法的规定不一致的,以本法的规定为准",即应当以《行政复议法》所规定的60日为准。可见,60日是行政复议申请的最低期限。

2. 行政复议申请期限的计算

"知道该具体行政行为之日"是计算行政复议申请期限的起点,但"知道"含有一定的主观性,为此,《行政复议法实施条例》第15条、第16条规定了行政复议申请期限的具体计算规则。

(1) 作为性行政行为行政复议申请期限的计算

对于行政主体作出的行政行为不服而提出行政复议申请的，申请期限按照以下规则计算：① 当场作出具体行政行为的，自具体行政行为作出之日起计算。② 载明具体行政行为的法律文书直接送达的，自受送达人签收之日起计算。③ 载明具体行政行为的法律文书邮寄送达的，自受送达人在邮件签收单上签收之日起计算；没有邮件签收单的，自受送达人在送达回执上签名之日起计算。④ 具体行政行为依法通过公告形式告知受送达人的，自公告规定的期限届满之日起计算。⑤ 行政机关作出具体行政行为时未告知公民、法人或者其他组织，事后补充告知的，自该公民、法人或者其他组织收到行政机关补充告知的通知之日起计算。⑥ 被申请人能够证明公民、法人或者其他组织知道具体行政行为的，自证据材料证明其知道具体行政行为之日起计算。此外，行政机关作出具体行政行为，依法应当向有关公民、法人或者其他组织送达法律文书而未送达的，视为该公民、法人或者其他组织不知道该具体行政行为。

(2) 不作为性行政行为行政复议申请期限的计算

申请行政机关履行法定职责，行政机关未履行的，行政复议申请期限依照下列规定计算：① 有履行期限规定的，自履行期限届满之日起计算；② 没有履行期限规定的，自行政机关收到申请满60日起计算。但是，公民、法人或者其他组织在紧急情况下请求行政机关履行保护人身权、财产权的法定职责，行政机关不履行的，行政复议申请期限不受前述规定的限制。

3. 行政复议时效的中止

行政复议时效的中止是指因不可抗力或者其他正当理由耽误法定申请期限的，行政复议时效中止，申请期限自障碍消除之日起继续计算。"不可抗力"是指不能预见、不能避免并不能克服的客观情况，如地震、水灾、战争等；"其他正当理由"包括申请人病重、代理人死亡或丧失民事行为能力等。时效的中止是指自不可抗力或者其他正当理由发生之日起到其消除之日为止暂时停止计算日期，自障碍消除之日起继续计算，而非重新计算。

4. 行政主体的告知义务与行政复议申请期限的关系

《行政复议法实施条例》第17条规定："行政机关作出的具体行政行为对公民、法人或者其他组织的权利、义务可能产生不利影响的，应当告知其申请行政复议的权利、行政复议机关和行政复议申请期限。"由此确立了行政机关的告知义务。但该条款并没有规定行政主体不履行告知义务的法律后果。从正当法律程序原则来看，行政主体如果违反告知义务，就应当承担相应的法律后果。例如，在《行政诉讼法》中对未履行告知义务的法律后果进行了明确，该法第48条第1款规定："公民、法人或者其他组织因不可抗力或者不属于其自身的原因耽误起诉期限的，被耽误的时间不计算在起诉期限内。"《行政诉讼法司法解释》第64条规定：行政机关作出行政行为时，未告知公民、法人或者其他组织起诉期限的，起诉期限从公民、法人或者其他组织知道或者应当知道起诉期限之日起计算，但从知道或者应当知道行政行为内容之日起最长不得超过一年。可见，在《行政复议法》中对于行政主体不履行或错误履行告知义务的法律后果也应当明确规定。

(二) 行政复议申请的方式

行政复议申请的方式是指相对人提出行政复议请求的具体形式。根据《行政复议法》第11条的规定,申请人申请行政复议,可以书面申请,也可以口头申请。可见,行政复议申请包括书面申请与口头申请两种方式。

1. 书面申请

申请人书面申请行政复议的,可以采取当面递交、邮寄或者传真等方式提出行政复议申请。有条件的行政复议机关可以接受以电子邮件形式提出的行政复议申请。

申请人书面申请行政复议的,应当在行政复议申请书中载明下列事项:(1) 申请人的基本情况,包括:公民的姓名、性别、年龄、身份证号码、工作单位、住所、邮政编码;法人或者其他组织的名称、住所、邮政编码和法定代表人或者主要负责人的姓名、职务;(2) 被申请人的名称;(3) 行政复议请求、申请行政复议的主要事实和理由;(4) 申请人的签名或者盖章;(5) 申请行政复议的日期。此外,有下列情形之一的,申请人还应当提供证明材料:(1) 认为被申请人不履行法定职责的,提供曾经要求被申请人履行法定职责而被申请人未履行的证明材料;(2) 申请行政复议时一并提出行政赔偿请求的,提供受具体行政行为侵害而造成损害的证明材料;(3) 法律、法规规定需要申请人提供证据材料的其他情形。

2. 口头申请

口头申请的,行政复议机关应当按照行政复议申请书的格式当场记录申请人的基本情况、行政复议请求、申请行政复议的主要事实、理由和时间等,并当场制作行政复议申请笔录交申请人核对或者向申请人宣读,由申请人签字确认。

二、行政复议申请的受理

行政复议申请的受理是指申请人提出行政复议申请后,行政复议机关通过对复议申请的审查,认为该申请符合法定条件时,接受申请并予以立案的行为。行政复议申请的提出是行政复议程序启动的前提,但行政复议申请只有在被行政复议机关受理之后才意味着行政复议程序的启动。

(一) 受理行政复议申请的条件

从《行政复议法》以及《行政复议法实施条例》第28条的规定来看,申请行政复议应当符合以下条件:第一,提出申请者具有行政复议申请人的资格,与具体行政行为之间具有利害关系;第二,有明确的行政复议被申请人,而且被申请人必须正确,如果错列被申请人的,行政复议机关应当告知申请人变更被申请人;第三,有具体的行政复议请求、申请行政复议的主要事实和理由;第四,属于行政复议的法定受案范围;第五,行政复议机关正确,即向具有管辖权的行政复议机关提出行政复议申请,复议的内容属于行政复议机关的职权范围;第六,行政复议申请的形式合法,并且在法定期限内提出;第七,法律规定的其他条件,例如,对于人民法院已经依法受理的案件,不得申请行政复议。

(二) 对行政复议申请的处理

行政复议机关在收到申请人的行政复议申请后,应当及时对该申请进行审查,并作出相同的处理。

1. 受理决定

行政复议机关收到行政复议申请后,应当在5日内进行审查。原则上对于行政复议申请必须受理,而且自行政复议机关负责法制工作的机构收到之日起即为受理,但存在不予受理决定或通知补正等例外情况。

2. 不予受理决定

对于不符合《行政复议法》规定的行政复议申请,决定不予受理,并书面告知申请人。对于符合《行政复议法》规定,但是不属于本机关受理的行政复议申请,应当告知申请人向有关行政复议机关提出。

3. 通知补正

行政复议申请材料不齐全或者表述不清楚的,行政复议机关可以自收到该行政复议申请之日起5日内书面通知申请人补正。补正通知应当载明需要补正的事项和合理的补正期限。无正当理由逾期不补正的,视为申请人放弃行政复议申请。补正申请材料所用时间不计入行政复议审理期限。

4. 行政复议申请的转送

对派出机关、派出机构、授权组织、多个行政机关共同、被撤销的行政机关作出的行政行为不服而提出行政复议申请时,其管辖权比较复杂,对于一般的申请人来说未必知晓。为了方便申请人提出行政复议申请,《行政复议法》规定:申请人也可以向具体行政行为发生地的县级地方人民政府提出行政复议申请,接受申请的地方人民政府在自接到申请后的7日内,应当转送有关行政复议机关,并告知申请人;接受转送的机关应当对申请人的申请进行审查,作出是否受理的决定。

三、行政复议申请受理争议的解决

申请人就同一事项向两个或者两个以上有权受理的行政机关申请行政复议的,由最先收到行政复议申请的行政机关受理;同时收到行政复议申请的,由收到行政复议申请的行政机关在10日内协商确定,协商不成的,由其共同上一级行政机关在10日内指定受理机关。协商确定或者指定受理机关所用时间不计入行政复议审理期限。

四、行政复议申请受理的监督

公民、法人或其他组织依法提出行政复议申请,行政复议机关无正当理由不予受理的,上级行政机关应当责令其受理。具体而言,上级行政机关认为行政复议机关不予受理行政复议申请的理由不成立的,可以先行督促其受理;经督促仍不受理的,应当责令其限期受理,必要时也可以直接受理;认为行政复议申请不符合法定受理条件的,应当告知申请人。

第六节 行政复议的审理

行政复议审理是指行政复议机关对受理的行政复议案件进行合法性与适当性审查的过程,即审查作出具体行政行为的事实是否清楚、适用法律是否正确、理由是否充分、内容是否合理等。

一、审理前的准备

为了审理工作的顺利进行,在审理前行政复议机关应当进行以下准备工作:

(一) 确定行政复议承办人员

行政复议具体由行政复议机关负责法制工作的机构承担。在受理申请后,由行政复议机构审理行政复议案件,行政复议机构确定 2 名以上行政复议人员参加审理工作。

(二) 发送行政复议申请书副本

行政复议机关负责法制工作的机构应当自行政复议申请受理之日起 7 日内,将行政复议申请书副本或者行政复议申请笔录复印件发送被申请人。被申请人应当自收到申请书副本或者申请笔录复印件之日起 10 日内,提出书面答复,并提交当初作出具体行政行为的证据、依据和其他有关材料。

(三) 提供被申请人答复及材料的查阅

申请人、第三人可以查阅被申请人提出的书面答复、作出具体行政行为的证据、依据和其他有关材料,除涉及国家秘密、商业秘密或者个人隐私外,行政复议机关不得拒绝,而且应当为申请人、第三人查阅有关材料提供必要条件。

(四) 更换或者追加当事人

行政复议机关在进行审理前的准备时,发现申请人或被申请人不符合条件,应当予以更换,通知符合条件的当事人参加。发现应当参加的第三人、共同申请人或被申请人没有参加的,及时通知其参加。

(五) 调查取证

行政复议机关负责法制工作的机构认为必要时,可以实地调查、核实证据。

(六) 明确争议焦点、确定审理计划

通过对申请书与被申请人答复书的查阅,了解案件基本情况,明确争议焦点,确定书面或听证的审查方式以及审理的计划。

二、行政复议审理的方式

《行政复议法》第22条规定:行政复议原则上采取书面审查的办法,但是申请人提出要求或者行政复议机关负责法制工作的机构认为有必要时,可以向有关组织和人员调查情况,听取申请人、被申请人和第三人的意见。也即行政复议以书面审理方式为主。这是出于提高效率的考虑,体现了行政复议的行政性特点。但书面审理方式对于相对人权益的保障并不充分,因此,对重大、复杂的案件,申请人提出要求或者行政复议机关负责法制工作的机构认为必要时,可以采取听证的方式审理。

此外,在实践中,目前各地对于行政复议的审理方式正在进行改革,例如,对于重大、复杂的行政复议案件,多地采取了通过由外部专家参与的行政复议委员会进行审理的方式,有利于确保复议的公正性。但是从目前各地探索的行政复议委员会改革试点的情况来看,各地所采取的方式并不完全相同,今后还有待立法进行统一和完善。

三、行政复议审查的范围

行政复议采用全面审查原则,不仅审查具体行政行为的合法性与合理性,而且可以对规章以下的规范性文件进行附带性的审查。

(一) 对具体行政行为的审查

《行政复议法》第3条规定,行政复议机关负责法制工作的机构的职责之一是"审查申请行政复议的具体行政行为是否合法与适当"。可见,行政复议对具体行政行为审理的范围包括合法性审查与合理性审查两个方面。

1. 对具体行政行为的合法性审查

行政复议机关在审查行政复议案件时,对具体行政行为的合法性进行审查,即审查具体行政行为的事实是否清楚、证据是否确凿、适用依据是否正确、程序是否合法等。

2. 对具体行政行为的合理性审查

与行政诉讼中的司法审查相比,行政复议的审查范围更为广泛,不仅审查具体行政行为的合法性,而且审查其合理性。合理性审查是指行政复议机关对被申请人作

出的具体行政行为是否公平、合理的问题进行审查。这是因为行政复议机关在性质上属于行政机关，对具体行政行为的合理性进行监督也是行政机关的内部工作，而且行政复议机关具备审查行政行为合理性所需要的专业性、技术性等要求，对于具体行政行为是否合理具有判断的能力。

（二）对规范性文件的审查

行政复议机关对规范性文件进行的审查包括以下两种方式：

1. 主动性审查

行政复议机关在对被申请人作出的具体行政行为进行审查时，不仅应当审查该具体行政行为的事实与理由，还应当审查其依据，如果认为其依据不合法，该复议机关有权处理的，应当在30内依法处理；无权处理的，应当在7日内按照法定程序转送有权处理的国家机关依法处理。处理期间，中止对具体行政行为的审查。

2. 被动性审查

《行政复议法》第7条规定：申请人在对具体行政行为提起行政复议时，可以一并申请行政复议机关对该具体行政行为所依据的"规定"（规章以下的规范性文件）进行审查。对此，行政复议机关对该规定有权处理的，应当在30日内依法处理；无权处理的，应当在7日内按照法定程序转送有权处理的行政机关依法处理，有权处理的行政机关应当在60日内依法处理。处理期间，中止对具体行政行为的审查。

四、行政复议审查中的举证规则

对于行政复议中的举证规则，《行政复议法》在以下方面分别作出了规定：

（一）行政复议的举证责任

对于行政复议过程中的举证责任，《行政复议法》采用"举证责任倒置"原则。该法第23条、第28条规定：被申请人收到申请书副本或申请笔录复印件之日起10日内，提出书面答复，并提交当初作出具体行政行为的证据、依据和其他有关材料。被申请人不按照该规定提出书面答复、提交当初作出具体行政行为的证据、依据和其他有关材料的，视为该具体行政行为没有证据、依据，决定撤销该具体行政行为。即明确规定由被申请人（即作出具体行政行为的行政机关）承担举证责任，在被申请人不能举证证明行政行为合法性时，复议机关可以直接认定具体行政行为违法并作出撤销具体行政行为的决定。

（二）被申请人的取证限制

根据"正当法律程序"原则，行政机关在作出具体行政行为之前，应当先调查取证，只有在证据确凿、认定事实无误的情况下，才可以作出具体行政行为。为了避免行政机关违反"正当法律程序"原则，在证据不充分、事实认定不清的情况下作出行政行为，而在被提出行政复议之后通过补充证据的方式证明具体行政行为的合法性，

《行政复议法》第 24 条对于行政机关事后性的调查取证作出限定,规定"在行政复议过程中,被申请人不得自行向申请人和其他有关组织或者个人收集证据"。

(三) 申请人、第三人的查阅证据权

《行政复议法》第 23 条第 2 款规定:申请人、第三人可以查阅被申请人提出的书面答复、作出具体行政行为的证据、依据和其他有关材料,除涉及国家秘密、商业秘密或者个人隐私外,行政复议机关不得拒绝。

(四) 行政复议机关的调查取证

《行政复议法》第 22 条规定:行政复议原则上采取书面审查方式,但是申请人提出要求或者行政复议机关负责法制工作的机构认为有必要时,可以向有关组织和人员调查情况,听取申请人、被申请人和第三人的意见。《行政复议法实施条例》第 33 条、第 34 条规定:行政复议机构认为必要时,可以实地调查、核实证据。行政复议人员向有关组织和人员调查取证时,可以查阅、复制、调取有关文件和资料,向有关人员进行询问。调查取证时,行政复议人员不得少于 2 人,并应当向当事人或者有关人员出示证件。被调查单位和人员应当配合行政复议人员的工作,不得拒绝或者阻挠。需要现场勘验的,现场勘验所用时间不计入行政复议审理期限。

五、行政复议不停止执行原则

行政复议不停止执行原则是行政行为公定力理论的体现。行政行为的公定力是指行政行为除无效外,在具有正当权限的机关依据法定的程序予以撤销之前,被推定为合法、有效,相对人、人民法院或其他行政机关必须予以尊重。因此,《行政复议法》第 21 条规定"行政复议期间具体行政行为不停止执行"。

但是,复议不停止执行也有例外,《行政复议法》第 21 条规定,有下列情形之一的,可以停止执行:(1) 被申请人认为需要停止执行的;(2) 行政复议机关认为需要停止执行的;(3) 申请人申请停止执行,行政复议机关认为其要求合理,决定停止执行的;(4) 法律规定停止执行的。

六、行政复议的有限调解

(一) 行政复议不适用调解原则

在行政复议过程中,原则上不允许调解。因为调解以争议双方当事人有权自由处分自己的权利为前提,而行政复议中的被申请人是行政机关,虽然依法享有行政职权,但也必须依法履行行政职责。对于行政机关来说,权力(权利)与责任(义务)是一体的,即行政机关在行政复议中并不能自由处分自己的职权。因此,行政复议不适用调解。

(二) 行政复议适用调解的范围

行政复议原则上不适用调解,但作为例外,《行政复议法实施条例》第50条规定,有下列情形之一的,行政复议机关可以按照自愿、合法的原则进行调解:(1) 公民、法人或者其他组织对行政机关行使法律、法规规定的自由裁量权作出的具体行政行为不服,申请行政复议的;(2) 当事人之间的行政赔偿或者行政补偿纠纷。在这些行政复议中,行政机关在行使行政职权时具有一定的灵活性,可以适用调解原则。可见,在行政复议中调解的适用范围是有限的。

(三) 行政复议调解书的制作

行政复议调解书是指行政复议机关制作的确认当事人协议内容的法律文书。当事人经调解达成协议的,行政复议机关应当制作行政复议调解书。调解书应当载明行政复议请求、事实、理由和调解结果,并加盖行政复议机关印章。行政复议调解书经双方当事人签字,即具有法律效力。调解未达成协议或者调解书生效前一方反悔的,行政复议机关应当及时作出行政复议决定。

七、行政复议的中止与终止

(一) 行政复议的中止

《行政复议法实施条例》第41条第1款规定,行政复议期间有下列情形之一,影响行政复议案件审理的,应当中止行政复议:(1) 作为申请人的自然人死亡,其近亲属尚未确定是否参加行政复议的;(2) 作为申请人的自然人丧失参加行政复议的能力,尚未确定法定代理人参加行政复议的;(3) 作为申请人的法人或者其他组织终止,尚未确定权利、义务承受人的;(4) 作为申请人的自然人下落不明或者被宣告失踪的;(5) 申请人、被申请人因不可抗力,不能参加行政复议的;(6) 案件涉及法律适用问题,需要有权机关作出解释或者确认的;(7) 案件审理需要以其他案件的审理结果为依据,而其他案件尚未审结的;(8) 其他需要中止行政复议的情形。

行政复议中止的原因消除后,应当及时恢复行政复议案件的审理。行政复议机关中止、恢复行政复议案件的审理,应当告知有关当事人。

(二) 行政复议的终止

《行政复议法实施条例》第42条第1款规定,行政复议期间有下列情形之一的,应当终止行政复议:(1) 申请人要求撤回行政复议申请,行政复议机关准予撤回的;(2) 作为申请人的自然人死亡,没有近亲属或者其近亲属放弃行政复议权利的;(3) 作为申请人的法人或者其他组织终止,其权利、义务的承受人放弃行政复议权利的;(4) 申请人与被申请人依照《行政复议条例》第40条的规定,经行政复议机关准许达成和解的;(5) 申请人对行政拘留或者限制人身自由的行政强制措施不服,申请行政复议后,因申请人的同一违法行为涉嫌犯罪,该行政拘留或者限制人身自由的行政强制措施变更为刑事拘留的。此外,在因为作为申请人的公民死亡、丧失参加行政复议的能力或者作为申请人的法人或者其他组织终止而中止行政复议的情况下,满60日行政复议中止的原因仍未消除的,行政复议终止。

第七节 行政复议的决定

行政复议决定是行政复议机关通过对行政复议案件中具体行政行为的合法性和适当性进行审查,最终作出具有结论性质的法律文书。具体而言,行政复议机关负责法制工作的机构应当对被申请人作出的具体行政行为进行审查,提出意见,经行政复议机关的负责人同意或者集体讨论通过后,作出复议决定。

一、行政复议决定作出的期限

《行政复议法》第31条规定:行政复议机关应当自受理申请之日起60日内作出行政复议决定,但是法律规定的行政复议期限少于60日的除外。情况复杂,不能在规定期限内作出行政复议决定的,经行政复议机关的负责人批准,可以适当延长,并告知申请人和被申请人,但是延长期限最多不超过30日。

二、行政复议决定的类型

根据《行政复议法》第28条以及其他相关规定,行政复议机关根据审查结果的不同作出不同类型的复议决定。行政复议决定包括以下类型:

(一) 维持决定
维持决定是指行政复议机关对被申请人作出的具体行政行为进行审查,认为具体行政行为认定事实清楚、证据确凿、适用依据正确、程序合法、内容适当的,行政复议机关作出予以维持的决定。

(二) 履行决定
履行决定是指行政复议机关经审查认为被申请人不履行法定职责,责令其在一定期限内履行的决定。

(三) 撤销或确认违法决定
撤销或确认违法决定是指行政复议机关对被申请人作出的具体行政行为进行审查,认为具体行政行为违法或不当,作出撤销该行政行为或者确认该具体行政行为违法的决定。违法或不当的情形包括:(1) 主要事实不清、证据不足的;(2) 适用依据错误的;(3)违反法定程序的;(4)超越或者滥用职权的;(5)具体行政行为明显不当的。

此外,被申请人不按照《行政复议法》的规定提出书面答复,不提交当初作出具体行政行为的证据、依据和其他有关材料的,视为该具体行政行为没有证据、依据,行政复议机关应当作出撤销该具体行政行为的决定。

(四)变更决定

根据《行政复议法实施条例》第47条的规定,变更决定是指行政复议机关对被申请人作出的具体行政行为进行审查,认为具体行政行为有下列情形之一的,作出变更的决定:(1)认定事实清楚,证据确凿,程序合法,但是明显不当或者适用依据错误的;(2)认定事实不清,证据不足,但是经行政复议机关审理查明事实清楚、证据确凿的。

(五)重作决定

重作决定是指行政复议机关对被申请人作出的具体行政行为进行审查,认为该具体行政行为违法,在决定撤销或者确认违法的同时,责令被申请人在一定期限内重新作出具体行政行为的决定。接到重作决定后,被申请人应当在法律、法规、规章规定的期限内重新作出具体行政行为;法律、法规、规章未规定期限的,重新作出具体行政行为的期限为60日。行政复议机关责令被申请人重新作出具体行政行为的,被申请人不得以同一的事实和理由作出与原具体行政行为相同或者基本相同的具体行政行为。公民、法人或者其他组织对被申请人重新作出的具体行政行为不服,可以依法申请行政复议或者提起行政诉讼。

(六)行政赔偿决定

根据《行政复议法》第29条的规定,行政复议机关在作出撤销、变更或确认违法决定时,可以依据申请人的申请或主动决定由被申请人给予赔偿。(1)申请人在申请行政复议时可以一并提出行政赔偿请求,行政复议机关对于符合《国家赔偿法》的,在决定撤销、变更具体行政行为或者确认具体行政行为违法时,应当同时决定被申请人依法给予赔偿。(2)申请人在申请行政复议时没有提出行政赔偿请求的,行政复议机关在依法决定撤销或者变更罚款,撤销违法集资、没收财物、征收财物、摊派费用以及对财产的查封、扣押、冻结等具体行政行为时,应当同时责令被申请人返还财产,解除对财产的查封、扣押、冻结措施,或者赔偿相应的价款。

(七)驳回行政复议申请决定

《行政复议法实施条例》第48条规定,有下列情形之一的,行政复议机关应当决定驳回行政复议申请:(1)申请人认为行政机关不履行法定职责申请行政复议,行政复议机关受理后发现该行政机关没有相应法定职责或者在受理前已经履行法定职责的;(2)受理行政复议申请后,发现该行政复议申请不符合《行政复议法》和本条例规定的受理条件的。对于行政复议机关作出的驳回复议申请的决定不服时,复议申请人可以向上级行政机关申诉。上级行政机关认为行政复议机关驳回行政复议申请的理由不成立的,应当责令其恢复审理。

三、行政复议决定的限制

《行政复议法实施条例》第51条规定:行政复议机关在申请人的行政复议请求范围内,不得作出对申请人更为不利的行政复议决定。这体现了《行政复议法》"保护公民、法人和其他组织的合法权益"的目的,避免申请人由于担心提起复议申请有可能为自己带来更为不利的后果而放弃复议权利的问题。

四、复议决定的形式

行政复议机关作出行政复议决定,应当制作行政复议决定书,并加盖印章。行政复议决定书中应当记载以下事项:(1)申请人、被申请人、第三人的姓名、性别、年龄、职业、住址或者法人或其他组织的名称、地址、法定代表人或主要负责人的姓名等情况;(2)申请行政复议的主要请求和理由;(3)被申请人的答复意见以及第三人提出的意见;(4)行政复议机关认定的事实、理由及适用的依据;(5)行政复议决定的内容;(6)不服行政复议决定的救济途径以及期限;(7)作出行政复议决定的日期;(8)加盖行政复议机关的印章。

五、行政复议决定的效力

(一)终局性行政复议决定的效力

行政复议决定一般并非终局的,公民、法人或者其他组织对行政复议决定不服的,可以依照《行政诉讼法》的规定向人民法院提起行政诉讼,但是法律规定行政复议决定为最终裁决的除外。所谓的"最终裁决"即终局性行政复议决定,是指行政复议决定作出后不得寻求行政诉讼等其他救济途径的决定,包括由国务院作出的行政复议决定与法律规定的特殊情形。例如,《行政复议法》第14条规定:"对国务院部门或者省、自治区、直辖市人民政府的具体行政行为不服的,向作出该具体行政行为的国务院部门或者省、自治区、直辖市人民政府申请行政复议。对行政复议决定不服的,可以向人民法院提起行政诉讼;也可以向国务院申请裁决,国务院依照本法的规定作出最终裁决。"《行政复议法》第30条第2款规定:"根据国务院或者省、自治区、直辖市人民政府对行政区划的勘定、调整或者征用土地的决定,省、自治区、直辖市人民政府确认土地、矿藏、水流、森林、山岭、草原、荒地、滩涂、海域等自然资源的所有权或者使用权的行政复议决定为最终裁决。"终局性行政复议决定一经送达当事人即发生法律效力,当事人必须确实履行行政复议决定中所确定的义务,否则,有权机关将进行强制执行。

(二) 非终局性行政复议决定的效力

除国务院作出的行政复议决定或法律明确规定的特殊性终局性行政复议决定外,所有的行政复议决定都是非终局性的。根据《行政诉讼法》第 45 条的规定,除法律另有规定外,申请人不服行政复议决定的,可以在收到复议决定书之日起 15 日内向人民法院提起诉讼;行政复议机关逾期不作决定的,申请人可以在复议期满之日起 15 日内向人民法院提起诉讼。可见,非终局性行政复议决定的效力是否发生取决于申请人是否对此提起行政诉讼;如果申请人在收到复议决定书之日起 15 日内提起行政诉讼,则行政复议决定不发生法律效力,等待人民法院在行政诉讼审理之后作出行政判决;而如果申请人在收到复议决定书之日起 15 日内不提起行政诉讼,则行政复议决定发生效力,当事人必须确实履行决定所确定的义务,否则,有权机关将进行强制执行。

六、行政复议决定的送达

行政复议决定的送达是指行政复议机关依照法律规定的程序和方式,将行政复议决定书送交当事人的行为。行政复议决定在送达当事人知晓后产生法律效力。《行政复议法》第 31 条第 3 款规定:"行政复议决定书一经送达,即发生法律效力。"行政复议决定的送达,依照《民事诉讼法》关于送达的规定执行。

七、行政复议决定的执行

行政复议决定生效后,双方当事人应自觉履行。在当事人不自觉履行时,依法予以强制执行。行政复议决定的执行是指由有权机关依法强制不履行已经发生法律效力的行政复议决定的当事人履行行政复议决定的活动,具体包括对申请人或第三人、被申请人的执行。

(一) 责令被申请人履行

被申请人应当履行行政复议决定。被申请人不履行或者无正当理由拖延履行行政复议决定的,行政复议机关或者有关上级行政机关应当责令其限期履行。

(二) 对申请人或第三人的强制执行

申请人或第三人逾期不起诉又不履行行政复议决定的,或者不履行最终裁决的行政复议决定的,按照下列规定分别处理:(1)维持具体行政行为的行政复议决定,由作出具体行政行为的行政机关依法强制执行,或者申请人民法院强制执行;(2)变更具体行政行为的行政复议决定,由行政复议机关依法强制执行,或者申请人民法院强制执行。

下篇 行政诉讼法论

第十三章 行政诉讼概述

第一节 行政诉讼与行政诉讼法

一、行政诉讼的概念和特征

行政诉讼是解决行政案件的一项重要法律制度,它与民事诉讼、刑事诉讼并列为三大基本诉讼制度。由于世界各国历史背景、政治制度以及法律理论的差异,行政诉讼的概念也各不相同。在法国,行政诉讼称为行政审判,是指公民等行政相对人对行政机关的违法侵害行为,请求专门的行政法院给予救济的手段。在英美国家,行政诉讼称为司法审查,是指法院应行政相对人的申请,审查行政机关行为的合法性,并作出相应裁判的活动。有学者将行政诉讼归结为"有关以诉讼方式解决行政事件之制度总称"[①]。

根据行政法学的基本理论以及我国《行政诉讼法》的规定,一般认为,行政诉讼是指公民、法人或者其他组织认为行政行为侵犯其合法权益,依法向人民法院起诉,由人民法院进行审理并作出裁判的活动。这一概念包括以下三层内涵:第一,行政诉讼所要解决或处理的是行政争议案件;第二,行政诉讼只能由特定的机构即人民法院主持审理;第三,行政诉讼是由于公民、法人或者其他组织认为行政主体的行政行为侵犯其合法权益而引起的。

[①] 刘宗德、彭凤至:《行政诉讼制度》,载翁岳生主编:《行政法》(下),中国法制出版社2009年版,第1335页。

我国行政诉讼作为一项独立的诉讼制度,与刑事诉讼、民事诉讼相比,具有以下主要特征:

1. 行政诉讼是解决行政争议的制度

所谓行政争议,是指行政主体行使国家行政权的过程中与处于被管理地位的公民、法人或者其他组织之间所发生的以行政法上的权利与义务为内容的分歧或异议。行政争议不同于民事纠纷,后者发生在民事活动中,存在于民事主体之间。行政争议的范围广、种类多。行政诉讼解决的只是行政争议的一部分,主要是行政主体在对外管理中和行政相对人之间因行政行为的合法性发生的争议。对此,《行政诉讼法》第2条以及"受案范围"一章作了明文规定。

2. 行政诉讼是人民法院运用国家审判权解决行政争议的制度

行政诉讼在人民法院的主持下展开。人民法院运用国家审判权,对引起争议的被诉行政行为进行合法性审查并作出裁判,从而达到解决行政争议,监督行政主体依法行使职权、履行职责,保护公民、法人或者其他组织的合法权益不受行政主体违法行政行为侵害的目的。显然,行政诉讼的这种目的与刑事诉讼和民事诉讼的目的迥然不同。

3. 行政诉讼当事人是特定的,其诉讼地位是不能更换的

行政诉讼的原告只能是认为行政机关和其他行政主体的行政行为侵犯了自己合法权益的公民、法人或者其他组织。这里以原告身份起诉的既可以是公民、法人,也可以是不具有法人资格的机关、企事业单位和社会团体,但不能是作出行政行为的行政主体。行政诉讼的被告只能是作为管理者的行政机关和法律、法规、规章授权的组织,因为它在实施行政行为时处于主导者的地位,拥有实现其代表国家意志的全部手段,包括依法强制执行和申请人民法院强制执行其决定的手段,无须通过诉讼的方式来实现行政行为的效力。而公民、法人或者其他组织则不同,在行政管理中,他们处于被管理者的地位,对于行政主体侵犯其合法权益的行为,通过诉讼的方式,经法院审理后作出判决被诉行政行为违法等裁判,相对人才能免受该行为的约束。因此,公民、法人或者其他组织恒定为行政诉讼的原告,作出行政行为的行政主体则恒定为被告。

二、行政诉讼与其他相关制度的比较

为了更好地把握行政诉讼的本质特征,有必要将其与其他相关制度加以比较,从而明确其界限。

(一) 行政诉讼与行政复议

行政复议与行政诉讼都是解决行政争议的法律制度,作为行政救济的两种方法,二者之间既存在着区别,又有着密切的联系。两者的区别主要体现在以下几方面:

1. 受理机关不同

受理行政复议的机关是行政机关,是作出原行政行为机关的上级行政机关或法

律、法规规定的其他行政机关。受理行政诉讼的机关是人民法院,人民法院按司法程序审理行政案件。

2. 行为的法律属性不同

行政机关的复议行为属于带有司法性质的行政行为,即行政司法行为。人民法院办理行政案件的行为属于司法行为,即审判行为。

3. 审查范围不同

行政复议对行政行为是否合法和适当进行全面审查,行政诉讼一般只审查行政行为的合法性。

4. 程序不同

行政机关进行行政复议的程序属于司法化的行政程序,简便、易行,如行政复议一般实行一级复议制,原则上实行书面审理等。而人民法院处理行政案件的程序则属于司法程序,较前者更为正式、完备,如行政诉讼实行两审终审、合议、公开审理等制度。

行政复议与行政诉讼的联系主要表现在程序上的承接关系上,在解决某一具体的行政争议案件的过程中,通常前后衔接,相互补充。其必要性在于:首先,行政机关较之法院更熟悉行政业务,懂行政专业知识,建立行政复议制度有利于提高解决行政争议的质量和效率,及早息讼宁事,客观上减轻了法院负担。其次,人民法院与行政复议机关相比,处于较彻底的"第三人"角度,因而更具公正性与合理性,是最终检验行政复议的司法屏障。

根据我国法律、法规的规定,行政复议与行政诉讼的承接关系有三种情况:第一,行政复议前置。即行政复议是提起行政诉讼的必经程序,未经行政复议,不得提起行政诉讼。第二,当事人自行选择。即当事人可以先申请行政复议,对复议裁决不服的,再提起行政诉讼;也可以不经过行政复议,直接提起行政诉讼。第三,行政复议终局。即行政复议决定具有最终效力,对之不服不能再提起行政诉讼。这种复议终局可能是因当事人选择所致,也可能是因为法律规定复议必经所致。

(二) 行政诉讼与民事诉讼

行政诉讼与民事诉讼同为国家的基本诉讼制度,从各国诉讼制度的发展来看,行政诉讼的产生和发展较晚。与刑事诉讼相比,行政诉讼更接近于民事诉讼,有些国家的行政诉讼是从民事诉讼中分离出来的。在行政诉讼的实施过程中,也往往适用民事诉讼中的有关程序,如送达程序等。我国的行政诉讼制度是从1982年《民事诉讼法(试行)》第3条第2款的规定开始初步建立的。由此可见二者联系之密切。但是,行政诉讼与民事诉讼毕竟是两种独立的诉讼制度,它们之间还是有着许多区别。

行政诉讼与民事诉讼的根本区别在于两者所要解决的争议的性质不同。行政诉讼解决的是行政争议,民事诉讼解决的是民事争议。行政争议是双方当事人地位不平等的争议,行政主体在其中处于指挥支配地位,相对人则处于被动服从地位。民事争议产生于双方当事人主体地位平等的民事活动中,任何一方都不享有高于他方的

特权。两者争议的性质不同,自然在解决争议的诉讼程序上有所区别。主要区别如下:

1. 当事人的诉权不同

在民事诉讼中,双方当事人的诉权是对应的,即原告有起诉权,被告则有反诉权,当事人双方都有权控告对方。但在行政诉讼中,双方当事人的诉权并没有这种对应关系。由于行政主体拥有实现其命令的一切手段,故行政主体恒定为被告,既不享有起诉权,也不享有反诉权。

2. 举证责任不同

在民事诉讼中,各方当事人的举证责任是平等分配的,具体表现为"谁主张,谁举证",哪一方提出主张,哪一方就要对自己的主张承担举证责任。但在行政诉讼中,被告对作出的行政行为负有举证责任,应当提供作出该行政行为的证据和所依据的规范性文件。因为行政主体在国家行政管理中占有特殊地位,其举证能力比作为原告的行政相对人更为优越。

3. 提起诉讼的前置条件不同

行政诉讼的提起,在不少情况下须首先经过行政复议,即通常所说的"复议前置"。民事诉讼则不需要这样的前置条件。造成这种区别的原因在于,行政诉讼解决的是行政活动中产生的行政争议,行政活动往往涉及复杂的专门业务知识,因而使争议具有专业技术知识的特点,对此,人民法院的审判人员因不具备条件而不便于直接审理,需要有精通行政管理的专门业务知识的行政机关先行复议,故有前置条件的存在,而民事诉讼则不存在这种特殊要求。

4. 结案方式不同

民事诉讼除了法院裁判之外,还可以在法院主持下,对双方当事人调解结案。行政诉讼中除行政赔偿、补偿以及行政机关行使法律、法规规定的自由裁量权的案件外,不适用调解结案。

(三) 行政诉讼与刑事诉讼

行政诉讼与刑事诉讼具有较明显的区别,具体体现在:

1. 案件性质不同

刑事诉讼所审理的是刑事案件,其被告是被起诉认为触犯刑律、应受刑罚处罚的人。行政诉讼是审理行政争议案件,其被告是因其行政行为引起相对人不服的行政主体。

2. 提起诉讼的主体不同

刑事诉讼只能由人民检察院代表国家提起公诉,或者在自诉案件中,由被害人向人民法院提起诉讼。行政诉讼原则上由对行政主体的行政行为不服的公民、法人或者其他组织提起诉讼。①

3. 诉讼目的不同

刑事诉讼的目的是适用刑罚，惩罚犯罪，以维护国家和社会公共利益，保护人民的利益不受侵犯。行政诉讼的目的是为了解决行政争议，保护公民、法人或者其他组织的合法权益，监督和促使行政主体依法行使职权。

4. 适用的法律不同

刑事诉讼适用刑事法律规范，按照刑事诉讼程序进行。行政诉讼适用行政法律规范，按照行政诉讼程序进行。

5. 审理结果不同

刑事诉讼的审理结果是宣告被告无罪或者有罪并给予刑罚处罚。行政诉讼的审理结果则是驳回原告诉讼请求或撤销行政主体被诉的行政行为，或者判决被告在一定期间内履行其法定职责，给予或不给予原告行政赔偿、补偿等。

三、行政诉讼法的概念和特征

行政诉讼和行政诉讼法是两个紧密联系，但又有区别的概念，两者之间是调整对象和法律规范的关系。行政诉讼是行政诉讼法的调整对象；而行政诉讼法是调整行政诉讼的法律规范的总称，是进行行政诉讼的行为规则。

所谓行政诉讼法，是调整人民法院在双方当事人和其他诉讼参与人参加下审理行政案件所进行的各种诉讼活动，以及由此而产生的各种诉讼关系的法律规范的总称。简言之，行政诉讼法就是规定行政诉讼活动的全部法律规范的总称。具体来说，行政诉讼法具有如下特征：

1. 行政诉讼法是一种诉讼程序法

行政诉讼法主要规定行政诉讼活动中必须遵循的法定程序，它是人民法院审理行政案件必须遵循的基本原则、制度和程序，是双方当事人以及其他诉讼参与人行使诉讼权利和履行诉讼义务的依据。行政诉讼是行政诉讼法中最基本的内容，包括起诉、受理、应诉、审理、裁判、执行等程序。

2. 行政诉讼法是确定行政审判权的法律规范

行政审判权是人民法院依法审理和裁决行政案件的权力，行政诉讼法是规定人民法院在审理行政案件过程中职权范围的法律，例如，主管权、管辖权、对被诉行政行为的审查权、诉讼活动的指挥权、强制执行权、司法建议权等。

---

① 根据2017年6月27日第十二届全国人大常委会第二十八次会议对《行政诉讼法》进行第二次修正的决定，在《行政诉讼法》第25条中增加一款，作为第4款，规定："人民检察院在履行职责中发现生态环境和资源保护、食品药品安全、国有财产保护、国有土地使用权出让等领域负有监督管理职责的行政机关违法行使职权或者不作为，致使国家利益或者社会公共利益受到侵害的，应当向行政机关提出检察建议，督促其依法履行职责。行政机关不依法履行职责的，人民检察院依法向人民法院提起诉讼。"此条款以法律的形式肯定了我国检察机关作为行政公益诉讼起诉人的地位。

3. 行政诉讼法是确定诉讼参与人的法律地位和相互关系的法律规范

行政诉讼法确定了原告、被告、第三人、诉讼代理人、证人、鉴定人等诉讼参与人的法律地位,在此基础上,行政诉讼法还确定了所有参与诉讼活动者相互之间的关系。

从学理上说,行政诉讼法有狭义和广义两种理解:狭义上的行政诉讼法也称形式意义上的行政诉讼法,特指由国家立法机关依据立法程序所制定的具有专门、完整法律形式的行政诉讼法典。广义上的行政诉讼法也称实质意义上的行政诉讼法,指不管其表现形式如何,只要其内容涉及行政诉讼问题的法律规范。

四、行政诉讼法的渊源

行政诉讼法的渊源是指行政诉讼法的表现形式。在我国,行政诉讼法的渊源主要有以下几种:

(1)行政诉讼法典。这是指1989年4月4日第七届全国人民代表大会第二次会议通过并于当日由中华人民共和国主席令第16号公布的《行政诉讼法》。该法已于1990年10月1日起施行,又在2014年与2017年根据全国人大常委会的决定进行了两次修订。它既是狭义上行政诉讼法的载体,又是广义上行政诉讼法中最基本、最主要的组成部分。

(2)宪法中有关行政诉讼的法律规范。宪法是我国的根本大法,是行政诉讼立法的依据。属于广义行政诉讼法中具有原则性、指导性意义的组成部分。

(3)《人民法院组织法》《人民检察院组织法》中有关行政诉讼的法律规定。这些规定都是人民法院、人民检察院开展行政诉讼活动、监督行政审判工作的基本规程,属于广义行政诉讼法的组成部分。

(4)民事诉讼法中能适用于行政诉讼活动的部分法律规范。我国的行政诉讼法典只对行政诉讼所涉及的特殊问题作了规定,行政诉讼法没有规定的程序以及规定得比较原则的方面可以适用民事诉讼法的规定。

(5)各种单行法律、法规中有关行政诉讼的规定。这些法律、法规一般规定某一行政行为具有可诉性,并规定行政复议前置、起诉时效等。

(6)有效的法律解释。全国人民代表大会常务委员会、最高人民法院、最高人民检察院以及其他有权机关以意见、批复、规定、办法等形式发布的有关行政诉讼的立法解释和司法解释,对于人民法院审理行政案件具有普遍的约束力,也属于行政诉讼法的渊源。

(7)国际条约中有关行政诉讼的规定。这些规定主要是有关国民的同等或者对等待遇问题。

五、行政诉讼法的效力

行政诉讼法的效力即行政诉讼法适用的效力范围,是指行政诉讼法在何种空间范围、时间范围、对何种人和何种事具有适用的效力。具体是指行政诉讼法的空间效力、时间效力、对人的效力和对事的效力。

(一) 空间效力

行政诉讼法的空间效力,是指行政诉讼法适用的空间范围。理论上,我国行政诉讼法适用于我国的一切领域,包括领土、领空、领海,以及领土的延伸部分,在这些领域内发生和审理的行政案件,都适用我国《行政诉讼法》的规定。但是有两个特殊问题需要注意:

(1) 在我国主权范围内,我国人民法院实际不行使司法管辖权的某些地区,包括我国香港、澳门和台湾地区,不适用作为全国性法律的行政诉讼法。根据"一国两制"、和平统一祖国的方针和宪法、法律的规定,我国在上述地区建立特别行政区,实行"一个国家,两种制度",包括实行两种不同的行政诉讼法律制度。

(2) 根据行政诉讼法不同法律渊源的效力等级,确定其具体的空间范围。例如,作为行政诉讼法渊源之一的地方性法规,只在制定机关所在地的行政区域内拥有效力。

(二) 时间效力

行政诉讼法的时间效力,是指行政诉讼法生效、失效的起止时间以及对该法生效前发生的行政案件是否具有溯及力的问题。对于行政诉讼法的生效时间,我国《行政诉讼法》第103条明确规定:"本法从1990年10月1日起施行。"这里所称的施行日期即为该法的生效日期,至于失效时间,该法未作规定。其他单行法律、法规中有关行政诉讼的法律规范分别根据各自的法律、法规明示的生效日期开始生效,并随着各自法律、法规的失效日期开始失效。

(三) 对人的效力

行政诉讼法对人的效力,是指行政诉讼法适用于哪些人。行政诉讼法确定对人的效力的标准,是属地原则。凡在我国领域内进行行政诉讼的当事人都适用我国的行政诉讼法。这些当事人包括:我国各级各类行政主体(被告),我国公民、法人和其他组织,以及在我国进行行政诉讼的外国人、无国籍人和外国组织,但法律另有规定的除外。

(四) 对事的效力

行政诉讼法对事的效力,是指行政诉讼法适用于解决哪些行政案件,实际上就是指行政诉讼的受案范围。这个问题将在"受案范围"一章里讨论。

六、行政诉讼法的立法目的

这里所说的行政诉讼法是就狭义而言的,是指行政诉讼法典。行政诉讼法的立法目的,是指行政诉讼法立法者确定的,制定和实施行政诉讼法所要达到的目标和所要实现的任务。明确行政诉讼法的立法目的,具有重要意义。首先,防止机械、简单、孤立和片面地认识和运用行政诉讼法法律规范,指导人们从本质上和整体上理解和把握行政诉讼法。其次,防止司法机关滥用行政审判权,行政审判权的滥用主要表现为违反立法目的。最后,为司法机关行使司法裁量权提供依据。为了弥补立法的不足,法律赋予司法机关以一定的司法裁量权,但这种裁量不得离开法律的要求,这里所谓法律的要求主要体现为立法目的。

我国《行政诉讼法》第1条开宗明义地规定:"为保证人民法院公正、及时审理行政案件,解决行政争议,保护公民、法人和其他组织的合法权益,监督行政机关依法行使职权,根据宪法,制定本法。"这就清楚地表明我国《行政诉讼法》具有三方面的立法目的。

(一) 保证人民法院公正及时审理行政案件

人民法院是行政诉讼中起主导作用的诉讼主体,是行政诉讼法规范的主要对象,所以必须首先阐明行政诉讼法与行政审判机关的关系。公正是司法的生命线,因而也必须在立法宗旨中予以明确。为保证人民法院公正及时审理行政案件,《行政诉讼法》规定了人民法院行使行政审判权的范围和权限,规定了管辖制度、证据制度、审理程序、审理方式和期限等。除此之外,《行政诉讼法》还规定人民检察院有权对行政诉讼活动进行法律监督,有权对法院的违法裁判提起抗诉,以确保人民法院正确行使审判权。

(二) 解决行政争议、保护公民、法人和其他组织的合法权益

行政争议是启动诉讼程序的起因,解决争议是人民法院的首要任务。行政诉讼在很大程度上就是因为公民、法人和其他组织为保护自己的合法权益所形成的争议而提起的诉讼。行政争议得到解决以及公民、法人和其他组织的合法权益得到有效的保护,行政机关才是实质上受到司法的监督,二者是手段和目的的关系。

保护公民、法人和其他组织的合法权益是建立行政诉讼制度的根本目的,当然也是行政诉讼法所追求的目标,这是我国行政诉讼制度民主性的突出表现。行政权力侵犯公民权利是由于多种原因所导致的一种无法回避的社会现象。如果没有一种有效的机制防止这种情况的发生,或者在违法或不当行为发生以后不能及时加以纠正,势必使公民合法权益得不到应有的保护,有悖于社会主义的本质。我国《行政诉讼法》的许多具体规定,如受案范围、案件管辖、起诉和受理、确认当事人的诉讼权利以及侵权赔偿责任等内容,都比较充分地体现了行政诉讼法保护公民、法人和其他组织合法权益的立法目的。

(三) 监督行政机关依法行使职权

司法机关审理行政诉讼案件应当处于中立地位,其任务是监督处于被告地位的行政机关。旧法中"维护和监督行政机关依法行使职权"中的"维护"一词的表述难以体现司法机关的中立地位,也不利于维护原告的合法权益,因此在2015年修改《行政诉讼法》时将其删去。

监督,是对法院的地位和行政机关相互关系的根本性规定。监督的主要方式是对被诉行政行为进行合法性审查,包括驳回诉讼请求在内的所有裁判,都是监督审查的法律形式,以有效地促使行政机关及其工作人员严格地依法行使职权。

另外,行政机关行使的职权,不但包括行政职权,而且还有立法性质、司法性质的职权,例如,行政机关制定规范性文件的职权和行政司法的职权。对于这些职权的行使,也应当依法进行监督。

第二节 行政诉讼法律关系

一、行政诉讼法律关系的概念和特征

(一) 行政诉讼法律关系的概念

行政诉讼法律关系,是指在行政诉讼中,人民法院和一切诉讼参与人为了解决行政争议,根据行政诉讼法律规范而形成的诉讼权利义务关系。这一概念包含下述几层含义:

(1) 行政诉讼法律关系是根据行政诉讼法律规范而形成的关系。行政诉讼法律关系是行政诉讼法律规范调整的产物,是行政诉讼法律规范作用于特定的诉讼活动领域的结果。行政诉讼法律关系主体非依行政诉讼法律规范发生的关系不属于行政诉讼法律关系。

(2) 行政诉讼法律关系是人民法院和一切诉讼参与人之间的诉讼权利义务关系。行政诉讼法律关系明确了人民法院与原告、被告、第三人、诉讼代理人及证人、鉴定人等相互之间的诉讼权利和义务,使他们在行政诉讼中能够正确地行使权利和履行义务,保证行政诉讼活动的正常进行。

(3) 行政诉讼法律关系是人民法院和一切诉讼参与人为了解决行政争议而发生的关系。行政诉讼法律关系作为一种程序性的法律关系,是为解决行政实体法和行政程序法上的权利义务的争议服务的。如果没有行政实体法或程序法上的争议,则行政诉讼法律关系亦无从形成和存在。

(二) 行政诉讼法律关系的特征

行政诉讼法律关系归根到底是在行政法律关系基础上发生和派生出来的程序性

的法律关系。作为一种相对独立的诉讼法律关系,它既有别于一般的行政法律关系,又有别于其他诉讼法律关系。它具有自己的特征:

(1) 行政诉讼法律关系是在行政诉讼过程中发生的各种法律关系的综合体。其中,人民法院与原告、被告等诉讼当事人之间依法形成的权利义务关系处于主导地位。人民法院与其他诉讼参与人等发生的法律关系则处于从属地位。但所有的行政诉讼法律关系都服务于共同的诉讼目的,因而又具有统一性。

(2) 在行政诉讼法律关系中,作为被告的一方,必须是作出行政行为的行政主体。公民、法人或者其他组织认为行政主体的行政行为侵犯了其合法权益,就可以向人民法院提起行政诉讼,因此在行政诉讼中,行政主体只能处于被告的诉讼地位。这是行政诉讼法律关系区别于其他诉讼法律关系的显著特征。

(3) 行政诉讼法律关系中,原、被告双方当事人地位平等。行政诉讼法律关系中,双方当事人平等地进行法庭辩论,接受法庭审理,同样接受法院指挥,执行法院的判决、裁定,无论是被告行政主体,还是原告,如作出妨碍行政诉讼的行为,都要受到法庭的制裁。而在行政实体法律关系中,行政主体则拥有行政特权,处于主动与优越的地位。

(4) 行政诉讼法律关系中当事人的诉讼权利和义务不完全对等。行政诉讼法律关系中,被告不享有起诉权和反诉权,并承担举证责任。而在民事诉讼法律关系中,双方当事人不但地位平等,而且权利义务对等,平等地享有诉讼权利,承担诉讼义务。

二、行政诉讼法律关系的要素

行政诉讼法律关系是法律关系的一种,它同其他法律关系一样,也是由主体、内容和客体三部分构成的。

(一) 行政诉讼法律关系的主体

行政诉讼法律关系的主体是指在行政诉讼中享有诉讼权利、承担诉讼义务的个人和组织。简言之,行政诉讼法律关系的主体就是诉讼权利义务的承担者。主要有以下几类:

(1) 人民法院。人民法院在诉讼过程中拥有审理、裁判和指挥权,其诉讼行为对于诉讼程序的发生、变更和消灭起着决定性的作用。

(2) 诉讼参加人。诉讼参加人是指当事人以及与当事人诉讼地位相同的人,包括原告、被告、共同诉讼人、第三人和诉讼代理人等。他们参加诉讼都是为了维护自己的合法权益或者保护依法受自己保护的合法权益。除诉讼代理人以外,他们同诉讼结果有直接的利害关系,其行为对诉讼程序的发生、变更或者消灭产生直接影响。

(3) 其他诉讼参与人。其他诉讼参与人包括证人、鉴定人、勘验人和翻译人员等。在行政诉讼中,诉讼参与人与诉讼参加人的地位和作用有很大不同。诉讼参与人与诉讼结果没有法律上的利害关系,其参加诉讼是为了协助人民法院和当事人查明案件的事实真相,使审判活动得以顺利进行。其他诉讼参与人也依法享有一定的诉讼权利,并承担相应的诉讼义务。

值得注意的是,在探讨行政诉讼法律关系的主体时,还要区别它和行政诉讼主体。诉讼法律关系的主体是指诉讼权利和义务的承担者,而诉讼主体则既是诉讼权利义务的承担者,又有使诉讼程序发生、变更或消灭的权利。例如,当事人既是诉讼法律关系的主体,又是诉讼主体,而证人、鉴定人、勘验人及翻译人员等却只是诉讼法律关系的主体。

(二)行政诉讼法律关系的内容

行政诉讼法律关系的内容,是指行政诉讼法律关系主体之间由行政诉讼法确认并保证其实现的诉讼权利和诉讼义务。行政诉讼法律关系主体不同,其享有的诉讼权利和承担的诉讼义务也不同,即使是同一诉讼法律关系主体在不同条件和不同诉讼阶段,其诉讼权利和义务也有所不同(例如,行政主体在第一审中成为被告,在第二审中可以成为上诉人或被上诉人)。

人民法院的诉讼权利和义务(体现为职权和职责)与其审判职能相适应。对具体案件而言,人民法院享有的诉讼权利,就是审理和裁判行政案件,而其应尽的义务也是依法公正、及时地审理和裁判行政案件。因此,人民法院的诉讼权利和诉讼义务是统一的。

行政诉讼参加人的诉讼权利和义务与其参加诉讼的目的和在诉讼中的地位相适应。作为诉讼主体的当事人,享有广泛的诉讼权利,如当事人双方都有权委托代理人、申请回避、提供证据、进行辩论、提起上诉、申请执行等,同时有义务听从法庭指挥、服从法院判决等。

其他行政诉讼参与人的诉讼权利和义务范围较狭窄,完全服从于案件审理的需要。例如,鉴定人享有鉴定的权利,承担协助人民法院查明案情的义务,如果违反这种义务,作虚伪鉴定,则要受到相应的处罚,如罚款、拘留,情节严重构成犯罪的还要追究刑事责任。

(三)行政诉讼法律关系的客体

行政诉讼法律关系的客体,是指行政诉讼法律关系主体之间诉讼权利义务指向的对象。由于诉讼法律关系主体之间诉讼权利与义务不同,因而各个主体之间诉讼权利义务所指向的对象的具体内容也就不完全相同。

人民法院与诉讼当事人之间的诉讼权利与义务所指向的对象,是确定案件事实真相,解决当事人之间的实体或程序法律关系争议。当事人有权要求人民法院查明案情,保护其合法权益,或者监督行政管理的正常进行。当事人也有义务提供事实和证据,以证实其诉讼请求或者其行政行为的合法性与适当性。人民法院则有权利也有义务通过审判活动就双方当事人争议的案件事实和被诉行政行为进行审查,依法作出公正裁决。

人民法院与证人、鉴定人、勘验人、翻译人员之间的诉讼权利义务所指向的对象,则只是案件的事实真相。如证人负有如实作证、陈述案件真实情况的义务,鉴定人负有如实提供可靠鉴定结论的义务;同时,人民法院有权要求诉讼参与人协助其查明案件事实等。

三、行政诉讼法律关系的产生、变更和消灭

同其他法律关系一样,行政诉讼法律关系也是处在不停的运动中,每一个法律关系都有从产生走向消灭的过程。同时,一些行政诉讼法律关系在产生,一些行政诉讼法律关系在消灭。

行政诉讼法律关系的产生指在行政诉讼法律关系主体间形成某种权利义务关系。如公民、法人或者其他组织的起诉行为和人民法院受理的行为会产生原告同人民法院之间的行政诉讼法律关系。行政诉讼法律关系的变更是指行政诉讼法律关系的主体、客体及内容的改变。如案件管辖法院的改变,这种主体的变化,会引起行政诉讼法律关系的变更。行政诉讼法律关系的消灭是指行政诉讼法律关系主体间权利义务关系的终止。如原告死亡,其近亲属在诉讼中止90日后仍无人继续诉讼,则该行政诉讼法律关系消灭。

总体上讲,能够引起行政诉讼法律关系产生、变更和消灭的原因是法律事实,即由《行政诉讼法》规范规定的客观事实。法律事实可分为法律事件和法律行为两类。

行政诉讼上的法律事件是指不以人们的意志为转移,能够引起行政诉讼法律关系产生、变更或者消灭的客观事实。如一方当事人死亡或丧失诉讼行为能力导致行政诉讼法律关系的变更和消灭。

行政诉讼上的法律行为是指行政诉讼法律关系主体所实施的能够引起行政诉讼法律关系产生、变更或者消灭的诉讼行为,包括作为和不作为。在实践中,行政诉讼上的法律事实,主要是由法律行为引起的。如原告请求撤诉的行为和人民法院准予撤诉的行为就会引起行政诉讼法律关系的消灭。

第三节 行政诉讼的基本原则

一、行政诉讼基本原则的概念

行政诉讼基本原则是指《行政诉讼法》规定的,反映行政诉讼的基本特点、一般规律或精神实质,贯穿于行政诉讼整个过程或主要阶段,对行政诉讼活动具有普遍指导作用的基本行为准则。行政诉讼基本原则是行政诉讼精神实质的集中体现,反映了立法者对行政诉讼客观规律及其内在要求的认识。因此,只有从基本原则出发,才能

深刻地理解行政诉讼各种具体规范的要旨,在行政诉讼法律规范缺乏具体规定的情况下,人民法院还可以将此原则作为诉讼准则和指导思想,解决审判过程中出现的新问题,弥补行政诉讼法律规范的不足,从而对行政诉讼法律规范起到有益的指导作用。

二、行政诉讼基本原则的内容

行政诉讼基本原则可按不同标准进行不同的分类。最常见的分类是根据适用范围将其分为共有原则和特有原则。共有原则指三大诉讼(行政诉讼、民事诉讼和刑事诉讼)或两大诉讼(行政诉讼和民事诉讼)共有的原则。这类原则包括:人民法院依法独立行使审判权原则;以事实为根据、以法律为准绳原则,合议、回避、公开审判和两审终审原则,当事人法律地位平等原则,民族语言文字原则,辩论原则以及人民检察院实行法律监督原则等。特有原则是指只为行政诉讼所独有的原则,它是由行政诉讼的特点及其固有属性决定的。这类原则主要指行政行为合法性审查原则等。

(一) 共有原则

1. 人民法院独立行使审判权原则

人民法院依照法律独立行使审判权是一项宪法原则,对于国家权力的相互制约和监督具有十分重要的作用,它确立了人民法院的独立地位和权威。在行政诉讼中,由于被告身份的特定性,更需要切实贯彻这个原则。只有切实贯彻这个原则,才能公正地审理和裁判案件、解决行政争议。

《行政诉讼法》第4条第1款规定:"人民法院依法对行政案件独立行使审判权,不受行政机关、社会团体和个人的干涉。"从该条内容来看,需要厘清以下几个问题:首先,审判权只属于人民法院,其他任何国家机关或社会组织对纠纷作出的处理都不是审判,不具有最终性。其次,独立行使审判权的主体是人民法院,审判员和合议庭必须以人民法院的名义进行审判,必须接受和执行法院审判委员会对具体案件作出的有关决定,而并非像英美法系国家司法体制中的法官独立。最后,人民法院审判独立只限于不受行政机关、社会团体和个人的干涉,仍旧需要接受党的领导,接受权力机关、检察机关以及上级法院的法律监督。人民法院依法独立行使行政审判权与接受权力机关和法律监督机关的监督并不矛盾,但是此种监督并不意味着权力机关与法律监督机关就可以直接干预法院对案件的具体处理,最终的裁判必须由人民法院作出。如有学者认为:"无论是党的领导,还是权力机关的监督,都不能直接干预法院对具体案件的处理,特别是党委、人民代表大会或人大常委会中的任何个人,更不能直接干预法院办案,否则即是对人民法院独立审判原则的违背和破坏。党对审判工作的领导主要是政策和组织的领导,权力机关的监督虽然可以及于具体案件,但也不能在法院审理过程中直接干预。"①

2. 以事实为依据、以法律为准绳原则

人民法院审理各类案件均应以事实为根据、以法律为准绳。这是对我国司法工作经验进行总结后得出的原则,是我国司法机关在实际工作中长期恪守的一个原则。为了贯彻这一原则,应当改革和完善证据规则,坚持对证据的充分质证,从证据中发现和把握事实。同时,应提高法官把握法律精神、掌握法律内容和准确适用法律的水平。

《行政诉讼法》第 5 条规定:"人民法院审理行政案件,以事实为根据,以法律为准绳。"此处的规定可能引发一定的疑问,即此处的"法律"是指狭义的法律还是广义的法律。学界对此也基本形成通说,认为是指广义的法律,也有学者认为:人民法院审理行政案件以法律为准绳的"法律",是指全国人民代表大会或全国人民代表大会常务委员会制定的法律。② 实际上,我们可以从《行政诉讼法》第 63 条看到这样的规定:"人民法院审理行政案件,以法律和行政法规、地方性法规为依据。地方性法规适用于本行政区域内发生的行政案件。人民法院审理民族自治地方的行政案件,并以该民族自治地方的自治条例和单行条例为依据。"这也印证了法院审理案件的依据并不单单是指狭义的法律。当然,如果我们将这个原则与审理具体案件时如何适用法律作一定的区分,那么讨论此处"法律"的广狭义也就失去了其必要性。

3. 合议、回避、公开审判和两审终审原则

行政诉讼审判以合议制为原则,独任制为例外。③ 合议可以由三名以上审判员组成合议庭,也可以由审判员和人民陪审员组成合议庭。

为了实现程序正义和实体公正,同民事诉讼、刑事诉讼一样,行政诉讼也应坚持回避原则。回避包括当事人申请回避和审判人员主动申请回避。

人民法院审理行政案件,除涉及国家秘密、个人隐私和法律另有规定外,一律公开进行。公开审判原则适用于法庭调查、法庭辩论和宣判等诉讼阶段。

与民事诉讼、刑事诉讼一样,人民法院审理行政案件实行两审终审原则。

4. 当事人诉讼法律地位平等原则

在诉讼中,当事人的法律地位是平等的。然而,这并不意味着原被告的诉讼权利、义务是完全对等的。尤其是在行政诉讼中,被告承担着相对较重的举证责任。这是考虑到原被告的举证能力和行政行为的特点而作出的特别的制度安排,目的在于确保原被告双方在诉讼中的均势。当然,这也并不影响双方法律地位的平等。

---

① 姜明安主编:《行政诉讼法教程》(第二版),中国法制出版社 2015 年版,第 33 页。
② 同上书,第 34 页。
③ 《行政诉讼法》第 82 条规定:"人民法院审理下列第一审行政案件,认为事实清楚、权利义务关系明确、争议不大的,可以适用简易程序:(一) 被诉行政行为是依法当场作出的;(二) 案件涉及款额二千元以下的;(三) 属于政府信息公开案件的。除前款规定以外的第一审行政案件,当事人各方同意适用简易程序的,可以适用简易程序。发回重审、按照审判监督程序再审的案件不适用简易程序。"第 83 条规定:"适用简易程序审理的行政案件,由审判员一人独任审理,并应当在立案之日起四十五日内审结。"不过,独任审判的规则不适用于发回重审和依照审判监督程序再审的行政诉讼案件。

5. 使用民族语言文字原则

当事人有权用本民族语言、文字进行行政诉讼。使用本民族语言文字是公民的宪法权利，各个国家机关在执行职务时，都应当尊重公民的语言文字权。人民法院应当用当地民族通用的语言、文字进行审理和发布法律文书。人民法院应当为不通晓当地民族通用语言、文字的诉讼参与人提供翻译。

6. 当事人有权辩论原则

当事人在行政诉讼中有权进行辩论。辩论权是当事人的基本诉讼权，是我国行政诉讼民主性的体现和诉讼公正的要求。审判人员应当发挥其指挥职能，确保当事人充分行使辩论权。

7. 人民检察院实行法律监督原则

人民检察院对行政诉讼实行法律监督，是为了保障行政诉讼活动依法进行。在目前我国司法体制不尽完善的情况下，强调这一原则具有更重要的意义。人民检察院实行法律监督的主要方式是抗诉。最高人民检察院对各级人民法院已经发生法律效力的判决、裁定，上级人民检察院对下级人民法院已经发生法律效力的判决、裁定，发现有法定情形的，或者发现调解书损害国家利益、社会公共利益的，应当提出抗诉；地方各级人民检察院对同级人民法院已经发生法律效力的判决、裁定，发现有法定情形的，或者发现调解书损害国家利益、社会公共利益的，可以向同级人民法院提出检察建议，并报上级人民检察院备案；也可以提请上级人民检察院向同级人民法院提出抗诉；各级人民检察院对审判监督程序以外的其他审判程序中审判人员的违法行为，有权向同级人民法院提出检察建议。人民检察院提出抗诉的案件，应当派员出庭，对诉讼活动是否合法进行监督。

（二）特有原则——合法性审查原则

我国《行政诉讼法》第6条规定："人民法院审理行政案件，对行政行为是否合法进行审查。"这就确定了我国行政诉讼不同于刑事诉讼、民事诉讼的一个核心原则。该原则在行政诉讼中居于重要地位，对行政诉讼的每个环节、各个方面都起指导作用。

合法性审查原则，是指人民法院对行政主体作出的行政行为拥有司法审查权，审查的内容是行政行为的合法性。这一原则的具体要求是：

1. 人民法院审理行政案件，审查的对象和范围是行政行为

在目前的行政诉讼制度下，人民法院审查的行政行为仅限于人民法院的受案范围，行政法规、规章或者行政机关制定、发布的具有普遍约束力的决定、命令等行为被排斥在人民法院的受案范围之外。但这并不意味着排斥对行政机关制定的规范性文件的审查，在2014年修订的《行政诉讼法》中，将规范性文件纳入审查范围，这是行政诉讼制度的一个进步。

根据《行政诉讼法》的规定，人民法院所审查的国务院部门和地方人民政府及其部门制定的规范性文件的效力层级限于规章以下的规范性文件，并且审查方式限于

附带审查、个案审查。① 其理由主要有三点：(1) 根据我国现行宪法和组织法确定的体制，对抽象行政行为的审查监督权主要由国家权力机关和行政机关系统依法行使；(2) 抽象行政行为大多涉及政策问题，而政策问题不宜由法院判断、裁决；(3) 抽象行政行为涉及不特定的多数人，有时甚至涉及一个或几个地区的所有人乃至全体国民，其争议通过诉讼途径解决多有不便。②

2. 人民法院审理行政案件，审查的内容是行政行为的合法性

对行政主体运用行政裁量权过程中作出的行政行为是否合理与适当，原则上不予审查。对于不合理的行政行为，可以通过行政途径解决。

之所以人民法院行使司法审查权，主要限于被诉行政行为的合法性，是因为：第一，法律、法规范围内的行政裁量权，是法律、法规赋予行政机关的职权。行政管理情况十分复杂，给予行政机关一定的裁量权，可以根据不同情况，审时度势地处理问题，这对行政管理是十分必要的。第二，行政管理范围广和专业性强，人民法院审判人员不可能具备各方面的行政专业知识。要求对适当性问题进行司法审查，既不可能，也不合乎实际情况。第三，人民法院干预适当性问题，相当于增加了一个行政层次，可能会妨碍行政机关有效地进行行政管理。总之，行政裁量权，是法律、法规赋予行政机关，根据行政经验和专业知识对法律不能预见和不宜规定的具体管理事项进行处理的权力。它主要是经验和知识问题，并非全都是法律问题。人民法院只宜对被诉行政行为的合法性问题进行审查，至于行政机关在法律、法规规定范围内作出的行政行为是否适当，原则上应由行政复议处理，人民法院不能代替行政机关作出决定。

随着科技的进步和社会的发展，行政职能所涉及的领域日益扩大，行政事务也日益专业化，行政主体拥有更为广泛的行政裁量权就具备正当性和必要性。"现代立法与传统立法相比，技术性要求越来越高，但议会议员多为政治家出身，缺乏专门技术知识，在制定涉及专门技术性问题的法律或技术性很强的法律时会困难重重，甚至一筹莫展。不得不求助于行政机关，将涉及技术性问题较多的法律授权拥有专门知识、专门经验、专门技术的行政机关去制定。"③诚如美国法理学家博登海默所言："在专业的政府管理领域，有些立法活动要求立法者对于存在于该特殊领域中的组织问题和技术问题完全熟悉，因此有一些专家来处理这些问题就比缺乏必要专业知识的立法议会来处理这些问题要适当得多。"④而法院对这些事务同样缺乏进行实体审查的专门知识、专门技术和专门经验。可以更直接地说，法院对这类事务缺乏足够的实体审查能力。与此同时，传统行政事务中的专业性判断同样有着行政裁量的空间，法院也很难对这类判断进行实体审查。此外，法院严格的程序规定一般都会使审查耗费时日，而行政职能对效率又有着很高的要求，因此，从效率的角度出发，法院也不应当进

---

① 参见姜明安主编：《行政法与行政诉讼法》（第六版），北京大学出版社、高等教育出版社 2015 版，第 409 页。
② 参见姜明安主编：《行政诉讼法教程》（第二版），中国法制出版社 2015 年版，第 26 页。
③ 乔晓阳主编：《立法法讲话》，中国民主法制出版社 2008 年版，第 215 页。
④ 〔美〕E. 博登海默：《法理学——法律哲学与法律方法》，邓正来译，中国政法大学出版社 2017 年版，第 439 页。

行过于深入的实体审查。当然,这并不表示法院放弃司法审查,而是说在面对行政裁量行为时保持一定程度的谦抑,对行政主体的专业性保持适当的尊重。这意味着法院的审查重点应该主要放在裁量的合法性上,如程序是否合法、是否符合行政法的基本原则等。

在法定例外情况下,人民法院也可以审查被诉行政行为的合理性。《行政诉讼法》第 70 条第 6 项规定:行政行为明显不当的,可以判决撤销或者部分撤销,并可以判决被告重新作出行政行为。第 77 条第 1 款规定:行政处罚明显不当,或者其他行政行为涉及对款额的确定、认定确有错误的,人民法院可以判决变更。这可以说是对被诉行政行为合法性审查的例外和补充。行政行为明显不当,是指行政行为严重违反行政合理性原则而不合适、不妥当或者不具有合理性。[①]

随着我国行政诉讼制度的发展和深入,法院行政审判人员的专业素质和审判经验不断积累,公民权利意识逐步提高,合法性审查原则也应当适应社会主义法治发展的要求,在如下两个方面继续发展:首先,细化规范性文件附带审查,既要依法维护合法行政规范性文件的效力,又要防止不合法条款进入实施过程;其次,适当拓展以及明确合理性审查的范围,以便彻底解决行政纠纷,保护行政相对人的合法权益。

[①] 参见姜明安主编:《行政法与行政诉讼法》(第六版),北京大学出版社、高等教育出版社 2015 年版,第 518 页。

第十四章
行政诉讼受案范围

第一节 行政诉讼受案范围概述

一、行政诉讼受案范围的概念

行政诉讼受案范围,又称行政诉讼主管,是指人民法院受理行政案件的范围,也就是人民法院与其他国家机关在解决行政争议上的权限分工。对于行政相对人而言,受案范围即诉权范围。只有列入受案范围的行政行为,相对人才有诉讼权,才能提起行政诉讼。属于受案范围的行政行为,行政主体必须接受司法审查监督;反之,人民法院则不应加以审查。受案范围,是我国确定行政诉讼制度的核心问题之一,直接影响到行政诉讼制度整体功能的发挥。

与民事诉讼和刑事诉讼相比,受案范围是行政诉讼特有的程序制度。在民事诉讼中,只要符合民事诉讼法规定的起诉条件,无论是什么性质的民事争议、争议标的大小,当事人均可诉诸法院,即法院享有对一切民事争议的审判权,不存在与其他机关和组织解决民事争议的分工问题。在刑事诉讼中,公安司法机关之间存在着立案管辖问题,各有不同的立案范围。但是,这种立案管辖权仅仅是公安、司法机关之间首次处理刑事案件的内部分工。对外作为一个整体,公安、司法机关有义务追究一切犯罪行为,不存在公安、司法机关可以追究哪一类犯罪和不能追究哪一类犯罪的问题,更不存在公安、司法机关与其他国家机关在追究刑事犯罪上的分工问题。而行政诉讼则不同,不是所有的行政争议都可以向人民法院起诉,可以向人民法院起诉的行政案件的范围,要由法律作出明确规定。

受案范围的提出,即意味着人民法院解决行政争议的范围是有限的。这主要是由国家职能分工和行政争议的特殊性质所决定的。在现代社会,国家的职能是由不同的国家机关来行使的。每一国家机关都有,也只能有一定范围的主管事务;国家机关之间的分工,总的原则由宪法确定,具体的分工由国家的法律来确定。在我国,宪法赋予人民法院国家审判机关的地位,行政案件的审判权应由人民法院统一行使,但是行政争议案件数量大、种类多、专业技术性较强,没有必要,也不可能全部都由人民法院通过行政诉讼的方式来解决。大量的行政案件,仍由行政机关内部处理,有些行政案件由其他国家机关处理,这样就产生了人民法院与行政机关及其他国家机关在受理行政案件权限上的分工问题。确立行政诉讼的受案范围,对于划分人民法院与其他国家机关之间解决行政争议的职权,防止它们之间因职权不明互相推诿,便于人民群众进行诉讼,使人民法院公正、及时地审理行政案件,保护公民、法人和其他组织的合法权益,促使行政机关依法行政,都具有十分重要的意义。

二、确立行政诉讼受案范围的指导思想

确定哪些行政案件由人民法院受理,哪些不受理,需要有一个划分的标准。受案范围实际上也就是法院受理案件、解决争议的标准和依据。从各国的立法情况看,由于各国法律体系及传统不同,因此划分的标准也有所不同。即使在同一个国家中,在不同的历史发展时期,划分标准也有所不同。鉴于行政案件的复杂性和多样性,很难找到一个统一的划分标准。

我国行政诉讼受案范围的确定与我国的政治、经济、文化发展水平、法治发展状况甚至法治理念都有着密切联系并受其影响。在确定我国行政诉讼的受案范围时,立法的指导思想是:

(一)充分保护公民、法人和其他组织的合法权益

行政诉讼法的宗旨之一就是保护公民、法人和其他组织的合法权益,为受到违法行政行为侵犯的公民、法人和其他组织提供法律救济。人民法院受理行政案件范围的宽窄,直接关系到公民、法人和其他组织的合法权益是否能够得到充分的保障。很显然,确立行政诉讼的受案范围时应尽可能地扩展受案范围,特别是对关系到公民、法人和其他组织的人身权、财产权等合法权益的行政案件,都应当纳入行政诉讼的受案范围,从而最大限度地保护公民、法人和其他组织的合法权益。

(二)正确处理司法权与行政权的关系

行政诉讼受案范围是对司法审查权的合理界定,它规定着司法权对行政权的制约和监督的程度。确定行政诉讼的受案范围时,要正确处理人民法院与行政机关在受理行政案件上的分工,既要考虑到人民法院的承受能力和有利于案件的及时、妥善处理,也要考虑到充分发挥行政机关在处理行政争议上的作用和长处。应将需要通过诉讼程序解决的行政争议纳入行政诉讼的范围,将不宜由人民法院处理的行政争议划归由行政机关或其他国家机关处理。

(三)从国情出发,逐步扩大受案范围

我国是一个经历了长期封建制度的国家,民主与法治正在逐步发展和完善。行政诉讼受案范围的确定必须充分考虑到我国行政诉讼制度发展的实际状况以及人们对行政诉讼制度的认识和运用水平。全国人大常委会原副委员长王汉斌在《关于〈中华人民共和国行政诉讼法(草案)的说明〉》中,曾明确指出:"法院受理行政案件的范围,是行政诉讼法首要解决的重要问题。考虑到我国目前的实际情况,行政法还不完备,人民法院行政审判庭还不够健全,行政诉讼法规定'民可以告官',有观念更新问

题,有不习惯、不适应的问题,也有承受力的问题,因此对受案范围现在还不宜规定太宽,而应逐步扩大,以利于行政诉讼制度的推行。"这集中体现了《行政诉讼法》制定之初确定受案范围的指导思想。

《行政诉讼法》实施后,人民法院积累了行政审判经验,以《行政处罚法》的制定为起点,一系列的行政法律规范颁布实施。随着依法治国基本方略的确立,尤其是依法行政、建立法治政府目标的确立,实践对于行政诉讼的需求在不断上升,对行政诉讼也提出了更高的要求。根据2014年11月1日第十二届全国人大常委会第十一次会议《关于修改〈中华人民共和国行政诉讼法〉的决定》,我国调整扩大了行政诉讼的受案范围,这既符合我国的国情,也是行政诉讼制度的一大进步。

三、确立行政诉讼受案范围的方式

确立受案范围的方式,从世界各国的情况看,主要有两种:一种是判例法,由法官创设,即某一行政案件是否归于法院的受案范围,要看其是否符合由法院判例形成的一些规则,如法国、英国等;另一种是制定法,由法律明文规定,如德国、日本等。以制定法来明确规定受案范围又有三种方式:

(1)概括式,即由法律,主要是行政诉讼法典对行政诉讼的受案范围作出原则性规定,并以此作为确定行政诉讼受案范围的标准。凡是与此标准相符的,均可由法院受理。如美国《联邦行政程序法》第702条规定:"因行政行为而致使其法定权利受到不法侵害的人,或受到有关法律规定的行政行为的不利影响或损害的人,均有权诉诸司法复审。"使用概括式的确定方式简单、全面、包容性强、灵活性大,法院受理行政诉讼案件的范围较大,有利于保护相对人的权益。不足之处是过于宽泛,在实践中难以具体掌握。这种方式一般为行政诉讼制度比较发达的国家所采用。

(2)列举式,即法律明确规定可以提起和不能提起行政诉讼的案件类别,并以此作为确定行政诉讼受案范围的标准。列举式又分为肯定列举和否定列举两种方式。肯定列举式即指由有关法律对属于诉讼受案范围的行政案件逐个加以列举,凡被列举的都在行政诉讼的受案范围之内。列举式的优点在于具体、明确、清晰,一目了然,但其缺点也是明显的,最主要的就是列举难以穷尽,而且分类标准不易掌握,分类也未必科学,通常容易导致范围狭窄、起诉权利受限制等结果,不利于保护公民、法人和其他组织的合法权益。这种方式一般为行政诉讼制度初建的国家采用。

(3)结合式,又称混合式或折中式,采取概括式与列举式相结合的方式规定行政诉讼的受案范围。这种方式在世界各国立法中有不同的具体形式,如先作概括规定,后作具体列举;先作概括肯定规定,后作否定排除规定;先作概括规定,后作肯定列举,再作否定排除等。结合式规定,取各种方式之所长,而避其短,是目前世界上制定法国家较多采用的方式。

我国《行政诉讼法》确定行政诉讼受案范围采用的方式是结合式。《行政诉讼法》第2条概括地确定了行政诉讼受案范围的基本界限:"公民、法人或者其他组织认为行政机关和行政机关工作人员的行政行为侵犯其合法权益,有权依照本法向人民法院提起诉讼。前款所称行政行为,包括法律、法规、规章授权的组织作出的行政行为。"《行政诉讼法》第 12 条第 1 款具体列举了人民法院受理的 12 种行政案件,该条第 2 款同时以概括式的规定,即"法律、法规规定可以提起诉讼的其他行政案件",对一些目前难以全面列举,但今后将逐步纳入行政诉讼受案范围的行政案件作了补充性的规定。最后,《行政诉讼法》第 13 条则以否定的列举式对不属于行政诉讼受案范围的事项作了排除性规定。

随着实践中行政诉讼受案范围的实际扩大和人们认识的深入,行政诉讼受案范围应采取概括式的肯定规定加排除式的列举规定方式,成为行政法学界的基本共识。2018 年 2 月 8 日起施行的《行政诉讼法司法解释》确定行政诉讼受案范围的方式,即是此种主张在司法解释上的反映。它在第 1 条用肯定式、原则性的概括规定加排除式的列举规定确立了受案范围,概括式肯定规定是指第 1 条第 1 款,列举式否定规定是指第 1 条第 2 款。

四、行政诉讼受案范围的界定标准

受案范围的确定标准是我们理解、掌握、适用《行政诉讼法》的一个关键问题,也是人民法院决定某一个行政案件是否属于"受案范围"、是否应受理时的重要参考因素。根据《行政诉讼法》《行政诉讼法司法解释》的规定,行政诉讼受案范围的界定应当符合下述两个标准:

(一) 行为标准

这是指引起行政争议的行政活动的种类,也就是说,哪些行政活动属于行政诉讼的受案范围,可以被人民法院审查。

根据 1989 年《行政诉讼法》的规定,公民、法人或其他组织只有在认为具体行政行为侵犯自己的合法权益时,才能提起行政诉讼,人民法院也只能对因具体行政行为引起的行政案件行使审判权。因此,依据旧法的规定,一个行政案件是否属于行政诉讼受案范围,首先要看的就是被诉的行为是否为具体行政行为。

具体行政行为原本是与抽象行政行为相对应的学理概念。自从《行政诉讼法》将受案范围制度建立于具体行政行为和抽象行政行为划分的基础上之后,具体行政行为的概念以及与抽象行政行为之间的区别就由学理问题转化为法律问题。正因为如此,最高人民法院早在 1991 年《最高人民法院关于贯彻执行〈中华人民共和国行政诉讼法〉若干问题的意见(试行)》中就试图对具体行政行为的含义加以界定,但由于这一界定不但没有起到预期的效果,反而在实践中引起新的不必要的争议,从而给受案范围的认定带来新的困难。因此,行政诉讼受案范围是 2014 年修法的重点,其中肯定概括内容的修改主要是行为标准的变化,即将"具体行政行为"修改为"行政行为"。

《行政诉讼法司法解释》在确定受案范围时,是通过界定不可诉行为和解释《行政诉讼法》第 13 条的排除条款来解决受案范围问题的。第 1 条第 1 款规定:"公民、法人或者其他组织对行政机关及其工作人员的行政行为不服,依法提起诉讼的,属于人民法院行政诉讼的受案范围。"除了第 1 条第 2 款规定的事项以外的行政行为,均属于可诉行政行为。从保护公民、法人或其他组织权益的角度来说,能够提起诉讼应当是不言而喻的,而不能提起诉讼则属于例外而必须加以论证。因此,《行政诉讼法司法解释》从反面将排除事项界定清楚,这表明其对行政行为基本上具有可诉性的肯定。这一规定顺应了现代社会行政管理活动复杂、多变的要求,可以使更多的行政行为纳入司法审查的范围。

(二)权利标准

这是指行政诉讼保护的公民合法权益的种类,也就是说,行政活动侵害了公民的哪些权益,人民法院才予以受理。

《行政诉讼法》第 2 条规定的权利标准是"合法权益",而修订前的《行政诉讼法》肯定列举中的兜底性规定"认为行政机关侵犯其他人身权、财产权的",2014 年修订增加了"等合法权益"。该处修改表明,不再将"合法权益"限制在人身权、财产权,而是将其扩展至公平竞争权、劳动权等其他合法权益。因此,在事实上,此规定为实践中逐渐扩展的行政诉讼受案范围提供了法律依据。行政诉讼保护公民人身权、财产权等合法权益,但是要将合法权益的内容全部以列举的方式规定在法律中是不可能的。有学者认为,原因在于:一方面,权益从根本上来源于不断变迁的经济社会结构,许多权益尚在发展过程中,还有很大的不确定性和可争议性;另一方面,我们对权益的概括有着许多不同的视角,我们使用的几乎每一个概念都有延展性和模糊性。[①]《行政诉讼法司法解释》实际上是从原告资格的角度扩大了"权利标准"的范围,明确将公平竞争权、相邻权、债权人利益、业主共有利益等列入司法审查的保护范围,既对维护公平、有序、开放的市场经济秩序具有重要意义,也有利于保护公民、法人或者其他组织的合法权益。

第二节 人民法院受理的案件

《行政诉讼法》第 2 条对行政诉讼的受案范围作了总体规定,即公民、法人或其他组织认为行政行为侵犯其合法权益,有权依法向人民法院提起诉讼。为了进一步明确行政诉讼的受案范围,更好地保障相对人的合法权益,《行政诉讼法》第 12 条明确规定了人民法院应当予以受理的行政案件的范围。

---

① 参见何海波:《行政诉讼法》,法律出版社 2016 年版,第 174 页。

一、涉及人身权、财产权等合法权益的行政案件

根据《行政诉讼法》第12条第1款的规定,人民法院对行政诉讼的具体受案范围共包括12项涉及公民、法人或者其他组织的人身权、财产权等合法权益的案件。

(一) 行政处罚案件

《行政诉讼法》第12条第1款第1项规定:公民、法人或者其他组织"对行政拘留、暂扣或者吊销许可证和执照、责令停产停业、没收违法所得、没收非法财物、罚款、警告等行政处罚不服的",有权提起行政诉讼。行政处罚是行政主体对违反行政管理秩序,尚未构成犯罪的个人或组织所给予的惩戒性制裁。目前,行政处罚作为一种重要的执法手段,其适用范围十分广泛。由于行政处罚直接影响公民、法人或者其他组织的人身权、财产权,因此在实施行政处罚时必须十分慎重。《行政处罚法》明确规定了行政机关设定和实施行政处罚的权限、原则、程序、适用等要求。行政机关或法定授权组织违反《行政处罚法》及有关法律、法规、规章,违法实施行政处罚,侵犯公民、法人或者其他组织合法权益的,均属于行政诉讼的受案范围,受害人均可依法提起行政诉讼,人民法院应当受理。

(二) 行政强制案件

《行政诉讼法》第12条第1款第2项规定:公民、法人或者其他组织"对限制人身自由或者对财产的查封、扣押、冻结等行政强制措施和行政强制执行不服的",有权提起行政诉讼。行政强制措施是指行政主体为了制止违法行为、防止证据损毁、避免危害发生、控制危险扩大等情形,依法对公民的人身或财物进行暂时性限制的行为。行政强制执行是指行政主体依职权或通过向人民法院申请,对不履行行政决定的行政相对人,依法强制履行义务的行为。行政强制措施和行政强制执行都涉及公民、法人或者其他组织的人身权、财产权等合法权益,因此,必须严格依法实施;违法侵权的,相对人可以依法提起行政诉讼。

(三) 行政许可案件

《行政诉讼法》第12条第1款第3项规定:公民、法人或者其他组织"申请行政许可,行政机关拒绝或者在法定期限内不予答复,或者对行政机关作出的有关行政许可的其他决定不服的",有权提起行政诉讼。行政许可是一种赋予权利或解除法律禁止的行政行为,在行政管理中大量存在。拒绝许可申请是作为行为,既可能是合法地履行职责的行为,也可能是违法不履行职责的行为;而不予答复则是消极的不作为,是应作为而不为的违法行为;无论是拒绝还是不予答复,都影响相对人的权益,相对人均有权提起行政诉讼。行政主体对行政许可作了其他决定,是指行政主体对行政许可作了变更、延续、撤回、注销、撤销等行为,而这些行为影响了相关利害关系人的利益,也属于行政诉讼受案范围。

(四) 行政确权案件

《行政诉讼法》第 12 条第 1 款第 4 项规定：公民、法人或者其他组织"对行政机关作出的关于确认土地、矿藏、水流、森林、山岭、草原、荒地、滩涂、海域等自然资源的所有权或者使用权的决定不服的"，有权提起行政诉讼。《行政复议法》第 30 条第 1 款规定："公民、法人或者其他组织认为行政机关的具体行政行为侵犯其已经依法取得的土地、矿藏、水流、森林、山岭、草原、荒地、滩涂、海域等自然资源的所有权或者使用权的，应当先申请行政复议；对行政复议决定不服的，可以依法向人民法院提起行政诉讼。"因此，对于自然资源的行政确权行为，在行政诉讼中应当复议前置。即对于行政争议，相对人应当先申请复议，对复议决定不服的，再依法提起诉讼。

(五) 行政征收、征用及其补偿案件

《行政诉讼法》第 12 条第 1 款第 5 项规定：公民、法人或者其他组织"对征收、征用决定及其补偿决定不服的"，有权提起行政诉讼。行政征收是一种依法向相对人强制取得财产所有权的行政行为；行政征用是行政主体依法有偿征购或者使用相对人财产或劳务的行政行为。行政相对人大多因为国家公权力的行为而作出了一定的牺牲，因此相对人对行政主体征收、征用以及补偿决定不服的，有权提起行政诉讼。这既是对自身权益的救济，也是对国家补偿的督促。

(六) 不履行法定职责案件

《行政诉讼法》第 12 条第 1 款第 6 项规定：公民、法人或者其他组织"申请行政机关履行保护人身权、财产权等合法权益的法定职责，行政机关拒绝履行或者不予答复的"，有权提起行政诉讼。人身权、财产权是宪法赋予公民、法人和其他组织的基本权利，保护行政相对人的人身权、财产权等合法权益是行政主体的法定职责，行政主体没有依法履行保护义务的构成违法失职行为，须承担法律责任。

行政主体不履行保护公民、法人和其他组织的人身权、财产权等合法权益的法定职责分为两种情况：一是拒绝履行；二是不予答复。其后果也可分为两种：一是影响公民、法人和其他组织的权益的实现；二是给公民、法人和其他组织的人身权、财产权等合法权益造成实际损害。无论行政主体是拒绝履行还是不予答复，公民、法人和其他组织均可依法向人民法院提出行政诉讼。

需要注意的是，相对人提起这类诉讼必须具备以下四个条件：第一，行政主体必须负有保护公民、法人和其他组织的人身权、财产权等合法权益的法定义务；第二，相对人人身权、财产权等合法权益正受到、已受到或即将受到实际（非想象）的侵害；第三，行政主体能够履行法定保护职责而未能或未及时采取措施，造成公民、法人和其他组织的人身权、财产权等合法权益受到损害；第四，相对人已提出了保护申请，例外情况是行政主体已经通过其他途径了解到相对人正在受到非法侵害。

《行政诉讼法》第 47 条明确了行政机关履行保护职责的法定期限，即："公民、法人或者其他组织申请行政机关履行保护其人身权、财产权等合法权益的法定职责，行

政机关在接到申请之日起两个月内不履行的,公民、法人或者其他组织可以向人民法院提起诉讼。法律、法规对行政机关履行职责的期限另有规定的,从其规定。公民、法人或者其他组织在紧急情况下请求行政机关履行保护其人身权、财产权等合法权益的法定职责,行政机关不履行的,提起诉讼不受前款规定期限的限制。"

(七) 侵犯经营权案件

《行政诉讼法》第12条第1款第7项规定,公民、法人或者其他组织"认为行政机关侵犯其经营自主权或者农村土地承包经营权、农村土地经营权的",有权提起行政诉讼。经营自主权涵盖了综合性的财产权利,包括当前的财产权和合理的预期财产权。根据《宪法》和《土地管理法》的规定,公民、法人或者其他组织对土地的使用权依法受到保护,对土地的占有、使用、收益等权利也属于法定财产权利。经营自主权、农村土地承包经营权、农村土地经营权都涉及公民、法人或者其他组织的生产生活等需要,行政机关的侵害行为,会造成相对人财产权利的实际损失,相对人有权对此提起行政诉讼。

(八) 侵犯公平竞争权案件

《行政诉讼法》第12条第1款第8项规定:公民、法人或者其他组织"认为行政机关滥用行政权力排除或者限制竞争的",有权提起行政诉讼。在我国社会主义市场经济体制下,公民、法人或者其他组织在市场经济中的公平竞争权也在不断地发展,并得到法律上的确认,如《反不正当竞争法》《反垄断法》等。行政主体滥用行政权力排除、限制市场的公平竞争,实质上导致了对行政相对人的财产权等合法权益的实质性侵害,应当承担相应的法律责任。

(九) 违法要求履行义务案件

《行政诉讼法》第12条第1款第9项规定:公民、法人或者其他组织"认为行政机关违法集资、摊派费用或者违法要求履行其他义务的",有权提起行政诉讼。行政主体在行政管理活动中有权要求行政相对人履行义务,但必须依法进行,否则就是违法要求履行义务,如乱集资、乱摊派等。

行政机关违法要求履行义务主要有以下几种情况:一是行政机关要求履行义务没有法律、法规依据或者为法律、法规所明文禁止,如在法律、法规规定之外摊派人力、物力、财力等;二是行政机关要求履行义务虽有法律依据,但超出了法定的标准、方式、种类等;三是行政机关违反法定程序要求履行义务;四是行政机关重复要求履行义务。无论是哪种情况,实质上都是对公民、法人或者其他组织合法权益的侵犯。因此,行政诉讼法规定认为行政机关违法要求履行义务的,可以提起行政诉讼。

(十) 行政给付案件

《行政诉讼法》第12条第1款第10项规定:公民"认为行政机关没有依法支付抚恤金、最低生活保障待遇或者社会保险待遇的",有权提起行政诉讼。在我国,抚恤金是指法律、法规规定由国家发给因公牺牲或伤残的死者家属或者伤残者本人的维持日常生活的费用。最低生活保障费是国家发给收入低于一定水平的困难家庭,用以维持最低生活标准的费用。社会保险金是公民根据法律法规规定,在其出现年老、疾病、失业、工伤和其他法定事由时,由国家发给本人用以承担养老、医疗、维持家庭生活等必要生活支出的费用。行政机关没有依法支付抚恤金、最低生活保障待遇或者社会保险待遇,侵犯了公民获得物质帮助的权利,是一种行政失职行为。

对此类案件提起行政诉讼需要符合以下几个条件:第一,必须是法律、法规明确规定应当依法支付的抚恤金、最低生活保障待遇或者社会保险待遇;第二,行政机关具有相应的发放抚恤金、最低生活保障待遇或者社会保险待遇的法定职责;第三,相对人认为行政机关没有依照法定条件、数额、程序等发给。

(十一) 行政协议纠纷案件

《行政诉讼法》第12条第1款第11项规定:公民、法人或者其他组织"认为行政机关不依法履行、未按照约定履行或者违法变更、解除政府特许经营协议、土地房屋征收补偿协议等协议的",有权提起行政诉讼。

随着社会经济的发展,政府的行政方式也越来越多样化,行政协议就是其中一种非常重要的有利于实现政府行政目的的手段。行政协议尽管具有合同的属性,但其在功能上具有明显的行政性,特别是政府在行政协议的履行、变更或解除中享有行政优益权,相对人的合法权益容易因此受到侵害。立法将行政协议纠纷新纳入行政诉讼的受案范围,便于人民法院监督行政权,也有利于对合同当事人权益的保护。

(十二) 其他侵犯人身权、财产权等合法权益案件

《行政诉讼法》第12条第1款第12项规定:公民、法人或者其他组织"认为行政机关侵犯其他人身权、财产权等合法权益的",有权提起行政诉讼。这是一项概括性的条款,也是兜底式的条款。前11种行政案件都涉及人身权、财产权以及其他合法权益,但由于其内容非常广泛,不可能一一列举齐全、覆盖全面,因此,《行政诉讼法》又作了这样的概括规定,将所有侵犯公民、法人或者其他组织人身权、财产权等合法权益的行政行为都纳入行政诉讼的范围,体现了《行政诉讼法》对公民、法人或者其他组织的人身权和财产权等合法权益的充分保护。

二、法律、法规规定的其他行政案件

《行政诉讼法》第12条第2款规定:"除前款规定外,人民法院受理法律、法规规定可以提起诉讼的其他行政案件。"这是用概括的方式对我国行政诉讼受案范围在法律列举之后所进行的完整补充。

《行政诉讼法》作本款规定,有以下含义:其一,这里的法律、法规是指《行政诉讼法》之外的其他各种法律规范,包括法律、行政法规、地方性法规、自治条例和单行条例,还包括 WTO 等国际条约;既包括《行政诉讼法》颁布实施前就颁布并仍然有效

的,也包括其后颁布并仍然有效的,以及将来可能会颁布的。其二,这些法律、法规所规定的其他可以起诉的行政案件,是指《行政诉讼法》第12条第1款所列12项内容之外的公民的合法权益被侵犯。随着我国行政法治的日益发展与人们权利意识的提高,其他法律、法规对行政诉讼受案范围的日益拓展,也深远地影响到对公民合法权益的保障,影响到法治政府的建设以及行政审判工作的健康发展。

三、行政公益诉讼案件

2017年6月27日,第十二届全国人大常委会第二十八次会议通过了《关于修改〈中华人民共和国行政诉讼法〉的决定》,对其作出如下修改:第25条增加一款,作为第4款:"人民检察院在履行职责中发现生态环境和资源保护、食品药品安全、国有财产保护、国有土地使用权出让等领域负有监督管理职责的行政机关违法行使职权或者不作为,致使国家利益或者社会公共利益受到侵害的,应当向行政机关提出检察建议,督促其依法履行职责。行政机关不依法履行职责的,人民检察院依法向人民法院提起诉讼。"本条款的颁布施行,标志着我国正式确立了检察院提起行政公益诉讼制度。

第三节 人民法院不予受理的事项

《行政诉讼法》第12条对人民法院可以受理的各类行政案件作了明确的规定。而为了明确界限,第13条还专门规定了人民法院不受理的几类事项。同时,《行政诉讼法司法解释》第1条第2款规定:下列行为不属于人民法院行政诉讼的受案范围:(1)公安、国家安全等机关依照《刑事诉讼法》的明确授权实施的行为;(2)调解行为以及法律规定的仲裁行为;(3)行政指导行为;(4)驳回当事人对行政行为提起申诉的重复处理行为;(5)行政机关作出的不产生外部法律效力的行为;(6)行政机关为作出行政行为而实施的准备、论证、研究、层报、咨询等过程性行为;(7)行政机关根据人民法院的生效裁判、协助执行通知书作出的执行行为,但行政机关扩大执行范围或者采取违法方式实施的除外;(8)上级行政机关基于内部层级监督关系对下级行政机关作出的听取报告、执法检查、督促履责等行为;(9)行政机关针对信访事项作出的登记、受理、交办、转送、复查、复核意见等行为;(10)对公民、法人或者其他组织权利义务不产生实际影响的行为。

根据《行政诉讼法》《行政诉讼法司法解释》的规定,下列行为不属于人民法院的受案范围:

一、国家行为

《行政诉讼法》第13条第1项规定:人民法院不受理公民、法人或者其他组织对"国防、外交等国家行为"提起的诉讼。

何为"国防、外交等国家行为",《行政诉讼法司法解释》第2条第1款规定:国家行为是指国务院、中央军事委员会、国防部、外交部等根据宪法和法律的授权,以国家的名义实施的有关国防和外交事务的行为,以及经宪法和法律授权的国家机关宣布紧急状态等行为。从该定义中可以看出,国家行为是特定国家机关对涉及国家整体利益的重大问题,根据宪法和法律的授权,以国家的名义作出的,并由国家直接承担法律后果的行为。国家行为主要分为两类:一类是国防方面的国家行为,如有关宣战、军事演习、军事设施建设等的决定、命令;另一类是外交方面的国家行为,如国与国建交、断交、缔结国际条约和约定等。除了国防、外交外,一些涉及国家公共利益的重大行为,如国务院决定省、自治区、直辖市的范围内部分地区实行戒严的行为,也属国家行为。

国防、外交等国家行为不可诉,这是世界各国的惯例。如法国早在1822年就确立了行政法院不监督政府国家行为的原则;美国的行政程序法明文排除了司法机关对国家行为的复审;我国《行政诉讼法》也采取了这一原则。

把国家行为排除在行政诉讼的受案范围之外,主要基于以下理由:

第一,国家行为不是国家行政机关以自己名义实施的行政管理行为,而是特定国家机关代表整个国家以国家名义实施的、体现国家主权的行为,具有高度的政治性。法院无权对涉及国家主权的行为进行审查。

第二,国家行为关系到国家和民族的整体利益,关系到国家的荣誉、尊严和安全。即使这种行为可能影响到公民、法人或者其他组织的利益,在这种情况下,个体利益也必须服从国家的整体利益。

二、抽象行政行为

我国《行政诉讼法》第13条第2项规定:人民法院不受理公民、法人或者其他组织对"行政法规、规章或者行政机关制定、发布的具有普遍约束力的决定、命令"提起的诉讼。

何为"具有普遍约束力的决定、命令",《行政诉讼法司法解释》第2条第2款规定:具有普遍约束力的决定、命令,是指行政机关针对不特定对象发布的能反复适用的规范性文件。该规定对正确认定可诉行政行为的界限提供了法律上的依据,也为人民法院正确把握行政诉讼受案范围提供了具有可操作性的依据。

抽象行政行为能否作为司法审查的对象,不同政治体制的国家、地区采取了不同的规定。如在德国、日本、我国台湾地区,行政诉讼制度中规定不能针对行政立法行为(属抽象行政行为)提起行政诉讼；而在英美等国,法院有权审查行政机关的所有规范性文件的合法性。在我国,对于抽象行政行为,由权力机关或上级行政机关根据宪法和法律的规定予以监督和检查,未授权人民法院对这类行为予以改变或撤销,因而不能对其直接提起行政诉讼。2014年《行政诉讼法》作出修改,采取了"一并请求附带审查"的模式,第53条规定:公民、法人或者其他组织认为行政行为所依据的国务院部门和地方人民政府及其部门制定的规范性文件(不含规章)不合法,在对行政行为提起诉讼时,可以一并请求对该规范性文件进行审查。第64条规定:人民法院在审理行政案件中,经审查认为第53条规定的规范性文件不合法的,不作为认定行政行为合法的依据,并向制定机关提出处理建议。

三、内部人事管理行为

《行政诉讼法》第13条第3项规定:人民法院不受理"行政机关对行政机关工作人员的奖惩、任免等决定"提起的诉讼。

何为"奖惩、任免等决定",《行政诉讼法司法解释》第2条第3款规定:对行政机关工作人员的奖惩、任免等决定,是指行政机关作出的涉及行政机关工作人员公务员权利义务的决定。具体还包括对行政机关工作人员作出的培训、考核、离退休、工资、休假、辞退等方面的决定。

行政机关对其工作人员的奖惩、任免等决定,是否属于行政诉讼的受案范围,不同体制的国家采取了不同的规定。如英、美等国规定:公务员对行政机关的处理决定不服,可以向法院提起行政诉讼。我国《行政诉讼法》明确将其排除在受案范围之外,是因为:(1)这类行为属于行政机关的内部行政行为,是行政机关对自身的一种管理行为,以行政隶属关系为基础,只涉及内部的行政事务,不影响行政机关以外的公民、法人或者其他组织的合法权益;(2)我国目前行政审判的经验尚处于探索之中,并且行政机关作出奖惩、任免等决定的内部行政行为取决于多种因素,有的并不是合法性的问题;(3)我国目前的法律法规已为内部人事管理争议提供了救济途径,比如《公务员法》规定的申诉制度等。

四、终局行政行为

《行政诉讼法》第13条第4项规定:人民法院不受理公民、法人或者其他组织对"法律规定由行政机关最终裁决的行政行为"提起的诉讼。

《行政诉讼法司法解释》第2条第4款规定:"法律规定由行政机关最终裁决的行政行为"中的"法律",是指全国人大及其常委会制定、通过的规范性文件。对行政诉讼受案范围内的行政行为,只有法律才能规定行政机关有终局裁决权,行政法规、规章等不能作出终局裁决权的规定,行政机关不得自行规定终局裁决权来限制或剥夺公民、法人或者其他组织的起诉权。因此,如果法规或规章规定行政机关对某些事项可以作"最终裁决",而公民、法人或者其他组织不服行政机关依据这些法规或规章作出的"最终裁决",依法向人民法院提起诉讼的,人民法院应予受理。

法律规定由行政机关最终裁决的行政行为,也就是国家最高权力机关授权行政机关可以最终裁决的行政行为,人民法院对其不享有司法审查权。我国明确规定行政机关可作最终裁决的法律有:一是《出境入境管理法》。第64条规定:"外国人对依照本法规定对其实施的继续盘问、拘留审查、限制活动范围、遣送出境措施不服的,可以依法申请行政复议,该行政复议决定为最终决定。其他境外人员对依照本法规定对其实施的遣送出境措施不服,申请行政复议的,适用前款规定。"二是《行政复议法》。第14条规定:"对国务院部门或者省、自治区、直辖市人民政府的具体行政行为不服的,向作出该具体行政行为的国务院部门或者省、自治区、直辖市人民政府申请行政复议。对行政复议决定不服的,可以向人民法院提起行政诉讼,也可以向国务院申请裁决,国务院依照本法的规定作出最终裁决。"第30条第2款规定:"根据国务院或者省、自治区、直辖市人民政府对行政区划的勘定、调整或者征收土地的决定,省、自治区、直辖市人民政府确认土地、矿藏、水流、森林、山岭、草原、荒地、滩涂、海域等自然资源的所有权或者使用权的行政复议决定为最终裁决。"

可见,我国法律规定的由行政机关最终裁决的行政行为有两种类型:一种是当事人不服行政机关的行政行为,只能申请复议,不能向人民法院提起诉讼,复议决定为最终裁决;另一种是当事人不服行政机关的行政行为,可以直接向人民法院提起诉讼或者向法定的复议机关申请复议,但只要申请了复议,就不能向人民法院提起诉讼且复议决定为最终裁决。

目前,有的行政机关不愿意接受司法审查,试图扩大自己的终局决定权,对这种情况必须加以限制。拥有终局决定权的机关并不对所有事项都拥有终局决定权,如果拥有终局决定权的机关超出了终局决定权的范围,所实施的行为应是可诉的。①

五、其他不予受理的行政行为

(一) 刑事司法行为

公安、国家安全等机关具有行政机关和司法机关的双重身份,在不同身份下其所从事的活动性质有根本的区别,因此在活动依据和法律后果方面有重大差异,但在实践中,因双重身份难以区别,往往造成对某一行为性质判断的困难。根据《行政诉讼法司法解释》的规定,区分行政行为与刑事司法行为应当以《刑事诉讼法》是否明确授权为标准。如果公安、国家安全等机关所实施的行为是《刑事诉讼法》明确授权的行为,如采取逮捕、刑事拘留、取保候审、监视居住等对人身的强制措施,以及扣押财物和犯罪工具的行为、为收集证据而采取的对财产的强制措施,应当认定为刑事司法行

---

① 参见姜明安主编:《行政法与行政诉讼法》(第六版),北京大学出版社、高等教育出版社2015年版,第425页。

为。当事人对刑事司法行为不服,向人民法院起诉的,不属于行政诉讼的受案范围。

(二) 调解和仲裁行为

根据《行政诉讼法司法解释》的规定,对行政机关的调解行为以及法律规定的仲裁行为,公民、法人或者其他组织不服的,不得提起行政诉讼。调解行为虽然对当事人的权利义务关系产生了一定的影响,但它是在当事人自愿接受的基础上进行的。对当事人的权利义务产生影响的决定因素是当事人的意思表示,而不是参与调解的行政机关的意志。仲裁是以第三人的身份居间对公民、法人或者其他组织相互之间的民事纠纷进行裁断的行为。调解和仲裁行为不属于行政诉讼的受案范围,是因为当事人可以通过民事诉讼的方式来解决彼此之间的争议。

(三) 行政指导行为

行政指导是行政机关在其职责、任务或管辖事务范围内,为适应复杂多变的经济和社会生活的需要,采取指导、劝告、建议、告诫等方式,作出的以相对人自愿行动为前提而达到行政目的的行为。行政指导不具有强制性和拘束力,相对人可以遵守,也可以不遵守。行政机关不得强迫相对人按照行政指导的内容作为或不作为。因此,当事人对行政指导行为不服,向人民法院起诉的,不属于行政诉讼的受案范围。

(四) 重复处理行为

重复处理行为是指接受申诉的行政机关经审查,驳回当事人对发生法律效力的行政行为提起申诉的答复行为。这类行为没有给当事人设定新的权利义务,没有形成、变更或消灭行政法律关系,当事人仍然受原来行为的拘束,因而是不可诉的行政行为。如果行政机关经过审查,重新改变了原有的行为,创设了新的权利义务关系,则应当允许当事人提起行政诉讼。因此,《行政诉讼法司法解释》规定:当事人对行政机关作出的驳回其申诉的重复处理行为不服,向人民法院起诉的,不属于行政诉讼的受案范围。

(五) 不产生外部效力的行为

对外性是可诉的行政行为的重要特征之一。行政机关在行政程序内部所作的行为,例如,行政机关的内部沟通、会签意见、内部报批等行为,并不对外发生法律效力,不对公民、法人或者其他组织合法权益产生影响,因此不属于可诉的行为。

(六) 过程性行为

可诉的行政行为需要具备成熟性。行政机关在作出行政行为之前,一般要为作出行政行为进行准备、论证、研究、层报、咨询等,这些行为尚不具备最终的法律效力,一般称为"过程性行为",不属于可诉的行为。

(七) 协助执行行为

可诉的行政行为须是行政机关基于自身意思表示作出的行为。行政机关根据法院生效裁判、协助执行通知书作出的执行行为,本质上属于履行生效裁判的行为,并非行政机关自身依职权主动作出的行为,亦不属于可诉的行为,但行政机关扩大执行范围或者采取违法方式实施的除外。

(八) 内部层级监督行为

内部层级监督属于行政机关上下级之间管理的内部事务。司法实践中,有的法律规定上级行政机关对下级行政机关的监督。例如,《国有土地上房屋征收与补偿条例》规定上级人民政府应当加强对下级人民政府房屋征收补偿工作的监督。有的当事人起诉要求法院判决上级人民政府履行监督下级人民政府的职责。法律法规规定的内部层级监督,诸如听取报告、执法检查、督促履责等行为,并不直接设定当事人新的权利义务关系,因此,该类行为属于不可诉的行为。

(九) 信访办理行为

信访办理行为不是行政机关行使"首次判断权"的行为。根据《信访条例》的规定,信访工作机构依据《信访条例》作出的登记、受理、交办、转送、承办、协调处理、监督检查、指导信访事项等行为,对信访人不具有强制力,对信访人的实体权利义务不产生实质影响,因此不具有可诉性。

(十) 对当事人不产生实际影响的行为

《行政诉讼法司法解释》第1条的规定,事实上是将行政行为对当事人的权利义务产生实际影响作为可诉行政行为的条件。这里的"影响",包括行政行为对当事人权利义务产生的有利与不利的影响。"不产生实际影响"是指行政行为没有使公民、法人或者其他组织的权利义务发生实质性的变动。具体包括还未成立的行政行为和行政机关内部运作的行为,比如开会讨论中的事项。当事人对行政机关作出的对其权利义务不产生实际影响的行为不服,向人民法院起诉的,不属于行政诉讼的受案范围。

第十五章 行政诉讼管辖

第一节 行政诉讼管辖概述

一、行政诉讼管辖的概念和意义

行政诉讼管辖,是人民法院之间受理第一审行政案件的职权划分,即确定人民法院之间受理第一审行政案件的分工和权限。公民、法人或者其他组织认为行政主体的行政行为侵犯其合法权益时,应向哪个法院起诉,由哪个法院受理,法律对此所作出的规定就是行政诉讼的管辖。根据《行政诉讼法》的规定,当事人不服第一审人民法院的判决或裁定,应向上一级人民法院上诉,即第二审行政案件都是由第一审人民法院的上一级人民法院审理。因此,一审管辖权明确了,第二审行政案件的管辖自然明确了,无须再行确定。

管辖的核心是管辖权。管辖权是指人民法院根据《行政诉讼法》有关管辖的规定,在其管辖的范围内行使审判权。凡不属于人民法院审判权范围的,人民法院也就没有管辖权。审判权是确定管辖权的前提,管辖权是审判权的进一步落实。

行政案件的管辖不同于主管。行政诉讼中的主管,是指人民法院有权审理行政案件的范围,其任务在于解决哪些行政争议由人民法院处理,哪些行政争议由其他国家机关处理,它实质上是解决人民法院与其他国家机关之间处理行政争议的权限和分工问题。对于一个行政争议,首先应当确定它是否属于人民法院主管。属于人民法院主管的行政争议,人民法院才有审判权,当事人才可以向人民法院起诉。当事人究竟应向哪一个人民法院起诉,则是行政诉讼管辖所要解决的问题。由此,是否属于人民法院主管是决定法院管辖的前提条件,管辖又是对属于法院主管的进一步落实。

我国《行政诉讼法》对管辖单设一章,并设 11 个条文加以阐述。管辖在《行政诉讼法》中的地位,取决于它在实践中的意义。正确确定人民法院对行政案件的管辖,首先有助于人民法院公正、及时地行使审判权,避免法院之间重复审理,劳民伤财,或互相推诿和争执,出现管辖"真空";其次有利于全面、及时地保护诉讼当事人的合法权益,避免当事人四处奔波,投诉无门。

二、确定行政诉讼管辖的原则

《行政诉讼法》第三章在对管辖权作出划分时,主要从以下原则出发:

(一) 便于当事人诉讼原则

在行政法律关系中,行政主体始终处于管理者的有利地位,相对一方当事人则处于被管理和服从的地位。为了保障行政相对人在其合法权益受到行政主体侵犯时能及时获得司法保护、救济,在确定行政诉讼管辖权时,必须优先考虑便于行政相对人参加诉讼。

(二) 便于人民法院独立公正行使审判权原则

为了保证人民法院独立公正行使审判权,确定诉讼管辖既要考虑便于人民法院办案,又要有利于人民法院排除外来因素对法院独立行使审判权的干扰。目前在实践中实施的跨行政区划管辖便是这一原则的具体体现。

(三) 原则性与灵活性相结合原则

有关诉讼的管辖事项复杂、多变,很多情况在立法时难以预料。仅有法定管辖不足以适应复杂、多变的情况。因此,《行政诉讼法》除了直接规定行政案件的管辖法院外,为适应客观情况的需要,还作了一些灵活性的规定,如指定管辖、移送管辖、管辖转移等。

随着法律的实施和实践中问题的出现,对管辖原则也需要重新认识。例如,便于当事人进行诉讼和便于法院公正行使审判权这两个原则在当前的条件下存在内在的矛盾。如果考虑便于法院公正审判这一原则,排除来自其他机关的干扰,就应当有较高级别的法院审理行政案件;如果考虑便于当事人进行诉讼这一原则,就应当尽可能地由与当事人住所地比较接近的基层法院来管辖。[①] 如何协调这两者值得深入研究。

三、行政诉讼管辖的分类

以不同标准,对行政诉讼管辖可以作不同的划分。管辖的分类主要有:

(一) 级别管辖与地域管辖

划分这类管辖的标准在于:确定管辖法院是在上下级之间的权限分工还是同级而不同区域人民法院之间的权限分工。级别管辖所要解决的问题,是不同审级人民法院之间管辖权的划分。而地域管辖要确定的是,一个行政案件应当由哪一个地区的人民法院受理的问题。级别管辖在规定方式上采用"列举式"与"概括式"两种。对

---

① 参见马怀德主编:《司法改革与行政诉讼制度的完善——〈行政诉讼法〉修改建议稿及理由说明书》,中国政法大学出版社 2004 年版,第 156 页。

中级人民法院管辖的其中一部分用了"列举式",如海关处理的案件等,对其他级别管辖及中级人民法院部分管辖又采取了"概括式",即大多采用案件是否"重大、复杂",从性质与程度来表达。地域管辖标准的立法规定方式主要是"概括式"的,如被告所在地标准,但由于所概括的内容不同,会出现逻辑上的交叉与冲突,从而产生一般地域管辖与特殊地域管辖,以及由此发展而来的混合形式的共同管辖。

(二)法定管辖与裁定管辖

这种管辖划分的标准是,直接确定管辖的是法律规定还是人民法院的行为。法定管辖,是指由法律规定的标准直接确定的诉讼管辖。裁定管辖,则是指在特殊情况下,由人民法院根据《行政诉讼法》的有关规定,以移送、指定等行为确定的诉讼管辖。法定管辖与裁定管辖,应当说都是法律规定的,但在最终确定、落实管辖的人民法院时,直接标准是法律规定的标准,如被告所在地标准,人民法院及当事人只能不折不扣地执行这一标准,这就是法定管辖;而裁定管辖要凭借或通过人民法院的行为来确定管辖法院。

(三)共同管辖与单一管辖

这种划分是按照有管辖权的人民法院数量确定的。共同管辖,就是两个以上人民法院同时对一个案件有管辖权,由于两个以上人民法院均有管辖权,所以就给当事人即原告留下了自由选择的空间,有权对有管辖权的人民法院进行选择,其选择就最终确定了该行政案件的管辖法院。因而,从当事人的角度来说,共同管辖又称为选择管辖。《行政诉讼法》第21条规定:"两个以上人民法院都有管辖权的案件,原告可以选择其中一个人民法院提起诉讼。原告向两个以上有管辖权的人民法院提起诉讼的,由最先立案的人民法院管辖。"这是解决共同管辖中管辖冲突的法律规定,也是管辖制度中选择管辖的法律根据。而单一管辖则是只有一个人民法院有管辖权,当事人没有自由选择余地。

第二节 行政诉讼的级别管辖

行政诉讼级别管辖,是上下级人民法院之间受理第一审行政案件时的分工和权限。级别管辖是从人民法院的组织系统,即纵的方向来划分每一级人民法院各自管辖第一审行政案件的权限和范围。只有这样才能在上下级人民法院之间,对于第一审行政案件的管辖权限有个明确的分工,从而解决哪一级人民法院对哪些第一审行政案件享有管辖权,保证人民法院公正地行使审判权。

根据《宪法》《人民法院组织法》的规定,我国人民法院的设置分为四级,即:基层人民法院、中级人民法院、高级人民法院和最高人民法院。这四级人民法院都有权管辖一定范围内的第一审行政案件。《行政诉讼法》确定级别管辖的主要依据是案件影响的大小和复杂程度。

我国《行政诉讼法》分别就四级人民法院受理的第一审行政案件的范围作了明确的规定。

一、基层人民法院的管辖

《行政诉讼法》第 14 条规定:"基层人民法院管辖第一审行政案件。"这就是说,除法律规定由上级人民法院管辖的第一审行政案件外,一般行政案件由基层人民法院审理。

基层人民法院是我国最基层的审判机关,主要任务是审判工作,它分布在全国各个县、区。在大多数情况下,当事人所在地、案件发生地、争议财产所在地,都在基层人民法院辖区内。这样规定,既便于当事人参加诉讼,又便于人民法院及时、公正地处理行政争议。基层人民法院管辖为法律的概括性规定,除非属于法律明确划归其他人民法院管辖的,否则,都属基层人民法院管辖。很明显,这意味着基层人民法院没有足够的自由裁量权。

有学者认为,为了确保审理案件法院的级别高于被告的"行政级别",应取消基层人民法院行政案件的管辖权或者仅保留基层人民法院对简易行政案件的管辖权,由中级人民法院行使对一般行政案件的初审管辖权。并且,就此建议将法院的管辖权普遍提高,主要由中级人民法院受理第一审行政案件,当事人诉讼不方便的问题则通过中级人民法院巡回审判的方式解决。① 我们认为,一方面,这种寄希望于法院级别提高的方法只是治标之策,治本之策仍然需要确保人民法院依法独立行使审判权;另一方面,这种管辖的安排毕竟还是会对当事人进行诉讼的便利性产生影响。因此,在现有条件之下,比较现实的选择可能还是要保留基层人民法院对第一审行政案件的管辖权。当然,可以通过对特定案件提高初审审级的方法来进行调整。

二、中级人民法院的管辖

根据《行政诉讼法》第 15 条的规定,中级人民法院管辖下列四类第一审行政案件:

(一) 对国务院部门或者县级以上地方人民政府所作的行政行为提起诉讼的案件

这里所说的行政行为,既包括国务院各部门和县级以上地方人民政府直接作出的行政决定,也包括它们所作出的改变原行政行为的行政复议决定。《行政诉讼法》规定此类行政案件由中级人民法院管辖,是考虑到被告级别高,其作出的行政行为专业性强、难度大、影响广泛,因而必须慎重对待,由中级人民法院审判比较适宜。此

---

① 参见姜明安主编:《行政法与行政诉讼法》(第六版),北京大学出版社、高等教育出版社 2015 年版,第 436 页。

外,从审判实践来看,由中级人民法院管辖有助于排除不正当因素的干扰,以确保诉讼的公正。这样规定,在现实条件下更符合实际,更具可行性。

(二) 海关处理的案件

海关处理的案件由中级人民法院管辖的主要原因是:海关的业务种类繁多,有的专业性较强,需要高度统一;海关业务涉及对外贸易和科学文化交流,影响面宽;从海关的设置来看,海关大多设在大中城市,多在中级人民法院所在地。

(三) 本辖区内重大、复杂的案件

这是对中级人民法院管辖的行政案件的概括规定。除上述列举的两类案件外,中级人民法院还管辖在本辖区内重大、复杂的案件。这种规定是在前面两类的"列举式"规定以外的一种概括式规定。凡是在中级人民法院所辖地区内群众反映强烈的案件,涉及面广、处理起来棘手的案件,处理干扰多、阻力大的案件以及其他重大复杂的案件,都由中级人民法院审理。这是一项比较灵活的规定,是否属于本辖区的重大复杂案件,要由中级人民法院判断。

根据《行政诉讼法司法解释》第 5 条的规定,有下列情形之一的,属于《行政诉讼法》第 15 条第 3 项规定的"本辖区内重大、复杂的案件":

(1) 社会影响重大的共同诉讼案件。社会影响重大的共同诉讼案件涉及的当事人较多,社会关注度高,为了减少行政干预,保证公正审判,由层级较高、专业性较强的中级人民法院审判更为合适。

(2) 涉外或者涉及港、澳、台的行政案件。涉外行政案件是指原告、第三人为外国人、无国籍人、外国企业或者外国组织的行政诉讼案件。涉及港、澳、台的行政案件,是指原告、第三人是香港特别行政区、澳门特别行政区、台湾地区的公民、法人或者其他组织,以及他们同中国内地合作、合资的企业或组织的行政诉讼案件。

(3) 其他重大、复杂案件。此项为兜底性规定,以避免前述规定的遗漏。这是人民法院裁定管辖的情形,根据《行政诉讼法司法解释》第 7 条的规定,"基层人民法院对其管辖的第一审行政案件,认为需要由中级人民法院审理或者指定管辖的,可以报请中级人民法院决定"。

最高人民法院作出上述规定,是基于审判实践中人民法院长期经验得出的。重大、复杂案件是由客观条件或标准所决定的。这些客观条件就是:案件所涉及的人数众多,案件在本辖区内影响较大,案件本身比较复杂,案件在查处方面存在相当困难与干扰,以及案件在本辖区内有示范作用等。

(四) 其他法律规定由中级人民法院管辖的案件

这是指《行政诉讼法》规定之外,根据其他法律的规定应当由中级人民法院管辖的行政诉讼案件。

三、高级人民法院的管辖

《行政诉讼法》第 16 条规定:"高级人民法院管辖本辖区内重大、复杂的第一审行政案件。"

依据《人民法院组织法》的规定,高级人民法院的主要任务是对不服中级人民法院裁判的上诉案件进行审理,并对其管辖区内的中级人民法院和基层人民法院的审判工作进行指导和监督。因此,只有在高级人民法院辖区内有重大影响或复杂的行政案件,才能由高级人民法院作为第一审管辖法院,而基层人民法院、中级人民法院对这类案件均无管辖权。

四、最高人民法院的管辖

《行政诉讼法》第 17 条规定:"最高人民法院管辖全国范围内重大、复杂的第一审行政案件。"

最高人民法院是国家的最高审判机关,其主要任务是指导和监督地方各级人民法院和专门人民法院的审判工作,对于在审判工作中所涉及的法律具体应用问题进行司法解释,以及审理不服各高级人民法院一审裁判而提起上诉的案件。因此,由它管辖的第一审行政案件,只限于全国范围内的重大、复杂的案件。

第三节 行政诉讼的地域管辖

行政诉讼地域管辖,是同级人民法院之间受理第一审行政案件的分工和权限。

地域管辖主要是根据法院的辖区和当事人所在地、诉讼标的所在地的关系所确定的管辖。我国《行政诉讼法》规定的地域管辖可以分为一般地域管辖、特殊地域管辖。

一、一般地域管辖

一般地域管辖是行政诉讼地域管辖的基本种类,是最常用的一种管辖方式。《行政诉讼法》第 18 条第 1 款规定:"行政案件由最初作出行政行为的行政机关所在地人民法院管辖。经复议的案件,也可以由复议机关所在地人民法院管辖。"

一般地域管辖是"原告就被告"原则在行政诉讼管辖制度中的体现,包括两种情况:

一是原告未经行政复议程序而直接向人民法院起诉的案件,由最初作出行政行为的行政机关所在地的人民法院管辖。

二是经复议的案件,最初作出行政行为的行政机关所在地和复议机关所在地的人民法院都有管辖权。经过复议的案件,如果复议机关和最初作出行政行为的行政机关不在一个法院辖区,即出现共同管辖,原告可以选择最初作出行政行为的行政机关所在地或者复议机关所在地的法院提起行政诉讼。在修订前的《行政诉讼法》中,只有复议机关改变行政行为的,复议机关所在地的人民法院才有管辖权,但修法之后,无论复议机关是改变还是维持原行政行为,复议机关所在地的人民法院均有管辖权。这是因为,法律修订之后,复议机关无论是维持还是改变原行政行为,都要作为被告,既然都要作为被告,就没有必要再因复议决定方式的不同而影响管辖法院。

二、特殊地域管辖

(一)跨区域管辖

长期以来,我国行政诉讼审判深受行政权干预的影响,以至于影响了行政诉讼目的的实现。探究行政诉讼制度本身可以发现,管辖制度的漏洞是一个重要原因。为了落实党的十八届四中全会提出的"探索设立跨行政区划的人民法院"的要求,进行管辖改革,特别是跨行政区划法院管辖改革,是《行政诉讼法》修订的重要方面。

《行政诉讼法》第18条第2款规定:"经最高人民法院批准,高级人民法院可以根据审判工作的实际情况,确定若干人民法院跨行政区域管辖行政案件。"在司法实践中,跨行政区划法院改革已经取得重要突破。例如,北京市第四中级人民法院作为在北京市建立的跨行政区划的中级人民法院,于2014年12月30日正式挂牌成立,标志着设立跨行政区划法院迈出了关键性的一步。2015年,北京市第四中级人民法院共受理以区县政府为被告的一审行政案件1397件,占受理案件总数的73.8%,是2014年全北京市法院受理同类行政案件总数216件的6.5倍。2016年,该院受理一审行政案件2893件,比2015年又增长107.09%,达到2014年同类案件总数的13.4倍。显而易见,跨区域管辖案件,可以有效解决行政诉讼中的不当干预和行政案件立案推诿、过度协调、久拖不决等问题,有利于优化司法审判资源,保障法院依法独立公正行使审判权,更好地保护行政相对人的合法权益,监督行政机关依法行使职权。

为了进一步推动跨行政区划法院管辖改革,《行政诉讼法司法解释》根据上述政策法律依据,就跨行政区划法院管辖改革以及需要履行的程序作了进一步明确,铁路运输法院等专门人民法院审理行政案件,应当执行《行政诉讼法》第18条第2款的规定。

(二)限制人身自由强制措施案件的管辖

《行政诉讼法》第19条规定:"对限制人身自由的行政强制措施不服提起的诉讼,由被告所在地或者原告所在地人民法院管辖。"人身自由是公民最基本的权利,任何人不得侵犯。当公民的人身自由受到限制时,法律应当提供最便捷、最及时的救济。

因此,《行政诉讼法》对此类案件作了特殊规定。这样,原告便可以根据自己的情况在被告所在地或者原告所在地的人民法院之中选择一个最方便、最有利于自己诉讼的人民法院来起诉。根据《行政诉讼法司法解释》第8条第1款的规定,"原告所在地"包括原告的户籍所在地、经常居住地和被限制人身自由地。经常居住地,是指公民离开户籍所在地至起诉时已连续居住一年以上的地方,但公民住院就医的地方除外。被限制人身自由地,是指原告被羁押的场所所在地。对于一个具体案件,应由原告所在地,还是由被告所在地的人民法院管辖,主要取决于原告向何地的人民法院起诉。

《行政诉讼法》作此规定的立法意图是为了保护公民的人身权这一基本权利,便于公民在这一基本权利受到侵犯时寻求司法救济。根据《行政诉讼法司法解释》第8条第2款的规定,"对行政机关基于同一事实,既采取限制公民人身自由的行政强制措施,又采取其他行政强制措施或者行政处罚不服的,由被告所在地或者原告所在地的人民法院管辖"。也就是说,在此种情况下,相对人有选择原告所在地或者被告所在地法院管辖的权利。

(三)不动产行政案件的管辖

《行政诉讼法》第20条规定:因不动产提起的行政诉讼,由不动产所在地人民法院管辖。不动产,是指形体上不可移动或者移动就会损失其经济价值的财产,如土地、矿山、建筑物、水流、山林、草原等。根据《行政诉讼法司法解释》第9条的规定,"因不动产提起的行政诉讼"是指因行政行为导致不动产物权变动而提起的诉讼。不动产已登记的,以不动产登记簿记载的所在地为不动产所在地;不动产未登记的,以不动产实际所在地为不动产所在地。

因不动产提起的诉讼由不动产所在地人民法院管辖,可以说是诉讼管辖制度中的一个惯例,是行政案件专属管辖的法律依据。此规定既有利于对案件的调查取证,又有利于判决的执行,因而为各国法律采用。

第四节 行政诉讼的裁定管辖

根据《行政诉讼法》的有关规定,裁定管辖分为移送管辖、指定管辖和管辖转移三种类型。

一、移送管辖

《行政诉讼法》第22条对移送管辖作了规定:"人民法院发现受理的案件不属于本院管辖的,应当移送有管辖权的人民法院,受移送的人民法院应当受理。受移送的人民法院认为受移送的案件按照规定不属于本院管辖的,应当报请上级人民法院指定管辖，不得再自行移送。"移送管辖是指某个人民法院受理案件后，发现自己对该案件没有管辖权，而将案件移送给有管辖权的人民法院受理。

根据《行政诉讼法》的规定，移送管辖必须具有以下三个条件：第一，移送的人民法院对移送的案件已经受理，如果没有受理，就谈不上移送的问题；第二，移送的人民法院对移送的案件没有管辖权，如果有管辖权，应由自己审理，无须移送给其他法院；第三，受移送的人民法院对移送的案件有管辖权，如果没有管辖权，就不应移送给该人民法院。只有以上三个条件同时具备，才能移送案件。

移送裁定对接受移送的人民法院具有约束力，接受移送的人民法院不能再自行移送。就是说，既不能拒绝、退回移送的人民法院，也不能自行移送给其他人民法院。如果确是移送错误或者审理有困难的，应说明理由，报请上级人民法院指定管辖。经上级人民法院作出指定管辖裁定后移送的案件，不属"自行移送"。这样规定，主要是为了防止法院之间互相推诿，以保障当事人诉权的行使。

二、指定管辖

《行政诉讼法》第23条规定："有管辖权的人民法院由于特殊原因不能行使管辖权的，由上级人民法院指定管辖。人民法院对管辖权发生争议，由争议双方协商解决。协商不成的，报它们的共同上级人民法院指定管辖。"依据该规定，指定管辖有以下两种情况：

（一）由于特殊原因，有管辖权的人民法院无法行使管辖权

这里的特殊原因，包括事实方面的原因，如由于水灾、火灾、战争等不可抗力原因，使有管辖权的人民法院在客观上不能行使管辖权；也有法律方面的原因，如有管辖权的法院因审判人员回避，不能组成合议庭，无法行使管辖权。如遇以上情况，上级人民法院就应指定其他人民法院管辖。

（二）因管辖权发生争议引起的指定管辖

管辖权的争议表现为两种形式：一是两个以上人民法院对于同一案件都主张管辖权；二是两个以上人民法院对同一案件都认为自己没有管辖权。在行政诉讼中，引起管辖权争议的情况主要有两种：其一，原告向两个有管辖权的人民法院提起诉讼，这两个法院同时立案；其二，行政区域变动期间发生的案件，造成几个法院都有管辖权或几个法院都不可以管辖。[①] 两个以上人民法院对同一案件的管辖发生争议，根据《行政诉讼法》的规定，首先由争议法院互相协商；如果协商不成，则由争议的法院报它们的共同上级人民法院指定管辖。

设立指定管辖的目的，主要是避免在一些特殊情况下拖延对案件的审理，减少当

[①] 《行政诉讼法司法解释》第4条规定："立案后，受诉人民法院的管辖权不受当事人住所地改变、追加被告等事实和法律状态变更的影响。"

事人诉累,及时稳定行政法律关系。

三、管辖转移

管辖转移是指经上级人民法院决定或者同意,把下级人民法院有管辖权的案件交由上级人民法院管辖的制度。《行政诉讼法》第 24 条规定:"上级人民法院有权审理下级人民法院管辖的第一审行政案件。下级人民法院对其管辖的第一审行政案件,认为需要由上级人民法院审理或者指定管辖的,可以报请上级人民法院决定。"

根据《行政诉讼法》的规定,管辖转移有以下两种情况:

其一,上级人民法院有权审理下级人民法院管辖的第一审行政案件。这种案件审级的上提不受级别管辖和地域管辖的限制,可以上提一级或几级。下级人民法院对上级人民法院上提的案件,必须按照上级人民法院的决定办理,不得拒绝。

其二,下级人民法院对其管辖的第一审行政案件,认为需要由上级人民法院审理或者指定管辖的,可以报请上级人民法院决定。这是指一些重大、复杂、专业技术性强、干扰严重等的案件,下级人民法院认为由自己行使审判权在事实上有困难,需要由上级人民法院审理或者指定管辖。下级人民法院报请上级人民法院的,应由上级人民法院决定。上级人民法院不同意的,仍由报请的人民法院审理。

管辖转移,同移送管辖貌似相近,实质有别。管辖转移,是有管辖权的人民法院将案件的管辖权转移给原来没有管辖权的法院,所转移的是案件的管辖权;而移送管辖,是无管辖权的人民法院将不是自己管辖的案件移送给它认为有管辖权的人民法院,所转移的是案件而不是管辖权。同时,管辖转移是在上下级人民法院之间进行的,必须由上级人民法院决定或者同意,主要用于调整级别管辖的问题;而移送管辖一般是在同级人民法院之间进行,不需要经过上级人民法院的同意或者批准,主要解决有无管辖权的问题。

《行政诉讼法》规定管辖转移,目的是赋予法院灵活处理的权力,以便适应不同情况,变更管辖法院,由最适当的法院管辖,这是原则性与灵活性相结合原则的体现。

近些年来,行政权干预司法独立审判引发司法不公的问题突显。司法实践中,运用指定管辖和管辖转移的形式,一些地方进行了管辖上的有益探索。比如,浙江省试行了"异地交叉审理"制度,即通过指定管辖的方式避免行政干预。这一制度在实践中取得了较好的效果,[①]得到了最高人民法院的认可,并在《行政案件管辖规定》中得到体现。2018 年 2 月 8 日生效的《行政诉讼法司法解释》第 163 条规定:"最高人民法院以前发布的司法解释与本解释不一致的,不再适用。"根据新解释,启动管辖转移或

---

① 有资料显示,浙江台州中院从 2002 年 7 月开始实行异地管辖,至 2005 年 6 月,3 年间各基层法院一审共审结异地管辖案件 424 件。其中,政府败诉案件 149 件,败诉率为 35.14%;上诉案件 114 件,上诉率为 26.89%;而同期当地法院审结本地行政案件(非异地管辖)1391 件,政府败诉 194 件,败诉率为 13.95%;上诉案件 556 件(非异地管辖案件);异地管辖案件当事人的上诉率为非异地管辖案件的 2/3 左右。参见包祥水:《行政案件管辖问题的调研报告》,载《法律适用》2007 年第 1 期。

者指定管辖,主要有以下途径:

第一,当事人启动。根据《行政诉讼法司法解释》第6条的规定,包括两种情形:一是当事人以案件重大复杂为由,认为有管辖权的基层人民法院不宜行使管辖权,向中级人民法院起诉;二是当事人向有管辖权的基层人民法院起诉,受诉人民法院在7日内既不立案又不作出不予立案裁定,当事人向中级人民法院起诉。中级人民法院应当根据不同情况在7日内分别作出以下处理:(1)决定自行审理;(2)指定本辖区其他基层人民法院管辖;(3)书面告知当事人向有管辖权的基层人民法院起诉。

第二,基层人民法院启动。根据《行政诉讼法司法解释》第7条的规定,基层人民法院对其管辖的第一审行政案件,认为需要由中级人民法院审理或者指定管辖的,可以报请中级人民法院决定。中级人民法院应当根据不同情况在7日内分别作出以下处理:(1)决定自行审理;(2)指定本辖区其他基层人民法院管辖;(3)决定由报请的人民法院审理。

第五节　行政诉讼管辖异议与处理

一、行政诉讼管辖异议的提出

在行政诉讼中,管辖异议是指当事人对已经受理行政案件的人民法院提出的管辖异议。管辖制度是一个非常复杂的问题,尽管《行政诉讼法》对管辖问题规定了既具体明确又有一定灵活性的原则,但由于行政案件本身的复杂性和当事人认识上的局限性,对受案人民法院是否具有管辖权常有不同看法,因此,管辖异议难以避免。

由于《行政诉讼法》没有有关管辖异议的制度规定,司法解释对管辖异议作了补充规定。《行政诉讼法司法解释》第10条第1款规定:"人民法院受理案件后,被告提出管辖异议的,应当在收到起诉状副本之日起十五日内提出。"管辖异议由被告在法定期限内提出,如果逾期提出管辖异议的,人民法院不予审查,即使管辖异议可能是合法的,也不可能得到支持。另外,《行政诉讼法司法解释》第11条规定:"有下列情形之一的,人民法院不予审查:(一)人民法院发回重审或者按第一审程序再审的案件,当事人提出管辖异议的;(二)当事人在第一审程序中未按照法律规定的期限和形式提出管辖异议,在第二审程序中提出的。"

二、对管辖异议的处理

《行政诉讼法司法解释》第10条第2款规定:"对当事人提出的管辖异议,人民法院应当进行审查。异议成立的,裁定将案件移送有管辖权的人民法院;异议不成立的,裁定驳回。"

根据《行政诉讼法司法解释》第 101 条的规定,当事人对管辖异议的裁定不服的,可以上诉。当事人对裁定不服的,可以在 10 日内向上一级人民法院提起上诉,上诉法院作出的管辖异议的裁定是终审裁定。

此外,《行政诉讼法司法解释》第 10 条第 3 款明确规定:"人民法院对管辖异议审查后确定有管辖权的,不因当事人增加或者变更诉讼请求等改变管辖,但违反级别管辖、专属管辖规定的除外。"

第十六章
行政诉讼参加人

第一节 行政诉讼参加人概述

一、行政诉讼参加人的概念

(一) 概念

行政诉讼参加人,是指依法参加行政诉讼活动,享有诉讼权利、承担诉讼义务,并且与诉讼案件或诉讼结果有利害关系的人。行政诉讼参加人包括原告、被告、第三人以及诉讼代理人。

明确行政诉讼参加人的范围,有利于明确各种诉讼参加人在行政诉讼中的地位和作用,明确不同的参加人在诉讼中的权利与义务,以便于保证诉讼秩序,为法院正确地适用法律,作出准确的裁判奠定基础。

(二) 行政诉讼参加人与行政诉讼参与人

把握行政诉讼参加人的范围,首先应当注意其与行政诉讼参与人的关系。行政诉讼参与人有广义和狭义两种含义。广义的行政诉讼参与人是指所有参加行政诉讼活动的人,包括当事人、诉讼代理人以及证人、鉴定人、翻译人、勘验人等;而狭义的行政诉讼参与人仅指证人、鉴定人、翻译人、勘验人等。就广义的角度而言,行政诉讼参与人中包含了行政诉讼参加人。

除行政诉讼参加人以外的其他行政诉讼参与人在行政诉讼过程中所起的作用、地位不同于行政诉讼当事人和诉讼代理人:

(1) 其他诉讼参与人与行政诉讼案件无利害关系,他们参与行政诉讼是为了证明案件事实的真实性或为诉讼的正常进行提供服务。

(2) 其他诉讼参与人在行政诉讼过程中虽然也享有某些诉讼权利,承担某些诉讼义务,但不同于行政诉讼参加人。比如,行政诉讼参加人有参加法庭辩论,提起上诉等诉讼权利,行政诉讼参与人就不享有类似的权利。

(三) 行政诉讼参加人与行政诉讼当事人

把握行政诉讼参加人,还应当注意其与当事人的关系。参加人中包括了当事人与诉讼代理人。代理人参加诉讼与当事人参加诉讼有着明显的区别:

(1) 行政诉讼当事人以自己的名义参加诉讼,而行政诉讼代理人是以行政诉讼当事人的名义参加诉讼,也即行政诉讼代理人必须以原告、被告或第三人的名义参加诉讼,代理行政诉讼当事人依法处理他们在行政诉讼中的事务。

(2) 行政诉讼代理人在诉讼中的权限由其与行政诉讼当事人之间的代理关系确定。行政诉讼代理人在代理权限以内的诉讼行为,其法律后果归属于行政诉讼当事人(被代理人),而不是归属于自己;超越代理权限的代理行为无效。

(3) 行政诉讼代理人参加行政诉讼的目的不是为了维护自己的权益,而是为了维护行政诉讼当事人(被代理人)的权益。由于行政诉讼当事人在诉讼中的利益是对立的,因此,行政诉讼代理人不可能同时代理两方及以上的行政诉讼当事人。行政诉讼当事人参加行政诉讼的目的是利己的,而行政诉讼代理人参加诉讼的目的则是利他的。

(4) 行政诉讼代理人参加行政诉讼,其活动受制于被代理的行政诉讼当事人。一方面,行政诉讼代理人的代理权限受被代理的行政诉讼当事人授权范围制约;另一方面,因为受被代理的行政诉讼当事人本身诉讼权利的制约,只有行政诉讼当事人享有某项诉讼权利才能授予行政诉讼代理人某项权利,行政诉讼当事人不曾享有的权利,其代理人也不可能享有。比如,诉讼开始后,被告不得自行向原告和证人收集证据,那么作为被告的代理人也不享有自行向原告和证人调查、取证的权利。

二、行政诉讼的当事人

(一) 行政诉讼当事人的概念

行政诉讼当事人是指以自己的名义参加诉讼,在诉讼中享有权利、承担义务并受法院裁判拘束的人。行政诉讼的当事人是行政诉讼参加人中的核心主体,也是整个行政诉讼活动的核心主体。

行政诉讼当事人在不同的诉讼阶段有着不同的称谓。在一审中当事人的称谓是:原告、被告、第三人;在二审中则被称为上诉人、被上诉人、第三人;在执行阶段,则被称为申请执行人与被申请执行人;在再审程序中的称谓则取决于再审所适用的程序。习惯上,人们用一审程序中的原告、被告、第三人的称谓来概括行政诉讼的当事人范围。

(二) 行政诉讼当事人的基本特征

(1) 行政诉讼当事人都是行政法律关系的主体,只是在行政活动中彼此之间就某些权利义务发生了争议。行政法律关系是因行政主体行使行政权的行为而引起的。其中行政主体是一方,相对人为另一方,如果行政主体实施的是行政行为,那么作为行政行为对象,或者虽然不是行政行为对象,但与该行政行为有权利义务关系的相对人,如果不服该行政行为而向人民法院提起诉讼时,原行政法律关系中的各方就会成为行政诉讼的当事人。反之,虽然不服行政行为,但如果他不是该行政行为对象,与该行政行为也无权利义务关系,即非相对人时,则既不能对该行政行为提起诉讼,也不能参加到因不服该行政行为进行的诉讼中来。正是基于这一点,诉讼当事人的基本特征是他们都是原行政法律关系的主体。也正是由于他们是行政法律关系的主体,他们与因此而引起的行政诉讼有直接利害关系。

(2) 行政诉讼的当事人都以自己的名义参加行政诉讼。原告以自己的名义提起诉讼,被告以自己的名义应诉,第三人以自己的名义参加诉讼。以自己的名义参加诉讼,意味着诉讼直接关系到的是他们的权益,而不是其他人的权益;反过来,正是由于诉讼直接关系到的是他们的权益,他们才能以自己的名义参加诉讼。这一点是行政诉讼当事人与诉讼代理人之间最主要的区别。

(3) 行政诉讼的当事人都受法院裁判的拘束,由自己承担诉讼裁判的后果与责任。行政诉讼既然是围绕行政法律关系各方主体因对行政行为发生的争议而展开的,法院的裁判也是针对该争议作出的,那么作为与诉讼案件有直接利害关系的当事人必然要受裁判的法律拘束,也即裁判引起的法律后果和责任只能归属于他们。法院在裁判中所确定的权利、义务,只能由当事人来享有、承担,而不会由其他人享有、承担。这也是行政诉讼当事人与诉讼代理人的重要区别。

(4) 在行政诉讼中作为诉讼当事人的原、被告是恒定的。这种恒定性是指:在行政诉讼中,被告只能是行政法律关系中的行政主体,原告则永远是行政法律关系中的相对人。同时,由于行政主体要么是行政机关,要么是法律、法规、规章授权的组织,因此,被告不可能是自然人,而是具有一定形式的组织。

(三) 行政诉讼当事人的诉讼权利能力与诉讼行为能力

(1) 行政诉讼权利能力。行政诉讼权利能力,又称当事人能力,是指当事人拥有的能够以自己名义进行行政诉讼活动并享有诉讼权利、承担诉讼义务的资格和能力。《行政诉讼法》第2条规定:"公民、法人或者其他组织认为行政机关和行政机关工作人员的行政行为侵犯其合法权益,有权依照本法向人民法院提起诉讼。"可见,公民、法人和其他组织以及行政机关都具有行政诉讼权利能力。但是,他们各自行政诉讼权利能力的起止期限不同:作为自然人的公民的行政诉讼权利能力始于出生、终于死亡;法人和其他组织(包括行政机关)的行政诉讼权利能力于成立之时开始,至解散、合法撤销时终止。

行政诉讼权利能力与行政实体权利能力相对应。在行政法中,行政实体权利能力是指以自己的名义享有行政权利、承担行政义务的资格和能力。行政诉讼权利能力的设定,就是为了保障行政实体权利能力的实现。但由于行政诉讼受案范围的局限,行政诉讼权利能力的范围要窄于实体权利能力的范围。此外,相对人与作为管理者的行政机关的行政诉讼权利能力不完全相同。在行政诉讼中,双方的诉讼权利义务不完全对等。

(2) 行政诉讼行为能力。行政诉讼行为能力是指当事人能够亲自进行行政诉讼活动,具有独立行使诉讼权利和履行诉讼义务的能力,又称为诉讼能力。当事人若要亲自参加行政诉讼,必须具备行政诉讼行为能力。

《行政诉讼法》对行政诉讼行为能力没有明确规定。参照民事法律的规定,对公民而言,存在有诉讼行为能力和无诉讼行为能力之分。其中,18周岁以上,或16周岁以上不满18周岁,以自己的劳动收入为主要生活来源的公民,且智力正常的,具有诉讼行为能力。此外,未成年人、精神病人不具有诉讼行为能力。为切实保障其合法权益,法律禁止他们亲自参加诉讼,而需由其法定代理人代理诉讼。至于法人和其他组织(包括行政机关)的行政诉讼行为能力,自成立时产生,至合法解散时终止。

(四) 当事人的诉讼权利和诉讼义务

在行政诉讼中,当事人享有广泛的诉讼权利,并承担诉讼义务。赋予当事人行政诉讼权利是对公民在行政过程中主体地位的肯定,是维护其合法权益的需要。规定当事人诉讼义务是为了维护诉讼秩序,保障诉讼的顺利进行。

(1) 当事人的诉讼权利。按照《行政诉讼法》及有关法律、法规的规定,当事人的诉讼权利主要有:① 与实体权益直接相关的诉讼权利。如原告有起诉权、变更或增加诉讼请求的权利、撤诉权和上诉权;被告有应诉权和答辩权,在一审中改变其行政行为的权利以及上诉权等。② 程序上的诉讼权利。如申请回避权,举证权,辩论权,委托代理权,使用本民族语言文字进行诉讼的权利,查阅、复制本案庭审材料及有关法律文件的权利,查阅、补正庭审笔录的权利,申请诉讼保全和证据保全的权利,原告有申请停止执行行政行为的权利等。③ 对法院生效判决的执行申请权。胜诉一方有权向人民法院申请执行。此外,法院生效的法律文书,对被告有依法强制执行的权利。

(2) 当事人的诉讼义务。当事人应当履行的诉讼义务主要有:依法行使诉讼权利,按时到庭参加诉讼,履行举证义务,遵守法庭秩序,自觉履行生效的法律文书等。

需要指出,在行政诉讼中,原告与被告的诉讼权利、义务并不完全对等。如原告有起诉权,而被告没有反诉权;在当事人举证责任的分配上也有不同于民事诉讼的特殊规定。

三、行政诉讼的代表人和代理人

在行政诉讼中,往往还有诉讼代表人和代理人参加诉讼活动,即作为当事人的代表参加诉讼,或者以当事人的名义参加诉讼活动的人。行政诉讼代表人和代理人制度是行政诉讼中的重要制度。本章第六节将对行政诉讼代表人和代理人制度进行阐述。

第二节 行政诉讼原告

一、行政诉讼原告的概念

《行政诉讼法》第25条规定:行政行为的相对人以及其他与行政行为有利害关系的公民、法人或者其他组织,有权提起诉讼。此外,有权提起诉讼的公民、法人或者其他组织还要遵循《行政诉讼法》第2条,即公民、法人或其他组织认为行政机关和行政机关工作人员的行政行为侵犯其合法权益,有权向人民法院提起诉讼。前款所称行政行为,包括法律、法规、规章授权的组织作出的行政行为。根据这一规定,所谓行政诉讼的原告,是指对行政主体的行政行为不服,依照《行政诉讼法》的规定,以自己的名义向人民法院提起诉讼的公民、法人或其他组织。

上述概念反映的原告的基本特征是:

(1) 原告必须是公民、法人或其他组织。这一特征强调的是,在我国只有处于被行政主体管理一方的人才能作为原告提起行政诉讼;而作为行使国家行政权,处于管理者一方的行政主体,是不能作为通常意义上的原告提起行政诉讼的。这一情况是与我国的法律体系有直接联系的。在行政管理的过程中,出现行政争议是在所难免的,这种争议既有可能是处于被管理一方的公民、法人或其他组织认为行政主体的行政行为侵犯其合法权益而引起的,也可能是由于行政主体认为公民、法人或其他组织没有履行法律、法规、规章等直接规定的或者行政主体通过行政行为科处的义务,致使公共秩序遭受侵害而引起的。在后一种情况下,由于我国法律往往授权行政主体直接对不履行义务或妨碍公共秩序的公民、法人或其他组织行使行政强制权,或者授权其向法院申请强制,因此,当行政主体认为其权力的行使受到妨碍时,可以自己强制执行或者申请法院予以强制执行,以达到实现其自认为要达到的管理状态,从而实现行政管理的目标。也就是说,当行政主体的权力受到妨碍时,完全不必以"原告"的身份,通过向法院起诉的方式来维护权益。而在前一种情况下,由于行政行为具有公定力、先行力,公民、法人或其他组织即便对行政行为有异议,也必须加以履行,否则将会导致国家强制力的制裁,因此其只能借助于向法院提起诉讼等方式,来试图消灭其所不服的行政行为的效力,以维护自己的合法权益。当然,有些国家也规定了行政机关可以作为原告起诉公民。

有一种情况在理论上是成立的,即当行政机关或授权组织处于被其他行政主体管理的地位时,如果其不服管理机关的行政行为,也是可以作为原告提起行政诉讼的。但这种情况在实践中出现的可能性较小。

在可以起诉的主体中,公民是指我国公民、外国公民、无国籍人和国籍不明的个人,它实际是一个自然人的概念。由于《行政诉讼法》使用了公民的概念,也不妨沿用,但应当注意的是这里的公民实际就是指个人。法人是指拥有独立的财产,具有确定组织形式,能够以自己的名义独立享有民事权利和承担民事义务的组织。应当注意的是,法人资格与法人通过行政许可的方式获得的某些许可资格是不同的。首先应当具有法人资格,然后基于法人资格和法律、法规规定的其他条件,可以依法申请被纳入许可范围的经营资格,取得所谓的营业执照。没有取得营业执照不等于没有法人资格,因此不得因法人没有提供营业执照或其他形式的许可证而拒绝其起诉。根据我国《民法总则》的规定,法人包括营利法人、非营利法人、特别法人三种。营利法人包括有限责任公司、股份有限公司和其他企业法人等。非营利法人包括事业单位、社会团体、基金会、社会服务机构等。特别法人包括机关法人、农村集体经济组织法人、城镇农村的合作经济组织法人、基层群众性自治组织法人。关于其他组织,应当认为是除法人以外的其他组织,也就是不具备法人资格的社会组织。其主要特征是:具有一定的组织形式,不具备法人资格或身份,经有关机关批准成立或认可从事一定的经营、生产或其他活动,比如公司或组织的筹备组织。

总之,凡是能够承担民法或宪法、行政法上权利义务的个人或组织都可能成为行政诉讼的原告。

(2) 原告是认为被行政行为侵害了合法权益的人。合法权益受侵害正是公民、法人和其他组织提起诉讼的直接原因。消除侵害,以维护自己的合法权益,正是公民、法人或其他组织作为原告期望通过诉讼所要达到的目的。因此,权益受侵害是决定公民、法人或其他组织能否作为原告的前提。

但是,就行政诉讼起诉阶段的原告资格而言,权益的侵害只是一种可能,而并非必然。原告认为自己的权益受到侵害仅仅反映的是原告的主观认定,这种主观认定准确与否要在诉讼判决时才能确定。同样道理,原告认为自己受到侵害的是合法权益,权益的合法性在起诉阶段也只能是一种形式要求,而不可能是实质要求。

(3) 原告必须是以自己的名义提起诉讼。是以自己的名义,还是以他人的名义提起诉讼,是确定原告的最基本的条件。这里需要注意的是,我国《行政诉讼法》没有规定,当公民没有起诉时,社会组织可以代为起诉。因此,行政诉讼必须是以自己的名义提起诉讼。只要当事人不起诉,任何其他个人或者组织都不能代而为之。另外,要注意区分,以他人名义起诉和以他人名义代为递交诉状是两个截然不同的概念。以他人名义代为递交诉状的可能是诉讼代理人。

(4) 原告必须与被诉的行政行为有法律上的利害关系,即必须是自己的权利义务或法律地位受到被诉行政行为影响的人才能作为原告起诉。《行政诉讼法》第2条规定:"公民、法人或者其他组织认为行政机关和行政机关工作人员的行政行为侵犯其合法权益,有权依照本法向人民法院提起诉讼。"这一规定明白无误地表明,在我国只有"其"(公民、法人或其他组织)合法权益遭受行政机关和行政机关工作人员的行政行为的侵害,才有权起诉。如果认为别人的权益或公共利益受到侵害,是不能提起行政诉讼的。也就是说,我国在行政诉讼领域尚未建立公益行政诉讼。因此,作为原告,必须是自己的权利义务或法律地位等权益受到行政主体的侵害,才可能具有原告资格。

二、行政诉讼原告的类型

在行政诉讼中,原告必须是自己的合法权益与被诉的行政行为之间有着法律上的利害关系的人,而其权益与行政行为利害关系的形成有着不同的方式。原告与行政行为之间的利害关系的形成,主要有两种情形:一是行政主体直接处分其权利义务以及形成、改变或消灭其法律地位形成的;二是行政主体在处分他人权利义务以及形成、改变或消灭他人法律地位时牵涉到的。传统行政法学上,通常将前一种情形视作相对人起诉,而将后一种情形视作相关人起诉。据此,我们可以将我国行政诉讼的原告区分为两种基本形态:以相对人身份提起行政诉讼;以相关人身份提起行政诉讼。

(一) 以相对人身份为背景的原告

这是行政诉讼原告最原始,也是最简单的形态。所谓相对人,是行政主体在行政行为中直接处分其权利义务以及形成、改变、消灭其法律地位的公民、法人或其他组织。凡是建立行政诉讼制度的国家,都毫无疑问地确立相对人的原告资格。确立相对人原告资格,这是行政诉讼制度的要义所在。一方面,相对人的合法权益可能因违法的行政行为受侵害,赋予其依法起诉的资格,首先着眼的是对其合法权益的司法保护;另一方面,针对一个违法的行政行为的起诉,启动司法机关对行政机关行使行政权行为的审查,又体现了司法机关对行政机关的监督和制约。

我国在建立行政诉讼制度时,首先也是考虑赋予相对人的原告资格。从司法实践的情况看,相对人提起行政诉讼,在原告资格的确立上,没有多少法律障碍,只是对如何保障原告的诉权以及方便原告的起诉存在一些值得研究的问题。

(二) 以利害关系人身份为背景的原告

1. 利害关系人的含义

利害关系人,也称相关人,是指行政主体在作出行政行为处分他人的权利义务以及形成、改变或消灭他人法律地位时,权利义务或者法律地位也受到该行政行为影响的公民、法人或其他组织。比如,某房地产公司向政府规划部门提出规划许可申请,政府规划部门经审核,颁发了规划许可证。在这一法律关系中,政府规划部门是行政主体,房地产公司是相对人,但在这一过程中,还隐含着这样一个法律关系,即与建设项目相邻的居民,他们的通风、采光、通行、滴水等权利将会受到规划许可证的影响。这些居民就是行政许可行为的利害关系人,他们与政府规划部门的行政许可行为有利害关系。

行政行为的利害关系人具有如下特点:第一,处于被管理的一方,也就是说在政府(行政机关)与社会形成的二元关系中,属于社会一方,而不是公权力行使者一方;第二,自己的权利或法律地位受到行政主体针对他人的行政行为的影响,如果其本人的权利义务并未受影响,则其与行政行为无关,也就不存在利害关系;第三,利害关系人的权利义务或法律地位受到影响并不是因为成为行政主体的管理目的或管理目标,而是行政主体在通过行政行为处分他人权利义务时客观上所造成的。

2. 利害关系人提起行政诉讼的意义

赋予利害关系人原告资格,具有重要的法律意义。

(1) 扩大了对公民、法人或其他组织权利保护的范围。仅局限于相对人起诉,决定了只有相对人的权利遭受行政主体侵害时,才有可能通过行政诉讼来保护其权利;而赋予相关人原告资格,意味着更多人的合法权利可以通过行政诉讼的途径获得保护和救济。

(2) 扩大了通过行政诉讼对行政主体行使职权进行监督的可能性和范围。赋予利害关系人原告资格,使更多的人有资格提起行政诉讼,行政诉讼程序启动的可能性无疑大大提高;而更多的人提起行政诉讼,客观上使更多的行政行为进入司法审查领域,从而又加大和强化了司法审查的范围和力度。

3. 利害关系人提起行政诉讼的条件

利害关系人具有行政诉讼的原告资格,具有重要的法律意义。但是,同时应当注意到利害关系人提起行政诉讼是有一定条件限制的。利害关系人满足什么样的条件才具有原告资格,这又是一个极为复杂的问题。我们认为,作为利害关系人提起行政诉讼起码应当具有这样几个条件:

(1) 只有利害关系人所主张的权利是受到法律保护的权利时,才具有原告资格。社会关系的高度发达,使得人们相互之间的关系以及人们与政府之间的关系越来越广泛和复杂。行政主体针对相对人的行政行为或多或少都会对他人的利益造成一定的影响。但是,并不是行政行为对利害关系人的所有影响都可以通过行政诉讼得以保护,只有法律明确规定的权利受到影响,才能借助于行政诉讼予以保护。例如,甲因殴打乙被公安机关拘留处罚。对于这一行为,作为相对人的甲有原告资格,而乙实际就是利害关系人,因为公安机关的行政处罚是否得当,关系到他的人身权和财产权是否得到充分和恰当的保护。事实上,与公安机关的处罚决定有关系的,还有其他人,如甲的亲友甚至工作单位等。在一定的条件下,由于甲被拘留,其权利或义务会受到影响,这些人能不能作为利害关系人提起行政诉讼呢?没有一个国家会赋予这些人以行政诉讼的起诉权。因为在这个关系中,这些人并不存在受到行政行为损害的、可以受法律保护的权益。有这样一个引起广泛讨论的案例,妇女被人贩子拐卖并处于人贩子的控制之下失去人身自由,其父母向公安机关报案,要求解救女儿,公安机关没有立案,也没有采取措施解救人质。对于公安机关不履行职责的行为,作为妇女本人是可以提起行政诉讼的,问题在于该妇女已经不可能行使行政诉权,因此有人主张其父母也应当可以提起行政诉讼,这样可以有效监督行政机关履行职责。对此,我们有不同看法。在公安机关的不作为行为中,人身权利受到损害的是被拐卖的妇女,不作为行为关系到的是该妇女的权利,因此只有该妇女才有权起诉。主张其父母可以起诉的人还假设了这种情况,他们没有任何其他生活来源或者他们的生活不能自理,完全要靠女儿照顾,公安机关的不作为影响了他们的正常生活,所以公安机关的不作为与他们有利害关系,应当有权提起行政诉讼。表面上看,公安机关的不作为与被拐卖妇女的父母的权利有着密切的联系,但这种联系不是必然的,因为如果父母起诉,他们所请求保护和实现的便是获得正常生活费用和得到照顾的权利,而这个权利不是公安机关所能够提供的,即便是公安机关积极作为,也不能保证他们这些权利的必然实现。从充分监督公安机关履行职责的角度起诉,出发点是可以理解的,但在理论上是不能成立的,因为要督促公安机关履行职责,不一定要赋予没有诉权的人以起诉权,如果推而广之,与该妇女认识或者有任何关系的人,甚至任何一个"路见不平,拔刀相助"的人都可以起诉,最终将导致客观诉讼。当然,由于该妇女在特定的情况下不能行使诉权,可以通过放宽其父母或其他人代为起诉的条件限制,来保障其起诉权的实现。

(2) 利害关系人必须与被诉的行政行为之间有某种程度的联系,并且这种联系应当是直接的,而不是间接的。首先,除了检察机关提起行政公益诉讼外,任何人不得以他人的权利或者公共利益受到影响而起诉行政主体。因为如果允许一个人针对影响他人的权利或公共利益而对与自己没有任何联系的行政行为起诉,实际将会使行政诉讼变成一种纯粹的监督制度。其次,这种联系还应当是直接的,而不是通过其他法律关系中转或中介的。比如,甲和乙之间订立了房屋租赁合同,行政机关基于公共利益的考虑,决定拆除甲的房屋。乙能否以自己租房的权益受到影响而起诉行政机关呢?答案显然是否定的。因为乙与行政机关拆房决定的联系,是通过租赁合同这样一个民事法律关系连接的,而不是直接的联系。当然,这种直接联系的形式可能是多样的,比如因果关系、包含关系等。所以,债权人以行政机关对债务人所作的行政行为损害债权实现为由提起行政诉讼的,人民法院应当告知其就民事争议提起民事诉讼,但行政机关作出行政行为时依法应予保护或者应予考虑的除外。

在我国现行行政诉讼制度背景下,只有上述两种基本形态的原告。在检察机关提起的行政公益诉讼中,检察机关的身份是公益诉讼的起诉人。

三、几种特殊情况下原告资格的确立

实践中,行政诉讼原告的情况是非常复杂的,有必要对几种特殊情况下起诉人的原告资格进行考察。但我们认为,情况再复杂,在我国现阶段都只能把原告归为相对人背景下或者利害关系人背景下的原告资格。下面就《行政诉讼法司法解释》中规定的若干原告资格作简要分析:

(一)《行政诉讼法司法解释》第 12 条规定的原告

1. 被诉的行政行为涉及其相邻权或者公平竞争权的

这是两个最为典型的利害关系人提起的行政诉讼。

首先,关于被诉行政行为涉及相邻权,相邻权人能否作为原告的问题。相邻权是指不动产的占有人在行使其物权时,对与其相邻的他人的不动产所享有的特定的支配权。相邻权主要包括土地相邻权、水流相邻权、建筑物相邻权等,涉及截水、排水、通行、通风、采光等方方面面,而且随着社会的发展和人们对生活要求的逐步提高,又出现了某些新型的相邻权,比如眺望权、凌空权等。在行政主体对建筑、规划、土地等事务进行管理的时候,经常出现在批准他人的建房、规划、用地许可申请时,会涉及与其相邻的公民、法人或其他组织的相邻权,在环境管理领域也会出现这样的情况。近年来,我国法律加大了对相邻权的保护力度。《行政许可法》第36条规定:"行政机关对行政许可申请进行审查时,发现行政许可事项直接关系他人重大利益的,应当告知该利害关系人。申请人、利害关系人有权进行陈述和申辩。行政机关应当听取申请人、利害关系人的意见。"根据这一规定,我们认为,相邻人认为行政机关的行政行为侵犯其相邻权,不但可以对行政机关的行为提起行政诉讼,而且在法院审查时,又增加了一个行政行为合法的条件,即相邻人是否知情、行政机关是否听取了相邻人的陈述和申辩。不过,人人都有邻居,在什么范围内的邻居享有知情权以及陈述、申辩权,进而在什么范围内的邻居可以作为相关人提起行政诉讼,还有待于在司法实践中进一步探索和总结。

其次,关于被诉行政行为涉及公平竞争权的人能否作为原告的问题。公平竞争是市场经济的基本法则,2000年实施的《最高人民法院关于执行〈中华人民共和国行政诉讼法〉若干问题的解释》首次将公平竞争权作为一种法律权利,受行政诉讼的救济与保护,《行政诉讼法司法解释》再次明确承认行政行为涉及公平竞争权的公民、法人或者其他组织,可以依法提起行政诉讼,也就是说因为公平竞争权而受到侵害的人是具有原告资格的。这一规定,制约了行政机关对市场干预的权利,对于维护市场秩序、保护市场主体的公平竞争权具有重要意义。不过,我们认为,这里同样有个界限的把握问题。比如,某药店发现主管部门批准另一个药店在其附近经营,能否以其生意受影响而作为原告起诉批准的主管部门。我们认为答案应当是否定的。被诉行政行为涉及公平竞争权的人可以作为原告起诉,主要应当包括以下三种情况:第一,在排他性行政许可中,一方已经取得了许可,但行政机关又实施了另一个相同的许可。比如,在前面一个例子中,如果法律规定在一定区域范围内只能设立一家药店,则先取得经营权的药店是可以针对第二个批准行为起诉的。第二,违反了法律规定的许可方式和程序,使其他人获得许可或为其他人获得许可创造了更为有利的条件。例如,若干企业竞投出租车营运权,政府以行政决定形式将出租车营运权批给一企业,其他参投企业均可以公平竞争权受到侵害为由提起行政诉讼,而不能因为其他参投标企业未获得营运权就认为其权利没有受到侵害。类似例子还有,政府招投标机构给本地企业加分;政府主管机关审批出租车牌照时对本地机动车宽松而对外地机动车禁止或严格限制等。第三,在义务的科处或免除中,如果行政机关在相同条件下科处某一经营者比其同行更多的义务,或者在相同条件下免除了同行更多的义务,可以认为是侵犯公平竞争权,因为行政机关的行为直接导致其竞争能力的下降或对手竞争能力的提高。第四,在行政给付领域,行政机关给予同行更多的帮助,使其处于更为有力的竞争地位。

2. 在行政复议等行政程序中被追加为第三人的

在行政复议等行政程序中被追加为第三人的人可以作为原告对行政复议决定起诉。这实际不是一个法律或法理标准,而是行政复议机关的一个实践标准。因为什么人应当列为行政复议的第三人,是由复议机关依据法律或法理判断的结果,而复议机关判断的标准与行政诉讼中认定利害关系人不应当有什么不同。《行政诉讼法司法解释》实际上明确了只要复议机关在复议中列为第三人的人,都可以对复议决定提起行政诉讼。

3. 要求行政机关依法追究加害人法律责任的

这种情况与前文分析的在行政机关对违法加害人进行制裁领域的情况的区别仅在于在前面所述的情况下,行政机关对违法者进行了处罚或者其他相应处理,而在本项规定的情况下,行政机关没有调查和处理,也就是没有尽到保护受害人合法权益的责任,受害人完全可以起诉,而且是作为相对人享有原告资格。

4. 撤销或者变更行政行为涉及其合法权益的

这种情况与第二种情况类似,只不过在第二种情况中,撤销或变更行政行为的是复议机关,而在这种情况下,是原行为机关对自己作出的行政行为的撤销或变更。当然,在这种情况下,被告是原行为机关。

5. 为维护自身合法权益向行政机关投诉,具有处理投诉职责的行政机关作出或者未作出处理的

这里把握的重点应是投诉人是为了维护自身的合法权益,而不是为了维护客观的法秩序,即《行政诉讼法》第 2 条所强调的公民、法人或者其他组织认为行政机关及其工作人员的行政行为侵犯其合法权益,只不过这里的行政行为表现为不作为而已。

6. 其他与行政行为有利害关系的情形

这是一个兜底条款,其目的是扩大行政诉讼利害关系判断的范围,从而扩大行政诉讼的受案范围。

(二)《行政诉讼法司法解释》第 16 条规定的原告

《行政诉讼法司法解释》第 16 条第 1 款规定:"股份制企业的股东大会、股东会、董事会等认为行政机关作出的行政行为侵犯企业经营自主权的,可以企业名义提起诉讼。"这一规定表明:第一,只适用于股份制企业;第二,可以实施起诉行为的是股东大会、股东会、董事会,但起诉是以企业的名义进行,而不是股东大会、股东会、董事会;第三,诉讼的理由是认为行政机关作出的行政行为侵犯企业经营自主权。

根据这一分析,我们的结论是:这是关于股份制企业在维护企业经营自主权时的诉权保障制度,也就是说可以由股份制企业的权力机构代为起诉,而不是在这一情况下出现了新的原告资格,即最高人民法院没有赋予股份制企业以股东原告资格,这显然不同于本条第 2 款对联营、合资、合作企业内部权利人赋予独立的诉讼主体地位。

为什么会出现这种不同?有的学者作出了这样的解释:由于在股份制企业中,股

东的权益被企业完全吸收,所以,涉及企业权益的时候,它的利害关系人就是企业而不包含企业的投资人。这种解释是值得怀疑的。按照第16条第2款的规定,赋予联营、合资、合作企业内部权利人以独立的诉讼主体地位,确认其原告资格,难道在联营、合资、合作企业中的出资人的权益就没有被吸收？股份制企业无非是将企业资本拆分成若干份额,而联营、合资、合作企业则是出资人根据协议按照一定的比例出资,无论是股东还是出资人,相对于企业的关系并没有什么区别,要说吸收就都吸收,要说没有吸收就都没有吸收。同时,应当具体分析股东的什么权益被吸收,被吸收的只是股东持股部分的经营决策权,而不是所有的权益。因此对本款的解释只能是:最高人民法院没有将股份制的股东作为企业权益被侵害的利害关系人赋予其原告资格,而是由企业的权力机构代为企业行使诉权。出现这种不同的原因实际是:股份制企业的股东数量较大(在上市公司中几乎可以说是庞大),如果允许股东以自己的名义起诉,诉讼秩序将难以控制;而如果通过权力机构代为行使诉权,则能比较好地维护企业权益和诉讼秩序。这就产生一个问题:小股东自己的权益如何得到维护？可否像联营、合资、合作企业的出资人(小股东实际也是出资人)一样以自己的名义作为原告起诉,司法解释对此没有明确。我们认为,投资人的权益应当得到全面承认与诉讼保护,而不能以企业权益或企业权力机构来抹杀投资人的独立权益与主体地位,也不应当人为地以企业性质来限制投资人的原告资格,他们是实实在在的相关人。要解决诉讼秩序的维护问题,可能有更好的办法,比如小股东推选诉讼代表(企业权力机构并不可能代表所有的股东利益)。

《行政诉讼法司法解释》第16条第2款规定:"联营企业、中外合资或者合作企业的联营、合资、合作各方,认为联营、合资、合作企业权益或者自己一方合法权益受行政行为侵害的,可以自己的名义提起诉讼。"可见,司法解释对联营、合资、合作企业内部权利人赋予独立的诉讼主体地位,承认无论是企业权益受损还是内部权利人的合法权益受损,该内部权利人均具有法律上的利害关系,可以充当原告,而且都可以以内部权利人自己的名义提起诉讼。

《行政诉讼法司法解释》第16条第3款规定:"非国有企业被行政机关注销、撤销、合并、强令兼并、出售、分立或者改变企业隶属关系的,该企业或者其法定代表人可以提起诉讼。"这一解释的核心是"法定代表人可以起诉",因为在这种情况下企业作为相对人可以起诉是完全用不着解释的。这一条规定要解决的问题是在这种情况下企业往往不能行使诉权(实践中经常出现的局面是图章被收缴),而法定代表人起诉则可以解决企业诉权维护问题。因此,法定代表人的起诉实际是代表企业行使诉权,应当以企业的名义进行,而不是以相关人的身份作为原告起诉。但是问题接踵而至:法定代表人在这种情况下的起诉行为与企业的利益是完全一致的吗？因为"非国有企业"的法定代表人未必就是这个企业的出资人或者唯一的出资人。出资人或其他出资人有没有义务承受法定代表人起诉的后果？我们认为在这种情况下,法定代表人在起诉时应当提交授权文件。当然,如果法定代表人认为行政机关的行为侵犯了其本人的合法权益(如失业),则可以作为利害关系人以自己的名义起诉。

《行政诉讼法司法解释》没有规定国有企业被行政行为终止或改变形态与隶属关系的，国有企业是否具有原告资格。这是不是意味着在这种情况下，国有企业不具有原告资格呢？答案显然是否定的。区别只在于非国有企业起诉维护的是财产权，而国有企业起诉要维护的是经营自主权。

（三）《行政诉讼法司法解释》第17条规定的原告

《行政诉讼法司法解释》第17条规定："事业单位、社会团体、基金会、社会服务机构等非营利法人的出资人、设立人认为行政行为损害法人合法权益的，可以自己的名义提起诉讼。"

（四）《行政诉讼法司法解释》第18条规定的原告

《行政诉讼法司法解释》第18条规定："业主委员会对于行政机关作出的涉及业主共有利益的行政行为，可以自己的名义提起诉讼。业主委员会不起诉的，专有部分占建筑物总面积过半数或者占总户数过半数的业主可以提起诉讼。"

（五）《行政诉讼法司法解释》第15条关于与原告有关的其他问题的规定

《行政诉讼法司法解释》第15条规定："合伙企业向人民法院提起诉讼的，应当以核准登记的字号为原告。未依法登记领取营业执照的个人合伙的全体合伙人为共同原告；全体合伙人可以推选代表人，被推选的代表人，应当由全体合伙人出具推选书。个体工商户向人民法院提起诉讼的，以营业执照上登记的经营者为原告。有字号的，以营业执照上登记的字号为原告，并应当注明该字号经营者的基本信息。"

四、原告资格的转移与承受

行政诉讼原告资格在一般意义上是不能转移的，因为它是法律赋予的特定人的资格。但是，在法律所承认的特定情况下，原告资格可能转移，这种转移就承受方来说就是承受资格。《行政诉讼法》第25条第2款、第3款规定："有权提起诉讼的公民死亡，其近亲属可以提起诉讼。有权提起诉讼的法人或者其他组织终止，承受其权利的法人或者其他组织可以提起诉讼。"

（一）原告资格的转移

行政诉讼中的原告资格转移，是指有权起诉的公民、法人或者其他组织死亡或终止，其原告资格依法自然转移给有利害关系的特定公民、法人或者其他组织。

根据上述规定，原告资格转移的条件是：有原告资格的主体在法律上已不复存在，就自然人而言就是死亡，或者经人民法院法定程序宣告死亡；就法人而言就是该法人组织在法律上被终止，如撤销、兼并、解散或破产等。

在权利主体已经消亡的情况下，法律规定原告资格转移，主要是基于以下考虑：在权利主体消亡后，原权利主体的权利按照法律规定可以转移给其他主体，比如公民死亡后，其财产可以由继承人继承，企业终止后，出资人可以从清算中获得利益等。因此，允许原告资格转移，实际是为了保护继受人的合法权利。另一方面，如果权利主体消亡后，没有人行使诉权，则可能会出现对一个违法行政行为丧失司法审查的机会。因此，原告资格的转移，又是着眼于对行政行为的监督和纠正。

（二）原告资格的承受

原告资格发生转移，由新的特定主体来充任原告。这种由于发生转移而获得原告资格的过程，就是原告资格的承受。

承受原告资格的主体，就公民而言是已死亡公民的近亲属。根据《行政诉讼法司法解释》第14条的规定，这里的"近亲属"包括配偶、父母、子女、兄弟姐妹、祖父母、外祖父母、孙子女、外孙子女和其他具有扶养、赡养关系的亲属。而就法人或组织而言，其承受者就是承受其权利义务的法人或组织。只有这些主体能够作为原告资格的承受者。另外，转移与承受的内容均是原告资格。作为承受者既然承受的是一种资格，那么，他有权利按照自己的意志而不是被承受者的意志行事。他可以提起诉讼，当然也可以不提起诉讼，还可以撤回起诉即申请撤诉。他不是必须行使这种起诉的权利。当然，如果以前已经进行了诉讼，前原告的行为对承受人是有拘束力的。此外，原告资格的转移与承受都是法律规定的，只要法定条件发生，转移与承受均自然发生，它不以当事人的主观意志为转移，不受原主体与新承受人意志的支配。

在实践中，如果承受资格者要行使其作为原告的权利，向法院起诉或参加诉讼，他应当向人民法院提供其近亲属的证明或者作为被终止的组织的权利承受者的证明文件，以及作为原告起诉或参加诉讼的必要证据材料。关于期限，在下列情况下法院要中止诉讼：原告死亡，需要等待其近亲属表明是否参加诉讼；作为原告的法人、组织终止时，尚未确定权利义务承受人的，中止诉讼期满90日，如仍无人要求或继续诉讼的，法院要依法裁定终结诉讼。

此外，公民因被限制人身自由而不能提起诉讼的，其近亲属可以依其口头或者书面委托以该公民的名义提起诉讼。近亲属起诉时无法与被限制人身自由的公民取得联系的，近亲属可以先行起诉，并在诉讼中补充提交委托证明。

第三节 行政诉讼被告

一、行政诉讼被告的概念

行政诉讼被告，是指受原告指控实施了被认为侵犯其合法权益的违法的行政行为，经人民法院通知应诉的行政主体。

行政诉讼的被告具有如下特征：

(1) 被告只能是行政法律关系中处于管理地位的一方当事人。行政诉讼解决的是行政主体与相对人之间因权利义务争议引起的行政纠纷。行政主体实现国家行政权必然会影响相对人的权利、义务，从而形成行政法律关系，彼此成为行政法律关系的双方当事人。任何诉讼中，原被告关系成立实际上都决定于他们之间是否存在一定的法律关系。民事诉讼是这样，行政诉讼亦然。不同之处在于，民事诉讼中原、被告角色与法律关系双方角色并无必然联系，任何一方都可能成为原告或被告。而行政诉讼中，原、被告角色是恒定的，即相对人或相关人是原告，行政主体只能作为被告。这是因为行政主体作为拥有行政职权的一方当事人，当其权利实现受阻或者相对人不履行义务时，拥有强制手段所以不必作为原告；还因为行政主体作为拥有行政职权的一方当事人，在大多数情况下，不会成为受侵害的一方当事人，受侵害的往往是相对人，所以不存在其作为原告的前提。

行政主体作为被告，不是以行政主体的公务人员为被告。《行政诉讼法》第 2 条虽然规定"公民、法人或其他组织认为行政机关和行政机关工作人员的行政行为侵犯其合法权益，有权依照本法向人民法院提起诉讼"，但这并不意味着行政机关和行政机关工作人员都可以作为被告。这是因为，虽然行政行为一般都是由公务人员实施的，但是公务人员实施行政行为不是以其个人名义，而是以行政主体的名义实施，因此，行为的结果也必然归属于行政主体。

(2) 被告必须是作出被诉的行政行为的主体。行政诉讼是围绕被诉的行政行为的合法性进行的。只有作出该行政行为的主体才能对该行为负责，也只有能够对该被诉的行政行为负责的主体作为被告，行政诉讼才有意义。

"被诉"意味着相对人已经就行政行为的合法性诉诸法院，虽然是作出行政行为的主体，但如果该行为没有"被诉"，行为主体也不会成为被告。

(3) 被告必须是被原告指控并经由人民法院通知应诉的人。被告是被原告所控告的人，而且是经过法院审查确认，并由法院通知应诉的人。这是作为被告的程序条件。原告指控与人民法院通知应诉是两个不可或缺的条件。没有原告指控，也就无所谓被告，但仅有原告指控，也未必就能确定被告，被告是否适格须经人民法院审查，并须由人民法院通知应诉。只有经原告指控，并经人民法院审查通知应诉，被告的程序条件才算具备。

(4) 行政诉讼的被告不一定具有法人资格。这是行政诉讼与民事诉讼的一个显著区别。在民事诉讼中，如果指认没有法人资格的组织作为被告，一旦法院对该组织作出裁判，由于其不具备法人资格，不可能履行判决义务。而在行政诉讼中，只要有法律、法规、规章的授权，就可以成为行政诉讼的被告。事实上，大量的行政机关内设机构通过法律、法规、规章的授权成为行政主体，它们是没有法人资格的。行政诉讼要解决的问题是，法院通过审查行政行为是否合法，最终对行政行为的效力作出评介，没有法人资格的行政主体败诉，其后果是被诉行政行为的效力被法院否认，直接的法律后果是被诉行政行为不再产生拘束力。即便是被诉行政行为侵犯他人合法权益，应当予以赔偿，这种赔偿也是国家从财政中予以支付，与被告的财产无关。

二、《行政诉讼法》确定的被告形态

由于我国行政主体和行政管理活动的复杂性,被告的确定往往不是一件简单的事。我国采用法律规定的方式来确定各种情况下的被告。符合这些规定的,才能确定为行政诉讼的被告。根据《行政诉讼法司法解释》第26条的规定,"原告所起诉的被告不适格,人民法院应当告知原告变更被告;原告不同意变更的,裁定驳回起诉。"从这一规定看,原告指控的被告适格,是起诉状被法院受理的前提条件。

《行政诉讼法》第26条规定了如下情形的被告:

(1)公民、法人或者其他组织依法直接向人民法院提起诉讼的,作出行政行为的行政机关是被告。这里所谓"直接"是指未经行政机关复议而根据法律、法规、规章的规定径行起诉的情况。

(2)经过复议机关复议的案件,被告应根据复议裁决的结果而定。

一是共同被告。经复议的案件,复议机关决定维持原行政行为的,作出原行政行为的行政机关和复议机关是共同被告。复议机关改变原行政行为所认定的主要事实和证据、改变原行政行为所适用的规范依据,但未改变原行政行为处理结果的,视为复议机关维持原行政行为。同时,《行政诉讼法司法解释》第133条规定:"行政诉讼法第二十六条第二款规定的'复议机关决定维持原行政行为',包括复议机关驳回复议申请或者复议请求的情形,但以复议申请不符合受理条件为由驳回的除外。"

二是复议机关作为被告。复议机关改变原行政行为的,复议机关是被告。复议机关改变原行政行为,是指复议机关改变原行政行为的处理结果。复议机关确认原行政行为无效,属于改变原行政行为。复议机关确认原行政行为违法,属于改变原行政行为,但复议机关以违反法定程序为由确认原行政行为违法的除外。复议机关在法定期限内未作出复议决定,公民、法人或者其他组织起诉复议机关不作为的,复议机关是被告。

三是原行政机关作为被告。复议机关在法定期限内未作出复议决定,公民、法人或者其他组织起诉原行政行为的,作出原行政行为的行政机关是被告。

四是两个以上行政机关作出同一行政行为的,共同作出行政行为的行政机关是共同被告。两个以上行政机关作出同一行政行为,他们共同承担该行政行为的行政责任,一旦该行政行为被诉,那么它们就是共同被告。

五是由行政机关委托的组织所作的行政行为,委托的行政机关是被告。委托与授权不同,法律、法规、规章授权的组织具有行政主体资格,而受行政机关委托的组织不具有行政主体资格,在委托范围内该组织的行为被视为委托的行政机关的行为,责任也归属于委托的行政机关,在这种情况下,适格的被告是委托的行政机关。

六是行政机关被撤销的,继续行使其职权的行政机关是被告。这里有两种情况,一种是行政机关作出行政行为之后,在原告尚未提起诉讼时,该行政机关被撤销;另一种是在诉讼过程中,人民法院尚未作出裁判时,该行政机关被撤销。前一种情况产生谁作为被告问题,后一种情况产生被告更换问题。行政机关被撤销之后,继续行使其职权的行政机关,并不是作出被原告认为侵犯其合法权益的具体行政行为的机关,为什么也处于被告的地位呢？事实上这是由行政主体资格转移引起的被告资格的移转。当行政机关继续行使被撤销的行政机关的职权时,意味着其对被撤销的行政机关权利和义务的承继,这种承继当然包括对被撤销的行政机关作出的行政行为引起的法律后果的承担。此外,行政机关被撤销或者职权变更,没有继续行使其职权的行政机关的,以其所属的人民政府为被告;实行垂直领导的,以垂直领导的上一级行政机关为被告。

三、《行政诉讼法司法解释》确定的被告形态

司法实践中被告确定的复杂性,超乎立法者的想象。对此,最高人民法院针对不同情况,分别作了明确规定。

(1) 当事人不服经上级行政机关批准的行政行为,向人民法院提起诉讼的,以在对外发生法律效力的文书上署名的机关为被告。

这一规定实际蕴涵着两种情况：

一是基于对下级机关行使职权的监督与控制的考虑,有些法律、法规、规章规定在下级机关作出行政行为前,应当经上级机关批准。这里的批准实际可以看成是行政机关之间的内部程序,对公民、法人或其他组织并不产生拘束力。因此,在这种情况下,无论经过多少次批准,都只能以对外发生法律效力的文书上署名的行政机关为被告。

二是基于方便社会和提高效率的考虑,上级机关往往委托下级机关办理某些行政事务,甚至对某些情况进行初步审查,然后提交上级机关作出决定。这种情况下,下级机关实际没有相关领域的行政主体资格,有权作出决定的是上级机关,对这类行为的起诉,当然应以上级机关作为被告。但是,值得注意的是,如果在这种情况下下级机关越权以自己的名义实施了行为,应以谁为被告？我们认为,应当以具名的机关为被告。

(2) 行政机关组建并赋予行政管理职能但不具有独立承担法律责任能力的机构,以自己的名义作出行政行为,当事人不服提起诉讼的,应当以组建该机构的行政机关为被告。

行政职权的赋予是一个宪法和组织法问题,任何机关或组织都不得在没有宪法和组织法规定的情况下,任意将行政职权自作主张地赋予其他人,而在我们国家这种事情却经常发生。在这样的情况下,可以将其组建的机构看成组建机关的代理人,其行为后果应当由组建机关承受。值得注意的是,《行政诉讼法司法解释》只解决了一个程序性的"以谁为被告"的问题,对被告确立后审判中的实体问题,没有作出规定。我们认为,对这一行为的合法性审查,应当以组建机关的职权依据和行使程序为判断其行为是否合法的标准。

类似的情况还有《行政诉讼法司法解释》第21条的规定,即没有法律、法规或者规章规定,行政机关授权其内设机构、派出机构或者其他组织行使行政职权的,视为委托。当事人不服提起诉讼的,应当以该行政机关为被告。所不同的只是在这种情况下,行政机关没有"组建"机构,委托的实质是相同的。当然,这里必须强调的是,这一规定针对的是内设机构、派出机构或其他组织以自己的名义实施行政行为,否则这一解释就是画蛇添足。

(3) 行政机关的内设机构或者派出机构在没有法律、法规或者规章授权的情况下,以自己的名义作出行政行为,当事人不服提起诉讼的,应当以该行政机关为被告。

没有法律、法规或者规章的授权,意味着内设机构或者派出机构没有行政主体资格,不能成为被告,符合行政主体的相关理论。基于行政机关对其内设或派出机构负有管理、领导职责,应当以该机关为被告。法院在实体判决上,则应当以程序违法为由,撤销被诉行政行为。

(4) 法律、法规或者规章授权行使行政职权的行政机关内设机构、派出机构或者其他组织,超出法定授权范围实施行政行为,当事人不服提起诉讼的,应当以实施该行为的机构或者组织为被告。

这实际是一个越权问题。在有法律、法规或者规章授权的情况下,授权组织具备了行政主体资格,但行政主体的职权都是有一定的限度的,授权组织越权实施行政行为,与行政机关越权实施行政行为没有实质区别。既然行政机关越权的,应当以行政机关为被告,授权组织越权自然也应当以该组织为被告。

(5) 当事人对由国务院、省级人民政府批准设立的开发区管理机构作出的行政行为不服提起诉讼的,以该开发区管理机构为被告;对由国务院、省级人民政府批准设立的开发区管理机构所属职能部门作出的行政行为不服提起诉讼的,以其职能部门为被告;对其他开发区管理机构所属职能部门作出的行政行为不服提起诉讼的,以开发区管理机构为被告;开发区管理机构没有行政主体资格的,以设立该机构的地方人民政府为被告。

(6) 当事人对村民委员会或者居民委员会依据法律、法规、规章的授权履行行政管理职责的行为不服提起诉讼的,以村民委员会或者居民委员会为被告。当事人对村民委员会、居民委员会受行政机关委托作出的行为不服提起诉讼的,以委托的行政机关为被告。

当事人对高等学校等事业单位以及律师协会、注册会计师协会等行业协会依据法律、法规、规章的授权实施的行政行为不服提起诉讼的,以该事业单位、行业协会为被告。当事人对高等学校等事业单位以及律师协会、注册会计师协会等行业协会受行政机关委托作出的行为不服提起诉讼的,以委托的行政机关为被告。

(7) 市、县级人民政府确定的房屋征收部门组织实施房屋征收与补偿工作过程中作出行政行为,被征收人不服提起诉讼的,以房屋征收部门为被告。征收实施单位受房屋征收部门委托,在委托范围内从事的行为,被征收人不服提起诉讼的,应当以房屋征收部门为被告。

第四节 行政诉讼共同诉讼人

一、行政诉讼共同诉讼人的概念

共同诉讼,是指原被告一方或者双方为两人以上的诉讼。原告为两人以上的,称为共同原告;被告为两人以上的,称为共同被告。共同原告或者共同被告,可以统称为共同诉讼人。《行政诉讼法》第 27 条规定:"当事人一方或者双方为二人以上,因同一行政行为发生的行政案件,或者因同类行政行为发生的行政案件、人民法院认为可以合并审理并经当事人同意的,为共同诉讼。"

构成共同诉讼的必要条件包括:其一,原被告双方至少有一方是两个人以上。也就是说,要么原告,要么被告,要么原被告双方为两人以上。其二,诉讼的标的必须是共同的。所谓标的共同,是指诉讼标的要么是同一的,要么是同样的。否则,不同的诉讼标的,意味着诉讼主体的分割,就无法构成共同的诉讼。其三,必须属同一人民法院管辖。不同人民法院分割管辖,共同诉讼不能成立。其四,在法律程序上,人民法院应当或者可以决定合并审理。

二、必要的共同诉讼

必要的共同诉讼,是指原、被告一方或双方为两人以上,因同一行政行为发生行政争议,人民法院必须合并审理的诉讼。构成两人以上的原告或被告称为必要的共同诉讼人。

确定必要共同诉讼的条件是诉讼标的同一,即诉讼是因同一行政行为而引起。同一,即是一个行政行为,这个行为可以是几个行政主体作出,也可以是针对几个相对人,但表达的是一个意思,只构成一个独立、完整的行为形式。

以下情况引起的诉讼是必要的共同诉讼:

(1)一个行政主体针对两个以上的相对人实施的一个行政行为。这里,两个以上的相对人既可以是公民与公民的组合,也可以是公民与法人、组织的组合,还可以是法人与法人、法人与组织的组合。如果两个以上相对人均起诉,则为共同原告。

(2)两个以上行政主体针对一个或数个相对人作出一个具体行政行为。数个相对人均起诉,则为共同原告,此时数个行政主体就是共同被告。

必要的共同诉讼因同一行政行为而发生,共同诉讼人往往有着共同的权利义务,所以,凡属共同诉讼人,应共同参加诉讼。必须共同进行诉讼的当事人没有参加诉讼的,人民法院应当依法通知其参加;当事人也可以向人民法院申请参加。人民法院应当对当事人提出的申请进行审查,申请理由不成立的,裁定驳回;申请理由成立的,书面通知其参加诉讼。

三、普通的共同诉讼

普通的共同诉讼,是指原被告一方或双方为两人以上,以两个或两个以上性质相同且事实和理由相同的行政行为为标的的行政诉讼。这里所谓"性质相同且依据的事实和理由相同"称为"同类"。所以,普通的共同诉讼又称为因同类的行政行为发生的共同诉讼。

同类行政行为包括这样几类:两个以上行政机关分别对同一事实作出行政行为,公民、法人或者其他组织不服向同一人民法院起诉的;行政机关就同一事实对若干公民、法人或者其他组织分别作出行政行为,公民、法人或者其他组织不服分别向同一人民法院起诉的;在诉讼过程中,被告对原告作出新的行政行为,原告不服向同一人民法院起诉的;人民法院认为可以归入同类行政行为的,即对涉及同类行政行为的诉讼,是否合并,人民法院具有自由裁量权,合并须经当事人同意。

虽然法律上规定了普通的共同诉讼,但在实践中,当出现两个以上行政行为时,法院一般不会合并审理,往往都是分案处理。这与法律规定共同诉讼的初衷,即提高审判效率的宗旨是不一致的。

另外,在实践中,还可能出现这样的诉讼,在行政主体处理他人之间的冲突或纠纷时,作出了一个行政行为,但对这一行政行为,双方均不服,都依法提起了诉讼。比如,甲殴打乙致乙轻微伤,公安机关对甲处以罚款决定。甲不服提起诉讼,乙也不服提起诉讼。显然,这不是一个共同诉讼,因为两原告的诉讼请求截然相反。但是,法院却可以合并审理。当然,甲、乙并不是共同原告。

最后还需要明确的是,人民法院追加共同诉讼的当事人时,应当通知其他当事人。应当追加的原告,已明确表示放弃实体权利的,可不予追加;既不愿意参加诉讼,又不放弃实体权利的,应追加为第三人,第三人不参加诉讼,不能阻碍人民法院对案件的审理和裁判。

第五节 行政诉讼第三人

一、行政诉讼第三人的概念

行政诉讼的第三人,是指同被诉的行政行为有利害关系但没有提起诉讼,或者同案件处理结果有利害关系的,为维护自己的合法权益,经申请或由人民法院通知参加诉讼的公民、法人或者其他组织。理论上把原告与被告之间的诉讼称为本诉,第三人加入诉讼称为参加诉讼。

行政诉讼第三人有以下特征：

（1）第三人须是与被诉的行政行为或者案件的处理结果有利害关系有利害关系。所谓有利害关系，是指与被诉行政行为有法律上的权利义务关系。法律上第三人参加行政诉讼的目的，一是诉的合并，避免出现重复诉讼；二是全面了解案件事实。当然对第三人的合法权益予以保护，也是一个方面。基于这样一些目的，其实没有必要将第三人的资格限制得过严。只要与被诉行政行为有利害关系，无论这种利害关系是法律上的利害关系，还是诉讼结果上的利害关系，都可以参加行政诉讼。

（2）第三人是参加到他人已经开始、尚未终结的诉讼中来的人，即本人没有提起诉讼。如他人诉讼尚未开始，要参加诉讼，实际就成为原告，而不是第三人；诉讼已经终结，如果认为自己的合法权益应当得到维护，则应当是另案起诉的问题。

（3）第三人在行政诉讼中有独立的法律地位。虽然行政诉讼法和行政法学理论上均未规定在行政诉讼中区分有独立请求权的第三人和无独立请求权的第三人，但就司法实践的情况看，行政诉讼中的第三人一般都是有独立请求权的，他参加诉讼的目的也是维护自己的合法权益，可以有独立的请求（但这独立的请求可以与原被告相同），因此他享有与原被告相同的诉讼权利，当然也应当履行相同的诉讼义务。

二、第三人参加行政诉讼的程序

第三人参加行政诉讼具有以下两种基本方式：

（一）第三人主动向法院提出申请，经法院准许而参加到他人已经开始、尚未终结的诉讼中

与案件处理结果有利害关系的第三人，可以申请参加诉讼。第三人参加诉讼，应当以书面的方式正式提出。法院经过审核，如果认为符合法定条件的，则应当以书面形式通知其参加诉讼。如果法院不予准许，则应当以裁定的形式驳回。

（二）法院依职权通知第三人参加诉讼

行政机关的同一行政行为涉及两个以上利害关系人，其中一部分利害关系人对行政行为不服提起诉讼，人民法院应当依职权通知没有起诉的其他利害关系人作为第三人参加诉讼。此外，与案件处理结果有利害关系的第三人，如自己本人没有申请参加诉讼，人民法院应依职权通知其参加诉讼。

三、关于第三人的几个问题

（一）相对人与利害关系人在原告与第三人之间的角色互换问题

《行政诉讼法》第 29 条明确规定："公民、法人或者其他组织同被诉行政行为有利害关系但没有提起诉讼，或者同案件处理结果有利害关系的，可以作为第三人申请参加诉讼，或者由人民法院通知参加诉讼。"按照这一规定，与行政行为有法律上利害关

系的公民、法人或者其他组织是作为第三人参加诉讼的。而《行政诉讼法》第25条已经明确，"与行政行为有利害关系的公民、法人或者其他组织有权提起诉讼"。这样，与行政行为有利害关系的人又可以作为原告提起行政诉讼，而且就我国的行政诉讼司法实践来看，利害关系人提起行政诉讼的情况越来越多，已经是原告的一个重要类型。那么与行政行为有利害关系的公民、法人或者其他组织在诉讼中究竟处于什么法律地位？

其实，这一问题取决于相对人或相关人哪一方起诉。如果是相对人起诉，则利害关系人是第三人，而如果是相关人起诉，则相对人是第三人。在这种角色互换中，存在如下复杂的情况：

（1）相对人与利害关系人均为单方主体时，则出现上面所说的原告与第三人角色的简单互换；但如果出现相对人和利害关系人都起诉的情况，则他们都是原告（但不是共同原告，一般情况下法院应当合并审理）。在相对人提起的诉讼中，应当将利害关系人列为第三人；在利害关系人提起的诉讼中，应当将相对人列为第三人。

（2）相对人为多人，利害关系人为单方主体时，如果相对人全部具名起诉，而利害关系人没有起诉，则多个相对人为共同原告，利害关系人就是第三人；如果相对人中的一部分人起诉，则相对人中其他没有起诉的人应当列为第三人，而利害关系人当然也是第三人；如果是利害关系人提起诉讼，则全部相对人都应当列为第三人；如果全部相对人与利害关系人均起诉，则应将对方分别列为各自起诉的第三人；如果相对人中的一部分人与利害关系人起诉，则除了应当将起诉的相对人与相关人列为各自起诉的第三人外，还应当将未起诉的相对人列为起诉的相对人的第三人。

（3）相对人为多人、利害关系人也为多人时，情况将更为复杂。但无论多么复杂，在确立当事人时，都应当注意维护全部相对人和全部相关人的诉讼权利，不得拒绝有诉讼权利的当事人参加诉讼。

（二）关于第三人的诉讼权利义务

行政诉讼没有有独立请求权和无独立请求权的第三人之分，事实上这种分类也不适合行政诉讼的第三人。行政诉讼第三人的诉讼地位比较特殊。行政诉讼中的第三人的实体权利可以是独立的，但不能以本诉的原被告为被告提起诉讼。事实上，行政诉讼第三人提出的与本案有关的诉讼请求，在一般情况下是与原告或者被告相同的。因为根据《行政诉讼法》的规定，人民法院审理行政案件，其权限范围在大多数情况下仅限于对行政行为撤销或者驳回原告诉讼请求，变更权仅限于"行政处罚显失公正"的情况。在这种情况下，第三人的诉讼请求要么是支持原告要求撤销行政行为，要么是支持被告驳回原告诉讼请求。但相同不等于不独立，第三人往往是在同意或认可原被告的诉讼请求中获得自己独立的利益。可以说，行政诉讼中的第三人是具有独立法律地位的。

因此，人民法院判决第三人承担义务或者减损第三人权益的，第三人有权依法提起上诉。此外，因不能归责于本人的事由未参加诉讼，但有证据证明发生法律效力的判决、裁定、调解书损害其合法权益的，可以依照《行政诉讼法》第90条的规定，自知道或者应当知道其合法权益受到损害之日起6个月内，向上一级人民法院申请再审。

第六节　诉讼代表人与诉讼代理人

一、行政诉讼代表人

（一）行政诉讼代表人的概念和特征

行政诉讼的代表人是指代表行政诉讼的当事人参加行政诉讼的人，即行政诉讼当事人的代表。

行政诉讼代表人具有如下特征：

（1）行政诉讼代表人本身也是案件的当事人，其本人也要受法院判决与裁定的拘束。在行政法律关系中，行政诉讼代表人通常情况下是被管理的一方之一，在对行政主体的行政行为起诉后，成为当事人之一，其参加诉讼是为了维护本人的合法权利。这是诉讼代表人与诉讼代理人的本质区别，诉讼代理人不是当事人，没有参加行政法律关系，完全是基于当事人的委托参加诉讼，是为了帮助委托人维护其合法权益。

（2）行政诉讼代表人是以诉讼代表的名义参加诉讼，诉讼的后果归属于他所代表的全体当事人。毫无疑问，他本人应当承受最终的诉讼结果，同时他在诉讼中行使的权利和承担的义务，也全部归属于他所代表的当事人。

（3）诉讼代表人与其所代表的当事人之间的关系是一个较有争议的问题。有人主张，诉讼代表人是其他诉讼当事人的代理人，诉讼代表人除了自己作为当事人参加诉讼之外，还受其他人的委托参加诉讼。我们认为，考察诉讼代表人的法律地位，应当从法律上设定诉讼代表人的宗旨谈起。在诉讼活动中规定诉讼代表人，主要的意图是在诉讼当事人众多的情况下，为了提高审判效率，避免人数众多对审判秩序和效率带来的妨碍，要求当事人推选出代表，代表当事人参加诉讼。这一目的，不同于诉讼代理人制度。代理人制度是在当事人没有诉讼行为能力，或者在缺乏诉讼经验或技巧以及对法律不了解的情况下，为了充分维护当事人的合法权益而设置的法律制度。代理人参加诉讼，受当事人委托权限的制约，不得超越委托权限实施代理行为。由于超过委托权限的代理行为是无效的，因此对其超过委托权限的行为，除非经过委托人追认，法院不应认同。而代表人与其他当事人之间的关系，实际是在当事人中推选一个或几个代表人参加诉讼，至于代表人怎样实施诉讼行为，完全由当事人与代表人之间约定，法院概不干预，但在诉讼中只要是代表人的诉讼行为，法院都应予以认可，不应当允许其他当事人不认同代表人的诉讼行为情况的发生。至于诉讼代表人没有按照约定实施诉讼行为，则完全是当事人与诉讼代表人之间的纠纷，其他当事人不得以此为由主张代表人的诉讼行为无效。另一方面,诉讼代表人是法律规定的特定情形下产生的,依法应当推选诉讼代表人而没有推选的,诉讼程序不能开始;而诉讼代理人中,除当事人没有诉讼行为能力的外,当事人既可以委托,也可以不委托代理人代为参加诉讼,法院不能因为当事人没有代理人而拒绝案件的审理。因此,我们认为,诉讼代表人的法律地位是独立的,他在诉讼中的称谓就是诉讼代表人。代表人的诉讼行为对其所代表的当事人发生效力,但代表人变更、放弃诉讼请求或者承认对方当事人的诉讼请求,应当经被代表的当事人同意。

其实,相对于民事诉讼,由于行政诉讼主要解决的是被诉行政行为是否合法,而且又不存在调解问题,不像民事诉讼要具体解决当事人之间具体的权利义务的争议,所以,诉讼代表人大多是代表当事人进行一些程序性的诉讼活动,涉及实体问题的情况较少,因此,行政诉讼中的诉讼代表人的情况要简单得多。

(二) 行政诉讼代表人的形态

行政诉讼代表人的形态是法定的,即只有在法定情况下才出现代表人的情况。根据《行政诉讼法司法解释》第15条、第29条的规定,出现行政诉讼代表人的情况包括:

(1) 未依法登记领取营业执照的个人合伙的全体合伙人为共同原告;全体合伙人可以推选代表人,应当由全体合伙人出具推荐书。

(2) 当事人一方人数众多的共同诉讼,可以由当事人推选代表人进行诉讼。人数众多一般是指10人以上。如果当事人推选不出代表人的,可以由人民法院在起诉的当事人中指定代表人。代表人为2至5人,并且代表人还可以委托1至2人为诉讼代理人。

二、行政诉讼代理人

(一) 行政诉讼代理人的概念和特征

行政诉讼代理人,是指以当事人的名义进行行政诉讼活动的人。在代理诉讼的活动中,被代理的一方为被代理人或委托人。行政诉讼代理人制度的建立,是协助或帮助当事人进行诉讼,确保其诉讼权利的实现,维持其合法权益。

行政诉讼代理人具有以下特征:

(1) 行政诉讼代理人是以行政诉讼当事人的名义参加诉讼的。代理人参加诉讼并不是为了维护自己的合法权益,而是帮助当事人维护自己的合法权益,诉讼的后果归属于他所代理的当事人,因此,这就决定了代理人是以委托人的名义参加诉讼,而且代理人只能代理一方当事人,不能同时代理双方当事人,不能同时作为原告、被告一方和第三人的代理人。

(2) 行政诉讼代理人在诉讼中的行为受代理权限范围的制约。而代理权限要么是受法律的直接规定而形成,要么是由当事人的委托而产生,前者称为法定代理人,后者是委托代理人。诉讼代理人无论通过何种方式取得代理权,都必须在代理权限内实施代理行为,没有完成代理行为或者超越代理权限,都是对委托人权益的侵害。代理人既不能随意放弃权利,也不能超越权限。

(3) 行政诉讼代理人在代理权限内的诉讼行为,其法律后果归属于被代理人。这是由代理行为的性质所决定的。代理行为是帮助他人所实施的行为,不是为了代理人自己的利益,因而,代理人行为的法律后果要由被代理人承担。当然,如果代理行为越权,则代理人要承担相应的责任。

(二) 行政诉讼代理人的种类

行政诉讼代理既可能基于法律规定而产生,也可能由于当事人委托而产生,还可能由于法院的指定而产生。诉讼法学上,按照以上代理权产生的依据不同,可将行政诉讼代理人分为三类,即法定代理人、指定代理人和委托代理人。

1. 法定代理人

行政诉讼的法定代理人,是指根据法律规定而享有代理权,代替无诉讼行为能力人进行行政诉讼的人。

《行政诉讼法》第30条规定:"没有诉讼行为能力的公民,由其法定代理人代为诉讼。"在行政诉讼中,设定法定代理人制度的目的主要是为无诉讼行为能力人提供帮助,以维持其合法权益。法定代理人基于法律规定而产生,即在某些特定情况下,由法律直接规定诉讼代理人。在法定代理人中,被代理人都是没有诉讼行为能力的自然人,比如未成年人或精神病人;代理人一般是被代理人的监护人,如果没有监护人的,则由其所在单位或者住所地的居民委员会、村民委员会作为监护人。

法定代理为全权代理,法定代理人具有与当事人基本相同的地位。法定代理人可以处分实体权利和诉讼权利,其实施的一切诉讼行为视同当事人的行为。当然,法定代理人不等同于当事人,其诉讼地位也有所区别。如法院确定管辖时是以当事人的住所地为准,而不考虑法定代理人的住所地等。

2. 指定代理人

行政诉讼的指定代理人,是指基于法院指定而享有代理权、代替无诉讼行为能力人进行行政诉讼的人。指定代理人制度同样是为无诉讼行为能力的人设定的,是对法定代理人制度的补充。《行政诉讼法》第30条规定:法定代理人互相推诿代理责任的,由人民法院指定其中一人代为诉讼。此外,法定代理人不能行使代理权的,也可由法院指定代理。

指定代理人的代理权限分两种情况:一种是指定代理人为法定代理人的,为全权代理;另一种是指定代理人为法定代理人以外的人的,代理权限由法院确定。

3. 委托代理人

行政诉讼的委托代理人,是指受当事人、法定代理人的委托,代理其进行行政诉讼活动的人。《行政诉讼法》第31条规定:"当事人、法定代理人,可以委托一至二人作为诉讼代理人。下列人员可以被委托为诉讼代理人:(一) 律师、基层法律工作者;

(二)当事人的近亲属或者工作人员;(三)当事人所在社区、单位以及有关社会团体推荐的公民。"委托代理基于当事人、法定代理人的委托而产生。设定委托代理人制度主要是为当事人、法定代理人提供法律上的帮助,代理其参加诉讼,以弥补其法律知识的不足。委托代理可分为一般代理和全权代理,代理权的大小取决于当事人和代理人的意愿。

在行政诉讼中,委托代理人的范围有:(1)律师、基层法律服务工作者。律师作为职业法律工作者,在法律知识和诉讼经验与技巧上,具有较强的优势,由其作为诉讼代理人,最符合诉讼代理制度的目的。(2)当事人的近亲属或者工作人员。当事人的工作人员是指与当事人有合法劳动人事关系的职工,可以以当事人工作人员的名义作为诉讼代理人。以当事人工作人员身份参加诉讼活动的,应当提交能够证明其工作人员身份的证据,如缴纳社会保险记录凭证、领取工资凭证或者其他能够证明其为当事人工作人员身份的证据。(3)当事人所在社区、单位以及有关社会团体推荐的公民。有关社会团体推荐公民担任诉讼代理人的,应当符合这些条件:第一,社会团体属于依法登记设立或者依法免予登记设立的非营利性法人组织;第二,被代理人属于社会团体的成员,或者当事人一方住所地位于该社会团体的活动地域;第三,代理事务属于该社会团体章程载明的业务范围;第四,被推荐的公民是该社会团体的负责人或者与该社会团体有合法劳动人事关系的工作人员。专利代理人经中华全国专利代理人协会推荐,可以在专利行政案件中担任诉讼代理人。

代理诉讼的律师,有权按照规定查阅、复制本案有关材料,有权向有关组织和公民调查、收集与本案有关的证据,对涉及国家秘密、商业秘密和个人隐私的材料,应当依照法律规定保密。当事人和其他诉讼代理人有权按照规定查阅、复制本案庭审材料,但涉及国家秘密、商业秘密和个人隐私的内容除外。

由于委托代理人参加诉讼是基于当事人的委托,因此在下列情况下,代理关系终结:诉讼终结;委托人解除委托;受托人辞去委托;当事人、第三人更换或死亡,而更换后的当事人不再委托的,或者当事人死亡后没有继受人参加诉讼的;受托人死亡或丧失行为能力的。

第十七章
行政诉讼证据

第一节 行政诉讼证据概述

一、行政诉讼证据的概念

所谓证据,是指一切用来证明案件事实情况的材料。在诉讼活动中,当事人为了支持自己的主张,使自己处于有利地位,就必须运用多种材料来证明自己主张的正确性,最终达到胜诉的目的。在我国,人民法院在必要时也应当主动收集、调取各种材料,以便查明案件的事实真相,判明当事人主张的真实与否、合法与否。即使是法院的主动收集,也不应当有方向性和针对性。只要与案件有关的材料均应当收集,因为证据是静态的,是一种服务于当事人和人民法院的工具。

有人认为证据是案件事实的真实反映,是案件事实本身留下来的客观痕迹,或者是当事人或证人对案件事实的准确描述,因而将证据定义为准确反映案件真实情况的材料或事实。我们认为,应当将当事人主观上期望的作为证明案件真实情况的材料与最终经人民法院审查属实能够作为定案根据的材料区别开来,不能认为只有能反映案件真实情况的材料才能作为证据,而那些由当事人提供或由人民法院收集的而最终定案时未被认定的材料不能作为证据。正是基于此,有些学者将证据划分为一般证据和可定案证据,这是很有见地的。但持这些观点的学者认为行政诉讼应当只研究可定案证据,而对一般证据则无须研究。这又值得商榷。我们认为,行政诉讼法学应当研究可定案证据,同时也应当研究一般证据。因为:第一,可定案证据是包含在一般证据之中的,离开一般证据根本就谈不上可定案证据,可定案证据正是人民法院运用一系列审查判断证据的方法从一般证据中认定的;第二,在诉讼活动中,由于参加人的地位不同,他们运用证据的目的也不同。当事人总是希望通过运用自己收集到的证据来证明行政行为是合法适当还是违法不当。在人民法院的判决结果尚未作出之前,当事人对哪一种证据能够被法院认定,事先并不明了。因而此时当事人收集证据以及向人民法院提供证据的指导思想是尽量准确、全面、客观,而不会只限于他自己所认为的可定案证据。因此,只要当事人主观上认为能够证明案件的事实的材料均应收集并提交法院。当然,当事人明确可定案证据的标准,可以帮助他们有目的、有方向地收集、提供证据从而尽量避免盲目性。

这个定义,包含以下几个要素:

（1）证据是一种材料，这种材料是由当事人收集并提交给人民法院，或者由人民法院依照职权在必要的情况下调取的。这种材料可有多种表现形式，如物证、书证、视听资料、证人证言、现场笔录等。

（2）证据的用途是用来证明案件事实的，至于它是否能够正确反映案件事实，起到证明作用，应当由法院依法认定。也就是说，只要是在诉讼程序中向人民法院提交，希望证明当事人主张的材料都是证据。

（3）证据中包括可定案证据和一般证据。可定案证据是能准确、充分、客观地反映案件真实情况，由人民法院依法认定的证据；一般证据是指所有用来证明案件情况的材料。证据有真伪之分，某一材料能否成为行政诉讼的证据取决于当事人的主观愿望和是否在诉讼程序中提交法院，而不取决于它是否准确、客观地反映了案件的真实情况。

二、行政诉讼证据的特征

研究行政诉讼证据的特征，既要看到行政诉讼证据与其他诉讼证据的区别；同时，也要看到其与其他证据的区别；还应当看到一般证据与可定案证据的区别。

（一）行政诉讼证据相较于其他诉讼证据所具备的特征

1. 行政诉讼证据范围的广泛性

根据《行政诉讼法》第33条的规定，行政诉讼证据包括书证、物证、视听资料、电子证据、证人证言、当事人的陈述、鉴定意见、勘验笔录和现场笔录。这里的现场笔录就是其他诉讼中所未包括的；另外，《行政诉讼法》还规定行政机关必须向人民法院提供作出行政行为的事实依据和规范性文件。尽管立法并未将规范性文件明确作为法定证据，但从上述规定来看，行政行为所依据的规范性文件同样起着一定的证明作用。如证明行政行为的动机，证明行政行为幅度的合理性等。也就是说，行政诉讼的法定证据中包括其他诉讼证据中所不具备的现场笔录，并且在一些特定情况下，规范性文件还起着一定的证明人作用。其范围要大于其他诉讼的证据范围，这是由行政诉讼的特点决定的。行政诉讼所要解决的是行政行为是否合法的问题，作为承担举证责任的行政机关，就应当能够运用更多的手段，包括更为广泛的证据来证明其行为的客观真实性。

2. 行政诉讼证据来源的特定性

行政诉讼的证据主要来自于行政程序，并且主要由作为被告的行政机关提供给人民法院。行政机关在实施行政行为的过程中，应当充分、全面地掌握证据，弄清事实真相，这样才能对照法律、法规、规章等的规定作出行政裁决。也就是说，行政机关必须遵循先取证、后裁决的规则。这就决定了行政机关向法院提交的证据应当在作出裁决之前就获得，一旦引起诉讼，应当向法院提供。诚然，原告也有权向人民法院举证来反驳行政机关的证据，但由于在行政法律关系中，被告行政机关处于主导地位,使得原告无法或难以获取证据,因此,我们可以说,行政诉讼的证据主要是由被告向人民法院提供;而其所提供的证据,还必须是在行政程序中取得的,尽管法院在诉讼过程中,也可以向有关行政机关以及其他组织、公民调取证据,但那只是在法院认为有必要时才调取。总之,先取证、后裁决的规则以及举证责任的特定性,决定了行政诉讼证据不同于民事诉讼和刑事诉讼的证据。

3. 举证责任承担主体的相对确定性

诉讼中由谁承担举证责任,是一个极为重要的问题。民事诉讼中遵循"谁主张,谁举证"的原则,即民事诉讼举证责任的承担者,是由哪一方提出主张决定的;而行政诉讼中,对行政行为合法性的举证责任是由被告来承担的,行政机关在诉讼中应当举出证据证明其行政行为是正确的,否则将承担败诉的后果,即法律将不能举出证据证明自己主张而要败诉的风险,确定由作为被告的行政机关来承担,这不同于民诉中的举证责任的承担。

(二) 行政诉讼证据相较于行政证据所具备的特征

所谓行政证据,是指行政机关在行政程序中收集或由当事人向行政机关提供,行政机关据以作出行政行为的事实和材料。

1. 运用证据的目的

行政机关在行政程序中运用证据的目的,在于保证其正确、合法、适当地作出行政行为,公民、法人或其他组织运用证据的目的是在行政程序中取得有利地位,如获得某种权利的许可,免除义务的申请得以批准及其他事项得以实现,不被处罚或减轻处罚等。而在行政诉讼中,行政机关作为被告运用诉讼证据的目的,在于证明被诉讼的行政行为合法,避免败诉;而公民、法人或其他组织作为原告运用证据的目的正相反;诉讼中,人民法院运用证据的目的,在于查明事实真相,准确地裁判行政行为是否合法,从而实现监督和维护行政机关依法行政。

2. 举证的性质

在行政程序中,行政机关在作出裁决之前,应当广泛收集证据,并且应当向公民、法人或其他组织出示证据,或者说明据以作出行政行为的事实和理由,给公民、法人或其他组织以据证反驳的机会。这是行政机关在实施行政管理过程中应当承担的义务。公民、法人或其他组织提出免除义务的申请和赋予权利的许可的申请时,应当运用证据证明自己主张合法、合理,否则申请将被驳回。同样,在反驳行政机关主张时也应举出证据,总之,公民、法人或其他组织有主张就应当举证,否则其主张将得不到支持和认可。在行政诉讼中,被告承担举证责任,实际是承担了当不能举证证明被诉行政行为合法时,就将导致败诉的风险,既非义务又非权利,如果要认为是义务的话,那也是一种特殊的风险义务,而原告向法院举出证据则主要是一项诉讼权利。

(三) 可定案证据的特征

当事人将行政证据提交给法院,但这些证据在法律上均无预决力,都必须经法院审查和当事人质证,才能作为定案的根据。能够被法院认定、最终作为定案根据的证据必须有以下特征：

1. 合法性和可采用性

所谓合法性，即可定案证据必须是经合法程序、运用合法手段取得的，而且符合法定形式。行政证据在未被法院采纳和认定时，不能作为定案的根据。如果证据取得的方式违法或其本身不符合法定形式，不得作为定案依据。如行政机关作为认定公民、法人或其他组织违法并予以处罚的证据是通过逼供或者诱骗的方式取得的，行政机关向法院提交的证据是在诉讼过程中向原告和证人取得的，等等。所谓可采用性，是指证据只有在按规定可以采纳的情况下，才能作为定案的依据。如不能表达正确意思的儿童以及不具备辨认资格和控制能力的精神病人，没有充当证人的资格，其证言就不具有可采用性。可定案证据的合法性，要求审判人员不仅要审查证据是否为客观事实、与案件是否有关联，还应当注意审查证据取得的途径是否合法、形式是否合法，切不可将违法证据作为定案证据。可定案证据的可采用性，则要求人民法院审判人员在审理行政案件时，对证人资格进行严格审查，必要时应对证人资格进行鉴定，对不具备证人资格的人所提供的证言不得采用作为定案证据。

2. 客观性

客观性即指作为定案证据，必须是不依赖于人们的意志为转移的真实的事实。行政诉讼证据的证明对象是行政案件的真实情况，这种真实情况包括行政机关作出行政行为这一事实本身以及这种行为所依据的事实。这些都是在一定时间、空间和条件下发生的，无论当事人及人民法院审判人员的意志如何，均不改变。这就要求审判人员不能根据当事人和其他诉讼参与人的虚构、想象和猜测，也不能根据自己的主观臆断来确定定案证据，而应当尽一切可能去发现和收集客观存在的事实，找到可定案证据。

3. 相关性

所谓相关是指作为可定案证据，必须同案件的事实，也就是同有争议的行政行为以及与这一行为所依据的事实存在一定的联系。与案件事实有联系表现在两个方面：第一，同有争议的行政行为有联系。如公安机关对某公民因违法而实施治安处罚所制作和送达的裁决书便成为与行政处罚行为有联系的证据。第二，同作出行政行为所依据的事实有联系。行政行为应当是依据一定的事实作出，行政机关在裁决时有无事实依据、这种事实是否正确等，直接关系到行政行为是否合法。如在上例中该公民是否确有应受处罚的行为、该行为是否违法，都必须有相应的证据来证明，与案件没有任何联系的证据，即使再真实、合法，也不得作为定案证据。

可定案证据是人民法院作出判决的依据，对其认定准确与否，直接关系到人民法院裁判的客观性和准确性。因此，全面领会和理解可定案证据的特征，将使审判人员从繁杂琐碎的事实与材料中找到可定案证据，从而为正确适用法律法规打下良好的基础。

三、行政诉讼证据的种类

（一）学理上对证据的分类

1. 本证和反证

根据提出证据主体的不同及其所证明的事实的不同，可以把证据分为本证和反证。

所谓本证，是指由负有举证义务的当事人提出的用以证明他所主张的事实的证据。凡是当事人提出一种事实，就必须有相应的证据。而本证所要证明的事实必须不是为了反对他人所主张的事实，而是为了确立自己的主张。比如，原告在起诉时为了证明自己的诉讼请求而提出的证据、被告在证明自己的行政行为的合法性时所提出的证据都属于本证。

所谓反证，是当事人为反驳对方所主张的事实从而推翻对方观点而举出的证据。例如，原告提出证明其打他人并未造成伤害的医院报告是本证，而如果被告提出法定机构作出的被害人被打后致使轻微伤害的鉴定意见，从而证明其作出的行政行为的合法性，这就是反证。反证是为了推翻对方的观点，这是反证最重要的特征。

两者最基本的区别在于本证是为证明从未有人提出的新的事实和主张，反证并不证明新的事实和主张，而是用相反的事实来反驳对方主张的事实和观点。

2. 直接证据和间接证据

根据证据与待证事实而之间的关系，证据可以划分为直接证据和间接证据。

直接证据是指能够直接证明待证事实不需要其他证据加以辅助的证据。如甲诉工商行政管理部门违法不发给其个体营业执照，工商局则答辩称不发给甲营业执照是因为甲身体不健康，不具备开业条件，因而并不构成违法。工商行政管理部门举出医院诊断其患有传染病的诊断书，此时诊断书便成为直接证据。由于直接证据对待证事实的证明具有直接、简明的特征，因而有极强的证明力。

所谓间接证据是指与待定事实之间只有间接关系，不能单独、直接证明待证事实的证据。运用间接证据必须注意：首先，间接证据不能单独证明待证事实，需要有其他证据辅助、配合；其次，各个间接证据之间不能相互抵触，而应当互相协调；再次，间接证据之间应当有内在的紧密的联系，应环环相扣；最后，间接证据构成的证明锁链能得出的结论应具有唯一性，即只能得出一种结论。如公安机关向法院举出在甲家中搜查到乙的失窃物品就是间接证据。因为该物品可能是甲买来的、借来的、拣来的，不能直接证明是甲偷来的。如果公安机关能举出甲留有失窃现场的指纹、证人目击他在现场的证言，以及在甲家中搜到的乙家失窃的物品，这样就形成了证据链，就可以证明犯罪事实了。

3. 原始证据和传来证据

根据证据来源的不同，可把证据分为原始证据和传来证据。所谓原始证据，是指直接来源于案件事实或者在案件事实直接作用下形成的证据。书证的原件、当事人的陈述、证人对于目击情况的证言等都是原始证据。如甲写给乙的恐吓信原件、税务部门查获的个体户的偷漏税行为就是原始证据。

所谓传来证据,是由原始证据派生出来或者在信息传递的中间环节形成的证据,又称派生证据。书证的副本、物证复制品、证人就其听别人转述的情况所作的证言等,都是传来证据。由于传来证据是由原始证据派生出来的,应当经过严格的审查核实,确认确实无误的才能作为定案证据。

4. 言词证据和实物证据

根据证据的表现形式不同,可以把证据分为言词证据和实物证据。

所谓言词证据是指以言词形式反映出来的证实案件情况的材料。证人证言、当事人陈述、鉴定结论等都属于言词证据。言词证据不但受到陈述人和鉴定人主观因素的影响,而且还受到陈述人感受力、记忆力、判断力、表达能力的影响,在审查定案时应当充分注意。

所谓实物证据,是指以物品的外部特征或记载的内容作为某种客观事实的表现形式的证据。物证、视听资料、勘验笔录和现场笔录是实物证据。对于以外部特征来证明案件事实的证据,应审查鉴别其外部特征,以确定能否作为定案的依据。对以记载内容来反映案件事实的证据,既要审查其外部特征,也要审查其内容,如以照片作为证据,既要审查照片有无加工、修改的痕迹,也要审查其反映的事实的性质。

(二) 法律上对证据的分类

我国《行政诉讼法》第33条对行政诉讼的证据作了以下分类:

(1) 书证,是指用文字或图画、符号等记载的表达人的思想和行为,并用来证明案件情况的材料,其基本特征是用记载或反应的内容来反映案件事实。

(2) 物证,指用来证明案件事实的物品或痕迹。物证是以其存在的外形、性状、质量特征、规格等证明案件事实的证明材料。物证较为客观、真实,但通常情况下是间接证据。当物证有可能灭失或变质时应注意保存。

(3) 视听资料,指利用录音、录像的方法录制的音响和图像来证明案件事实的证明材料。由于技术的进步,视听资料可以用剪接、拼凑的方法进行伪造或加工,因而应注意应用专门技术进行审查。

(4) 电子数据,指以电子形式存在的,用作证据使用能够证明案件真实情况的一切材料及其派生物。它具有数字性、安全性、脆弱性和共享性等特征。[①]

(5) 证人证言,指证人就其所了解的有关案件事实的情况依法作出的陈述。了解案件情况的公民作证是法律规定的义务,但精神病者或没有独立思考能力的儿童等不能作证。

(6) 当事人的陈述,是指当事人所作的关于案件事实情况的叙述。由于当事人

---

① 参见叶必丰:《行政法与行政诉讼法》(第三版),高等教育出版社2015年版,第214页。

与案件有直接的利害关系,其所陈述内容的真实性应经严格审查方可确信,并且应该有其他证据作为旁证,才能作为定案根据。

(7) 鉴定意见,指由鉴定人运用自己的专门知识,利用专门的设备和材料,对案件中出现的专门问题所提出的专业性意见。鉴定意见包括两大类:一是当事人向人民法院提供的鉴定意见,但必须是法定部门作出的,否则没有证明效力。二是人民法院在认为需要时,对专门问题交由法定鉴定部门进行鉴定。无法定鉴定部门的,人民法院可指定其他鉴定部门进行鉴定。

(8) 勘验笔录和现场笔录。勘验笔录是指行政机关工作人员或人民法院审判人员对能够证明案件事实的现场或者对不能、不便拿到人民法院的物证,就地进行分析、检验、测量、勘查后作出的记录;现场笔录是指行政机关工作人员在实施行政行为的现场对现场情况所作的书面记录。

勘验笔录和现场笔录是有区别的。首先,制作主体不同。勘验笔录是由行政机关工作人员或人民法院审判人员所制作的;现场笔录是由行政机关工作人员所制作的。其次,所反映的事实不同。勘验笔录是对一些专门的物品和场所进行勘测后所作的记录,所反映的多是静态的客观情况,且一般是案件发生以后进行的;而现场笔录则是对执法现场当时的情况所作的记录,一般为动态的事实,而且往往反映的是制作笔录当时的情况。最后,勘验笔录是间接证据,现场笔录则是直接证据。

现场笔录是行政诉讼中特有的法定证据,是为了适应行政审判的特殊性而设置的。行政机关在制作、运用现场笔录时应遵循下列规则:首先,现场笔录只有在以下情况下才能适用:第一,在证据难以保全的情况下,如变质食品、数量较大的伪劣药品等;第二,在事后难以取证的情况下,如不洁餐具等;第三,在不可能取得其他证据或者其他证据难以证明案件事实时。其次,现场笔录应当严格遵循有关程序:第一,现场笔录应当是在"现场"制作的,而不能事后补作;第二,现场笔录应当由当事人签名或盖章,在可能的情况下还应当由在场证人签名盖章。没有当事人或其他证人签名盖章的现场笔录不能起到证明作用。人民法院也应对现场笔录进行严格审查,只有符合上述规则的现场笔录才能作为定案根据。

第二节 行政诉讼举证责任

一、行政诉讼举证责任的概念与特征

(一) 行政诉讼举证责任的概念

举证责任是法律设定的一种风险,即承担举证责任的当事人应当提出自己的主张,证明自己的主张,否则将承担败诉后果的一种风险。

举证责任是诉讼法中举足轻重的问题。早在罗马法时代,人们就已经开始了对举证责任的研究。当时,人们主要从民事诉讼中当事人举证活动的角度来观察和表述举证活动,认为举证责任是当事人提出主张后,应当向法院提供证据证明自己的主张。这种举证责任的表述被认为是主观的举证责任,也叫行为意义上的举证责任。后来,法国学者尤里乌斯·格尔查在其《刑事诉讼导论》一书中认为,举证责任是指在案件审理终结后,对争议事实的真伪仍然无法判断而法院又不能拒绝裁判时,由哪一方承担不利后果的问题。这被称为客观的举证责任,也叫结果意义上的举证责任。

我国《行政诉讼法》第34条规定:"被告对作出的行政行为负有举证责任,应当提供作出该行政行为的证据和所依据的规范性文件。"第67条规定:"人民法院应当在立案之日起五日内,将起诉状副本发送被告。被告应当在收到起诉状副本之日起十五日内向人民法院提交作出行政行为的证据和所依据的规范性文件,并提出答辩状。人民法院应当在收到答辩状之日起五日内,将答辩状副本发送原告。"从这两条规定来看,我国行政诉讼法采用的是结果意义上的举证责任。因为它没有规定原告在起诉时应当向法院提交证据证明自己的主张以推进诉讼的进程,而是规定由被告证明其被诉行为合法。

(二) 我国《行政诉讼法》所规定的举证责任的特征

首先,举证责任是一种风险,即一种不利后果出现的可能性,这个不利的后果只在一定的条件成就时出现,而后果就是败诉,即主张得不到法院的支持。

其次,出现败诉后果的条件是承担该风险的当事人不能举出证据证明自己的诉讼主张。当然,有人认为还必须加上法院也不能查明案件事实的,才败诉。我们认为,这一观点起码在行政诉讼中是不能成立的,在行政诉讼中法院没有,也不应当有为当事人特别是为被告查明事实的义务。只要被告不能证明自己的行政行为合法,无须原告证明其行政行为违法,法院就可以判决撤销被告的行政行为,或者确认被告的行政行为违法。

最后,举证责任这种不利的风险是由法律规定在当事人身上,而不是当事人选择的结果,即根据法律规定不承担该风险的人,可能会因为其他原因败诉,但不会因为举不出证据而败诉,相反,由法律规定承担举证责任的当事人却可能因此而败诉。所以,法律将这一风险设定在哪一方当事人身上,有一个公正与否的问题。从我国《行政诉讼法》的规定来看,这种风险显然被设定在被告身上。

二、举证责任的分担

关于行政诉讼中的举证责任分担问题,有人认为行政诉讼的举证责任恒定由被告承担,原告不负任何举证责任。但是,这种观点很快就被行政诉讼的司法实践所质疑,实践表明,在行政诉讼中,原告也承担着部分举证责任。比如,原告在起诉时就必须证明行政行为的存在;在因行政机关不履行法定职责而提起的行政诉讼中,原告必须证明已经向行政机关提出了履行法定职责的申请;在国家赔偿诉讼中,原告必须向法院证明具体的损害已经发生，并且违法的行政行为与损害结果之间有因果关系，否则，将处于不利地位。所有这些都说明在行政诉讼中，举证责任不单是由被告承担。因此有学者认为，行政诉讼由被告承担主要的举证责任，而由原告承担次要的举证责任。我们认为，举证责任并没有什么主次之分，并且什么是主要责任、什么是次要责任本身就是一个难以把握的问题。

根据《行政诉讼法》《行政诉讼法司法解释》以及《行政诉讼证据司法解释》，我们认为，我国行政诉讼制度中举证责任的分配情况如下：

（一）被告对被诉的行政行为的合法性承担举证责任

《行政诉讼法》第34条规定："被告对作出的行政行为负有举证责任……"这就从立法上明确了被告应当举出证据证明行政行为的合法性，否则，无论原告是否能证明行政行为违法，被告都将败诉。而原告并不因为举不出证据证明行政行为违法而败诉。为此，《行政诉讼证据司法解释》第6条进一步明确："原告可以提供证明被诉行政行为违法的证据。原告提供的证据不成立的，不免除被告对被诉行政行为合法性的举证责任。"之所以这样规定，是因为：

（1）行政行为符合法定程序的一个最基本的顺序规则是"先取证，后裁决"，即行政机关在作出裁决前，应当充分收集证据，然后根据事实，对照法律作出行政行为。因此，当行政机关作出行政行为被诉至法院时，应当能够有充分的事实材料证明其行政行为的合法性。这是被告承担举证责任的基础。

（2）在行政法律关系中，行政机关居于支配地位，实施行为时无须征得公民、法人或其他组织的同意。而公民、法人或其他组织则处于被动地位。为了体现在诉讼中双方当事人地位的平等性，就应当要求被告证明其行为的合法性，否则将要承担败诉的后果，而不能要求处于被动地位的原告承担举证责任，否则将对原告不利。事实上，由于行政法律关系中双方当事人的这种不同地位，原告将无法或者很难收集到证据。即使收集到，也可能难以保全。而如果当原告不能举证证明自己的主张时，由原告承担败诉后果，是有失公允的。

（3）行政机关的举证能力比原告要强，在一些特定情况下，原告几乎没有举证能力，有的案件的证据需要一定的知识、技术手段、资料甚至设备才能取得，而这些又往往是原告所不具备的。如是否对环境造成污染、污染的程度多大、某项独创是否获得发明专利、药品管理中伪劣药品的认定等，这些都是原告无法收集、保全的，因而要求原告举证是超出其承受能力的。

《行政诉讼法》要求被告对被诉的行政行为承担举证责任，充分体现了行政诉讼的目的：首先，有利于促进行政机关依法行政，严格遵守先取证、后裁决的规则，从而防止其实施违法行为和滥用职权；其次，有利于保护原告的合法权益，当被告不能证明其行政行为合法，法院又不能放弃审判时，作出有利于原告的判决，防止公民、法人或者其他组织的合法权益遭受不法行政行为的侵害。

(二) 对行政行为合法以外的问题,"谁主张,谁举证"

行政诉讼的核心问题是审查行政行为是否合法,但是,除此以外行政诉讼中还有其他问题,对其他问题的举证仍然遵循"谁主张,谁举证"原则。

综合《行政诉讼法司法解释》《行政诉讼证据司法解释》,在以下几种情况下,原告应当承担举证责任:

(1) 原告应当举证证明其起诉符合法定条件。比如,原告应当举出证据证明行政行为的存在,但被告认为原告起诉超过起诉期限的除外,如果被告认为原告起诉超过法定期限的,由被告承担举证责任。

(2) 在起诉被告不作为的案件中,证明其提出申请的事实,即原告应当提供其在行政程序中曾经提出申请的证据材料。但下列两种情形除外:第一,被告应当依职权主动履行法定职责的;第二,原告因正当理由不能提供证据的。

(3) 在行政赔偿、补充诉讼中,原告应当对被诉行政行为造成损害的事实提供证据。因被告的原因导致原告无法就损害情况举证的,应当由被告就该损害情况承担举证责任。对于各方主张损失的价值无法认定的,应当由负有举证责任的一方当事人申请鉴定,但法律、法规、规章规定行政机关在作出行政行为时依法应当评估或者鉴定的除外;负有举证责任的当事人拒绝申请鉴定的,由其承担不利的法律后果。当事人的损失因客观原因无法鉴定的,人民法院应当结合当事人的主张和在案证据,遵循法官职业道德,运用逻辑推理和生活经验、生活常识等,酌情确定赔偿数额。

理论上还存在这样一种可能性,即在被告举出证明行政行为合法的证据后,原告反驳被告的观点,除了对被告的证据进行质疑外,一般应当提出反证,否则,将会使自己处于非常被动的地位。这也可以认为是原告承担举证责任的一种情形。

三、举证规则

(一) 举证期限

1. 被告的举证期限

根据《行政诉讼法》第67条的规定,人民法院应当在立案之日起5日内,将起诉状副本发送被告。被告应当在收到起诉状副本之日起15日内向人民法院提交作出行政行为的证据和所依据的规范性文件,并提出答辩状。此外,被告在作出行政行为时已经收集了证据,但因不可抗力等正当事由不能提供的,经人民法院准许,可以延期提供。被告申请延期提供证据的,应当在收到起诉状副本之日起15日内以书面方式向人民法院提出。人民法院准许延期提供的,被告应当在正当事由消除后15日内提供证据。逾期提供的,视为被诉行政行为没有相应的证据。

2. 原告或第三人的举证期限

原告或者第三人应当在开庭审理前或者人民法院指定的交换证据清单之日提供证据。因正当事由申请延期提供证据的,经人民法院准许,可以在法庭调查中提供。

逾期提供证据的,人民法院应当责令其说明理由;拒不说明理由或者理由不成立的,视为放弃举证权利。原告或者第三人在第一审程序中无正当理由未提供而在第二审程序中提供的证据,人民法院不予接纳。

非常明显,被告的举证期限比原告或第三人的举证期限要短得多,这是合理的。因为"先取证,后裁决"的程序规则决定了被告向法院提交的证据应当是早在行政程序中获取的,在诉讼中所要做的,就是将其提交给法院。这一规定的法律意义,在很大程度上就是为了强化"先取证,后裁决"的程序规则。

3. 延期举证要求

当事人申请延长举证期限,应当在举证期限届满前向人民法院提出书面申请。申请理由成立的,人民法院应当准许,适当延长举证期限,并通知其他当事人;申请理由不成立的,人民法院不予准许,并通知申请人。

(二) 对被告举证的要求

1. 被告举证的范围

《行政诉讼法》第34条规定:被告"应当提供作出该具体行政行为的证据和所依据的规范性文件"。《行政诉讼法司法解释》《行政诉讼证据司法解释》对此也有相同的规定。从这些规定看,被告举证的范围应当包括一般意义上的证据,即反映案件事实的材料,也包括被告作出行政行为所依据的规范性文件,即法律、法规、规章以及规章以下的规范性文件。显然,立法者和法律解释者均将规范性文件作为证据对待。对此,有学者提出了质疑。我们认为,将规范性文件作为证据确有可商榷之处。

2. 被告提交的证据应当是在行政程序中收集的证据

行政诉讼的功能之一,是监督行政机关依法行政,而依法行政原则对于行政机关的要求是行政机关应当在查清全部事实后根据法律规定、按照法定程序作出行政行为,因此,在行政程序中必须获取相关的证据,才能作出行政行为,如果在行政诉讼开始后才去收集证据,则会放任行政机关无视事实实施行政行为。为此,《行政诉讼法》明确规定,被告在行政诉讼中不得自行向原告和证人收集证据。基于这样的原理,《行政诉讼法司法解释》《行政诉讼证据司法解释》对于被告提交证据作出了更加明确的要求,下列证据不能作为认定被诉行政行为合法的证据:

(1) 被告及其诉讼代理人在作出行政行为后(当然包括在诉讼过程中)自行收集的证据;

(2) 被告在行政程序中非法剥夺公民、法人或者其他组织依法享有的陈述、申辩或者听证权利所采用的证据;

(3) 原告或者第三人在诉讼程序中提供的、被告在行政程序中未作为行政行为依据的证据;

(4) 被告在二审过程中向法庭提交在一审过程中没有提交的证据,不能作为二审法院撤销或者变更一审裁判的证据。

(三) 当事人补充证据的规定

行政诉讼与其他诉讼一样,必须在查明事实的基础上,依据法律作出裁判。因此,查明案件所涉及的事实,是行政诉讼中的重要环节。而为了查明事实,除当事人主动提供证据外,法院有权要求当事人提供和补充证据。《行政诉讼法》第39条规定,人民法院有权要求当事人提供或者补充证据。但是,由于行政诉讼证据的某些特殊规则,决定了法院在责令当事人提交和补充证据时,必须受一定的规则限制,否则将很可能动摇被告对行政行为承担举证责任、被告应当在法定时间里提交证据等特殊规则。为此,《行政诉讼法》和《行政诉讼法司法解释》中明确规定了当事人补充证据的规则:

(1) 被告在作出行政行为时已经收集了证据,但因不可抗力等正当理由不能提供的,经人民法院准许,可以延期提供;

(2) 原告或者第三人提出了其在行政处理程序中没有提出的理由或者证据的,经人民法院准许,被告可以补充证据;

(3) 对当事人无争议,但涉及国家利益、公共利益或者他人合法权益的事实,人民法院可以责令当事人提供或者补充有关证据。

第三节 行政诉讼中证据的提交、调取与保全

一、行政诉讼证据的提交

行政诉讼中被告对作出的行政行为承担举证责任,应当提交证据证明被诉的行政行为合法;原告和第三人提交证据证明自己的诉讼主张,是其基本的诉讼权利,而且在特定的情况下,原告也承担着举证责任,因此,在行政诉讼中,向法院提交证据是当事人的一项最基本的诉讼活动。为了保证诉讼活动正常进行,提高审判效率,向法院提交证据必须遵守一定的规则。准确地说,本章第二节中关于被告和原告举证时间和范围的规定,也属于举证的要求,但那是基于行政诉讼的特点、遵循行政诉讼规律分别对被告或原告及第三人提交证据的特殊规定。除了这些规定外,《行政诉讼证据司法解释》还针对不同形式的证据,对当事人举证的行为提出了统一要求,无论是原告,还是被告或者第三人,都必须按照这些要求提交证据。违反这些要求所提交的证据,是不会被法院采信的。

(一) 提交书证、当事人陈述等的要求

当事人向人民法院提供书证,应当符合下列要求:

(1) 提供书证的原件,原本、正本和副本均属于书证的原件。提供原件确有困难

的,可以提供与原件核对无误的复印件、照片、节录本。

(2) 如果提供的是由有关部门保管的书证原件的复制件、影印件或者抄录件的,应当注明出处,经该部门核对无异后加盖其印章。

(3) 如果提供报表、图纸、会计账册、专业技术资料、科技文献等书证的,应当附有说明材料。

(4) 被告提供的被诉行政行为所依据的询问、陈述、谈话类笔录,应当有行政执法人员、被询问人、陈述人、谈话人签名或者盖章。

除此之外,如果法律、法规、司法解释和规章对书证的制作形式另有规定的,还应当符合其规定。

(二) 提交物证的要求

当事人向人民法院提供物证的,应当符合下列要求:

(1) 提供原物。提供原物确有困难的,可以提供与原物核对无误的复制件或者证明该物证的照片、录像等其他证据。

(2) 原物为数量较多的种类物的,提供其中的一部分。

(三) 提交计算机数据或者录音、录像等视听资料的要求

当事人向人民法院提供计算机数据或者录音、录像等视听资料的,应当符合下列要求:

(1) 提供有关资料的原始载体。提供原始载体确有困难的,可以提供复制件。

(2) 注明制作方法、制作时间、制作人和证明对象等。

(3) 声音资料应当附有该声音内容的文字记录。

(四) 提交证人证言的要求

当事人向人民法院提供证人证言的,应当符合下列要求:

(1) 写明证人的姓名、年龄、性别、职业、住址等基本情况。

(2) 有证人的签名,不能签名的,以盖章等方式证明。

(3) 注明出具日期。

(4) 附有居民身份证复印件等证明证人身份的文件。

(五) 提交鉴定意见的要求

被告向人民法院提供的在行政程序中采用的鉴定意见,应当载明委托人和委托鉴定的事项、向鉴定部门提交的相关材料、鉴定的依据和使用的科学技术手段、鉴定部门和鉴定人鉴定资格的说明,并应有鉴定人的签名和鉴定部门的盖章。通过分析获得的鉴定意见,应当说明分析过程。

应当说明的是,《行政诉讼证据司法解释》只对被告提交鉴定意见提出了上述要求。实际上,在行政诉讼中,原告或者第三人也完全可能向法院提交鉴定意见证明自己的诉讼主张。我们认为,原告或者第三人向法院提交鉴定意见,也应当符合上述要求。

（六）被告提交现场笔录的要求

被告向人民法院提供的现场笔录，应当载明时间、地点和事件等内容，并由执法人员和当事人签名。当事人拒绝签名或者不能签名的，应当注明原因。有其他人在现场的，可由其他人签名。

另外，法律、法规和规章对现场笔录的制作形式另有规定的，从其规定。

（七）提交在中华人民共和国领域外或在特别行政区和台湾地区形成的证据的要求

当事人向人民法院提供的在中华人民共和国领域外形成的证据，应当说明来源，经所在国公证机关证明，并经中华人民共和国驻该国使领馆认证，或者履行中华人民共和国与证据所在国订立的有关条约中规定的证明手续。

当事人提供的在中华人民共和国香港特别行政区、澳门特别行政区和台湾地区内形成的证据，应当具有按照有关规定办理的证明手续。

（八）提交由外国语言形成的证据的要求

当事人向人民法院提供外文书证或者外国语视听资料的，应当附有由具有翻译资质的机构翻译的或者其他翻译准确的中文译本，由翻译机构盖章或者翻译人员签名。

（九）其他要求

（1）证据涉及国家秘密、商业秘密或者个人隐私的，提供人应当作出明确标注，并向法庭说明，由法庭予以审查确认。

（2）当事人应当对其提交的证据材料分类编号，对证据材料的来源、证明对象和内容作简要说明，签名或者盖章，注明提交日期。

《行政诉讼证据司法解释》除了对当事人提交证据提出了上述明确的要求外，同时也对法院接受证据的行为作了一定规定：人民法院收到当事人提交的证据材料，应当出具收据，注明证据的名称、份数、页数、件数、种类等以及收到的时间，由经办人员签名或者盖章。

二、法院对证据的调取

行政诉讼除了具有保护公民、法人或其他组织合法权益的功能外，还有一个重要的功能就是通过对行政行为是否合法进行审查，监督行政机关依法行使职权。因此，在行政诉讼中，当事人举证，特别是被告举证应当是证据的主要来源。既然法律明确规定应当由作为被告的行政机关承担证明被诉的行政行为的合法性，那么法院就不应当过多地涉足事实的调查或者证据的收集，否则，法院的监督作用就将会大为降低。但是，在某些情况下，完全由当事人举证又不能保证法院查明事实，特别是对于处于弱势地位的原告,在某些情况下是不可能获得有关证据的,因此,法院在某些情况下应当有调取证据的职权。从更广泛的意义上说,法院责令当事人补充证据实际也是其调取证据的一种方式,但本节主要阐述法院向当事人以外的其他公民、法人或组织等调取证据的情形。这一情形又可以分为法院依职权主动调取证据和依当事人的申请调取证据两种情况。

(一)法院依职权主动调取证据

《行政诉讼法》第 40 条规定:"人民法院有权向有关行政机关以及其他组织、公民调取证据。但是,不得为证明行政行为的合法性调取被告作出行政行为时未收集的证据。"但《行政诉讼法》未就法院主动调取证据的情况作出明确的规定。一般认为,鉴于行政诉讼是法院对行政机关的行政行为进行审查,法院主动收集证据应当有所节制。《行政诉讼证据司法解释》第 22 条对法院主动收集证据的情况作了明确规定:

(1)涉及国家利益、公共利益或者他人合法权益的事实认定的;

(2)涉及依职权追加当事人、中止诉讼、终结诉讼、回避等程序性事项的。

但在把握法院依职权调取证据的问题时,应当特别注意《行政诉讼法》第 40 条后半句的规定,即"不得为证明行政行为合法性调取被告作出行政行为时未收集的证据"。

(二)法院依申请调取证据

1. 法院依申请调取证据的必要性

在行政诉讼中,原告或者第三人处于相对较弱的地位,虽然法律规定行政机关承担举证责任,但原告或第三人为了证明自己的诉讼主张,或者为了反驳被告行政机关的观点或主张的事实,而且在某些情况下,原告也承担着举证责任,因此,原告向法院举证也是行政诉讼中的重要问题,有时还直接影响诉讼结果。但相对于被告而言,原告收集、保全和提交证据的能力和条件远不能及,且有些证据是原告无法收集、保全或提交的,因此,有必要为原告或者第三人收集或提交证据提供一定的帮助。为此,《行政诉讼法》第 41 条明确规定:在一定的条件下,法院可以依据原告的申请,调取相关证据。

2. 申请法院调取证据的条件和范围

根据《行政诉讼法》第 41 条规定的精神,原告或者第三人申请法院调取证据是有条件的,即原告或者第三人不能自行收集。这里的"不能"应当理解为:首先,原告或者第三人客观上没有收集某些方面证据的能力;其次,原告或者第三人及其委托人收集证据得不到有关部门、单位、组织或者人员的配合;最后,由于各种原因,不宜由原告知悉或掌握的材料。从这一规定看,在行政诉讼中,即使对于原告而言,还是应当立足于当事人举证,法院对于证据的收集是一种特殊的情况。

关于申请法院调取证据的范围,《行政诉讼法》明确规定,只有对以下三种类型的证据才可以申请法院调取证据:

（1）由国家机关保存而须由人民法院调取的证据；
（2）涉及国家秘密、商业秘密和个人隐私的证据；
（3）确因客观原因不能自行收集的其他证据。
可见，法院依申请调取证据并不能够代替原告或第三人收集或提交证据。

3. 申请法院调取证据的程序

（1）申请的期限。当事人申请人民法院调取证据的，应当在举证期限内提交调取证据申请书。

（2）申请的方式。当事人申请法院调取证据，应当以书面的方式提出。申请书应当写明证据持有人的姓名或者名称、住址等基本情况以及拟调取证据的内容、申请调取证据的原因及其要证明的案件事实。

4. 法院对调取证据申请的处理

（1）审查。由于申请法院调取证据是有条件的，因此，法院收到申请，应当审查是否符合条件。

（2）调取或拒绝调取。人民法院对当事人调取证据的申请，经审查符合调取证据条件的，应当及时决定调取；调取证据与待证事实无关联、对证明待证事实无意义或者其他无调查收集必要的，人民法院不予准许。

（3）对拒绝调取的异议处理。对法院不予调取证据的决定，当事人及其诉讼代理人可以在收到通知书之日起3日内向受理申请的人民法院书面申请复议一次。人民法院应当在收到复议申请之日起5日内作出答复。

（4）对调取结果的告知。人民法院根据当事人申请，经调取未能取得相应证据的，应当告知申请人并说明原因。

（5）法院的委托调取。人民法院需要调取的证据在异地的，可以书面委托证据所在地人民法院调取。受托人民法院应当在收到委托书后，按照委托要求及时完成调取证据工作，送交委托人民法院。受托人民法院不能完成委托内容的，应当告知委托人民法院并说明原因。

三、行政诉讼中对证据的保全

（一）行政诉讼中证据保全的含义

行政诉讼中证据的保全是指，在证据可能灭失或者以后难以取得的情况下，法院依诉讼参加人的申请或者依职权主动采取措施，对证据加以确定和保护的制度。

行政诉讼中证据保全的主体是法院。在行政程序中，行政机关在对相应的行政事务进行调查和处理的过程中，也有可能出现证据灭失或者事后难以取得的情况，有必要对相关证据进行保全，某些法律也对行政机关保全证据作了明确规定。比如，《行政处罚法》第37条第2款规定："行政机关在收集证据时，可以采取抽样取证的方法；在证据可能灭失或者以后难以取得的情况下，经行政机关负责人批准，可以先行登记保存并应当在七日内及时作出处理决定，在此期间，当事人或者有关人员不得销毁或者转移证据。"这里的"先行登记保存"实际就是一个证据措施。但这种情况下的证据保全,不是行政诉讼法应当规范的,而应当通过单行行为法或者行政程序法加以规定。这里所阐述的是在行政诉讼中法院的证据保全制度。另外,《公证法》第11条第9项明确将"保全证据"作为公证的一项业务,这也不属于这里所阐述的证据保全制度。

行政诉讼证据保全的条件是证据可能灭失或者以后难以取得。前者是指证据有灭失的客观可能性,如果不及时采取措施,将会永远失去的情况。例如,具有证明作用的物品即将腐烂、变质或者消失。后者是指如果不立即提取,事后不可能或者难以调查收集的情况。例如,对被殴打致伤的伤情,如果不及时进行鉴定,随着伤情的好转或恢复,以后将难以证明受伤程度。在这些情况下,就有采取证据保全措施的必要。

关于行政诉讼中证据保全的种类,可以从两个角度划分。一是以法院是否主动采取保全措施为标准,可以划分为依申请保全和主动保全。《行政诉讼法》第42条规定:"在证据可能灭失或者以后难以取得的情况下,诉讼参加人可以向人民法院申请保全证据,人民法院也可以主动采取保全措施。"二是以诉讼程序是否正式受理为标准,在法院正式受理之前采取保全措施的,是诉前保全,而在受理之后采取保全措施的,则是诉讼中的保全。我们认为,在行政诉讼中似乎不宜出现依职权作出诉前保全的情况。

(二) 证据保全的程序

1. 提出的期限和方式

当事人向人民法院申请保全证据的,应当在举证期限届满前以书面形式提出,并说明证据的名称和地点、保全的内容和范围、申请保全的理由等事项。

2. 担保

当事人申请保全证据的,人民法院可以要求其提供相应的担保。我们注意到,最高人民法院在这里使用了"可以"一词,即对是否要求当事人提供担保,法院有裁量权,法院应当根据所申请保全证据的实际情况决定是否要求提供担保。证据保全不同于财产保全,财产保全的标的物是财产,因此应当要求申请人提供担保,以解决一旦违法保全后的赔偿问题。但是,在证据保全的情况下,虽然在很多情况下证据也是以财产的形式存在的,但其作为财产的价值并不大,比如某个书证、证人证言、视听资料、现场笔录等,对这些证据的保全并不会对相关人员的财产造成多大损失,因此没有必要要求当事人对所有的证据保全申请都提供担保。当然,有些证据可能有较大的财产价值,法院可以依职权要求当事人提供担保。关于担保的数额,法律和相关司法解释均未予以明确,我们认为,担保数额应当以被保全的证据作为财产的实际价值为限。

3. 证据保全的方法

法院进行证据保全,可以根据具体情况,采取查封、扣押、拍照、录音、录像、复制、鉴定、勘验、制作询问笔录等保全措施。人民法院保全证据时,可以要求当事人或者其诉讼代理人到场。

通过鉴定的方法进行证据保全时,法院既可以依当事人的申请,也可以依职权主动实施。如果是依当事人的申请,法院可以要求申请人提交申请、提供相关材料并预交鉴定费用。对法院主动依职权委托鉴定的,是否应当要求当事人预交鉴定费用,法律和司法解释并没有明确规定,在实践中,法院往往是要求相关当事人预交鉴定费用的。法院在委托鉴定时,应当委托专门的鉴定机构或鉴定人员进行。法院对鉴定部门出具的鉴定书,应当从鉴定的内容、鉴定时提交的相关材料、鉴定的依据和使用的科学技术手段、鉴定的过程、鉴定意见、鉴定部门和鉴定人鉴定资格说明、鉴定人及鉴定部门签名盖章等方面进行审查。法院认为有必要的,可以要求鉴定部门予以说明、补充鉴定或者重新鉴定。当事人对法院委托的鉴定部门作出的鉴定意见有权提出异议并申请重新鉴定,如果有证据证明鉴定部门或者鉴定人不具有相应的鉴定资格、鉴定程序严重违法、鉴定意见明显依据不足等情形之一的,可以通过补充鉴定、重新质证或者补充质证等方式解决。

在通过勘验现场进行证据保全时,勘验人必须出示人民法院的证件,并邀请当地基层组织或者当事人所在单位派人参加。当事人或其成年亲属应当到场,拒不到场的,不影响勘验的进行,但应当在勘验笔录中说明情况。审判人员应当制作勘验笔录,记载勘验的时间、地点、勘验人、在场人、勘验的经过和结果,由勘验人、当事人、在场人签名。勘验现场时绘制的现场图,应当注明绘制的时间、方位、绘制人姓名和身份等内容。当事人对勘验结论有异议的,可以在举证期限内申请重新勘验,是否准许由人民法院决定。

第四节 行政诉讼中的质证与认证

一、质证

(一) 质证的概念和特点

1. 概念

诉讼活动中的质证,是指在审判人员的主持下,诉讼参与人按照法定程序,针对证据材料的证据资格和证明力进行展示、说明、质疑和反驳的证明行为。

应当说,针对证据材料的展示、说明、质疑和反驳的行为,可以存在于一切执法活动中。在刑事侦查或诉讼中,侦查机关、公诉机关以及刑事审判机关对嫌疑人是否构成犯罪、构成何罪、罪重罪轻等,与嫌疑人或被告人有较复杂甚至激烈的质证活动,在行政程序中,行政机关与相对人之间也有质证活动,比如在听证程序中,质证是听证的主要环节,但在诉讼法学上所研究的质证是在法院的主导下进行的。

2. 特点

质证作为一种专门的诉讼活动,具有明显的特点。

(1) 质证的主体是诉讼参加人和证人、专家辅助人等。我国理论界对质证的主体有不同的认识,有人认为法官也是质证主体。我们认为,法官不应当是质证的主体,理由是:质证是当事人最基本的权利之一,当事人在质证活动中享有对诉讼结果的直接利益,关系到证据能否被法院采纳并是否支持其诉请,而法官在诉讼中不可能有,也不应当有任何利益诉求,赋予法官质证权与法理不符;质证有强烈的对抗性,当事人在质证中往往要针对证据的合法性、真实性、证明力等进行激烈的抗辩和相互质疑,而法官在诉讼中的根本立场应当是中立的,不应当与任何一方当事人处于对抗状态。

(2) 质证的客体是当事人提交的所有证据材料的证据资格和证明力。当事人所提交的证据材料能否作为证据在诉讼中发挥作用以及发挥什么证明作用,都应当进行质证。除非法律规定不需要质证的材料,比如由司法认知的事项等。

(3) 质证是在审判法官的主持下按照法定程序进行的。法官是质证活动的主导者,负责组织、控制质证活动,质证主体应当服从法官对质证活动的指挥、安排。质证活动应当按照法定步骤和顺序,公开地通过言词进行。

(4) 质证的方法可以多种多样,但原则上应当坚持一证一质,即对每一个证据材料都应当进行质证,未经质证的材料不能作为认定事实的证据。

(二) 质证的法律意义

质证是诉讼中的重要环节,具有极为重要的法律意义。

1. 质证是查明案件事实真相的关键步骤

"以事实为根据,以法律为准绳"是我国最基本的诉讼制度,法院审理案件,必须查明案件事实,而要查明案件事实,则必须通过证据才能实现。在诉讼实践中,当事人往往会收集、提交大量的证据材料,并且法院在一定条件下也可以调取证据。由于当事人参加诉讼都是为了争取自己的利益,因而在向法院提交证据时,往往"趋利避害",只提交对自己有利的证据,不提交对自己不利的证据,甚至于提交虚假证据。因而,仅仅凭当事人提交的证据是不足以确定证据的可采性和证明力的,必须通过一定的方法,判断证据材料的真伪、是否合法以及与本案的联系等,从而确定其证明力。可以说,没有科学、合理、有序的质证活动,就不可能查明案件事实。质证是法院审查、认定证据的重要方式和必要途径。

2. 质证是保证审判活动公平、公正的重要环节

公平、公正是法院审判活动的生命,而要保证公平、公正,就必须依法尊重和维护当事人的诉讼权利。质证正是当事人一项最基本的诉讼权利,是当事人为达到诉讼目的的重要手段。质证可以有效地防止法官凭个人好恶或者从某种利益观念出发对案件涉及的问题进行判断,促使法官依某种特定化的能够体现公正的准则来解决

纠纷。

(三) 质证的规则

行政诉讼是诉讼的一种,应当遵循诉讼活动的基本规律,同时作为国家审判活动的一种,宪法规定的诉讼基本制度,对行政诉讼当然也有约束力。因此,行政诉讼应当遵守诉讼活动中一般的质证规则,符合质证的基本规律。但行政诉讼毕竟是一种特定的诉讼活动,法院的审判职能、审判原则又有其特定的要求,因而行政诉讼中的质证,有着特定的规则。

1. 关于质证的法律效力

质证是证据得以作为定案依据的必要条件,没有经过质证的证据材料,不得作为法院认定事实的依据。对此,法律有明确规定。《行政诉讼法》第33条在列举行政诉讼法定证据形式后,明确规定"以上证据经法庭审查属实,才能作为认定案件事实的根据"。《行政诉讼证据司法解释》第35条规定:"证据应当在法庭上出示,并经庭审质证。未经庭审质证的证据,不能作为定案的依据。"

为了强化质证环节的法律效力,《行政诉讼证据司法解释》还进一步明确了在被告拒不到庭、不参加质证的情况下所提交证据的效力。第36条规定:"被告经合法传唤,无正当理由拒不到庭而需要依法缺席判决的,被告提供的证据不能作为定案的依据,但当事人在庭前交换证据中没有争议的证据除外。"应当注意的是,这种情况仅限于因"被告经合法传唤无正当理由拒不到庭"的情形,不可以作扩大理解。如果一方当事人出示证据并对证据进行了相关说明,另一方当事人拒绝质证,则该证据只要"经法庭审查属实",应当可以作为定案的根据,这时可以将另一方当事人的拒绝质证理解为放弃质证权,或者对该证据的认同。根据这一理解,在被告缺席的情况下,原告所提交的证据如果经法庭审查属实,则可以作为定案的根据,而不得以未经法庭质证为由拒绝采信。

2. 可以不经质证的证据及其要求

一般而言,任何用来证明案件事实的材料都应当经过质证。但是,从诉讼经济和效率考虑,对某些证据是可以不进行质证的。当然,可以不经过质证的证据,应当以法律的明确规定为限。《行政诉讼法司法解释》第38条第2款、《行政诉讼证据司法解释》第35条第2款规定:当事人在庭前证据交换过程中没有争议并记录在卷的证据,经审判人员在庭审中说明后,可以作为认定案件事实的依据。这是行政诉讼中关于可以不经质证的证据的唯一规定。

3. 关于质证的内容

对证据的哪些方面进行质疑、辩论,是质证的核心问题。质证的目的是通过确定证据能否被采用来认定案件事实,因而,质证实际上就是主要围绕证据是否符合法定要求、符合证据自身的特点,包括证据资格和证明力两个方面。《行政诉讼证据司法解释》第39条对质证的内容作了明确规定:"当事人应当围绕证据的关联性、合法性和真实性,针对证据有无证明效力以及证明效力大小,进行质证。"第49条规定:"法庭在质证过程中,对与案件没有关联的证据材料,应予排除并说明理由。"

4. 质证的方式

质证是在审判人员的主持下,当事人对证据进行对质、辩论、说明、解释、反驳的活动,主要以言词的形式进行。即当事人及其代理人按照一定的规则,相互之间或者与其他参与人之间进行发问、回答、质疑、答辩等。

(四) 质证的程序

1. 证据的出示与说明

《行政诉讼法》第43条规定:"证据应当在法庭上出示,并由当事人互相质证。对涉及国家秘密、商业秘密和个人隐私的证据,不得在公开开庭时出示。"质证的前提是要有明确的质证对象,因此,质证的第一个环节就是证据的出示,即当事人将自己提交给法院并用来证明自己主张的证据在法庭上向审判人员和其他诉讼参与人进行公开展示。《行政诉讼法司法解释》第38条还规定:"对于案情比较复杂或者证据数量较多的案件,人民法院可以组织当事人在开庭前向对方出示或者交换证据,并将交换证据清单的情况记录在卷。"同时,《行政诉讼证据司法解释》第38条对来源特殊的证据的出示作出了明确的规定:"当事人申请人民法院调取的证据,由申请调取证据的当事人在庭审中出示,并由当事人质证。人民法院依职权调取的证据,由法庭出示,并可就调取该证据的情况进行说明,听取当事人意见。"

证据的说明,是指当事人向法庭和其他参与人说明所出示的证据的来源、内容以及意图证明的事实或主张。当事人要使证据被法庭采信或被对方当事人、其他诉讼参与人认同,就必须对证据进行准确的说明。司法实践中,证据的出示与说明往往是合并进行的,即当事人应当一边出示证据,一边对证据进行说明。

2. 发问

在一方当事人或者其他诉讼参与人对证据出示、说明完毕后,另一方当事人可以就证据即对证据的说明情况提出问题。《行政诉讼证据司法解释》对发问的规则作了一定的规定。

(1) 发问必须经法庭准许。这是为了保证质证的秩序而规定的,强调了法庭在质证活动中的组织、主导地位。

(2) 发问的主体是当事人及其诉讼代理人。证人、鉴定人、勘验人等其他诉讼参与人一般无权发问。

(3) 发问的对象,即向谁发问的问题。这包括两类,一类是自己有发言权的当事人及其代理人,还有一类是自己没有发言权的证人、鉴定人、勘验人。

(4) 发问的内容,即问什么的问题。发问的内容应当只能围绕证据本身进行,不能涉及其他问题,甚至法律问题在质证阶段也不能涉及。

(5) 发问中不得采用引诱、威胁、侮辱等语言或者方式。

在质证中针对发问,当事人或其他诉讼参与人应当回答。

3. 质疑

质疑是指当事人对另一方当事人出示的证据及其说明提出疑问,对证据本身或者其证明力进行否认的行为。根据《行政诉讼法司法解释》第41条的规定,有下列情形之一,原告或者第三人要求行政执法人员出庭说明的,人民法院可以准许:

(1) 对现场笔录的合法性和或者真实性有异议的;
(2) 对扣押财产的品种或者数量有异议的;
(3) 对检验的物品取样或者保管有异议的;
(4) 对行政执法人员身份的合法性有异议的;
(5) 需要出庭说明的其他情形。

4. 答辩

答辩是当事人针对质疑进行澄清、辩驳的行为,其目的在于否定质疑,确立证据的效力、强化证明力。

除涉及国家秘密、商业秘密和个人隐私或者法律规定的其他应当保密的证据,不得在开庭时公开质证外,其他证据的质证均应当公开进行。关于质证的轮次等,我国法律和司法解释均未作明确的规定,实践中,往往由法庭控制。

(五) 对不同形式证据的具体质证要求

我国法律规定了不同的证据形式,而每一种证据的外在形式不同、证明方式也不同,因此,对这些证据的质证要求当然也就不同。《行政诉讼证据司法解释》对此作了具体规定。

(1) 对书证、物证和视听资料进行质证时,当事人应当出示证据的原件或者原物。出示原件或者原物确有困难的,经法庭准许可以出示复制件或者复制品;如果原件或者原物已不存在,可以出示证明复制件、复制品与原件、原物一致的其他证据。视听资料应当当庭播放或者显示,并由当事人进行质证。

(2) 对证人证言进行质证时,应当遵循对证人进行当庭对质的原则。我们认为,《行政诉讼证据司法解释》已经确立了对证人证言应当进行当庭对质的原则。理由是:第一,其第41条明确规定:"凡是知道案件事实的人,都有出庭作证的义务。"很明显,这里已经将证人出庭作证作为证人的义务。第二,第41条将提交证人证言作为例外情况规定:"有下列情形之一的,经人民法院准许,当事人可以提交书面证言:……"也就是说,根据本条规定,提交证人证言必须具备法定条件,不具备这些条件的,证人均应出庭作证。这些条件是:当事人在行政程序或者庭前证据交换中对证人证言无异议的;证人因年迈体弱或者行动不便无法出庭的;证人因路途遥远、交通不便无法出庭的;证人因自然灾害等不可抗力或者其他意外事件无法出庭的;证人因其他特殊原因确实无法出庭的。

关于证人出庭作证的程序,可以由当事人申请。当事人申请证人出庭作证的,应当在举证期限届满前提出,并经人民法院许可。人民法院准许证人出庭作证的,应当在开庭审理前通知证人出庭作证。当事人在庭审过程中要求证人出庭作证的,法庭可以根据审理案件的具体情况,决定是否准许以及是否延期审理。对于法院是否可以依职权要求有关人员出庭作证,司法解释未作明确规定。我们认为,基于行政诉讼的功能和法院在行政诉讼中的定位,法院确定证人并要求其出庭作证,不应超越《行政诉讼证据司法解释》第22条规定的条件和范围。

对证人出庭作证时的质证,应当首先对证人的资格进行审查,不能正确表达意志的人不能作证。当事人对证人能否正确表达意志有异议的,可以申请人民法院进行审查或者交由有关部门鉴定。必要时,人民法院也可以依职权交由有关部门鉴定。其次,证人出庭作证时,应当出示证明其身份的证件。人民法院在证人出庭作证前应当告知其如实作证的义务以及作伪证的法律后果。再次,出庭作证的证人不得旁听案件的审理。法庭询问证人时,其他证人不得在场,但组织证人对质的除外。又次,证人应当陈述其亲历的具体事实。证人根据其经历所作的判断、推测或者评论,不能作为定案的依据。最后,证人因履行出庭作证义务而支出的交通、住宿、就餐等必要费用以及误工损失,由败诉一方当事人承担。

(3) 对鉴定意见的质证。《行政诉讼证据司法解释》明确了鉴定人有出庭接受询问的义务,当事人要求鉴定人出庭接受询问的,鉴定人应当出庭。鉴定人有不能出庭的正当事由,参照《行政诉讼证据司法解释》第41条的规定,经法庭准许,可以不出庭,由当事人对其书面鉴定意见进行质证。鉴定人出庭作证时,法庭应当核实其身份、与当事人及案件的关系,并告知鉴定人如实说明鉴定情况的法律义务和故意作虚假说明的法律责任。

(4) 二审及审判监督程序中的质证。原则上,在二审及审判监督程序中,对已经过质证的证据,不再进行质证。但当事人对第一审认定的证据仍有争议的,法庭也应当进行质证,在对原判决、裁定认定事实的证据不足而提起再审过程中所涉及的主要证据,法庭也应当进行质证。另外,无论在二审还是审判监督程序中,如果出现新的证据,对新的证据,法庭也应当进行质证。所谓新的证据是指以下几种情况下出现的证据:

① 在一审程序中应当准予延期提供而未获准许的证据;

② 当事人在一审程序中依法申请调取而未获准许或者未取得,人民法院在第二审程序中调取的证据;

③ 原告或者第三人提供的在举证期限届满后发现的证据。

二、专家辅助人

(一) 专家辅助人的概念

专家辅助人是指在科学、技术以及其他专业领域具有专门的、特殊的知识或经验,根据当事人的委托或法庭指定,向法庭就案件审理中的专业性问题出具意见或进行说明的人员。也有学者称其为诉讼辅助人。

行政诉讼审查的是行政机关在行政管理的过程中所实施的行政行为,由于行政管理涉及的范围和领域极为广泛,几乎任何一个社会领域都会涉及行政机关的管理,而某些领域往往专业性和技术性较强,要求行政机关具有在这些领域的良好的专业修养和知识。如果对行政机关作出的涉及某些专门知识的行政行为进行审查,势必要求审判人员也具备这些领域的专门知识甚至经验,而要求法官具备所有领域的专业知识,是一个不切实际的要求,因此,应当对法官行使这类案件的审判权提供专业技术上的帮助。此外,某些行政争议可能就是由于当事人之间就专业技术问题的理解不同而直接引起的,这些案件中的法律问题可能并不复杂,争议主要是围绕技术问题而形成的,换句话说,技术问题争议的解决,对于整个案件的审理起着至关重要的、决定性的作用。因此,对当事人进行专业性的说服,是案件审理的关键。这样,就必须解决案件审理中的专业问题。在这方面,国外有很多制度设计,比如专家证人制度、专业技术合议庭等。

随着我国行政诉讼制度的深入发展,案件类型逐步增加,行政诉讼中也经常出现专业性问题,有些案件就是因为相对人与行政机关在专业问题上的认识不一致而形成的,但我国传统的诉讼法学、证据理论中缺乏这方面的深入研究,法律上也没有作出规定,这就给法院的实际审判工作带来困难。近年来,各级法院在这方面作了一些探索,但由于没有法律予以支撑,这样的探索显得步履维艰。对此,《行政诉讼证据司法解释》第48条作了尝试性的规定:"对被诉行政行为涉及的专门性问题,当事人可以向法庭申请由专业人员出庭进行说明,法庭也可以通知专业人员出庭说明。必要时,法庭可以组织专业人员进行对质。"

理解专家辅助人的概念,应当注意与几个相关概念的界限:

1. **专家辅助人与专家证人**

专家证人是英美证据法上的一个概念。《美国联邦证据规则》第702条规定:当科学、技术或其他专业知识有助于案件事实审理者理解证据,或者确立系争事实时,具有本行业知识、技术、经验以及受过专门训练和教育的专家可以充当证人,以意见或其他方式作证。专家证人属于证人的范畴。在英美证据法上,作为一般原则,证人只应就其亲身感知的事实提供证言,而不得就这些事实进行推论,而专家证人是例外,他可以通过对一般科学原理的阐述,结合案件相关的数据或事实,运用自己的专业知识,进行推论,形成自己的意见,而这些意见可以被法庭采纳。专家辅助人则不属于证人的范畴,他所陈述的意见,主要是说明和阐释案件中所涉及的专门性问题,帮助当事人或者法官对有关专业问题进行把握和理解。专家辅助人不得就案件事实进行推论,其阐释和说明不得作为认定事实的依据。

2. **专家辅助人与鉴定人**

首先有必要对鉴定人的概念予以澄清。凡是在某一个学科或专业、行业领域中具有专门知识和经验的人员都可以就有关专门问题进行鉴别、认定。最广义地说,凡是对有关专门问题进行鉴别、认定的人员,都可以是鉴定人。但是,我国实行鉴定人资格制度,要求鉴定人必须取得主管部门的许可,而且应当在有鉴定资质的机构实施鉴定活动。无论是当事人还是法院,都只能委托这些机构中的人员进行鉴定。因此,鉴定人只能从鉴定机构中产生。而就一个具体的案件而言,只有接受委托进行鉴定并作出鉴定意见的人员才是鉴定人。基于对鉴定人这样的认识,可以很清楚地看出专家辅助人与鉴定人的关系：第一，有某些方面专业知识的人员，包括拥有鉴定人资格的人员，可以成为专家辅助人，但专家辅助人却未必一定要在有鉴定人资格的人员中产生；而鉴定意见却只能委托有鉴定人资格的人员作出。第二，接受委托或指派作出鉴定意见的鉴定人，在一定的条件下，也可以出庭参加质证，但他的任务是说明鉴定的方法、过程以及作出结论的科学依据，其陈述与说明受其作出的鉴定结论拘束，其目的是说明鉴定结论的真实性、正确性；而专家辅助人是就案件所涉及的专业问题进行阐释和说明，凡是与案件有关的专业问题均可涉及，不受某种既定结论的拘束，其目的是帮助法庭和当事人对专业问题进行理解。第三，两者有一个共同特点，即都不从属于任何一方当事人，具有独立的地位，只对科学负责。

3. 专家辅助人与诉讼代理人

两者的区别非常明确：第一，参加诉讼的原因不同，专家证人既可以基于当事人一方的委托参加诉讼，也可以基于法庭的指派参加诉讼，而诉讼代理人只能基于当事人的委托参加诉讼（行政诉讼中不存在指定代理人）；第二，所提供的服务内容不同，专家证人可以提供任意专业领域的专业服务与帮助（只要他具备），而诉讼代理人所提供的是法律服务；第三，参加诉讼的立场不同，专家证人的立场应当是独立的、中立的，不服从于任何人的意志，而诉讼参加人必须代表当事人的意志，在委托范围和权限内实施代理行为。

（二）专家辅助人的作用

根据《行政诉讼证据司法解释》，专家辅助人的作用主要表现在：

1. 对案件中的专门性问题进行说明、对质，接受询问

当出现专门性问题影响诉讼时，当事人可以委托专家代为说明或陈述，法院认为有必要的，也可以指派专业人员在法庭上说明和陈述有关专业问题。这样做的最终目的，就是帮助当事人或者法院理解专业性问题，认定与专业性有关的事实。当专家的意见不一致时，法庭应当组织专家进行对质。

2. 对鉴定人员进行询问

鉴定意见是鉴定人员运用专门的知识、专门的仪器设备、特定的材料等，根据科学的方法对特定的专门问题作出结论，而某些结论的得出，与设备的性能、材料的选择是否科学以及方法的运用是否得当等，具有密切的关系。当事人对这些应当具有知情的权利，但鉴定是一个技术性极强的过程，当事人或者法院往往难以把握，这就需要专业人员进行询问和了解，对其认为不科学的方法等提出质疑，鉴定人应当予以回答。

（三）专家辅助人的资格确定

《行政诉讼证据司法解释》未对专家证人的资格条件进行规定。我们认为，当事人和法庭之所以需要专家，就是因为缺乏某些方面的专门知识，只要具备某些方面的知识和经验，有能力提供专业帮助的人，都可以作为专家辅助人，不应当在形式和外在资格上作过多的限制，比如规定学历、职称、学术头衔等。当然，作为专家辅助人还

应当具备一定的条件,聘请专家的一方当事人,应当向法院说明专家所专长的领域与案件所涉专业性问题的关联性,专家所具有的学识与经验等的水准。当事人对出庭的专业人员是否具备相应专业知识、学历、资历等专业资格等有异议的,可以进行询问,由法庭决定其是否可以作为专业人员出庭。

三、认证

行政诉讼中的认证是审判人员依法确认证据材料的证据资格和证明力,并在此基础上认定案件事实的行为。证据材料均应经过质证,而经过质证的证据材料就应当对其证据资格和证明力作出认定。证据的认定是认定案件事实的依据,只有经过认证的证据材料才能作为适用法律的基础。认证是所有诉讼活动中都必须实施的,有其共同的规则,而作为行政诉讼又有其特殊的认证规则。

(一) 认证的原则

认证的原则是指审判人员认定证据材料的证据资格和证明力所要遵循的准则。《行政诉讼证据司法解释》第54条参照《关于民事诉讼证据的若干规定》对在行政诉讼中的认证原则作了规定:"法庭应当对经过庭审质证的证据和无须质证的证据进行逐一审查和对全部证据综合审查,遵循法官职业道德,运用逻辑推理和生活经验,进行全面、客观和公正地分析判断,确定证据材料与案件事实之间的证明关系,排除不具有关联性的证据材料,准确认定案件事实。"规定中包含以下几层含义:

1. 全面、客观地审核证据

全面应当包含两个方面的要求:一是凡在庭审中出示、质证的证据都应当审核,不能随意取舍,无论是哪一方当事人提交的证据,都应当按照规则进行审核;二是要对照被诉行政行为所认定的全部事实要素进行证据审核,凡是行政行为涉及的事实,都应当进行审核。所谓客观,意味着要求法官在证据审核时应当持中立立场,不能带主观倾向,更不应先入为主形成看法,然后在证据中寻找支撑自己看法的材料。

2. 遵循法官职业道德

法官拥有良好的职业道德是司法权威的重要保障,只有具有良好职业道德的法官,才能具有科学的理性,公正地对待案件事实和法律问题。法官良好道德的具体内容包括:独立公正、司法效率、清正廉洁、遵守司法礼仪、约束法官职务外行为等。严格遵守这些职业道德规范,对于公正、科学地进行证据的认定,具有重要意义。

3. 运用逻辑推理和生活经验

在质证中,由于双方当事人的诉讼立场不同,对案件诉求利益往往针锋相对,因此在证据的提交及对证据的主张上,往往各执己见,呈献出纷扰复杂的局面。法官认证的过程实际是对证据去伪存真的过程,而要达到这一目的,就必须借助于理性的力量,而理性的来源,离不开逻辑的思辨和生活经验的积累与运用。加强逻辑思维的训练和修养,在生活中积累对社会的观察与思考,是一个成功法官应当具备的优良品质。

(二)证据资格认证规则

证据资格的认证是指对当事人或其他诉讼参与人提交的证据材料,是否可以作为定案证据的认定。某一证据材料能否被采纳,不取决于当事人的愿望,也不取决于法官主观的随意取舍,而是要在一定规则约束下,进行鉴别、认定,而证据资格的认定主要是围绕着证据的合法性、真实性进行。《行政诉讼法司法解释》第 42 条规定:"能够反映案件真实情况、与待证事实相关联、来源和形式符合法律规定的证据,应当作为认定案件事实的根据。"《行政诉讼证据司法解释》与《关于民事诉讼证据的若干规定》一样,对证据的合法性、真实性的认定规则作了明确规定,其中第 55 条、56 条、57 条、58 条、62 条的规定可以看作是通用规则。除此之外,《行政诉讼证据司法解释》还针对行政诉讼的特有问题作了特别规定,这些证据不能作为认定被诉行政行为合法的证据:

(1)被告及其诉讼代理人在作出行政行为后或者在诉讼程序中自行收集的证据。

(2)被告在行政程序中非法剥夺公民、法人或者其他组织依法享有的陈述、申辩或者听证权利所采用的证据。

(3)原告或者第三人在诉讼程序中提供的、被告在行政程序中未作为行政行为依据的证据。

(4)复议机关在复议程序中收集和补充的证据,或者作出原具体行政行为的行政机关在复议程序中未向复议机关提交的证据,不能作为人民法院认定原具体行政行为合法的依据。但是,《行政诉讼法司法解释》第 135 条第 3 款又作了特别的规定,即复议机关作共同被告的案件,复议机关在复议程序上依法收集和补充的证据,可以作为人民法院认定复议决定和原行政行为合法的依据。

(5)被告在行政程序中依照法定程序要求原告提供证据,原告依法应当提供而拒不提供,在诉讼程序中提供的证据,人民法院一般不予采纳。

(三)证明力认证规则

证明力认证是指对依法被确立为证据的材料对待证事实的证明强弱程度的认定。证据资格认证解决的是证据的门槛问题,而证明力认证解决的是证据的证明能力的问题,特别是对同一个待证事实出现数个证据,而数个证据在内容上又有冲突时,就必须依靠一定的规则对各种证据的证明力进行认定,依据证明力较强的证据,对事实进行认定。同样的,对证据证明力的认定,也应当遵循一定的规则。《行政诉讼法司法解释》和《行政诉讼证据司法解释》对此作出了规定:

1. 以非法手段取得的证据不能作为认定案件事实的根据

具体包括严重违反法定程序收集的证据材料;以违反法律强制性规定的手段获取且侵害他人合法权益的证据材料;以利诱、欺诈、胁迫、暴力等手段获取的证据材料。

2. 证明同一事实的不同种类证据证明力的认定

证明同一事实的数个证据,其证明效力一般可以按照下列情形分别认定:

(1) 国家机关以及其他职能部门依职权制作的公文文书优于其他书证;

(2) 鉴定意见、现场笔录、勘验笔录、档案材料以及经过公证或者登记的书证优于其他书证、视听资料和证人证言;

(3) 原件、原物优于复制件、复制品;

(4) 法定鉴定部门的鉴定意见优于其他鉴定部门的鉴定意见;

(5) 法庭主持勘验所制作的勘验笔录优于其他部门主持勘验所制作的勘验笔录;

(6) 原始证据优于传来证据;

(7) 其他证人证言优于与当事人有亲属关系或者其他密切关系的证人提供的对该当事人有利的证言;

(8) 出庭作证的证人证言优于未出庭作证的证人证言;

(9) 数个种类不同、内容一致的证据优于一个孤立的证据。

除以上具体规则外,还应当充分注意在这一问题上的理论通说:直接证据的证明力一般优于间接证据。对此,最高人民法院在《关于民事诉讼证据的若干规定》中作出了明确规定,可以参照执行。

3. 电子邮件等数据资料的证明力认定

随着信息时代的到来,人们越来越多地借助于计算机、网络等技术手段和方式进行社会活动,而通过这些手段和方式进行活动时所留下的记录、痕迹等,不可避免地要被作为证据提交到法庭。在传统证据学理论中,缺乏对这类问题的研究,法律上也没有作出规定,为了解决实际出现的问题,《行政诉讼证据司法解释》对有关问题进行了明确。第64条规定:"以有形载体固定或者显示的电子数据交换、电子邮件以及其他数据资料,其制作情况和真实性经对方当事人确认,或者以公证等其他有效方式予以证明的,与原件具有同等的证明效力。"当然,相对于这一领域复杂的问题,目前的规定还显得较为简单。

4. 自认证据的证明力认定

《行政诉讼证据司法解释》第65条规定:"在庭审中一方当事人或者其代理人在代理权限范围内对另一方当事人陈述的案件事实明确表示认可的,人民法院可以对该事实予以认定。但有相反证据足以推翻的除外。"另外,第67条还规定:"在不受外力影响的情况下,一方当事人提供的证据,对方当事人明确表示认可的,可以认定该证据的证明效力;对方当事人予以否认,但不能提供充分的证据进行反驳的,可以综合全案情况审查认定该证据的证明效力。"但是,第66条规定:"在行政赔偿诉讼中,人民法院主持调解时当事人为达成调解协议而对案件事实的认可,不得在其后的诉讼中作为对其不利的证据。"

5. 法庭可以直接认定的事实

这种情况被称为司法认知,是各国证据学者的共识。《行政诉讼证据司法解释》第 68 条对此作了规定,即凡众所周知的事实、自然规律及定理、按照法律规定推定的事实、已经依法证明的事实、根据日常生活经验法则推定的事实,可以由法庭直接认定,当事人有相反证据足以推翻的除外。

此外,还有三个问题值得注意:一是人民法院认为有必要的,可以要求当事人本人或者行政机关执法人员到庭,就案件有关事实接受询问。在询问之前,可以要求其签署保证书。保证书应当载明据实陈述、如有虚假陈述愿意接受处罚等内容。当事人或者行政执法人员应当在保证书上签名或者捺印。负有举证责任的当事人拒绝到庭、拒绝接受询问或者拒绝签署保证书,待证事实又欠缺其他证据加以佐证的,人民法院对其主张的事实不予认定。二是原告或者第三人确有证据证明被告持有的证据对原告或者第三人有利的,可以在开庭审理前书面申请人民法院责令行政机关提交。申请理由成立的,人民法院应当责令行政机关提交,因提交证据产生的费用,由申请人预付。行政机关无正当理由拒不提交的,人民法院可以推定原告或者第三人基于该证据主张的事实成立。持有证据的当事人以妨碍对方当事人使用为目的,毁灭有关证据或者实施其他致使证据不能使用行为的,人民法院可以推定对方当事人基于该证据主张的事实成立,并可依照《行政诉讼法》第 59 条规定处理。三是生效的人民法院裁判文书或者仲裁机构裁决文书确认的事实,可以作为定案依据,但是如果发现裁判文书或者裁决文书认定的事实有重大问题的,应当中止诉讼,通过法定程序予以纠正后恢复诉讼。

6. 不能单独作为定案依据的证据

某些证据,虽然在合法性及关联性上不存在问题,但是由于出现特殊情况,其证明力减弱,不能单独作为定案证据,需要有其他证据加以佐证,才能作为定案的依据。这些情况是:

(1) 未成年人所作的与其年龄和智力状况不相适应的证言;

(2) 与一方当事人有亲属关系或者其他密切关系的证人所作的对该当事人有利的证言,或者与一方当事人有不利关系的证人所作的对该当事人不利的证言;

(3) 应当出庭作证而无正当理由不出庭作证的证人证言;

(4) 难以识别是否经过修改的视听资料;

(5) 无法与原件、原物核对的复制件或者复制品;

(6) 经一方当事人或者他人改动,对方当事人不予认可的证据材料;

(7) 其他不能单独作为定案依据的证据材料。

(四) 认证的程序

《行政诉讼证据司法解释》除了对认证的规则作了规定外,对法庭认证的程序也作了规定:

(1) 庭审中经过质证的证据,能够当庭认定的,应当当庭认定;不能当庭认定的,应当在合议庭合议时认定,裁判文书中阐明证据是否采纳的理由。

(2) 法庭发现当庭认定的证据有误,可以按照下列方式纠正:

① 庭审结束前发现错误的,应当重新进行认定;

② 庭审结束后宣判前发现错误的,在裁判文书中予以更正并说明理由,也可以再次开庭予以认定;

③ 有新的证据材料可能推翻已认定的证据的,应当再次开庭予以认定。

第十八章
行政诉讼程序

第一节 行政诉讼程序概述

一、行政诉讼程序的概念和特征

(一) 行政诉讼程序的概念

诉讼程序"是司法机关在诉讼当事人和诉讼参与人的参加下,为顺利、合法地进行诉讼活动所必须遵循的方式、手续和步骤"[①]。而行政诉讼程序,则是指人民法院行使行政审判权和诉讼参与人行使诉讼权利,进行行政诉讼活动的步骤、顺序、方式和时限的总称。

诉讼程序是诉讼制度中最为关键的内容,在诉讼法中具有举足轻重的作用。可以说,程序是诉讼制度的核心,没有诉讼程序,就没有诉讼制度。我国《刑事诉讼法》《民事诉讼法》《行政诉讼法》都对诉讼程序作了专门的规定。但是,由于我国没有设立专门的行政法院来审理行政案件,从形式上说,行政诉讼程序原则上适用于与民事诉讼、刑事诉讼基本相同的程序规则。当然,我国在制度设计和操作上注重形式逻辑的传统也决定了行政诉讼制度会有一些自己的特点,比如受案范围、举证责任等等。尽管这些问题是诉讼制度的重要组成部分,但其侧重点是专门制度,而不是程序。[②]然而,行政诉讼毕竟是一种以解决行政争议为根本目的的活动,行政诉讼的若干制度也必须通过特定的程序规则加以反映,它与其他诉讼活动一样,都是以实现一定的实体法律关系为目的而进行的,同样必须遵循一定的诉讼程序规则。因此,行政诉讼程序具体体现为为实现特定的诉讼目的所必需的过程,也可以理解为行政诉讼主体为实现行政诉讼目的所进行的有次序的诉讼行为的过程。

(二) 行政诉讼程序的特征

《行政诉讼法》作为一部诉讼程序法,其中有关程序的内容则是进行行政诉讼活动所必不可少的,它体现了行政诉讼的特殊要求和价值,因而具有自己独有的特征。

第一,行政诉讼程序表现为一种司法复审程序。从本质上说,行政诉讼程序是人

[①] 沈福俊、叶青编著:《中国诉讼法学》,华东理工大学出版社2007年版,第213页。
[②] 参见马怀德主编:《行政诉讼原理》,法律出版社2003年版,第353页。

民法院依照行政诉讼法律规范的规定对具体行政行为是否合法进行审查的程序,也可以说是一种司法复审的程序,"司法复审是纠正不法行为的基本措施。蒙受行政裁决或其他行政行为损害的个人可以就这些行政裁决或行政行为的合法性问题向法院提起诉讼"①。在行政诉讼中,相对人如何提起司法复审、人民法院如何进行司法复审以及诉讼参与人如何参加司法复审,必须通过严密的程序规则来体现。

第二,设置行政诉讼程序的目的在于解决行政争议。一切诉讼程序的目的都在于解决社会生活中所产生的争议。通过公正的诉讼程序解决各种争议是法治社会的重要表现形式。作为行政诉讼活动,其根本功能在于解决作为行政主体的国家行政机关和法律、法规、规章授权的组织在行政管理中在行使行政职权时与公民、法人或者其他组织之间发生的争议。这与民事诉讼程序的目的是解决民事纠纷,刑事诉讼程序的目的是解决犯罪与刑罚问题有着本质的区别。作为专门解决行政争议的诉讼制度,行政诉讼程序的设置是为解决行政争议服务的,也是进行行政诉讼活动所必需的。

第三,行政诉讼程序具有独特的价值。虽然我国行政诉讼程序在形式上与民事诉讼程序、刑事诉讼程序均实行类似的程序规则,比如都实行"两审终审制"等,但行政诉讼程序规则具有其独特的价值。在我国,行政诉讼制度在本质上是人民法院对行政机关和法律、法规授权的组织的具体行政行为所进行的合法性审查,这一审查的过程必须通过一系列程序性规则的实施来完成。正是这些规则的正义性构筑了司法审查正当性的前提。同时,由于法院是第二次适用法律,其直接目的在于审查行政机关第一次法律适用的正确与否等等,这一切只能依靠程序设置及其运作的正当性来实现。因为只有通过诉讼程序的正当设置和运作,才能为原告提供法律武器和运作机制,让不平等的双方在一种平等的诉讼法律关系或者在一种正义的程序中进行"控辩"对峙和"攻防"抗衡,②并且使法院在诉讼活动中作出合理的裁判。因为,"只有正当的程序才是使裁判获得正当性的源泉"③。在法律中,正义的程序依赖于正义的理念支配下的各个具体的程序规则的设置。正是有了这些进行行政诉讼活动所必不可少的程序规则的设置和运作,行政诉讼监督行政权依法行使的独特价值才得以体现。

二、行政诉讼程序的主要阶段

任何事物的发展都有一定的阶段,这在诉讼程序中尤其突出。根据我国《行政诉讼法》的规定,我国行政诉讼程序可以分为以下三个阶段:

(一) 原告起诉和人民法院受理阶段

原告起诉和人民法院受理阶段是行政诉讼程序的开始阶段,在行政诉讼中,诉讼

---

① 〔美〕伯纳德·施瓦茨:《行政法》,徐炳译,群众出版社1986年版,第396页。
② 参见胡肖华:《行政诉讼目的论》,载《中国法学》2001年第6期。
③ 〔日〕谷口安平:《程序的正义与诉讼》,王亚平、刘荣军译,中国政法大学出版社1996年版,第52页。

程序的启动是从原告的起诉开始的,但起诉并不单独构成行政诉讼程序的开始,还必须与人民法院的受理程序相结合,因而原告对行政机关的具体行政行为不服而向人民法院起诉和人民法院依法对行政案件受理是行政诉讼程序开始的标志。

(二)审判阶段

审判阶段是人民法院受理行政案件之后直至对行政案件作出裁判时的诉讼活动过程。当然,这其中包括被告答辩的程序、对具体行政行为的合法性进行举证的程序、原告和第三人举证的程序、人民法院审理的程序(包括第一审、第二审或审判监督程序)、对案件作出裁判的程序、对一审裁判不服的上诉程序等。审判阶段是行政诉讼程序的中心环节,对行政案件的最终解决起着决定性的作用。同时,行政诉讼审判阶段又是人民法院的行政审判权和当事人的行政诉讼权利,尤其是原告的行政诉权体现得最为充分和最为集中的阶段。

(三)执行阶段

行政诉讼的执行阶段是为实现已经发生法律效力的司法裁判和具体行政行为而依法定程序所进行的活动。行政诉讼的执行与民事诉讼、刑事诉讼的执行有所不同。根据我国《行政诉讼法》和相关司法解释的规定,行政诉讼的执行不但包括对人民法院已经发生法律效力的裁判的执行,还包括对未经诉讼的具体行政行为的执行。由于执行程序具有特殊性和相对独立性,本书将设专章予以阐述。

第二节 行政诉讼的起诉与受理程序

一、行政诉讼起诉程序

(一)行政诉讼起诉的概念

行政诉讼的起诉是指公民、法人或者其他组织认为行政机关的具体行政行为侵犯其合法权益,依法请求人民法院依照法定程序依法行使行政审判权,对具体行政行为的合法性进行审查并给予司法补救的诉讼行为。在行政诉讼活动中,相对人的起诉是启动行政诉讼程序的必要前提条件。因为行政诉讼与其他诉讼程序一样,均采取"不告不理"原则,没有相对人的起诉,行政诉讼程序就不会启动,对具体行政行为的司法审查也无法开始,司法补救也就无从谈起。

行政诉讼中起诉的概念体现了以下含义:

(1)起诉是原告享有的法定诉讼权利,是其行政诉权的体现。这一权利的行使完全由原告自主决定。所以,凡是符合《行政诉讼法》规定的公民、法人或者其他组织,都依法享有起诉权。

(2)起诉是原告向人民法院提出的一种司法审查请求,其目的是要求人民法院运用国家审判权对具体行政行为的合法性作出裁判。因此,行政诉讼中的起诉是一种请求司法保护的诉讼行为,与向行政复议机关提出行政复议请求或者向其他国家机关提出对行政行为的审查申请具有性质上的不同。

(3) 起诉人必须是认为自己的合法权益受到行政行为侵害的公民、法人或者其他组织。通常情况下,公民、法人或者其他组织提起行政诉讼,前提必须是认为具体行政行为侵犯了自己的合法权益,同时必须以自己的名义进行。但是,在行政公益诉讼中,根据《行政诉讼法》第25条的规定,检察机关可以依照法定条件和程序,对于行政机关不依法履行职责致使国家利益或者社会公共利益受到侵害的行为向法院提起诉讼。

(4) 行政主体不享有行政诉讼的起诉权。在我国,由于行政诉讼只限于对相对人或者与具体行政行为有法律上利害关系的人的救济,所以,作为在特定的行政法律关系中享有行政职权的行政机关和法律、法规、规章授权的行政主体没有提起行政诉讼的权利。

(5) 起诉应当符合法定的条件、程序和方式。如必须遵循法定的起诉时效等。

(二) 行政诉讼起诉的条件

既然起诉是一种法律所规定的诉讼行为,就应当符合法律所规定的条件。根据《行政诉讼法》第49条的规定,起诉必须符合下列条件:

1. 原告是行政行为的相对人以及其他与行政行为有利害关系的公民、法人或者其他组织

这一条件表明:第一,原告的认定标准为"利害关系"标准,也就说是,原告应当与被诉行政行为之间存在利害关系,行政行为对原告的权利义务已经或将会产生实际影响,原告是基于诉的利益而提起诉讼,在其中具有法律所应当保护的权益。第二,原告并不限于行政行为的相对人,"在特定情况下,公民、法人或者其他组织即使不是直接相对人,只要其有充足理由认为其权益受到行政行为的影响,也可以成为行政诉讼原告"[①]。第三,原告是公民、法人或者其他组织,而不是在特定行政法律关系中依法享有行政职权并作出具体行政行为的主体。第四,对原告适格的审查是一种客观上的资格判断,原告的合法权益是否在实际上受到了行政行为的侵害,必须在人民法院审理以后才能确定,而这一问题并不是在起诉阶段就能够确定的。所以,只要公民、法人或者其他组织能够证明其与行政行为具有利害关系,就能够以原告的身份起诉。

2. 有明确的被告

这一条件要求,原告在提起诉讼时,应当向法院明确被提起诉讼的行政行为是由哪一行政机关或者法律、法规授权的组织作出的,并以其为被告。仅仅有认为行政行为侵犯自己合法权益的原告,是无法构成诉讼的,诉讼的最基本要求,是必须要有双

---

① 李广宇:《新行政诉讼法逐条解释(上)》,法律出版社2015年版,第390页。

方当事人(当然,在一定条件下,还应当有第三人),否则,被告一方的诉讼权利、义务以及人民法院裁判所确定的义务将无人行使和承担。所以,行政诉讼的被告必须明确。第一,被告必须是依法拥有行政职权的组织。因此,个人不能成为行政诉讼的被告。第二,被告是行使相应的行政职权并实际作出被诉具体行政行为的行政机关或者法律、法规授权的组织。第三,作出行政行为的组织之所以成为被告,是因为有原告的指控,并由人民法院通知应诉,并不是因为其作出的具体行政行为确实侵犯了原告合法权益所致。第四,原告在起诉时,必须在起诉状中列明具体的被告。

3. 有具体的诉讼请求和事实根据

诉讼请求和事实依据是提起诉讼的基本条件,也是诉的基本内容。这一条件包括两方面内容:首先,原告向人民法院起诉,必须要提出具体的诉讼请求。所谓诉讼请求,即原告要向人民法院提出具体的请求事项,表明要求人民法院如何在实体上保护自己的合法权益。根据行政诉讼的特殊性,在行政诉讼中,当事人向人民法院提出的诉讼请求有确认之诉、撤销之诉、变更之诉、给付之诉、赔偿之诉和责令履行之诉几种。① 其次,要向人民法院提出起诉所依据的事实根据,即被告作出违法具体行政行为的事实,包括行政法律关系发生、变更和消灭的事实。虽然在行政诉讼中,原告对被诉具体行政行为是否合法并不承担法定的举证责任,但原告在起诉时提出相关的事实根据,至少在形式上表明原告的起诉是建立在一定的事实基础之上的,即原告的起诉是有事实根据的。虽然这一事实根据是否真实可靠,要经过人民法院的审理才能最后确定,但法律要求原告的起诉要有事实根据,其主要宗旨在于防止滥诉行为的发生,使原告的起诉符合法定条件。这一条件主要限于行政争议发生时的情况、具体行政行为存在的事实等,最起码要证明行政争议的存在,如原告要证明具体行政行为的存在以及自己与该具体行政行为的关系,起诉被告不作为的,还要证明被告不作为事实的存在等。有时行政机关作出具体行政行为,不制作、不送达行政决定文书,当事人只要能证实具体行政行为存在并符合其他条件的,可以向法院起诉。要注意的是,这里的事实根据应当理解为是原告依法享有起诉权的事实证明,并不是对具体行政行为是否合法的证明,它与被告应当承担的对具体行政行为合法性的举证责任有着本质的区别。也就是说,当事人只需要提供能够证明行政行为存在的事实根据,一般不包括其他诉讼请求的事实根据。②

4. 属于人民法院受案范围和受诉人民法院管辖

根据这一条件,第一,原告所提起诉讼的具体行政行为要属于《行政诉讼法》所规定的受案范围。不在这一受案范围内的行政案件,人民法院不能受理。第二,原告所提起诉讼的行政案件,既要符合受案范围的规定,也要属于受诉人民法院的管辖范围。我国《行政诉讼法》规定了行政诉讼的级别管辖、一般地域管辖、特殊地域管辖等管辖制度,原告向人民法院起诉,必须符合诉讼管辖的规定,符合人民法院在受理行

---

① 参见应松年主编:《行政诉讼法学》,中国政法大学出版社2002年版,第159页。
② 参见全国人大常委会法制工作委员会行政法室:《中华人民共和国行政诉讼法解读》,中国法制出版社2014年版,第136页。

政案件上的职权分工。当然,当事人因选择管辖上的错误,并不直接导致诉讼期限延误而丧失诉权。受诉人民法院应将诉状移送有管辖权的人民法院或告知原告向有管辖权的人民法院起诉。

(三) 行政诉讼中起诉与行政复议的关系

行政复议和行政诉讼都是解决行政争议的活动,虽然前者是行政活动,后者是司法活动,两者在性质上有着本质的不同,但却有着密切的联系。《行政诉讼法》第44条规定:"对属于人民法院受案范围的行政案件,公民、法人或者其他组织可以先向行政机关申请复议,对复议决定不服的,再向人民法院提起诉讼;也可以直接向人民法院提起诉讼。法律、法规规定应当先向行政机关申请复议,对复议决定不服再向人民法院提起诉讼的,依照法律、法规的规定。"这条是关于行政复议和行政诉讼关系的最基本规定,表明在行政复议和行政诉讼的关系上,我国采取的是由相对人选择救济方式并与行政复议前置相结合的立法模式。根据这一规定,我国行政诉讼起诉与行政复议的关系表现为以下情形:

1. 原则上由当事人自由选择

这一情形就是当事人对于属于行政诉讼受案范围的行政案件,可以选择先进行行政复议,对复议决定不服的,再向人民法院起诉,或者不经过行政复议直接向人民法院起诉。这一规定适用于单行法律、法规没有规定提起行政诉讼前必须以行政复议为前置条件的规定,如《治安管理处罚法》第102条规定:"被处罚人对治安管理处罚决定不服的,可以依法申请行政复议或者提起行政诉讼。"实际上,我国大多数的法律、法规都没有规定在提起行政诉讼前,必须要经过行政复议,而是规定当事人可以选择行政复议或者行政诉讼,从而与《行政诉讼法》中"原则上由当事人自由选择"的规定相吻合。我国法律原则上由当事人自由选择救济方式的规定,实际上赋予了当事人对行政救济途径的选择权,即究竟哪一种救济途径对自己更为有利,由当事人自主决定。按照《行政诉讼法司法解释》第57条、第58条的规定,第一,当事人直接向人民法院起诉的,人民法院应当受理。第二,当事人既提起行政诉讼又申请行政复议的,由先立案的机关管辖;同时立案的,由当事人选择。当事人已经申请行政复议的,在法定复议期间内又向人民法院起诉的,人民法院裁定不予立案。第三,当事人向复议机关申请行政复议后,又经复议机关同意撤回复议申请,在法定起诉期限内对原行政行为提起诉讼的,人民法院应当依法立案。

2. 行政复议前置

法律、法规规定必须先经过行政复议,对复议决定不服的,才能向人民法院提起行政诉讼。在这里,行政复议就成了提起行政诉讼前必经的前置程序。这一规定表明,如果单行法律、法规规定行政复议是行政诉讼的前置条件,则必须先经过行政复议的程序后才能向人民法院起诉,也称为"行政复议前置"。如《反间谍法》第35条规定:"当事人对行政处罚决定、行政强制措施决定不服的,可以自接到决定书之日起六十日内,向作出决定的上一级机关申请复议;对复议决定不服的,可以自接到复议决定书之日起十五日内向人民法院提起诉讼。"再如,《行政复议法》第 30 条第 1 款规定:"公民、法人或者其他组织认为行政机关的具体行政行为侵犯其已经依法取得的土地、矿藏、水流、森林、山岭、草原、荒地、滩涂、海域等自然资源的所有权或者使用权的,应当先申请行政复议;对行政复议决定不服的,可以依法向人民法院提起行政诉讼。"值得注意的是,我国现行法律规范中关于行政复议前置的规定呈减少的趋势。

《行政诉讼法司法解释》第 56 条第 1 款规定:"法律、法规规定应当先申请复议,公民、法人或者其他组织未申请复议直接提起诉讼的,人民法院裁定不予立案。"同时,该条第 2 款规定:"复议机关不受理复议申请或者在法定期限内不作出复议决定,公民、法人或者其他组织不服,依法向人民法院提起诉讼的,人民法院应当依法立案。"既然当事人已经依法申请了行政复议,而复议机关不受理或者在法定期限内不作出复议决定,则应当认为当事人已经经过了行政复议程序,再向人民法院起诉,人民法院应当立案。另外,复议机关在复议决定中追加当事人的,如果被追加的当事人对复议决定不服的,则可以直接向人民法院起诉。

同时,《行政复议法》第 16 条也规定了两种救济途径之间的关系,即"公民、法人或者其他组织申请行政复议,行政复议机关已经依法受理的,或者法律、法规规定应当先向行政复议机关申请行政复议、对行政复议决定不服再向人民法院提起行政诉讼的,在法定行政复议期限内不得向人民法院提起行政诉讼。公民、法人或者其他组织向人民法院提起行政诉讼,人民法院已经依法受理的,不得申请行政复议"。这一规定主要是为了避免当事人同时提出两种救济请求的现象,其目的在于避免法律上两种救济途径的同时存在而可能出现的效力冲突。

(四) 起诉的期限与方式

起诉期限,也称起诉时效,即法律规定的当事人向法院提出司法保护的有效期间。根据《行政诉讼法》《行政诉讼法司法解释》的规定,公民、法人或者其他组织起诉权的行使,有一定的时间限制。起诉的期限有下列几种:

1. 一般期限

一般期限即行政诉讼法所规定的期限。

(1) 直接起诉的期限。公民、法人或者其他组织直接向人民法院提起诉讼的,应当自知道或者应当知道作出行政行为之日起 6 个月内提出。此外,由于行政机关作出行政行为时,未告知当事人的诉权或起诉期限,致使当事人逾期向人民法院起诉的,起诉期限从当事人知道或者应当知道起诉期限之日起计算,但从知道或者应当知道行政行为内容之日起最长不得超过 1 年。

(2) 经过复议以后的起诉期限。公民、法人或者其他组织不服复议决定的,可以在收到复议决定书之日起 15 日内向人民法院提起诉讼。复议机关逾期不作决定的,申请人可以在复议期满之日起 15 日内向人民法院提起诉讼。同时,行政机关作出复议决定,未告知当事人的诉权或起诉期限,致使当事人逾期向人民法院起诉的,其起诉期限从当事人实际知道诉权或者起诉期限时计算,但从知道或者应当知道复议决定内容之日起最长不得超过1年。

2. 特殊期限

特殊期限是《行政诉讼法》之外的单行法律所规定的起诉期限，我国有一些法律规定了当事人提起行政诉讼的期限。根据《行政诉讼法》规定，单行法律对起诉期限未作规定的，应适用《行政诉讼法》规定的一般期限。单行法律有明确规定的，应当根据单行法律的特殊规定。如《土地管理法》第16条第3款规定："当事人对有关人民政府的处理决定不服的，可以自接到处理决定通知之日起三十日内，向人民法院起诉。"根据该款，有关人民政府针对土地所有权和使用权争议作出裁决，当事人不服的，起诉期限为30日。

3. 对行政不作为的起诉期限

根据《行政诉讼法》第47条规定，公民、法人或者其他组织申请行政机关履行保护其人身权、财产权等合法权益的法定职责，行政机关在接到申请之日起2个月内不履行的，公民、法人或者其他组织可以向人民法院提起诉讼。法律、法规对行政机关履行职责的期限另有规定的，从其规定。公民、法人或者其他组织在紧急情况下请求行政机关履行保护其人身权、财产权等合法权益的法定职责，行政机关不履行的，提起诉讼不受前款规定期限的限制。

4. 最长起诉期限

根据《行政诉讼法司法解释》第64条规定，公民、法人或者其他组织不知道行政机关作出的行政行为内容的，其起诉期限从知道或者应当知道该行政行为内容之日起计算。对涉及不动产的行政行为从作出之日起超过20年、其他行政行为从作出之日起超过5年提起诉讼的，人民法院不予受理。

5. 起诉期限的扣除

《行政诉讼法》第48条起诉期限扣除的情形作了规定，公民、法人或者其他组织因不可抗力或者其他不属于其自身的原因耽误起诉期限的，被耽误的时间不计算在起诉期限内。不可抗力是指当事人不能预见、不能避免且不能克服的客观情况，如地震等自然灾害。"其他不属于其自身的原因"既包括当事人因人身自由受到限制等原因而不能提起诉讼的情形，也包括由于行政机关的原因而导致当事人无法及时起诉的情形。比如，行政相对人要求行政机关处理某项行政事务，行政机关先予答应而又拖延，致使行政相对人不能按期起诉的，被行政机关耽误的时间不应当计算在起诉期限之内。

6. 起诉期限的延长

公民、法人或者其他组织因《行政诉讼法》第48条第1款规定以外的其他特殊情况耽误起诉期限的，在障碍消除后10日内，可以申请延长期限。但是否准许，由人民法院决定。这里的"其他特殊情况"一般认为包括因交通断绝、生病以及未成年人因其法定代理人未确定而不能起诉等情形。[1]

---

[1] 参见李广宇：《新行政诉讼法逐条解释（上）》，法律出版社2015年版，第385页。

根据《行政诉讼法》规定,原告向人民法院提起行政诉讼,必须符合法定方式。即起诉原则上应以书面形式进行,当事人应当向人民法院递交起诉状,并按照被告人数提出副本。

书写起诉状确有困难的,可以口头起诉,由人民法院记入笔录,出具注明日期的书面凭证,并告知对方当事人。

二、立案

(一) 立案登记制的概念

立案登记制是指法院对当事人的起诉仅进行形式审查,对起诉符合形式要求的予以登记立案的制度。立案登记制是 2014 年《行政诉讼法》修改后所确立的一项重要制度,是对传统行政诉讼案件受理制度的重大改革。《行政诉讼法》自颁布实施以来,一直面临"立案难"的困境,法院在行政诉讼案件的受理过程中往往态度消极,导致大量本应当通过行政诉讼解决的案件进入了信访渠道,行政诉讼法保护相对人合法权益的功能无法得到有效发挥。为了改变这一困境,2014 年十八届四中全会通过的《中共中央关于全面推进依法治国若干重大问题的决定》中提出要改革法院案件受理制度,变立案审查制为立案登记制,对人民法院依法应该受理的案件,做到有案必立、有诉必理,保障当事人诉权。2014 年 11 月 1 日,修改后的《行政诉讼法》第 51 条第 1 款规定,人民法院在接到起诉状时对符合本法规定的起诉条件的,应当登记立案。该规定正式确立了行政诉讼中的立案登记制度。

与过去的立案审查制相比,立案登记制对当事人诉讼权利的保护更为深入、全面。首先,实施立案登记制的诉讼起点不同于立案审查制。在立案审查制下,诉讼起点是法院决定立案之时;而在立案登记制下,诉状提交给法院就意味着诉讼的开始。其次,实施立案登记制的立案条件不同于立案审查制。立案审查制并不否定对起诉材料进行实体审查的合法性,从而为法院的选择性司法提供了法律依据;而立案登记制规定当事人只要提供了符合形式要件的诉状,法院应当一律接收,并在规定期限内依法处理,从而将法院的选择性空间进行了压缩。①

(二) 立案的条件

1. 人民法院对起诉的审查期限

根据《行政诉讼法》第 51 条和《行政诉讼法司法解释》第 53 条的规定,人民法院接到起诉状,能够判断符合起诉条件的,应当当场登记立案,对当场不能判定是否符合本法规定的起诉条件的,应当接收起诉状,出具注明收到日期的书面凭证,并在 7 日内决定是否立案,7 日内不能作出判断的,应当先予立案。经审查不符合起诉条件的,人民法院应作出不予立案的裁定,并在裁定书中说明不予立案的理由。

---

① 参见最高人民法院行政审判庭编著:《最高人民法院行政诉讼法司法解释理解与适用》(上),人民法院出版社 2018 年版,第 289 页。

2. 人民法院对起诉内容的审查

人民法院在立案时对起诉内容的审查是一种有限的、形式上的审查,主要审查以下几方面:

(1) 法定条件的审查。这方面的审查主要包括:诉讼请求事项是否属于行政审判权限范围和受诉人民法院管辖;原告是否适格,被告是否明确、合格;诉讼请求是否具体明确、事实根据是否具备等。如《行政诉讼法司法解释》第26条规定:"原告所起诉的被告不适格,人民法院应当告知原告变更被告;原告不同意变更的,裁定驳回起诉。应当追加被告而原告不同意追加的,人民法院应当通知其以第三人的身份参加诉讼,但行政复议机关作共同被告的除外。"

(2) 法定材料的审查。根据《行政诉讼法司法解释》第54条的规定,公民、法人或者其他组织提起诉讼时应当提交以下起诉材料:原告的身份证明材料以及有效联系方式;被诉行政行为或者不作为存在的材料;原告与被诉行政行为具有利害关系的材料;人民法院认为需要提交的其他材料。由法定代理人或者委托代理人代为起诉的,还应当在起诉状中写明或者在口头起诉时向人民法院说明法定代理人或者委托代理人的基本情况,并提交法定代理人或者委托代理人的身份证明和代理权限证明等材料。

(3) 法定起诉程序的审查。比如审查按法律、法规规定有复议前置条件的,起诉人是否已经经过复议程序。

(4) 法定起诉期限的审查。起诉期限的审查主要是审查起诉是否在法定期限内,超过法定期限有无正当理由。

(5) 是否重复起诉的审查。即审查起诉的案件是否已由人民法院审理过或者正在审理,以及是否是人民法院裁定准许原告撤诉后,原告以同一事实和理由重新起诉的。对于没有新的事实和理由,针对同一事项重复、反复提起诉讼,或者反复提起行政复议继而提起诉讼等违反"一事不再理"原则的起诉,人民法院依法不予立案。

(6) 起诉状内容和手续的审查。人民法院应审查起诉状内容是否明确、完整,手续是否符合法律要求。起诉状内容或者材料欠缺的,人民法院应当给予指导和释明,并一次性全面告知当事人需要补正的内容、补充的材料及期限,不得未经指导和释明即以起诉不符合条件为由不接收起诉状。当事人在指定期限内补正材料并符合起诉条件的,人民法院应当登记立案。如果当事人拒绝补正或者经补正仍不符合起诉条件的,人民法院应当退回诉状并记录在册;对于仍坚持起诉的当事人,人民法院应裁定不予立案,并载明不予立案的理由。

3. 不立案的救济途径

如果人民法院不接收起诉状、接收起诉状后不出具书面凭证,或者不一次性告知当事人需要补正的起诉状内容,当事人可以向上级人民法院投诉,上级人民法院应当责令改正,并对直接负责的主管人员和其他直接责任人员依法给予处分。如果人民法院既不立案,又不作出不予立案裁定,当事人可以向上一级人民法院起诉。上一级人民法院认为符合起诉条件的,应当立案、审理,也可以指定其他下级人民法院立案、审理。

(三) 立案的法律后果

立案以后,对于人民法院来说,则意味着行政诉讼程序的开始,人民法院享有对该行政案件的审判权。同时,也意味着人民法院与当事人之间形成了行政诉讼法律关系。对于当事人来说,则意味着行政争议的处理已进入司法程序,属于法院审理范围,当事人依法各自享有诉讼权利和承担诉讼义务。对于被诉行政行为,人民法院的受理并不当然产生停止执行的效果。

第三节 行政诉讼第一审程序

一、行政诉讼第一审程序的概念与特点

行政诉讼的第一程序是人民法院对行政案件第一次进行审理所适用的程序。换言之,它是指第一审人民法院对行政案件进行审理所适用的程序。它是行政诉讼中的基本程序,也是每一个被人民法院依法受理的行政案件都必须经过的审理程序。

行政诉讼的第一审程序有如下特点:

(1) 第一审程序是基于合法的起诉和立案而发生。在行政诉讼中,有权提起诉讼的是与被诉行政行为有利害关系的公民、法人或者其他组织。在此,人民法院的立案是行政诉讼第一审程序开始和产生的必要条件。

(2) 第一审程序是第二审程序和审判监督程序的前提和基础。第一审程序是人民法院对行政案件第一次进行审理所适用的程序,而第二审程序和审判监督程序是第一审程序的继续和发展。没有第一审程序,就不可能有第二审程序或者审判监督程序。

(3) 第一审程序是每一个行政诉讼案件都必须经过的程序。每一个产生行政争议的行政案件,起诉以后由人民法院立案,都必须经过第一审程序的审理。所以说,第一审程序在行政诉讼中是必然要发生的,而第二审程序和审判监督程序则并不必然会发生。

二、第一审审理前的准备

人民法院审理第一审行政案件,必须开庭进行。所以,在开庭之前,必须做好一系列准备工作。审理前的准备,又称开庭前准备或庭前准备。它是指人民法院自案件受理后至开庭审理前,为保证审判工作的顺利进行和案件得到及时正确的处理,由审判人员所进行的各项准备活动。

由于开庭审理是整个行政诉讼活动的中心环节,因此,审理前的准备工作就显得尤为重要。根据行政诉讼法的规定和审判实践,审理前的准备工作是:

1. 组成合议庭

根据行政诉讼法规定,人民法院审理行政案件,一律应组成合议庭进行。合议庭既可以由审判员组成,也可以由审判员和人民陪审员组成。合议庭在审判长的主持下进行活动,所有成员享有平等权利,对案件进行表决实行少数服从多数的原则,对于不同意见,应记入合议庭笔录。

2. 通知被告应诉和发送诉讼文书

人民法院应当在立案之日起5日内将起诉状副本和应诉通知书发送给被告,被告应当在收到起诉状副本之日起15日内,向人民法院提交作出行政行为的证据和所依据的规范性文件,并提出答辩状。人民法院应当在收到答辩状之日起5日内,将答辩状副本发送原告。被告不提出答辩的,不影响人民法院审理。

人民法院审理行政案件,应保障原告、被告在行政诉讼中的法律地位平等,向双方当事人发送诉讼文书和应诉通知书,也是这一原则的体现。原告有起诉权,被告有应诉权,双方当事人都有权了解对方起诉和答辩的具体内容,从而更好地行使自己的权利。作为被告,还应在法定期限内向人民法院提交作出行政行为的证据和所依据的规范性文件,这是履行被告所负有的举证责任。被告若不举证或不能举证的,将导致败诉的法律后果。

3. 审查诉讼文书和调查收集证据

合议庭通过对原告、被告提供的起诉状、答辩状进行审查,了解案情,熟悉原告的诉讼请求、理由及被告的答辩理由,明确案件争执的焦点,并做好以下工作:

(1) 需要通知第三人参加诉讼的,应及时通知,以利于人民法院全面审查被诉行政行为,作出正确处理。

(2) 及时更换不符合法定条件的当事人或追加应参加诉讼的当事人。更换当事人是指起诉或应诉的当事人不符合法定条件,由人民法院通知符合法定条件的当事人参加诉讼,从而让不符合法定条件的当事人退出诉讼。但如果被更换的当事人是原告,不愿退出诉讼,人民法院可以以起诉不符合条件为由裁定驳回其起诉。如果合格原告又不愿起诉,则诉讼程序不发生。如果被变更的合格被告不愿参加诉讼,无正当理由拒不到庭,人民法院经两次合法传唤仍拒不到庭,则可以缺席判决。如需变更被告,应征得原告同意,原告不同意变更的,裁定驳回起诉。追加当事人是指应参加共同诉讼的当事人没有参加的,由人民法院通知其参加。在行政诉讼中,追加当事人主要是指追加被告,也应征得原告同意。

(3) 根据案件情况,要求当事人提供或者补充证据,或者人民法院依照职权向其他组织和公民调取证据。此外,对案件涉及的专门性问题,决定是否需要鉴定;或根据案情,决定是否勘验现场;或根据当事人申请或依职权,决定是否采取诉讼保全措施等。

4. 决定是否停止行政行为的执行

根据《行政诉讼法》第 56 条的规定,在原告或者利害关系人申请停止执行,人民法院认为该具体行政行为的执行会造成难以弥补的损失,并且停止执行不损害社会公共利益的,或者人民法院认为该行政行为的执行会给国家利益、社会公共利益造成重大损害的,应裁定停止执行。

5. 决定是否参照执行

通过审查被告提供的作出行政行为的事实依据和规范性文件依据,核实其依据是否充分,并决定是否参照规章。

6. 决定案件是否公开审理

通过审查是否涉及国家秘密、个人隐私和法律规定的不能公开的情况,决定依法公开或不公开审理。

7. 决定案件是否合并审理

当存在下列情形之一时,人民法院可以决定对案件进行合并审理:一是两个以上行政机关分别对同一事实作出行政行为,公民、法人或者其他组织不服向同一人民法院起诉的;二是行政机关就同一事实对若干公民、法人或者其他组织分别作出行政行为,公民、法人或者其他组织不服分别向同一人民法院起诉的;三是在诉讼过程中,被告对原告作出新的行政行为,原告不服向同一人民法院起诉的;四是人民法院认为可以合并审理的其他情形。

在以上准备工作的基础上,承办案件的合议庭应拟好开庭审理的询问提纲,并决定开庭的时间、地点。

三、第一审普通程序

(一)开庭审理的概念和特点

开庭审理即法庭审理,是指在人民法院审判人员主持下,在当事人和其他诉讼参与人的参加下,依照法定程序对行政案件进行审理并作出裁判的诉讼活动。

开庭审理是行政诉讼第一审普通程序的中心环节,是当事人各项诉讼权利得以充分行使的基本保障,也是人民法院审理行政案件的最基本步骤。

开庭审理具有如下特点:

(1)开庭审理由人民法院审判人员主持,诉讼法律关系主体同时参加诉讼活动。人民法院的审判人员主持行政案件的开庭审理,是人民法院依法行使审判权的具体体现。诉讼法律关系主体全部参加诉讼活动,可以使他们平等地行使自己的诉讼权利,履行自己的诉讼义务。

(2)开庭审理中的诉讼活动以言词形式进行。诉讼法律关系主体参加诉讼活动,以言词的形式陈述事实与理由,开展辩论。

(3)各种证据必须经法庭查证属实,才能成为定案证据。根据《行政诉讼法》第 33 条第 2 款规定,证据应经法庭查证属实,才能成为定案证据。无论是当事人提供的证据,还是人民法院依职权自行调取的证据,都必须经过开庭审理,在法庭上出示,由双方当事人辨认、质证、对证据进行辩论,从而使各种证据在法庭上得到查证。

(4) 开庭审理的范围受法律规定的限制。开庭审理的范围是指人民法院对行政案件的哪些事项有权进行审查并作出判决的范围。根据法律规定,人民法院审理行政案件,主要审查被诉的具体行政行为,当事人请求一并审查规范性文件的,可以对规章以下的规范性文件从制定机关是否超越权限或者违反法定程序、作出行政行为所依据的条款以及相关条款等方面进行审查。主要审查被诉行政行为的合法性,对于明显不当的行政行为,也可以审查其合理性。既审查被诉行政行为的事实依据,又审查其规范性文件依据,不受当事人诉讼请求的限制,全面审查具体行政行为。同时,人民法院仅审查被告在行政程序中收集的证据和依据的规范性文件,不审查被告事后补充收集的材料和依据。

(5) 开庭审理中的全部行为都是法律行为,并都产生一定的法律后果。开庭审理是行政诉讼中的一个重要环节,也是诉讼法律关系主体履行诉讼权利的最集中体现。因此,在开庭审理中,双方当事人及其他诉讼参与人的行为均表现为法律行为,均会产生一定的法律效果。

(二) 审理的基本规则

1. 以公开审理为原则

《行政诉讼法》第54条规定:"人民法院公开审理行政案件,但涉及国家秘密、个人隐私和法律另有规定的除外。涉及商业秘密的案件,当事人申请不公开审理的,可以不公开审理。"

2. 调解的有限适用

《行政诉讼法》第60条规定:"人民法院审理行政案件,不适用调解。但是,行政赔偿、补偿以及行政机关行使法律、法规规定的自由裁量权的案件可以调解。调解应当遵循自愿、合法原则,不得损害国家利益、社会公共利益和他人合法权益。"这一规定表明:首先,人民法院审理行政案件,一般情况下只能依法裁判,不能进行调解。这是因为作为调解来说,当事人双方必须有实体权利的处分权,而行政诉讼中的被告,是代表国家行使行政权,这一权利同时又是其职责,不能随意放弃和处分。其次,对于特定类型的行政诉讼案件,可以在自愿、合法的原则下进行调解。可以调解的案件主要有两类:一是行政赔偿、补偿案件,此类案件可以调解的原因在于个人取得赔偿或补偿的权利具有可以自由处分的性质,只要不违反法律、损害他人权益,任何人不得干预,且行政机关对于赔偿或补偿的数额具有一定的裁量权;二是行政机关行使法律、法规规定的自由裁量权的案件,此类案件可以调解的原因在于自由裁量权意味着行政机关拥有法律授权范围内的选择幅度,这就构成了行政机关对于特定事项的处分权,也就提供了适用调解的基础。①

---

① 参见李广宇:《新行政诉讼法逐条解释》(下),法律出版社2015年版,第470—474页。

3. 被告对被诉行政行为的合法性负有举证责任

在行政诉讼中,被告应当提供作出行政行为的事实依据和规范性文件依据。被告在第一审庭审结束前,不提供或者无正当理由逾期提供证据,视为没有相应证据,人民法院可以判决被告败诉。

4. 规范性文件的附带审查

在2014年《行政诉讼法》修改前,我国行政诉讼的受案范围仅限于具体行政行为,作为具体行政行为依据和源头的规范性文件长期以来未被纳入司法审查的范围。修改后的《行政诉讼法》第53条确立了规范性文件的附带审查制度,规定公民、法人或者其他组织认为行政行为所依据的国务院部门和地方人民政府及其部门制定的规范性文件不合法,在对行政行为提起诉讼时,可以一并请求对该规范性文件进行审查。但这种附带审查带有以下限制性条件:一是审查的间接性。当事人不能直接针对规范性文件提起行政诉讼,而只能在对行政行为提起诉讼时一并提起。二是对象的有限性。可以提起附带审查的规范性文件不包括行政法规、规章和国务院制定、发布的具有普遍约束力的决定、命令。三是请求时间的特定性。公民、法人或者其他组织请求人民法院一并审查规范性文件的,应当在第一审开庭审理前提出,有正当理由的,也可以在法庭调查中提出。

(三) 审理的程序

开庭审理应当遵循下列程序:

(1) 在开庭前3天,传唤当事人、通知证人、鉴定人、勘验人、翻译人员等其他诉讼参与人按时参加诉讼,传唤和通知均应使用传票和通知书。当事人或者其他诉讼参与人在外地的,应当留有必要的在途时间。对于公开审理的行政案件,应当贴出公告,注明开庭的时间、地点、案由,以使旁听者准时到庭旁听。

(2) 审理开始阶段。首先,由书记员检查当事人、诉讼参加人和其他诉讼参与人是否到庭。如有未到庭的应报告审判长,由审判长根据不同情况作出决定。被诉行政机关负责人出庭应诉的,应当向人民法院提交能够证明该行政机关负责人职务的材料,并由法院在当事人及其诉讼代理人基本情况、案件由来部分予以列明。在涉及重大公共利益、社会高度关注或者可能引发群体性事件等案件以及人民法院书面建议行政机关负责人出庭的案件的审理中,行政机关负责人如果有正当理由不能出庭应诉的,应当向人民法院提交情况说明,并加盖行政机关印章或者由该机关主要负责人签字认可。行政机关拒绝说明理由的,不发生阻止案件审理的效果,人民法院可以向监察机关、上一级行政机关提出司法建议。

如所有应到庭人员均已到庭,书记员应宣布法庭纪律,请当事人和诉讼参加人入席,请合议庭组成人员入席。其次,审判长宣布案由,并宣布开庭,依次核对当事人及诉讼代理人的身份,宣布合议庭组成人员和书记员及鉴定人、勘验人、翻译人员名单,告知当事人的诉讼权利和诉讼义务,交代申请回避权,询问当事人是否申请回避。申请回避,既可以口头提出,也可以书面提出。被申请回避的人员,在人民法院作出是否回避的决定前,应当暂停参与本案的工作,但案情需要采取紧急措施的除外。对于当事人提出的回避申请,人民法院应当在申请提出的3日内,以口头或书面形式作出决定,对当事人提出的明显不属于法定回避事由的申请,法庭可以依法当庭驳回。申请人对决定不服的,可以向作出决定的人民法院申请复议一次。复议期间,被申请回避的人员不停止参与本案的工作。人民法院对复议申请,应当在3日内作出复议决定,并通知复议申请人。

(3) 法庭调查阶段。法庭调查是开庭审理的核心,它是指在人民法院的主持下,在诉讼当事人和参与人的参加下,全面查清案件事实、审查判断各项证据的诉讼活动。法庭调查的顺序是:

第一,询问当事人。先由原告陈述诉讼请求、起诉的事实与理由。然后,依次询问被告作出行政行为的内容、事实依据和规范性文件依据,再询问第三人。在法庭调查中,应当将重点放在对被告的询问上。因为,行政诉讼的目的,就是审查行政行为的合法性,被告有义务将自己据以作出该行政行为的证据和规范性文件依据向法庭如实陈述。

第二,通知证人到庭作证,告知证人的权利义务,询问证人,或宣读未到庭的证人证言。对证人作证及宣读的证人证言,均应允许当事人及诉讼代理人发表意见。

第三,通知鉴定人或勘验人到庭,向他们告知权利义务。由鉴定人或勘验人宣读鉴定结论或勘验笔录,并作说明,并应允许当事人或诉讼代理人对鉴定结论或勘验笔录中的有关问题进行询问。

第四,出示物证、书证、视听资料等证据材料。无论何种证据,都应在法庭上出示、播放,并由当事人进行质证。我们认为,从行政诉讼的特点出发,作出具体行政行为的有关证据,应由被告在审判人员的主持下,向法庭出示,并陈述各种证据的内容,再由审判人员询问原告和第三人对该证据的意见,进行质证。

(4) 法庭辩论阶段。法庭辩论是在人民法院审判人员主持下,双方当事人及诉讼代理人就本案的事实、证据、适用法律阐述自己的主张和理由,或者针对对方的主张和理由进行反驳,充分行使辩论权的诉讼活动。

法庭辩论的程序是:先由原告及其诉讼代理人发言,再由被告及诉讼代理人发言,最后第三人及诉讼代理人发言。第一轮辩论以后,再依上述顺序由各方当事人及诉讼代理人展开辩论。

如果在法庭辩论中发现新的情况需要进一步调查时,审判长经与合议庭成员协商,可以宣布停止辩论,恢复法庭调查或决定延期审理。待查明有关事实后,恢复法庭辩论。

双方均已阐述完自己的观点和主张及理由之后,由审判长宣布法庭辩论终结。

(5) 当事人最后陈述。法庭辩论终结以后,当事人还有最后陈述的权利。审判人员应依原告、被告和第三人的顺序,向当事人最后征求对本案处理的意见。当事人最后陈述以后,如定期宣判的,由审判长宣布休庭,并要求当事人、诉讼代理人阅看庭审笔录并签名。如记录有遗漏或差错,当事人或诉讼代理人有权要求补正。合议庭成员和书记员均应审阅笔录后在笔录上签名。

(6) 合议庭评议阶段。合议庭评议是指合议庭成员根据法庭调查和法庭辩论的内容,对各方提出的意见和主张进行综合评价和认定,从而作出裁判的过程。合议庭评议是秘密进行的,并采用少数服从多数的原则,对于评议中的不同意见,应如实记入笔录。评议笔录由合议庭全体成员及书记员签名。对于重大疑难的行政案件,还应由院长提交审判委员会讨论决定,合议庭必须执行。

(7) 宣布裁判阶段。宣布裁判阶段是指由审判人员向当事人宣布判决、裁定的过程。合议庭评议后,可以当庭宣判,也可以定期宣判。宣判应一律公开进行。凡当庭宣判的,应告知当事人在 10 日内发送裁判文书。定期宣判的,应在宣判后立即发送裁判文书。宣判也应制作笔录。

凡当庭宣判的,应由书记员将包括宣判笔录在内的庭审笔录交当事人阅看并签名。定期宣判的,因有关的庭审笔录已由当事人查阅并签名,所以当事人只需在宣判笔录上签名即可。

(8) 闭庭。宣判以后,由审判长宣布人民法院对本案的审理到此终结,宣布闭庭。

第一审程序自人民法院立案之日起计算,审理限期为 6 个月。有特殊情况需要延长的,由高级人民法院批准。高级人民法院审理第一审案件需要延长的,由最高人民法院批准。

四、第一审特别程序

(一) 简易程序

1. 适用范围

简易程序是对行政诉讼普通程序的简化,主要目的在于提高审判效率,优化资源配置。简易程序并非适用于所有一审行政案件,按照《行政诉讼法》《行政诉讼法司法解释》的相关规定,其适用范围应当遵循以下两个标准:

(1) 实质标准。适用简易程序的案件应当是人民法院认为"事实清楚、权利义务关系明确、争议不大"的一审行政案件。"事实清楚"是指当事人对争议的事实陈述基本一致,并能提供相应的证据,无须人民法院调查收集证据即可查明事实;"权利义务关系明确"是指行政法律关系中权利和义务能够明确区分;"争议不大"是指当事人对行政行为的合法性、责任承担等没有实质分歧。

(2) 形式标准。在符合实质标准的前提下,简易程序主要适用于以下三类案件:一是被诉行政行为是依法当场作出的;二是案件涉及款额 2000 元以下的;三是属于政府信息公开案件的。除上述三类案件以外,当事人各方同意适用简易程序的,可以适用简易程序,但发回重审、按照审判监督程序再审的案件不得适用简易程序。

2. 送达、传唤方式

对于适用简易程序的行政案件,其送达、传唤等审理的辅助性程序也可以适度简化,人民法院可以用口头通知、电话、短信、传真、电子邮件等简便方式传唤当事人、通知证人、送达裁判文书以外的诉讼文书。以简便方式送达的开庭通知,未经当事人确认或者没有其他证据证明当事人已经收到的,人民法院不得缺席判决。

3. 审理方式和审理期限

适用简易程序审理的行政案件,无须组成合议庭,而是由审判员一人独任审理。简易程序案件的举证期限由人民法院确定,也可以由当事人协商一致并经人民法院准许,但不得超过15日。被告要求书面答辩的,人民法院可以确定合理的答辩期间。人民法院应当将举证期限和开庭日期告知双方当事人,并向当事人说明逾期举证以及拒不到庭的法律后果,由双方当事人在笔录和开庭传票的送达回证上签名或者捺印。当事人双方均表示同意立即开庭或者缩短举证期限、答辩期间的,人民法院可以立即开庭审理或者确定近期开庭。案件应当在立案之日起45日内审结。

4. 简易程序与普通程序的转换

人民法院在审理过程中,发现案情复杂,需要转为普通程序审理的,应当在审理期限届满前裁定转为普通程序,并将合议庭组成人员及相关事项书面通知双方当事人。案件转为普通程序审理的,审理期限自人民法院立案之日起计算。

(二) 相关民事争议一并审理程序

1. 相关民事争议一并审理的概念

相关民事争议一并审理是指公民、法人或者其他组织在提起行政诉讼时,请求一并解决相关民事争议的,人民法院可以一并审理。其本质上是对两个不同性质诉讼的一并审理,不同于行政附带民事诉讼。也就是说,在一并审理后,事实上仍然存在着行政和民事两类不同的诉讼。设置相关民事争议一并审理程序的意义在于,"有些具体行政行为引起的争议,往往伴随着相关的民事争议,这两类争议依照行政诉讼法和民事诉讼法分别立案、分别审理,浪费了司法资源,有的还导致循环诉讼、影响司法效率,不利于保护当事人的合法权益"[1]。而在行政诉讼中一并审理相关民事争议,既能够避免裁判的互相矛盾,也能够降低诉讼成本,减少当事人的诉累。

2. 相关民事争议一并审理的适用范围

首先,相关民事争议一并审理仅适用于涉及行政许可、登记、征收、征用和行政机关对民事争议所作的裁决的行政诉讼案件。其次,行政诉讼与民事诉讼之间应当具有相关性,如果两者之间没有内在的关联,或者这种关联并非紧密,则没有一并审理的必要,应当告知当事人单独提起民事诉讼。[2]

3. 相关民事争议一并审理的启动

相关民事争议一并审理程序的启动应当是基于当事人的申请,而非由人民法院主动发起。当事人请求一并审理相关民事争议,应当在第一审开庭审理前提出,有正

---

[1] 全国人大常委会法制工作委员会行政法室编:《行政诉讼立法背景与观点全集》,法律出版社2015年版,第8页。

[2] 参见李广宇:《新行政诉讼法逐条解释》(下),法律出版社2015年版,第487—488页。

当理由的,也可以在法庭调查中提出。当事人请求一并审理相关民事争议,人民法院经审查发现行政案件已经超过起诉期限,民事案件尚未立案的,告知当事人另行提起民事诉讼,如果民事案件已经立案,则由原审判组织继续审理。如果人民法院在审理行政案件中发现民事争议为解决行政争议的基础,但当事人没有请求人民法院一并审理相关民事争议,此时人民法院应当告知当事人依法申请一并解决民事争议。当事人就民事争议另行提起民事诉讼并已立案的,人民法院应当中止行政诉讼的审理,民事争议处理期间不计算在行政诉讼审理期限内。

4. 相关民事争议一并审理的程序

人民法院在行政诉讼中一并审理相关民事争议的,民事争议应当单独立案,由同一审判组织审理。人民法院审理行政机关对民事争议所作裁决的案件,一并审理民事争议的,不另行立案。行政诉讼原告在宣判前申请撤诉的,是否准许由人民法院裁定,人民法院裁定准许行政诉讼原告撤诉,但对已经提起的一并审理相关民事争议不撤诉的,人民法院应当继续审理。人民法院对行政争议和民事争议应当分别裁判,并按行政案件、民事案件的标准分别收取诉讼费用。

第四节 行政诉讼第二审程序

一、行政诉讼第二审程序的概念与特点

行政诉讼的第二审程序是指上一级人民法院基于当事人的上诉,就下一级人民法院未发生法律效力的判决、裁定,依据事实和法律进行审理的程序。

第二审程序基于当事人的上诉而引起。《行政诉讼法》第7条规定,人民法院审理行政案件,实行两审终审制。所以,第二审程序又被称为上诉审程序或终审程序。除了最高人民法院所作的第一审裁判是终审裁判外,当事人不服地方各级人民法院的第一审裁判,都有权在法定期限内向上一级人民法院提起上诉,从而引起第二审程序的开始。

第二审程序有如下特点:

(1)合法的上诉是行政诉讼第二审程序产生的法定原因。我国行政诉讼两审终审的审判制度,赋予了当事人不服第一审裁判依法上诉的权利。当事人只要实施了符合法定条件的上诉行为,就必然会引起第二审程序的产生。如果当事人的上诉行为不合法,则第二审程序就不会产生。所以,第二审程序并不是每一个行政案件都必须经过的程序。是否产生第二审程序,关键是要有当事人合法的上诉。

(2)第二审程序是第一审人民法院的上一级人民法院对未生效的裁判进行重新审理所适用的程序。能够适用第二审程序的只能是第一审法院的上一级人民法院,当事人也只能向第一审人民法院提出上诉。无论是当事人上诉,还是第二审人民法

院进行审理,都必须针对第一审尚未生效的裁判进行。

(3) 第二审程序中人民法院所作的裁判,是终审裁判,当事人不得再行上诉。当事人如果对终审裁判不服的,可以提出申诉,但不停止裁判的执行。

(4) 第二审程序中审理的内容是针对第一审未生效的裁判。人民法院对上诉案件的审理,除了审查上诉人的上诉理由及具体请求、被上诉人的答辩、双方争议的焦点等内容外,还要着重审查第一审人民法院的裁判在认定事实或者适用法律上是否有错误。

二、上诉和上诉的受理

(一) 上诉

1. 上诉的概念

上诉是指当事人不服人民法院的第一审判决、裁定,在法定期限内向上一级人民法院提出请求,要求上一级人民法院对案件进行审理的行为。行政诉讼中的上诉是行政诉讼法赋予当事人的一种诉讼权利。当事人如不服第一审人民法院的判决或裁定的,均可以在法定期限内向上一级人民法院提起上诉,要求上一级人民法院对行政案件进行重新审理。

2. 上诉的条件

上诉必须符合法定条件,只有符合法定条件的上诉,才能引起第二审程序的产生。上诉的法定条件是:

第一,上诉人必须符合法律规定。所谓上诉人,是指不服人民法院第一审判决、裁定,而向上一级人民法院提出上诉的人。只有依法享有上诉权的人才能提出上诉。首先,原告、被告可以依法提出上诉。被告在第一审程序中虽然不具有起诉权,但被人民法院通知应诉而成为被告之后,其所作出的行政行为就成了人民法院审查的对象。如果被告对第一审判决、裁定不服,当然可以提出上诉。其次,第三人也可以依法提出上诉。第三人因为与被诉的行政行为有利害关系,人民法院无论是维持还是撤销行政行为,都与第三人的权利义务相关。所以,如果第三人不服第一审裁判,也可以提出上诉。诉讼当事人中的一部分人提出上诉,没有提出上诉的对方当事人为被上诉人,其他当事人依原审诉讼地位列明。

第二,上诉对象必须符合法律规定。当事人之所以提出上诉,是对第一审判决、裁定不服,从而请求第二审人民法院予以纠正。所以,上诉所指向的对象,只能是人民法院尚未发生法律效力的第一审判决或裁定,以及第二审人民法院发回重审,并由第一审人民法院重新审理后作出的判决。已经发生法律效力的判决、裁定,依法不得上诉的裁定和人民法院的终审判决、裁定,都不得作为上诉的对象。

第三,上诉期限和方式必须符合法律规定。当事人对第一审人民法院的判决、裁定不服而提起上诉,必须在法定期限内进行。《行政诉讼法》第85条规定:"当事人不服人民法院第一审判决的,有权在判决书送达之日起十五日内向上一级人民法院提起上诉。当事人不服人民法院第一审裁定的,有权在裁定书送达之日起十日内向上一级人民法院提起上诉。"上诉期限是法定期限,超过了上诉期限未提出上诉,第一审判决、裁定就产生法律效力,当事人不得再提出上诉。此外,上诉还必须递交上诉状。当事人提出上诉,应当按照其他当事人或者诉讼代表人的人数提出上诉状副本。上诉状是当事人依法提起上诉的书面依据,体现了当事人对自己法定诉讼权利的行使。上诉状应载明以下内容:上诉人的姓名或者名称,原审人民法院的名称、案件编号和案由,以及上诉的请求和理由。

第四,上诉的途径必须符合法律规定。上诉既可以通过原审人民法院提出,也可以直接向第二审人民法院提出。原审人民法院收到上诉状、答辩状,应当在 5 日内连同全部案卷和证据,报送第二审人民法院。

第五,上诉必须缴纳诉讼费用。必须依照行政诉讼法的规定,预交上诉的诉讼费用。

同时具备以上五个条件,上诉才能成立。

(二) 上诉的受理

1. 上诉受理的概念

第二审人民法院收到当事人的上诉状之后,经审查符合法定上诉条件而决定立案予以审理的活动,称为上诉受理。

上诉受理之后,人民法院应做好下列工作:

第一,第一审人民法院应在收到上诉状之日起 5 日内将上诉状副本送达给被上诉人。被上诉人应在收到之日起 15 日内提出答辩状。第一审人民法院应当在收到答辩状之日起 5 日内将副本发送上诉人。对方当事人不提出答辩状的,不影响人民法院审理。

第二,第一审人民法院发现上诉状内容不符合要求的,应当要求上诉人限期修改、补正。对于已经超过法定期限而提出的上诉,应要求当事人收回上诉状。

第三,第一审人民法院在收到上诉状、答辩状之后,应连同案卷和证据,在 5 日内报送第二审人民法院。第二审人民法院在收到上述诉讼材料之后,即应开始第二审程序的审理。

2. 上诉受理的法律后果

上诉被受理之后,标志着案件进入第二审诉讼程序,人民法院的第一审判决、裁定在第二审诉讼期间不发生法律效力。当事人的诉讼地位,也从第一审程序中的原告、被告和第三人,而成为上诉人和被上诉人。

此外,在第二审人民法院受理上诉后作出裁决前,上诉人可以申请撤回上诉,这是当事人依法处分自己上诉权的行为,但是否准许,应由第二审人民法院审查决定后作出裁定。

三、上诉案件的审理

第二审人民法院审理上诉案件,除了依照行政诉讼法对第二审程序的特殊规定之外,都适用第一审程序中的规定。第二审程序审理的基本特点是:

(1) 第二审程序以开庭审理为原则,不开庭审理为例外。人民法院对上诉案件,应当组成合议庭,开庭审理。经过阅卷、调查和询问当事人,对没有提出新的事实、证据或者理由,合议庭认为不需要开庭审理的,也可以不开庭审理。

(2) 合议庭应由审判员组成。人民法院审理第二审行政案件,必须由审判员组成合议庭。其目的是使第二审人民法院更好地履行对第一审人民法院判决、裁定的监督职责。

(3) 第二审人民法院应当全面审查第一审人民法院的判决、裁定在认定事实和运用法律上是否存在错误以及被诉行政行为是否合法。所以第二审既是事实审,又是法律审,不受上诉范围的限制。

(4) 第二审程序的审理期限为3个月。第二审人民法院应当自收到上诉状之日起三个月内作出终审判决。有特殊情况需要延长的,由高级人民法院批准;高级人民法院审理上诉案件需要延长的,由最高人民法院批准。

第五节 行政诉讼审判监督程序

一、行政诉讼审判监督程序的概念与特点

行政诉讼的审判监督程序,又称行政诉讼再审程序,是指人民法院对于已经发生法律效力的判决、裁定,发现违反法律、法规,依法对案件再次进行审理的程序。

审判监督程序属于检验人民法院已审结案件办案质量的一种监督程序。适用该程序审理的案件,必须是判决、裁定已经发生法律效力,而且人民法院发现该判决或裁定违反法律、法规。因此,它不是每一个行政案件都必须经过的,只有对已经发生法律效力且被认为存在法定再审事由的,才能适用审判监督程序。

审判监督程序有如下特点:

(1) 审判监督程序是人民法院进行审判监督的一种方式,其目的是要纠正错误的判决和裁定,保证人民法院审判的公正和正确。它以发生法律效力的判决、裁定确有错误为前提,因此,它不属于两审、终审程序中的必经程序,与第一审程序或第二审程序没有前后相继的直接联系。

(2) 审判监督程序的提起主体具有特定性。与第一审原告起诉和第二审上诉人上诉不同,审判监督程序的提起,必须由法律明文规定的各级人民法院院长和上级人

民法院、最高人民法院以及各级人民检察院进行。当事人所行使的申诉权利,并不必然引起审判监督程序的发生。

(3) 法院启动审判监督程序对案件进行审理,既可以适用第一审程序,也可以适用第二审程序。一般来说,发生法律效力的判决、裁定是第一审程序作出的,应适用第一审程序,当事人对判决、裁定仍不服的,可以上诉;发生法律效力的判决、裁定是第二审程序作出或者再审案件是由上级人民法院提审的,应适用第二审程序,所作判决、裁定是终审判决、裁定。

(4) 审判监督程序审理的对象只能是人民法院已经发生法律效力的判决、裁定,审理的理由是该判决、裁定存在行政诉讼法规定的再审事由。

二、审判监督程序的提起

(一) 提起审判监督程序的条件

(1) 提起审判监督程序的主体,必须是法律所规定的组织。首先,最高人民法院对地方各级人民法院、上级人民法院对下级人民法院已经发生法律效力的裁判,发现有《行政诉讼法》第 91 条规定情形之一,或者发现调解违反自愿原则或者调解书内容违法的,有权提审或者指令下级人民法院再审。其次,各级人民法院院长对本院已经发生法律效力的判决、裁定,发现有《行政诉讼法》第 91 条规定情形之一,或者发现调解违反自愿原则或者调解书内容违法,认为需要再审的,应当提交审判委员会讨论决定。最后,最高人民检察院对各级人民法院已经发生法律效力的判决、裁定,上级人民检察院对下级人民法院已经发生法律效力的判决、裁定,发现有《行政诉讼法》第 91 条规定情形之一,或者发现调解书损害国家利益、社会公共利益的,应当提出抗诉。

(2) 提起再审的理由。根据《行政诉讼法》第 91 条的规定,当已经发生法律效力的判决、裁定存在下列情形之一的,人民法院应当再审:不予立案或者驳回起诉确有错误的;有新的证据,足以推翻原判决、裁定的;原判决、裁定认定事实的主要证据不足、未经质证或者系伪造的;原判决、裁定适用法律、法规确有错误的;违反法律规定的诉讼程序,可能影响公正审判的;原判决、裁定遗漏诉讼请求的;据以作出原判决、裁定的法律文书被撤销或者变更的;审判人员在审理该案件时有贪污受贿、徇私舞弊、枉法裁判行为的。

(二) 提起审判监督程序的程序

1. 当事人申请再审

当事人向上一级人民法院申请再审,应当在判决、裁定或者调解书发生法律效力后 6 个月内提出。存在下列情形之一的,应当自知道或者应当知道之日起 6 个月内提出:有新的证据,足以推翻原判决、裁定的;原判决、裁定认定事实的主要证据是伪造的;据以作出原判决、裁定的法律文书被撤销或者变更的;审判人员审理该案件时有贪污受贿、徇私舞弊、枉法裁判行为的。当事人申请再审时应当提交再审申请书等材料。人民法院认为有必要的,可以自收到再审申请书之日起5日内将再审申请书副本发送对方当事人。对方当事人应当自收到再审申请书副本之日起15日内提交书面意见。人民法院应当自再审申请案件立案之日起6个月内审查,有特殊情况需要延长的,由本院院长批准。审查再审申请期间,被申请人及原审其他当事人依法提出再审申请的,人民法院应当将其列为再审申请人,对其再审事由一并审查,审查期限重新计算。经审查,其中一方再审申请人主张的再审事由成立的,应当裁定再审。各方再审申请人主张的再审事由均不成立的,一并裁定驳回再审申请。需说明的是,当事人的申请并不是引起审判监督程序的必然原因,而需要由人民法院通过审查来作出是否再审的裁定。当事人主张的再审事由成立,且符合《行政诉讼法》和《行政诉讼法司法解释》规定的申请再审条件的,人民法院应当裁定再审。当事人主张的再审事由不成立,或者当事人申请再审超过法定申请再审期限、超出法定再审事由范围等不符合《行政诉讼法》《行政诉讼法司法解释》规定的申请再审条件的,人民法院应当裁定驳回再审申请。

2. 人民法院院长通过审判委员会决定再审

各级人民法院院长对本院已经发生法律效力的判决、裁定,发现有《行政诉讼法》第91条规定情形之一,或者发现调解违反自愿原则或者调解书内容违法,认为需要再审的,应当提交审判委员会讨论决定。

3. 最高人民法院及上级人民法院提审或指令再审

最高人民法院对地方各级人民法院已经发生法律效力的判决、裁定,上级人民法院对下级人民法院已经发生法律效力的判决、裁定,发现有《行政诉讼法》第91条规定情形之一,或者发现调解违反自愿原则或者调解书内容违法的,有权提审或者指令下级人民法院再审。

4. 人民检察院抗诉和提出检察建议

最高人民检察院对各级人民法院已经发生法律效力的判决、裁定,上级人民检察院对下级人民法院已经发生法律效力的判决、裁定,发现有《行政诉讼法》第91条规定情形之一,或者发现调解书损害国家利益、社会公共利益的,应当提出抗诉。地方各级人民检察院对同级人民法院已经发生法律效力的判决、裁定,发现有《行政诉讼法》第91条规定情形之一,或者发现调解书损害国家利益、社会公共利益的,可以向同级人民法院提出检察建议,并报上级人民检察院备案,也可以提请上级人民检察院向同级人民法院提出抗诉。人民检察院提出抗诉的案件,接受抗诉的人民法院应当自收到抗诉书之日起30日内作出再审的裁定,如果有新的证据,足以推翻原判决、裁定的或者原判决、裁定认定事实的主要证据不足、未经质证或者系伪造的,人民法院可以指令下一级人民法院再审,但经该下一级人民法院再审过的除外。人民检察院提出抗诉的案件,人民法院再审开庭时,应当在开庭3日前通知人民检察院派员出庭。对于人民检察院提出再审检察建议的案件,人民法院收到建议后,应当组成合议庭,在3个月内进行审查。发现原判决、裁定、调解书确有错误,需要再审的,依照《行政诉讼法》第92条规定裁定再审,并通知当事人,经审查决定不予再审的,应当书面回复人民检察院。

同时,人民检察院还可以基于当事人的申请而提起抗诉和检察建议。《行政诉讼法司法解释》第 117 条第 1 款规定:"有下列情形之一的,当事人可以向人民检察院申请抗诉或者检察建议:(一)人民法院驳回再审申请的;(二)人民法院逾期未对再审申请作出裁定的;(三)再审判决、裁定有明显错误的。"

三、再审案件的审理

再审案件的审理,不同于第一审程序和第二审程序,其主要特点是:

(1) 裁定中止原裁判的执行。由于案件已进入再审程序,并且再审程序是在人民法院认为原裁判违反法律、法规的情况下进行的,所以对被认为是错误的裁判,理应中止执行。但支付抚恤金、最低生活保障费或者社会保险待遇的案件,可以不中止执行。上级人民法院决定提审或者指令下级人民法院再审的,应当作出裁定,裁定应当写明中止原判决的执行,情况紧急的,可以将中止执行的裁定口头通知负责执行的人民法院或者作出生效判决、裁定的人民法院,但应当在口头通知后 10 日内发出裁定书。

(2) 重新组成合议庭。再审案件应当重新组成合议庭,并且应由审判员组成,原审合议庭成员不得参加再审合议庭。

(3) 分别适用第一审或第二审程序。发生法律效力的判决、裁定是由第一审法院作出的,按照第一审程序审理,所作的判决、裁定,当事人可以上诉;发生法律效力的判决、裁定是由第二审法院作出的,按照第二审程序审理,所作的判决、裁定,是发生法律效力的判决、裁定;上级人民法院按照审判监督程序提审的,按照第二审程序审理,所作的判决、裁定,是发生法律效力的判决、裁定。

第六节 行政诉讼审理程序中的有关制度

一、延期审理和延长审理

(一) 延期审理

延期审理是指在人民法院通知、公告开庭日期后,或者在开庭审理期间,由于特殊原因使合议庭无法在原定审理日期进行审理,从而推延审理日期的决定,即是指人民法院将已定的审理日期或正在进行的审理推延至另一日期再进行审理的制度。

根据《行政诉讼法司法解释》,有下列情况之一的,可延期审理:

(1) 应当到庭的当事人和其他诉讼参与人有正当理由没有到庭的;

（2）当事人临时提出回避申请且无法及时作出决定的；

（3）需要通知新的证人到庭，调取新的证据，重新鉴定、勘验，或者需要补充调查的；

（4）其他应当延期的情形，如合议庭成员因临时紧急公务或者特殊意外情况不能出席审理等。

（二）延长审限

审限是指法律所规定的人民法院自立案到作出结案裁判的期限。《行政诉讼法》第81条规定，第一审行政案件的审理期限为6个月，即人民法院应当在立案之日起6个月内作出第一审判决。同时，《行政诉讼法》第88条规定，人民法院审理上诉案件，应当在收到上诉状之日起3个月内作出终审判决。

延长审限是指人民法院在审理行政案件的过程中，由于存在或发生特殊情况，不能在规定的审理期限内结案，拟报上级人民法院批准而将期限加以延长的制度。延长期限的原因，可以是需要重新调查、鉴定、勘验或补充证据，或者案情复杂等。延长期限由高级人民法院批准，高级人民法院需要延长期限的，由最高人民法院批准。

二、撤诉和缺席判决

（一）撤诉

撤诉是指原告或上诉人提起诉讼或上诉后，在人民法院宣告判决或者裁定前，按照法定程序向人民法院撤回自己起诉或上诉的诉讼行为。它分为自愿申请撤诉和视为申请撤诉两种。

1. 自愿申请撤诉

它是指在判决或裁定宣告之前，原告或上诉人自动撤回起诉，经人民法院准许而终结诉讼的制度。《行政诉讼法》第62条规定："人民法院对行政案件告判决或裁定前，原告申请撤诉的，或者被告改变其所作的行政行为原告同意并申请撤诉的，是否准许，由人民法院裁定。"这一规定也同样适用于第二审程序的上诉人。所以，原告或上诉人申请撤诉，必须符合下列条件：

（1）必须是原告或上诉人提出，包括原告或上诉人特别授权的委托代理人。

（2）原告或上诉人申请撤诉必须自愿。撤诉是原告或上诉人对其自己诉讼权利的处分，必须出于自愿，不得强行动员或强迫原告或上诉人撤诉。原告或上诉人若提出附条件的撤诉请求，也不得准许。在第一审程序中，如果被告已改变其行政行为，原告不同意撤诉的，人民法院仍应继续审理被诉的具体行政行为。

（3）原告或上诉人申请撤诉必须符合法律规定。作为原告或上诉人来说，申请撤诉固然是其诉讼权利，但也不能因此而规避法律，损害国家利益、社会公共利益和他人利益；否则，人民法院应裁定不予准许。

（4）申请撤诉必须在判决或裁定的宣告之前提出。如果判决或裁定已经宣告，则表明人民法院对行政案件的审理已告终结，撤诉也就无任何意义。法庭辩论终结后原告申请撤诉，人民法院可以准许，但涉及国家利益和社会公共利益的除外。

（5）申请撤诉必须经人民法院审查后作出是否准许的裁定。对于符合条件的，人民法院应裁定准许撤诉，从而终结诉讼。对于不符合条件的，人民法院应裁定不准许撤诉，并继续审理。

这里需要特别指出的是，在第一审程序中，被告改变其所作的行政行为，原告申请撤诉符合法定条件的，应予准许。若原告申请撤诉未获准许或原告不申请撤诉的，人民法院应继续审理被诉的原行政行为。但是在第二审程序中，行政机关不得改变原行政行为。上诉人如因行政机关改变其原行政行为而申请撤回上诉的，人民法院不予准许。

2. 视为申请撤诉

它是指原告或上诉人并未自动申请撤诉，人民法院根据原告或上诉人拒绝履行法定诉讼义务的行为，推定为其自愿申请撤诉，并裁定准许撤诉，从而终结诉讼。《行政诉讼法》第58条规定："经人民法院传票传唤，原告无正当理由拒不到庭，或者未经法庭许可中途退庭的，可以按照撤诉处理。"

视为申请撤诉应具备的条件是：

（1）经人民法院合法传唤。所谓合法传唤，是指人民法院采用法定方式，依照法定方式传唤当事人到庭参加诉讼。

（2）原告或上诉人无正当理由拒不到庭或虽然到庭，但未经法庭许可中途退庭。原告或上诉人虽经法庭传唤而没有到庭，或者虽然到庭而中途退庭，如果有正当理由或经法庭许可的，则不能按原告或上诉人申请撤诉处理，应另行安排开庭日期审理。

（3）人民法院对视为申请撤诉行为的审查。这一审查与申请撤诉行为的审查相同。即经审查符合条件的，裁定准许撤诉；否则，应裁定不准许撤诉。

如果原告或上诉人虽没有到庭或中途退庭，但委托诉讼代理人到庭或继续参加诉讼的，不能视为申请撤诉。

撤诉是导致具体诉讼法律关系消失的诉讼活动。人民法院裁定准许原告撤诉后，原告以同一事实和理由重新起诉的，人民法院不予立案。准予撤诉的裁定确有错误，原告申请再审的，人民法院应当通过审判监督程序撤销原准予撤诉的裁定，重新对案件进行审理。但是，原告或者上诉人未按规定的期限预交案件受理费，又不提出缓交、减交、免交申请，或者提出申请未获批准的，按自动撤诉处理的。在按撤诉处理后，原告或者上诉人在法定期限内再次起诉或者上诉，并依法解决诉讼费预交问题的，人民法院应予立案。

撤诉是诉讼制度的重要组成部分，也是原告的诉讼权利。但从相关行政诉讼撤诉制度的规定来看，不尽完善。比如，缺少对于原告申请撤诉的实体条件的规定，原告可以撤诉要求停止诉讼程序的条件基本上限于程序上。原告如果申请撤诉过于随意，其危害不言而喻：损害诉讼程序的严肃性、浪费诉讼资源等。又比如，虽然规定是否同意撤诉由人民法院裁定是必要的,这体现了国家对当事人诉讼权利处分的干预,但这种干预绝不能替代当事人行使诉讼处分权。由于对撤诉审查条件没有详尽规定,因此造成了人民法院对撤诉审查的权力过大,从某种程度上甚至形成了以享有撤诉审查权为借口取代当事人行使撤诉权利的状况。

(二) 缺席判决

缺席判决是指人民法院在开庭审理时,在一方当事人缺席的情况下,经过审理所作的判决。

缺席判决是相对于出席判决而言的,它是在诉讼一方当事人拒绝履行出庭参加诉讼的义务时,为了维护法律的尊严,维护到庭一方当事人的合法权益,保证诉讼活动正常进行而设立的一项制度。

缺席判决适用于以下情况:

(1) 被告不到庭。经人民法院合法传唤,被告无正当理由拒不到庭的。

(2) 被告中途退庭。被告虽已到庭参加诉讼,但是,未经法庭许可中途退庭的。

(3) 原告或者上诉人申请撤诉,人民法院裁定不予准许的,原告或者上诉人经传票传唤无正当理由拒不到庭,或者未经法庭许可中途退庭的,人民法院可以缺席判决。

第三人经合法传唤无正当理由拒不到庭,或者未经法庭许可中途退庭的,不影响案件的审理。

适用缺席判决应当审慎,必须在查明全部案件事实的前提下进行,同时应注意保护缺席一方当事人的合法权益。

三、财产保全和先予执行

(一) 财产保全

财产保全是指人民法院在可能因当事人一方或其他原因而使行政行为或者人民法院裁判不能执行或难以执行的情况下,根据对方当事人的申请,或依职权采取措施对有关财产加以保护的措施。

根据有关规定,财产保全的要求是:(1) 人民法院采取财产保全措施,可以责令申请人提供担保,申请人不提供担保的,裁定驳回申请。(2) 人民法院接受财产保全的申请后,对情况紧急的,必须在 48 小时内作出裁定;裁定采取财产保全措施的,应当立即开始执行。(3) 财产保全限于诉讼请求所涉及的范围,或者与本案有关的财物。(4) 财产保全采取查封、扣押、冻结或者法律规定的其他方法。人民法院保全财产后,应当立即通知被保全人。财产已被查封、冻结的,不得重复查封、冻结。(5) 被申请财产保全的人提供担保的,人民法院应当解除财产保全。(6) 申请财产保全有错误的,申请人应当赔偿被申请人因财产保全所遭受的损失。

当事人对财产保全裁定不服的,可以申请复议,复议期间不停止裁定的执行。

(二) 先予执行

先予执行是指人民法院在判决作出之前的诉讼过程中,根据一方当事人的申请,裁定有给付义务的一方当事人,向对方当事人先予履行一定给付行为的制度。在行政诉讼法中,先行给付适用于起诉行政机关没有依法支付抚恤金、最低生活保障金和工伤、医疗社会保险金,且权利义务关系明确、不先予执行将严重影响原告生活的案件。

当事人对先予执行的裁定不服的,可以申请复议一次。复议期间不停止裁定的执行。

四、行政行为不停止执行

根据《行政诉讼法》第56条的规定,诉讼期间,不停止行政行为的执行。行政行为具有先定力,在依法定程序被撤销或被变更之前,依法具有法律效力。

但是,在下列情况下可以停止执行:(1) 被告认为需要停止执行的;(2) 原告或者利害关系人申请停止执行,人民法院认为该行政行为的执行会造成难以弥补的损失,并且停止执行不损害国家利益、社会公共利益的;(3) 人民法院认为该行政行为的执行会给国家利益、社会公共利益造成重大损害的;(4) 法律、法规规定停止执行的。如《治安管理处罚法》第107条规定:"被处罚人不服行政拘留处罚决定,申请行政复议、提起行政诉讼的,可以向公安机关提出暂缓执行行政拘留的申请。公安机关认为暂缓执行行政拘留不致发生社会危险的,由被处罚人或者其近亲属提出符合本法第108条规定条件的担保人,或者按每日行政拘留200元的标准交纳保证金,行政拘留的处罚决定暂缓执行。"

当事人对停止执行或者不停止执行的裁定不服的,可以申请复议一次。

五、调解

《行政诉讼法》第60条规定了行政诉讼中对调解的有限适用规则,人民法院审理行政案件一般不适用调解,仅有行政赔偿、补偿以及行政机关行使法律、法规规定的自由裁量权等特殊类型案件可以进行调解。

人民法院在审理行政赔偿、补偿以及行政机关行使法律、法规规定的自由裁量权的案件时,如果认为法律关系明确、事实清楚,在征得当事人双方同意后,可以径行调解。调解达成协议的,人民法院应当制作调解书。调解书应当写明诉讼请求、案件的事实和调解结果,由审判人员、书记员署名,加盖人民法院印章,送达双方当事人。调解书经双方当事人签收后,即具有法律效力。调解书生效日期根据最后收到调解书的当事人签收的日期确定。

人民法院审理行政案件,调解过程一般不公开,但当事人同意公开的除外。经人民法院准许,第三人可以参加调解,人民法院认为有必要的,可以通知第三人参加调解。调解协议内容一般不公开,但为保护国家利益、社会公共利益、他人合法权益,人民法院认为确有必要公开的除外。

当事人一方或者双方不愿调解、调解未达成协议的,人民法院应当及时判决。调解达成协议后,当事人请求人民法院按照调解协议的内容制作判决书的,人民法院不予准许。在二审程序中,如果原审判决遗漏了行政赔偿请求,二审法院经审理认为依法应当予以赔偿的,在确认被诉行政行为违法的同时,可以就行政赔偿问题进行调解,调解不成的,应当就行政赔偿部分发回重审。当事人在二审期间提出行政赔偿请求的,二审法院可以进行调解,调解不成的,应当告知当事人另行起诉。

六、诉讼中止和诉讼终结

(一) 诉讼中止

诉讼中止是指在诉讼过程中,诉讼程序因特殊情况的发生而中途停止的一种法律制度。

诉讼中止属于诉讼程序的暂时停止。它既不是推延开庭日期的延期审理,也不是诉讼程序的完全终止,而是诉讼程序的暂时停止,待影响诉讼进行的特殊情况消除之后,诉讼程序再恢复进行。

根据《行政诉讼法司法解释》的规定,有下列情形之一的,诉讼予以中止:

(1) 原告死亡,须等待其近亲属表明是否参加诉讼的。
(2) 原告丧失诉讼行为能力,尚未确定法定代理人的。
(3) 作为一方当事人的行政机关、法人或者其他组织终止,尚未确定权利义务承担人的。
(4) 一方当事人因不可抗拒的事由不能参加诉讼的。
(5) 案件涉及法律适用问题,需要送请有权机关作出解释或者确认的。
(6) 案件的审判须以相关民事、刑事或者其他行政案件的审理结果为依据,而相关案件尚未审结的。
(7) 其他应当中止诉讼的情形。主要是:① 被告行政机关被撤销,尚未确定继续行使其职权的行政机关的,或者被告行政机关被撤销,其职权也同时被撤销,从而无继续行使其职权的行政机关,尚未确定继续诉讼的行政机关的;② 行政行为所依据的规章互相抵触,需要等待最高人民法院送请国务院作出解释或裁决,在等待解释或裁决时,人民法院应中止诉讼;③ 在审理案件过程中,人民法院发现被处罚人的行为构成犯罪,应当追究刑事责任时,应及时将有关犯罪材料移送有关机关,如果刑事责任的追究影响本案审理的,应中止诉讼,待有关机关作出最终处理后,再恢复诉讼。如果对刑事责任的追究不影响本案审理的,应继续审理;④ 追加、更换当事人,或者本案的处理需要等待其他案件处理的结果时。

中止诉讼由人民法院作出裁定。裁定一经作出,即产生法律效力。待中止诉讼的情形消失后,当事人可以申请恢复审理程序,人民法院也可以依职权加以恢复。恢复诉讼后,当事人和人民法院在诉讼中止前所进行的诉讼行为仍然有效。

(二) 诉讼终结

诉讼终结是指在诉讼进行过程中,由于存在或者发生特殊情况,结束正在进行的诉讼程序的一种法律制度。

导致行政诉讼程序终结的特殊情况主要是指使诉讼活动不能继续进行或者继续进行已无任何意义的情况,主要有以下几种:

(1) 原告死亡,没有近亲属或者近亲属放弃诉讼权利的;作为原告的法人或者其他组织终止后,其权利义务的承受人放弃诉讼权利的。

(2) 原告死亡,需要等待其近亲属表明是否参加诉讼,或者原告丧失诉讼行为能力,尚未确定法定代理人,或者作为一方当事人的行政机关、法人或者其他组织终止,尚未确定权利义务承受人而中止诉讼满 90 日,仍无人继续诉讼的。

(3) 原告的申请撤诉或视为申请撤诉的行为经人民法院审查而获准许的。

终结诉讼,由人民法院作出裁定。裁定一经作出,诉讼程序即为终结。当事人对该裁定既不能上诉,也不能申请复议。

七、移送

行政诉讼中的案件移送是指人民法院在审理行政案件的过程中,发现行政机关工作人员有违法违纪或者犯罪行为,或者被处罚人的行为构成犯罪,应当追究刑事责任,而将案件全部或部分移送有关部门处理的措施。接受移送的有关国家机关,必须依法履行对违反政纪或犯罪行为查处的职责,以维护社会主义法制的统一和尊严。

人民法院在审理行政案件时,发现违法违纪或犯罪案件,应当及时移送有关部门处理。对于行政机关的主管人员、直接责任人员违法违纪的,应当将有关材料移送监察机关、该行政机关或者其上一级行政机关;对于有犯罪行为的,应当将有关材料移送公安、检察机关。移送的条件是:(1) 人民法院认为行政机关主管人员、直接责任人员有违法违纪或犯罪行为,或者被处罚人的行为构成犯罪;(2) 将案件移送有管辖权的国家机关,即被诉的行政机关、上一级行政机关、监察机关或者公安、检察机关;(3) 由受移送的机关负责查处。

第十九章
行政诉讼法律适用

第一节 行政诉讼中的审判依据

《行政诉讼法》第 63 条规定,人民法院审理行政案件,以法律和行政法规、地方性法规为依据。地方性法规适用于本行政区域内发生的行政案件。人民法院审理民族自治地方的行政案件,并以该民族自治地方的自治条例和单行条例为依据。

关于何为"审判依据",一种较为权威的解释认为,它是指人民法院审理行政案件时,衡量行政行为是否合法的尺度。[①]对此,有学者提出了很有价值的问题,即是否要求对这个"尺度"本身的合法性作出判断,并根据判断结果作出是否适用于本案的选择。[②]这就需要对法律、行政法规、地方性法规和自治条例、单行条例分别加以讨论。

一、法律

《宪法》第 126 条规定,人民法院依照法律规定独立行使审判权,不受行政机关、社会团体和个人的干涉。这里的"法律"和《行政诉讼法》第 63 条规定的"法律",都是指狭义的法律,即由全国人大及其常委会制定的法律规范。

《立法法》第 97 条规定,全国人民代表大会有权改变或者撤销它的常务委员会制定的不适当的法律。但是,人民法院,包括最高人民法院,必须执行法律。根据《立法法》第 99 条的规定,最高人民法院认为行政法规、地方性法规、自治条例和单行条例同宪法或者法律相抵触的,可以向全国人民代表大会常务委员会书面提出进行审查的要求,由常务委员会工作机构分送有关的专门委员会进行审查、提出意见。法律是否同宪法相抵触,不在最高人民法院书面提出进行审查的要求范围。

关于法律的适用,另一个问题是,如果法律之间存在冲突,法院如何适用?对此,最高人民法院专家法官认为,审理案件的法院(除最高人民法院外)不能像规章之间的冲突解决方式一样选择适用,而必须中止案件的审理,请示最高人民法院作出

---

① 参见黄杰:《中华人民共和国行政诉讼法诠释》,人民法院出版社 1994 年版,第 160 页。
② 参见章剑生:《依法审判中的"行政法规"——以〈行政诉讼法〉第 52 条第 1 句为分析对象》,载《华东政法大学学报》2012 年第 2 期。

答复。①

二、行政法规

《立法法》颁布实施前,行政法规是指由国务院依法制定或者批准颁布的具有普遍约束力的规范性文件。但是,《立法法》仅规定由国务院依法制定并颁布的具有普遍约束力的规范性文件属于行政法规,未将国务院批准由国务院部门发布的具有普遍约束力的规范性文件列入行政法规的范畴。因此,现行有效的行政法规有三种类型:一是国务院制定并公布的行政法规;二是《立法法》实施以前,按照当时有效的行政法规制定程序,经国务院批准、由国务院部门公布的行政法规,但在《立法法》施行以后,经国务院批准、由国务院部门公布的规范性文件,不再属于行政法规;三是在清理行政法规时由国务院确认的其他行政法规。②

经国务院同意,国务院办公厅下发的具有普遍性约束力的规范性文件,不属于行政法规,因为根据《立法法》的规定,行政法规须由总理签署国务院令发布。虽然不属于行政法规,但国务院采取这种形式发布规范性文件是为了保障法律、行政法规及中央宏观政策的统一性考虑,其法律效力虽然低于行政法规,但高于地方性法规和规章,只要不与上位法相抵触,地方各级政府及其部门应当执行。③

根据《立法法》第87条和88条第1款的规定,宪法、法律的效力高于行政法规。根据《立法法》第96条的规定,超越权限的、下位法违反上位法规定的、违背法定程序的,由有权机关根据相应权限予以改变或撤销。根据《立法法》第97条第2项的规定,全国人民代表大会常务委员会有权撤销同宪法和法律相抵触的行政法规。根据《立法法》第99条的规定,全国人民代表大会常务委员会有权应特定的国家机关的要求对行政法规是否与宪法、法律相抵触进行审查。因此,人民法院审理行政案件,无权对行政法规进行合法性审查,也无权宣布与上位法相抵触的行政法规或者其中某一条款无效。

当然,人民法院审理行政案件必须进行法律适用。司法实践中,如果发现行政法规与上位法相抵触,往往以默示性方法宣布它的某种不适用——直接引用上位法认定被诉行政行为适用法律、法规错误。④如果行政法规之间有冲突,则根据规范冲突的适用规则加以解决。

---

① 参见江必新、梁凤云:《行政诉讼法理论与实务》(第二版·下卷),北京大学出版社2011年版,第1032页。
② 参见蔡小雪、甘文:《行政诉讼实务指引》,人民法院出版社2014年版,487—488页;梁凤云编著:《行政诉讼法逐条注释》,中国法制出版社2014年版,第369—370页。
③ 参见蔡小雪、甘文:《行政诉讼实务指引》,人民法院出版社2014年版,第488页。
④ 参见章剑生:《依法审判中的"行政法规"——以〈行政诉讼法〉第52条第1句为分析对象》,载《华东政法大学学报》2012年第2期。

三、地方性法规、自治条例和单行条例

根据我国《立法法》第 72 条的规定，省、自治区、直辖市的人民代表大会及其常务委员会根据本行政区域的具体情况和实际需要，在不与宪法、法律、行政法规相抵触的前提下，可以制定地方性法规。区、市的人民代表大会及其常务委员会根据具体情况和实际需要，在不与宪法、法律、行政法规和省、自治区的地方性法规相抵触的前提下，可以对城乡建设与管理、环境保护、历史文化保护等方面的事项制定地方性法规。[1]

根据《立法法》第 73 条第 1 款的规定，地方性法规可以就下列事项作出规定：(1) 为执行法律、行政法规的规定，需要根据本行政区域的实际情况作具体规定的事项；(2) 属于地方性事务需要制定地方性法规的事项。

根据《立法法》第 75 条的规定，民族自治地区的人民代表大会有权依照当地民族的政治、经济和文化的特点，制定自治条例和单行条例。自治区的自治条例和单行条例，报全国人民代表大会常务委员会批准后生效。自治州、自治县的自治条例和单行条例，报省、自治区、直辖市的人民代表大会常务委员会批准后生效。自治条例和单行条例可以依照当地民族的特点，对法律和行政法规的规定作出变通规定，但不得违背法律或者行政法规的基本原则，不得对宪法和民族区域自治法的规定以及其他有关法律、行政法规专门就民族自治地方所作的规定作出变通。

根据《立法法》第 87—89 条的规定，宪法、法律、行政法规的效力高于地方性法规，现时不得与宪法、法律和行政法规相抵触。而且在行政诉讼中，地方性法规仅适用于本区域内发生的行政案件。

根据《立法法》第 90 条的规定，自治条例和单行条例依法对法律、行政法规、地方性法规作变通规定的，在自治地方适用自治条例和单行条例的规定。经济特区法规根据授权对法律、行政法规、地方性法规作变通规定的，在经济特区适用经济特区法规的规定。

我国法院没有类似英美国家的司法审查权，不能审查和撤销行政机关制定的法规、规章等具有普遍约束力的规范性文件。[2]

1989 年 11 月 17 日，《全国人大常委会法制工作委员会关于地方性法规与国家法律相抵触应如何执行的答复》中指出，人民法院在审理行政案件的过程中，如果发现地方性法规与国家最高权力机关制定的法律相抵触，应当执行国家最高权力机关的法律。这个答复实际上明确了人民法院在地方性法规与法律相抵触情况下直接适用法律的权力。[3]

---

[1] 《全国人民代表大会关于修改〈中华人民共和国立法法〉的决定》(2015 年 3 月 15 日第十二届全国人民代表大会第三次会议通过)规定，广东省东莞市和中山市、甘肃省嘉峪关市、海南省三沙市，比照适用本决定有关赋予设区的市地方立法权的规定。

[2] 参见梁凤云编著：《行政诉讼法逐条注释》，中国法制出版社 2014 年版，第 369 页。

[3] 参见江必新、梁凤云：《行政诉讼法理论与实务》(第二版·下卷)，北京大学出版社 2011 年版，第 1032 页。

第二节　规章的参照适用

《行政诉讼法》第 63 条第 3 款规定："人民法院审理行政案件,参照规章。"关于何为"参照",全国人大常委会原副委员长王汉斌在关于《行政诉讼法（草案）》的说明中指出："对符合法律、行政法规的规章,法院要参照审理,对不符合法律、行政法规原则的规章,法院可以灵活处理。"①也就是说,"参照规章",既不是无条件地适用规章,也不是一律拒绝适用规章,只能参酌、鉴别之后决定适用与否。②

对此,《行政诉讼法司法解释》第 100 条第 2 款规定,人民法院审理行政案件,可以在裁判文书中引用合法有效的规章。最高人民法院指导案例 5 号的裁判要点 3 中明确,"地方政府规章违反法律规定设定许可、处罚的,人民法院在行政审判中不予适用"③。这就意味着人民法院在审理行政案件时,应当审查判断行政行为所适用的规章是否合法并进行相应处理。

人民法院审查规章的合法性主要是审查规章的内容与上位法的规定是否抵触。行政审判中规章与上位法相抵触主要有以下几种情况:(1) 规章的规定缩小了上位法规定的权利主体范围,或者违反了上位法立法目的,扩大了上位法的权利主体范围;(2) 规章限制或者剥夺了上位法规定的权利,或者违反了上位法立法目的扩大了上位法规定的权利范围;(3) 规章扩大了行政主体或者其职权范围,延长了上位法规定的履行法定职责期限;(4) 规章以参照、准用等方式扩大或者限缩了上位法规定的义务或者义务主体的范围;(5) 规章增设或者限缩了上位法规定的适用条件,扩大或者限缩了上位法规定的给予行政处罚的行为、种类和幅度的范围;(6) 规章改变了上位法已经规定的违法行为性质;(7) 规章超出了上位法规定的强制措施的适用范围、种类和方式,增设或者限缩其适用条件;(8) 规章设定了不符合《行政许可法》规定的行政许可,或者增设违反上位的行政许可条件。④

是否与上位法相抵触,需要根据行政的活动方式,根据《行政处罚法》《行政许可法》《行政强制法》等法律、行政法规加以判断。前述指导案例 5 号即涉及行政许可和行政处罚。

---

① 王汉斌:《关于〈中华人民共和国行政诉讼法（草案）〉的说明——1989 年 3 月 28 日在第七届全国人民代表大会第二次会议上》,载《中华人民共和国国务院公报》1989 年第 7 期。
② 参见蔡小雪、甘文:《行政诉讼实务指引》,人民法院出版社 2014 年版,第 490 页。
③ 《指导案例 5 号:鲁潍（福建）盐业进出口有限公司苏州分公司诉江苏省苏州市盐务管理局盐业行政处罚案》,http://www.court.gov.cn/fabu-xiangqing-4218.html。
④ 参见蔡小雪、甘文:《行政诉讼实务指引》,人民法院出版社 2014 年版,第 504—505 页。

第三节 其他规范性文件的附带审查与参考适用

《行政诉讼法》第53条第1款规定:"公民、法人或者其他组织认为行政行为所依据的国务院部门和地方人民政府及其部门制定的规范性文件不合法,在对行政行为提起诉讼时可以一并请求对该规范性文件进行审查。"该条第2款进一步明确:"前款规定的规范性文件不含规章。"通常用"其他规范性文件""规章以下的规范性文件"或"行政规定"来精确表述本条规定的不含规章的规范性文件。[①]

《行政诉讼法》第64条进一步规定,人民法院在审理行政案件中,经审查认为《行政诉讼法》第53条规定的规范性文件不合法的,不作为行政行为合法的依据,并向制定机关提出处理建议。

根据《行政诉讼法司法解释》第148条第1款的规定,人民法院对规范性文件进行一并审查时,可以从规范性文件制定机关是否超越权限或者违反法定程序、作出行政行为所依据的条款以及相关条款等方面进行。

前述《行政诉讼法》第64条规定的"规范性文件不合法",具体包括以下情形:(1)超越制定机关的法定职权或者超越法律、法规、规章的授权范围的;(2)与法律、法规、规章等上位法的规定相抵触的;(3)没有法律、法规、规章依据,违法增加公民、法人和其他组织义务或者减损公民、法人和其他组织合法权益的;(4)未履行法定批准程序、公开发布程序,严重违反制定程序的;(5)其他违反法律、法规以及规章规定的情形。

《行政诉讼法司法解释》第149条规定了对规范性文件进行一并审查后的相应处理。具体包括:(1)经审查认为行政行为所依据的规范性文件合法的,应当作为认定行政行为合法的依据;(2)经审查认为规范性文件不合法的,不作为人民法院认定行政行为合法的依据,并在裁判理由中予以阐明;(3)作出生效裁判的人民法院应当向规范性文件的制定机关提出处理建议,并可以抄送制定机关的同级人民政府、上一级行政机关、监察机关以及规范性文件的备案机关。

关于规范性文件不合法的司法建议及其回应,《行政诉讼法司法解释》规定:(1)人民法院可以在裁判生效之日起3个月内,向规范性文件制定机关提出修改或者废止该规范性文件的司法建议;(2)规范性文件由多个部门联合制定的,人民法院可以向该规范性文件的主办机关或者共同上一级行政机关发送司法建议;(3)接收司法建议的行政机关应当在收到司法建议之日起60日内予以书面答复。情况紧急的,人民法院可以建议制定机关或者其上一级行政机关立即停止执行该规范性文件。

[①] 关于行政规定及其性质,代表性研究参见朱芒:《论行政规定的性质》,载《中国法学》2003年第1期。

经审查合法有效的其他规范性文件,《行政诉讼法司法解释》第 100 条第 2 款规定,人民法院审理行政案件,可以在裁判文书中引用。

其实,早在 2004 年的最高人民法院《关于审理行政案件适用法律规范问题的座谈会纪要》中即有规定,其他的规范性文件不是正式的法律渊源,对人民法院不具有法律规范意义上的约束力。但是,人民法院经审查认为被诉具体行政行为依据的具体应用解释和其他规范性文件合法、有效并合理、适当的,在认定被诉具体行政行为合法性时应承认其效力;人民法院可以在裁判理由中对具体应用解释和其他规范性文件是否合法、有效、合理或适当进行评述。最高人民法院行政审判法官在研究中也认为,对于规章以下的规范性文件,人民法院在审理行政案件时不意味着可以完全不必考虑其规定。行政机关在其职权范围制定和发布的规章以下的规范性文件的规定,只要与法律、法规及规章的规定一致的,法院应当承认其效力,人民法院在审理行政案件时,可以参考。不同层级之间的规范性文件不一致时,原则上应适用高层级的文件。①

其他规范性文件还有一些特殊的类型,例如,高等学校等授权组织制定的规范性文件和行政机关作出的答复、复函等。对于前者,在甘露不服暨南大学开除学籍决定案中,最高人民法院指出:"学生对高等院校作出的开除学籍等严重影响其受教育权利的决定可以依法提起诉讼。人民法院审理此类案件时,应当以相关法律、法规为依据,参照相关规章,并可参考涉案高等院校正式公布的不违反上位法规定精神的校纪校规。"②对于后者,在博坦公司诉厦门海关行政处罚决定纠纷案中,最高人民法院指出:"海关总署政法司的复函,既不是法律、法规和规章,也不是海关总署为具体应用法律、法规和规章作出的解释,仅是海关总署内设机构对相对法律问题表达的一种观点,依法不能作为行政案件的审判依据。"③

此外,行政惯例是否可以作为法源加以适用,也值得关注。对此,最高人民法院基本上认为,不违反法律、法规的强制性规定或不明显抵触上位法的行政惯例,可以加以适用。④

---

① 参见蔡小雪、甘文:《行政诉讼实务指引》,人民法院出版社 2014 年版,第 491 页。
② 《最高人民法院公报》2012 年第 7 期。有关分析,参见梁凤云编著:《行政诉讼法逐条注释》,中国法制出版社 2014 年版,第 403 页。
③ 《最高人民法院公报》2006 年第 6 期。有关分析,参见梁凤云编著:《行政诉讼法逐条注释》,中国法制出版社 2014 年版,第 403 页。
④ 参见《吴小琴等诉山西省吕梁市保险管理服务中心履行职责案》,《中国行政审判案例》(第 4 卷)第 135 号案例,中国法制出版社 2011 年版;《尹荷玲诉台州市国土资源局椒江分局土地行政批准案》,《中国行政审判案例》(第 4 卷)152 号案例,中国法制出版社 2011 年版。有关研究,参见章剑生:《论"行政惯例"在现代行政法法源中的地位》,载《政治与法律》2010 年第 6 期;陈越峰、周鹏:《信赖保护中的利益衡量方法——以吴小琴等诉山西省吕梁市保险管理服务中心案为例》,载《法律适用(司法案例)》2017 年第 14 期。

第四节 对司法解释的援引和指导案例的参照

《全国人民代表大会常务委员会关于加强法律解释工作的决议》规定,凡属于法院审判工作中具体应用法律、法令的问题,由最高人民法院进行解释。凡属于检察院检察工作中具体应用法律、法令的问题,由最高人民检察院进行解释。最高人民法院和最高人民检察院的解释如果有原则性的分歧,报请全国人民代表大会常务委员会解释或决定。

在长期的实践中,最高人民法院、最高人民检察院作出了不少司法解释。对行政诉讼的法律适用而言,最高人民法院作出的司法解释有着非常重要的作用。最高人民法院的司法解释主要分为以下三个类型:

第一,全面司法解释,主要有:(1)《最高人民法院关于贯彻执行〈中华人民共和国行政诉讼法〉若干问题的意见(试行)》;(2)《最高人民法院关于执行〈中华人民共和国行政诉讼法〉若干问题的解释》;(3)《最高人民法院关于适用〈中华人民共和国行政诉讼法〉若干问题的解释》;(4)《行政诉讼法司法解释》。

第二,专项司法解释,例如,《行政诉讼证据司法解释》《行政诉讼撤诉规定》等。

第三,个案司法解释,主要以"答复"形式作出。例如,《最高人民法院关于公安机关不履行、拖延履行法定职责如何承担行政赔偿责任问题的答复》《最高人民法院关于交通警察支队的下属大队能否作为行政处罚主体等问题的答复》等。这类司法解释主要用于回复特定法院的问询。

关于司法解释的权限问题,理论界和实务界一直有争议。其中比较有代表性的意见认为,司法解释不能做实质上创制性立法的工作。对此,《立法法》第45条第1款规定,法律解释权属于全国人民代表大会常务委员会。该条第2款进一步规定,法律有以下情况之一的,由全国人民代表大会常务委员会解释:(1)法律的规定需要进一步明确具体含义的;(2)法律制定后出现新的情况,需要明确适用法律依据的。《立法法》第104条第1款规定,最高人民法院、最高人民检察院作出的属于审判、检察工作中具体应用法律的解释,应当主要针对具体的法律条文,并符合立法的目的、原则和原意。遇有第45条第2款规定情况的,应当向全国人民代表大会常务委员会提出法律解释的要求或者提出制定、修改有关法律的议案。第45条第2款规定,最高人民法院、最高人民检察院作出的属于审判、检察工作中具体应用法律的解释,应当自公布之日起30日内报全国人民代表大会常务委员会备案。这就从权限范围、立法目的、原则和原意引领,以及备案程序等方面有效规范了司法解释工作,使其具有更为坚实的合法性和正当性。

《行政诉讼法司法解释》第100条第1款规定:"人民法院审理行政案件,适用最高人民法院司法解释的,应当在裁判文书中援引。"

为了回应各界对"立法型司法解释"的顾虑和质疑,最高人民法院实施了案例指导制度。以指导性案例统一法律适用,实际上更契合司法活动的本质,也更符合全国人大常委会 1981 年授权最高人民法院、最高人民检察院作出司法解释的本意。

关于指导性案例的效力及其适用,《最高人民法院关于案例指导工作的规定》第 7 条规定,最高人民法院发布的指导性案例,各级人民法院审判类似案例时应当参照。《〈最高人民法院关于案例指导工作的规定〉实施细则》第 10 条规定,各级人民法院审理类似案件参照指导性案例的,应当将指导性案例作为裁判理由引述,但不作为裁判依据引用。在特定情形下,指导性案例不应进行参照。上述细则第 12 条就规定,指导性案例有下列情形之一的,不再具有指导作用:(1)与新的法律、行政法规或者司法解释相冲突的;(2)为新的指导性案例所取代的。

第五节 规范冲突的适用规则

一、不同位阶规范冲突的适用规则

《立法法》规定不同位阶的法律规范冲突适用规则是上位法优于下位法。在行政诉讼中,当下位法与上位法相抵触时,人民法院应适用上位法。最高人民法院在关于《关于审理行政案件适用法律规范问题的座谈会纪要》中重申,下位法的规定不符合上位法的,人民法院原则上应适用上位法。

二、同一制定主体规范冲突的适用规则

根据《立法法》的规定,同一制定主体的规范冲突,在适用时,特别规定优于一般规定,新规定优于旧规定。如果新的普通规定与旧的特别规定发生冲突,情况则更为复杂。对此,最高人民法院关于《关于审理行政案件适用法律规范问题的座谈会纪要》规定:新的一般规定允许旧的特别规定继续适用的,适用旧的特别规定;新的一般规定废止旧的特别规定的,适用新的一般规定;不能确定新的一般规定是否允许旧的规定继续适用的,人民法院应当中止行政案件的审理,属于法律的,逐级上报最高人民法院送请全国人民代表大会常务委员会裁决;属于行政法规的,逐级上报最高人民法院送请国务院裁决;属于地方性法规的,由高级人民法院送请制定机关裁决。

三、位阶相同规范冲突的适用规则

位阶相同的规范冲突主要表现为政府规章的冲突。根据《立法法》的规定,部门

规章、地方规章具有同等效力,部门规章之间、部门规章与地方政府规章之间对同一事项的规定不一致时,由国务院裁决。

根据最高人民法院《关于审理行政案件适用法律规范问题的座谈会纪要》,部门规章与地方政府规章之间对相同事项规定不一致的,人民法院按下列情形适用:(1)法律或者行政法规授权部门规章作出实施性规定的,其规定优先适用;(2)尚未制定法律、行政法规的,部门规章对于国务院决定、命令授权的事项,或者对属于中央宏观调控的事项、需要全国统一的市场活动规则及对外贸易和外商投资等事项作出的规定,应当优先适用;(3)地方政府规章根据法律或者行政法规的授权,根据本行政区域的实际情况作出的具体规定,应当优先适用;(4)地方政府规章对属于本行政区域的具体行政管理事项作出的规定,应当优先适用。总体而言,确定规章规定的事项是上位法授权部门规章还是地方政府规章的,是中央事项还是地方管理事项,从而决定如何直接适用。不能确定如何适用的,应当中止行政案件的审理,逐级上报最高人民法院送请国务院裁决。

部门规章之间对同一事项规定不一致的,人民法院按下列情形适用:(1)适用与上位法不相抵触的部门规章规定;(2)与上位法均不抵触的,优先适用根据专属职权制定的章规定;(3)两个以上的国务院部门就涉及其职权范围的事项联合制定的规章规定,优先于其中一个部门单独作出的规定。总体而言,是根据与上位法的关系、制定主体的主管范围和制定主体的数量来决定如何直接适用。不能确定如何适用的,应当中止行政案件的审理,逐级上报最高人民法院送请国务院裁决。

国务院部门或者省级人民政府制定的其他规范性文件对相同事项的规定不一致的,参照上述原则处理。

四、需要判定的规范冲突的适用规则

从形式上看,地方性法规的效力高于政府规章。但是,地方性法规和国务院部门规章的效力还有待判定。根据《立法法》的规定,地方性法规与部门规章之间对同一事项的规定不一致,不能确定如何适用时,由国务院提出意见,国务院认为应当适用地方性法规的,应当决定在该地方适用地方性法规的规定;认为应当适用部门规章的,应当提请全国人民代表大会常务委员会裁决。这一规定是程序上的规定。

最高人民法院《关于审理行政案件适用法律规范问题的座谈会纪要》对具体适用作了更直接的规定:(1)法律或者行政法规授权部门规章作出实施性规定的,其规定优先适用;(2)尚未制定法律、行政法规的,部门规章对于国务院决定、命令授权的事项,或者对于中央宏观调控的事项、需要全国统一的市场活动规则及对外贸易和外商投资等需要全国统一规定的事项作出的规定,应当优先适用;(3)地方性法规根据法律或者行政法规的授权,根据本行政区域的实际情况作出的具体规定,应当优先适用;(4)地方性法规对属于地方性事务的事项作出的规定,应优先适用;(5)尚未制定法律、行政法规的,地方性法规根据本行政区域的具体情况,对需要全国统一规定以外的事项作出的规定，应优先适用。总体上，地方性法规和部门规章的规范冲突适用规则，与部门规章和地方政府规章冲突的适用规则类似。不能确定如何适用的，应当中止行政案件的审理，逐级上报最高人民法院按照立法法的规定送请有权机关处理。

第六节　民事法律规范的准用

民事法律规范的准用主要发生在行政协议案件审理和相关民事争议案件一并审理中。

江必新大法官在关于《行政诉讼法司法解释》的起草说明中指出，《最高人民法院关于适用〈中华人民共和国行政诉讼法〉若干问题的解释》中关于行政协议的部分，最高人民法院将制定专项的司法解释。在此期间，人民法院审理行政协议案件，可以参照《最高人民法院关于适用〈中华人民共和国行政诉讼法〉若干问题的解释》相关规定的有关内容，在适用法律方面可以援引《行政诉讼法》《民事诉讼法》以及合同法的有关规定。

在审理行政协议案件时，准用民事法律规范。《最高人民法院关于适用〈中华人民共和国行政诉讼法〉若干问题的解释》第 14 条规定，人民法院审查行政机关是否依法履行、按照约定履行协议或者单方变更、解除协议是否合法，在适用行政法律规范的同时，可以适用不违反《行政法》《行政诉讼法》强制性规定的民事法律规范。该解释第 15 条第 2 款规定，原告请求解除协议或者确认协议无效，理由成立的，判决解除协议或者确认协议无效，并根据合同法等相关法律规定作出处理。

在行政诉讼案件中一并审理相关民事争议时，准用民事法律规范。对此，《行政诉讼法司法解释》第 141 条规定，人民法院一并审理相关民事争议，适用民事法律规范的相关规定，法律另有规定的除外。当事人在调解中对民事权益的处分，不能作为审查被诉行政行为合法性的根据。

第二十章
行政诉讼裁判

行政诉讼裁判是人民法院在审理行政案件的过程中,依据已经查明的事实和法律规定,针对案件的实体性问题、程序性问题以及某些特殊事项所作出的结论性司法判定。人民法院的裁判分为判决、裁定和决定三种形式。其中,判决制度尤其是一审判决制度最为重要、最为关键,也是《行政诉讼法》修改中最具特色的部分。诚如学者所言:"本次修法在确立了中国特色的行政判决体系的同时,也确立了中国特色的行政诉讼类型体系,为今后行政诉讼法典的精细化、科学化奠定了一个坚实的制度基础。"[①]本章将结合若干典型案例,重点论述行政诉讼一审判决的种类及其具体适用。

第一节 行政诉讼判决

一、行政诉讼一审判决

一审判决是指人民法院依据已经查清的案件事实和法律法规的有关规定,对其所审理的行政案件的实体性问题作出的结论性判定。一审判决的具体方式经历了一个不断扩充调整的过程,大体上分为三个阶段:1989年《行政诉讼法》仅规定了维持判决、撤销判决、履行判决和变更判决等四种类型;2000年《最高人民法院关于执行〈中华人民共和国行政诉讼法〉若干问题的解释》增加了驳回原告诉讼请求、确认行政行为合法(违法)、确认行政行为有效(无效)判决;2014年《行政诉讼法》则以驳回原告诉讼请求判决全面取代维持判决,取消了法理依据不够充分也无多少实益的确认行政行为合法和有效判决,并增加了给付判决和行政协议判决。根据《行政诉讼法》第69—78条的规定,一审判决包括驳回诉讼请求判决、撤销判决、履行判决、给付判决、确认违法判决、确认无效判决、变更判决和行政协议判决等类型。

(一)驳回诉讼请求判决

驳回诉讼请求判决是人民法院经过对行政案件的审理,直接对原告的诉讼请求予以否定的判决。"从实际效果来看,驳回诉讼请求判决更加符合行政行为公定力理

---

① 梁凤云:《不断迈向类型化的行政诉讼判决》,载《中国法律评论》总第4期。

论,更加符合行政诉讼的解决纠纷的性质,也更加符合法院作出妥当裁判的需要。"①以驳回诉讼请求判决全面取代维持判决,与《行政诉讼法》第 1 条增加"解决行政争议"和删除"维护行政机关依法行使职权"的目的性条款变动直接有关。对原告而言,驳回诉讼请求判决意味着其获得败诉的结果。驳回诉讼请求判决与驳回起诉裁定在最终效果上具有一定的相似性,但也存在明显差异:前者是对原告实体请求权的否定,后者则是对原告程序请求权的否定;前者是法院已经对案件进行实体性审查之后运用判决形式结案的,后者则是法院未对案件进行实体性审查直接运用裁定方式结案的。根据《行政诉讼法》第 69 条的规定,驳回诉讼请求判决主要适用于"被诉行政行为不构成违法"和"原告请求理由不成立"两种情形。

1. 被诉行政行为不构成违法

行政案件经法院审理后,如果被诉行政行为证据确凿,适用法律、法规正确,符合法定程序的,人民法院就应当判决驳回原告的诉讼请求。一般来说,证据确凿是指被诉行政行为所依托的证据真实、可靠,对待证事实具有充分的证明力,各项证据之间能够相互印证、相互补充;适用法律、法规正确是指被诉行政行为所依托的法律法规全面、准确、具体。

在贝汇丰诉海宁市公安局交通警察大队道路交通管理行政处罚案中,法院生效裁判认为:首先,人行横道是行车道上专供行人横过的通道,是法律为行人横过道路时设置的保护线,在没有设置红绿灯的道路路口,行人有从人行横道上优先通过的权利。机动车作为一种快速交通运输工具,在道路上行驶具有高度的危险性,与行人相比处于强势地位,因此必须对机动车在道路上行驶时给予一定的权利限制,以保护行人。其次,认定行人是否"正在通过人行横道"应当以特定时间段内行人一系列连续行为为标准,而不能以某个时间点行人的某个特定动作为标准,特别是在该特定动作不是行人在自由状态下自由做出,而是由于外部的强力原因迫使其不得不做出的情况下。案发时,行人以较高的步频走上人行横道线,并以较快的速度接近案发路口的中央位置,当看到案涉车辆朝自己行走的方向驶来,行人放慢了脚步,以确认案涉车辆是否停下来,但并没有停止脚步,当看到案涉车辆没有明显减速且没有停下来的趋势时,才为了自身安全不得不停下脚步。如果此时案涉车辆有明显减速并停止行驶,则行人肯定会连续不停止地通过路口。可见,在案发时间段内行人的一系列连续行为充分说明行人正在通过人行横道。最后,机动车和行人穿过没有设置红绿灯的道路路口属于互动的过程,任何一方都无法事先准确判断对方是否会停止让行,因此处于强势地位的机动车在行经人行横道遇行人通过时应当主动停车让行,而不应利用自己的强势迫使行人停步让行,除非行人明确示意机动车先通过,这既是法律的明确规定,也是保障作为弱势一方的行人安全通过马路、减少交通事故、保障生命安全的现代文明社会的内在要求。综上,贝汇丰驾驶机动车行经人行横道时遇行人正在通过而未停车让行,违反了《道路交通安全法》第 47 条的规定。海宁交警大队根据贝汇

---

① 何海波:《行政诉讼法》(第二版),法律出版社 2016 年版,第 465 页。

丰的违法事实,依据法律规定的程序在法定的处罚范围内给予相应的行政处罚,事实清楚,程序合法,处罚适当。2015年6月11日,浙江省海宁市人民法院作出判决:驳回贝汇丰的诉讼请求。①

2. 原告请求理由不成立

当原告申请被告履行法定职责或者给付义务理由不成立时,人民法院也应当判决驳回原告的诉讼请求。一般来说,所谓的请求理由不成立是指被告没有作出相应行政行为或给付的法定职责,或者行政机关已经充分履职,或者原告不具备相应的申请条件。

在何小强诉华中科技大学履行法定职责纠纷案中,武汉市洪山区人民法院一审认为:依据《学位条例》《学位条例暂行实施办法》《国务院批准首批授予学士学位高等学校名单》的授权,被告华中科技大学具有授予学士学位的法定职责。原告何小强以华中科技大学在收到申请之日起60日内未授予其工学学士学位,向人民法院提起行政诉讼,符合最高人民法院《关于执行〈中华人民共和国行政诉讼法〉若干问题的解释》第39条第1款的规定,华中科技大学是本案适格的被告。何小强是第三人华中科技大学武昌分校的本科毕业生,华中科技大学武昌分校是非授予学士学位的高等院校,依据《学位条例暂行实施办法》第4条第2款"非授予学士学位的高等院校,对达到学士学术水平的本科毕业生,应当由系向学校提出名单,经学校同意后,由学校就近向本系统、本地区的授予学士学位的高等院校推荐。授予学士学位的高等院校有关的系,对非授予学士学位的高等院校推荐的本科毕业生进行审查考核,认为符合本暂行办法及有关规定的,可向学校学位评定委员会提名,列入学士学位获得者名单"的规定,第三人对该校达到学士学术水平的本科毕业生,向被告推荐,由被告审核是否授予学士学位。被告及第三人均将通过全国大学英语四级考试作为学士学位授予的具体条件之一,没有违反《学位条例》第4条、《学位条例暂行实施办法》第25条的规定。第三人以原告没有通过全国大学英语四级考试,不符合学士学位授予条件为由,没有向被告推荐审核是否授予学士学位,原告要求被告为其颁发工学学士学位证书的诉讼请求,无事实和法律依据。被告在收到原告邮寄送达的申请书后,转交原告所在学校处理,并由第三人书面告知了原告不能授予学位的原因,原告起诉被告不作为的理由不成立,依法不予支持。据此,武汉市洪山区人民法院于2008年12月18日作出判决:驳回原告何小强要求被告华中科技大学为其颁发工学学士学位的诉讼请求。

(二) 撤销判决

撤销判决是人民法院经过对被诉行政行为的审查,作出撤销或部分撤销被诉行政行为的判决。从法律效果上看,撤销判决的作出使被诉行政行为失去效力,原告的诉讼请求因获得满足而胜诉。在撤销诉讼占据行政诉讼类型中心的时代,撤销判决

---

① 参见最高人民法院指导案例90号。

适用的范围最为广泛,对行政机关的监督也最为显著。撤销判决实际上有三种形式:判决全部撤销;判决部分撤销;判决撤销并同时判决被告重新作出行政行为。如果说撤销判决是主判决的话,那么重作判决就是一种从判决。从判决的适用,对于切实督促行政机关依法正确履职具有重要作用,同时也需要对行政机关进行必要的限制,防止其刻意规避司法审查。为此,《行政诉讼法》第71条规定:"人民法院判决被告重新作出行政行为的,被告不得以同一的事实和理由作出与原行政行为基本相同的行政行为。"《行政诉讼法司法解释》第90条对"基本相同的行政行为"作了进一步说明:第一,人民法院判决被告重新作出行政行为,被告重新作出的行政行为与原行政行为的结果相同,但主要事实或者主要理由有改变的,不属于上述情形;第二,人民法院以违反法定程序为由,判决撤销被诉行政行为的,行政机关重新作出行政行为不受上述限制;第三,行政机关以同一事实和理由重新作出与原行政行为基本相同的行政行为,人民法院应当根据《行政诉讼法》第70条、第71条的规定判决撤销或者部分撤销,并根据《行政诉讼法》第96条的规定处理。在行政审判实务中,重作判决具有很大的司法裁量空间,往往需要从可能性、必要性和适当性等多个维度加以考量。①

根据《行政诉讼法》第70条的规定,行政行为有下列情形之一的,人民法院判决撤销或者部分撤销,并可以判决被告重新作出行政行为:(1)主要证据不足的;(2)适用法律、法规错误的;(3)违反法定程序的;(4)超越职权的;(5)滥用职权的;(6)明显不当的。从司法实践来看,主要证据不足是指被诉行政行为所依据的基本事实缺少必要的证据支持,这是从"质"和"量"两个方面提出的要求;适用法律、法规错误是指被诉行政行为适用了不应当适用的法律法规,或者没有适用应当适用的法律法规,如应当适用彼法律法规却适用了此法律法规、应当适用法律法规的彼条款却适用了法律法规的此条款等;违反法定程序是指被诉行政行为违反了法律法规所规定的程序。

在鲁潍(福建)盐业进出口有限公司苏州分公司诉江苏省苏州市盐务管理局盐业行政处罚案中,法院生效裁判认为:苏州盐务局对盐业违法案件进行查处时,应适用合法有效的法律规范。《立法法》第79条规定,法律的效力高于行政法规、地方性法规、规章;行政法规的效力高于地方性法规、规章。苏州盐务局的具体行政行为涉及行政许可、行政处罚,应依照《行政许可法》《行政处罚法》的规定实施。法不溯及既往是指法律的规定仅适用于法律生效以后的事件和行为,对于法律生效以前的事件和行为不适用。《行政许可法》第83条第2款规定,在该法施行前有关行政许可的规定,制定机关应当依照本法规定予以清理;不符合本法规定的,自本法施行之日起停止执行。《行政处罚法》第64条第2款规定,在该法公布前制定的法规和规章关于行政处罚的规定与该法不符合的,应当自本法公布之日起,依照该法规定予以修订,在1997年12月31日前修订完毕。因此,苏州盐务局有关法不溯及既往的抗辩理由不成立。根据《行政许可法》第15条第1款、第16条第3款的规定,在已经制定法律、

---

① 参见何海波:《行政诉讼法》(第二版),法律出版社2016年版,第445—446页。

行政法规的情况下,地方政府规章只能在法律、行政法规设定的行政许可事项范围内对实施该行政许可作出具体规定,不能设定新的行政许可。法律及《盐业管理条例》没有设定工业盐准运证这一行政许可,地方政府规章不能设定工业盐准运证制度。根据《行政处罚法》第13条的规定,在已经制定行政法规的情况下,地方政府规章只能在行政法规规定的给予行政处罚的行为、种类和幅度内作出具体规定,《盐业管理条例》对盐业公司之外的其他企业经营盐的批发业务没有设定行政处罚,地方政府规章不能对该行为设定行政处罚。人民法院审理行政案件,依据法律、行政法规、地方性法规,参照规章。苏州盐务局在依职权对鲁潍公司作出行政处罚时,虽然适用了《江苏盐业实施办法》,但是未遵循《立法法》第79条关于法律效力等级的规定,未依照《行政许可法》《行政处罚法》的相关规定,属于适用法律错误,依法应予撤销。江苏省苏州市金阊区人民法院于2011年4月29日以(2009)金行初字第0027号行政判决书,判决撤销苏州盐务局(苏)盐政一般〔2009〕第001-B号处罚决定书。①

在黄泽富、何伯琼、何熠诉四川省成都市金堂工商行政管理局行政处罚案中,法院生效裁判认为:《行政处罚法》第42条规定:"行政机关作出责令停产停业、吊销许可证或者执照、较大数额罚款等行政处罚决定之前,应当告知当事人有要求举行听证的权利。"虽然该条规定没有明确列举"没收财产",但是该条中的"等"系不完全列举,应当包括与明文列举的"责令停产停业、吊销许可证或者执照、较大数额罚款"类似的其他对相对人权益产生较大影响的行政处罚。为了保证行政相对人充分行使陈述权和申辩权,保障行政处罚决定的合法性和合理性,对没收较大数额财产的行政处罚,也应当根据《行政处罚法》第42条的规定适用听证程序。关于没收较大数额的财产标准,应比照《四川省行政处罚听证程序暂行规定》第3条"本规定所称较大数额的罚款,是指对非经营活动中的违法行为处以1000元以上,对经营活动中的违法行为处以20000元以上罚款"对罚款数额的规定。因此,金堂工商局没收黄泽富等三人32台电脑主机的行政处罚决定,应属没收较大数额的财产,对黄泽富等三人的利益产生重大影响的行为,金堂工商局在作出行政处罚前应当告知被处罚人有要求听证的权利。本案中,金堂工商局在作出处罚决定前只按照行政处罚一般程序告知黄泽富等三人有陈述、申辩的权利,而没有告知听证权利,违反了法定程序,依法应予撤销。四川省金堂县人民法院于2006年5月25日作出判决:撤销成工商金堂处字(2005)第02026号《行政处罚决定书》;金堂工商局在判决生效之日起30日内重新作出具体行政行为。②

相比之下,撤销判决后三种情形的判断更为复杂。其中,超越职权是指行政机关超越了法律法规授予的权限,行使了无权实施的行为,具体表现为职权僭越和逾越职权两种:前者是指根本没有法律依据实施了相应的行为,如海关行使了市场监管部门的职权;后者是指超越了法律规定的范围实施了相应的行为,如下级行政机关行使了

---

① 参见最高人民法院指导案例5号。
② 参见最高人民法院指导案例6号。

上级行政机关的许可权。滥用职权是指行政机关的行政行为虽然形式上在其权限范围之内,但其内容与法律法规授权的目的相背离。滥用职权属于主观恶意所为,其性质表现为行政机关违背法律目的、恣意行使行政裁量权,理应受到司法机关的有效监督。一般来说,滥用职权表现为武断专横、反复无常、徇私枉法、故意拖延甚至打击报复等具体情形。明显不当是《行政诉讼法》新增的撤销情形,旨在适度引入合理性审查标准,它既是对行政行为合法性审查标准的有益补充,也是对滥用职权情形适用的一种减负,能够更好地实现对行政裁量权行使的监控。明显不当主要是就结果意义而言的,相对于滥用职权更为客观。一般来说,明显不当表现为考虑不当、畸轻畸重、厚此薄彼、违背惯例等具体情形。当然,这些因素都需要通过司法实践去不断加以丰富完善。

在王丽萍诉中牟县交通局行政赔偿纠纷案中,中牟县人民法院认为:准备暂扣的小四轮拖拉机,正处在为原告王丽萍运送生猪的途中。无论暂扣车辆的决定是否合法,被告中牟县交通局的工作人员准备执行这个决定时,都应该知道:在炎热的天气下,运输途中的生猪不宜受到挤压,更不宜在路上久留。不管这生猪归谁所有,只有及时妥善处置后再行扣车,才能保证不因扣车而使该财产遭受损失。然而,中牟县交通局工作人员不考虑该财产的安全,甚至对于王丽萍将生猪运抵目的地后再扣车的请求也置之不理,把拖斗卸下后就驾车离去。中牟县交通局工作人员在执行暂扣车辆决定时的这种行政行为,不符合合理、适当的要求,是滥用职权。原告王丽萍因被告中牟县交通局工作人员滥用职权的行政行为给自己造成了财产损害,起诉请求赔偿,其诉讼请求合法,应当支持。①

在焦志刚诉和平公安分局治安管理处罚决定行政纠纷案中,法院生效裁判认为:上诉人和平公安分局作出给予被上诉人焦志刚治安拘留 10 日的处罚决定后,焦志刚以处罚明显过重为由申请复议,这是一种申辩行为。复议机关以事实不清为由撤销处罚决定书后,和平公安分局在没有取得任何新证据的情况下,决定给予焦志刚治安拘留 15 日的处罚。这个加重了的行政处罚明显违反了《行政处罚法》第 32 条第 2 款规定,也背离了行政复议法的立法本意,最终作出了驳回上诉、维持一审、撤销 870 号处罚决定书的判决。②

(三) 履行判决

履行判决是人民法院对行政案件经过审理后,认为被告具有不履行或者拖延法定职责的情形时,作出被告必须在一定期限内履行的判决。履行判决是人民法院针对行政不作为而作出的,由于当下积极行政观念的兴起,具有广泛的发展空间。一般来说,履行判决是人民法院在行政不作为业已构成且作为义务仍有履行的必要时,根据当事人的诉讼请求作出的。就当事人提起行政不作为诉讼的现实目的而言,大多是希望法院以判决形式命令行政机关作出其已申请并遭受拒绝或根本未决定的行政

---

① 参见《最高人民法院公报》2003 年第 3 期。
② 参见《最高人民法院公报》2006 年第 10 期。

行为。

　　履行判决中最为关键的问题就是法院应当如何确定行政机关履行职责的内容。一旦处理不好，其结果要么侵犯行政机关的裁量自由，要么难以有效保护当事人的合法权益甚至增加诉累。在这个问题上，德国课予义务诉讼中的"裁判时机成熟"理论提供了较为可行的解决思路。根据德国《行政法院法》第113条第5款的规定，应以"案件成熟"（亦称"裁判成熟"）作为课予义务判决的要件。具体言之，凡是案件已经达到可裁判的程度，法院即可命行政机关做成原告所申请内容的行政行为；反之，如果案件尚未达到可裁判程度，法院只能命行政机关遵照其法律见解作出相应决定。前者通常被称为命为处分判决，后者则被称为命为决定判决或答复判决。至于裁判时机成熟的内涵，主要是指案件所有的事实与法律要件均已具备。一方面，案件事实已经明确，即"该案之法律要件有关之事实客观上均已达到明确之程度，从而行政法院可以就之加以判决"；另一方面，原告所申请的行为是羁束行政行为，或者虽是行政裁量行为但"裁量已缩减为零"。① 《行政诉讼法司法解释》第91条规定："原告请求被告履行法定职责的理由成立，被告违法拒绝履行或者无正当理由逾期不予答复的，人民法院可以根据行政诉讼法第七十二条的规定，判决被告在一定期限内依法履行原告请求的法定职责；尚需被告调查或者裁量的，应当判决被告针对原告的请求重新作出处理。"从某种意义上来说，这一规定体现了"裁判时机成熟"的理论要义。

　　在具有里程碑意义的田永诉北京科技大学拒绝颁发毕业证、学位证行政诉讼案的审理过程中，法院针对原告请求判令被告颁发毕业证、学位证和及时有效办理毕业派遣手续的要求分别作出了内容不同的履行判决，其中颇有可圈可点之处。首先，法院通过对案件事实深入而详细的调查，分析得出原告学籍并未被注销的结论。既然原告具有学籍，那么被告自然就有义务根据有关教育法律规范的规定给原告颁发相应的学历证明，以承认其具有的相当学历。换言之，此时不仅案件事实已经明确，而且颁发学历本身属于必须严格遵照法律规定作出的羁束行政行为。为此，法院判决的第一项内容就是"被告北京科技大学在本判决生效之日起30日内向原告田永颁发大学本科毕业证书"。其次，按照《学位条例》的有关规定，大学本科生在其毕业后可以授予学士学位。鉴于学士学位的授予尚涉及对毕业生毕业成绩、毕业鉴定等诸多材料的审核，因而原告究竟是否完全符合学士学位的授予条件还需要经过必要的审查。换言之，此时不仅案件事实尚未完全明确，而且被告对是否颁发学士学位证还享有裁量权，显然不能直接作出课予义务判决。为此，法院判决的第二项内容就是"被告北京科技大学在本判决生效之日起30日内向召集本校的学位评定委员会对原告田永的学士学位资格进行审核"。最后，按照《普通高等学校毕业生就业工作暂行规定》的相关规定，高校有义务将取得大学毕业资格的毕业生的有关资料及时上报所在地教育行政主管部门，以供其审查和颁发毕业派遣证。既然原告田永具有学籍，能够取得大学毕业资格，那么被告北京科技大学就有责任将其材料上报当地教育行政主

---

① 参见〔德〕弗里德赫尔穆·胡芬：《行政诉讼法》（第5版），莫光华译，法律出版社2003年版，第443页。

管部门。换言之,此时不仅案件事实已经明确,而且办理派遣手续本身属于必须严格遵照法律规定作出的羁束行政行为。为此,法院判决的第三项内容就是"被告北京科技大学在本判决生效之日起 30 日内履行向当地教育行政部门上报原告田永毕业派遣的有关手续的职责"。① 法院对裁判时机是否成熟的三重判断,较好地处理了尊重行政机关裁量自由与有效保障行政相对人合法权益之间的关系,其间蕴涵了弥足珍贵的本土司法智慧。

(四) 给付判决

给付判决是人民法院对行政案件经过审理后,认为被告依法负有给付义务时,作出被告履行给付义务的判决。给付判决是修改后的《行政诉讼法》增加的一类新判决,旨在回应给付行政和服务行政兴起的现实需要。给付判决的作出,必须以原告具有法定的给付请求权和被告依法负有给付义务为前提。② 为了节约司法资源,也为了防止行政机关陷入无休止的、明显没有法律依据的给付义务之中,《行政诉讼法司法解释》对给付判决的具体适用作出了相应的补充性规定。其中,第 92 条规定:"原告申请被告依法履行支付抚恤金、最低生活保障待遇或者社会保险待遇等给付义务的理由成立,被告依法负有给付义务而拒绝或者拖延履行义务的,人民法院可以根据行政诉讼法第七十三条的规定,判决被告在一定期限内履行相应的给付义务。"第 93 条规定:"原告请求被告履行法定职责或者依法履行支付抚恤金、最低生活保障待遇或者社会保险待遇等给付义务,原告未先向行政机关提出申请的,人民法院裁定驳回起诉。人民法院经审理认为原告所请求履行的法定职责或者给付义务明显不属于行政机关权限范围的,可以裁定驳回起诉。"

在杜三友、李立有、胡高荣、史海斌、成引龙因杜三友等 804 人诉山西省临汾市人民政府不履行给付待遇案的再审过程中,最高人民法院认为:本案的核心争议是,行政机关没有依法支付养老保险统筹项目外待遇是否属于行政诉讼受案范围。一审法院认为:"《行政诉讼法》第十二条第一款第十项规定:'人民法院受理公民、法人或者其他组织提起的下列诉讼:……(十) 认为行政机关没有依法支付抚恤金、最低生活保障待遇或者社会保险待遇的。'杜三友等 804 人要求临汾市政府履行政策性破产企业退休人员基本养老保险统筹项目外待遇给付义务并赔偿损失,不符合上述规定,不属于行政诉讼受案范围。"这是对《行政诉讼法》相关规定的限缩解释。《行政诉讼法》第 73 条规定:"人民法院经过审理,查明被告依法负有给付义务的,判决被告履行给付义务。"这是修改后的《行政诉讼法》确立的一种新的判决方式。《行政诉讼法司法解释》第 2 条也规定,"具体的诉讼请求"包括请求判决行政机关履行给付义务。依法支付抚恤金、最低生活保障待遇或者社会保险待遇,是行政机关重要的给付义务,但绝不仅仅是给付义务的全部内容。只要公民、法人或者其他组织具有给付请求权,就可以依法向人民法院提起给付之诉。而这种给付请求权,既有可能来自法律、法规、

---

① 参见《最高人民法院公报》1999 年第 4 期。
② 参见〔德〕弗里德赫尔穆·胡芬:《行政诉讼法》(第 5 版),莫光华译,法律出版社 2003 年版,第 443 页。

规章的规定,来自一个行政决定或者一个行政协议的约定,也有可能来自行政机关作出的各种形式的承诺。仅当从任何角度看,给付请求权都显然而明确地不存在,或者不可能属于原告的主观权利时,才可以否定其诉权。①

(五) 确认违法判决

确认违法判决是撤销判决和履行判决的一种替代方式,它具有明显的宣示性和补充性特征。确认违法判决既对行政行为的合法性作出了否定性评价,同时也没有改变该行政行为所形成的法律关系。为此,人民法院在确认违法判决的适用上宜采取审慎态度,避免原告陷入胜诉的假象之中。根据《行政诉讼法》第74条的规定,行政行为有下列情形之一的,人民法院判决确认违法:(1) 行政行为依法应当撤销,但撤销会给国家利益、社会公共利益造成重大损害的;(2) 行政行为程序轻微违法,但对原告权利不产生实际影响的;(3) 行政行为违法,但不具有可撤销内容的;(4) 被告改变原违法行政行为,原告仍要求确认原行政行为违法的;(5) 被告不履行或者拖延履行法定职责,判决履行没有意义的。其中,第(1)(2)项属于"不适宜撤销"的情形,具有相当程度的主观色彩,个中充斥着司法裁量成分。第(1)项本身就是《行政诉讼法司法解释》第58条"情况判决"的延续。第(3)(4)(5)项属于"不需要撤销或者判决履行"的情形,具有相当程度的客观性,隐含了只能作出违法确认判决的唯一选择。第(4)项本身就是针对已经消失的行政行为而作出的,属于典型的"继续确认判决"。《行政诉讼法司法解释》第96条还就"程序轻微违法"作出了进一步解释,即有下列情形之一,且对原告依法享有的听证、陈述、申辩等重要程序性权利不产生实质损害的,属于"程序轻微违法":(1) 处理期限轻微违法;(2) 通知、送达等程序轻微违法;(3) 其他程序轻微违法的情形。

在张道文、陶仁等诉四川省简阳市人民政府侵犯客运人力三轮车经营权案中,最高人民法院认为,简阳市政府作出公告和补充公告在行政程序上存在瑕疵,属于明显不当。但是,虑及该案被诉行政行为作出之后,简阳市城区交通秩序得到好转,城市道路运行能力得到提高,城区市容市貌持续改善,以及通过两次"惠民"行动,绝大多数原401辆三轮车已经分批次完成置换,如果判决撤销被诉行政行为,将会给行政管理秩序和社会公共利益带来明显不利影响。最高人民法院根据《最高人民法院关于执行〈中华人民共和国行政诉讼法〉若干问题的解释》第58条有关情况判决的规定确认被诉行政行为违法。②

在甘露不服暨南大学开除学籍决定案中,最高人民法院认为,高等学校学生应当遵守《高等学校学生行为准则》《普通高等学校学生管理规定》,同时应遵守高等学校依法制定的校纪校规。学生在考试或者撰写论文过程中的抄袭行为应当受到处理,高等学校也有权依法给予相应处分。但高等学校对学生的处分应遵守《普通高等学校学生管理规定》第55条规定,做到程序正当、证据充足、依据明确、定性准确、处分

---

① 参见最高人民法院行政裁定书,(2017)最高法行申3461号行政裁定。
② 参见最高人民法院指导案例88号。

恰当。特别是在对违纪学生作出开除学籍等直接影响受教育权的处分时,应当坚持处分与教育相结合原则,做到育人为本、罚当其责,并使违纪学生得到公平对待。违纪学生针对高等学校作出的开除学籍等严重影响其受教育权利的处分决定提起诉讼的,人民法院应当予以受理。人民法院在审理此类案件时,应依据法律法规、参照规章,并可参考高等学校不违反上位法且已经正式公布的校纪校规。《暨南大学学生管理暂行规定》第53条第5项规定,剽窃、抄袭他人研究成果,情节严重的,可给予开除学籍处分。《暨南大学学生违纪处分实施细则》第25条规定,剽窃、抄袭他人研究成果,视情节轻重,给予留校察看或开除学籍处分。暨南大学的上述规定系依据《普通高等学校学生管理规定》第54条第5项的规定制定,因此不能违背《普通高等学校学生管理规定》相应条文的立法本意。《普通高等学校学生管理规定》第54条列举了7种可以给予学生开除学籍处分的情形,其中第4项和第5项分别列举了因考试违纪可以开除学籍和因剽窃、抄袭他人研究成果可以开除学生学籍的情形,并对相应的违纪情节作了明确规定。其中第5项所称的"剽窃、抄袭他人研究成果",系指高等学校学生在毕业论文、学位论文或者公开发表的学术文章、著作,以及所承担科研课题的研究成果中,存在剽窃、抄袭他人研究成果的情形。所谓情节严重,系指剽窃、抄袭行为具有非法使用他人研究成果数量多、在全部成果中所占的地位重要、比例大、手段恶劣,或者社会影响大、对学校声誉造成不良影响等情形。甘露提交课程论文,属于课程考核的一种形式,即使其中存在抄袭行为,也不属于该项规定的情形。因此,暨南大学开除学籍决定援引《暨南大学学生管理暂行规定》第53条第5项和《暨南大学学生违纪处分实施细则》第25条规定,属于适用法律错误,应予撤销。一、二审法院判决维持显属不当,应予纠正。鉴于开除学籍决定已生效并已实际执行,甘露已离校多年且目前已无意返校继续学习,撤销开除学籍决定已无实际意义,但该开除学籍决定的违法性仍应予以确认。①

(六) 确认无效判决

确认无效判决是人民法院经过对被诉行政行为的审查,作出确认被诉行政行为无效的判决。根据《行政诉讼法》第75条的规定,行政行为有实施主体但不具有行政主体资格或者没有依据等重大且明显违法情形,原告申请确认行政行为无效的,人民法院判决确认无效。《行政诉讼法司法解释》第99条将"重大且明显违法"的情形列举为:(1) 行政行为实施主体不具有行政主体资格;(2) 减损权利或者增加义务的行政行为没有法律规范依据;(3) 行政行为的内容客观上不可能实施;(4) 其他重大且明显违法的情形。在行政法学理上,无效指的是行政行为作出之时因欠缺法定实质要件而自始全然不发生法律效力的状态。行政行为的无效具有四个基本特征:一是自始无效,即从行政行为正式作出时即无法律上的约束力;二是当然无效,不论行政相对人是否提出主张,是否知道无效的情况,也不论是否经过法院或行政机关的确

---

① 参见《最高人民法院公报》2012年第7期。

认,该行政行为都是无效的,确认只是对一个已经存在的事实加以确认而已;三是确定无效,行政行为不仅成立时不发生法律效力,而且此后的任何事实也都不可能使之有效;四是绝对无效,即行政行为所蕴含的意思表示内容绝对不被法律所承认,"一旦法院宣布某一行政行为在法律上无效,那就如同什么事也没有发生一样。"①

我国尚未制定统一的行政程序法,有关行政行为无效的具体情形一直欠缺足够的法律规范支撑,这也是确认无效判决鲜见适用的重要原因。从大陆法系国家和地区的行政法学理及立法来看,无效大多是因行政行为存在重大且明显的瑕疵所导致。此处的"重大"是就行政行为的内部要素而言的,即行政行为的瑕疵已经达到了连信赖保护原则都无法为其进行解释的境地;"明显"则是就行政行为的外观要素而言的,即行政行为的瑕疵一目了然,一般人都能很容易地分辨出来。例如,德国《联邦行政程序法》第44条第1款就规定:"行政行为具有严重瑕疵,该瑕疵按所考虑的一切情况明智判断属明显者,行政行为无效。"葡萄牙《行政程序法》第133条第2款规定:"受胁迫作出的行为,在秩序混乱中作出合议机关决议,或未具法定人数或未达法律要求的多数而作出的合议机关决议均无效。"西班牙《行政程序法》第62条第1款第2项规定:"从业务或地区范围上明显无管辖权的部门所作的行为,完全无效。"如今,《行政诉讼法司法解释》的规定弥补了先前的缺憾,为司法有效监督无底线行政行为提供了依据。

无效确认判决与撤销判决之间存在紧密联系,特别是"重大且明显违法"情形的判断标准比较模糊,一旦判断失误就有可能失去最佳的权利救济机会。为此,应当在二者之间建立稳定的转换机制,实现公民权利有效且无漏洞的司法救济的目标。《行政诉讼法司法解释》第94条规定:"公民、法人或者其他组织起诉请求撤销行政行为,人民法院经审查认为行政行为无效的,应当作出确认无效的判决。公民、法人或者其他组织起诉请求确认行政行为无效,人民法院审查认为行政行为不属于无效情形,经释明,原告请求撤销行政行为的,应当继续审理并依法作出相应判决;原告请求撤销行政行为但超过法定起诉期限的,裁定驳回起诉;原告拒绝变更诉讼请求的,判决驳回其诉讼请求。"另外值得注意的是,根据《行政诉讼法》第76条的规定,人民法院判决确认违法或者无效的,可以同时判决责令被告采取补救措施;给原告造成损失的,依法判决被告承担赔偿责任。

在陈前生诉安徽省金寨县人民政府房屋行政征收及补偿协议案中,最高人民法院在阐释"是否构成重复起诉"时指出:"通说认为,自始无效本身并不是诉之适法性的前提,而是理由具备性问题。实践中,真正的无效确认之诉,主要出现于辅助请求中,或者它是遵照法院的释明采取的一种转换形式。换句话说,即使原告的请求仅是撤销,法院经审理认为达到自始无效的程度,也会判决确认无效;反之,如果原告请求的是确认无效,法院经审理认为仅仅属于一般违法,也会转而作出撤销判决。因此,无论原告的诉讼请求是确认无效,还是请求撤销(或确认违法),法院通常都会对是否

---

① 〔英〕威廉·韦德:《行政法》,徐炳等译,中国大百科全书出版社1997年版,第45页。

违法以及违法的程度作出全面的审查和评价。"①

(七) 变更判决

变更判决是人民法院经过对被诉行政行为的审查,针对行政机关作出的明显不当的行政处罚或者其他涉及款额确定、认定确有错误的行政行为直接予以改变的判决。变更判决涉及司法权与行政权之间的界限,需要审慎行使。修改后的《行政诉讼法》之所以赋予人民法院有限的司法变更权,原因就在于行政处罚行为的经常性、权益影响性以及涉款项行为认定的可操作性。一般认为,"明显不当"和"确有错误"是根据普通人的常理来判断的,并不需要借助行政专门知识、专门技术和专门经验。当然,对明显不当的行政行为究竟是直接判决变更还是判决撤销并责令重做,依旧取决于人民法院的司法裁量。同时,根据《行政诉讼法》第77条的规定,人民法院判决变更,不得加重原告的义务或者减损原告的权益。但利害关系人同为原告,且诉讼请求相反的除外。可见,在行政处罚案件中,当受害人以处罚结果过轻为由提起诉讼时,法院一旦认定处理结果畸轻,就可以判决加重处罚。

在昆明威恒利商贸有限责任公司与昆明市规划局、第三人昆明市盘龙区人民政府东华街道办事处行政处罚纠纷案中,最高人民法院认为:一审诉讼过程中,昆明市规划局作出了撤销原具体行政行为的决定,昆明威恒利公司不撤诉,云南省高级人民法院作出确认被诉具体行政行为违法的判决,符合《最高人民法院关于执行〈中华人民共和国行政诉讼法〉若干问题的解释》第50条第3款的规定。上诉人昆明威恒利公司要求判令昆明市规划局将其处罚决定变更为罚款补办手续,因被诉具体行政行为在诉讼过程中已由昆明市规划局自行撤销,一审判决驳回其该项诉讼请求,并无不妥,上诉人的上诉理由不能成立。②

(八) 行政协议判决

《行政诉讼法》第12条将"认为行政机关不依法履行、未按照约定履行或者违法变更、解除政府特许经营协议、土地房屋征收补偿协议等协议的"纠纷纳入行政诉讼受案范围之内,备受瞩目也颇受争议。行政协议的识别标准是什么,行政协议与行政行为、民事合同有什么样的区别,行政协议案件审理应当如何适用法律、如何作出裁判,这一系列的问题困扰着行政法学理论界和实务界。《行政诉讼法》第78条规定:"被告不依法履行、未按照约定履行或者违法变更、解除本法第十二条第一款第十一项规定的协议的,人民法院判决被告承担继续履行、采取补救措施或者赔偿损失等责任。被告变更、解除本法第十二条第一款第十一项规定的协议合法,但未依法给予补偿的,人民法院判决给予补偿。"这一规定表明行政协议的判决存在继续履行、采取补救措施、赔偿损失和补偿等具体形态。从行政审判实践上看,这些规定还无法满足行政协议案件审理的现实需求,制定专门的审理行政协议案件的司法解释刻不容缓。

---

① 参见最高人民法院行政裁定书,(2016)最高法行申2720号。
② 参见《最高人民法院公报》2009年第10期。

二、行政诉讼二审判决

二审判决是指人民法院在审理上诉案件的过程中,依据事实和法律对上诉案件所作出的具有终局法律效力的判定。根据《行政诉讼法》第89条的规定,二审判决包括维持原判、直接改判和发回重审等三种类型。

(一) 维持原判

维持原判是指二审法院通过对上诉案件的审理,确认一审法院判决、裁定认定事实清楚,适用法律、法规正确,审判程序合法,从而作出驳回上诉,维持一审判决、裁定的判决或者裁定。维持原判的适用条件较为严格,要求原判必须有可靠的事实基础和主要证据支撑,所依据的法律、法规必须正确,审判程序必须合法。例如,在北京国玉大酒店有限公司诉北京市朝阳区劳动和社会保障局工伤认定行政纠纷案中,一审法院作出了维持被告朝阳区劳动局于2007年1月16日作出的涉案工伤认定书的判决。国玉酒店公司以原判事实不清、法律适用不正确为由提出上诉,二审法院最终以一审判决认定事实清楚、适用法律正确、审判程序合法应予维持为理由,作出"驳回上诉、维持原判"的终审判决。[①]

(二) 直接改判

直接改判是指二审法院通过对上诉案件的审理,确认一审判决、裁定认定事实错误或者适用法律、法规错误的,依据查清的事实并正确适用法律法规,直接改变一审法院的判决、裁定。直接改判的适用条件主要包括认定事实错误或者适用法律、法规错误,如果原判决认定基本事实不清、证据不足的,二审法院不一定直接改判,而是可以在将案件发回原审人民法院重审和查清事实后改判之间选择。"《行政诉讼法》作这样的规定是因为一审法院通常是行政争议的发生地和案件当事人所在地,具有弄清案情事实、收集案件证据的有利条件,而二审法院通常不具有这样的条件。另外,二审法院人力、物力有限,不可能对上诉案件都重新调查事实和收集证据。"[②]例如,在丰祥公司诉上海市盐务局行政强制措施案中,一审法院作出了维持上海市盐务管理局盐业违法物品扣押行政强制措施的判决。丰祥公司以原判认定事实不清、适用法律适用不当为由提出上诉,二审法院最终认定一审判决认定事实不清、适用法律法规错误,分别作出撤销原判决、撤销上海市盐务管理局盐业违法物品扣押行政强制措施的终审判决。[③]

(三) 发回重审

发回重审是指二审法院通过对上诉案件的审理,确认一审判决认定基本事实不

---

① 参见《最高人民法院公报》2008年第9期。
② 姜明安:《行政诉讼法》(第三版),北京大学出版社2017年版,第320页。
③ 参见《最高人民法院公报》2003年第1期。

清、证据不足,或者原判决遗漏当事人、违法缺席判决等严重违反法定程序的,所作出的撤销原判决、将案件发回原审人民法院重新审理并重新作出判决的裁定。发回重审之所以应当采取裁定形式,原因就在于二审法院并未针对案件的实体问题作出评判,仅仅是一种程序上的处理。原审人民法院对发回重审的案件作出判决后,当事人提起上诉的,第二审人民法院不得再次发回重审。这一限制有助于规范上下级法院之间的审判业务关系,避免案件陷入循环往复之中而无法及时了断。需要注意的是,二审法院裁定发回原审人民法院重新审理的行政案件,原审人民法院应当另行组成合议庭进行审理。

第二节　行政诉讼裁定和决定

一、行政诉讼裁定

(一) 裁定的内涵

行政诉讼中的裁定是指人民法院在行政案件的审理过程中,为解决行政审判的程序性问题所作出的司法裁断。相比较行政诉讼判决而言,裁定的地位是从属性的,其目的在于直接或间接为人民法院最终作出判决服务。不过,裁定也并非可有可无,其对于保障当事人诉讼程序上的权利、保障诉讼活动的顺利进行都具有重要的意义。

裁定的基本特征表现为三个方面:第一,以解决诉讼程序性问题为导向,这是裁定与判决之间最重要的区别;第二,广泛存在于诉讼活动的任何阶段之中,表现出很大程度的灵活性与适应性;第三,裁定存在形式的双重性,即裁定既可以以书面形式作出,也可以以口头形式作出。裁定书应当写明裁定结果和作出该裁定的理由。裁定书由审判人员、书记员署名,加盖人民法院印章。口头裁定的,记入笔录。

(二) 裁定的种类

根据《行政诉讼法》《行政诉讼法司法解释》的规定,裁定大体上包括如下 13 类。

1. 裁定不予立案

《行政诉讼法》第 51 条第 2 款规定:"不符合起诉条件的,作出不予立案的裁定。裁定书应当载明不予立案的理由。原告对裁定不服的,可以提起上诉。"根据立案登记制的要求,人民法院在接到起诉状后应当进行初步的形式审查,认为符合起诉条件的,应当当场登记立案。对当场不能判定是否符合起诉条件的,应当接收起诉状,出具注明收到日期的书面凭证,并在 7 日内决定是否立案。不予立案的裁定直接关系当事人诉权的实际保护,对当事人诉讼权利的影响重大,应当允许其上诉。上一级人民法院经审理认为原审人民法院不予立案裁定确有错误且当事人的起诉符合起诉条件的,应当裁定撤销原审人民法院的裁定,指令原审人民法院依法立案审理。

2. 裁定驳回起诉

根据《行政诉讼法司法解释》第 69 条的规定，人民法院对已经立案的案件，发现有如下情形之一的，裁定驳回起诉：(1) 起诉不符合《行政诉讼法》第 49 条规定的；(2) 起诉超过法定起诉期限且无《行政诉讼法》第 48 条规定情形的；(3) 错列被告且拒绝变更的；(4) 未按照法律规定由法定代理人、指定代理人、代表人为诉讼行为的；(5) 未按照法律、法规规定先向行政机关申请复议的；(6) 重复起诉的；(7) 撤回起诉后无正当理由再行起诉的；(8) 行政行为对其合法权益明显不产生实际影响的；(9) 诉讼标的已为生效裁判或者调解书所羁束的；(10) 其他不符合法定起诉条件的情形。人民法院经过阅卷、调查或者询问当事人，认为不需要开庭审理的，可以径行裁定驳回起诉。如同不予立案的裁定一样，驳回起诉的裁定也直接影响当事人的诉权保护，应当允许其上诉。

3. 裁定管辖异议

根据《行政诉讼法司法解释》第 10 条的规定，人民法院受理案件后，被告提出管辖异议的，应当在收到起诉状副本之日起 15 日内提出。对当事人提出的管辖异议，人民法院应当进行审查。异议成立的，裁定将案件移送有管辖权的人民法院；异议不成立的，裁定驳回。

4. 裁定中止或终结诉讼

在行政诉讼过程中，由于发生某些特殊原因或客观情况，使得诉讼不能或无法继续进行，人民法院可以作出裁定中止或终结诉讼。《行政诉讼法司法解释》第 87、88 条分别规定了行政诉讼中适用中止和终结诉讼的各种具体情形。

5. 裁定移送或者指定管辖

根据《行政诉讼法》第 22、23 条的规定，当出现受案法院无权管辖或其他特殊原因时，就需要通过裁定方式解决最终的管辖归属问题。

6. 裁定诉讼期间停止行政行为的执行或者驳回停止执行的申请

《行政诉讼法》第 56 条确立了诉讼期间不停止行政行为执行的原则，并列举了 4 类可以裁定停止执行的情形：(1) 被告认为需要停止执行的；(2) 原告或者利害关系人申请停止执行，人民法院认为该行政行为的执行会造成难以弥补的损失，并且停止执行不损害国家利益、社会公共利益的；(3) 人民法院认为该行政行为的执行会给国家利益、社会公共利益造成重大损害的；(4) 法律、法规规定停止执行的。

7. 裁定财产保全或先予执行

根据《行政诉讼法司法解释》第 76 条的规定，人民法院对于因一方当事人的行为或者其他原因，可能使行政行为或者人民法院生效裁判不能或者难以执行的案件，根据对方当事人的申请，可以裁定对其财产进行保全、责令其作出一定行为或者禁止其作出一定行为；当事人没有提出申请的，人民法院在必要时也可以裁定采取上述保全措施。人民法院采取保全措施，可以责令申请人提供担保；申请人不提供担保的，裁定驳回申请。当事人对保全的裁定不服的，可以申请复议；复议期间不停止裁定的执行。根据《行政诉讼法》第 57 条的规定，人民法院对起诉行政机关没有依法支付抚恤金、最低生活保障金和工伤、医疗社会保险金的案件,权利义务关系明确,不先予执行将严重影响原告生活的,可以根据原告的申请,裁定先予执行。

8. 裁定准许或者不准许撤诉

撤诉是行政诉讼原告所享有的诉讼权利,但为了防止公共利益受损或原告受迫撤诉,人民法院还必须保有审查准许的权力。根据《行政诉讼法》第62条的规定,人民法院对行政案件宣告判决或者裁定前,原告申请撤诉的,或者被告改变其所作的行政行为,原告同意并申请撤诉的,是否准许,由人民法院裁定。

9. 裁定补正裁判文书中的笔误

当出现裁判文书存在错写、误算、用词不当、遗漏判决原意、文字表达超出裁判原意的范围、正本与原本个别地方不符等情形时,应裁定补正。

10. 裁定中止或者终结执行

《民事诉讼法》第256、257条分别规定了民事诉讼中适用中止或者终结执行的各种情形,这些规定同样可以适用于行政诉讼案件的执行中。

11. 裁定提审、指令再审或者发回重审

这是上级法院在审理再审行政案件时适用的一种裁定。根据《行政诉讼法》第92条的规定,最高人民法院对地方各级人民法院已经发生法律效力的判决、裁定,上级人民法院对下级人民法院已经发生法律效力的判决、裁定,发现存在第11条规定情形之一,或者发现调解违反自愿原则或者调解书内容违法的,有权提审或者指令下级人民法院再审。根据《行政诉讼法》第89条的规定,原判决存在认定基本事实不清、证据不足或者遗漏当事人、违法缺席判决等严重违反法定程序的情形时,上级法院裁定发回原审人民法院重审。

12. 裁定准许或者不准许执行行政机关的行政行为

根据《行政诉讼法司法解释》第160条的规定,人民法院受理行政机关申请执行其行政行为的案件后,应当在7日内由行政审判庭对行政行为的合法性进行审查,并作出是否准予执行的裁定。根据《行政诉讼法司法解释》第161条的规定,被申请执行的行政行为存在实施主体不具有行政主体资格、明显缺乏事实根据、明显缺乏法律法规依据或者其他明显违法并损害被执行人合法权益等情形时,人民法院应当裁定不准予执行。

13. 其他需要裁定的事项

这是兜底性规定,实际上赋予了人民法院必要的司法裁量权,便于其根据需要作出相应的裁定。

二、行政诉讼决定

(一) 决定的内涵

行政诉讼中的决定是指人民法院在行政案件的审理过程中,为了保证行政诉讼活动的顺利进行,就行政诉讼中发生的某些特定事项所作的司法判定。相比较行政诉讼的判决和裁定而言,决定较为简单,主要针对行政诉讼过程中发生的某些具体特殊事项,目的在于排除诉讼中的障碍,保证诉讼活动的正常进行。"判决和裁定一般都经过了诉讼程序或者类似诉讼程序的过程,决定则带有更多的行政色彩,是人民法院基于特定的情形依职权作出的司法行为。"①

(二) 决定的种类

根据《行政诉讼法》的有关规定,较为常见的行政诉讼决定主要有如下 3 种:

1. 关于回避问题的决定

根据《行政诉讼法》第 55 条的规定,当事人认为审判人员与本案有利害关系或者有其他关系可能影响公正审判的,有权申请审判人员回避;审判人员认为自己与本案有利害关系或者有其他关系的,应当申请回避。院长担任审判长时的回避,由审判委员会决定;审判人员的回避,由院长决定;其他人员的回避,由审判长决定。

2. 对妨害行政诉讼的行为采取强制措施的决定

对诉讼参与人或其他人实施《行政诉讼法》第 59 条所规定行为的,予以训诫、责令具结悔过的强制措施通常由审判长当庭作出;罚款、拘留须经人民法院院长批准,由合议庭作出书面决定。

3. 关于诉讼期限问题的决定

根据《行政诉讼法》第 48 条的规定,公民、法人或者其他组织因其他特殊情况耽误起诉期限的,在障碍消除后 10 日内可以申请延长期限,是否准许延期则由人民法院决定。

---

① 江必新、梁凤云:《行政诉讼法理论与实务》(下卷),北京大学出版社 2009 年版,第 1235 页。

第二十一章
行政公益诉讼

第一节　行政公益诉讼概述

一、行政公益诉讼的概念

公益诉讼源于古罗马法,是相对于私益诉讼而言。在古罗马法中,公益诉讼是指私人对危害社会公共利益的行为提起的诉讼,除法律有特别规定外,凡市民均可提起;私益诉讼是指私人基于个体权益提起的诉讼,仅特定人才可以提起。[①] 在我国,有学者认为可从广义上的公益诉讼、广义上的行政公益诉讼、狭义上的行政公益诉讼等三个视角理解公益诉讼。所谓广义上的公益诉讼,是指包括国家机关在内的任何组织或者个人,认为包括行政机关及其他国家机关或者公益性机构乃至一般组织或者个人的作为或者不作为违法,对国家利益、社会公共利益或者他人利益造成侵害或者可能造成侵害的,皆可以根据法律的规定向人民法院提起的诉讼。广义上的行政公益诉讼,是指公民、法人或者其他组织,认为行政主体的作为或者不作为违法,对国家利益、社会公共利益或者他人利益造成侵害或者可能造成侵害的,皆可以根据法律的规定向人民法院提起的行政诉讼。狭义上的行政公益诉讼,是指公民、法人或者其他组织,认为行政主体的作为或者不作为违法,对国家利益、社会公共利益或者他人利益造成侵害或者可能造成侵害,但对其自身合法权益并未构成或者不具有构成侵害之可能的,可以根据法律的规定向法院提起的行政诉讼。[②]

在我国的制度设计上,公益诉讼是指对损害国家和社会公共利益的违法行为,由法律规定的国家机关和组织向人民法院提起诉讼的制度,包括民事公益诉讼和行政公益诉讼。[③] 就民事公益诉讼而言,2012年8月31日,第十一届全国人民代表大会常务委员会第二十八次会议审议通过《关于修改〈中华人民共和国民事诉讼法〉的决定》,修订后的《民事诉讼法》第55条明确规定:"对污染环境、侵害众多消费者合法权益等损害社会公共利益的行为,法律规定的机关和有关组织可以向人民法院提起诉讼。"2017年6月27日,第十二届全国人民代表大会常务委员会第二十八次会议《关

[①] 参见周柟:《罗马法原论》(下册),商务印书馆1994年版,第886页。
[②] 参见杨建顺:《行政诉讼法的修改与行政公益诉讼》,载《法律适用》2012年第11期。
[③] 参见郑新俭:《做好顶层设计稳步推进公益诉讼试点工作》,载《人民检察》2015年第14期。

于修改〈中华人民共和国民事诉讼法〉的决定》中明确了检察机关提起民事公益诉讼的职责,即"人民检察院在履行职责中发现破坏生态环境和资源保护、食品药品安全领域侵害众多消费者合法权益等损害社会公共利益的行为,在没有前款规定的机关和组织或者前款规定的机关和组织不提起诉讼的情况下,可以向人民法院提起诉讼。前款规定的机关或者组织提起诉讼的,人民检察院可以支持起诉"。

就行政公益诉讼而言,早在我国 1989 年《行政诉讼法》公布之前,就有学者提出应由检察机关代表国家对政府的部分行政行为向法院提起诉讼,[①]建立自诉与公诉并存的双轨制行政诉讼制度,[②]即建立行政公诉制度。2014 年 10 月 23 日,中国共产党第十八届中央委员会第四次全体会议通过的《中共中央关于全面推进依法治国若干重大问题的决定》中规定"探索建立检察机关提起公益诉讼制度"。该决定中确定的公益诉讼制度应是广义层面上的公益诉讼,即包括民事公益诉讼,也包括行政公益诉讼,但重点在于行政公益诉讼。这是因为,从推动国家法治建设、实现国家治理现代化与切实维护公共利益的角度讲,建立及完善行政公益诉讼制度更具有现实紧迫性和必要性。[③] 2015 年 7 月 1 日,第十二届全国人民代表大会常务委员会第十五次会议通过《全国人民代表大会常务委员会关于授权最高人民检察院在部分地区开展公益诉讼试点工作的决定》,授权最高人民检察院在生态环境和资源保护、国有资产保护、国有土地使用权出让、食品药品安全等领域开展提起公益诉讼试点。试点地区确定为北京、内蒙古、吉林、江苏、安徽、福建、山东、湖北、广东、贵州、云南、陕西、甘肃十三个省、自治区、直辖市。为此,2015 年 7 月 2 日,最高人民检察院颁布了《检察机关提起公益诉讼试点方案》。此外,为了实施全国人大常务委员会决定中的内容,2015 年 12 月 16 日,最高人民检察院第十二届检察委员会第四十五次会议通过了《人民检察院提起公益诉讼试点工作实施办法》。2016 年 2 月 25 日,最高人民法院印发《人民法院审理人民检察院提起公益诉讼案件试点工作实施办法》。2016 年 12 月 8 日,最高人民法院又发布了《最高人民法院关于进一步做好检察机关提起公益诉讼案件登记立案工作的通知》。经过两年的试点,2017 年 6 月 27 日,第十二届全国人民代表大会常务委员会第二十八次会议《关于修改〈中华人民共和国行政诉讼法〉的决定》在第 25 条增加一款,作为第 4 款,即"人民检察院在履行职责中发现生态环境和资源保护、食品药品安全、国有财产保护、国有土地使用权出让等领域负有监督管理职责的行政机关违法行使职权或者不作为,致使国家利益或者社会公共利益受到侵害的,应当向行政机关提出检察建议,督促其依法履行职责。行政机关不依法履行职责的,人民检察院依法向人民法院提起诉讼。"自此,检察机关提起行政公益诉讼制度在我国正式确立。2018 年 2 月 23 日最高人民法院审判委员会第 1734 次会议、2018 年 2 月 11 日最高人民检察院第十二届检察委员会第 73 次会议通过了《关于检察公益诉讼案件适用法律若干问题的解释》,该文件自 2018 年 3 月 2 日实施。自此,关于检察机关提起

---

① 参见王桂五:《检查制度与行政诉讼》,载《中国法学》1987 年第 1 期。
② 参见王祺国:《行政公诉探讨》,载《政治与法律》1987 年第 3 期。
③ 参见马怀德:《行政公益诉讼制度,从理论走向现实》,载《检察日报》2015 年 7 月 3 日。

行政公益诉讼的制度大体建立。

此外，根据《关于检察公益诉讼案件适用法律若干问题的解释》中的规定，公益诉讼除了包括民事公益诉讼和行政公益诉讼外，还包括了刑事附带民事公益诉讼，即人民检察院对破坏生态环境和资源保护、食品药品安全领域侵害众多消费者合法权益等社会公共利益的犯罪行为提起刑事公诉时，可以向人民法院一并提起附带民事公益诉讼，由人民法院同一审判组织审理。

二、行政公益诉讼的特征

与传统行政诉讼以及民事公益诉讼相比，行政公益诉讼具有以下几方面特征：

（一）诉讼目的的公益性

行政诉讼是指公民、法人或者其他组织认为行政机关和行政机关工作人员的行政行为侵犯其合法权益而提起的诉讼，强调的是自身合法权益受到了侵害，俗称主观诉讼。行政诉讼的原告必须是行政行为的相对人或者与行政行为有利害关系的公民、法人或者其他组织。与此不同的是，行政公益诉讼并不是基于检察机关自身的合法权益受到了侵犯，而是为了维护国家利益或者社会公共利益，在行政机关违法行使职权或者不作为致使国家利益或者社会公共利益受到侵害时，先督促其履行职责，仍然不依法履行职责的，提起行政公益诉讼，俗称客观诉讼。[①] 行政公益诉讼的诉讼目的与民事公益诉讼和刑事附带民事公益诉讼的目的也不完全相同，民事公益诉讼和刑事附带民事公益诉讼的诉讼目的都是维护社会公共利益，在社会公共利益受到侵害的情况下提起公益诉讼，而行政公益诉讼则不仅是在社会公共利益受到侵害时提起，在国家利益受到侵害时也必须要提起行政公益诉讼。

（二）提起诉讼主体的单一性

在传统行政诉讼中，行政诉讼的原告是认为行政主体的行政行为侵犯了自己合法权益的公民、法人或者其他组织，因此，能够以原告资格提起诉讼的主体具有多样性，既包括了公民、法人，也包括了其他组织。但根据《行政诉讼法》第25条第4款的规定，在行政公益诉讼中，公益诉讼的起诉人只能是人民检察院。对此，有学者指出，由检察机关提起行政公益诉讼，较之于不特定的个人或团体，在优化司法资源配置、保证诉讼公平效率等方面具有优势，能最大限度地维护国家、社会和相关群体的利益。这种优势主要体现在三个方面：一是检察机关作为公共利益代表的权威性；二是检察机关作为诉讼参与人的专业性；三是检察机关在履行职责过程中，能够及时发现行政机关违法行使职权或者不行使职权的行为，因此由检察机关提起行政公益诉

---

① 对于检察机关提供行政公益诉讼是否属于客观诉讼的范畴，有学者认为检察院为主张国家利益提起的行政诉讼是不完全具备客观诉讼特征的公益诉讼。参见于安：《公益行政诉讼及其在我国的构建》，载《法学杂志》2012年第8期。

具有履行职务的便利性。① 此外,也有学者从发展的角度提出,除授权检察机关外,在未来一段时间里,可以考虑通过某些单行法律、法规的制定和修改,赋予消费者权益保护、自然资源和环境保护等特定的公益社团享有相关行政公益诉讼的起诉权,②但是制度上并未予以设立。

行政公益诉讼提起诉讼主体的单一性也区别于民事公益诉讼的提起主体。根据2012年修订的《民事诉讼法》第55条的规定,法律规定的机关和有关组织可以向人民法院提起民事公益诉讼,2017年再次修订的《民事诉讼法》中则明确了如果没有法律规定的机关和组织或者法律规定的机关或者组织不提起民事公益诉讼的情况下,人民检察院可以向法院提起民事公益诉讼。此外,还明确了法律规定的机关和组织提起民事公益诉讼的,人民检察院还可以支持起诉。再结合《消费者权益保护法》《环境保护法》以及最高人民法院《关于审理消费民事公益诉讼案件适用法律若干问题的解释》《关于审理环境民事公益诉讼案件适用法律若干问题的解释》中的具体规定,省级以上的消费者协会、符合法定条件的环保组织(设区的市级以上人民政府民政部门登记的社会团体、民办非企业单位及基金会等)以及各级人民检察院都可以针对损害国家利益和社会公共利益的行为提起民事公益诉讼。此外,《海洋环境保护法》第89条第2款授权行使海洋环境监督管理权的部门代表国家对破坏海洋生态、海洋水产资源、海洋保护区且造成国家重大损失的行为提起损害赔偿,因此,相关的行政机关也可以提起民事公益诉讼。显然,提起民事公益诉讼的主体具有多样性,这与提起行政公益诉讼主体的单一性是不同的。

(三)诉前程序的必要性

根据《行政诉讼法》第25条第4款的规定,人民检察院在提起行政公益诉讼之前,应当向行政机关提出检察建议,督促其依法履行职责,即所谓的诉前程序。设置诉前程序的目的是充分发挥行政机关纠正违法行为的主动性,避免对正常行政秩序造成不必要的冲击,有效节约司法资源。③ 对此,有学者主张诉前程序将符合行政公益诉讼起诉条件的案件,先行通过检察建议的方式向可能存在违法行使职权或不作为的行政机关发出"警示",督促其自觉采取相应手段履行或改正相关行政行为,实际上是兼顾效率与公平的价值选择。④

对比诉前程序与诉讼程序会发现,与诉讼程序的烦琐复杂相比,通过检察建议的诉前程序对侵犯国家利益和社会公共利益的违法行政行为进行救济,具有时间短、成本低、高效便捷的特点。⑤ 诉讼程序是解决国家利益或者公共利益受损最刚性的手段,是维护国家利益和公共利益的底线,是"最后的选择"。此种方式既能有效保护公

---

① 参见马怀德:《行政公益诉讼制度:从理论走向现实》,载《检察日报》2015年7月3日。
② 参见应松年:《通过试点工作推进行政公益诉讼制度构建》,载《检察日报》2015年10月19日。
③ 参见徐全兵:《检察机关提起行政公益诉讼的职能定位与制度构建》,载《行政法学研究》2017年第5期。
④ 参见沈开举、邢昕:《检察机关提起行政公益诉讼诉前程序实证研究》,载《行政法学研究》2017年第5期。
⑤ 参见薛志远、王敬波:《行政公益诉讼制度的新发展》,载《法律适用》2016年第9期。

共利益、避免公共利益受到的侵害持续扩大,也能够守住诉讼程序的底线,维护诉讼程序的权威。这也从另一角度说明了诉前程序、检察建议的实施是为了时刻提醒检察机关提起公益诉讼的目的不在于扩大检察权使用的范围,而是重在解决相关问题。① 为此,《关于检察公益诉讼案件适用法律若干问题的解释》第21条第2款规定了行政机关应当在收到检察建议书之日起两个月内依法履行职责,并书面回复人民检察院。出现国家利益或者社会公共利益损害继续扩大等紧急情形的,行政机关应当在15日内书面回复。这些规定充分反映实施诉前程序的必要性。

此外,检察机关提起民事公益诉讼也存在一个诉前程序的问题。与检察机关提起行政公益诉讼以提出检察建议的方式督促行政机关依法履行职责的诉前程序不同的是,检察机关提起民事公益诉讼的诉前程序的方式是依法公告,即人民检察院在履行职责中发现破坏生态环境和资源保护、食品药品安全领域侵害众多消费者合法权益等损害社会公共利益的行为,拟提起公益诉讼的,应当依法公告,公告期为30日。只有在公告期满,法律规定的机关和有关组织不提起诉讼的,人民检察院才可以向人民法院提起诉讼。

第二节　行政公益诉讼的具体制度

一、行政公益诉讼的受案范围

行政公益诉讼的受案范围,是指人民法院受理人民检察院针对负有监督管理职责的行政机关违法行使职权或者不作为致使国家利益或者社会公共利益受到侵害提起诉讼案件的范围,也就是人民法院与其他国家机关在解决行政机关违法行使职权或不作为致使国家利益或者社会公共利益受到侵害上的权限分工。只有属于受案范围的行政机关违法行使职权或者不作为,人民检察院才有诉讼权,才能提起行政公益诉讼。

就行政公益诉讼的受案范围而言,从试点到正式实施经历了一个变化的过程。这主要体现在两个方面:第一,列举范围的变化。在《全国人民代表大会常务委员会关于授权最高人民检察院在部分地区开展公益诉讼试点工作的决定》中规定的案件范围是"生态环境和资源保护、国有资产保护、国有土地使用权出让、食品药品安全等"领域,但在《检察机关提起公益诉讼试点方案》《人民检察院提起公益诉讼试点工作实施办法》中规定则是"生态环境和资源保护、国有资产保护、国有土地使用权出让等"领域,区别在于是否包括"食品药品安全"这一领域。在随后的正式修订中还加入

---

① 参见沈开举、邢昕:《检察机关提起行政公益诉讼诉前程序实证研究》,载《行政法学研究》2017年第5期。

了"食品药品安全"这一领域,即"生态环境和资源保护、食品药品安全、国有财产保护、国有土地使用权出让等"领域。第二,是否存在直接利害关系的公民、法人和其他社会组织。根据《检察机关提起公益诉讼试点方案》《人民检察院提起公益诉讼试点工作实施办法》中的规定,提起行政公益诉讼案件的必要前提是公民、法人和其他社会组织由于没有直接利害关系无法提起诉讼的,人民检察院才可以向人民法院提起行政公益诉讼。这也是为什么在《检察机关提起公益诉讼试点方案》《人民检察院提起公益诉讼试点工作实施办法》的受案范围中没有规定食品药品安全这一类案件的原因之一,因为在食品药品安全领域一般都会存在具有直接利害关系的公民、法人或者其他组织。这也是为什么在《行政诉讼法》的修改中增加了"食品药品安全"这一类案件的同时,取消了"公民、法人或者其他组织由于没有直接利害关系,没有也无法提起诉讼"的规定。

全面理解受案范围,还必须对《行政诉讼法》第25条第4款规定中的"等"作出合理的解释:是"等内等"还是"等外等"?对此,有两种不同的观点。一种观点认为检察机关提起行政公益诉讼是一项制度创新,具有较强的政策性,应合理把握其推进节奏,作"等内等"的理解;另一种观点认为,这里的"等"应作"等外等"理解,人民检察院提起公益诉讼,其依据在于检察机关作为"法律监督机关"的宪法地位。法律监督既是检察机关的职权也是其职责,应作用于各个行政领域,与之相应,检察机关提起行政公益诉讼的范围也应拓展于所有的行政管理领域。① 对此,实践中显然采取的是"等外等"的做法。如2018年5月1日开始实施的《英雄烈士保护法》第25条明确规定了"检察机关依法对侵害英雄烈士的姓名、肖像、名誉、荣誉,损害社会公共利益的行为向人民法院提起诉讼",这一规定明显突破了《行政诉讼法》第25条第4款中关于检察机关提起行政公益诉讼中的"生态环境和资源保护、食品药品安全、国有财产保护、国有土地使用权出让"等四大领域。

在将"等"作"等外等"的理解基础上,对于受案范围的把握还要考虑国家利益或者社会公共利益受到侵害这一要件。由于行政权的主要特征之一就是具有公益性,行政权是应人们对安全、秩序等"公共物品"的生产和分配的秩序性的需求而产生的,这种秩序性的需求就是公共利益的一种原始形态。而现代行政权又以管理社会公共事务和为社会成员提供公共服务为内容,行政权的基本价值取向就是追求公共利益。因此,一旦享有行政权的主体违法行使职权或不作为,就构成了对国家利益或者社会公共利益的侵害,人民检察院发出检察建议督促其停止违法行为或履行职责后,仍拒不改正或不履行法定职责的,人民检察院就能够提起行政公益诉讼。此外,从《关于检察公益诉讼案件适用法律若干问题的解释》第32条的规定来看,对于国家利益或者社会公共利益的侵害必须要产生现实的危害结果,人民检察院才能对其提起行政公益诉讼。对此,应思考的是,由于行政权最大的特性就是其公益性,因此,只要其违法行使职权或者不履行法定职责就是对国家利益或者社会公共利益的侵害,至于是

---

① 参见李洪雷:《检察机关提起行政公益诉讼的法治化路径》,载《行政法学研究》2017年第5期。

不是一定要具有物理形态上的损害不应成为绝对必要的构成要件,潜在的、极有可能发生物理形态上的损害更应成为检察机关提起行政公益诉讼受案范围,在危害产生之前就积极发布检察建议督促相应行政主体停止违法行政行为或履行法定职责,如检察建议发出后不依法履行职责的,人民检察院及时依法向人民法院提起诉讼。

二、人民检察院的诉讼地位

人民检察院在行政公益诉讼中诉讼地位,是一般行政诉讼的原告,还是具有特殊的身份的主体?对于这一问题的分歧不仅存在于学术之中,同样还存在于人民检察院与人民法院的不同认识之中。

在理论上,有学者主张人民检察院在公益诉讼中的地位,一方面要充分考虑检察机关的宪法地位,另一方面也要遵循诉讼的基本规律,同时考虑到检察机关与其他公益诉讼原告之间的关系问题。如果过分强调检察机关的特殊性,其他国家机关、社会组织提起公益诉讼时是否也需要特殊对待,检察机关在公益诉讼中尽管称为公益诉讼人,但实际是以原告身份提起公益诉讼,权利利益应与原告相当。主张该观点的部分学者还提出了用公益诉讼人的称谓受到掣肘和牵扯会太多,会使简单问题复杂化。有学者主张检察机关在公益诉讼中的诉讼地位不属于通常意义上的原告,而是具有特殊身份的诉讼主体,因此,称谓上不能称检察机关为原告,甚至称为"公益诉讼人"都还不够准确,而只能称之为检察机关。有学者认为讨论检察机关在公益诉讼中的诉讼地位问题,本质上是解决检察机关提起公益诉讼中的"名"与"实"的问题。"名"就是称谓、称呼,"公益诉讼人"这个名称就体现了检察机关在公益诉讼中的地位和原告的地位是不一样的。"实"就是权利义务,检察机关作为公益诉讼人,与一般原告的不同体现在主体不同、权限不同、程序不同、法律依据等。关于检察机关的诉讼地位问题,在今后的改革中要充分考虑到,既要避免因为改革而减损对方当事人的权利,同时还要维护检察机关的宪法地位。[①]

在制度上,人民检察院和人民法院对于检察机关在诉讼中地位的认识也是不尽一致的。根据《人民检察院提起公益诉讼试点工作实施办法》第42条的规定,人民检察院以公益诉讼人身份提起行政公益诉讼。显然,这里公益诉讼人不同于行政诉讼中的原告。但在《人民法院审理人民检察院提起公益诉讼案件试点工作实施办法》第14条中作出了不尽一致的规定。在该条中,一方面认可了人民检察院以公益诉讼人的身份提起行政公益诉讼,另一方面又规定了人民检察院在诉讼中的权利义务参照行政诉讼法中关于原告诉讼权利义务的内容。显然,这一规定只是赋予了检察机关"名",而没有赋予其"实"。尤其是最高人民法院于2016年12月8日发布的《最高人民检察院关于进一步做好检察机关提起公益诉讼案件登记立案工作的通知》中规定,

---

① 参见最高人民检察院民事行政检察厅编:《检察机关提起公益诉讼实践与探索》,中国检察出版社2017年版,第81—84页。

"人民法院登记立案时,可以不要求检察机关提交组织机构代码证、法定代表人身份证明和指派检察人员参加诉讼活动的授权文书",这里使用的语言是"可以"不要求提供组织机构代码等作为原告身份证明的材料,而不是直接表达的"不要求",言下之意还是可以要求人民检察院提交证明其原告资格身份证明的材料。

最高人民法院和最高人民检察院联合颁布的《关于检察公益诉讼案件适用法律若干问题的解释》(以下简称《解释》)中仍然采取的是这种"名"与"实"相分离的做法。该《解释》第4条中规定了人民检察院以"公益诉讼起诉人"身份提起公益诉讼,这里"公益诉讼起诉人"与《人民检察院提起公益诉讼试点工作实施办法》中规定的"公益诉讼人"的表达还是有细微差异,即多了"起诉"二字。该条的后半句的表达是"依照民事诉讼法、行政诉讼法享有相应的诉讼权利,履行相应的诉讼义务",删去了《人民法院审理人民检察院提起公益诉讼案件试点工作实施办法》中规定的"原告"二字,应该说删除"原告"二字具有一定的意义,但问题是《民事诉讼法》《行政诉讼法》中并没有关于"公益诉讼起诉人"权利义务的规定,只能依照原告的权利义务去认定,那么这一规定又有什么实质性的意义呢?尤其是该联合颁布的《解释》的第10条的规定,即"人民检察院不服人民法院第一审判决、裁定的,可以向上一级人民法院提起上诉","上诉"而不是"抗诉"的规定,又进一步强化了检察机关在公益诉讼中的"原告"地位。虽然在该《解释》的第11条又作了妥协的规定,即人民法院审理第二审案件,由提起公益诉讼的人民检察院派员出庭,上一级人民检察院也可以派员参加。这一条的关键是:上一级人民检察院在法庭中能够享有什么权利与义务呢?尤其是对于提起公益诉讼的人民检察院来讲,有什么不同于一般行政诉讼原告上诉后的特殊权利与义务呢?

三、行政公益诉讼的举证责任

举证责任是法律设定的一种风险,即承担举证责任的当事人应当提出自己的主张,证明自己的主张,否则将承担败诉后果的一种风险。根据《行政诉讼法》第34条的规定,"被告对作出的行政行为负有举证责任,应当提供作出该行政行为的证据和所依据的规范性文件",如果作为被告的行政机关不能提供证据证明其作出的行政行为的合法性,就将承担败诉的后果。之所以如此规定,有理论主张是由于行政相对人在行政管理中处于弱势地位,法律规定在一般行政诉讼中由行政机关承担主要的举证责任,但真正的原因是行政机关在作出行政行为之时就必须要有充分事实和规范依据,并且还要遵循正当的程序,因此,由其承担主要举证责任是理所当然。但是,在由人民检察院提起的行政公益诉讼中,是否仍是由行政机关承担主要的举证责任呢?对此,理论上的主张大不相同。

对于人民检察院提起行政公益诉讼中应该承担怎样的举证责任,理论上大致有四种观点:第一种观点主张按照民事诉讼中"谁主张,谁举证"的举证责任规则来确定人民检察院提起行政公益诉讼中的举证责任,其主张的理由是人民检察院在人、财、物的配置以及掌握的技术手段方面与行政机关不相上下,和普通行政诉讼中原告处于弱势地位不可同日而语;第二种观点主张仍然按照《行政诉讼法》的规定由被告行政机关承担举证责任,该观点的理由是虽然人民检察院在调查取证方面比普通原告拥有更多的手段和经验,但这与行政机关证明自己作出行政行为的合法性是两回事;第三种观点主张应当合理分配人民检察院与行政机关之间的举证责任,该观点的理由是如果让人民检察院承担过重的举证责任,会因为加重负担而打消人民检察院提起诉讼的积极性,这实际上不利于对国家利益和社会公共利益的保护。因此,可以在人民检察院和行政机关之间就举证责任进行合理的分配,由人民检察院承担初步证明责任,证明被告的行为损害国家利益和社会公共利益的事实,行政机关仍然承担证明其作出行政行为合法性的证明责任;第四种观点认为,不能因为检察机关在调查取证方面拥有比普通原告更多的手段与经验而减轻甚至免除被告的举证责任,反而因检察机关具有更强的抗辩能力而加重了被告的举证责任。①

第三种观点得到了大多数人的认同,但在制度设计和实践中,采取的却是"谁主张,谁举证"的举证责任,即第一种观点。这一点在最高人民法院和最高人民检察院联合颁布的《关于检察公益诉讼案件适用法律若干问题的解释》中得到了明显的体现。解释第22条关于人民检察院提起行政公益诉讼应当提交的材料的第2项规定的是"被告违法行使职权或者不作为,致使国家利益或者社会公共利益受到侵害的证明材料",第3项规定的是"检察机关已经履行诉前程序,行政机关仍不依法履行职责或者纠正违法行为的证明材料"。对于这两项规定,可以从两个方面来分析:一方面是针对致使国家利益或者社会公共利益受到侵害的证明责任,在民事公益诉讼中提出的是"初步证明材料",但是在行政公益诉讼中明确规定的是"证明材料",有无"初步"二字,对于举证责任的要求显然不同;另一方面,在第3项中要求提交"行政机关仍不依法履行职责或者纠正违法行为的证明材料",显然这一规定是要求检察机关承担举证责任,而不是由行政机关承担其不履行职责或不纠正违法行为的举证责任。

这一规定存在这样三个方面的问题:第一,人民检察院不是行政行为的相对人,也不是行政行为的利害关系人,很难掌握行政机关违法行使职权或者不依法履行职责的全部情况;第二,虽然《关于检察公益诉讼案件适用法律若干问题的解释》第6条规定了人民检察院的调查取证权,即"人民检察院办理公益诉讼案件,可以向有关行政机关以及其他组织、公民调查收集证据材料;有关行政机关以及其他组织、公民应当配合;需要采取证据保全措施的,依照民事诉讼法、行政诉讼法相关规定办理",但从规定的内容来看,明显没有赋予人民检察院强制调查权;第三,行政公益诉讼涉及的都是专业的社会管理领域以及专业化的行政法律问题,判断其是不是履行了法定职责以及有无违法行使职权,除了需要法律知识上的判断外,还需要有专业知识上的背景。作为行政公益诉讼起诉人的人民检察院既不是行政行为的相对人或利害关系

---

① 参见最高人民检察院民事行政检察厅编:《检察机关提起公益诉讼实践与探索》,中国检察出版社2017年版,第88页。

人,又不具有强制调查权以及专业知识背景,在此情况下采取"谁主张,谁举证"的举止责任是否可行,需要深入研究。

四、行政公益诉讼程序与判决

(一) 行政公益诉讼程序

行政公益诉讼程序是指人民法院行使行政审判权针对人民检察院提起的行政公益诉讼案件进行诉讼活动的步骤、顺序、方式和时限的总称。

1. 起诉

人民检察院以公益诉讼起诉人的身份提起公益诉讼,其提起行政公益诉讼需要具有实体要件与形式要件。

实体要件是指人民检察院在履行职责中发现生态环境和资源保护、食品药品安全、国有财产保护、国有土地使用权出让等领域负有监督管理职责的行政机关违法行使职权或者不作为,致使国家利益或者社会公共利益受到侵害的,应当向行政机关提出检察建议,督促其依法履行职责。行政机关应当在收到检察建议书之日起两个月内依法履行职责,并书面回复人民检察院。出现国家利益或者社会公共利益损害继续扩大等紧急情形的,行政机关应当在15日内书面回复。行政机关不依法履行职责的,人民检察院依法向人民法院提起诉讼。

形式要件是指人民检察院提起行政公益诉讼应当提交的材料有:行政公益诉讼起诉书,并按照被告人数提出副本;被告违法行使职权或者不作为,致使国家利益或者社会公共利益受到侵害的证明材料;检察机关已经履行诉前程序,行政机关仍不依法履行职责或者纠正违法行为的证明材料。

2. 受理

基层人民检察院提起的第一审行政公益诉讼案件,由被诉行政机关所在地基层人民法院管辖。人民检察院提起行政公益诉讼只要具备实体要件和程序要件,并且符合《行政诉讼法》第49条第2项、第3项、第4项,即有明确的被告、有具体的诉讼请求和事实根据、属于人民法院受案范围和受诉人民法院管辖的,人民法院就应当登记立案。

3. 审理

人民法院审理人民检察院提起的第一审公益诉讼案件,可以适用人民陪审制。人民法院开庭审理人民检察院提起的公益诉讼案件,应当在开庭3日前向人民检察院送达出庭通知书。人民检察院应当派员出庭,并应当自收到人民法院出庭通知书之日起3日内向人民法院提交派员出庭通知书。派员出庭通知书应当写明出庭人员的姓名、法律职务以及出庭履行的具体职责。

出庭检察人员履行的职责包括:宣读行政公益诉讼起诉书;对人民检察院调查收集的证据予以出示和说明,对相关证据进行质证;参加法庭调查,进行辩论并发表意见以及依法从事的其他诉讼活动等。

4. 撤诉

关于人民检察院能否撤诉的问题,有学者主张检察机关要少用、慎用撤诉,因为撤诉仅仅只能纠正违法行为的负面效果,但没有对违法行为作出法律评价,还可能给人民带来检察机关诉之无理,官司没打赢的观感。也有学者主张关于和解、调解和撤诉的问题,都应该坚持依法处分,处分权的依法行使和审判权依法审查相结合,当事人依法行使诉权,法院依法行使审查权。[①]

从制度层面来看,针对检察机关提起民事公益诉讼的撤诉问题,在《人民法院审理人民检察院提起公益诉讼案件试点工作实施办法》《关于检察公益诉讼案件适用法律若干问题的解释》中都规定了在民事公益诉讼案件审理过程中,人民检察院诉讼请求全面实现而撤回起诉的,人民法院应予准许。但针对检察机关提起行政公益诉讼的撤诉问题,《人民法院审理人民检察院提起公益诉讼案件试点工作实施办法》《关于检察公益诉讼案件适用法律若干问题的解释》中的规定有所不同,前者规定"人民法院对行政公益诉讼案件宣告判决或者裁定前,人民检察院申请撤诉的,是否准许,由人民法院裁定",后者则规定人民法院应当裁定准许,即"在行政公益诉讼案件审理过程中,被告纠正违法行为或者依法履行职责而使人民检察院的诉讼请求全部实现,人民检察院撤回起诉的,人民法院应当裁定准许"。因此,在行政公益诉讼过程中,人民检察院撤诉权的行使不受人民法院的制约。

(二) 行政公益诉讼判决

针对人民检察院提起的行政公益诉讼,人民法院根据不同情形可以作出下列判决。

1. 确认违法或无效判决

确认违法判决的情形有:(1) 行政行为依法应当撤销,但撤销会给国家利益、社会公共利益造成重大损害的;(2) 行政行为程序轻微违法,但对原告权利不产生实际影响的;(3) 行政行为违法,但不具有可撤销内容的;(4) 被告不履行或者拖延履行法定职责,判决履行没有意义的;(5) 审理过程中,被告纠正违法行为或者依法履行职责,人民检察院请求确认原行政行为违法的。

确认无效判决的情形有:(1) 行政行为实施主体不具有行政主体资格的;(2) 减损权利或者增加义务的行政行为没有法律规范依据的;(3) 行政行为内容客观上不可能实施的;(4) 其他重大且明显违法的情形。人民法院在判决确认违法或者无效时,可以同时判决责令行政机关采取补救措施。

2. 撤销判决

被诉行政行为具有下列情形之一的,人民法院判决撤销或者部分撤销,并可以判决被诉行政机关重新作出行政行为:(1) 主要证据不足的;(2) 适用法律、法规错误的;(3) 违反法定程序的;(4) 超越职权的;(5) 滥用职权的;(6) 明显不当的。

[①] 参见最高人民检察院民事行政检察厅编:《检察机关提起公益诉讼实践与探索》,中国检察出版社2017年版,第90—91页。

3. 履行判决

被诉行政机关不履行法定职责的,判决其在一定期限内履行。

4. 变更判决

被诉行政机关作出的行政处罚明显不当,或者其他行政行为涉及对款额的确定、认定确有错误的,判决予以变更。

5. 驳回诉讼请求判决

被诉行政行为证据确凿,适用法律、法规正确,符合法定程序,未超越职权,未滥用职权,无明显不当,或者人民检察院诉请被诉行政机关履行法定职责理由不成立的,判决驳回诉讼请求。

人民法院可以将判决结果告知被诉行政机关所属的人民政府或者其他相关的职能部门。

第二十二章
行政赔偿与行政赔偿诉讼

第一节 行政赔偿

一、行政赔偿概述

(一) 行政赔偿的概念

行政赔偿是指行政主体及其工作人员违法行使职权,侵犯公民、法人或其他组织的合法权益并造成损害,由国家承担赔偿责任的制度。

法治的基本要求之一是,有权利就应当有救济。公民、法人或其他组织依法所享有的权利如果遭到侵害,就应当获得补救,致害人应当对受害人进行赔偿。如果侵权行为来自于平等的主体,则构成民事侵权赔偿,而如果致害行为是来自于行政机关,是在行政机关行使行政管理权的过程中发生的,则应当由国家给予受害人赔偿,这就是行政赔偿。在我国,行政赔偿是国家赔偿的一部分,国家赔偿除包括行政赔偿外,还包括司法赔偿。

行政赔偿历来为中国共产党和我国各机关所重视。早在 1949 年以前,中国共产党和边区政府就已在实践中对行政赔偿持肯定态度。① 抗日战争时期颁布的《山东省人权保障条例》第 10 条规定:"凡各级政府公务人员违法侵害人民之自由或权利者,除依法惩办外,应负刑事及民事责任。被害人得就其所受损害依法请求赔偿。"1949 年以后,1954 年《宪法》第 97 条对行政赔偿作了原则性的规定,1982 年修改宪法时重申了行政赔偿的原则。此后,经过长时间的立法经验积累和实践经验积累,1994 年 5 月 12 日,第八届全国人民代表大会常务委员会第七次会议通过了《国家赔偿法》,正式标志着我国行政赔偿制度的全面建立。2010 年 4 月 29 日,第十一届全国人大常委会第十四次会议通过了修订后的《国家赔偿法》,对行政赔偿制度中的赔偿程序、双方举证义务、精神损害赔偿、赔偿费用支付等内容作了更加完善的规定,进一步发展了我国的行政赔偿制度。

(二) 行政赔偿的特征

(1) 行政赔偿发生于行政主体及其工作人员行使职权的过程中。根据《国家赔

---

① 参见江必新、梁凤云、梁清:《国家赔偿法理论与实务》,中国社会科学出版社 2010 年版,第 93 页。

偿法》第3条和第4条的规定,行政机关及其工作人员行使职权,有《国家赔偿法》规定的侵犯公民、法人或其他组织合法权益并造成损害的行为的,产生行政赔偿责任。《国家赔偿法》第7条第3款规定,法律、法规授权的组织行使行政权力侵犯公民、法人和其他组织合法权益并造成损害的,该法律、法规授权的组织为赔偿义务机关。根据该款规定,法律、法规授权的组织及其工作人员行使职权的过程也可能产生行政赔偿。所以,在我国,行政赔偿发生于各种行政主体及其工作人员行使职权的过程中。

行政赔偿的这一特征是区分行政赔偿与民事赔偿和司法赔偿的主要根据。民事赔偿是民事主体作出民事侵权行为而承担的赔偿责任,与国家权力无关;司法赔偿是行使侦查、检察、审判以及监狱管理职权的国家司法机关行使司法权而对相对一方造成侵权承担的赔偿责任,与国家行政权力无关。由于侵权行为的不同,导致行政赔偿在归责原则、赔偿构成要件、赔偿范围以及赔偿途径等方面区别于民事赔偿;在赔偿请求人、赔偿义务机关以及赔偿程序等方面区别于司法赔偿。

(2)行政赔偿的请求人是其权益遭到行政侵权行为侵害并遭受损失的公民、法人或其他组织。只有那些权益受到行政侵权行为侵害并遭受损失的公民、法人或其他组织才能成为行政赔偿的请求人。行政主体作为行政权的实施者,不能成为行政赔偿的请求人。

(3)行政赔偿责任是一种国家责任,即行政侵权赔偿责任的责任主体是国家。国家行政机关代表国家行使行政权,对社会事物进行组织管理,其后果是由国家承担的。但是,国家是一个抽象的存在,正如它的所有行为都必须借助于国家机关来实施一样,其承担包括赔偿责任在内的所有责任,也都必须通过国家机关进行。行政机关实施行政管理的行为,如果造成侵权,当然由国家赔偿,而行政机关只不过是代表国家履行赔偿义务,所以,在行政赔偿中,行政机关被称为行政赔偿义务机关。这与民事赔偿不同,民事赔偿的责任主体就是侵权行为的实施者,侵权主体与赔偿主体合一是民事赔偿的特点。

(4)行政赔偿功能的多重性。关于行政赔偿的功能,各国学者常有不同的看法,但有一点是绝大多数国家学者公认的,即行政赔偿责任具有多重功能。我国学者也多持这种看法。[①] 我们认为,行政赔偿拥有多重功能,其中最重要的功能包括制裁行政机关及其工作人员的违法行为和保护受害人合法权益。行政赔偿功能的多重性提示我们行政赔偿制度是受多重因素影响的,是在追求多重目标的过程中经过仔细权衡确定下来的,在学习行政赔偿制度的过程中也应当从多个方面考虑问题,才能全面系统地掌握行政赔偿制度。

(5)行政赔偿受到法律规范的严格限定。行政赔偿的范围、方式、标准和程序都是受法律严格限定的,行政赔偿法律关系各主体必须完全依照有关法律规范的规定实施法律行为。从赔偿范围上看,我国行政赔偿的范围是有限的,国家只对行政机关

---

① 参见江必新、梁凤云、梁清:《国家赔偿法理论与实务》,中国社会科学出版社2010年版,第40页;房绍坤、毕可志编著:《国家赔偿法学》(第二版),北京大学出版社2011年版,第29—30页。

及其工作人员的部分侵权行为承担赔偿责任,区别于民事侵权责任"有侵权必有赔偿"的原则,造成这一现象的原因包括主权、财力的有限性等多个方面。从赔偿的方式和标准上看,行政赔偿责任的赔偿方式和赔偿标准都是法律明确规定的。例如,对于公民人身自由受到的侵害,国家是根据上年度职工的平均工资给予赔偿的,而不是按照受害人的实际工资水平和因侵权行为实际受到的损失给予赔偿的。在行政赔偿的程序方面,我国行政赔偿的程序是由《国家赔偿法》《行政诉讼法》等法律规范明确规定的,与民事赔偿程序有着显著的区别,行政赔偿当事人必须按照法定的程序寻求法律的保护。

(三)行政赔偿责任的性质

1. 行政赔偿责任是一种公法责任

我国行政赔偿制度是规定行政权力侵权导致作为相对人的公民、法人或其他组织受到损害而应当由国家承担赔偿责任的制度,这与规范私经济作用的民法不同。在我国行政赔偿体制下,行政赔偿责任是一种公法上的责任。《国家赔偿法》第3条规定,行政赔偿的起因是行政机关及其工作人员在行使行政职权时有侵犯人身权和财产权的违法行为。这与私法责任是由个人侵权行为引起是不同的。同时,《国家赔偿法》第37条第1款明确规定:"赔偿费用列入各级财政预算。"根据该规定,行政赔偿的费用由国家财政预算支出,而不是由实施侵权行为的行政机关及其工作人员承担。这样的规定显示我国的行政赔偿责任是一种公法上的责任。行政赔偿责任是一种公法上的责任产生的实际影响是,有关行政赔偿的各种实体和程序问题都应当遵守行政法上的规范,而不是适用民事法律规范。关于这个问题,最高人民法院于2002年8月30日作出的《关于行政机关工作人员执行职务致人伤亡构成犯罪的赔偿诉讼程序问题的批复》明确规定:"行政机关工作人员在执行职务中致人伤、亡已构成犯罪,受害人或其亲属提起刑事附带民事赔偿诉讼的,人民法院对民事赔偿诉讼请求不予受理。但应当告知其可以依据〈中华人民共和国国家赔偿法〉的有关规定向人民法院提起行政赔偿诉讼。"

2. 行政赔偿责任是一种自己责任

"关于国家或者公共团体对公务员的违法行为所造成的损害的赔偿责任的性质,存在着代位责任说和自己责任说两种观点。"[1]其中,代位责任说认为:"由有偿付能力之国家负赔偿责任,较足以保障人民之权利,以及由国家负赔偿责任可免除公务员执行职务时,遇事畏缩,得以提高行政效率等观点,并以国家负赔偿责任后,对加害之公务员有求偿权以及国家赔偿责任之性质与民法上雇佣人责任不同,因国家不能主张如同雇佣人之免责理由,无从认系公务员就其违法行为所应负之赔偿责任,由国家代为负责之意。"[2]代位责任说的最大特色在于:"国家虽然对于被害人负赔偿责任,但该

---

[1] 〔日〕南博方:《行政法(第六版)》,杨建顺译,中国人民大学出版社2009年版,第143页。
[2] 叶百修:《国家赔偿法》,载翁岳生编:《行政法》,中国法制出版社2000年版,第1559页。

赔偿责任的本质乃系公务员个人赔偿责任替代。"[1]与代位责任说相对的自己责任说，"是指对于公务员于执行公务之际，所为不法行为，其不法行为之责任直接归属于国家，国家对受害人负责，公务员不负赔偿责任。"[2]这种观点的最大特色在于：国家赔偿责任是国家对其自己行为所承担的赔偿责任。公务员在行使公权力时，其人格被国家所吸收，其行为即国家之行为。研究行政赔偿性质的学者多采用自己责任说。如我国台湾地区学者叶百修主张："因而关于国家赔偿责任之性质，似以自己责任说较为可采。"[3]杨建顺教授解释了其中的缘由，自己责任说不仅回避了过错这项构成要件，而且"避免了受害者的举证责任，是有利于受害者救济的理论"[4]。我国《国家赔偿法》第2条实际上也采纳了自己责任说。

二、行政赔偿的归责原则

（一）行政赔偿归责原则的含义

行政赔偿归责原则是指法律确定的国家承担行政赔偿责任的依据和标准。即，在相对人的权益受到损害后，在什么条件下应当由国家承担责任。

行政赔偿归责原则的确立，为从法律价值上判断国家应承担法律责任提供了最根本的依据和标准。由于行政赔偿案件纷纭复杂，行政权侵害公民合法权益的表现形式千差万别，大量的行政赔偿案件很难仅凭借现有具体规定来处理，而借助行政赔偿归责原则，就可以正确地处理行政赔偿纠纷。尤其是在我国现阶段行政赔偿法律制度尚不完善的情况下，充分发挥归责原则的功能，显得尤为重要。

（二）我国行政赔偿的归责原则

我国行政赔偿的归责原则是违法归责原则。这是《国家赔偿法》明确规定的。

《国家赔偿法》第2条规定："国家机关及其工作人员行使职权，有本法规定的侵犯公民、法人或其他组织合法权益的情形，造成损害的，受害人有依照本法取得国家赔偿的权利。"该条是一个准用性规范，明确指出了应当援引《国家赔偿法》的其他规定确定行政赔偿的归责原则。《国家赔偿法》规定行政主体及其工作人员行使职权"有本法规定的侵犯公民、法人或其他组织合法权益的情形"的是第3条和第4条。其中，第3条规定："行政机关及其工作人员在行使行政职权时有下列侵犯人身权情形之一的，受害人有取得赔偿的权利：（一）违法拘留或者违法采取限制公民人身自由的行政强制措施的；（二）非法拘禁或者以其他方法非法剥夺公民人身自由的；（三）以殴打、虐待等行为或者唆使、放纵他人以殴打、虐待等行为造成公民身体伤害或者死亡的；（四）违法使用武器、警械造成公民身体伤害或者死亡的；（五）造成公民

---

[1] 董保城：《国家责任法》，神州图书有限公司2002年版，第47页。
[2] 同上书，第48—49页。
[3] 叶百修：《国家赔偿法》，载翁岳生编：《行政法》，中国法制出版社2000年版，第1562页。
[4] 杨建顺：《日本行政法通论》，中国法制出版社1999年版，第629页。

身体伤害或者死亡的其他违法行为。"第 4 条规定:"行政机关及其工作人员在行使行政职权时有下列侵犯财产权情形之一的,受害人有取得赔偿的权利:(一)违法实施罚款、吊销许可证和执照、责令停产停业、没收财物等行政处罚的;(二)违法对财产采取查封、扣押、冻结等行政强制措施的;(三)违法征收、征用财产的;(四)造成财产损害的其他违法行为。"依据这两条规定中列举的 9 种情形,其中 8 种都明确使用了"违法"限制词,以是否违法认定赔偿责任。第 3 条第 3 项虽然没有使用"违法"限制词,但这种行为本身就是法律禁止的,不存在合法使用的问题。由此可以得出,行政赔偿以违法为归责原则。[①] 因此,引发行政赔偿范围内所有职权行为都是违法行为,不违法的行为不能根据《国家赔偿法》产生行政赔偿责任。《国家赔偿法》所规定的行政赔偿归责原则就是违法归责原则。

所谓违法归责原则,是指行政赔偿以行政职务违法行为为归责标准,凡是符合法律规定的违法行为都应当产生行政赔偿责任,凡是不违法的行为都不产生行政赔偿责任。违法归责原则并不过问行为人主观上处于何种状态,而是以法律作为客观标准来衡量行为。如果行为违背了法律,即使行为人主观上既不存在故意也不存在过失,国家都有可能承担赔偿责任。反之,即使行为人主观上有故意或过失,但是以法律衡量其行为,客观上并不违背,那就不是国家赔偿中的违法,就不可能导致国家承担赔偿责任。

我国行政赔偿采取违法归责原则符合法治行政的要求。法治行政要求行政主体在法律的范围之内活动,依法办事,不能超出法律规定的界限,行政主体及其工作人员如果违反法律,就应当承担法律责任。法治行政的核心内容是"法",不强调行政主体行使行政职权时的主观心理状态。我国行政赔偿制度以违法归责原则作为归责原则,以行政职权行为的合法与违法作为判断国家是否应当承担行政赔偿责任的基本标准,与法治行政的内容相符合。

三、行政赔偿的构成要件

行政赔偿的构成要件是指行政赔偿责任的成立,在法律上应当满足的条件,即国家在什么情况下,具备什么样的条件承担因行政机关及其工作人员在执行职务中侵犯公民、法人或其他组织的权益而造成的损害赔偿责任。这些条件是一个统一的整体,缺少其中的任何一个条件,行政赔偿责任均不能成立。根据我国《国家赔偿法》的规定,行政赔偿的构成要件包括以下四个方面:

(一)侵权主体是行政主体

行政侵权行为的主体是行政主体。只有行政主体才享有行政权,才能实施行政决定和其他行政活动,也才能构成行政赔偿。非行政主体不可能是行政赔偿侵权行

---

① 参见许安标主编:《中华人民共和国国家赔偿法解读》,中国法制出版社 2010 年版,第 9 页。

为的主体。《国家赔偿法》规定行政主体及其工作人员违法行使职权侵害公民的合法权益并造成损害的,产生行政赔偿责任。这并不意味着行政主体工作人员也是侵权行为的主体。因为行政主体工作人员行使职权的行为本身就是行政主体的行为,从性质上看,不属于行政机关工作人员的个人行为。

根据《国家赔偿法》的规定,行政侵权的主体包括以下两种:第一,国家行政机关,即各级人民政府及其工作部门。行政机关工作人员违法实施职权行为侵害公民合法权益的,该工作人员所属的行政机关为侵权行为主体。第二,法律、法规授权的组织,即依法成立并获得法律、法规的授权而取得行政主体资格的组织。对于法律法规授权的组织,国家只对其属于授权职能范围内的行为承担责任,亦即对于授权组织超越其职能范围的行为,国家不承担责任,因为对于授权职能范围以外的事项,该组织就不再具有行政主体的身份。法律法规授权的组织的工作人员违法行使职权侵害公民合法权益的,该工作人员所属的法律法规授权的组织是侵权行为主体。

要注意的是,如果是行政许可共同侵权行为,行政主体只承担应当由其承担的赔偿责任。《最高人民法院关于审理行政许可案件若干问题的规定》第13条规定:"被告在实施行政许可过程中,与他人恶意串通共同违法侵犯原告合法权益的,应当承担连带赔偿责任;被告与他人违法侵犯原告合法权益的,应当根据其违法行为在损害发生过程和结果中所起作用等因素,确定被告的行政赔偿责任;被告已经依照法定程序履行审慎合理的审查职责,因他人行为导致行政许可决定违法的,不承担赔偿责任。"

(二)行政主体行使职权的行为违法

1. 侵权行为必须是行政主体行使职权的行为

职权行为中"行使职权"的认定,就是行政机关和法律法规授权的组织的职权行为与民事行为的区分。行政机关和法律法规授权的组织在行使行政权力时所作的行为是职权行为,属于行政赔偿构成要件的组成部分;行政机关和法律法规授权的组织以普通民事法人或组织的身份所作的行为是民事行为,不属于行政赔偿构成要件的组成部分。

关于职权,理论上有两种理解,广义的理解包括一切职务范围内的权力行为和非权力行为,狭义的理解仅指权力行为。权力是一种以国家为后盾的支配力量,权力最本质的特征在于权力的强制性。我国赔偿法采用狭义的理解。我国《国家赔偿法》中规定的行使职权的行为是指行为人作出的客观上与职权有关的行为,具体说来,既包括行使国家权力的行政行为,也包括发生在行使权力过程中的事实行为。

2. 行政主体行使职权的行为违反法律规定

行为违法是导致国家赔偿的最根本的原因,这是由我国《国家赔偿法》所确立的归责原则所决定的。正确理解我国《国家赔偿法》所确立的违法责任原则,应当注意以下几个方面:

(1)违法是指行为违法,不是结果违法,即"只要公权力行为本身违法,就不问行为本身所生的结果是否违法,着重考量行为的价值是否已经失去。反之,如果行为合法,即使发生违法的结果,除法律另有规定外,不算违法。如果行为违法,即使发生的结果被法律所容许,也算是违法。"①

(2) 行为违法既包括积极的作为行为违法,也包括消极的不作为行为违法。行政主体的行为包括作为行为和不作为行为,只要不作为行为是损害发生的原因,不作为行为就可以构成侵权行为。

(3) 对违法原则中的"法"的理解。违法归责原则中的违法,应当是指广义上的违法,既包括了违反法律的明文规定,又包括违反法的原理、原则。

(三) 必须有损害结果的发生

损害结果的发生是赔偿制度存在的基础,没有损害结果发生,当然也就不可能出现赔偿。但是,即便有损害结果也不表示国家一定承担赔偿责任,国家承担赔偿责任除了有损害结果,还应当符合一定的条件。

1. 受到损害的必须是合法权益

这里所说的合法权益是指处于法律保护状态的权益,而不在于该权益的来源是否合法。在实践中,如果行政主体的一个违法行为是针对相对人的违法行为作出的,该行为有可能被撤销,但并不一定导致行政赔偿。

2. 必须是人身、财产和精神方面所遭受的损害

即受到损害的是私权利,政治权利和自由受到损害不能要求国家赔偿,这基本为各国国家赔偿立法所确认,因为政治权利和自由无法用金钱来衡量。同时,这种私权利是指人身自由、生命健康和各项财产权益,还包括精神损害。

3. 必须是现实存在的或者将来不可避免要发生的损害

构成行政赔偿责任的损害必须是已经实际发生的客观现实,如果损害尚未发生,国家不承担赔偿责任。在很多情况下,违法行为仅具有造成损害的可能性,作出违法行为并不意味着损害同时发生。例如,公安机关违法对某人作出拘留的处罚,但并未立即执行,后复议机关撤销了该处罚决定,则该相对人不能请求行政赔偿。国家赔偿中的损害还包括十分清楚的在将来不可避免要发生的损害。有些损害尽管尚未发生但将来必然会发生,对此种损害,国家也给予赔偿。例如,警察殴打某人致其残疾,医疗费是已经发生的损害,但殴打造成该公民劳动能力丧失,这必然影响其将来的生活,因此,国家除了支付医疗费,还要支付残疾赔偿金,后者就属于将来不可避免要发生的损害。对于可能得到的利益和其他不确定的损害,国家不予赔偿。例如,行政机关违法责令某企业停业,国家只赔偿停业期间必要的经常性费用开支,诸如房租、水电、职工工资等,对于营业利润,国家不予赔偿,因其是属于不确定的。

(四) 侵权行为与损害事实之间必须具有法律上的因果关系

侵权行为与损害事实之间必须具有因果关系,国家才承担赔偿责任。因为因果关系是连接责任主体与损害的纽带,是责任主体对损害承担法律责任的基础,如果违

---

① 叶百修:《国家赔偿法》,载翁岳生编:《行政法》,中国法制出版社2000年版,第1598页。

法行为与损害之间缺少前因后果的关联性,那么国家就没有义务对该损害承担责任。

在行政赔偿中,因果关系的确认比较复杂,在理论上还有不少不同的观点,诸如条件说、重要条件说、适当条件说等。学界通说认为,鉴于行政侵权行为的特殊性和复杂性,"对不同的情况,可以采用不同的标准来判断违法行为与损害事实之间是否存在因果关系。"①

具体而言,可以分为如下几种情况:第一,依照直接因果关系规则进行判断,这是针对最简单的一种侵权行为与损害后果之间的关系。如果行政主体及其工作人员的侵权行为与相对人遭受的损失之间有直接因果关系,那么可以确认侵权行为与损害后果之间的因果关系。如一个侵权行为仅引起一个损害后果,并且没有其他的因素与损害后果之间存在直接的联系。第二,依照相当因果关系规则进行判断。相当因果关系规则认为"某种原因仅在现实特定情形中发生结果的,上不能断定二者之间有因果关系。而只有在一般情形中,依照当时当地的社会观念,普遍认为也能发生同样结果的,才能认定有因果关系。相当因果关系说有一个著名的公式是:若无此行为,则不生此损害,若有此行为通常即发生此损害,则为有因果关系;无此行为,必不生此种损害,有此行为通常也不生此种损害,即为无因果关系。"②如果行政赔偿案件的受害人所遭受的损失可以归结为多种原因,且行政机关及其工作人员实施的侵权行为是其中的一项原因时,可以适用相当因果关系规则进行判断。第三,依照推定因果关系规则。这种规则适用的条件是出现了可以适用行政赔偿诉讼举证责任制度判断案件的情况。例如,《国家赔偿法》第15条第2款规定:"赔偿义务机关采取行政拘留或者限制人身自由的强制措施期间,被限制人身自由的人死亡或者丧失行为能力的,赔偿义务机关的行为与被限制人身自由的人的死亡或者丧失行为能力是否存在因果关系,赔偿义务机关应当提供证据。"按照该规定,如果赔偿义务机关采取行政拘留或者限制人身自由的强制措施时,被限制人身自由的人死亡或者丧失行为能力,则赔偿义务机关应当举出证据证明侵权行为与被限制人身自由的人的死亡或者丧失行为能力之间不存在因果关系。如果赔偿义务机关在法定期限内未能举证、未能依照法定的方式举证或者不能证明侵权行为与被限制人身自由的人的死亡或者丧失行为能力之间不存在因果关系,则法院可以推定侵权行为与被限制人身自由的人的死亡或者丧失行为能力之间存在因果关系。

四、行政赔偿的范围

行政赔偿的范围是指国家对哪些行政侵权行为及损害结果应当承担赔偿责任,对哪些损害不承担赔偿责任。《国家赔偿法》第3、4、5条规定了我国行政赔偿的范围,其中,第3条和第4条规定了国家应予赔偿的事项,第5条规定了国家不予赔偿

---

① 薛刚凌主编:《国家赔偿法》,中国政法大学出版社2011年版,第56页。江必新、梁凤云、梁清:《国家赔偿法理论与实务》,中国社会科学出版社2010年版,第345—350页。
② 薛刚凌主编:《国家赔偿法》,中国政法大学出版社2011年版,第55页。

的情形。

(一) 国家应当予以赔偿的事项

《国家赔偿法》第 3 条和第 4 条规定,国家应当予以赔偿的范围包括行政主体及其工作人员侵犯公民人身权的行为和侵犯公民、法人或其他组织财产权的行为。

1. 侵犯人身权的行为

根据《国家赔偿法》第 3 条的规定,行政主体及其工作人员有以下几种侵犯公民人身权的行为,国家承担赔偿责任:

第一,违法拘留或者违法采取限制公民人身自由的行政强制措施的。这一种情况是指依法有权采取行政拘留或限制公民人身自由的行政强制措施的行政机关违反法律规定,违法实施行政拘留或限制公民人身自由的行政强制措施而侵犯公民人身权。

第二,非法拘禁或者以其他方法非法剥夺公民人身自由的。这种情况是指没有权力采取行政拘留和限制公民人身自由的行政强制措施的行政主体及其工作人员违反法律的规定,超越职权拘禁或以其他方法剥夺公民人身自由而侵犯公民人身权。

第三,以殴打、虐待等行为或者唆使、放纵他人以殴打、虐待等行为造成公民身体伤害或者死亡的。这种情况是行政主体工作人员在行使职权的过程中实施暴力行为并侵害公民的人身权。从法律性质上判断,这种行为不是行政行为,但是,行政主体工作人员之所以能够实施这种暴力行为,造成公民的人身权受损,是因为该行为是在行政职权的过程中作出的,行政主体工作人员所执行的公务为其提供了机会。因此,行政主体工作人员在行使职权的过程中实施暴力行为并侵害公民人身权也属于国家应当赔偿的情况。

第四,违法使用武器、警械造成公民身体伤害或者死亡的。武器、警械,包括警棍、手铐、警绳和枪支等。人民警察和武装部队人员等有权使用武器、警械的行政主体工作人员必须依法使用,否则,国家承担因此而产生的法律后果,包括作出行政赔偿。

第五,造成公民身体伤害或者死亡的其他违法行为。本项为兜底条款,除前述四项外,行政主体及其工作人员作出的其他造成公民身体伤害或死亡的违法行为,国家都应当承当相应的赔偿责任。

2. 侵犯财产权的行为

根据《国家赔偿法》第 4 条的规定,行政主体及其工作人员有以下几种侵犯公民、法人或其他组织财产权的行为,国家承担赔偿责任:第一,违法实施罚款、吊销许可证和执照、责令停产停业、没收财物等行政处罚的;第二,违法对财产采取查封、扣押、冻结等行政强制措施的;第三,违法征收、征用财产的;第四,造成财产损害的其他违法行为。

(二) 国家不予赔偿的情形

根据《国家赔偿法》第 5 条的规定,以下三种情形,国家不承担赔偿责任:

第一,行政机关工作人员与行使职权无关的个人行为。行政机关工作人员具有双重身份:行政机关工作人员和普通公民。行政机关工作人员可以根据两种不同的身份作出两种截然不同的行为:行政公务行为和与行使职权无关的个人行为。其中,与行使职权无关的个人行为不涉及行政权对公民权益的侵犯,国家不应当对此承担赔偿责任。本项的关键问题是如何判断行政机关工作人员所作的行为究竟是行政公务行为还是与行使职权无关的个人行为,即采用什么标准区分行政公务行为和与行使职权无关的个人行为。我们采用外形主义说,即"只要行为客观上具有执行职务之外表的行为,就承认其为职务执行行为。"①

第二,因公民、法人和其他组织自己的行为致使损害发生的。如果公民、法人和其他组织因为自己的行为致使权益受损的,不管在此过程中行政主体及其工作人员的行为是否违法,国家都不承担赔偿责任,因为导致受害人权益受损的原因并不是由行政主体及其工作人员行使职权的行为造成的。如果行政主体及其工作人员行使职权的行为和公民、法人及其他组织自己的行为共同造成了损害的发生,则国家应当赔偿受害人的部分损失,具体赔偿比例依据行政主体及其工作人员行使职权的行为在整个损害过程中的致害程度而定。

第三,法律规定的其他情形。本项为兜底条款,除上述两种情况外,凡是法律规定不应当由国家承担赔偿责任的情况国家都不承担行政赔偿责任。根据学术界的通说,这里的"法律"是指全国人大及其常委会制定的法律规范,不包括法规、规章等其他行政法的渊源。按照《民法总则》《刑法》等法律的规定,行政主体及其工作人员因不可抗力、意外事件造成的损害以及在正当防卫和紧急避险的过程中造成的损害,国家不应当承担赔偿责任。除此之外,《行政赔偿司法解释》第6条规定:"公民、法人或者其他组织以国防、外交等国家行为或者行政机关制定发布行政法规、规章或者具有普遍约束力的决定、命令侵犯其合法权益造成损害为由,向人民法院提起行政赔偿诉讼的,人民法院不予受理。"也就是说,国防、外交等国家行为或者行政机关制定发布行政法规、规章或者具有普遍约束力的决定、命令侵犯相对人合法权益的情形被排除在行政赔偿的范围之外,国家对于这两类情况不承担行政赔偿责任。

五、行政赔偿请求人与行政赔偿义务机关

(一) 行政赔偿请求人

1. 行政赔偿请求人的概念

行政赔偿请求人是指合法权益受到行政机关及其工作人员违法行使行政职权行为的侵犯而造成损害,向有关国家机关请求赔偿的公民、法人和其他组织。

2. 行政赔偿请求人的范围

根据《国家赔偿法》第6条第1款的规定,受害的公民、法人和其他组织有权要求

---

① 〔日〕南博方:《行政法》(第六版),杨建顺译,中国人民大学出版社2009年版,第145页。

赔偿。该条第2、3款规定了赔偿请求的转移:"受害的公民死亡,其继承人和其他有抚养关系的亲属有权要求赔偿。""受害的法人或者其他组织终止的,其权利承受人有权要求赔偿。"

(二) 行政赔偿义务机关

1. 行政赔偿义务机关的概念

所谓行政赔偿义务机关,是指代表国家接受行政赔偿请求、履行赔偿义务、参加解决行政赔偿争议的行政主体。行政赔偿责任实质上是一种国家责任。但是,国家是抽象的政治实体,其责任的承担必须通过具体的国家机关的行为来实现。

2. 行政赔偿义务机关的确定

根据《国家赔偿法》第7条和第8条的规定,我国行政赔偿义务机关,分为以下几种:

(1) 行政机关及其工作人员行使行政职权侵犯公民、法人和其他组织的合法权益造成损害的,该行政机关为赔偿义务机关。

(2) 两个以上行政机关共同行使行政职权时侵犯公民、法人和其他组织的合法权益造成损害的,共同行使行政职权的行政机关为共同赔偿义务机关。

"共同行使职权"是指两个以上行政机关在行使职权时共同署名盖章作出行政行为。共同赔偿义务机关之间负连带责任,赔偿请求可以向其中的任何一个赔偿义务机关要求赔偿,该机关应当先予全部赔偿,不得推诿或仅赔偿一部分。

(3) 法律、法规授权的组织在行使授予的行政权力时侵犯公民、法人和其他组织的合法权益造成损害的,被授权的组织为赔偿义务机关。

(4) 受行政机关委托的组织或者个人在行使受委托的行政权力时侵犯公民、法人和其他组织的合法权益造成损害的,委托的行政机关为赔偿义务机关。

(5) 赔偿义务机关被撤销的,继续行使其职权的行政机关为赔偿义务机关;没有继续行使其职权的行政机关的,撤销该赔偿义务机关的行政机关为赔偿义务机关。

(6) 经复议机关复议的,最初造成侵权行为的行政机关为赔偿义务机关,但复议机关的复议决定加重损害的,复议机关对加重的部分履行赔偿义务。

六、行政赔偿程序

行政赔偿程序是指行政赔偿请求人请求赔偿和行政机关履行赔偿义务所遵循的步骤、方式、顺序和时间等规则的总和。根据《行政诉讼法》《行政复议法》《国家赔偿法》的规定,公民、法人或其他组织申请行政赔偿的程序一共有三种:向行政赔偿义务机关申请赔偿,对行政赔偿义务机关的赔偿决定不服的可以提起行政诉讼;在申请行政复议的过程中一并提出行政赔偿;在提起行政诉讼的过程中一并提出行政赔偿。第一种程序常被称作单独式行政赔偿程序,后两种程序常被称作附带式行政赔偿程序,或一并提起的行政赔偿程序。在行政诉讼过程中一并提出行政赔偿的相关制度,本书已在本章第二节中详述,此处不赘述。

(一) 行政赔偿义务机关的先行处理程序

根据《国家赔偿法》第9条第2款和第13条、第14条的规定,赔偿请求人如果仅仅要求行政赔偿,没有其他请求,就必须先向行政赔偿义务机关提出,由行政赔偿义务机关处理该问题,作出是否赔偿以及如何赔偿的决定。根据《国家赔偿法》第9条第1款的规定,赔偿义务机关有该法第3条、第4条所规定的侵犯人身权、财产权情形之一的,应当给予赔偿。赔偿请求人向赔偿义务机关请求赔偿的,赔偿义务机关直接作出是否赔偿的决定。赔偿申请人单独提出赔偿请求的,是否接受其赔偿申请,需认定有关行政行为是否违法,以及该行为是否与当事人的损害存在因果关系等一系列问题,专业性比较强,且涉及相关证据的认定。此时赔偿义务机关进行先行处理,有助于查明事实。[①] 赔偿请求人对行政赔偿义务机关作出的行政赔偿决定或逾期不作出行政赔偿决定的行为不服的,可以依法向人民法院提起行政诉讼。行政赔偿义务机关的先行处理程序包括三个主要的阶段:申请、决定和起诉。

1. 申请

(1) 申请程序。行政赔偿请求人单独就赔偿问题提出请求的,应当先向赔偿义务机关提出,由赔偿义务机关先行处理。如果存在两个以上行政赔偿义务机关的,行政赔偿请求人可以向共同赔偿义务机关中的任何一个赔偿义务机关要求赔偿,该赔偿义务机关应当先予赔偿。赔偿请求人根据受到的不同损害,可以同时提出数项赔偿要求。要求赔偿应当递交申请书,申请书应当载明下列事项:受害人的姓名、性别、年龄、工作单位和住所,法人或者其他组织的名称、住所和法定代表人或者主要负责人的姓名、职务;具体的要求、事实根据和理由;申请的年、月、日。赔偿请求人书写申请书确有困难的,可以委托他人代书;也可以口头申请,由赔偿义务机关记入笔录。赔偿请求人不是受害人本人的,应当说明与受害人的关系,并提供相应证明。赔偿请求人当面递交申请书的,赔偿义务机关应当当场出具加盖本行政机关专用印章并注明收讫日期的书面凭证。申请材料不齐全的,赔偿义务机关应当当场或者在五日内一次性告知赔偿请求人需要补全的全部内容。

(2) 申请的期限、方式。赔偿请求人请求国家赔偿的时效为两年,自其知道或者应当知道国家机关及其工作人员行使职权时的行为侵犯其人身权、财产权之日起计算,但被羁押等限制人身自由期间不计算在内。赔偿请求人在赔偿请求时效的最后六个月内,因不可抗力或者其他障碍不能行使请求权的,时效中止。从中止时效的原因消除之日起,赔偿请求时效期间继续计算。

2. 赔偿义务机关受理申请后的处理

赔偿义务机关应当自收到申请之日起两个月内,作出是否赔偿的决定。赔偿义务机关作出赔偿决定,应当充分听取赔偿请求人的意见,并可以与赔偿请求人就赔偿

[①] 参见许安标主编:《中华人民共和国国家赔偿法解读》,中国法制出版社2010年版,第52页。

方式、赔偿项目和赔偿数额依照《国家赔偿法》的规定进行协商。赔偿义务机关决定赔偿的,应当制作赔偿决定书,并自作出决定之日起十日内送达赔偿请求人。赔偿义务机关决定不予赔偿的,应当自作出决定之日起十日内书面通知赔偿请求人,并说明不予赔偿的理由。赔偿义务机关在规定期限内未作出是否赔偿的决定,赔偿请求人可以自期限届满之日起三个月内,向人民法院提起诉讼。

赔偿请求人对赔偿的方式、项目、数额有异议的,或者赔偿义务机关作出不予赔偿决定的,赔偿请求人可以自赔偿义务机关作出赔偿或者不予赔偿决定之日起三个月内,向人民法院提起诉讼。

(二) 行政赔偿复议程序

除了单独提起行政赔偿请求外,受害人还可以在提起行政复议的同时,附带提出行政侵权赔偿的请求。这种程序往往是在行政机关的行使职权的行为的违法性尚未得到确认的情况下适用的,这对于减轻当事人的讼累、提高解决行政争议的效率具有重要意义。

《行政复议法》第29条第1款规定:"申请人在申请行政复议时可以一并提出行政赔偿请求,行政复议机关对符合国家赔偿法的有关规定应当给予赔偿的,在决定撤销、变更具体行政行为或者确认具体行政行为违法时,应当同时决定被申请人依法给予赔偿。"这一规定是行政复议程序中审理附带赔偿请求的程序上的规定。

另外,《行政复议法》第29条第2款规定:"申请人在申请行政复议时没有提出行政赔偿请求的,行政复议机关在依法决定撤销或者变更罚款、撤销违法集资、没收财物、征收财物、摊派费用以及对财产的查封、扣押、冻结等具体行政行为时,应当同时责令被申请人返还财产,解除 对财产的查封、扣押、冻结措施,或者赔偿相应的价款。"这一规定体现了行政复议知错就改、有错必纠的立法精神。

(三) 行政赔偿中的追偿

追偿是指行政赔偿义务机关向受害人支付赔偿费用、履行赔偿义务以后,依法责令有故意或者重大过失的公务员、受委托的组织或个人承担部分或全部赔偿费用的法律制度。《国家赔偿法》第16条规定:"赔偿义务机关赔偿损失后,应当责令有故意或者重大过失的工作人员或者受委托的组织或者个人承担部分或者全部赔偿费用。对有故意或者重大过失的责任人员,有关机关应当依法给予处分;构成犯罪的,应当依法追究刑事责任。"根据这一规定,行政赔偿义务机关行使追偿应当符合下列条件:第一,赔偿义务机关已向赔偿请求人支付了赔偿费用;第二,行政机关工作人员或受委托的组织或个人有故意或重大过失。所谓故意,是指公务人员执行公务时,明知自己的行为会造成当事人的损害,却仍然希望或者放任这种结果发生的主观心态。所谓重大过失,是相对于一般过失而言的,它是指公务人员执行公务时未能达到普通公民应当达到的注意标准,过失造成当事人损害的主观心态。

七、行政赔偿的方式和赔偿计算标准

(一) 行政赔偿的方式

行政赔偿方式是指国家承担行政赔偿责任的具体形式。行政赔偿的方式恰当与否,直接关系到行政赔偿的质量和对受害者的救济。

根据《国家赔偿法》第32条的规定,我国行政赔偿的方式包括三种:支付赔偿金、返还财产和恢复原状。其中,支付赔偿金是指行政赔偿义务机关以货币的形式支付赔偿金额,弥补受害人的损失。这种赔偿方式简便,适用面广,是我国行政赔偿的主要赔偿方式。返还财产是指行政赔偿义务机关将违法取得的财产还给受害人的赔偿方式,具体包括返还财务和返还金钱两种类型。恢复原状是指行政赔偿义务机关对受害人的财产进行修复,使之恢复到受损害前的形状和性能的赔偿方式。恢复原状包括恢复财产原状和恢复职位、户口、住房等类型。返还财产和恢复原状是重要的行政赔偿方式,根据《国家赔偿法》第32条第2款的规定,能够返还财产或者恢复原状的,予以返还财产或者恢复原状。

(二) 行政赔偿标准

行政赔偿标准是指国家赔付行政侵权受害人损害的标准。行政赔偿标准的高低直接决定了对受害人的救济程度以及行政赔偿制度的社会效益,因此它具有重要的意义。

1. 侵犯公民人身权的行政赔偿标准

根据《国家赔偿法》第33条至第35条的规定,侵犯公民人身权的行政赔偿标准如下:

(1) 侵犯公民人身自由的,每日赔偿金按照国家上年度职工日平均工资计算。

(2) 侵犯公民生命健康权的,赔偿金按照下列规定计算:首先,造成身体伤害的,应当支付医疗费、护理费,以及赔偿因误工减少的收入。减少的收入每日的赔偿金按照国家上年度职工日平均工资计算,最高额为国家上年度职工年平均工资的5倍。其次,造成部分或者全部丧失劳动能力的,应当支付医疗费、护理费、残疾生活辅助具费、康复费等因残疾而增加的必要支出和继续治疗所必需的费用,以及残疾赔偿金。残疾赔偿金根据丧失劳动能力的程度,按照国家规定的伤残等级确定,最高不超过国家上年度职工年平均工资的20倍。造成全部丧失劳动能力的,对其扶养的无劳动能力的人,还应当支付生活费。最后,造成死亡的,应当支付死亡赔偿金、丧葬费,总额为国家上年度职工年平均工资的20倍。对死者生前扶养的无劳动能力的人,还应当支付生活费。其中,生活费的发放标准,参照当地最低生活保障标准执行。被扶养的人是未成年人的,生活费给付至18周岁止;其他无劳动能力的人,生活费给付至死亡时止。

(3)《国家赔偿法》规定的行政侵权行为致人精神损害的,应当在侵权行为影响的范围内,为受害人消除影响,恢复名誉,赔礼道歉;造成严重后果的,应当支付相应的精神损害抚慰金。

2. 侵犯公民财产权的行政赔偿标准

根据《国家赔偿法》第36条的规定,侵犯公民、法人和其他组织的财产权造成损害的,按照下列方式和标准赔付:

(1) 处罚款、罚金、追缴、没收财产或者违法征收、征用财产的,返还财产;

(2) 查封、扣押、冻结财产的,解除对财产的查封、扣押、冻结,造成财产损坏或者灭失的,能够恢复原状的恢复原状,不能恢复原状的,按照损害程度给付相应的赔偿金;

(3) 应当返还的财产损坏的,能够恢复原状的恢复原状,不能恢复原状的,按照损害程度给付相应的赔偿金;

(4) 应当返还的财产灭失的,给付相应的赔偿金;

(5) 财产已经拍卖或者变卖的,给付拍卖或者变卖所得的价款;变卖的价款明显低于财产价值的,应当支付相应的赔偿金;

(6) 吊销许可证和执照、责令停产停业的,赔偿停产停业期间必要的经常性费用开支;

(7) 返还执行的罚款或者罚金、追缴或者没收的金钱,解除冻结的存款或者汇款的,应当支付银行同期存款利息;

(8) 对财产权造成其他损害的,按照直接损失给予赔偿。

第二节 行政赔偿诉讼

一、行政赔偿诉讼概述

(一) 行政赔偿诉讼的概念

行政赔偿诉讼是指人民法院在诉讼参与人的参加下,依照法定程序,解决行政赔偿争议的活动。

我国的行政赔偿诉讼经历了不断发展和完善的过程。早在1954年1月21日,政务院通过了《海港管理暂行条例》。该条例第20条规定:"港务局如无任何法令根据,擅自下令禁止船舶离港,船舶得向港务局要求由于禁止离港所受之直接损失,并得保留对港务局的起诉权。"[①]该条就已经规定了受损害的船舶可以依法就港务局的违法行为提起行政诉讼,要求获得行政赔偿。1989年颁布的《行政诉讼法》第67条规定:"公民、法人或者其他组织的合法权益受到行政机关或者行政机关工作人员作出

---

① 参见江必新、当梁凤云、梁清:《国家赔偿法理论与实务》,中国社会科学出版社2010年版,第1156页。

的具体行政行为侵权造成损害的,有权请求赔偿。公民、法人或者其他组织单独就损害赔偿提出请求,应当先由行政机关解决。对行政机关的处理不服的,可以向人民法院提起诉讼。"该规定正式确立了我国的行政赔偿诉讼制度。1994年颁布的《国家赔偿法》详细地规定了我国行政赔偿诉讼制度,2010年《国家赔偿法》的修改、2014年《行政诉讼法》的修改以及2018年《行政诉讼法司法解释》的出台使得我国行政赔偿诉讼制度得到逐步完善。

(二) 行政赔偿诉讼的性质

行政赔偿诉讼的性质,尤其是它与民事赔偿诉讼、行政诉讼是否属于同一性质的诉讼活动直接决定着行政赔偿诉讼程序适用何种法律规范、采用何种程序制度。

我们认为,行政赔偿诉讼在性质上与民事赔偿诉讼、行政诉讼都有一定的差异。

1. 行政赔偿诉讼与民事赔偿诉讼

行政赔偿诉讼与民事赔偿诉讼之间的差异主要是由行政赔偿与民事赔偿之间的差别引起的。行政赔偿与民事赔偿之间的不同点包括:第一,导致赔偿发生的行为具有不同的性质。民事赔偿是由平等民事主体之间的民事侵权行为或者违约行为所导致的,行政赔偿则是由乡镇机关及其行政侵权行为所引发的。民事赔偿诉讼解决的是民事争议,这种争议因平等主体之间的民事活动而发生,而行政赔偿争议因行政权的行使而发生,从本质上看,这种争议属于公法上的争议。第二,引发赔偿的损害行为的时间要求不同。行政赔偿必须是行政机关及其工作人员在执行职务过程中的侵权行为引起,民事赔偿则没有这一要求。第三,责任主体的确定不同。行政赔偿的承担责任主体是行政机关,尽管侵权行为人可能是行政机关的工作人员。民事赔偿与此不同,实行的是谁侵权,谁就是赔偿责任主体的制度。责任主体的不同导致了诉讼中被告的不同,行政赔偿诉讼的被告只能是行政机关而不能是行政机关工作人员,民事赔偿诉讼的被告则是民事侵权人,既可以是作为民事主体侵权的行政机关,也可以是一般的民事主体,包括以普通公民的身份从事民事活动的行政机关工作人员。第四,赔偿费用的来源不同。行政赔偿采取国家财政列支的方式,民事赔偿则是由民事侵权人自己支付赔偿费用。第五,确定责任时适用的法律依据不同。行政赔偿应当适用行政法律规范,而民事赔偿则应当适用民事法律规范。

2. 行政赔偿诉讼与行政诉讼

行政赔偿诉讼和行政诉讼有密切联系和大量共同点。在引发因素方面,行政诉讼是由行政行为引起的,行政赔偿诉讼在很多时候也是由行政行为引起的;在当事人方面,行政诉讼和行政赔偿诉讼的被告都是行政主体;在法院的审查对象方面,行政诉讼的审查对象是被诉行政决定的合法性,行政赔偿诉讼中在确定行政侵权责任成立与否之前往往也需要审查行政决定的合法性。虽然如此,行政赔偿诉讼和行政诉讼仍有很多不同之处。从性质上看,行政赔偿诉讼是通过审查是否有行政侵权损害事实的存在以确定行政机关是否承担赔偿责任以及如何承担,行政诉讼则是审查行政决定的合法性以确定行政决定是否有效。因此,行政赔偿诉讼在总体上适用行政诉讼程序，但在表现行政赔偿诉讼特性的地方会适用单独规范行政赔偿诉讼的程序。

(三) 行政赔偿诉讼的种类

根据当事人提起的程序的不同，行政赔偿诉讼可以分为一并提起的行政赔偿诉讼和单独提起的行政赔偿诉讼。

1. 一并提起的行政赔偿诉讼

所谓一并提起的行政赔偿诉讼，是指公民、法人或者其他组织，在提起行政诉讼的同时，一并提出行政赔偿请求，要求人民法院处理。在这一程序中，当事人的请求内容有两项，即既请求确认行政主体的行政行为违法，又要求对自己所受损害予以赔偿，人民法院将两项请求并案审理，先对行政行为是否合法进行审查，再视审查的结论，对行政赔偿争议作出裁判。这样做可以降低诉讼成本，简化诉讼程序，避免分案处理可能产生的判决之间的矛盾。从另一角度看，对行政行为合法性的评价，与行政赔偿是否成立有着内在的关联性，而关于行政赔偿的裁判，不仅是合法性审查的逻辑结果，也是行政争议的最终解决。

2. 单独提起的行政赔偿诉讼

所谓单独提起的行政赔偿诉讼，是指行政赔偿请求人单独就损害赔偿向行政赔偿义务机关提出请求，在赔偿义务机关不予处理或者对赔偿义务机关的处理不服的情况下，根据法律规定，向人民法院提起行政赔偿诉讼。

二、行政赔偿诉讼的提起与受理

(一) 行政赔偿诉讼的提起

根据《国家赔偿法》第3条、第4条规定的行政赔偿范围，公民、法人或其他组织可以对行政行为以及行政机关及其工作人员行使行政职权有关的违法行为所造成的损害提起行政赔偿诉讼。

值得注意的是，《行政诉讼法》第78条规定，在行政诉讼中，被告不依法履行、未按照约定履行或者违法变更、解除行政协议的，法院可以判决被告承担赔偿损失的责任。根据该规定，公民、法人或其他组织认为行政主体有不依法履行、未按照约定履行或者违法变更、解除行政协议等行为的，也可以提起行政赔偿诉讼。

行政赔偿诉讼可以一并提起，也可以单独提起。

在一并提起的行政赔偿诉讼中，由于受害人是在提起行政诉讼的同时，一并提出行政赔偿请求，因此，其首先应当符合《行政诉讼法》规定的起诉条件。人民法院在进行受理审查时，主要是根据行政诉讼的起诉条件进行审查，并依此决定是否受理。行政诉讼案件的原告可以在提起行政诉讼的同时提出行政赔偿请求，也可以在人民法院受理后至一审庭审结束前，提出行政赔偿请求，还可以在行政诉讼第二审期间提出行政赔偿请求。

就一并提起行政赔偿诉讼，法院具有一定的告知义务。根据《行政诉讼法司法解释》第 95 条的规定,人民法院在审判中,认为被诉行政行为违法或者无效,可能给原告造成损失的,法院负有释明义务,即告知原告可以在诉讼中请求一并解决行政赔偿争议,或者告知原告就赔偿事项另行起诉。

公民、法人或者其他组织单独提起行政赔偿诉讼,应当符合下列条件:

1. 原告适格

行政赔偿诉讼的原告必须是认为行政行为侵犯其合法权益并造成其损害的公民、法人或其他组织。行政赔偿请求人以外的其他人无权提起行政赔偿诉讼。受害的公民死亡,其继承人和其他有扶养关系的亲属以及死者生前扶养的无劳动能力的人有权提起行政赔偿诉讼,继承人和有扶养关系的人提起行政赔偿诉讼,应当提供该公民死亡的证明及赔偿请求人与死亡公民之间的关系证明。企业法人或者其他组织被行政机关撤销、变更、兼并、注销,认为经营自主权受到侵害,依法提起行政赔偿诉讼,原企业法人或其他组织,或者对其享有权利的法人或其他组织均具有原告资格。需要注意的是,行政诉讼的原告未必能够成为行政赔偿诉讼的原告。后者需要行政决定侵犯其行为并造成了损害,前者并不需要造成损害这样的条件。

2. 被告明确

行政赔偿诉讼的被告是行政赔偿义务机关。两个以上行政机关共同侵权,赔偿请求人对其中一个或者数个侵权机关提起行政赔偿诉讼,若诉讼请求系可分之诉,被诉的一个或者数个侵权机关为被告;若诉讼请求系不可分之诉,由人民法院依法追加其他侵权机关为共同被告。复议机关的复议决定加重损害的,赔偿请求人只对作出原决定的行政机关提起行政赔偿诉讼,作出原决定的行政机关为被告;赔偿请求人只对复议机关提起行政赔偿诉讼的,复议机关为被告。行政机关依据《行政诉讼法》第 97 条的规定申请人民法院强制执行具体行政行为,由于据以强制执行的根据错误而发生行政赔偿诉讼的,申请强制执行的行政机关为被告。

3. 有具体的赔偿请求和受损害的事实根据

具体的赔偿请求是指原告通过人民法院向被告提出的具体的赔偿方式以及相应的数额(包括要求被告承担消除影响、恢复名誉、赔礼道歉的侵权责任)。受损害的事实根据是指因为被告的行为而受到损害的事实以及证明这些事实存在的根据。原告在起诉时应当明确事实内容。

4. 加害行为为具体行政行为的,该行为已被确认为违法

这是由单独提起赔偿的程序本身决定的。在单独提起赔偿的程序中,提起的前提是该加害行为已经被有权机关确认为违法或者争议双方对加害行为的违法性没有异议。如果加害行为的违法性尚有异议,则不能单独提起行政赔偿,也就不可能进入行政赔偿诉讼。

5. 赔偿义务机关已先行处理或超过法定期限不予处理

赔偿请求人单独提出赔偿请求的,应当经过赔偿义务机关先行处理,对赔偿义务机关处理决定不服或赔偿义务机关逾期不处理的,向人民法院提起赔偿诉讼。未经赔偿义务机关先行处理的,不得提起行政赔偿诉讼。

6. 属于人民法院行政赔偿诉讼的受案范围和受诉人民法院管辖

根据《行政赔偿司法解释》第 2 条至第 6 条的规定，可以单独提起行政赔偿诉讼的情形包括以下几种：

第一，行政机关确认具体行政行为违法但又决定不予赔偿，或者对确定的赔偿数额有异议提起行政赔偿诉讼的。

第二，行政机关及其工作人员以殴打、虐待等行为或者唆使、放纵他人以殴打、虐待等行为造成公民身体伤害或者死亡的，或违法使用武器、警械造成公民身体伤害或者死亡的，或造成公民身体伤害或者死亡的其他违法行为，或造成财产损害的其他违法行为等情形并造成损失，赔偿义务机关拒不确认致害行为违法的。

第三，法律规定由行政机关最终裁决的具体行政行为，被作出最终裁决的行政机关确认违法，赔偿请求人以赔偿义务机关应当赔偿而不予赔偿或逾期不予赔偿或者对赔偿数额有异议提起行政赔偿诉讼的。

公民、法人或者其他组织以国防、外交等国家行为或者行政机关制定发布行政法规、规章或者具有普遍约束力的决定、命令侵犯其合法权益造成损害为由，向人民法院提起行政赔偿诉讼的，人民法院不予受理。

根据《行政赔偿司法解释》第 7 条至第 13 条的规定，行政赔偿诉讼案件的管辖，按照以下几种规则处理：

第一，一并提起行政赔偿诉讼的，依照《行政诉讼法》的管辖规定处理。

第二，单独提起行政赔偿诉讼的，由被告住所地的基层人民法院管辖。中级人民法院管辖下列第一审行政赔偿案件：被告为海关、专利管理机关的；被告为国务院各部门或者省、自治区、直辖市人民政府的；本辖区内其他重大影响和复杂的行政赔偿案件。高级人民法院管辖本辖区内有重大影响和复杂的第一审行政赔偿案件。最高人民法院管辖全国范围内有重大影响和复杂的第一审行政赔偿案件。

第三，赔偿请求人因同一事实对两个以上行政机关提起行政诉讼的，可以向其中任何一个行政机关住所地的人民法院提起。赔偿请求人向两个以上有管辖权的人民法院提起行政赔偿诉讼的，由最先收到起诉状的人民法院管辖。

第四，公民对限制人身自由的行政强制措施不服，或者对行政赔偿机关基于同一事实对同一当事人作出限制人身自由和对财产采取强制措施的具体行政行为不服，在提起行政诉讼的同时一并提出行政赔偿请求的，由受理该行政案件的人民法院管辖；单独提起行政赔偿诉讼的，由被告住所地或原告住所地或不动产所在地的人民法院管辖。

第五，人民法院发现受理的案件不属于自己管辖，应当移送有管辖权的人民法院；受移送的人民法院不得再行移送。人民法院对管辖权发生争议的，由争议双方协商解决，协商不成的，报请其共同上级人民法院指定管辖。如双方为跨省、自治区、直辖市的人民法院，高级人民法院协商不成的，由最高人民法院及时指定管辖。在报请上级人民法院指定管辖时，应当逐级进行。

第六，符合法律规定的起诉期限。赔偿请求人单独提起行政赔偿诉讼，可以在向赔偿义务机关递交赔偿申请后的两个月届满之日起三个月内提出。赔偿义务机关作出赔偿决定时，未告知赔偿请求人起诉期限的，其起诉期限从赔偿请求人知道或应当知道起诉期限时计算，但自赔偿请求人收到赔偿决定之日起不得超过一年。公民、法人或者其他组织在提起行政诉讼的同时一并提出行政赔偿请求的，其起诉期限按照行政诉讼起诉期限的规定执行。行政案件的原告可以在提起行政诉讼后至人民法院一审庭审结束前，提出行政赔偿请求。

根据《行政诉讼法司法解释》第68条第2款的规定，不管是单独提起，还是一并提起行政赔偿诉讼，诉讼请求中应当有具体的赔偿事项以及数额。

（二）行政赔偿诉讼的受理

行政赔偿诉讼的受理是指人民法院对赔偿请求人的起诉进行审查，认为符合法律规定的条件而决定立案并予以审理的诉讼行为。人民法院在收到赔偿请求人的诉状后，应当进行审查，并视不同情况，分别处理：认为符合受理条件的，在七日内立案，不符合受理条件的，裁定不予受理；在七日内不能确定可否受理的，应当先予受理，审理中发现不符合受理条件的，裁定驳回起诉。人民法院审理行政赔偿案件，需要变更被告而原告不同意变更的，裁定驳回起诉。当事人对不予受理或者驳回起诉的裁定不服，可以上诉。

三、行政赔偿诉讼的审理与裁判

（一）行政赔偿诉讼的审理

1. 行政赔偿诉讼适用调解

法院审理行政赔偿案件可以进行调解。

《行政诉讼法》第60条第1款规定，行政赔偿案件可以调解。在行政赔偿诉讼案件中，原告可以处分其赔偿请求权，被告在赔偿问题上灵活处理，也不涉及对其职权的处分。对人民法院而言，其要解决的是当事人之间的赔偿争议。因此，人民法院审理行政赔偿案件，可以进行调解。用调解的方式解决行政赔偿争议，可以提高办案效率，使争议解决得更为彻底。

人民法院以调解的方式审理行政赔偿案件，应当坚持以下原则：一是合法原则。调解必须在查明事实、分清是非的基础上进行；法律明确规定了赔偿的范围、方式、计算标准，经过调解所达成的调解协议必须符合法律的这些规定，不得损害国家利益、社会公共利益和他人的合法权益。二是自愿原则。人民法院不能强迫当事人进行调解，在调解不成时，应当及时作出判决，不能以调解为由久拖不决。

与民事诉讼中的调解原则不同，《行政诉讼法》《国家赔偿法》没有规定人民法院解决行政赔偿争议必须调解，调解不是人民法院审理行政赔偿案件的必经程序。

除了第一审行政诉讼外，在行政诉讼的二审程序中，也可以适用调解制度。根据

《行政诉讼法司法解释》第109条第5款和第6款的规定,以下两种情形下,可以在行政诉讼二审中适用调解制度:第一,原审判决遗漏行政赔偿请求,第二审法院经审理认为依法应当予以赔偿的,在确认被诉行政行为违法的同时,可以就行政赔偿问题进行调解;第二,当事人在第二审期间提出行政赔偿请求的,第二审法院可以进行调解。需要注意的是,在第二种情况下,第二审法院可以进行调解,但不能进行审理。如果调解不成的,第二审法院应当告知当事人另行起诉。

2. 行政赔偿诉讼的举证责任

行政赔偿诉讼既不完全同于行政诉讼,也不完全同于民事诉讼,所以,在举证责任的分担上,既不能简单地采用行政诉讼中的"被告负举证责任"的原则,也不能继续采用民事诉讼中的"谁主张,谁举证"的原则。行政赔偿诉讼的举证责任应当采用合理分担的原则。具体而言,包括:

(1)原告的举证责任。首先,原告应当就损害承担举证责任。《行政诉讼法》第38条第2款和《行政诉讼法司法解释》第47条第1款规定,在行政赔偿案件中,原告应当对行政行为造成的损害提供证据。因被告的原因导致原告无法举证的,由被告承担举证责任。其次,原告应当就违法行为与损害之间的因果关系程度举证责任。即原告应当提供能够证明被告实施的违法行为确系造成自己受到损害的原因的材料。最后,如果是单独提起行政赔偿损失的,原告应当提供当事人承认违法的材料以及有关国家机关确认具体行政行为违法的法律文书。

(2)被告的举证责任。除上文所述,因被告的原因导致原告不能就损害举证的,由被告承担举证责任外,如果是一并提起行政赔偿诉讼的,被告还应当证明被诉行政行为的合法性。

《行政诉讼法司法解释》第47条第2款还规定,对于行政赔偿诉讼中各方主张损失的价值无法认定的,应当由负有举证责任的一方当事人申请鉴定,但法律、法规、规章规定行政机关在作出行政行为时依法应当评估或者鉴定的除外;负有举证责任的当事人拒绝申请鉴定的,由其承担不利的法律后果。

(二)行政赔偿诉讼的裁判

1. 行政赔偿诉讼一审裁判

人民法院在对行政赔偿案件进行审理后,可以根据不同的情况,分别作出如下处理:原告的赔偿请求成立的,判决被告予以赔偿,涉及经过行政复议的案件,如果给原告造成损失的是作出原行政行为的行政机关,法院应判决行政机关承担赔偿责任,如果因复议决定加重损害的,由复议机关对加重部分承担赔偿责任;被告的行为违法但尚未对原告的合法权益造成损害的,或者原告的赔偿请求没有事实根据或者法律根据的,判决驳回原告的赔偿请求;经人民法院调解,原、被告双方就赔偿范围、赔偿方式和赔偿数额达成一致,调解成立的,制作行政赔偿调解书。

根据《行政诉讼法司法解释》第97条和第98条的规定,法院在判决被告承担赔偿责任时应注意以下两个方面:第一,原告或者第三人的损失系由其自身过错和行政机关的违法行政行为共同造成的,人民法院应当依据各方行为与损害结果之间有无因果关系以及在损害发生和结果中作用力的大小,确定行政机关相应的赔偿责任。第二,因行政机关不履行、拖延履行法定职责,致使公民、法人或者其他组织的合法权益遭受损害的,人民法院应当判决行政机关承担行政赔偿责任。在确定赔偿数额时,应当考虑该不履行、拖延履行法定职责的行为在损害发生过程和结果中所起的作用等因素。

人民法院在作出判决时,如果认定被告有《国家赔偿法》第35条规定的情形,致使受害人精神受到损害的,应当判决被告在侵权行为影响的范围内,为受害人消除影响,恢复名誉,赔礼道歉;造成严重后果的,应当判决被告支付相应的精神损害赔偿金。人民法院在作出予以赔偿的判决时,应当根据《国家赔偿法》规定的赔偿方式和计算方法,确定赔偿方式和赔偿数额,既不能损害当事人的合法权益,也不能损害国家的利益。此外,人民法院对赔偿请求人未经确认程序而直接提起行政赔偿诉讼的案件,在判决时应当对赔偿义务机关致害行为是否违法进行确认。

2. 行政赔偿诉讼二审裁判

行政赔偿诉讼二审裁判除须遵守《行政诉讼法》第98条关于行政诉讼二审裁判的规定外,还需要结合《行政诉讼法司法解释》第109条的规定。该条规定,原审判决遗漏行政赔偿请求,第二审法院经审查认为依法不应当予以赔偿的,应当判决驳回行政赔偿请求。原审判决遗漏行政赔偿请求,第二审法院经审理认为依法应当依法予以赔偿的,在确认被诉被诉行政行为违法且已经就行政赔偿问题进行调解而调解不成的情形下,应当就行政赔偿部分发回重审。

第三节 行政补偿

一、行政补偿的概念和特征

行政补偿是指行政主体合法行使公权力的行为造成公民、法人或者其他组织合法权益的损害,或者公民、法人或其他组织为公共利益而使自己的权益受到损害时,国家弥补相对人损失的一种给付救济。行政补偿有如下特征:

(1) 行政补偿的前提是行政主体合法行使公权力的行为造成公民、法人或者其他组织合法权益的损害,或者公民、法人或其他组织为公共利益而使自己的权益受到损害。行政补偿的前提除了行政主体合法行使公权力的行为造成公民、法人或者其他组织合法权益的损害之外,还包括公民、法人或其他组织为公共利益而使自己的权益受到损害。

(2) 行政补偿的主体是国家。国家负责补偿公民、法人或其他组织因合法的公权力行使或为了公共利益而受到的损害。行政补偿义务机关是国家行政机关或其他行政组织，它代表国家负责具体的补偿事务，行政补偿义务机关本身并不是行政补偿的主体。

（3）行政补偿是一种法定的义务。从行政补偿的性质上看，它是行政主体的一项法定义务。行政主体必须依法补偿相对人合法的公权力行使或为了公共利益而受到的损害。否则，就是违背了保护公民合法财产权的基本法治理念。

（4）行政补偿针对的是特定的公民、法人或其他组织，而不是全体或普遍的社会成员。社会成员因为国家权力的行使而平等地受到损失，故不存在补偿的问题。只有当少数或个别公民因为公权力的合法行使或为了公共利益而受到损失时才会产生需要弥补特别损害的问题。一般认为，特别损害具有以下特征：一是主体的具体性，即受到损害的主体是具体的、特定范围内的社会成员，不具有普遍性；二是后果的可责难性，即损害必须达到一定的程度，如果是轻微的损害，受害人应当自己容忍；三是性质的非正当性，即受到损害的主体对于他们所遭受的损害没有应该忍受的理由；四是目的的单一性，即损害的发生，目的是要维护或增进公共利益。①

二、行政补偿的范围

从我国的立法实践看，行政补偿的范围既包括财产损害也包括非财产损害。

（一）财产权损害

财产损害也称物质损害，是指因侵害行为所导致的具有财产形态的价值减少或利益的丧失。财产权的内容包括物权、债权、知识产权等。在财产权的内容方面，补偿的范围通常是全面和没有限制的。在补偿财产损害时，不仅补偿直接损害，还补偿一定范围的间接损害。财产损害的补偿主要有以下几种情形：

1. 行政征收补偿和行政征用补偿

行政主体征收相对人财产（除行政征税和行政收费外）或征用相对人财产或者劳务的，应当补偿相对人的财产损失。具体包括：土地、草原等不动产征收、征用的补偿；城市房屋拆迁补偿；对非国有企业实行国有化征收的补偿；防洪征用补偿等。

2. 信赖利益的补偿

行政主体合法的变更行政行为，损害了相对人信赖利益时，应当依法给予补偿。《行政许可法》第8条规定，公民、法人或者其他组织依法取得的行政许可受法律保护，行政机关不得擅自改变已经生效的行政许可。行政许可所依据的法律、法规、规章修改或者废止，或者准予行政许可所依据的客观情况发生重大变化的，为了公共利益的需要，行政机关可以依法变更或者撤回已经生效的行政许可。由此给公民、法人或者其他组织造成财产损失的，行政机关应当依法给予补偿。

3. 公民、法人或其他组织为公共利益而使自己的权益受到损害的补偿

《人民警察法》第34条第2款规定公民和组织因协助人民警察执行职务，造成财

---

① 参见王太高：《行政补偿制度研究》，北京大学出版社2004年版，第132页。

产损失的,应当按照国家有关规定给予抚恤或者补偿。

4. 其他行政补偿

除上述事项外,也可以依法对因国家的事实行为所造成的损失予以补偿。《水法》第35条规定,从事工程建设,占用农业灌溉水源、灌排工程设施,或者对原有灌溉用水、供水水源有不利影响的,建设单位应当采取相应的补救措施;造成损失的,依法给予补偿。

(二) 人身权损害

我国行政补偿立法对人身权损害补偿方面的规定主要限于对人身损害的补偿。主要包括:第一,基于保护野生动物而遭受的损害。《野生动物保护法》第19条规定,因保护国家和地方重点保护野生动物,造成农作物或者其他损失的,由当地政府给予补偿。这里的其他损失应当包括因遭受野生动物侵害而造成的生命健康权的损害。第二,使用武器造成无辜人员伤亡的补偿。《人民警察使用警械和武器条例》第15条规定,人民警察依法使用警械、武器,造成无辜人员伤亡或者财产损失的,由该人民警察所属机关参照《国家赔偿法》的有关规定给予补偿。第三,公民、法人或其他组织为公共利益而使自己的权益受到损害的补偿。《人民警察法》第34条第2款规定公民和组织因协助人民警察执行职务,造成人身伤亡的,应当按照国家有关规定给予抚恤或者补偿。

三、行政补偿的方式和标准

(一) 行政补偿的方式

行政补偿的方式是指国家承担行政补偿责任的各种形式。行政补偿的方式可以分为两大类:直接补偿和间接补偿。直接补偿是指以金钱或者实物的方式直接填补受害人所受损失的行政补偿方式。直接补偿包括金钱补偿、恢复原状和实物补偿等。间接补偿是指通过授予某种特殊权利或者利益的方式间接填补受害人所受损失的行政补偿方式,包括政策优惠,即在人、财、物的调配上给予优惠;减免税费,即在征税或者收费上给予免除或者减轻;赋予某种特许权,即赋予某种能够给受害人带来利益的权利;晋级、晋职、农转非等特殊照顾;给予医疗、抚恤以及给予其他政策性优惠或者照顾等。

(二) 行政补偿的标准

我国关于行政补偿标准的规定,主要包括两类:量化标准和模糊标准。

1. 量化标准

量化标准是法律规范使用具体数字规定行政补偿的具体标准。《土地管理法》第47条所规定的征收耕地行政补偿的标准就是典型的量化标准。该条规定,征收耕地的补偿费用包括了土地补偿费。土地补偿费的具体计算标准是该耕地被征收前三年平均年产值的6倍至10倍。《最高人民法院关于审理行政许可案件若干问题的规定》第 15 条规定:"法律、法规、规章或者规范性文件对变更或者撤回行政许可的补偿标准未作规定的,一般在实际损失范围内确定补偿数额;行政许可属于行政许可法第十二条第(二)项规定情形的,一般按照实际投入的损失确定补偿数额。"这里规定的赔偿标准是实际损失的数量或者实际投入的损失数量,仍属于量化标准。

2. 模糊标准

模糊标准是法律规范没有明确规定行政补偿的标准,而是使用了语义比较模糊的词句,由行政主体根据具体的情况确定明确的标准。我国现行补偿立法中规定的模糊标准以下四种:一是"适当补偿"。《国防法》第 48 条规定,国家根据动员需要,可以依法征用组织和个人的设备设施、交通工具和其他物资。县级以上人民政府对被征用者因征用所造成的直接经济损失,按照国家有关规定给予适当补偿。二是"相应的补偿"。《外资企业法》第 5 条规定,国家对外资企业不实行国有化和征收;在特殊情况下,根据社会公共利益的需要,对外资企业可以依照法律程序实行征收,并给予相应的补偿。三是"合理补偿"。《归侨侨眷权益保护法》第 13 条规定,国家依法保护归侨、侨眷在国内私有房屋的所有权。依法征用、拆迁归侨、侨眷私有房屋的,建设单位应当按照国家有关规定给予合理补偿和妥善安置。四是笼统规定"依法"或者"依照国家规定"予以补偿。《防洪法》第 7 条规定,各级人民政府应当对蓄滞洪区予以扶持;蓄滞洪后,应当依照国家规定予以补偿或者救助。

四、行政补偿的程序

我国没有规定行政补偿程序的统一立法。结合单行法律规范中关于行政补偿程序的法律规范和正当法律程序原则,我们认为行政补偿程序应当包括以下内容:一是通知。申请指行政主体主动实施补偿时,向有关的受害人告知补偿请求权,以利于其了解行政补偿的事项。二是申请。申请指受害人向行政主体提出补偿请求。如《最高人民法院关于审理行政许可案件若干问题的规定》第 14 条规定:"行政机关依据行政许可法第八条第二款规定变更或者撤回已经生效的行政许可,公民、法人或者其他组织仅主张行政补偿的,应当先向行政机关提出申请;行政机关在法定期限或者合理期限内不予答复或者对行政机关作出的补偿决定不服的,可以依法提起行政诉讼。"三是受理。受理指行政主体对受害人提出的补偿请求进行审查,对符合条件的予以立案。四是损害认定及价值评估。受理机关应当对受害人所受损害进行调查,对损害是否存在以及损害程度进行认定。对损害比较复杂的,应当委托有资质的中介机构对损害进行评估。五是协商或者作出决定。行政主体应当与受害人就补偿方式和补偿数额进行协商,双方协商一致,签订补偿协议。经协商不能就补偿方式和补偿数额达成一致的,由行政主体单方面作出行政补偿决定。六是执行。行政补偿义务机关应当在法定期限内履行行政补偿协议、补偿决定。逾期不履行的,相对人可以申请人民法院强制执行。如国土资源部发出的文件《关于进一步做好征地管理工作的通知》规定,在土地征收补偿中,行政补偿的费用,即征地补偿安置费应当直接缴费给农民,防止和及时纠正截用和挪用。在国有土地上房屋征收补偿中,行政补偿义务机关补偿的期限,应当以实施强制搬迁的时间为准,即行政补偿义务机关应当在强制被征收人搬迁之前给予被征收人以补偿。

五、行政补偿诉讼

行政补偿诉讼是指法院在诉讼参与人的参加下,依照法定程序,解决行政补偿争议的活动。囿于篇幅,这里仅对行政补偿诉讼的特殊问题作简单的介绍,关于行政补偿诉讼的基本制度,可参见本书讲述行政诉讼和行政赔偿诉讼的相关部分。

(一) 受案范围

行政补偿诉讼的受案范围主要是:因不服行政主体拒绝补偿的决定引起的争议;因对行政主体采用的补偿方式不服引起的争议;因对行政主体决定的补偿数额不服引起的争议。

行政主体主动实施补偿,但有关的公民、法人或者其他组织认为行政主体实施的引起补偿的行政行为违法提起诉讼的,不属于人民法院行政补偿诉讼的受案范围,对此,有关当事人应当提起行政诉讼。在此类案件审理的过程中,如果人民法院认为被诉具体行政行为合法,当事人对补偿有异议的,人民法院可以审理。

(二) 当事人

行政补偿诉讼中的原告和第三人可以借鉴行政赔偿诉讼的相关规定。

行政补偿诉讼的被告应当是负有补偿义务的行政主体。我国现行立法关于行政补偿的义务主体的规定比较复杂,大致有以下几种情形:一是直接规定由国家给予补偿,如《中外合资经营企业法》第 2 条规定:国家对合营企业不实行国有化和征收;在特殊情况下,根据社会公共利益的需要,对合营企业可以依照法律程序实行征收,并给予相应的补偿。二是规定由各级政府给予补偿,如《国防法》第 48 条规定:国家根据动员需要,可以依法征用组织和个人的设备设施、交通工具和其他物资。县级以上人民政府对被征用者因征用所造成的直接经济损失,按照国家有关规定给予适当补偿。三是规定由实施公权力行为的机关给予补偿,如《人民警察使用警械和武器条例》第 15 条规定:人民警察依法使用警械、武器,造成无辜人员伤亡或者财产损失的,由该人民警察所属机关参照《国家赔偿法》的有关规定给予补偿。四是规定由特定的主体给予补偿,如《城市房屋拆迁管理条例》第 4 条规定:拆迁人应当依照本条例的规定,对被拆迁人给予补偿、安置;被拆迁人应当在搬迁期限内完成搬迁。五是规定不明确,如《人民警察法》第 34 条规定:公民和组织因协助人民警察执行职务,造成人身伤亡或者财产损失的,应当按照国家有关规定给予抚恤或者补偿。

我们认为,为了在行政补偿的实践中便于操作,有必要仿效《国家赔偿法》关于行政赔偿的规定,建立行政补偿义务机关制度。所谓行政补偿义务机关,是指代表国家接受行政补偿请求、履行补偿义务、参加解决行政补偿争议的行政主体。关于行政补偿义务机关的认定,可以遵循两条规则:一是按照法律、法规的明确规定,二是采用职权主义的原则,即在法律、法规对负有补偿义务的主体规定不明时,引起行政补偿的公权力行为体现的是哪一个行政主体的行政职权(或职责),即以该行政主体作为行政补偿义务机关。在行政补偿诉讼中,被告为行政补偿义务机关。

(三) 起诉与受理

在起诉阶段的主要问题是,起诉之前行政补偿争议是否一定要经行政机关处理,即是否应当采用行政处理前置程序。从其他国家的实践看,一般是采用行政先行处理,司法最终解决的模式。我们认为,在我国也可以采用这一模式,即行政先行处理补偿争议是提起行政补偿诉讼的必经阶段。主要理由是:首先,对受害人的损害进行弥补原本就是行政主体的法定义务,如《行政许可法》第8条规定:行政许可所依据的法律、法规、规章修改或者废止,或者准予行政许可所依据的客观情况发生重大变化的,为了公共利益的需要,行政机关可以依法变更或者撤回已经生效的行政许可。由此给公民、法人或者其他组织造成财产损失的,行政机关应当依法给予补偿。其次,如果通过行政程序能够解决补偿争议,有助于减轻当事人的讼累,也有利于减轻人民法院的负担。最后,如果经争议经行政处理不成,则争议的焦点明确,有利于诉讼的进行和案件的迅速审结。

(四) 审理与裁判

人民法院审理行政补偿争议可以适用调解,调解不成的,应及时判决。

法院在行政补偿诉讼中,可以适用变更判决。《行政诉讼法》第77条规定,"其他行政行为涉及对款额的确定、认定确有错误的,人民法院可以判决变更"。审判实践中,"其他行政行为"包括行政补偿。① 因此,如果法院认为行政补偿决定对款额的确定、认定确有错误的,可以判决变更。我们认为,如此理解是合理的,因为从我国现行立法看,关于行政补偿的标准规定得不够明确,多数是采用"适当的""相应的""合理的"等比较模糊的标准,行政主体在这方面的裁量余地很大,如果法院不能判决变更,则不利于保护公民、法人或者其他组织的合法权益。

---

① 参见江必新、梁凤云:《行政诉讼法理论与实务》(第三版),法律出版社2016年版,第1622页。

第二十三章 行政诉讼执行程序

第一节 行政诉讼执行程序概述

一、行政诉讼执行的概念

行政诉讼执行是指对已生效的行政案件的法律文书，在义务人逾期拒不履行时，由人民法院或行政机关依法采取强制措施，从而使生效的法律文书得以实现的活动。行政诉讼执行虽然原则上不增加裁判所确定的权利与义务，但是会对被执行人的权利与义务产生直接影响。所以，行政诉讼执行是法院审理的后续和保障，对实现法院裁判所确定的权利与义务有着重要的意义。

人民法院除了可以依法执行已经生效的裁判文书外，还可以依照《行政强制法》等法律规范的规定执行已经生效的行政决定。关于后者，本书已在"行政强制"一章中作了详细的阐述，本章不再赘述。

二、行政诉讼执行的特征

与行政诉讼程序中的其他内容不同，行政诉讼执行程序有以下几个特征：

（一）执行的主体既可以是人民法院也可以是具有执行权的行政机关

我国《行政诉讼法》第94条规定："当事人必须履行人民法院发生法律效力的判决、裁定、调解书。"第95条规定："公民、法人或者其他组织拒绝履行判决、裁定、调解书的，行政机关或者第三人可以向第一审人民法院申请强制执行，或者由行政机关依法强制执行。"《行政诉讼法司法解释》第152条对此又补充规定："对发生法律效力的行政判决书、行政裁定书、行政赔偿判决书和行政调解书，负有义务的一方当事人拒绝履行的，对方当事人可以依法申请人民法院强制执行。人民法院判决行政机关履行行政赔偿、行政补偿或者其他行政给付义务，行政机关拒不履行的，对方当事人可以依法向法院申请强制执行。"从这些规定的内容看，对于已经生效的司法判决、裁定、调解书，原则上应当由人民法院执行，在法律和法规有明文授权的条件下，也可以由行政机关强制执行。这是行政诉讼执行与民事执行的区别。

(二)执行的根据是经过司法程序形成的已经生效的司法文书

执行的根据是已经生效的司法文书,这些司法文书具体包括:行政判决书、行政裁定书、行政赔偿判决书和行政调解书。这些司法文书之所以能够成为行政诉讼执行的根据,是因为它们在法律上具有最终确定的效力,不能被其他任何行政机关的决定、决议推翻,也不能在未经合法程序撤销前被任何一个法院包括裁判的法院否认或拒绝,所以成为当事人和执行主体都必须履行和遵守的法律上的根据。这一特征也是行政诉讼执行与非诉行政案件执行最重要的区别。因为非诉行政案件执行的标的是行政机关的具体行政行为,而非法院的司法文书。

(三)执行申请人或被申请人有一方是行政机关

这是由行政案件的性质与行政法律关系的基础所决定的,是行政法律关系在诉讼执行中的集中反映。

(四)执行的程序适用司法程序和行政程序

行政诉讼执行程序虽然具有独立价值,与法院审理行为相分离而存在,适用单独的诉讼执行程序,但它也是法院审理案件的后续程序和保障程序,而且这一程序是由《行政诉讼法》规范而不是由行政程序法律规范加以规范的。所以,它仍然适用司法程序。如果行政诉讼执行的主体是行政机关,即行政机关依照《行政诉讼法》第95条的规定强制执行,则适用行政强制程序,不适用司法程序。

(五)执行的时间发生在人民法院作出具有最终法律效力的司法裁判之后

之所以要强调执行的时间,是因为与行政有关的强制执行种类繁多,在不同的时间段,发生的强制执行的种类也不一样。如前面章节所述,在诉讼期间对被诉行政行为的执行以及在司法裁判前的先行司法执行都非本章所指的诉讼执行,这里的诉讼执行特指发生在人民法院作出具有最终法律效力的司法裁判之后的执行。

第二节 行政诉讼执行的条件、主体与对象

一、行政诉讼执行的条件

行政诉讼执行的目的是使法院发生效力的法律文书所确定的内容得以实现,而执行必须符合一定的条件才能进入程序。所以,所谓行政诉讼执行的条件就是法律设定的执行程序发生的条件。根据《最高人民法院关于人民法院执行工作若干问题的规定》(以下简称《执行规定》)第18条的规定,行政诉讼执行的条件主要有以下六个:

(一) 必须有已经生效的法律文书作为执行依据

根据《行政诉讼法司法解释》第152条的规定,作为人民法院执行依据的法律文书有四种,即行政判决书、行政裁定书、行政赔偿判决书和行政调解书。法律文书的成立与生效是两个不同的概念,执行程序的启动是以法律文书的生效为前提的,法律文书如果没有发生法律效力,就不能作为执行的依据。生效的法律文书包括:最高人民法院作出一审判决和裁定即生效;第二审人民法院作出终审判决和裁定即生效;上诉期限届满当事人没有提起上诉的第一审判决和裁定视为生效;人民法院主持下形成的行政调解书送达即生效。上述法律文书生效后即具有执行力,在行政裁判所确定的义务人不主动履行的情况下,就进入执行程序,行政诉讼执行机构据此实现其所确定的权利义务。

(二) 申请执行人是生效法律文书确定的权利人或其继承人、权利承受人

执行制度是为了维护生效法律文书所确立的法律秩序,不是任何人都可以启动执行程序,只有依法享有司法文书所确立的权利主体才可以启动,主要是生效法律文书确定的权利人或其继承人、权利承受人。

(三) 作为执行依据的法律文书具有可执行的内容且执行标的和被执行人明确

并非所有的司法文书都有执行的可能,只有针对有执行内容的司法文书,人民法院才能实施执行。如驳回起诉的裁定,终结诉讼的裁定、确认判决等就属于不必执行的范围,因为没有执行的内容存在。一般来说,给付义务(包括金钱、财物等的给付)和实施一定行为的义务(包括作为和不作为)具有可供执行的内容。如赔偿、拆除违章建筑、恢复原状等。

(四) 义务人在生效法律文书所确定的期限内有能力履行而未履行义务

我国的执行制度以当事人自觉履行为原则,当事人对于生效的法律文书所确定的义务必须在法定期限内自觉履行,如果义务人在法定期限内有能力履行且拒不履行义务的,权利人就可以申请人民法院强制执行。

(五) 申请执行人必须在法定期限内提出申请

申请人有依法申请执行的权利,而这种权利受到保护是有一定期限限制的。申请人必须在法定期限内提出申请,逾期申请的,除有正当理由外,人民法院不予受理。现行《行政诉讼法》对行政诉讼裁判的申请执行期限未作明确规定。《行政诉讼法司法解释》第153条规定:"申请执行的期限为二年。申请执行时效的中止、中断,适用法律有关规定。申请执行的期限从法律文书规定的履行期间最后一日起计算;法律文书规定分期履行的,从规定的每次履行期间的最后一日起计算;法律文书中没有规定履行期限的,从该法律文书送达当事人之日起计算。逾期申请的,除有正当理由外,人民法院不予受理。"

(六) 属于受申请执行的人民法院管辖

申请人必须向具有管辖权的人民法院申请执行。《行政诉讼法司法解释》第154条的规定:"发生法律效力的行政判决书、行政裁定书、行政赔偿判决书和行政调解书,由第一审人民法院执行。第一审人民法院认为情况特殊,需要由第二审人民法院执行的,可以报请第二审人民法院执行;第二审人民法院可以决定由其执行,也可以决定由第一审人民法院执行。"

二、行政诉讼执行的主体

行政诉讼执行主体是指在行政诉讼执行中享有诉讼上的权利,承担诉讼上的义务的有关机关、组织或者个人,具体包括执行机关、执行当事人、执行参与人和执行异议人四类。

(一) 执行机关

执行机关是指在行政诉讼执行过程中拥有行政诉讼执行权并主持执行工作的主体。根据《行政诉讼法》第95条、最高人民法院《执行规定》第1条的规定,对生效司法判决的执行主体有两类,即人民法院和有权的行政机关。

在行政诉讼执行过程中,人民法院作为执行主体是无条件的。因为人民法院是司法机关,司法执行由司法机关实施是我国的通例。根据上述法条的规定,行政机关也可以作为行政诉讼执行的主体,但这属于有条件的例外。我国《行政诉讼法》第95条规定:"公民、法人或者其他组织拒绝履行判决、裁定、调解书的,行政机关或者第三人可以向第一审人民法院申请强制执行,或者由行政机关依法强制执行。"这里的"依法"是指行政机关只有在法律明文授权的条件下,才可以实施该类强制执行。《行政诉讼法司法解释》第156条规定:"没有强制执行权的行政机关申请人民法院强制执行其行政行为,应当自被执行人的法定起诉期限届满之日起三个月内提出。逾期申请的,除有正当理由外,人民法院不予受理。"第157条规定:"行政机关申请人民法院强制执行其行政行为的,由申请人所在地的基层人民法院受理;执行对象为不动产的,由不动产所在地的基层人民法院受理。基层人民法院认为执行确有困难的,可以报请上级人民法院执行;上级人民法院可以决定由其执行,也可以决定由下级人民法院执行。"

(二) 执行当事人

在人民法院作为执行机关时,执行当事人是指执行申请人与被申请人。当事人身份是由一审程序中原告与被告转化而来的,是执行案件权利与义务争议的主体。无论是一审中的原告还是被告,都可能成为申请人,也可能成为被申请人,关键看行政判决确定谁是权利人,谁是义务人。

在行政机关作为执行机关时,执行当事人是指执行人与被执行人。原来作为争议一方当事人的行政机关,同时又成为执行机关。在这种情况下行政机关同时具有双重身份,虽然可能保证执行的效率,但是也难免有功能混淆或不公正之嫌。

(三) 执行参与人

执行参与人是指除执行当事人以外的其他参与执行过程的单位或个人,他们与执行案件具有实质联系,并因此而承担一定的诉讼执行义务。实践中的执行参与人主要有这么几种情况:一种是案件执行过程中涉及被执行人的财产,财产所在的机构以及掌握或保护所涉财产的单位或个人就负有协助执行的义务,那么他们就是执行参与人,如银行、被执行人的工作单位等;另一种是实际执行过程中涉及财产的手续登记或变更,主管登记的机构就负有协助执行的义务,那么他们也是执行参与人,如房产变卖执行中的房产管理机关等。

(四) 案外异议人

案外异议人是指执行当事人以外的,对执行标的提出独立主张的主体。在案件执行过程中,案外异议人对被执行的标的向法院主张自己的权利,如提出对被执行标的享有所有权或部分享有所有权等,经审查其主张成立的,执行程序将被中止,继而修正或调整执行标的。执行标的被调整后,案外异议人就真正成为一个与本案无关的案外人了。

三、行政诉讼执行的对象与执行的范围

(一) 行政诉讼执行的对象

行政诉讼执行的对象指的是执行行为所指向的客体。行政诉讼执行的对象有时是特定的,不能为其他物体所替代,如要求退还所扣押的车辆;而有时是不特定的,如划拨款项等。同时,这种对象是以生效的裁判书为基础的,并受申请人提出要求的制约。

行政诉讼执行的对象有三类:物、行为和人身。

1. 物

物包括具有流通功能的金钱类物与不具有流通功能的非金钱类的其他物件,但无论哪种都是可以作为执行对象的。如缴纳税款,退还证件、票据等。物还有特定物与不特定物,动产与不动产之分。之所以要作这样的区分是因为有些执行措施是对不动产适用的,有些则是针对动产适用的,因而明确物的属性与类别对执行是很重要的。

2. 行为

作为执行对象之一的行为,是指执行的内容是实施的特定行为。这些特定行为原属裁判所确定的作为行为,本应由义务人自动履行。由于拒不履行而引起强制执行的,其所执行的对象就是该特定行为。

3. 人身

一般认为,民事诉讼执行的对象包括物和行为,不包括人身,而行政诉讼执行的对象包括人身。这是由行政诉讼的特殊性决定的,因为以行政相对人为被执行人时,由于具体行政行为涉及人身,相应的在诉讼执行中也以人身为执行对象,如行政拘留。

(二) 行政诉讼执行的范围

行政诉讼执行的范围就是执行对象的具体界限,即执行对象的范围。执行机关在执行过程中必须明确这一范围,不是所有的物都可以被执行,对人身和行为的执行也要受到一定的限制。具体而言,主要有以下四点:

(1) 当被执行的对象是物时,执行的范围就限于只属于被执行人本人所有的物,其他无论什么关系人的物都不能纳入被执行的范围,否则就会侵犯其他人的合法权益,引起案外人的异议。如果属于共同财产,只能把被执行人所有的部分作为执行对象。如果该共同财产是不动产,执行机关不能执行该不动产本身,也不可将财产整体予以执行再返还其他人所有部分,而只能将被执行人所有部分产权予以执行。

(2) 如果被执行人是公民,依照法律规定,还应当保留被执行人及其抚养家属的生活必须费用和生活必需品。关于必须费用和必需品的限度与范围,要结合当地生活水平,紧紧围绕"生活所必不可少"这个核心予以考虑。

(3) 被执行人如果"以生产劳动为谋生主要手段",那么该被执行人赖以谋生的生产工具应予以保留。这些生产工具是必备的,没有它就不能进行生产或维持生计,所以它是赖以谋生的生产工具,如农民的劳动工具。这种限制的基本精神与上述"生活所必需"一致。

(4) 被执行人如果是行政机关,从法律规定看,除了可供执行的款项以外,其他物是不能纳入执行范围的,如办公设备、用房等。因为这些物都是该行政机关履行行政职能的条件。对于可供执行的款项也有一定限制,即必须给行政机关保留履行职能的经费。

此外,当被执行对象是人身时,执行的范围必须是被执行人本人,不得由其他人代替或者分担,也不能用财产抵偿。这一适用于刑事诉讼执行的原则同样适用于行政诉讼执行。

第三节 行政诉讼执行的措施与执行程序

一、行政诉讼执行的措施

行政诉讼执行的措施是指执行机关在执行过程中所采用的具体执行手段与方法。如前所述,目前在实践中行政机关享有行政诉讼执行权的情况还不存在,所以这里本书主要介绍人民法院在执行过程中的执行措施。我国《行政诉讼法》第94条规定:"当事人必须履行人民法院发生法律效力的判决、裁定、调解书。"司法裁判是司法机关依据国家法律赋予的司法权所作的决定,双方当事人,无论是行政主体还是行政相对人,都必须服从。所以,根据执行对象的不同,可以将执行措施分为对行政机关的执行措施和对公民、法人或其他组织的执行措施。

(一) 对行政机关的执行措施

《行政诉讼法》第96条规定:"行政机关拒绝履行判决、裁定、调解书的,第一审人民法院可以采取以下措施:(一)对应当归还的罚款或者应当给付的款额,通知银行从该行政机关的账户内划拨;(二)在规定期限内不履行的,从期满之日起,对该行政机关负责人按日处五十元至一百元的罚款;(三)将行政机关拒绝履行的情况予以公告;(四)向监察机关或者该行政机关的上一级行政机关提出司法建议。接受司法建议的机关,根据有关规定进行处理,并将处理情况告知人民法院;(五)拒不履行判决、裁定、调解书,社会影响恶劣的,可以对该行政机关直接负责的主管人员和其他直接责任人员予以拘留;情节严重,构成犯罪的,依法追究刑事责任。"这一规定表明,人民法院对行政机关的执行措施主要有以下几种:

1. 划拨

根据《行政诉讼法》第96条的规定,对于行政机关拒不归还的罚款或者拒不支付的款额,人民法院有权依照法律程序向行政机关的开户银行、信用社等金融机构发出协助执行通知书,详细说明划拨金额、期限等,由该金融机构把执行款项从行政机关的账户上划到权利人的账户上,如果权利人是公民,也可以直接以现金方式支付。这是一种直接的强制执行措施,程序与民事诉讼法中的划拨程序相同。但是,划拨的款项仅限于应当归还的罚款和应当支付的款额,它们都不属于支持行政机关正常职能活动的行政经费,且对该款项的执行划拨不会导致行政活动的中断。

2. 罚款

行政机关在法定期限内拒不履行,或者延期履行司法文书所规定的行为上的作为或不作为的义务,如颁发许可证、保护人身权、财产权的法定职责等,人民法院无法采用划拨的手段解决。但是,根据《行政诉讼法》第96条第2项的规定,人民法院可以从规定行政机关履行义务期限届满之日起,对该行政机关负责人按日处50元至100元的罚款,对于罚款累积的最高限额,《行政诉讼法》未作规定。罚款的目的是促使被执行人履行义务,因此这属于一种间接强制措施。

3. 公告

根据《行政诉讼法》第96条第3项的规定,人民法院可以将行政机关拒绝履行的情况予以公告。这是修改后的《行政诉讼法》对拒不执行的行政机关新增加的一项制裁措施。

4. 提出司法建议

根据《行政诉讼法》第96条第4项的规定,行政机关拒不履行法定被执行义务的,人民法院除了可以采用上述三类措施以外,还可以向作为被执行人的行政机关的上一级行政机关、监察机关提出司法建议。司法建议是由人民法院向作为义务人的行政机关的上一级的行政机关或者监察机关,建议对其拒不履行义务一事依权限进行必要的处理,从而促使义务机关履行义务。可见,作为一种执行措施,它本身不具有直接强制执行措施的性质,甚至严格地说它并不是一种典型的强制执行措施,其本身并没有明确的约束力和强制力。它的特点是:(1)由法院以书面形式提出;(2)向有管理、管束权限的机关提出;(3)是否进行处理以及怎样处理要由行政机关决定,法院只作建议;(4)即便进行处理,其性质与范围均属行政处分范畴;(5)接到建议的机关有义务将处理情况告知法院,不能置之不理。

5. 依法追究刑事责任

根据《行政诉讼法》第96条第5项和《刑法》第313条的规定,行政机关有履行能力而拒不履行人民法院生效的判决、裁定、调解书所确定的义务,情节严重的,构成拒不执行判决裁定罪,对行政机关的主要人员和直接责任人员追究刑事责任,处三年以下有期徒刑、拘役或者罚金。严格地说,追究刑事责任也不是一种典型的强制执行措施,而是保障行政诉讼执行得以实现的追究责任机制,对承担刑事责任的行政机关起威慑、告诫和教育的作用。

6. 对直接负责的主管人员和其他直接责任人予以行政拘留

根据《行政诉讼法》第96条的规定,行政机关拒绝履行人民法院生效判决、裁定、调解书社会影响恶劣的,人民法院可以对该行政机关直接负责的主管人员和其他直接责任人员予以拘留。并可以参照《民事诉讼法》第114条的规定:"有义务协助调查、执行的单位有下列行为之一的,人民法院除责令其履行协助义务外,并可以予以罚款:(一)有关单位拒绝或者妨碍人民法院调查取证的;(二)有关单位接到人民法院协助执行通知书后,拒不协助查询、冻结、划拨、变价财产的;(三)有关单位接到人民法院协助执行通知书后,拒不协助扣留被执行人的收入、办理相关财产权证照转移手续、转交有关票证、证照或者其他财产的;(四)其他拒绝协助执行的。人民法院对有前款规定的行为之一的单位,可以对其主要负责人或者直接责任人员予以罚款;对仍不履行协助义务的,可以予以拘留;并可以向监察机关或者有关机关提出予以纪律处分的司法建议。"

(二)对公民、法人或者其他组织的执行措施

对于公民、法人或者其他组织作为被执行人时的执行措施,《行政诉讼法》《行政诉讼法司法解释》都没有特别规定。因此,在《行政强制法》出台前,人民法院通常根据最高人民法院的《执行规定》,适用民事法律的相关规定。2011年6月30日《行政强制法》得以通过,并于2012年1月1日开始实施。根据我国《民事诉讼法》、最高人民法院《执行规定》以及《行政强制法》中的规定,人民法院对公民、法人或者其他组织的执行措施主要有以下几种:

1. 对物的执行措施

公民、法人或者其他组织所拥有的物又可以分为两类,即具有流通货币功能的金钱类物和不具有流通货币功能的物。

(1) 对金钱类物的执行措施,主要有冻结、划拨、扣留、提取等。《民事诉讼法》第242条第1款和最高人民法院《执行规定》第34条规定,对被执行人的存款可以采用冻结与划拨的措施。《民事诉讼法》第242条第1款和最高人民法院《执行规定》第36条规定,对于被执行人的收入可以采用扣留和提取的措施。

(2) 对非金钱类物的执行措施。根据最高人民法院《执行规定》第41、46、57条,以及《民事诉讼法》第228条第1款的规定,人民法院对于被执行人拥有的除了金钱以外的其他财物,可以采取查封、扣押、冻结、变卖、强制交付、强制迁出、强制退出、强制拆除、强制销毁等执行措施。

2. 对行为的执行措施

对行为的执行措施是指义务人应当履行生效的司法文书所确定的应当为一定行为的义务,但义务人拒不履行,因而强制其完成该法定义务的执行措施。根据《民事诉讼法》第231条和最高人民法院《执行规定》第60条第1款的规定,人民法院对于可替代履行的行为义务,可以委托第三人代为完成,并由义务人承担由此而发生的相关费用,即代履行。对不可替代履行的行为义务,义务人拒不履行而给权利人造成损失的,应承担赔偿等民事责任,人民法院也可以按照《民事诉讼法》第111条的规定,对义务人或者义务人的主要负责人、直接责任人实施罚款、拘留;构成犯罪的,依法追究刑事责任。

从上述对行政机关和对公民、法人或者其他组织两类执行对象的具体执行措施看,行政诉讼中对行政机关的执行措施大多是间接强制性的,例如罚款、建议处理、对主要负责人或者直接负责人员罚款追究刑事责任等。它并不直接实现义务的内容,而是通过间接强制方法促使行政机关自己履行义务。而对公民、法人或其他组织的执行措施具有直接强制性,即直接实现义务内容,或者实现与履行义务相同的状态。这种不同是由行政机关与司法机关的性质、地位及相互关系导致的,司法机关一般只能通过间接的方法达到目的。

二、行政诉讼执行的程序

政诉讼执行的程序是由一个诸多阶段组成并联系发展的过程,具体包括以下几个环节,即提起、审查、准备、实施、阻却、完毕、补救等。《行政诉讼法》未对行政诉讼执行程序作详尽规定,在具体实践中,可以参照《民事诉讼法》的有关规定执行,同时遵守最高人民法院《执行规定》的相关规定。

(一)执行提起

执行提起是引起执行程序发生的阶段,具体包括三种情况:

1. 申请执行

申请执行是提起执行的主要形式。对已经发生法律效力的行政判决书、行政裁定书、行政赔偿判决书和行政调解书，负有义务的当事人拒绝履行的，对方当事人在法定期限内可以向人民法院提出执行申请。无论原告还是被告都可以是申请人，但他必须是行政裁判文书的权利人而非义务人。除诉讼当事人以外，其他人无权提出执行申请。但是，在行政裁决民事纠纷的案件中，裁决行为确定的权利人及其承受人有权申请执行。

我国《行政诉讼法》第95、96条规定："公民、法人或者其他组织拒绝履行判决、裁定的，行政机关可以向第一审人民法院申请强制执行，或者由行政机关依法强制执行。行政机关拒绝履行判决、裁定的，第一审人民法院可以采取以下措施……"

我国《民事诉讼法》第224条规定："发生法律效力的民事判决、裁定，以及刑事判决、裁定中的财产部分，由第一审人民法院执行。法律规定由人民法院执行的其他法律文书，由被执行人住所地或者被执行财产所在地人民法院执行。"

《行政诉讼法司法解释》第154条第1、2款规定："发生法律效力的行政判决书，行政裁定书，行政赔偿判决书和行政调解书，由第一审人民法院执行。第一审人民法院认为情况特殊需要由第二审人民法院执行的，可以报请第二审人民法院执行；第二审人民法院可以决定由其执行，也可以决定由第一审人民法院执行。"

最高人民法院《执行规定》第1、2条规定："人民法院根据需要，依据有关法律的规定，设立执行机构，专门负责执行工作。执行机关负责执行下列生效法律文件：（1）人民法院民事、行政裁决、裁定、调解书，民事制裁决定、支付令以及刑事附带民事判决、裁定、调解书……"

由上述法条的规定可以看出，无论案件经过几次审批程序，申请人都必须向第一审人民法院提出执行申请，而不能直接向第二审人民法院提出执行申请。最后，无论是由第一审人民法院执行，或是由第二审人民法院执行，具体工作均由该法院内的执行机构执行，而不是审查机构实施。

执行申请必须在法定期限内提出，根据《行政诉讼法司法解释》第153条的规定，申请执行生效的行政判决书、行政裁定书、行政赔偿书和行政调解书的期限为两年。申请执行的期限从法律文书规定的履行期间最后一日起计算；法律文书规定分期履行的，从规定的每次履行期间的最后一日起计算；法律文书中没有规定履行期限的，从该法律文书送达当事人之日计算。逾期申请的，除有正当理由外，人民法院不予受理。

申请人必须向第一审人民法院提交书面行政执行申请书，执行依据的判决书、裁定书、调解书，以及有关证据材料，并预交执行费。

2. 移交执行

移交执行是指判决裁定生效后，无须等待权利人的申请，人民法院主动依职权启动执行程序。人民法院审判庭直接将案件移交执行机构执行，由执行机构主动采取措施执行，这是对申请执行的补充，是为了更好、更及时地实现判决、裁定所确认的权利，以维护公共利益和司法裁判的权威。

移交执行一般适用于判决、裁定关系公民、法人或者其他组织生产生活紧迫需要,如给付医疗费、赔偿金等紧急情况。

3. 委托执行

委托执行是指负责执行的法院,在不便异地执行时,委托当地法院代为执行的制度。委托法院向受委托法院发出委托执行函,说明被执行人不履行的事实、要求执行的对象、执行的措施等。受委托法院在接到委托执行函15日开始执行,并将执行结果函复委托法院。如果30日未执行完毕,也应该将执行情况函告委托法院。

(二) 执行审查

执行审查是指人民法院在接到执行申请书后,在法定期限以内,对有关文书、材料进行审查,对案情进行了解,并决定是否立案执行的过程。只有经审查并立案的,执行程序才能继续。所以,审查是必须环节,并由法院执行庭负责。如果经审查认为符合条件的,人民法院应当在7日内立案,并通知申请人和被申请人;如果经审查不符合条件的,人民法院应当在7日内裁定不予受理,并将所有文书、材料退回;如果经审查发现材料不足,人民法院应通知申请人补充材料;如果属于执行事项不清、不准确或有法律制作错误的,人民法院应当通知有关机构予以补正后,立案执行。根据最高人民法院《执行规定》第18条的规定,人民法院在收到权利人的申请执行书后,审查以下主要事项:

(1) 申请或移送执行的司法文书是否已经生效;

(2) 申请执行人的资格是否适当;

(3) 申请执行人是否在法定期限内提出申请;

(4) 申请执行的法律文书是否具有可执行的内容,且执行的标的和执行人是否明确;

(5) 义务人在生效法律文书确定的期限内是否未履行义务;

(6) 是否属于受申请执行的人民法院管辖。

(三) 执行准备

根据最高人民法院《执行规定》第24、25条的规定,人民法院决定受理执行案件后,应当在3日内向被执行人发出执行通知书,责令其在指定期间内履行生效的法律文书所确定的义务,并承担《民事诉讼法》第253条规定的迟延履行期间的债务利息或迟延履行金。执行通知书的送达,适用《民事诉讼法》关于送达的规定。

(四) 执行实施

执行实施是开始适用执行措施的过程,它是生效的司法文书所确定的义务得以实现的阶段。经人民法院责令限期履行后,义务人到期不履行义务的,人民法院应当实施强制执行措施,以实现司法文书所确定的义务内容,保护当事人合法权益。

(五) 执行阻却

执行阻却是指在执行过程中,因发生法定事由,使执行不能继续或继续执行已无

必要,因而中断执行程序的现象。具体包括以下几种情况:

1. 执行中止

执行中止是指在执行过程中,因法定事由的出现,暂时中断执行,待事由消失后执行程序再继续进行。根据《民事诉讼法》第 256 条的规定,导致中止执行的法定事由主要有以下几点:

(1) 申请人表示可以延期执行的,由于被执行人短期内无财产可供执行,或者由于被执行人提供担保表示以后履行等因素,申请延期,而权利人即执行申请人表示可以延期执行的,考虑到申请执行与不申请执行皆系权利人的诉讼权利,所以,法律规定法院应裁定中止执行。申请人必须以书面形式表达可以延期,或由法院执行员记录在卷,由申请人签名。无论公民、法人或者其他组织做申请人还是行政机关做申请人,都可以行使表示同意延期执行的权利。

(2) 案外人对执行标的提出确有理由的异议的。这种情况下只能暂时中止执行程序进行,以便在中止期间进行审查、修正或调整执行标的,以免执行错误。案外人必须以书面形式向法院提出自己的主张,而且必须在执行程序中提出。同时,案外人还应提供其主张或异议的理由及有关证据材料。如果执行机构经审查、了解后,确认异议成立的,应将有关材料交合议庭或审判委员会讨论决定,裁定中止。

(3) 一方当事人死亡,需要等待继承人继承权利或承担义务的。无论是被执行人还是申请人死亡,都会使权利义务主体发生变化,所以需要裁定暂时中止执行,待继承关系发生后,继承人进入执行程序,权利义务主体确定后,执行程序继续进行。该期限为三个月,逾期无人继承的,则由中止转变为终结。

(4) 一方当事人的法人、其他组织终止,尚未确定权利义务承受者的。

(5) 人民法院认为应当中止的情形。如被执行人下落不明的;被执行人出国未归,而国内有无财产可供执行的;被执行人暂时丧失行为能力,要等待其回复的;作为执行根据的法律文书已经被再审,需要等待再审结果的等。

上述法定事由消失后,法院应立即主动恢复执行。中止以前所进行的执行活动,仍然继续有效。

2. 执行终结

执行终结是指在执行过程中,因法定事由的出现,使执行已无必要或者不可能继续进行,因而结束执行程序。它与执行中止不同,执行中止是暂时的中断,待出现的法定事由消失后还要继续执行,而执行终结则是结束执行,以后不再恢复或继续执行程序。当然,执行程序的终结并不是由于司法文书所确定的义务得以实现,而是由于法定事由的出现。《民事诉讼法》第 257 条对执行终结规定了六项法定事由。需要注意的是,民事诉讼中执行终结的法定事由并不能完全适用于行政诉讼执行。行政诉讼中行政机关作为执行申请人向人民法院申请执行生效的判决、裁定,不仅仅是诉讼权利,也是行政职权,同时也是职责和义务,是不可放弃的。所以,《民事诉讼法》第 257 条第 5 项规定,作为被执行人的公民因生活困难无力偿还借款,无收入来源,又丧失劳动能力的情形不属于行政诉讼执行终结的法定事由。而相对人作为执行申请人要求撤销执行申请的,需要法院审查该申请是否损害公共利益,依职权决定是否准许终结执行。所以,《民事诉讼法》第257条第1项规定,执行申请人撤销申请也不是行政诉讼终结执行的法定事由。结合行政诉讼的特性,导致执行终结的法定事由有:

(1) 据以执行的法律文书被合法撤销。

(2) 作为被执行人的公民死亡,无遗产可供执行,又无义务承担人的。

(3) 追索抚恤金案件的权利人死亡的。抚恤金是一种特定人所享有的权利,如果该特定权利人已死亡,其权利是不可以转让或代替的,所以必须终结执行程序。

(4) 人民法院认为应当终结执行的其他情形。

人民法院决定终结执行的,应当制作终结执行裁定书,载明终结之理由、法律根据,并送达当事人生效。当事人对于终结执行裁定不得上诉。

3. 执行和解

执行和解是指在执行中,申请人与被申请人就赔偿内容自愿达成协议,以解决争议,从而结束赔偿内容的执行。它是当事人双方自行和解,不是由法院支持进行的。与民事诉讼不同,行政诉讼执行和解仅适用于行政判决书的行政赔偿部分和行政赔偿判决书,而不涉及具体的行政行为部分。根据《行政诉讼法》第60条的规定,人民法院审理行政案件,不适用调解。但是,行政赔偿、补偿以及行政机关行使法律、法规规定的自由裁量权的案件可以调解。这也就决定了在执行中对赔偿部分内容适用和解的可能性。但是执行和解不得违反法律规定,不得侵害第三人利益,也不能损害公共利益。

(六) 执行完毕

执行完毕是指执行机关采取执行措施,从而使执行根据所确定的义务得以实现的阶段。当事人的权利在这一阶段得以实现,所以执行案件在内容和程序上都已终结。执行案件结束后,应结清执行交付的各种手续、费用等,从而告知程序完毕。如果执行确有错误,只有通过执行回转予以补救。

(七) 执行补救

执行补救是指在执行程序结束后,因法定事由的出现而需对已执行事项采取补救措施予以补救。它有两种:执行回转和再执行。

(1) 执行回转。执行回转是指在执行结束后,因法定事由将已被执行的对象恢复到执行前状态。这实际上是在实事求是地纠正错误,根据最高人民法院《执行规定》第109条的规定,执行回转的法定事由主要有:

① 已经执行完毕的法律文书被有权法院依审判监督程序予以撤销的;

② 第一审法院先行给付的裁定执行完毕后,该第一审的判决被上诉法院撤销,从而第一审的先行给付裁定失去合法的基础与效力;

③ 执行人员违法执行的。

执行回转也适用于当事人自动履行的情形,只要符合上述事由的,法院应当依职权完成执行回转,以恢复合法状态。

（2）再执行。再执行是指在执行程序结束后，对未执行的内容再次执行。在再执行情况下，原执行的内容尚未完成，但在程序上被终结，由于新的法定事由的出现，原来终结的执行需再予执行。主要有以下几种情况：

① 发现新的情况，如原认定被执行人死亡，又无遗产可供执行，从而终结执行，后来发现有遗产存在，这是原认定有误所致；

② 因被执行人以违法手段威胁，使申请执行人撤回申请而终结执行的，事后申请人提出，如确属理由正当，应予执行；

③ 其他应当再执行的情形。

第二十四章
涉外行政诉讼

第一节 涉外行政诉讼概述

一、涉外行政诉讼的概念

我国《行政诉讼法》第 99 条规定："外国人、无国籍人、外国组织在中华人民共和国进行行政诉讼,适用本法。法律另有规定除外。"可见,涉外行政诉讼是我国行政诉讼的一部分。所谓的涉外行政诉讼是指外国人、无国籍人、外国组织,对我国行政主体的行政行为不服,依照我国《行政诉讼法》的规定向我国人民法院提起诉讼,人民法院依照法定程序审查行政行为的合法性,同时判断外国人、无国籍人、外国组织作为相对人的主张是否妥当,并作出裁判的诉讼。

二、涉外行政诉讼的特征

涉外行政诉讼与非涉外行政诉讼不同,它主要有以下特征:

(一) 涉外行政诉讼的原告应当是外国人、无国籍人或外国组织

涉外行政诉讼的原告或第三人应当是外国人、无国籍人或外国组织,这是涉外行政诉讼与一般行政诉讼相区别的最基本的特征。这里的外国人、无国籍人、外国组织可以单独任原告,也可以与中国公民和组织共同作为原告;作为第三人的情形主要是指外国人、无国籍人、外国组织在某一行政诉讼案件审理过程中因与被诉行政行为有法律上的利害关系而主动申请或经人民法院通知参与诉讼,这种情况即使原告一方是我国公民或组织,也属于涉外行政诉讼。

中国香港、澳门、台湾地区的居民和组织提起或参加的行政诉讼不属于涉外行政诉讼。因为 1997 年 7 月 1 日以后,我国政府恢复对香港地区行使主权,1999 年 12 月 20 日后,我国政府也恢复了对澳门地区行使主权。香港、澳门回归祖国后,两地居民均为我国公民,他们参加的诉讼自然不是涉外诉讼。此外,中国台湾地区作为我国领土的一部分,中国台湾地区居民参加的诉讼也不属于涉外诉讼。但是这三个地区在政治、法律、经济制度上长期以来与我国内地存在巨大的差异,所以人民法院在审理

此类案件时,可以参照涉外行政诉讼的规定处理。

(二)涉外行政诉讼争议的标的是发生在我国领域内的我国行政主体作出的行政行为

我国《行政诉讼法》是一种属地法,具有绝对的域内效力,原则上对域外不产生效力,同样,我国人民法院对行政案件也只拥有域内管辖权,原则上不具有对域外行政案件的管辖权。所以,涉外行政诉讼必须具备两个条件:一是争议的行政行为必须发生在我国领域内,是我国主权范围之事项;二是争议的行政行为必须是由我国行政机关或授权组织作出的。如果行政管理发生在我国领域之外,不能向我国法院起诉,如果诉讼是在外国法院进行的,也不属于我国的涉外行政诉讼。

(三)涉外行政诉讼必须依照我国法律进行

涉外行政诉讼必须依照中国法律进行。这主要表现在以下两个方面:一方面,外国人、无国籍人、外国组织提起或参加行政诉讼活动,必须以我国《行政诉讼法》或我国其他法律规范作为依据;另一方面,我国人民法院审理涉外行政诉讼案件既要严格依照《行政诉讼法》所规定的程序进行,还要根据我国其他具体单行法律规范审查争议的行政行为,同时还要注意遵守我国参加的有关国际条约的规定。

此外,由于涉外行政诉讼的特殊性,在诉讼活动过程中,除了适用我国行政诉讼一般性原则和制度外,还会产生一些在原则和制度上的特殊要求,如同等原则、对等原则以及期间、送达等方面的特殊规定。

第二节 涉外行政诉讼的原则

涉外行政诉讼是我国行政诉讼的一部分,所以涉外行政诉讼的原则,当然包括适用于一般行政诉讼的原则,如当事人诉讼地位平等、合法性审查等原则。除此以外,涉外行政诉讼还包括一些不同于一般行政诉讼的原则,关于一般原则在行政诉讼部分已经加以论述,这里介绍几个特殊原则。

一、同等原则

我国《行政诉讼法》第100条第1款规定:"外国人、无国籍人、外国组织在中华人民共和国进行行政诉讼,同中华人民共和国公民、组织享有同等的诉讼权利和义务。"这一条所体现的正是涉外行政诉讼的同等原则,即在涉外行政诉讼中的外国人、无国籍人与外国组织享有和承担与我国公民或组织同样的诉讼权利和诉讼义务。《行政诉讼法》规定这一原则的原因主要有两个。

一是基于国际法的规定。诉讼权利同等原则正是国际上"国民待遇原则"在诉讼中的反映。"国民待遇原则"要求本国公民享有的权利，也应同等地赋予本国境内的外国公民；体现了国家之间的平等、友好关系，是国际交往的一项重要原则。具体到诉讼活动中，不同国家在政治、经济和文化上存在诸多差异，各国的行政诉讼制度都会有所不同，任何一个国家都不应用自己国家的标准去要求别国，而外国公民在自己国家有的诉讼权利，我国可能未作规定，同样他在本国所承担的义务也有可能在我国法律中就不存在。同等原则的采用是国际上的普遍做法。

二是基于我国宪法的规定。我国《宪法》第 32 条规定：中华人民共和国保护在中国境内的外国人的合法权利和利益……其中，包括了外国人和外国组织在诉讼活动中的合法权利和利益。外国公民和组织在我国境内必须遵守我国的法律规范，我国的法律也同样保护他们的合法权益。既不能因为其特殊的身份而增加其权利，也不能因此而减少或限制其权利。这当然也就导致了外国人、外国组织与我国公民在行政诉讼活动中的平等法律地位。

当然，任何权利与义务都是相统一的。当事人进行行政诉讼，必须享有一定的诉讼权利，才能保护其实体权利；同时，当事人必须履行一定的诉讼义务，才能保障诉讼程序的进行。外国人、无国籍人和外国组织，他们在我国依法享有行政诉讼权利的同时，也要履行行政诉讼的义务。

二、对等原则

我国《行政诉讼法》第 100 条第 2 款规定："外国法院对中华人民共和国公民、组织的行政诉讼权利加以限制的，人民法院对该国公民、组织的行政诉讼权利，实行对等原则。"对等原则是国际司法活动中，国与国之间经常采用的一项原则，我国涉外行政诉讼中所实行的对等原则是指，如果外国法院对我国公民、法人或其他组织的行政诉讼权利加以限制，我国人民法院对该国公民、法人或其他组织的行政诉讼权利也应采取相应的限制措施。如果外国法院对我国公民、法人或其他组织的行政诉讼权利与对该国公民、法人或其他组织的行政诉讼权利同样不加以限制，那么我国法院也应该同样对待。

主权国家在处理相互之间的事务时应以平等互惠为基础，但由于国际关系复杂多变，常常会出现一些因素影响这种平等关系的实现，如国际格局的调整、国家经济形势的变化等。当这种平等关系遭到破坏时，便会在各个领域中表现出来，具体到行政诉讼活动中，就有可能表现为一个国家对另一个国家的公民、组织的行政诉讼权利加以限制，在这种情况下，国家之间的处理方法很多。他国限制我国公民和组织的诉讼权利，我国也限制他国公民和组织的诉讼权利，以限制抵制限制；他国不限制我国，我国也不限制他国，从而达到相互尊重、平等对待的目的。这一原则主要表现在三个方面：

第一，这一原则只适用于外国对我国公民或组织的行政诉讼权利加以限制方面，而不适用于权利的赋予方面。即使依据外国法律,我国公民或组织在该国进行行政诉讼活动享有更多、更广泛的权利,该国公民或组织在我国进行行政诉讼活动时也不能因此而要求我国赋予其对等的权利。对等是指诉讼权利的限制对等,而不是诉讼权利对等。

第二,我国公民、组织在外国进行行政诉讼,其诉讼权利应与所在国公民、组织相同。如果在诉讼权利方面低于所在国公民、组织的标准就构成了对我国公民、组织的诉讼权利的限制。这种限制的形式是多种多样的,可以由立法机关立法后由法院在行政诉讼活动中加以实施,也可以是没有立法明确规定,法院自行限制。除此之外,这种诉讼权利的限制,有可能是只针对我国公民、组织适用,也有可能同时针对许多国家的公民、组织。无论哪种情况,只要对我国公民、组织的诉讼权利加以限制,我国就可以适用对等原则对该公民和组织加以同样的限制。我国给予外国人同我国公民相同的诉讼权利,当然也要求外国给予我国公民同其公民相同的诉讼权利,这是主权国家平等关系的表现,我国反对外国在法律上歧视我国公民的做法,并以对等原则处理这种歧视。

第三,由于各国行政诉讼法的内容不尽相同,哪些会构成对等限制的内容就有必要加以分析。如果外国法院所限制我国公民的内容,我国法律也有规定,则可以相同内容加以限制;如果外国法院限制我国公民的内容,在我国法律上根本就没有规定,则应当以相同性质、相近内容加以限制。因为我国《行政诉讼法》规定的对等原则,也只是一个法律原则,对限制的具体内容则要根据具体情况具体分析。

三、委托中国律师代理诉讼的原则

我国《行政诉讼法》第102条规定:"外国人、无国籍人、外国组织在中华人民共和国进行行政诉讼,委托律师代理诉讼的,应当委托中华人民共和国律师机构的律师。"这条是关于外国人、无国籍人、外国组织聘请律师在我国人民法院代理起诉、应诉的规定。

律师制度是一个国家司法制度的组成部分。一般情况下,一国为了维护国家主权,保证司法管辖权的统一行使,不允许外国律师在本国法院开展律师业务。我国作为主权国家,自然也不例外。外国人、无国籍人、外国组织在我国人民法院进行行政诉讼,可以亲自起诉、应诉,也可以委托他人代理。如果需要委托律师代理诉讼时,只能委托我国律师,包括专业律师、兼职律师和特邀律师,不能委托外国律师。外国人、无国籍人、外国组织委托我国律师代理诉讼,必须有授权委托书。如果不在我国境内居住,可以寄送委托书,并附有所在国的公证机关证明,经我国驻该国使馆或领事馆的认可,方能委托我国律师代理诉讼。

第三节 涉外行政诉讼的法律适用

一、涉外行政诉讼的法律渊源

涉外行政诉讼的法律规范是由我国立法机关制定或认可的，适用于调整涉外行政诉讼活动与关系的法律规范的总称。由于涉外行政诉讼本身具有的一些特殊性，因此适用于调整它的原则与规则的内容与一般规定有些差异，但涉外行政诉讼法律规范并不构成一种独立的法律体系，也不是独立于行政诉讼法之外的特别种类的法，而是仍然属于行政诉讼法之内的法律规范，而且行政诉讼法的一般性规定在大多数情况下都对其适用。

作为《行政诉讼法》的一部分，涉外行政诉讼法律规范仍然是由我国立法机关制定或认可的。根据我国《行政诉讼法》的规定，能够成为涉外行政诉讼法律规范的主要包括以下几种：

(一) 法律

1.《行政诉讼法》

我国《行政诉讼法》是规范行政诉讼活动的基本法律规范，当然也是调整涉外行政诉讼的主要法律规范。根据该法第99条的规定，涉外行政诉讼适用本法，法律另有规定的除外。《行政诉讼法》的法条分为两类：一是适用于调整所有行政诉讼活动，如总则、受案范围等；二是专门适用于调整涉外行政诉讼活动与关系的规范，如第100条关于委托律师代理诉讼的规定等。

2.《民事诉讼法》中有关适用于行政诉讼部分的规定

我国行政诉讼是从1982年《民事诉讼法(试行)》颁布实施后开始的，在《行政诉讼法》颁布以前，有关行政诉讼的规定都是适用《民事诉讼法(试行)》中的规定，即使是1989年《行政诉讼法》颁布以后，由于《行政诉讼法》的内容比较概括，不甚具体，所以有关司法解释承认，行政诉讼除依照《行政诉讼法》的规定外，对有些诉讼程序和其他相关内容，在《行政诉讼法》未予规定时，可以参照《民事诉讼法》的有关规定。这类适用于民事诉讼的法律规范也同样可以成为涉外行政诉讼的审判依据，即构成涉外行政诉讼法律渊源的内容。

3. 其他法律的相关规定

在我国，除了《行政诉讼法》《民事诉讼法》外，全国人大及其常委会制定的其他法律中，常常也有涉及涉外行政诉讼的法律规范。如《海关法》《外国人出入境管理法》等，这些以实体为主的行政管理法律，其内容涉及外国人的起诉期限、程序甚至一些范围等，同样也是人民法院审判涉外行政案件的依据，自然也是涉外行政诉讼法律渊源。

(二) 最高司法机关的司法解释

在我国，最高人民法院和最高人民检察院所颁布的有关解释涉外行政诉讼的规范性文件，如《行政诉讼法司法解释》《民事诉讼法》的司法解释可以参照适用于行政诉讼的部分，也是涉外行政诉讼的法律渊源。

(三) 国际条约和惯例

1. 国际条约

国际条约是指国家和其他国际主体之间缔结的以国际法为准则并确定相互之间权利义务关系的一种书面协议。一个国际条约如果是合法的，它就对缔约国产生效力，缔约国必须认真履行。我国涉外行政诉讼活动中所遵循的国际条约应具备两个条件：一是必须是我国缔结或者参加的国际条约；二是内容涉及调整涉外行政诉讼的关系与活动。如果我国对该条约有部分条款声明保留，就意味着这部分内容我国政府不予接受，当然也就不能对我国产生约束力。

2. 国际惯例

国际惯例是指在国际交往中逐渐形成的不成文的规则，是国际法最原始的渊源。涉外行政诉讼活动中，遇到一些国际条约和国内法都没有规定的特殊情况时，可以参照适用某些国际惯例。我国人民法院在审理涉外行政案件的过程中，可以在下列前提下参照适用国际惯例：

第一，没有国际条约和国内法可供遵循；

第二，有相应的国际惯例存在，而且我国与涉外行政诉讼主体所属的国家也都在事实上承认和遵守这种惯例；

第三，我国人民法院适用这种国际惯例并不会损害国家主权和尊严，相反有利于涉外行政诉讼的顺利进行。

二、涉外行政诉讼的法律适用

涉外行政诉讼法律规范是由若干不同的规范体系组成的，在具体适用过程中不可避免地会发生彼此之间的冲突与适用选择的问题。涉外行政诉讼的法律适用是指在涉外行政诉讼适用法律的过程中，当不同国内法和国际法及其他法律规范发生冲突时，审理的人民法院应当如何适用法律规范。

第四节 涉外行政诉讼的期间和送达

一、涉外行政诉讼的期间

行政诉讼的期间是指诉讼当事人、其他诉讼参与人和人民法院进行行政诉讼行为时应当遵守的时间限制。涉外行政诉讼与一般行政诉讼一样,都要涉及各个诉讼阶段的法定期间和指定期间。但由于涉外行政诉讼的一方当事人往往居住在国外,情况特殊,完全依照《行政诉讼法》中所规定的一般行政诉讼的期间有一定困难。为了维护外国当事人与我国当事人平等的诉讼法律地位,就有必要对涉外行政诉讼的期间从法律上作适当的规定,以区别于一般行政诉讼的期间的规定,充分保护外国当事人平等的诉讼法律地位,体现我国法律的公正。

根据《行政诉讼法》第101条的规定,人民法院审理行政案件,除依照行政诉讼法和本解释外,可以参照民事诉讼的有关规定。根据《民事诉讼法》第268、269条的规定,在我国领域内没有住所的当事人,不服我国第一审人民法院的判决、裁定的,有权在判决书、裁定书送达之日起30日内提起上诉。被上诉人在收到上诉状副本后应当在30日内提出答辩状。而依照一般行政诉讼的期间规定,居住在国内的当事人对判决的上诉期只有15日,对裁定的上诉期为10日,被上诉人的答辩期为10日。根据《民事诉讼法》第270条的规定,人民法院审理涉外行政诉讼案件,可以不受《行政诉讼法》有关一般案件审结期限的限制。

此外,涉外行政诉讼的期间仅适用于所有居住在国外的当事人。无论我国公民还是外国公民,只要居住在国外,且在国内没有居所的行政诉的当事人均可以适用涉外行政诉讼的有关期间的规定。

二、涉外行政诉讼的送达

涉外行政诉讼的送达是指人民法院依照法定程序将诉讼法律文书交付涉外行政诉讼当事人或者其他参与人的行为。受送达主体主要包括两类,在我国境内没有住所的外国人、无国籍人、外国组织等,以及在我国境内没有住所的本国公民。根据《行政诉讼法》第101条和《民事诉讼法》第267条的规定,涉外行政诉讼的送达方式主要有以下几种:

(一) 依条约规定的方式送达

此即依照受送达人所在国与我国缔结或者共同参加的国际条约中规定的方式送达。以条约规定的方式送达必须是受送达人所在国与我国双边或多边的国际条约中明确规定该送达方式;否则,不适用这种方式。

(二) 通过外交途径送达

我国与受送达人所在国没有订立有关送达条约,在建立了外交关系的情况下,可以适用这种方式送达。具体方法是由我国省、自治区、直辖市高级人民法院将应当送达受送达人的诉讼法律文书,送交外交部,由外交部领事司代表我国人民法院送交受送达人所在国驻我国的外交机构,再由该外交机构根据其国内规定的送达方式送交受送达人。

(三) 使领馆送达

这种方式仅适用于在国内没有住所的我国公民,由人民法院委托我国驻受送达人所在国的使领馆代为送达。

(四) 委托代理人送达

受送达人在诉讼中有诉讼代理人的,经过诉讼当事人的授权可以接受送达的,可以向该诉讼代理人送达。这种方式适用的前提是诉讼当事人专门授权诉讼代理人接受送达。

(五) 代表机构送达

对于外国企业、组织在我国设有代表机构的,人民法院可以向其代表机构送达诉讼文书;对外国企业、组织在我国设有分支机构或者业务代办人的,且这些分支机构或业务代办人有权接受送达的,人民法院可以直接向这些分支机构或业务代办人送达。

(六) 邮寄送达

适用邮寄送达方式的前提是受送达人所在国的法律允许邮寄送达诉讼法律文书。邮寄送达诉讼法律文书,自邮寄之日起满三个月,送达回执没有被退回的,且根据各种情况足以认定已经送达的,期限届满之日即视为送达。

(七) 公告送达

当前述各种送达的方式都无法送达时,可以采用公告送达这种特殊的方法。所谓公告送达是指自公告之日起满三个月,即视为送达。公告送达不以受送达人是否知悉公告内容为前提,而是以公告超过一定期限,即自公告之日起满三个月则推定受送达人已经接受该公告的诉讼法律文书。受送达人是否确实知悉诉讼法律文书并不会影响该公告的诉讼法律文书的法律效力。

后 记

经过一段时间的努力,《行政法与行政诉讼法学》(第三版)终于可以付梓出版。本书由沈福俊、邹荣主编,撰稿人具体分工如下:

沈福俊:第一章(除第四节外)、第二章、第十八章;

张心泉:第一章第四节、第十章第二节和第三节、第十三章、第十四章、第十五章;

魏　琼:第三章、第十一章;

邹　荣、练育强:第四章、第十六章、第十七章;

卞　琳:第五章;

陈越峰:第六章、第十九章;

渠　滢:第七章;

曾　刚:第八章、第二十二章;

章志远、黄娟:第九章;

朱应平:第十章第一节;

张心泉、朱应平:第十章第四节;

江利红:第十二章;

章志远:第二十章;

练育强:第二十一章;

刁振娇:第二十三章、第二十四章。

在撰写过程中,为了尽可能多地吸收学术界的最新研究成果,体现行政法学的发展进程,我们参考了大量的教材、专著、案例汇编和论文,在此表达我们由衷的敬意和感谢!

本书是集体合作的产物。尽管我们在内容和文字表述等方面进行了必要的协调,但由于每一位撰稿人的学术观点、表达习惯等存在一定差异,书中有些内容可能仅为撰稿人的观点或者撰稿人所认同的观点,我们在尊重各位撰稿人的观点且在基本不影响本教材统一性的前提下予以适当保留。对于书中存在的缺点和错误,恳请读者批评指正。

沈福俊　邹　荣

2018 年 9 月 10 日于华东政法大学